2021

湖南统计年鉴

HUNAN STATISTICAL YEARBOOK

湖　南　省　统　计　局
国家统计局湖南调查总队　编

Compiled by
Hunan Provincial Bureau of Statistics
Survey Office of the National Bureau of Statistics in Hunan

（总第 39 期　NO.39）

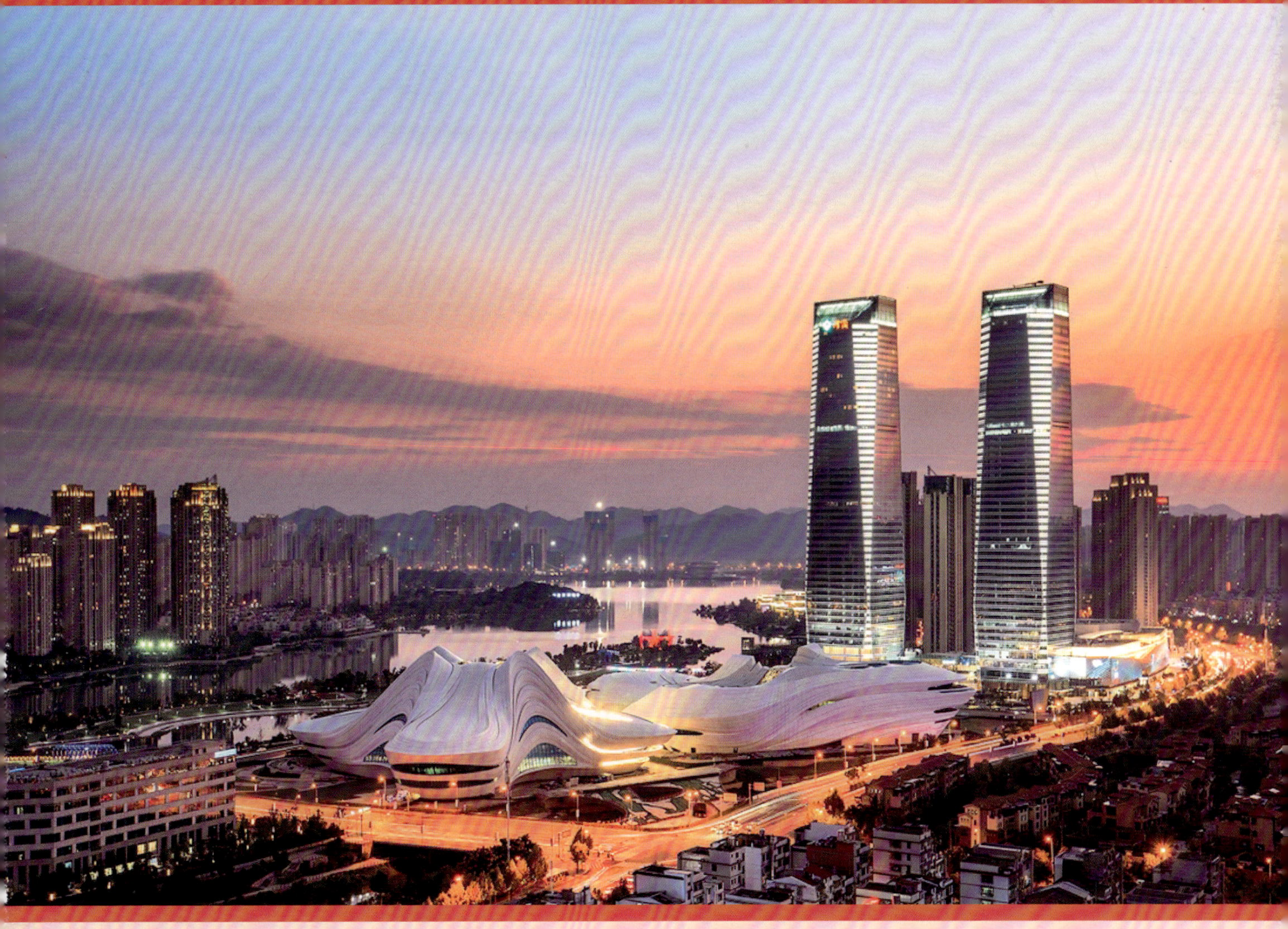

地区生产总值（亿元）

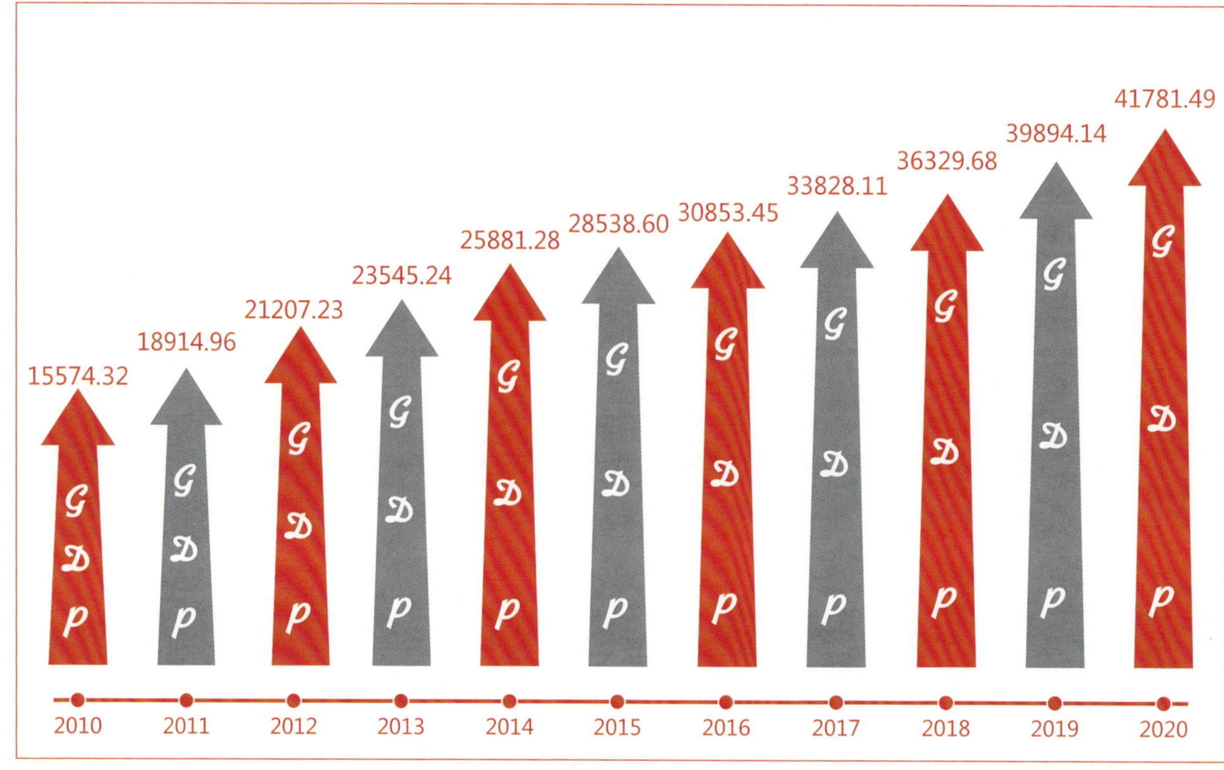

三次产业增加值（亿元）

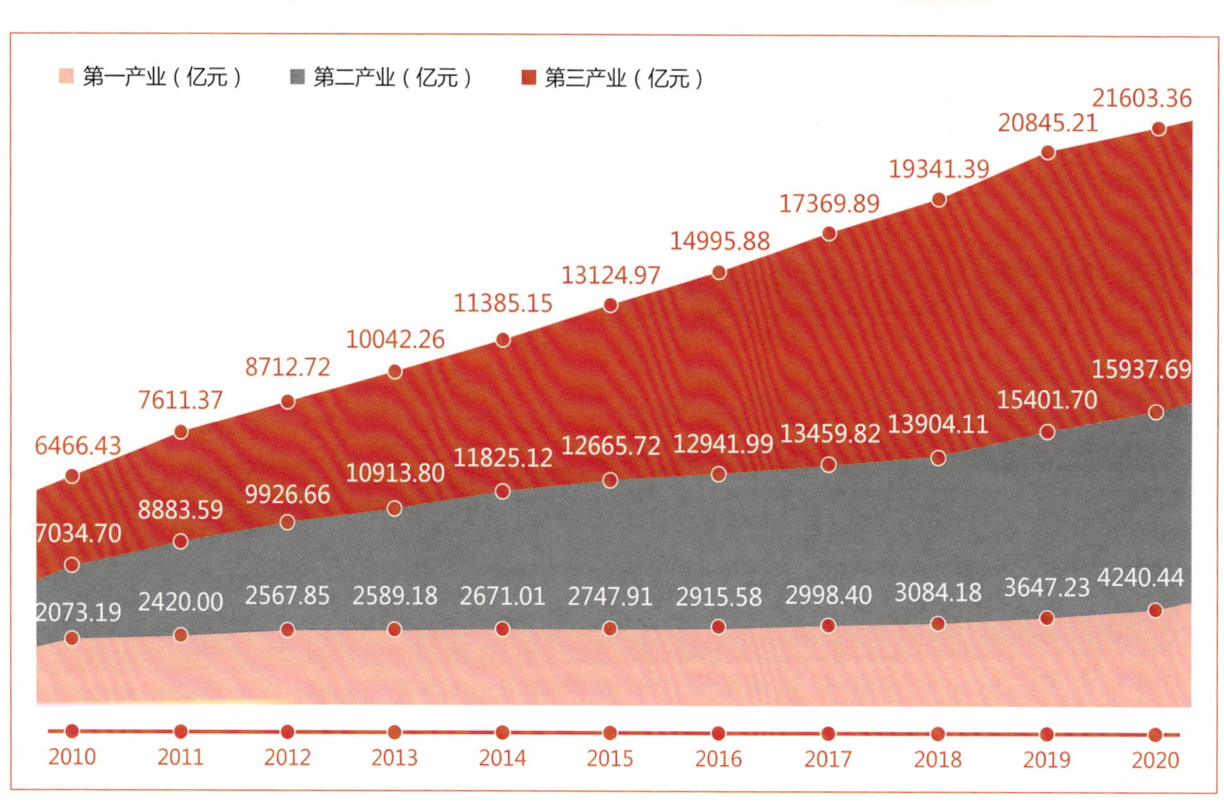

人均生产总值（元）

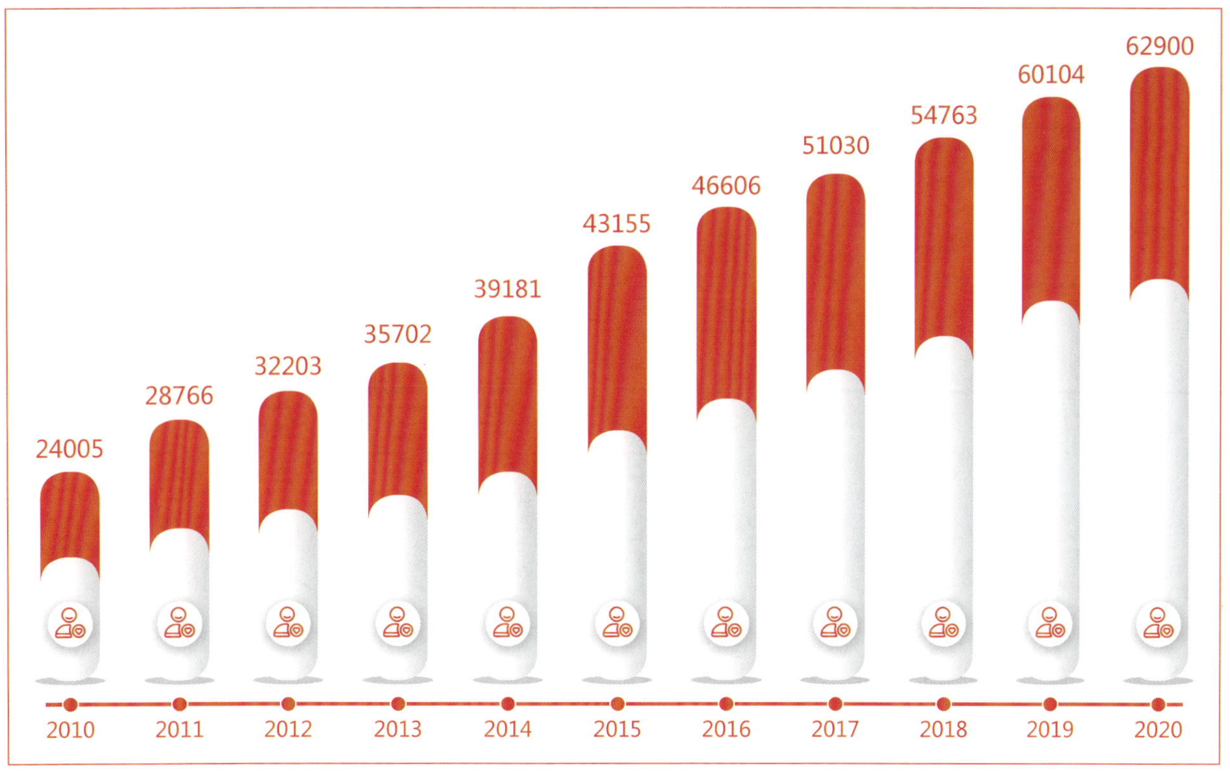

工业增加值增速（%）

户籍人口（万人）

7089.53
7135.60
7179.87
7147.28
7202.29
7242.02
7318.81
7296.26
7326.62
7319.53
7295.58
2010
2011
2012
2013
2014
2015
2016
2017
2018
2019
2020

城镇化率（%）

43.30
45.10
46.65
47.96
49.28
50.89
52.75
54.62
56.02
57.22
58.76
2010
2011
2012
2013
2014
2015
2016
2017
2018
2019
2020

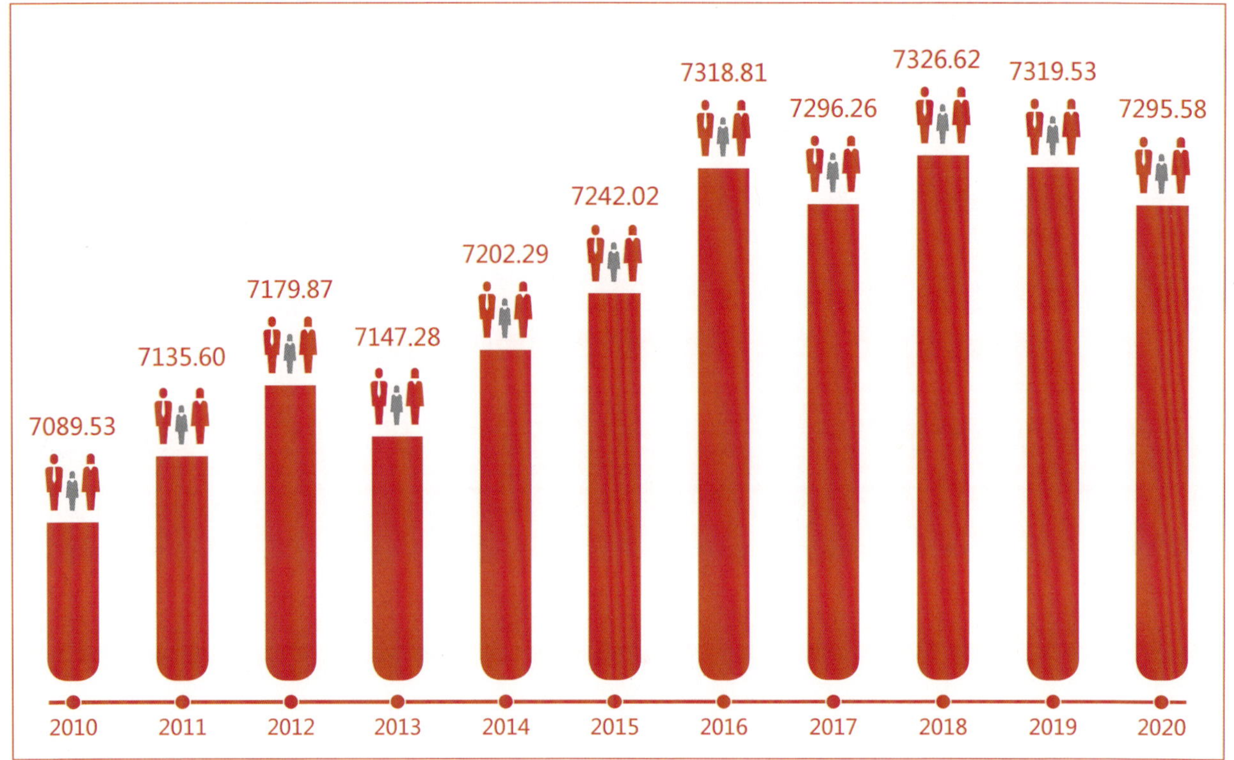

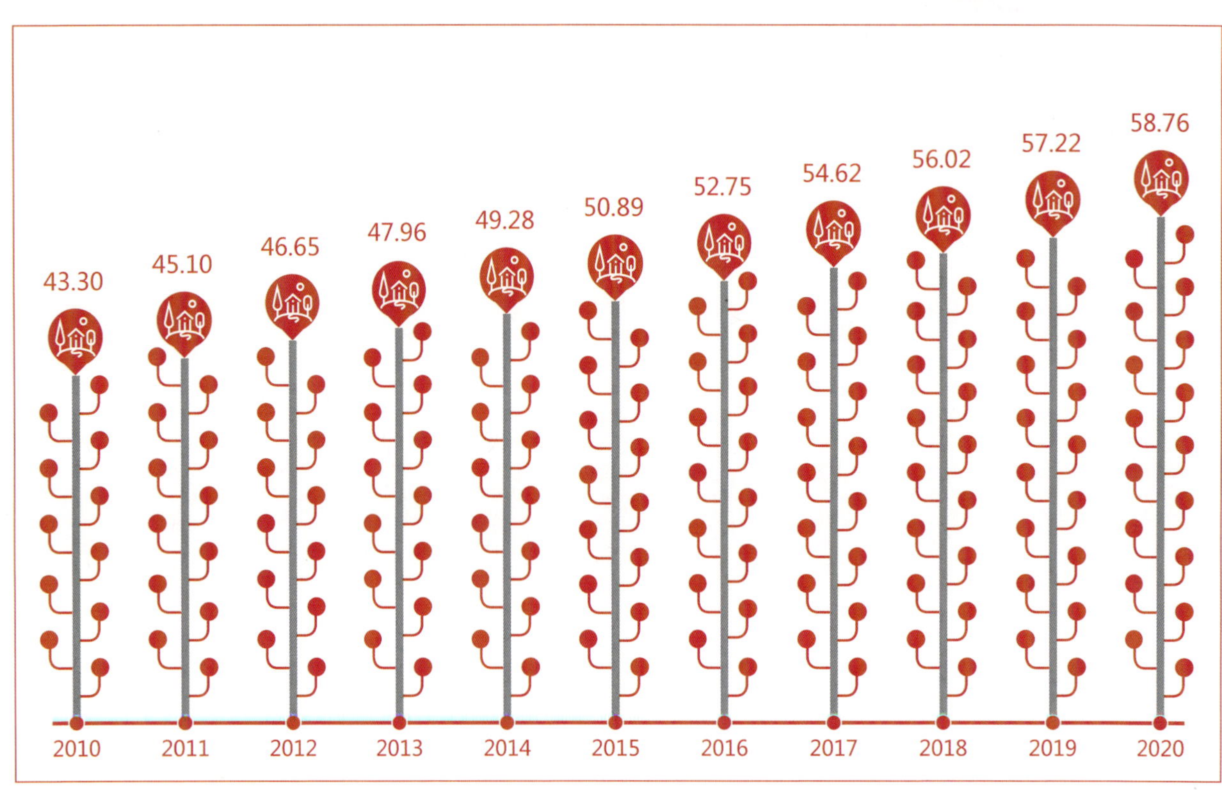

三次产业从业人口（万人）

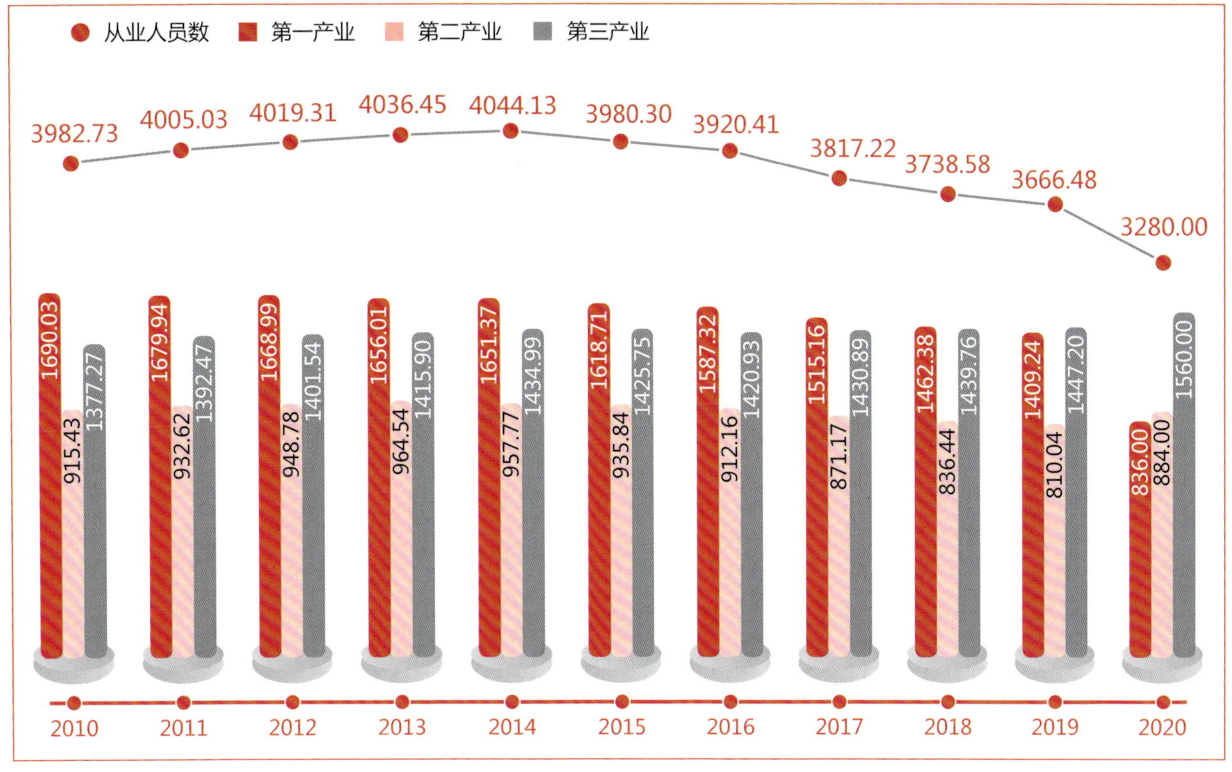

财政收支（亿元）

全社会固定资产投资增速（%）

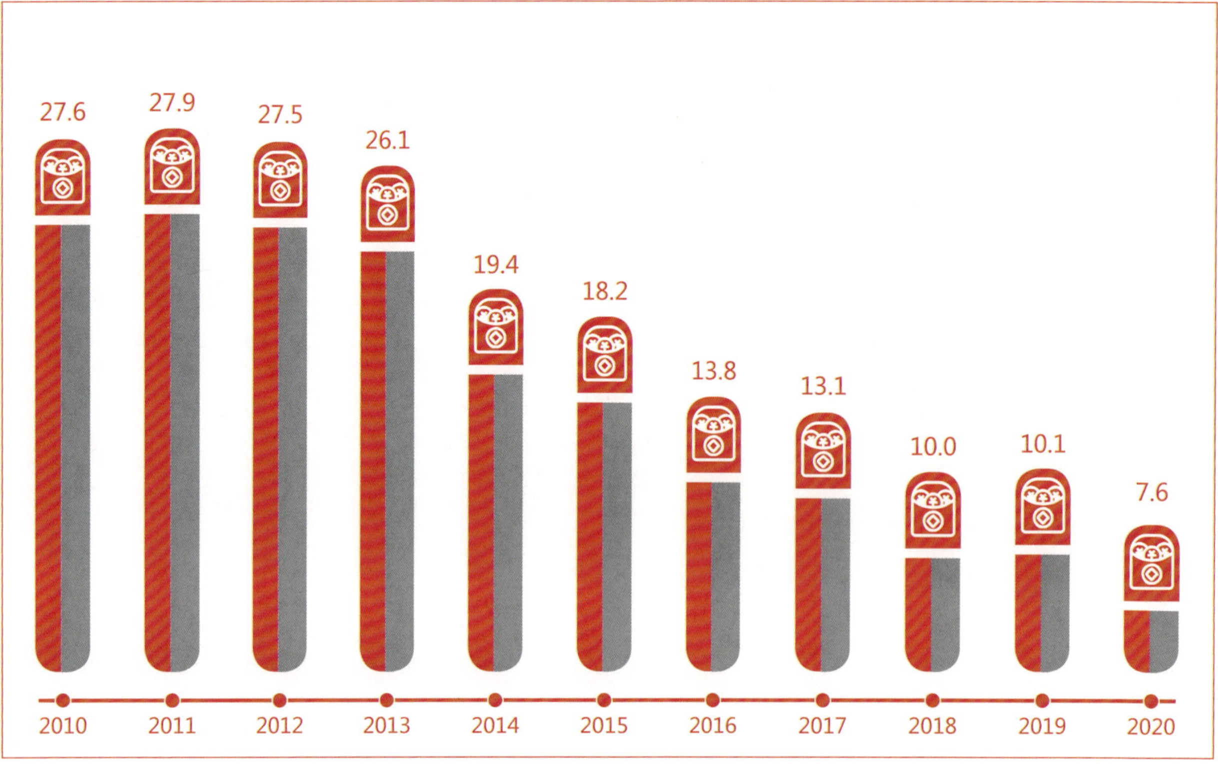

社会消费品零售总额（亿元）

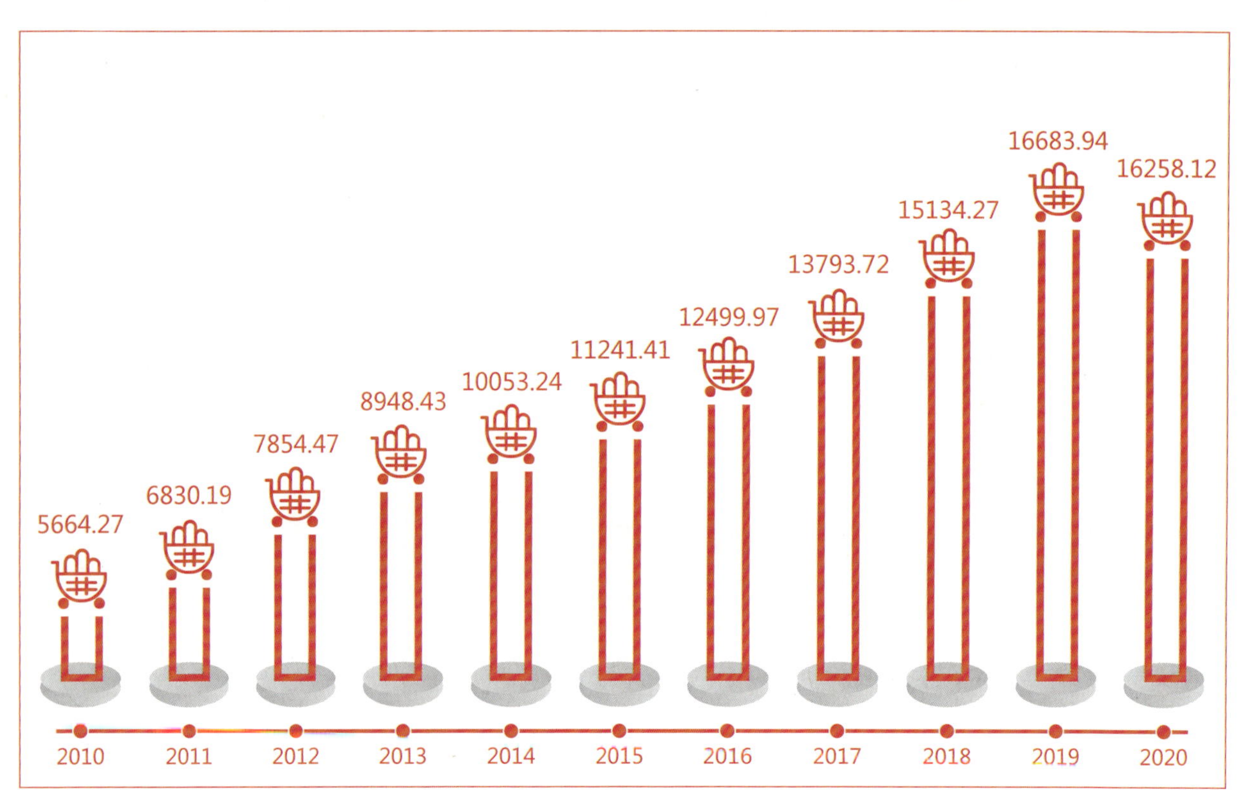

进出口总额（亿美元）

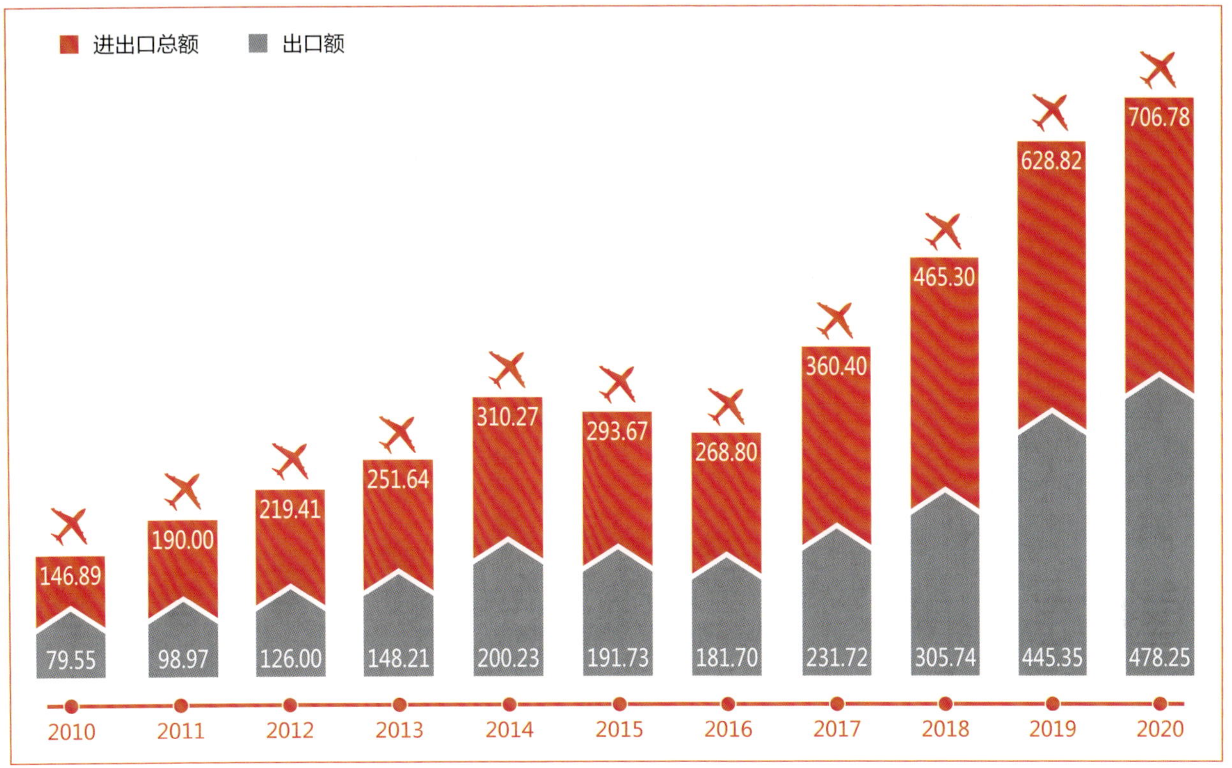

实际使用外资金额（亿美元）

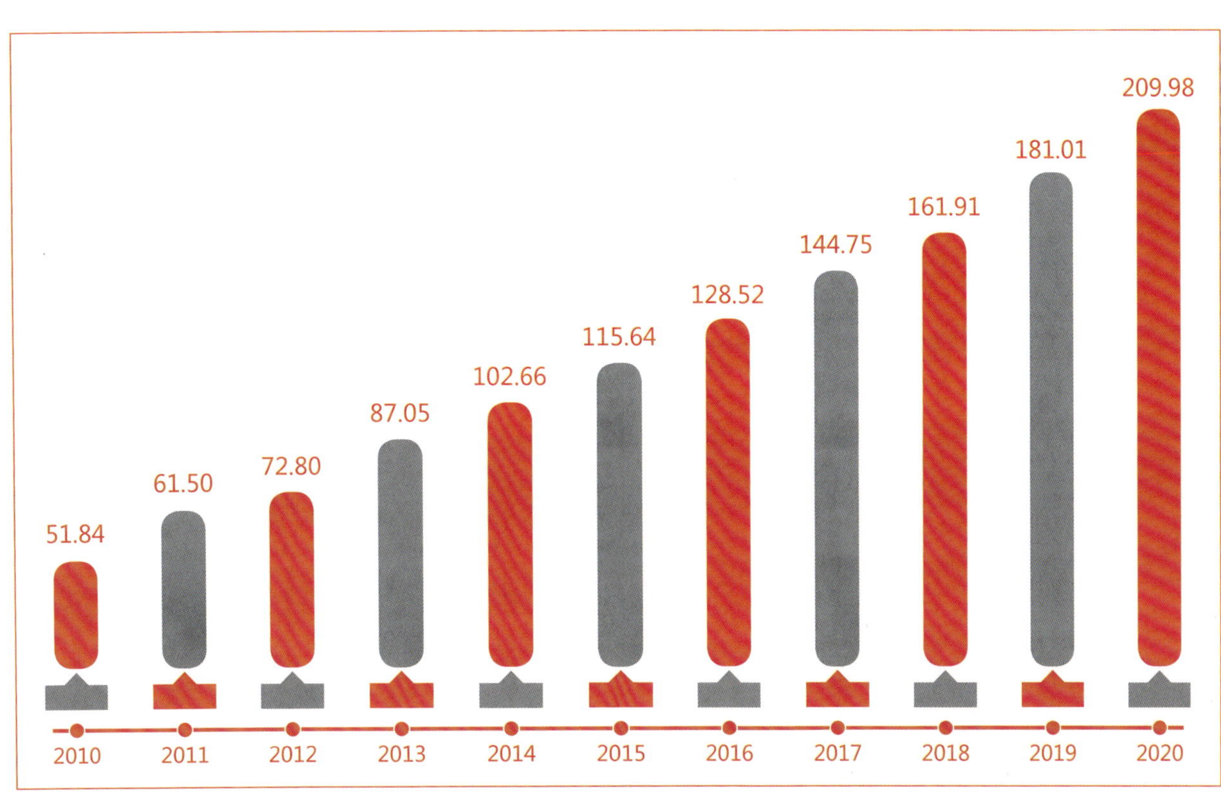

2021

湖南统计年鉴
Hunan Statistical Yearbook

在岗职工年平均工资（元）

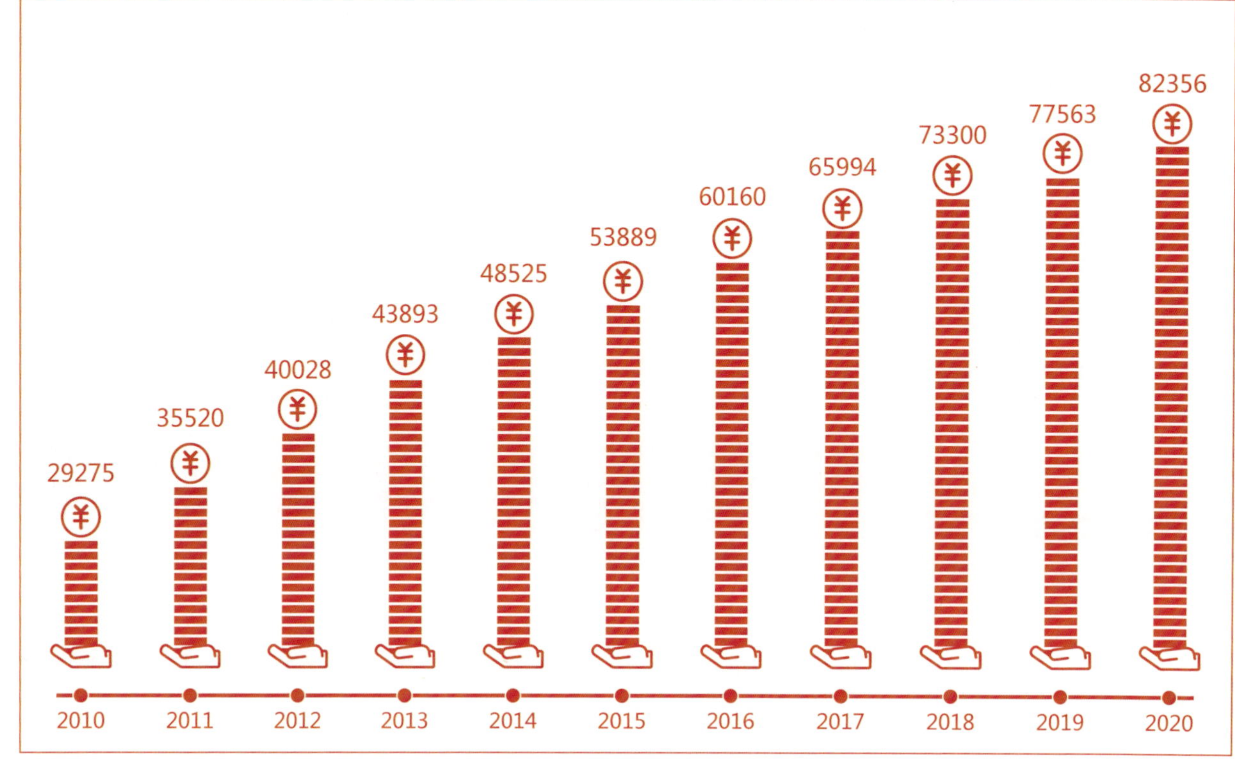

城乡居民人均可支配收入（元）

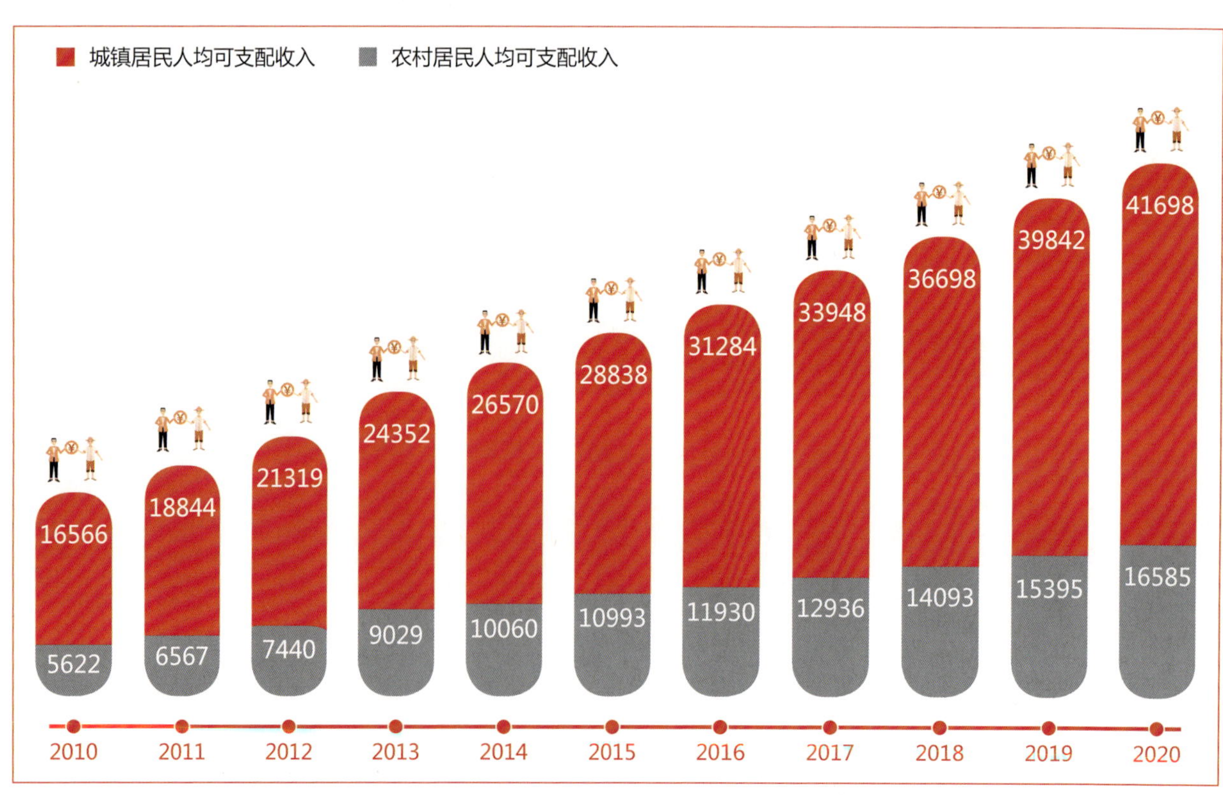

城乡居民人均消费支出（元）

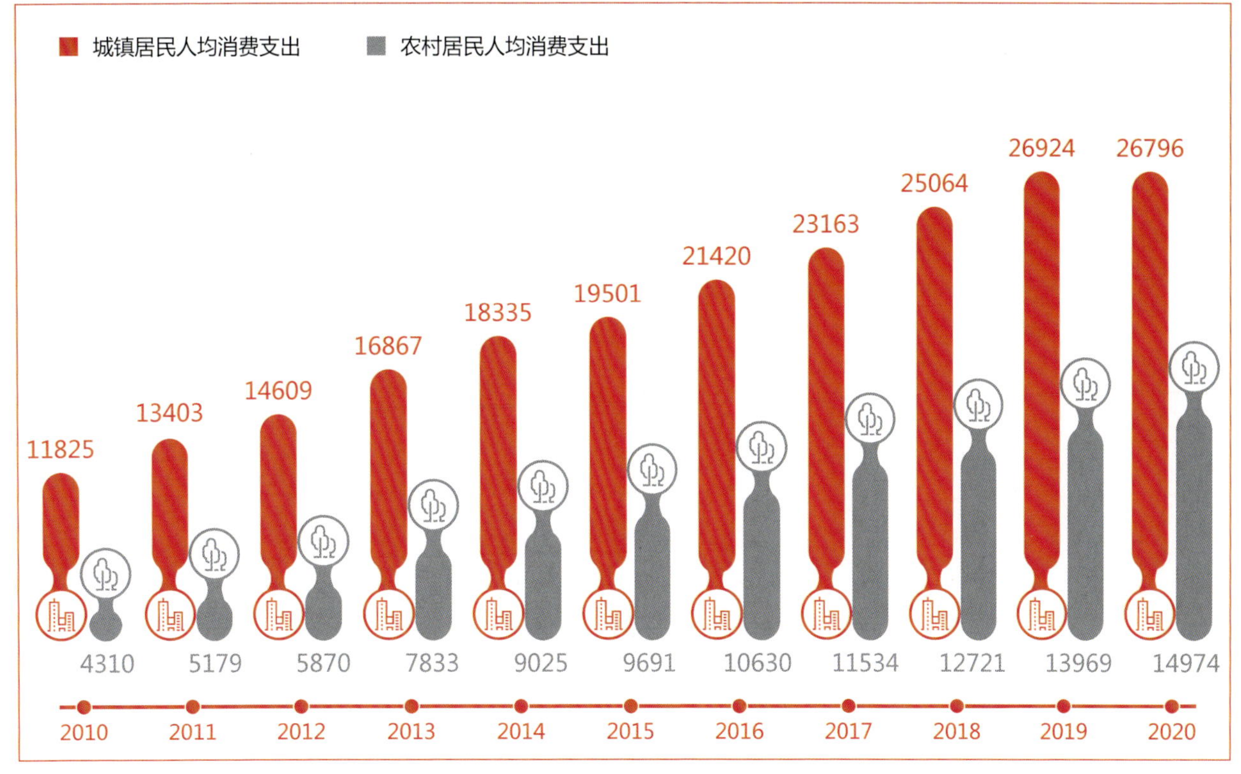

汽车拥有量（万辆）

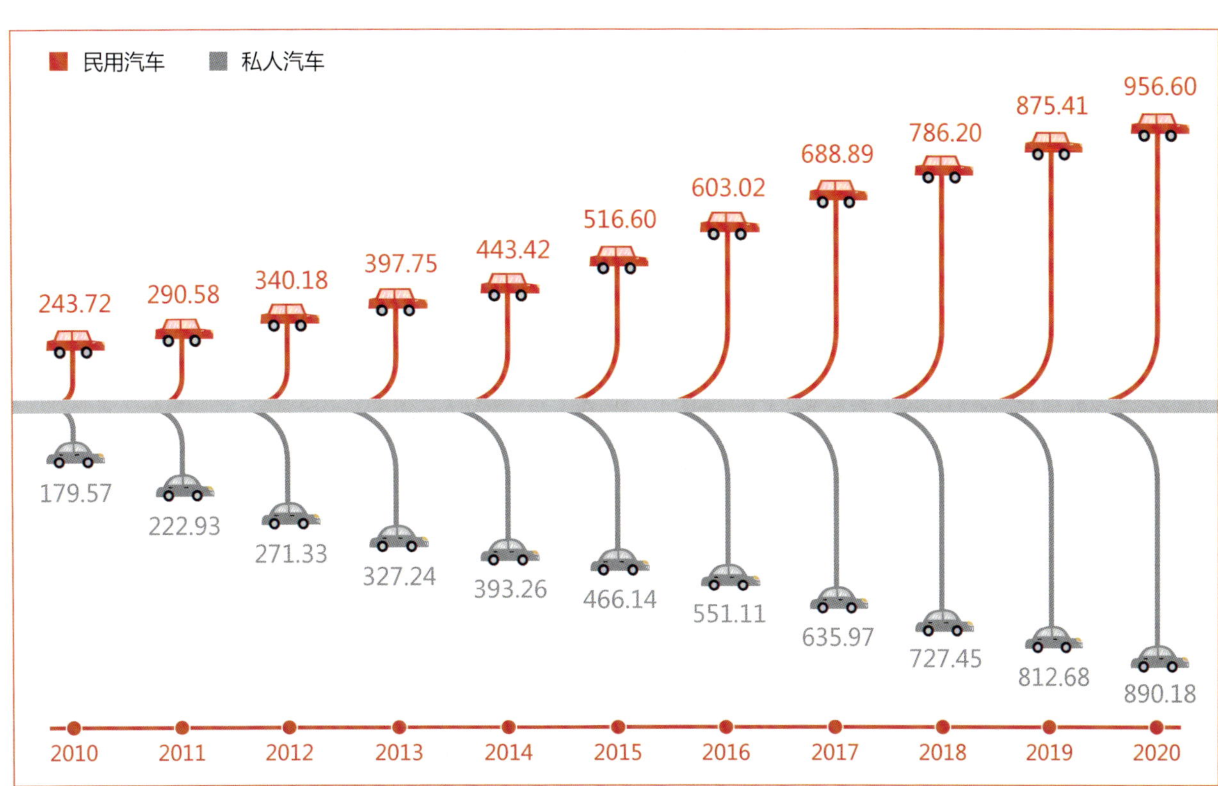

卫生技术人员与医生数（万人）

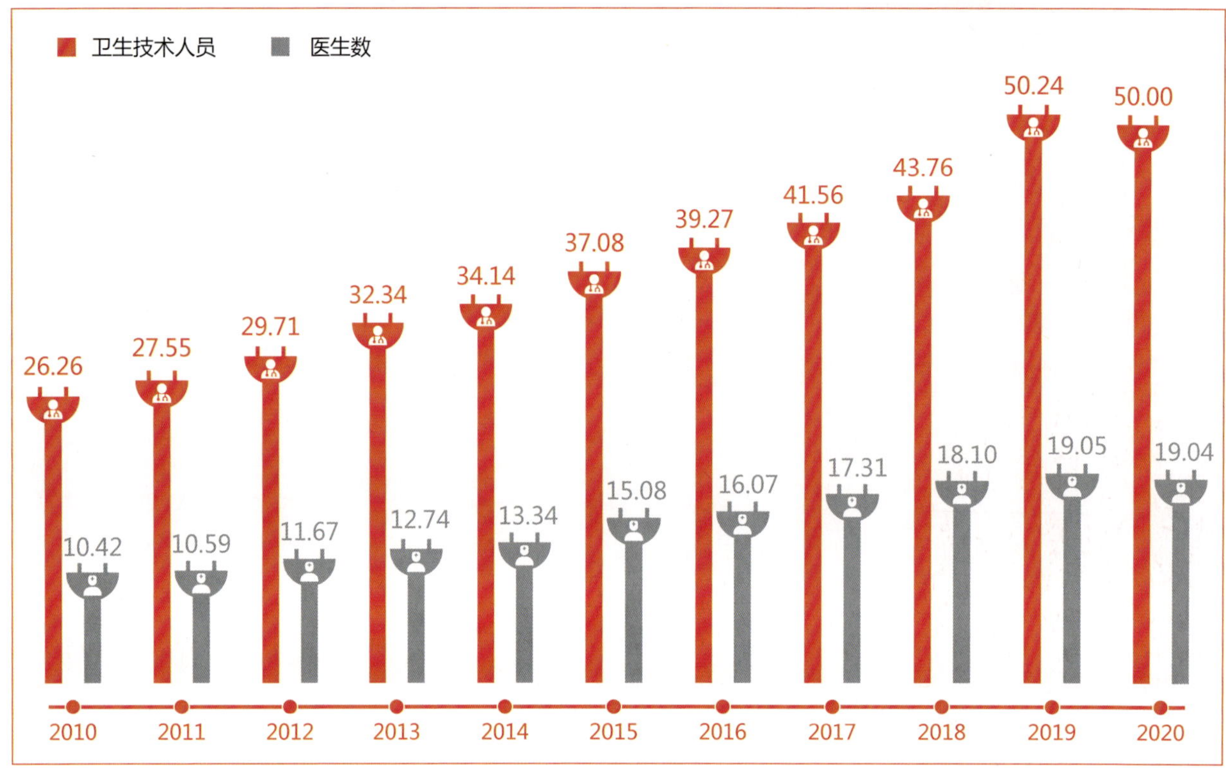

高等学校毕业生数（万人）

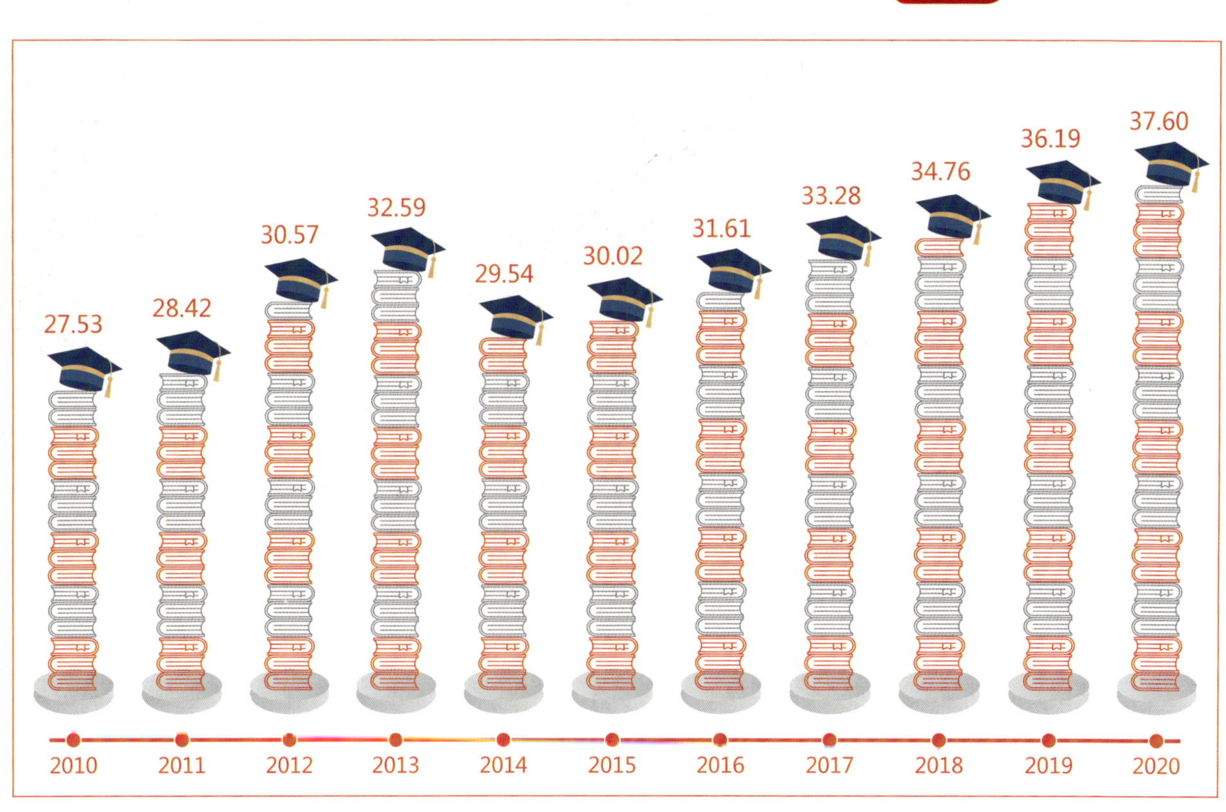

湖南的一天

指 标	Item	2000	2010	2019	2020
全省每天创造的财富	**Daily Production**				
地区生产总值 （亿元）	Gross Domestic Product (100 million yuan)	9.73	42.67	109.30	114.47
农林牧渔业总产值 （亿元）	Gross Output Value of Farming, Forestry, Animal Husbandry and Fishery (100 million yuan)	3.43	9.64	17.55	20.58
地方一般公共预算收入（万元）	General Public Budget Revenue (10 000 yuan)	4850.40	29635.34	82387.60	82429.13
布 （万米）	Cloth (10 000 m)	93.42	127.46	48.85	35.89
机制纸及纸板 （吨）	Machine-made Paper and Paperboard (ton)	1919.73	10537.78	9075.79	8660.27
原煤 （万吨）	Coal (10 000 tons)	4.08	21.01	3.77	2.89
发电量 （万度）	Electricity (10 000 kw.h)	9710.14	32505.23	41247.12	40992.05
原油加工量 （吨）	Machining Crude Oil (ton)	14422.47	16182.82	25591.78	24050.68
粗钢 （吨）	Crude Steel (ton)	8331.51	48397.88	65362.30	71586.30
钢材 （吨）	Steel (ton)	8193.15	49636.35	67166.65	74538.90
水泥 （万吨）	Cement (10 000 tons)	6.56	23.81	30.67	30.11
粮食 （万吨）	Grain (10 000 tons)	7.88	7.80	8.15	8.26
棉花 （吨）	Cotton (ton)	469.32	621.92	224.11	204.02
油料 （吨）	Oil-bearing Crops (ton)	3817.81	4879.62	6553.41	7141.59
苎麻 （吨）	Ramie (ton)	181.37	111.13	11.40	11.81
烤烟 （吨）	Flue-cured Tobacco (ton)	426.03	423.26	503.10	502.54
茶叶 （吨）	Tea (ton)	156.99	320.99	639.59	685.15
柑桔 （吨）	Citrus (ton)	3449.86	10556.13	15355.29	17168.81
猪牛羊肉 （吨）	Pork, Beef and Mutton (ton)	11959.18	12035.14	10504.11	10254.79
进出口总额 （万美元）	Total Imports and Exports (USD 10 000)	688.49	4024.34	17227.93	19363.95
#进口额	#Total Imports	235.62	1844.93	5026.65	6261.24
出口额	Total Exports	452.88	2179.42	12201.28	13102.71
其他经济活动	**Other Daily Economic Activities**				
邮政业务总量 （万元）	Business Volume of Postal Services (10 000 yuan)	250.96	877.47	8816.16	11759.32
电信业务总量 （万元）	Business Volume of Telecommunications Services (10 000 yuan)	3609.86	8910.68	116405.98	155376.71
全省每天人口变动和婚姻	**Daily Population Changes and Marriages**				
出生 （人）	Births (person)	2054	2510	1967	1552
死亡 （人）	Deaths (person)	1218	1284	1378	1441
结婚 （对）	Marriages (couples)	1050	1739	1042	979
离婚 （对）	Divorces (couples)	177	421	604	542

图书在版编目（CIP）数据

湖南统计年鉴. 2021 = Hunan Statistical Yearbook 2021 : 汉英对照 / 湖南省统计局，国家统计局湖南调查总队编. -- 北京 : 中国统计出版社，2021.9
ISBN 978-7-5037-9634-0

Ⅰ. ①湖… Ⅱ. ①湖… ②国… Ⅲ. ①统计资料—湖南—2021—年鉴—汉、英 Ⅳ. ①C832.64-54

中国版本图书馆 CIP 数据核字（2021）第 177609 号

湖南统计年鉴—2021

作　　者 / 湖南省统计局　国家统计局湖南调查总队
责任编辑 / 钟　钰
校　　对 / 徐　林　廖闻菲
装帧设计 / 徐　林　王　艳
出版发行 / 中国统计出版社有限公司
地　　址 / 北京市丰台区西三环南路甲 6 号
邮政编码 / 100073
电　　话 / 邮购（010）63376909　书店（010）68783171
网　　址 / http://www.zgtjcbs.com
印　　刷 / 湖南雅嘉彩色印刷有限公司
经　　销 / 新华书店
开　　本 / 890mm×1240mm　1/16
字　　数 / 1102 千字
印　　张 / 44　0.75 彩页
版　　别 / 2021 年 9 月第 1 版
版　　次 / 2021 年 9 月第 1 次印刷
定　　价 / 350.00 元　　Price:350.00 yuan(RMB)

本书附同版本 CD-ROM 一张，光盘内容以书面文字为准。
如有印装差错，由本社发行部调换。

2021

湖南统计年鉴

编辑委员会和编辑工作人员

编辑委员会

编辑工作人员

2021

Hunan Statistical Yearbook

Editorial Board and Editorial Staff

编辑说明

一、《湖南统计年鉴—2021》系统收录了全省及各市、州、县2020年经济和社会发展方面的大量统计数据，以及重要历史年份的全省主要统计数据，是一部全面反映湖南省经济和社会发展情况的资料性年刊。

二、全书分为首卷和统计资料。首卷为特载《2021年湖南省政府工作报告》和《2020年湖南省国民经济和社会发展统计公报》。统计资料分为22个章节，即：1. 综合；2. 国民经济核算；3. 人口；4. 就业人员和工资；5. 价格；6. 人民生活；7. 固定资产投资；8. 对外经济、旅游和开发区；9. 能源；10. 财政、金融和保险；11. 城市建设和环境保护；12. 农业；13. 工业；14. 建筑业；15. 交通运输、邮电和其他服务业；16. 批发和零售业、住宿和餐饮业；17. 教育和科技；18. 文化、体育和卫生；19. 党群、政法和社会服务；20. 区域经济；21. 各市、州主要经济和社会统计指标；22. 各县（市、区）主要经济和社会统计指标。为方便读者使用，各篇章篇末附有《主要统计指标解释》。

三、本年鉴中的长株潭城市群包括长沙市、株洲市和湘潭市；环长株潭城市群包括长沙市、株洲市、湘潭市、衡阳市、岳阳市、常德市、益阳市和娄底市；湘南地区包括衡阳市、郴州市和永州市；大湘西地区包括湘西自治州、怀化市、张家界市、邵阳市和娄底市。

四、与《湖南统计年鉴—2020》相比较，本年鉴在内容和篇章结构上主要做了如下修订和补充：新增2011年至2019年全省分市州年末常住人口表、全省进出口商品高新技术产品情况表、全省研究与试验发展（R&D）经费内部支出表、分市州研究与试验发展（R&D）经费内部支出表、分市州“四上”企业分行业从业人员年末人数表。

五、本年鉴按照《中国统计年鉴》大体框架和规范要求编辑。统一使用《中国统计年鉴》指标解释。所使用的度量衡单位均采用国际统一标准计量单位。

六、本年鉴中涉及到的历史数据，均以最新出版的本年鉴为准；本年鉴中部分数据合计数或相对数由于单位取舍不同而产生的计算误差，均未作机械调整。

七、本年鉴中2020年国民经济核算数据为快报数据。特载《2021年湖南省政府工作报告》《2020年湖南省国民经济和社会发展统计公报》使用的数据均为快报数或初步统计数。

八、本年鉴中的符号使用说明：“空格”表示该项统计指标数据不详、无该项统计数据或数据不足最小计量单位；“#”表示其中的主要项。

九、本年鉴编辑中如有不足之处，恳请广大读者批评指正。

EDITOR'S NOTES

Ⅰ.*Hunan Statistical Yearbook 2021* is an annual statistical publication, which reflects comprehensively the economic and social development of Hunan. It covers data for 2020 and key statistical data in some historically important years at provincial level and local levels of cities, prefecture and counties.

Ⅱ.*Hunan Statistical Yearbook 2021* includes a special issue and statistical figures. The special issue are Government Work Report and Statistical Communiqué of Hunan Province on the 2020 National Economic and Social Development. The statistical data contain the following 22 parts: 1. General Survey; 2. National Accounts; 3. Population; 4. Employment and Wages; 5. Prices; 6. People's Livelihoods; 7. Investment in Fixed Assets; 8.Foreign Economy, Tourism and Development Zones; 9. Energy; 10. Government Finance, Banking and Insurance; 11. Construction of Cities and Environmental Protection; 12. Agriculture; 13. Industry; 14. Construction; 15. Transportation, Post , Telecommunication and other Services; 16. Wholesale and Retail Trades, Hotels and Catering Services; 17. Education, Science and Technology; 18. Culture, Sports and Public Health; 19.Party and Mass, Politics and Law, Social Service; 20. Regional Economy; 21. Main Economic and Social Statistics Indicators of Cities and States; 22. Main Economic and Social Statistics Indicators of Counties and Cities (districts). To facilitate readers, at the end of each chapter, Explanatory Notes on Main Statistical Indicators are included.

Ⅲ.The Chang-Zhu-Tan City Clusters in this yearbook includes Changsha city, Zhuzhou city and Xiangtan City; The Rim Chang-Zhu-Tan City Clusters consists of Changsha, Zhuzhou, Xiangtan, Hengyang, Yueyang, Changde, Yiyang and Loudi; Southern Hunan includes Hengyang city, Chenzhou city and Yongzhou City; Great Xiangxi Region includes Xiangxi Autonomous Prefecture, Huaihua city, Zhangjiajie City, Shaoyang City and Loudi City.

Ⅳ.Compared with *Hunan Statistical Yearbook 2020*, this yearbook has made the following revisions and supplements in terms of content and chapter structure: the added table of permanent residents at the end of 2011 to 2019, the added table of high-tech products of import and export commodities in the province, the added table of internal expenditure of R&D funds in the province, the added table of internal expenditure of R&D funds of cities and states, and the added table of year-end number of employees in the industries of the "Fourth upper" enterprises by cities and states.

Ⅴ.The yearbook is edited according to the frame and standard of *China Statistical Yearbook*. The indicator explanatory notes are edited according to *China Statistical Yearbook*. The units of measurement adopted in China Statistical Yearbook are internationally unified standard.

Ⅵ.The historical data involved in this yearbook are subject to the latest edition of this yearbook; No mechanical adjustment has been made for the calculation errors caused by different units of total or relative data in this yearbook.

Ⅶ.The 2020 national economic accounting data in this yearbook are express data. The data used in 2021 Hunan Provincial Government Work Report and 2020 Hunan Provincial Statistical Bulletin on National Economic and Social Development are all express numbers or preliminary statistics.

Ⅷ.Notations used in the yearbook: (blank space) indicates that data are unknown ,or are not available ,or the figure is not large enough to be measured with the smallest unit in the table; "#" indicates the major items of the total.

Ⅸ.Based on our limited level, perhaps there are some mistakes in the yearbook, all candid comments and criticism from our readers are heartily welcome.

特 载
SPECIAL ISSUE

统计资料
STATISTICAL DATA

一、综合
General Survey

二、国民经济核算

National Accounts

三、人口

Population

四、就业人员和工资

Employment and Wages

五、价格

Prices

六、人民生活

People's Livelihoods

七、固定资产投资

Investment in Fixed Assets

八、对外经济、旅游和开发区

Foreign Economy, Tourism and Development Zones

九、能源

Energy

十、财政、金融和保险

Government Finance, Banking and Insurance

十一、城市建设和环境保护
Construction of Cities and Environmental Protection

十二、农业
Agriculture

十三、工业
Industry

十四、建筑业
Construction

十五、交通运输、邮电和其他服务业

Transportation, Postal, Telecommunication and other Services

十六、批发和零售业、住宿和餐饮业

Wholesale and Retail Trades, Hotels and Catering Services

十七、教育和科技

Education, Science and Technology

十八、文化、体育和卫生

Culture, Sports and Public Health

十九、党群、政法和社会服务

Party and Mass, Politics and Law, Social Service

二十、区域经济

Regional Economy

二十一、各市、州主要经济和社会统计指标

Main Economic and Social Statistics Indicators of Cities and States

二十二、各县(市、区)主要经济和社会统计指标
Main Economic and Social Statistics Indicators of Counties and Cities (Districts)

政府工作报告

——2021年1月25日在湖南省第十三届人民代表大会第四次会议上

湖南省人民政府代省长　毛伟明

各位代表：

现在，我代表省人民政府，向大会作政府工作报告，请予审议，并请各位政协委员提出意见。

一、2020年和“十三五”时期工作回顾

2020年是极不平凡、极其不易的一年。面对复杂严峻的国内外形势特别是新冠肺炎疫情严重冲击，在以习近平同志为核心的党中央坚强领导下，我们坚持以习近平新时代中国特色社会主义思想为指导，认真落实习近平总书记考察湖南重要讲话精神，在中共湖南省委正确领导下，坚持稳中求进工作总基调，深入实施创新引领开放崛起战略，统筹疫情防控和经济社会发展，扎实做好“六稳”工作，全面落实“六保”任务，决胜全面建成小康社会，决战脱贫攻坚，直面大疫大灾、投身大战大考，交出了一份优异答卷。地区生产总值增长3.8%，总量突破4万亿元；规模工业增加值增长4.8%；固定资产投资增长7.6%；进出口总额增长12.3%；城乡居民人均可支配收入分别增长4.7%、7.7%；地方一般公共预算收入实现正增长，呈现稳中有进、稳中向好、稳中提质的良好态势。主要抓了以下工作：

*一是众志成城抗击新冠肺炎疫情。*坚决落实党中央统一部署，全社会动员、全方位发力、全过程调控，取得疫情防控重大战略成果。闻令而动精准防控。坚持一盘棋、一条心、一股绳，18万个基层党组织、400万名党员、40万名医务人员、上百万名志愿者投入抗疫斗争，第一批启动一级应急响应，第一时间开展大数据排查分析，迅速实施重点人群核酸检测，迅速生产和筹措防疫物资，迅速开展集中科学救治，在确诊病例千例以上的省份中率先实现病例清零。千方百计复工复产。严格实施分区分级防控，全面推行“健康码”“湘就业”“湘消费”系列举措，大力落实纾困惠企政策，2万名防疫联络员驻企帮扶，率先启动复工复产，率先实现经济增长由负转正。共克时艰服务全局。派出18批次1502人的医疗队紧急驰援黄冈、武汉，向全国及其他国家和地区提供医疗、生活物资援助，完成土耳其、津巴布韦、赤道几内亚等国抗疫援助任务，落实长沙作为第一入境点城市各项工作。在这场惊心动魄的抗疫大战中，7300多万湖南人民坚忍不拔、奋勇斗争、向险而行，涌现出张辉、宋英杰、鲁力、龚少雄等身捐国难的湖湘英雄，谱写了一曲感天动地的抗疫壮歌。

*二是多措并举做好“六稳”“六保”。*创新招商引资、促进消费、金融让利、产业链水平提升等政策措施，提振市场信心，推动经济加快恢复。粮食能源保障有力。粮食播种面积和产量双增长，总产稳定在600亿斤左右。耕地保护力度持续加大，建设高标准农田390万亩。岳麓山种业创新中心挂牌运行。生猪出栏量全国第二。农业优势特色千亿产业和特色小镇加快打造，农产品加工业销售收入增长3.2%，达1.9万亿元。能源供给能力持续提升，省内电力装机容量接近5000万千瓦，38个重大能源项目超额完成年度计划，平江、华容电厂正式开工。项目建设强力推进。分两批集中开工1547个重大项目，交通、能源、水利、信息“四张网”建设年度任务全面完成，高速公路通车里程新增149公里，长株潭一体化“三

干”项目通车，民生领域等补短板项目有力推进。湘赣边区域合作实质性推进。完成农村危房改造 2.9 万户，开工改造老旧小区 2135 个。消费潜力加快释放。实施服务业“双百”工程，采取“八大举措”，社会消费品零售总额连续 10 个月稳步回升，限上企业网络零售额增长 33%，仓储、邮政业营业收入分别增长 25.8%、19.7%。成功举办中国红色旅游博览会和中国国际食品餐饮博览会，旅游总收入达 8262 亿元，服务业成为拉动经济增长的重要力量。外贸外资创新发展。深入实施促进外贸创新发展“六大举措”，积极开展“万企融网闯国际”“走进中国商飞”等经贸对接活动。在湘投资的世界 500 强企业达 178 家。国际及地区定期全货机航线达 10 条，中欧班列运营能力进入全国第一方阵。产业链供应链稳定。加强应对国际供应链断裂风险项目建设，全力推进 20 条工业新兴优势产业链建链补链延链强链，蓝思视窗面板、中车株洲所 IGBT 二期、邵阳彩虹盖板玻璃等项目竣工，工程机械、轨道交通装备、电子信息等产业链自主可控能力增强，进口替代步伐加快。区域发展更趋协调。长株潭一体化进程加快，三市地区生产总值占全省比重达 41.7%；洞庭湖区绿色发展水平提升，岳阳获批长江经济带绿色发展示范区；湘南湘西承接产业转移形成示范效应，湘西地区农村居民人均可支配收入增幅高于全省平均水平 1.8 个百分点。一年来，我们坚持稳社会预期、保市场主体，减税降费 630 亿元以上，金融让利 165 亿元，净增“四上”企业 3700 家，新获批国家专精特新“小巨人”企业 60 家，新增 A 股上市公司 13 家，内外双循环、上下游贯通的发展格局渐露雏形，拓展了空间，增强了后劲。

三是自立自强提升创新发展水平。实施科技成果转化、高新技术企业经济贡献奖励、科研人员股权和分红激励等举措，培育壮大发展新动能。技术攻坚加快推进。启动实施一批“卡脖子”重大科研攻关和战略性新兴产业技术攻关，牵头承接国家重大科技项目 18 个，有效发明专利量增长 20.4%。第三代杂交稻双季亩产突破 1500 公斤，再创历史新高。创新平台加快建设。木本油料资源利用国家重点实验室、国家应用数学中心等重大创新平台落户湖南，郴州“水资源可持续利用与绿色发展”经验模式加快探索，超 4000 家企业聚集岳麓山大学科技城，1600 家企业落户马栏山视频文创产业园。创新生态加快优化。覆盖科技领军人才和团队的支持服务体系不断完善，11 家院士专家工作站落户湖南，技术合同成交额增长 50%，预计科技进步贡献率达 60%。新动能加快成长。工业技改投资、高新技术产业投资分别增长 6.9%、25.4%，“两机”重大专项等重点项目加快推进。数字经济加快布局，5G 通信、人工智能、工业互联网、大数据等快速发展，移动互联网产业营业收入增长 22%，高新技术产业增加值接近万亿，省级以上产业园区规模工业增加值占比达 67.2%。创新为三湘大地注入了无限生机与活力，壮实了产业骨架，坚实了高质量发展步伐。

四是蹄疾步稳推进重点领域改革。以供给侧结构性改革为主线，增强改革的系统性、整体性、协同性。“三去一降一补”持续深化。加快淘汰煤炭等领域不安全的、落后的产能，落实洞庭湖区造纸企业关闭退出后续工作。株洲清水塘老工业基地 261 家企业整体退出。搬迁改造城镇人口密集区危化品生产企业 42 家。关键领域改革取得突破。复制推广自贸区经验 195 项。成为首个全域低空空域管理改革试点拓展省份。长沙获批数字人民币试点城市。出台国企改革三年行动实施方案，完成省建筑设计院等混合所有制改革，改组设立国有资本投资、运营公司，完成国资公司董事会职权试点。财政审计协同联动机制建立健全，省以下财政事权与支出责任划分稳步推进。完成全民所有自然资源资产清查试点。农村承包地确权登记颁证成果巩固拓展，农村集体产权制度改革整省试点任务基本完成，农村宅基地制度改革试点稳慎推进。机构改革成果深化巩固。生态环境系统行政、监测、执法、督察体制机制改革基本完成，交通、农业、文化、市场监管、城市管理等领域跨部门执法改革进展顺利。广电出版、消防执法、供销合作社综合改革取得明显进展。经营类事业单位改革基本完成，行业协会商会与行政机关脱钩改革全面完成。

五是一鼓作气打好三大攻坚战。始终保持攻坚定力，千方百计克服疫情汛情影响，圆满完成攻坚任务。精准脱贫成绩斐然。脱贫质量“回头看”和督查普查扎实推进，应对疫情影响脱贫攻坚“十条措施”落地见效，重点帮扶脱贫任务较重的地区，剩余19.9万贫困人口全部脱贫。污染防治成果丰硕。强力推进中央交办督察问题整改，坚决落实长江流域“十年禁渔”任务，强化“一江一湖四水”系统联治，完成污染防治攻坚战“夏季攻势”年度任务，农村人居环境整治三年行动圆满收官。长江干流湖南段和“四水”干流监测断面水质达到或优于Ⅱ类，全省市级城市平均空气质量首次达到国家二级标准，重金属污染耕地种植结构调整力度加大。中央污染防治攻坚战成效考核获评为优秀等级。风险防范成效明显。政府债务动态监测和风险预警加强，超额完成隐性债务化解任务。非法集资、“三贷三霸”、P2P等金融乱象得到有效整治。全省较大以上安全生产事故起数同比下降14.3%。有力应对27轮强降雨，未垮一库一坝，未溃一堤一垸，战胜严重洪涝灾害。深化主动接访下访大格局，社会大局保持和谐稳定。

六是尽心尽力发展社会民生事业。聚焦解决群众“急难愁盼”问题，突出“五个优先”，加快补齐民生短板。实施促进就业“五大行动”，帮助924万农民工返岗，城镇新增就业72.4万人。圆满完成12件重点民生实事，城乡低保、残疾人“两项补贴”、企业退休人员养老金标准连续提高，社会救助和保障标准与物价上涨挂钩联动。超额完成消除义务教育大班额任务，累计建成芙蓉学校70所，实现乡镇公办中心幼儿园全覆盖，全省整体通过国家县域义务教育基本均衡发展评估验收。文化惠民工程深入推进，新时代文明实践中心和县级融媒体中心建设加快，推出《大地颂歌》等一批精品力作。湘西世界地质公园申报成功，常德桃花源成为国家5A级景区。国家医学中心和区域医疗中心建设加快推进，药品和耗材集中带量采购取得阶段性成效。坚持政府过紧日子，压减盘活省直部门资金近60亿元，全省民生支出占比达70.4%。发放价格临时补贴11.1亿元，临时救助78.5万人次，党和政府的阳光温暖了社会、赢得了民心。

七是持之以恒提高政府治理效率。“不忘初心、牢记使命”主题教育成果巩固深化。自觉接受人大法律监督、工作监督和政协民主监督及社会监督，提请省人大常委会审议地方性法规草案10件，办理省人大代表建议1354件、省政协提案733件。“三集中三到位”改革顺利推进，省政务服务大厅投入运行，“互联网+政务服务”平台实现省市县乡村五级全覆盖，“一件事一次办”推出329项服务事项，企业群众办事时间平均缩减80%以上，日均新增市场主体2148个。第三次国土调查和第七次人口普查工作取得阶段性成果。落实深化整治形式主义官僚主义10条措施，推进金融、涉矿涉砂、工程建设等领域专项整治，廉政建设和反腐败斗争取得积极成效。出台“优化法治化营商环境33条”，开展市州营商环境评价。三项典型经验获国务院大督查通报表扬。

各位代表，“十三五”时期，是湖南各项事业阔步向前的五年，是湖南人民获得感、幸福感、安全感倍增的五年。这五年，经济实力跃上了新台阶。地区生产总值年均增长7%，五年跨越两个万亿台阶。存贷款余额分别达5.8万亿、4.9万亿元。装备制造、农产品加工、材料成为万亿产业，千亿企业实现零的突破、达到3个。这五年，高质量发展迈出了新步伐。三次产业结构不断优化，全员劳动生产率提高60%，高新技术产业增加值占GDP比重提高2个百分点。地方税收、地方收入、全口径税收、财政总收入分别迈上“2345”千亿台阶，非税占比下降11.1个百分点。这五年，创新开放催生了新动力。研发投入强度预计提升0.65个百分点，获国家科技一等奖10项，“三超”“三深”科技成果世界领先，高新技术企业净增6804家、达8621家。中国（湖南）自由贸易试验区获批，中非经贸博览会落户湖南，海关机构实现市州全覆盖，进出口年均增幅全国第一，实际使用外资 826 亿美元，实际到位内资 3.1 万亿元。这五年，全面改革释放了新活力。推出 140 项重大改革举措，市场化改革步伐加快。不安全的、落后的、环保不达标的产能基本出清，六大高耗能产业占比下降 1.8 个百分点。机构改革任务全面完成，“一件事一次办”成为全国政务服务知名品牌。这五年，城市乡村焕发了新面貌。长沙“四小时航空经济圈”逐步成型，长株潭“半小时交通圈”构筑成网，市市通高铁即将实现，县县通高速、村村通硬化路已成现实。这五年，脱贫攻坚取得了决定性成就。我们扛牢精准扶贫首倡地的政治责任，五年脱贫 477.6 万人，累计使 51 个县、6920 个村、682 万人甩掉贫困帽子，成功探索了一条精准、特色、可持续发展的脱贫路子，创造了十八洞村精准脱贫的全国样板，中央脱贫攻坚成效考核连续两年综合评价为“好”。这五年，创造了人民美好新生活。我们不负“守护好一江碧水”的殷殷嘱托，连续四年打响“夏季攻势”，擦亮了“一湖四水”生态名片。我们坚持人民至上，抓好发展和安全两件大事，实现村卫生室、乡镇卫生院全科医生、县市二甲公立医院、农村危房改造、安全饮水、通组公路全覆盖。

我们已站在新的历史起点上，为建设现代化新湖南奠定了坚实基础。

五年来，我们全力支持国防和军队现代化建设，创新开展兵役征集、国防教育、人民防空、军事设施保护、退役军人服务和“双拥”等工作。驻湘解放军、武警部队和广大民兵预备役人员积极参与疫情防控、抢险救灾、应急维稳、脱贫攻坚等急难险重任务，为全省经济社会发展作出了积极贡献。

回顾“十三五”，我们深刻体会到：必须始终坚持党的全面领导。增强“四个意识”、坚定“四个自信”、做到“两个维护”，始终在思想上政治上行动上同以习近平同志为核心的党中央保持高度一致，全力推动党中央大政方针政策在湖南落地生根、开花结果。必须始终坚定正确政治方向。以习近平总书记关于湖南工作系列重要讲话指示精神统揽全局，贯彻新发展理念，推动高质量发展，把习近平总书记为湖南擘画的宏伟蓝图变为美好现实。必须始终保持战略定力。坚持一张蓝图绘到底，把落实中央部署形成的好做法、好经验上升为制度安排，把推动湖南发展、增进民生福祉的有益探索上升为政策措施，走出一条符合湖南实际的高质量发展路子。必须始终坚持以人民为中心。把人民对美好生活的向往作为我们的奋斗目标，坚持发展为了人民、发展依靠人民、发展成果由人民共享，让湖南发展更有“温度”，让民生福祉更有“质感”。

各位代表！过去五年，在中共湖南省委坚强领导下，我们共同见证了习近平新时代中国特色社会主义思想的真理伟力，我们凝聚了全省各族人民同心同向、奋力攻坚的强大合力，我们得到了港澳台同胞、海外华侨华人、国际友人关山无阻、万里为邻的强大助力。过去一年，我们为逆行出征、向死而生的广大医务工作者、疾控人员而感动，我们为枕戈待旦、坚守如磐的人民解放军指战员、武警部队官兵、社区工作者、公安民警、应急救援人员、志愿者、基层干部群众而感动，我们为各行各业平凡的父亲、母亲、儿子、女儿而感动。在此，谨向所有参与者、奋斗者、奉献者致以崇高敬意！向关心支持全省经济社会发展的各民主党派、工商联和无党派人士、各人民团体、中央驻湘单位以及社会各界，表示衷心感谢！

我们也清醒认识到，全省经济社会发展还面临不少困难和问题。一是发展潜能有待激发，创新驱动发展能力还不够强，融入新发展格局的步伐还需加快，实体经济还面临不少难题。二是发展质量效益有待提高，发展不平衡不充分问题依然存在，产业发展层次和水平有待提升，税占比还较低。三是风险防控能力有待提升，财政实力还不够强，环境保护、安全生产、防灾减灾等领域仍然存在薄弱环节。四是人民生活品质有待改善，就业、教育、医疗、养老等民生工作还存在短板弱项。五是政府治理效能有待增强，少数部门和地方还存在执行不力、落实不到位现象，少数干部的作风、能力、素质还不完全适应新阶段新要求。我们一定要高度重视，认真加以解决。

二、“十四五”时期主要目标任务

“十四五”时期是开启全面建设社会主义现代化国家新征程、向第二个百年奋斗目标进军的第一个五年。我们要围绕到二〇三五年基本实现社会主义现代化的远景目标，坚持党的全面领导，坚持以人民为中心，坚持新发展理念，坚持深化改革开放，坚持系统观念，坚持目标引领，大力实施“三高四新”战略，实现经济成效更好、创新能力更强、改革开放更深、文明程度更高、生态环境更美、生活品质更优、治理效能更佳，奋力谱写新时代坚持和发展中国特色社会主义的湖南新篇章。重点推进六个方面工作：

一是全力打造“三个高地”，在推动高质量发展上闯出新路子。这是方向、使命和任务，必须步步为营、实质性推进。坚持高端化、智能化、绿色化、融合化，大力实施“八大工程”，促进先进制造业和现代服务业深度融合，提升产业基础能力和产业链现代化水平，着力打造国家重要先进制造业高地。坚持“四个面向”，大力实施“七大计划”，完善科技创新体系，打好关键核心技术攻坚战，着力打造具有核心竞争力的科技创新高地。坚持更深层次改革和更高水平开放，大力实施“四大改革行动”和“五大开放行动”，着力打造内陆地区改革开放高地。

二是全力融入国内大循环、国内国际双循环，在构建新发展格局中展现新作为。这是我国经济现代化的路径选择，必须加快经济循环的畅通无阻。持续深化供给侧结构性改革，建立健全需求侧管理长效机制，打造国内国际双循环重要节点，实现经济在高水平上的动态平衡。扩大居民消费，提升消费层次，培育完整内需体系，增强消费对经济发展的基础性作用。优先发展新型基础设施，优化升级传统基础设施，补齐民生基础设施短板，构建系统完备、高效实用、智能绿色、安全可靠的现代化基础设施体系。

三是全力优化高质量发展布局，在推动中部地区崛起和长江经济带发展中彰显新担当。这是未来发展的重要支撑，必须下好先手棋、打好主动仗，增强区域经济的竞争力、发展力、持续力。主动融入国家区域发展布局，积极对接“一带一路”、长江经济带、长三角一体化、粤港澳大湾区等国家战略，打造畅通陆海经济循环新枢纽，提高湖南在全国区域经济格局中的地位。着力构建“一核两副三带四区”区域经济格局，优化重大基础设施、重大生产力和公共资源布局，推动长株潭、洞庭湖、湘南、湘西四大区域板块协调联动发展。以长株潭一体化为龙头，建设现代化都市圈，促进大中小城市和小城镇协调发展。大力推进湘赣边区域合作示范区建设。

四是坚持农业农村优先发展，在全面实施乡村振兴战略中开拓新局面。这是建设现代化新湖南的关键和基础，必须抓牢抓实。促进农业全面升级，保障粮食等重要农产品供给安全，提升农业产业化、规模化、机械化、科技化水平，提高农业质量效益和竞争力。促进农村全面进步，统筹推进农村经济、政治、文化、社会、生态文明和党的建设，健全城乡融合发展机制，改善农村人居环境，增强农村发展活力。促进农民全面发展，大力推进乡村人才振兴，提高农民科技文化素质，造就一支适应农业农村现代化发展要求的高素质农民队伍。推进巩固拓展脱贫攻坚成果同乡村振兴有效衔接。

五是坚持生态优先、绿色发展，在促进人与自然和谐共生中取得新成效。这是赢得未来的必然要求，必须为子孙计、为长远谋，建设美丽湖南。深入打好污染防治攻坚战，推进山水林田湖草生态保护修复，实施好长江流域“十年禁渔”，提升生态系统质量和稳定性。落实国家碳排放达峰行动方案，调整优化产业结构和能源结构，构建绿色低碳循环发展的经济体系，促进经济社会发展全面绿色转型。加快构建产权清晰、多元参与、激励约束并重的生态文明制度体系。

六是坚持以人民为中心，在推进共同富裕上迈出新步伐。这是发展的出发点和落脚点，必须矢志不渝。

坚持在发展中改善人民生活品质，拓宽居民增收渠道，谋划实施一批重点民生工程，健全基本公共服务体系，在更高水平上实现幼有所育、学有所教、劳有所得、病有所医、老有所养、住有所居、弱有所扶。完善共建共治共享的社会治理制度，大力建设法治湖南、平安湖南、健康湖南，促进人的全面发展和社会全面进步。

三、2021 年工作

2021 年是我国现代化建设进程中具有特殊重要性的一年。当前，疫情变化和外部环境存在诸多不确定性，世界经济形势复杂严峻。我国发展仍然处于重要战略机遇期，但机遇和挑战都有新的发展变化。我们要正确认识我省所处的历史方位，准确把握所处发展阶段，奋力担当历史使命，夯实“稳”的基础，稳住向上向好发展态势；找准“进”的方向，全领域、全方位、全过程贯彻高质量发展要求；盯住“高”的目标，高水平、高标准、高效率实施“三高四新”战略；取得“新”的成效，迈出现代化新湖南建设坚实步伐，确保“十四五”开局之年迈好第一步，见到新气象。

今年工作的总体要求是：以习近平新时代中国特色社会主义思想为指导，全面贯彻党的十九大和十九届二中、三中、四中、五中全会精神，坚决落实习近平总书记关于湖南工作系列重要讲话指示精神和中央经济工作会议精神，坚持稳中求进工作总基调，立足新发展阶段，贯彻新发展理念，构建新发展格局，以推动高质量发展为主题，以深化供给侧结构性改革为主线，以改革创新为根本动力，以满足人民日益增长的美好生活需要为根本目的，大力实施“三高四新”战略，坚持创新引领开放崛起，坚持扩大内需战略基点，坚持系统观念和底线思维，更好统筹发展和安全，坚持精准施策，扎实做好“六稳”工作、全面落实“六保”任务，巩固拓展疫情防控和经济社会发展成果，推动经济平稳健康运行、社会和谐稳定，确保“十四五”开好局，以优异成绩庆祝建党 100 周年。

今年主要预期目标是：地区生产总值增长 7% 以上，地方一般公共预算收入增长 4% 以上，城镇新增就业 70 万人，城镇调查失业率与全国一致，居民消费价格涨幅控制在 3% 左右。居民收入稳步增长。生态环境质量进一步改善，完成国家下达的能耗“双控”目标。确保粮食播种面积和产量稳定。

今年要重点抓好以下工作：

（一）以改革创新为根本动力，全面厚植发展新优势

坚持高水平的自立自强，以改革集成优势，以创新激发动能，抢占产业、技术、人才、平台制高点，形成赢得未来的核心竞争力。

打好关键核心技术攻坚战。强化优势特色领域和颠覆性前沿技术领域布局，落实“揭榜挂帅”制。今年要紧盯制约产业发展的关键领域、引领未来发展的核心技术，抓住“卡链处”“断链点”，以点带面深入开展“四基”攻关突破行动，重点抓好十大技术攻关项目：（1）东映碳材高性能碳纤维；（2）汇思光电、湖南大学硅基量子点激光器；（3）湘潭大学碳基生物等先进传感器件；（4）中创空天、中南大学、株硬集团等高端装备用特种合金；（5）中电 48 所、楚微半导体 8 英寸集成电路成套装备；（6）中车时代电气、顶立科技、大合新材料等第三代半导体；（7）中联重科、三一重工等高端液压元器件；（8）湘江树图、天河国云区块链底层技术、数字货币加密技术；（9）铁建重工大型掘进机主轴承及数字仿真技术；（10）山河智能工程机械数字样机及孪生技术等科技攻关。

加强科技创新体系建设。深入推进“两区两山三中心”建设，加快郴州国家可持续发展议程创新示范区发展，支持有条件的地区创建国家创新型城市。积极争取布局国家大科学装置、区域科技创新中心、重点实验室等创新平台，支持组建创新联合体和中试基地，推动科研院所、高校、企业等科研力量优化

配置和资源共享。发挥企业在科技创新中的主体作用，促进高新技术企业、科技型中小企业和产业领军企业增量提质，力争高新技术企业突破 9500 家。加强科技交流合作。

强化科技创新要素支撑。促进创新链、产业链、价值链、人才链良性互动，研发投入强度提高 0.1 个百分点。完善金融支持创新体系，开展科技型企业知识价值信用贷款风险补偿试点，提高科技创新企业融资的可获得性。深入实施芙蓉人才行动计划、高层次人才引进计划、院士专家引领创新产业计划，完善靶向引才、专家荐才机制。健全科技人才评价体系。深化科技成果使用权、处置权和收益权改革，健全职务科技成果产权制度，开展科研经费使用“包干制”改革试点。加强知识产权保护，促进科技成果转化。

深化重点领域和关键环节改革。实施国企改革三年行动方案，积极稳妥深化国有企业混合所有制改革，推进全省国有资本布局优化和结构调整，完善中国特色现代企业制度。深化财税金融体制改革，全面推进零基预算，加快湖南金融中心建设，抓好长沙数字人民币试点。推进政府采购制度改革。基本完成党政机关和参公事业单位国有资产管理体制改革。加快产权制度改革，建立健全要素价格市场化形成机制。落实统一的市场准入负面清单制度。深入推进工程建设项目审批制度改革，持续推行极简审批服务。开展全域低空空域管理改革试点。推进统计现代化改革。

（二）以制造业高质量发展为突破，提升产业链供应链现代化水平

把制造业作为强省之基、兴省之要、富省之举，抓企业、兴产业、强产业链，构建上下贯通、集聚集合的产业生态。

大力发展先进制造业。做强做大工程机械、轨道交通装备、中小航空发动机等优势产业，壮大信创工程等新兴产业，培育智能网联汽车等未来产业。做强大企业、培育“小巨人”，支持龙头骨干企业跻身“三类 500 强”，建立专精特新中小企业梯度培育体系。力争新增规模工业企业 1000 家以上，制造业增加值增长 8.5% 左右。今年要紧盯振兴实体经济，强化重大产业项目的战略性、支撑性、带动性，加快产业兴湘、产业强湘，重点抓好十大产业项目：推进大众电动汽车、意华交通装备、山河工业城三期、马栏山视频文创产业园、中联智慧产业城、三一智联重卡、岳阳己内酰胺、三安半导体、蓝思消费电子、华菱涟钢薄板深加工等项目建设。

增强产业链供应链自主可控能力。锻造产业链供应链长板，推行链长制，“一链一策”出台三年行动计划，培育引进领军企业、关键配套企业，带动零部件、原材料企业就近发展，提升主导产业本地配套率，促进产业链向两端延伸、向高端攀升。补齐产业链供应链短板，提高核心基础零部件（元器件）、关键基础材料、先进基础工艺、产业技术基础和基础工业软件供给能力，增强产业链供应链抗风险水平。推动企业产品向前端高端尖端进军，提升品牌溢价能力。

推动产业数字化、数字产业化。加快数字经济发展，推动数据资源开发利用和保护，促进经济社会发展数字化、网络化、智能化，力争数字经济增加值增长 15% 以上。加快产业数字化，探索智能制造系统解决方案，引导中小企业上云用云，发展更多自动工位、智能车间、智能工厂，促进数字技术运用于企业设计、生产、营销、管理、服务全过程。加快数字产业化，培育 5G 应用、人工智能、集成电路、机器人、大数据、云计算等新兴产业。支持长沙创建中国软件名城，推进车联网先导区建设。

推进制造业与服务业融合发展。大力发展工业设计、供应链管理、数字创意等新业态，推进现代物流、现代金融等生产性服务业专业化、高端化发展。大力推动国家、省级“两业”融合试点。推动制造业服务化和服务型制造，推广柔性化定制，发展共享生产平台，加强全生命周期管理，开展研发设计、工程

总包、系统控制和维护管理一体化服务，引导服务企业利用信息、创意、营销渠道等优势，向制造环节拓展，实现创新资源、生产能力和市场需求的高效协同。推动通航产业和低空经济发展。

（三）以扩大内需为战略基点，积极参与强大国内市场建设

市场是当今全球竞争最稀缺的资源。必须依托全球规模最大、最具成长性的国内市场，促进全生产要素的良性循环，提升生产要素配置质量和水平。

增强供给体系韧性。深入推进供给侧结构性改革，继续完成“三去一降一补”重要任务，加快30万吨/年以下煤矿分类处置，有序推进沿江化工企业搬迁改造。建设国家物流枢纽和骨干冷链物流基地，培育第三方物流企业。推进土地要素市场制度建设，建立健全城乡统一的建设用地市场，保障重大产业、重点建设、重要民生项目用地需求。畅通劳动力和人才社会性流动渠道。深化投融资体制改革，健全政府性融资担保体系；发展普惠金融，增强中小微企业和民营企业金融服务供给；深入实施企业上市“破零倍增”计划，提高直接融资比重。加快培育数据要素市场，完善数据资源产权、交易流通等制度，推进政府数据开放共享。打破行业垄断和地方保护，加强监管执法，维护公平竞争。落实国家高标准市场体系建设行动，降低全社会交易成本。

全面促进消费。提振餐饮住宿、文化体育、健康养老、家政等服务消费，促进汽车和家电家具家装消费，培育体验消费、网络消费，打造时尚消费和“夜经济”地标。促进线上线下消费融合发展，扩大信息消费规模，提质升级步行街、商业综合体。落实带薪休假制度，扩大节假日消费。释放农村消费潜力，畅通县乡村三级物流配送网络。加快建设一批区域消费中心城市，创建张家界等一批国家文旅消费试点示范城市。改善消费环境，保护消费者权益。

持续扩大有效投资。今年紧盯完善“四张网”，聚焦打基础利长远，聚焦补短板强弱项，聚焦惠面广效应大，夯实高质量发展基础，重点抓好十大基础设施项目：新建新化至新宁高速公路、益阳至常德高速公路扩容工程、广电5G覆盖工程、高标准农田建设工程，改建韶山至井冈山红色旅游铁路，续建长沙机场改扩建工程、常益长铁路、永州电厂及雅江特高压（湖南段）等重大能源建设工程、张吉怀铁路、城市防洪排涝工程。

加快推进自贸试验区建设。建立制度创新项目库，大力开展首创性、集成性、系统性、链条性改革探索，确保完成改革试点任务50%以上，力争形成10项以上制度创新经验和案例。推动出台自贸试验区条例，编制长沙、岳阳、郴州片区发展规划及产业、园区和走廊专项规划。支持联动发展区开展相关改革试点。对接国际规则，巩固扩大对东盟开放合作，深入对接非洲大陆自贸区。

推动外贸高质量发展。培育壮大外贸主体和出口优势产业集群，积极搭建多层次外贸供应链平台，加快发展跨境电商、市场采购贸易等新业态。加强口岸和国际物流通道建设，推进海关特殊监管区域、临空临港经济区提质升级。加快全货机航线网络建设，打造中欧班列集结中心。大力引进总部经济项目、“三类500强”企业、产业龙头企业。加快推进中非经贸深度合作先行区建设，办好第二届中非经贸博览会等系列经贸活动。支持重点境外经贸合作园区建设。

大力优化营商环境。加强优化营商环境立法，开展优化营商环境攻坚行动。全面强化公平竞争审查，破除市场准入不合理限制和隐性壁垒，打造市场化法治化国际化营商环境。加快社会信用体系建设，完善守法诚信褒奖、违法失信惩戒机制。毫不动摇鼓励、支持、引导非公有制经济发展，优化支持非公有制经济发展的市场、政策、法治和社会环境。弘扬企业家精神，依法保护企业产权和企业家权益，构建亲清政商关系。

（四）以农业农村现代化为引领，全面推进乡村振兴

稳住农业基本盘、守好“三农”基础，是应变局、开新局的“压舱石”。

促进农业高质高效。落实粮食安全党政同责要求，完善粮食安全省长责任制和“菜篮子”市长负责制。坚决守住耕地红线，坚决遏制耕地“非农化”、防止“非粮化”。深入实施藏粮于地、藏粮于技战略，加强农田水利设施建设，巩固提升农业综合生产能力。加强种业科技创新和种质资源保护利用，实施优质粮油、湘猪、菜果茶工程。深化农业供给侧结构性改革，深入实施“六大强农”行动，打造“百千万”工程升级版，大力培育农业优势特色千亿产业，推动品种培优、品质提升、品牌打造和标准化生产，促进农村一二三产业融合发展。继续抓好生猪生产恢复。支持农业现代化示范区、农业对外开放试验区建设。

建设宜居宜业乡村。实施乡村建设行动，统筹规划建设县域城镇和村庄，改善农村基础设施，提升农村建房质量和水平。实施农村人居环境整治提升五年行动，因地制宜推进农村改厕、生活垃圾处理、污水治理和农业面源污染治理。打造300个以上省级美丽乡村示范村、100个省级特色精品乡村，保护传统古村落。建立健全城乡融合发展政策体系，促进城乡要素自由流动、平等交换和公共资源合理配置。

推动农民富裕富足。发展富民乡村产业，稳定农民工就业，保持强农惠农富农政策的连续性稳定性，提升农民生产经营效益，确保农民稳定增收。丰富农村精神文化生活，建立乡村公共文化服务体系，扎实开展形式多样的群众文化活动，深化文明村镇和文明家庭创建。大力倡导科学文明之风，推进农村移风易俗。

做好巩固拓展脱贫攻坚成果同乡村振兴有效衔接。围绕5年过渡期三大任务，保持主要帮扶政策总体稳定，健全防止返贫监测和帮扶机制，巩固拓展脱贫攻坚成果；做好工作机制、政策举措、机构队伍等衔接转向，推动脱贫攻坚工作体系全面转向乡村振兴；健全农村低收入人口常态化帮扶机制，分层分类做好帮扶救助，确保不出现规模性返贫。

深化农业农村改革。开展第二轮土地承包到期后再延长三十年试点、土地经营权流转登记颁证。完善农村产权交易平台和服务体系，依法规范、稳妥开展农村集体经营性建设用地入市。探索农村宅基地“三权分置”实现形式。培育农民合作社、家庭农场等新型农业经营主体，健全农业专业化社会化服务体系，发展新型农村集体经济，巩固拓展集体产权制度改革成果。深化供销合作社综合改革，健全农村金融等服务体系，推动农业保险扩面增品提标。

（五）以“一江一湖四水”为主战场，持续推进生态文明建设

环境就是民生，青山就是美丽，蓝天也是幸福，要坚决不负“守护好一江碧水”的殷殷嘱托。

继续推动污染防治。扎实推进长江经济带生态环境突出问题整改，推动“一江一湖四水”系统联治，完成湘江保护和治理第三个三年行动计划，持续发起“夏季攻势”。抓好长江干支流入河排污口、城市黑臭水体、饮用水水源地环境问题整治。加强工业园区水环境管理，推动港口码头岸电全覆盖。开展塑料污染治理。大力提升空气质量，实施细颗粒物和臭氧协同控制，强化长株潭及传输通道城市大气污染联防联控，积极应对重污染天气。加强固体废弃物和磷污染治理、受污染耕地安全利用和严格管控，推进土壤重金属污染治理。完善生态环境监测网络，强化污染源自动在线监控、电力环保智慧监管，以及垃圾、污水等处理设施在线监管。建立用地全程一体化管理及自然资源监测保护、执法保障体系。

加强生态保护与修复。加快推进长江岸线湖南段、“一湖四水”流域生态廊道建设，推进湘江流域和洞庭湖生态保护修复工程试点；加强河湖生态流量监管，持续推进河湖“清四乱”和非法矮围专项整治。开展国土绿化行动，推行林长制，加强天然林保护修复。深入推进砂石土矿专项整治和全域土地综合整

治试点。加强生物多样性保护，严格落实禁捕退捕政策，强化禁食野生动物管控。

加快推动绿色低碳发展。发展环境治理和绿色制造产业，推进钢铁、建材、电镀、石化、造纸等重点行业绿色转型，大力发展装配式建筑、绿色建筑。支持探索零碳示范创建。全面建立资源节约集约循环利用制度，实行能源和水资源消耗、建设用地等总量和强度双控，开展工业固废资源综合利用示范创建，加强畜禽养殖废弃物无害化处理、资源化利用，加快生活垃圾焚烧发电等终端设施建设。抓好矿业转型和绿色矿山、绿色园区、绿色交通建设。倡导绿色生活方式。

（六）以对接国家战略为导向，提升区域合作竞争实力

在国家重大部署中抢抓战略机遇，加快构建优势互补的区域经济格局。

参与国家战略合作。拓展与“一带一路”沿线国家经贸交流，推动国际产能合作、中欧班列信息港、国际铁路港保税物流平台等项目建设。加强与长江沿线地区产业、基础设施、体制机制合作。全面落实对接粤港澳大湾区实施方案，打造湖南至大湾区 3–5 小时便捷通达圈。深化与长三角一体化和成渝双城经济圈合作。深入实施湘赣边区域合作示范区十大重点工程。

建设“一核两副三带四区”。大力推进长株潭一体化，高位统筹、同向发力、创新协同、政策一体、齐抓落实，支持长沙提升城市能级、湘江新区拓展新片区，带动“3+5”城市群发展。支持岳阳建设长江经济带绿色发展示范区、衡阳建设现代产业强市。依托京广、沪昆、渝长厦通道，建设各具特色和优势的经济带。加快洞庭湖生态经济区传统产业转型升级和特色产业、园区发展，增强湘南湘西承接产业转移示范区产业链配套能力，继续实施湘西地区开发战略。

推进以人为核心的新型城镇化。实施城市更新行动，优化再配置城市资本、土地等要素，增强城市的整体性、系统性、宜居性、包容性，提高城市科学化、精细化、智能化水平，推进城市精心规划、精品建设、精细管理、精美呈现。加快城镇老旧小区改造，推动城市生态修复和功能完善，强化城市风貌管控和历史文化保护。深化户籍制度改革，完善财政转移支付和城镇新增建设用地规模与农业转移人口市民化挂钩政策。扩大保障性租赁住房供给，规范市场行为，促进房地产市场平稳健康发展。

建立国土空间规划体系。划定落实生态保护红线、永久基本农田、城镇开发边界“三条控制线”，加快构建“四级三类”国土空间规划体系，形成国土空间规划“一张图”。严格国土空间用途管制，分区分类制定管控规则。实行规划全周期管理，建立编制、审批、修改和实施监督全程留痕制度。

持续壮大县域经济实力。实施特色县域经济强县工程，引导农产品加工、产业转移项目在县域布局。加快特色小镇建设。深化扩权强县改革，实施县域税收增量奖励政策，完善省以下均衡性转移支付、县级基本财力保障机制奖补资金办法。组织经济强县与欠发达县结对帮扶合作。推进符合条件的县撤县设市（区）。

（七）以建设文化强省为目标，繁荣文化事业和文化产业

不断提高文化软实力，引领风尚、教育人民、服务社会、推动发展。

提高社会文明程度。深入开展习近平新时代中国特色社会主义思想学习教育，加强党史、新中国史、改革开放史、社会主义发展史和爱国主义、集体主义、社会主义教育。深入推进公民道德、志愿服务、网络文明、家庭家教家风建设，突出抓好未成年人与大学生思想道德、心理健康教育。积极推进我省全域创建文明城市，拓展新时代文明实践中心建设。加快建设长征国家文化公园（湖南段），加强爱国主义教育基地建设管理，做好红色基因库试点工作。提倡艰苦奋斗、勤俭节约。

提升公共文化服务水平。坚持以社会主义核心价值观引领文化建设，全面繁荣新闻出版、广播影视、

文学艺术、哲学社会科学事业。推进城乡公共文化服务一体化，建强用好县级融媒体中心和农村应急广播体系，创新实施文化惠民工程，组织文化进万家、戏曲进校园和“湘观影”“光影铸魂”等文化活动。广泛开展“欢乐潇湘”“书香湖南”等群众性文化活动。加强优秀传统文化、传统手工艺保护和传承，深入挖掘湖湘文化时代内涵，强化重要文化和自然遗产、非物质文化遗产系统性保护。广泛开展全民健身运动，积极备战奥运会、全运会。

发展壮大现代文化产业。完善文化产业规划和政策，加强文化市场体系建设，扩大优质文化产品供给。实施文化产业数字化战略，建设智慧广电体系和文旅大数据中心。加快马栏山视频文创产业园建设，构建高新视频全产业链体系，打造具有国际影响力的“中国V谷”。推动5G高新视频、网络影视剧、动漫游戏、创意设计、旅游演艺、文旅装备制造等产业创新发展。推动文化和旅游融合发展，加快旅游景区提质升级，打造伟人故里、魅力湘西、大美洞庭、湘赣边红色旅游等精品线路，提升“锦绣潇湘”全域旅游品牌。支持汝城沙洲红色文化引领绿色发展。

（八）以解决群众“急难愁盼”问题为落脚点，全面提高社会建设水平

民之所望、政之所向。人民是我们党执政兴国最深厚的基础和最大的底气，我们要努力让人民安居乐业，让老百姓有想头、有盼头、有奔头。

办好重点民生实事。坚持为民办实事传统，在继续办好增加公办幼儿园学位等十方面实事基础上，新办十件重点民生实事：（1）累计建成100所芙蓉学校。（2）提高城乡居民低保水平，确保城市低保标准每人每月不低于550元，城市低保人均救助水平每人每月不低于374元；确保农村低保标准不低于每人每年4300元，农村低保人均救助水平每人每月不低于229元。（3）强化职业培训，城镇新增就业70万人；完成政府补贴性职业技能培训55万人次。（4）实施疾控中心标准化建设工程，确保45家市州、县市区疾控中心达到国家标准。（5）建设农村公路安防设施1万公里。（6）提升农村通信网络，完成522个行政村通组光纤工程。（7）实施乡村“雪亮工程”，建设乡村公共部位安防设备10万个。（8）实施困难残疾人家庭无障碍改造1.2万户。（9）推进中医药服务基层全覆盖，确保社区卫生服务中心、建制乡镇卫生院有人员、有场地、有服务、有设施。（10）办理法律援助案件4.5万件。这是对人民的郑重承诺，必须高水平、高质量办好。

落实就业优先政策。始终把就业这个最大民生牢牢抓在手上。千方百计稳定和扩大就业，支持和规范发展新就业形态，鼓励多渠道灵活就业，全力促进高校毕业生、农民工、退捕渔民、残疾人等重点群体就业，兜底帮扶困难人员就业，确保零就业家庭动态清零。大力促进退役军人就业创业。健全就业公共服务体系，完善“湘就业”平台功能。鼓励自主创业。加强技能人才队伍建设，推进“技行三湘”技能培训，举办首届湖南省技能大赛。整治拖欠农民工工资问题，保障劳动者待遇和权益，构建和谐劳动关系。

办好人民满意的教育。教育是追求美好生活的起点，必须更多更公平地惠及人民群众。扩大普惠性学前教育资源覆盖面，推动义务教育优质均衡发展和城乡一体化，加强乡镇寄宿制学校和乡村小规模学校建设，引导高中阶段学校多样化发展。推进职业教育改革发展，发挥株洲职教科技城的作用，促进产教融合试点城市创建，推动职普融通、产教校企合作。提升高等教育质量，支持高校“双一流”建设。大力实施“互联网＋教育”。加快推动中小学幼儿园安全防范建设。加强师德师风建设。完成“三全育人”综合改革试点，稳妥推进独立学院转设，有序实施民办教育分类管理改革。开展教育评价改革。平稳推进高考综合改革。

加快建设健康湖南。把健康作为每个人成长和实现幸福生活的重要基础。毫不放松抓好常态化疫情

防控，坚持人、物同防，强化薄弱环节防控，确保不出现规模性输入和反弹。大力加强公共卫生体系建设，加快完善疾病预防控制体系，健全突发公共卫生事件监测预警处置机制，加强卫生应急队伍建设和现场救护，全面提升公共卫生防控救治能力；推进国家医学中心、区域医疗中心建设，启动省级区域医疗中心建设，提高县级医院综合能力和乡镇卫生院、村卫生室、社区卫生机构医疗服务水平；深化医药卫生体制改革，加快建立分级诊疗体系，推进药品和耗材集中采购使用改革。深入开展健康湖南行动和爱国卫生运动。强化慢性病筛查和早期发现。发展“互联网 + 医疗健康”，加快推进中医药高质量发展。提高优生优育服务水平，促进人口均衡发展。

健全社会保障体系。兜住底线，老百姓才更有底气，社会才能更加和谐。大力推进基本养老保险全民参保，完善省、市、县企业养老保险责任分担机制，上调退休人员基本养老金。推进工伤保险省级统筹。建立健全被征地农民社会保障机制。健全重大疾病医疗保险和救助制度，开展长期护理保险试点，深化医保支付方式改革。推进社会救助制度改革，建立完善社会救助对象和困难群众主动发现机制，将低保对象扩大到低收入家庭中的重度残疾人、重病患者。增强残疾人制度化保障服务能力，健全残疾人托养照护和康复服务体系，推进无障碍环境标准化规范化建设。发展社会福利、慈善事业，加强未成年人和农村留守老人、儿童、妇女关爱保护。积极应对人口老龄化，加快建设居家社区机构相协调、医养康养相结合的养老服务体系。

（九）以安全稳定为底线，建设更高水平的平安湖南

坚持生命至上、安全第一，全面提高公共安全保障能力。

统筹防范化解经济金融风险。稳妥化解地方政府存量隐性债务，推进平台公司市场化转型，加强对新增政府隐性债务监督问责，确保政府隐性债务不新增，并逐年化解。强化专项债券项目合规性审核和风险把控，严格落实专项债券发行使用负面清单，确保发得出、用得好、见效快。建设全省非法金融活动监测预警平台，持续开展“一非三贷”和金融领域涉黑涉恶专项整治。保障关键基础网络系统安全和大数据安全。

加强和创新社会治理。健全党组织领导的自治、法治、德治相结合的城乡基层治理体系，推进市域社会治理现代化，抓好县乡村三级社会治理创新，全面完成新一轮村（社区）“两委”换届工作。推动社会治理和服务重心向基层下移，强化网格化管理服务，发挥社会组织、社会工作者、志愿者作用。坚持和发展新时代“枫桥经验”，总结推广“溆浦经验”，完善信访制度和各类调解联动工作体系，畅通和规范群众诉求表达、利益协调、权益保障通道。健全社会心理服务体系和危机干预机制。全面贯彻党的民族政策、党的宗教工作基本方针。发挥工会、共青团、妇联、红十字会等人民团体作用。

维护社会稳定和安全。突出抓好县域风险防控和县域警务工作，持续深化“一村一辅警”建设，构建立体化、信息化社会治安防控体系。巩固扫黑除恶成果，坚决防范和打击涉毒等突出违法犯罪、新型网络犯罪和新形态经济犯罪。严格落实安全生产责任制，加强应急救援管理体系和能力建设，扎实开展安全生产专项整治三年行动，努力实现“三个坚决、两个确保”目标。推进自然灾害防治重点工程建设，做好气象、地震、通信保障、人民防空等工作。强化食品药品全过程监管。

全力支持国防和军队现代化建设。坚决贯彻习近平强军思想，全面落实《中华人民共和国国防法》，完善全民国防教育体系。稳步推进国防动员体制改革，巩固深化民兵调整改革成果，深化国防动员融合发展，加快“智慧动员”项目建设。深入开展“双拥”创建，做好退役军人管理服务，巩固和加强军政军民团结。

四、加强政府自身建设

新时代赋予新使命，新征程要求新作为。必须大力发扬“为民服务孺子牛、创新发展拓荒牛、艰苦奋斗老黄牛”精神，全身心投入现代化新湖南建设。

始终坚持党的全面领导。坚定不移同以习近平同志为核心的党中央保持高度一致，把增强“四个意识”、坚定“四个自信”、做到“两个维护”落实到行动上、体现到效果上。坚持用习近平新时代中国特色社会主义思想武装头脑，加强政治能力训练和政治实践历练，增强政治判断力、政治领悟力和政治执行力，不断提高把握新发展阶段、贯彻新发展理念、构建新发展格局的能力和水平。

始终坚持依法行政。深化法治政府示范创建，加快推进法治政府建设。规范行政决策程序，健全重大政策事前评估和事后评价制度，完善政府法律顾问、公职律师制度，提升决策科学化、民主化、法治化水平。提高政府立法质量和效率，全面落实行政执法“三项制度”，推进行政复议体制改革。启动“八五”普法。认真办理人大代表建议和政协提案，提高办理水平。依法接受同级人大及其常委会监督，自觉接受人民政协民主监督，主动接受社会和舆论监督，认真听取人大代表、政协委员意见，听取民主党派、工商联、无党派人士和各人民团体意见建议。强化审计监督、统计监督。

始终坚持协同高效。深化“放管服”改革，再取消、调整和下放一批行政权力事项，在自贸试验区和国家级园区开展“证照分离”改革全覆盖试点。全面实行政府权责清单制度，全面推进政务服务标准化、规范化、便利化。持续深化“一件事一次办”改革，推进全省通办、跨省通办，全面实施政务服务“好差评”制度，大力推行告知承诺制。推进建设全省统一的中介服务超市。加快数字政府建设。

始终坚持廉洁从政。推进清廉湖南建设，全面规范领导干部配偶、子女及其配偶经商办企业行为。深入开展“打牌子”“提篮子”和招投标、涉矿涉砂涉金融等腐败多发领域专项整治，突出整治群众身边腐败和不正之风。锲而不舍落实中央八项规定精神，坚决反对和整治一切形式主义官僚主义。牢固树立政府过紧日子思想，坚决压减非刚性、非重点、非急需支出。

始终坚持固本强基。全面加强基层治理体系和治理能力建设，增强干部专业能力和专业精神，完善绩效考核、督查激励与问责机制。健全基层组织，加强基础保障，减轻基层负担，关心基层干部，为能扛重活、善打硬仗的干部加油鼓劲，为敢于负责、勇于担当的干部站台撑腰，让广大干部专心致志干事创业、建功立业。

各位代表！蓝图已绘就，号角已吹响。让我们更加紧密地团结在以习近平同志为核心的党中央周围，在中共湖南省委的坚强领导下，调动一切可以调动的积极因素，团结一切可以团结的力量，奋力建设现代化新湖南，创造无愧于党、无愧于人民、无愧于历史的业绩，以优异成绩迎接建党100周年！

湖南省2020年国民经济和社会发展统计公报[1]

湖南省统计局　国家统计局湖南调查总队

2021年3月16日

2020年是极不平凡的一年。面对国内外形势的深刻复杂变化，特别是新冠肺炎疫情严重冲击和罕见汛情，在省委、省政府的坚强领导下，全省上下坚持以习近平新时代中国特色社会主义思想为指导，认真贯彻习近平总书记考察湖南重要讲话指示精神，全面落实党中央、国务院决策部署，坚持稳中求进工作总基调，众志成城抗击疫情，率先启动复工复产，扎实做好“六稳”工作，全面落实“六保”任务，统筹疫情防控和经济社会发展取得了显著成效，全省经济呈现增速稳步回升、结构持续优化、质效不断改善的良好态势，脱贫攻坚战取得全面胜利，决胜全面建成小康社会取得决定性成就，为全面开启“十四五”新征程，大力实施“三高四新”战略，奋力建设现代化新湖南打下了坚实基础。

一、综　合

根据地区生产总值统一核算结果，全年地区生产总值[2]41781.5亿元，比上年增长3.8%。其中，第一产业增加值4240.4亿元，增长3.7%；第二产业增加值15937.7亿元，增长4.7%；第三产业增加值21603.4亿元，增长2.9%。

三次产业结构为10.2∶38.1∶51.7。第二、第三产业增加值占地区生产总值的比重分别比上年下降0.5个和0.6个百分点，工业增加值增长4.6%，占地区生产总值的比重为29.6%；高新技术产业增加值增长10.1%，占地区生产总值的比重为23.5%；战略性新兴产业增加值增长10.2%，占地区生产总值的比重为10.0%。第一、二、三产业对经济增长的贡献率分别为8.1%、53.9%和38.0%。其中，工业增加值对经济增长的贡献率为43.9%，生产性服务业增加值对经济增长的贡献率为24.0%，分别比上年提高4.6个和0.2个百分点。

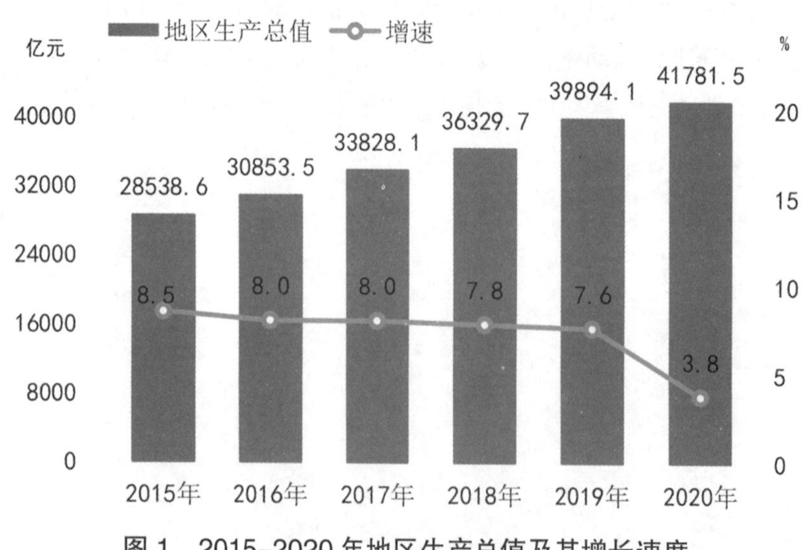

图1　2015-2020年地区生产总值及其增长速度

分区域看，长株潭地区[3]生产总值 17591.5 亿元，比上年增长 4.0%；湘南地区生产总值 8119.3 亿元，增长 3.9%；大湘西地区生产总值 6884.4 亿元，增长 3.6%；洞庭湖地区生产总值 9604.2 亿元，增长 4.0%。

二、农　业

全年农林牧渔业总产值 7512.0 亿元，增长 4.1%。其中，农业产值 3364.8 亿元，增长 4.1%；林业产值 428.0 亿元，增长 8.3%；牧业产值 2721.6 亿元，增长 2.5%；渔业产值 477.5 亿元，增长 4.3%。

全年粮食种植面积 4754.8 千公顷，比上年增加 138.4 千公顷，增长 3.0%。其中，夏粮面积 106.3 千公顷，增加 3.9 千公顷，增长 3.8%；早稻面积 1225.7 千公顷，增加 131.1 千公顷，增长 12.0%；秋粮面积 3422.7 千公顷，增加 3.4 千公顷，增长 0.1%。秋粮面积中，中稻及一季晚稻面积 1476.1 千公顷，减少 126 千公顷，下降 7.9%；双季晚稻面积 1292.0 千公顷，增加 133.5 千公顷，增长 11.5%。全年粮食产量 3015.1 万吨，比上年增加 40.3 万吨，增产 1.4%。其中，夏粮产量 43.1 万吨，增加 1.8 万吨，增产 4.3%；早稻产量 718.7 万吨，增加 57.3 万吨，增产 8.7%；秋粮产量 2253.3 万吨，减少 18.8 万吨，减产 0.8%。

全年棉花种植面积 59.5 千公顷，比上年下降 5.6%；糖料种植面积 7.6 千公顷，增长 2.3%；油料种植面积 1453.5 千公顷，增长 6.4%；蔬菜及食用菌种植面积 1355.0 千公顷，增长 3.2%。棉花产量 7.4 万吨，减产 9.0%；油料 260.7 万吨，增产 9.0%；烤烟 18.3 万吨，减产 0.1%；茶叶 25.0 万吨，增产 7.1%；蔬菜及食用菌 4110.1 万吨，增产 3.5%。

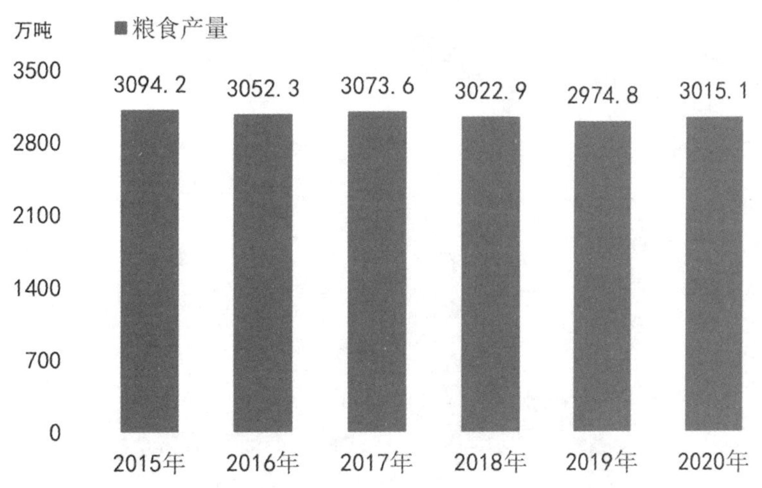

图 2　2015-2020 年湖南粮食产量

全年猪、牛、羊、禽肉类总产量 452.5 万吨，比上年减产 0.9%。其中，猪肉产量 337.7 万吨，减产 3.1%；牛肉产量 20.5 万吨，增产 7.9%；羊肉产量 16.1 万吨，增产 1.3%；禽肉产量 78.2 万吨，增产 6.5%。年末生猪存栏 3734.6 万头，比上年末增长 38.4%，其中，能繁母猪存栏 351.6 万头，增长 41.7%；牛存栏 438.1 万头，增长 6.7%；羊存栏 761.2 万只，增长 6.9%；家禽存笼 37688.5 万羽，增长 3.7%。全年生猪出栏 4658.9 万头，比上年下降 3.2%；牛出栏 174.6 万头，增长 7.4%；羊出栏 983.3 万只，增长 1.2%；家禽出笼 54403.6 万羽，增长 6.6%。禽蛋产量 118.8 万吨，增产 3.6%；牛奶产量 5.6 万吨，减产 11.1%；水产品产量 258.9 万吨，增产 1.8%。

全年新增农田有效灌溉面积31.6千公顷，新增节水灌溉面积40.3千公顷；开工各类水利工程7.7万处，投入资金269.5亿元，完成水利工程土石方10.6亿立方米；提质改造农村公路4598公里。

三、工业和建筑业

全年规模以上工业增加值比上年增长4.8%。其中，民营企业增加值增长5.7%，占规模以上工业的比重为71.7%。高技术制造业[4]增加值增长16.0%，占规模以上工业的比重为11.7%，比上年提高0.4个百分点。装备制造业[5]增加值增长10.4%，占规模以上工业的比重为32.4%，比上年提高1.9个百分点。省级及以上产业园区工业增加值增长4.2%，占规模以上工业的比重为69.1%。六大高耗能行业增加值增长2.7%，占规模以上工业的比重为28.5%，比上年下降0.6个百分点。分区域看，长株潭地区规模工业增加值增长4.7%，湘南地区规模工业增加值增长4.6%，大湘西地区规模工业增加值增长5.0%，洞庭湖地区规模工业增加值增长4.8%。

全年规模以上工业统计的主要产品产量中，大米1732.2万吨，比上年增长15.9%；饲料1791.0万吨，增长3.1%；原油加工量877.9万吨，下降6.0%；水泥10989.1万吨，增长0.4%；钢材2720.7万吨，增长8.6%；十种有色金属215.0万吨，增长7.5%；混凝土机械7.0万台，增长57.5%；汽车63.5万辆，下降25.2%；发电量1496.2亿千瓦时，下降1.5%。

表1　2020年规模以上工业主要产品产量及其增长速度

产品名称	计量单位	产　量	比上年增长（%）
原　煤	万吨	1053.3	–13.4
原　盐	万吨	330.5	2.6
大　米	万吨	1732.2	15.9
饲　料	万吨	1791.0	3.1
精制食用植物油	万吨	310.4	1.4
卷　烟	亿支	1625.0	–1.6
机制纸及纸板	万吨	316.1	–4.4
原油加工量	万吨	877.9	–6.0
硫　酸（折100%）	万吨	207.6	11.6
烧　碱（折100%）	万吨	59.7	2.3
合成氨	万吨	62.5	–1.1
化　肥（折纯）	万吨	58.7	13.7
水　泥	万吨	10989.1	0.4
平板玻璃	万重量箱	3821.4	11.2
生　铁	万吨	2105.4	6.6

表1　续

产品名称	计量单位	产　量	比上年增长（%）
钢　材	万吨	2720.7	8.6
十种有色金属	万吨	215.0	7.5
白　银	吨	6508.8	-5.6
起重机	万吨	269.8	48.4
混凝土机械	万台	7.0	57.5
建筑工程用机械	万台	20.7	35.5
汽　车	万辆	63.5	-25.2
其中：轿车	万辆	29.2	-12.9
运动型多用途乘用车（SUV）	万辆	25.6	-29.7
新能源汽车	万辆	5.2	-56.2
城市轨道车辆	辆	1732	33.4
发电设备	万千瓦	494.0	62.1
交流电动机	万千瓦	1654.5	1.8
变压器	万千伏安	13221.4	24.5
发电量	亿千瓦时	1496.2	-1.5
其中：火电	亿千瓦时	851.2	-6.9
水电	亿千瓦时	539.0	3.3

规模以上工业企业实现利润总额[6]2032.7亿元，比上年增长8.7%。分经济类型看，国有企业80.9亿元，下降0.9%；集体企业3.1亿元，下降15.2%；股份合作制企业0.6亿元，下降47.7%；股份制企业1726.5亿元，增长8.7%；外商及港澳台商投资企业167.7亿元，增长19.1%；其他内资企业54.0亿元，下降1.3%。利润总额居前五位的大类行业中，专用设备制造业413.2亿元，增长50.0%；非金属矿物制品业216.3亿元，增长4.8%；计算机、通信和其他电子设备制造业151.7亿元，增长17.4%；化学原料和化学制品制造业149.2亿元，增长3.4%；农副食品加工业111.7亿元，下降6.8%。规模以上工业企业每百元营业收入中的成本为81.4元。年末规模以上工业企业资产负债率为51.4%。

全年资质以上总承包和专业承包建筑业企业实现总产值11863.8亿元，比上年增长9.8%。房屋建筑施工面积67978.8万平方米，增长4.2%。房屋建筑竣工面积21235.3万平方米，增长0.9%。

四、服务业

全年批发和零售业增加值4054.4亿元，比上年增长0.6%；交通运输、仓储和邮政业增加值1561.0亿元，下降0.6%；住宿和餐饮业增加值827.4亿元，下降9.4%；金融业增加值2126.4亿元，增长8.3%；房地产业增加值2902.4亿元，增长4.1%；信息传输、软件和信息技术服务业增加值850.5亿元，增长20.9%；租赁和商务服务业增加值1230.8亿元，增长1.9%。全年规模以上服务业企业营业收入增长4.9%，利润总额下降 18.9%。

全年客货运输换算周转量 3262.7 亿吨公里，比上年下降 11.3%。货物周转量 2620.4 亿吨公里，增长 0.3%。其中，铁路周转量 856.4 亿吨公里，增长 0.1%；公路周转量 1350.6 亿吨公里，增长 2.6%。旅客周转量 985.6 亿人公里，下降 40.9%。其中，铁路周转量 607.9 亿人公里，下降 39.6%；公路周转量 224.8 亿人公里，下降 48.1%；民航周转量 151.0 亿人公里，下降 33.2%。

年末公路通车里程 24.11 万公里，比上年末增长 0.2%。其中，高速公路通车里程 6951 公里，比上年末增加 149 公里。铁路营业里程 5630 公里。其中，高速铁路 1996 公里。民用汽车保有量 956.6 万辆，增长 9.3%。其中，私人汽车保有量 890.2 万辆，增长 9.5%。轿车保有量 522.3 万辆，增长 8.9%。

表 2　2020 年各种运输方式完成客货运输量及其增长速度

指　　标	计量单位	绝对数	比上年增长（%）
货运量	万吨	201977.3	5.8
其中：铁路	万吨	4591.5	0.8
公路	万吨	176441.5	6.9
水运	万吨	19844.2	-1.2
民航	万吨	11.0	19.7
管道	万吨	1089.1	-7.2
客运量	万人	57512.0	-44.2
其中：铁路	万人	11391.9	-27.1
公路	万人	44143.9	-47.5
水运	万人	840.5	-48.8
民航	万人	1135.8	-28.9

全年邮政业务总量 [7]429.2 亿元，比上年增长 33.4%；电信业务总量 [8]5670.5 亿元，增长 33.4%。年末固定电话用户 592.4 万户，下降 4.9%；移动电话用户 6719.4 万户，增长 1.1%。年末互联网宽带用户 2113.2 万户，增长 12.8%。

全年国内游客 6.9 亿人次，比上年下降 16.2%；入境游客 17.0 万人次，下降 96.4%。旅游总收入 8262.0 亿元，下降 15.4%。其中，国内旅游收入 8258.4 亿元，下降 14.1%；入境旅游收入 5116.7 万美元，下降 97.7%。

五、固定资产投资

全年固定资产投资（不含农户）比上年增长 7.6%。其中，民间投资增长 3.0%。分经济类型看，国有投资增长 7.3%，非国有投资增长 7.8%。分投资方向看，民生工程投资增长 5.1%，生态环境投资增长 7.1%，基础设施投资增长 4.6%，高技术产业投资 [9] 增长 25.4%，工业技改投资增长 6.9%。分区域看，长株潭地区投资增长 6.5%，湘南地区投资增长 8.8%，大湘西地区投资增长 8.4%，洞庭湖地区投资增长 9.2%。

全年房地产开发投资 4880.4 亿元，比上年增长 9.8%。其中，住宅投资 3615.1 亿元，增长 13.1%。

商品房销售面积 9437.4 万平方米，增长 3.7%。其中，住宅销售面积 8506.7 万平方米，增长 5.4%。商品房销售额 5947.1 亿元，增长 6.6%。其中，住宅销售额 5223.6 亿元，增长 10.6%。年末商品房待售面积 1333.8 万平方米，比上年末减少 76.9 万平方米，下降 5.5%。

表 3　2020 年固定资产投资增长速度

指　标	比上年增长（%）
固定资产投资（不含农户）	7.6
第一产业	−6.3
第二产业	11.5
其中：采矿业	−2.8
制造业	8.1
电力、热力、燃气及水生产和供应业	44.0
建筑业	30.9
第三产业	6.3
其中：交通运输、仓储和邮政业	3.4
信息传输、软件和信息技术服务业	−7.8
批发和零售业	−17.8
住宿和餐饮业	−17.9
金融业	−45.3
房地产业	7.9
租赁和商务服务业	35.4
科学研究和技术服务业	16.0
水利、环境和公共设施管理	6.1
居民服务、修理和其他服务业	4.0
教育	11.6
卫生和社会工作	19.8
文化、体育和娱乐业	−8.1
公共管理、社会保障和社会组织	−11.6

六、国内贸易和物价

全年社会消费品零售总额 16258.1 亿元，比上年下降 2.6%。分经营地看，城镇消费品零售额 14045.2 亿元，下降 2.8%；乡村消费品零售额 2212.9 亿元，下降 0.9%。分消费类型看，商品零售额 14374.7 亿元，下降 1.6%；餐饮收入额 1883.5 亿元，下降 9.4%。分区域看，长株潭地区社会消费品零售总额 6310.7 亿元，下降 2.5%；湘南地区社会消费品零售总额 3299.3 亿元，下降 2.6%；大湘西地区社会消费品零售总额 2935.1 亿元，下降 2.7%；洞庭湖地区社会消费品零售总额 3713.0 亿元，下降 2.4%。

表 4　2020 年社会消费品零售总额及其增长速度

指　　标	零售额（亿元）	比上年增长（%）
社会消费品零售总额	16258.1	−2.6
按经营地分		
其中：城镇	14045.2	−2.8
乡村	2212.9	−0.9
限额以上法人批发和零售业商品零售额	5463.2	3.8
其中：粮油、食品类	679.8	13.0
饮料类	103.6	3.9
烟酒类	109.7	5.1
服装、鞋帽、针纺织品类	350.3	0.9
化妆品类	85.3	18.5
金银珠宝类	72.7	−3.6
日用品类	186.0	3.6
五金、电料类	53.6	4.6
体育、娱乐用品类	16.7	22.9
书报杂志类	63.7	10.5
电子出版物及音像制品类	2.4	−11.2
家用电器和音像器材类	331.0	1.2
中西药品类	282.9	22.1
文化办公用品类	103.1	7.9
家具类	71.5	−0.7
通讯器材类	67.3	23.1
石油及制品类	926.5	−6.2
建筑及装潢材料类	90.4	6.0
机电产品及设备类	38.9	0.4
汽车类	1668.3	3.3

全年限额以上法人批发和零售业商品零售额 5463.2 亿元，比上年增长 3.8%。分商品类别看，粮油、食品类零售额增长 13.0%，化妆品类增长 18.5%，家用电器和音像器材类增长 1.2%，中西药品类增长 22.1%，通讯器材类增长 23.1%，石油及制品类下降 6.2%，汽车类增长 3.3%。智能、环保型商品中，智能家用电器和音像器材零售额增长 1.5%，智能手机增长 8.3%，新能源汽车增长 15.9%。

全年实物商品网上零售额 1591.1 亿元，比上年增长 21.6%，占社会消费品零售总额的比重为 9.8%，比上年提高 1.7 个百分点。

全年居民消费价格比上年上涨 2.3%。其中，城市上涨 2.0%，农村上涨 2.9%。商品零售价格上涨 1.3%。工业生产者出厂价格下降 1.0%，工业生产者购进价格下降 1.1%。农产品生产者价格上涨 23.3%，农业生产资料价格上涨 3.5%。

表 5　2020 年居民消费价格比上年涨跌幅度

指　标	涨跌幅度（%）	按城乡分	
		城市	农村
居民消费价格	2.3	2.0	2.9
其中：食品烟酒	8.3	7.4	10.2
衣着	0.2	0.0	0.5
居住	−0.9	−0.7	−1.3
生活用品及服务	−0.1	−0.1	0.1
交通和通信	−3.3	−3.4	−3.1
教育文化及娱乐	0.0	−0.4	0.7
医疗保健	1.0	1.4	0.4
其他用品和服务	3.6	4.6	1.8

七、对外经济

全年进出口总额[10]4874.5 亿元，比上年增长 12.3%。其中，出口 3306.4 亿元，增长 7.5%；进口 1568.1 亿元，增长 24.1%。分贸易方式看，一般贸易出口 2631.2 亿元，增长 9.1%；加工贸易出口 520.7 亿元，下降 5.3%。出口额居前五位的商品中，服装及衣着附件 175.1 亿元，下降 34.0%；电子元件 171.9 亿元，增长 3.5%；塑料制品 135.4 亿元，增长 20.1%；鞋靴 124.2 亿元，增长 5.1%；纺织纱线、织物及其制品 119.1 亿元，增长 100.9%。分产销国别（地区）看，出口香港 571.4 亿元，下降 6.0%；出口美国 457.8 亿元，增长 26.6%；出口欧盟[11]357.8 亿元，下降 0.2%；出口东盟 591.0 亿元，增长 17.5%。

表 6　2020 年进出口总额及其增长速度

指　标	绝对数（亿元）	比上年增长（%）
进出口总额	4874.5	12.3
出口额	3306.4	7.5
按贸易方式分		
其中：一般贸易	2631.2	9.1
加工贸易	520.7	−5.3
按重点商品分		
其中：机电产品	1493.3	12.2
高新技术产品	465.1	11.5
农产品	117.0	28.3
进口额	1568.1	24.1
按贸易方式分		
其中：一般贸易	958.7	24.5

表6 续

指　标	绝对数（亿元）	比上年增长（%）
加工贸易	430.2	8.5
按重点商品分		
其中：机电产品	661.9	21.3
高新技术产品	451.1	44.7
农产品	250.3	65.1

全年实际利用外资 210.0 亿美元，比上年增长 16.0%。其中，第一产业 10.3 亿美元，增长 43.5%；第二产业 78.5 亿美元，下降 2.3%；第三产业 121.2 亿美元，增长 29.6%。实际到位资金 3000 万美元以上外资项目 176 个。年末在湘投资的世界 500 强存续企业 179 家，新引进世界 500 强企业 2 家。实际到位境内省外资金 8737.3 亿元，增长 22.5%。其中，第一产业 688.0 亿元，增长 33.3%；第二产业 4076.5 亿元，增长 14.2%；第三产业 3972.8 亿元，增长 30.3%。引进 2 亿元以上境内省外项目 807 个。

全年新签对外承包工程合同金额 44.6 亿美元，比上年下降 18.8%；实现营业额 22.5 亿美元，下降 25.4%；派出各类劳务人员 0.55 万人，下降 65.1%。对外中方合同投资额 21.9 亿美元，增长 100.8%。对外实际投资额 14.9 亿美元，增长 54.7%。

八、财政和金融

全年地方一般公共预算收入 3008.7 亿元，比上年增长 0.1%。其中，税收收入 2058.0 亿元，下降 0.2%；非税收入 950.7 亿元，增长 0.6%。税收收入中，国内增值税 700.6 亿元，下降 11.3%；企业所得税 256.0 亿元，增长 3.6%。一般公共预算支出 8402.7 亿元，增长 4.6%。其中，教育支出 1325.2 亿元，增长 4.3%；社会保障和就业支出 1307.6 亿元，增长 12.7%；卫生健康支出 736.6 亿元，增长 11.3%；科学技术支出 234.1 亿元，增长 36.2%；住房保障支出 244.7 亿元，增长 14.5%。

表 7　2020 年地方一般公共预算收支及其增长速度

指　标	绝对数（亿元）	比上年增长（%）
地方一般公共预算收入	3008.7	0.1
其中：税收收入	2058.0	-0.2
国内增值税	700.6	-11.3
企业所得税	256.0	3.6
非税收入	950.7	0.6
一般公共预算支出	8402.7	4.6
其中：一般公共服务	868.0	2.0
教育	1325.2	4.3
科学技术	234.1	36.2
文化体育与传媒	139.7	-3.5
社会保障和就业	1307.6	12.7

表7　续

指　　标	绝对数（亿元）	比上年增长（%）
卫生健康支出	736.6	11.3
节能环保	243.7	0.4
城乡社区	776.7	-18.4
农林水	979.2	0.1
交通运输	373.6	9.2
资源勘探信息等	153.0	23.2
自然资源支出	107.4	3.9
住房保障	244.7	14.5

年末金融机构本外币各项存款余额57912.0亿元，比上年末增长10.0%。其中，住户存款余额31869.1亿元，增长12.2%；非金融企业存款余额13456.4亿元，增长3.1%。本外币各项贷款余额49402.8亿元，增长16.5%。其中，住户贷款余额18392.3亿元，增长17.1%；非金融企业及机关团体贷款余额30965.9亿元，增长16.3%。

表8　2020年末金融机构本外币存贷款余额及其新增额

指　　标	年末余额（亿元）	比年初新增额（亿元）
各项存款	**57912.0**	**5251.6**
其中：境内存款	57835.5	5239.2
#住户存款	31869.1	3458.8
活期存款	11183.6	742.5
定期及其他存款	20685.5	2716.3
非金融企业存款	13456.4	410.7
活期存款	7236.6	-172.7
定期及其他存款	6219.8	583.5
非银行业金融机构存款	2555.9	443.2
境外存款	76.5	12.4
各项贷款	**49402.8**	**6987.4**
其中：境内贷款	49358.6	7010.4
#住户贷款	18392.3	2686.2
短期贷款	4427.6	727.0
中长期贷款	13964.7	1959.1
非金融企业及机关团体贷款	30965.9	4348.1
短期贷款	6272.8	749.0
中长期贷款	22963.3	3451.1
境外贷款	44.3	-23.0

年末全省境内上市公司117家，全年直接融资总额4674.4亿元，比上年增长51.1%。年末A股上市公司总市值17533.2亿元，增长77.7%。年末证券公司营业部436家，减少1家；全年证券交易额104863.6亿元，增长91.5%。年末辖区共有期货公司3家，同比持平；全年成交金额64275.9亿元，增长42.0%。

全年保险公司原保险保费收入1513.1亿元，比上年增长8.4%。其中，寿险保费收入760.8亿元，增长7.2%；健康险保费收入303.7亿元，增长19.8%；人身意外伤害险保费收入39.7亿元，增长12.4%；财产险保费收入408.9亿元，增长2.8%。原保险赔付支出482.4亿元，增长13.8%。

九、教育和科学技术

年末有普通高校114所。研究生教育毕业生2.5万人，普通高等教育毕业生37.6万人，中等职业教育毕业生20.8万人，普通高中毕业生38.6万人，初中毕业生78.7万人，普通小学毕业生81.3万人。在园幼儿231.4万人，比上年增长1.7%。小学适龄儿童入学率[12]100%，高中阶段教育毛入学率[13]93.29%。各类民办学校11502所，在校学生265.5万人。发放高校国家奖学金、助学金（本专科生）17.2亿元，资助高校学生（本专科生）77.9万人次。发放中职国家助学金4.08亿元，资助中职学生40.8万人次。落实义务教育保障资金103.7亿元，发放普通高中国家助学金5.0亿元。

表9　2020年各级学校招生、在校及毕业生人数及其增长速度

指　标	招生人数		在校（学）人数		毕业人数	
	绝对数（万人）	比上年增长（%）	绝对数（万人）	比上年增长（%）	绝对数（万人）	比上年增长（%）
研究生教育	3.5	15.9	10.2	9.3	2.5	15.9
普通高等教育	48.9	7.2	151.0	7.3	37.6	3.9
成人高等教育	28.3	16.7	55.5	18.7	19.1	42.8
中等职业教育	24.8	–2.1	68.3	1.9	20.8	–0.9
普通高中	44.9	2.6	127.3	4.3	38.6	1.6
初中	82.4	–3.2	252.0	1.5	78.7	2.3
普通小学	84.9	–5.2	534.3	1.0	81.3	–3.1
特殊教育	0.8	–2.7	5.4	14.9	0.7	32.1

年末有国家工程研究中心（工程实验室）16个，省级工程研究中心（工程实验室）286个。国家地方联合工程研究中心（工程实验室）38个。国家认定企业技术中心59个。国家工程技术研究中心14个，省级工程技术研究中心455个。国家级重点实验室19个，省级重点实验室338个。签订技术合同11741项，技术合同成交金额736.0亿元。登记科技成果532项。专利申请量137415件，比上年增长29.5%。其中，发明专利申请量55017件，增长40.7%。专利授权量78723件，增长44.0%。其中，发明专利授权量11537件，增长36.1%。工矿企业、大专院校和科研单位专利申请量分别为79121件、18553件和996件，专利授权量分别为42202件、14125件和650件。

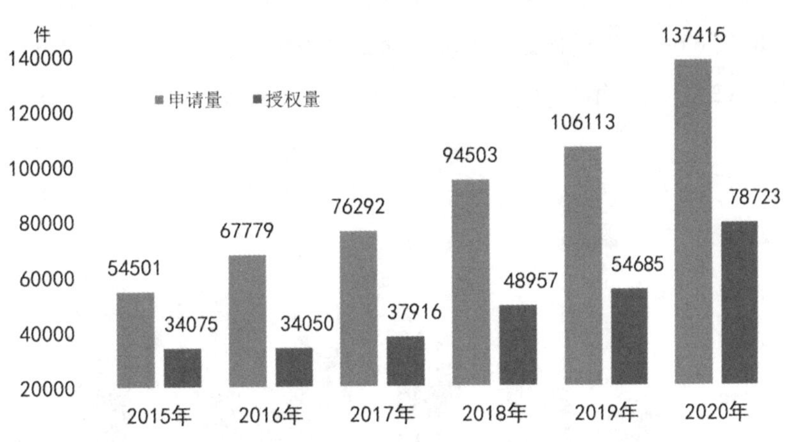

图 3　2015-2020 年专利申请量和授权量

年末有检验检测机构 2025 个。其中，国家产品质量监督检验中心 18 个。法定计量检定机构 103 个。特种设备生产单位 1882 家，特种设备 42.4 万台。重点工业产品监督抽查合格率 87.6%。参与制定国际标准 4 项，参与制定国家标准 176 项，组织制定地方标准 294 项。公开出版地图 7868 幅，天地图用户访问量 224.0 万次，提供地理空间数据成果 284.0 万幅。

十、文化、卫生和体育

年末有艺术表演团体 575 个，群众艺术馆、文化馆 146 个，公共图书馆 141 个，博物馆、纪念馆 117 个。广播电视台（播出机构）108 座。有线电视用户 727.7 万户。广播综合人口覆盖率 99.37%，电视综合人口覆盖率 99.74%。国家级非物质文化遗产保护目录 118 个，省级非物质文化遗产保护目录 324 个。出版图书 10311 种、期刊 254 种、报纸 46 种，图书、期刊、报纸出版总印数分别为 4.5 亿册、0.95 亿册和 7.3 亿份。

年末有卫生机构 56117 个。其中，医院 1654 个，妇幼保健院（所、站）137 个，专科疾病防治院（所、站）82 个，乡镇卫生院 2144 个，社区卫生服务中心（站）834 个，诊所、卫生所、医务室 12016 个，村卫生室 38110 个。卫生技术人员 50.0 万人，比上年下降 0.5%。其中，执业医师和执业助理医师 19.1 万人，注册护士 23.7 万人。医院拥有床位 37.7 万张，增长 3.2%；乡镇卫生院拥有床位 10.7 万张，增长 1.8%。

全省经常参加体育锻炼人数 2664.3 万人，开展全民健身项目 1043 项次。新建农民体育健身工程的行政村 837 个。全年获得 26 个全国冠军。体育场地 149635 个。其中，体育馆 264 座，运动场 6729 个，游泳池 815 个，各种训练房 7267 个。

十一、居民收入消费和社会保障

全年全省居民人均可支配收入 29380 元，比上年增长 6.1%；人均可支配收入中位数 23783 元，增长 5.2%。按常住地分，城镇居民人均可支配收入 41698 元，增长 4.7%；城镇居民人均可支配收入中位数 37478 元，增长 4.0%。农村居民人均可支配收入 [14]16585 元，增长 7.7%；农村居民人均可支配收入中位数 14839 元，增长 6.6%。城乡居民可支配收入比值由上年的 2.59 缩小为 2.51。分区域看，长株潭地区居民人均可支配收入 45273 元，增长 5.6%；湘南地区居民人均可支配收入 27171 元，增长 6.2%；大湘西地区居民人均可支配收入 20323 元，增长 6.6%；洞庭湖地区居民人均可支配收入 26695 元，增长 6.3%。贫困地区[15]农村居民人均可支配收入 12023 元，增长 9.9%。外出农民工人均月收入 4889 元，增长 6.4%。

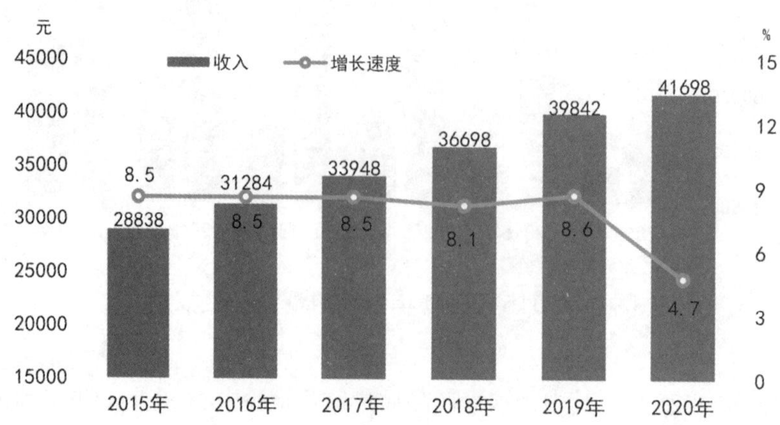

图 4　2015-2020 年城镇居民人均可支配收入及其增长速度

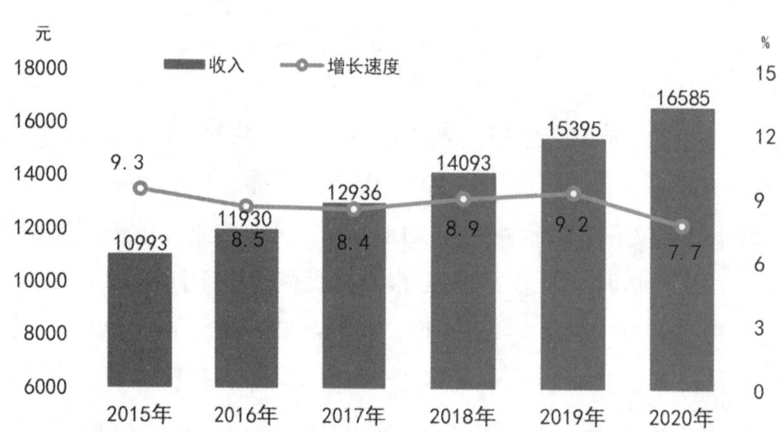

图 5　2015-2020 年农村民人均可支配收入及其增长速度

全年全省居民人均消费支出 20998 元，比上年增长 2.5%。按常住地分，城镇居民人均消费支出 26796 元，下降 0.5%；农村居民人均消费支出 14974 元，增长 7.2%。

全年新增城镇就业人员 72.42 万人。农民工总量 1724.1 万人，比上年下降 3.1%。其中，外出农民工 1181.4 万人，下降 4.3%；本地农民工 542.7 万人，下降 0.4%。新生代农民工[16]950.9 万人，下降 1.3%。年末城乡居民基本养老保险登记参保人数 3471.1 万人，比上年末增加 57.5 万人。参加城镇职工基本养老保险人数 1724.8 万人，比上年末增加 166.9 万人。其中，参保职工 1222.1 万人，参保离退休人员 502.7 万人。参加基本医疗保险人数 6731.8 万人。其中，参加城镇职工基本医疗保险人数 989.8 万人，参加城乡居民基本医疗保险人数 5742.1 万人。参加失业保险职工人数 640.9 万人，增加 34.3 万人。参加工伤保险职工人数 820.0 万人。参加生育保险职工人数 633.8 万人。年末领取失业保险金职工人数 12.5 万人。获得政府最低生活保障的城镇居民 44.6 万人，发放最低生活保障经费 23.4 亿元；获得政府最低生活保障的农村居民 149.5 万人，发放最低生活保障经费 46.5 亿元。年末提供住宿民政机构床位 23.9 万张，收养人数 12.6 万人。其中，养老机构床位 22.3 万张，养老机构服务人数 11.7 万人。社区服务机构和设施 3.3 万个。全年销售社会福利彩票 50.9 亿元，筹集福彩公益金 16.0 亿元。圆满完成 12 件重点民生实事。其中，增加公办幼儿园学位 39.2 万个，改（新）建农村户用厕所 106.1 万户，孕产妇免费产前筛查 41.7 万人。

十二、资源、环境和安全生产

全省已发现矿种 146 种，探明资源储量矿种 111 种。其中，能源矿产 7 种，金属矿产 39 种，非金属矿产 63 种，水气矿产 2 种。财政出资实施地质勘查项目（含续作项目）247 个，新发现大中型矿产地 8 处。

全年达到或优于 III 类标准的水质断面比例为 95.9%，比上年提高 0.6 个百分点。7 个市级城市空气质量达到二级标准。设市城市生活污水处理率 98.31%，设市城市生活垃圾无害化处理率 100%。省级以上自然保护区 53 个，面积 91 万公顷。其中，国家级 23 个，省级 30 个。省级以上风景名胜区 71 个，面积 68.1 万公顷。其中，国家级 22 个，省级 49 个。世界地质公园 2 个，国家地质公园 14 个。全年完成造林面积 58.1 万公顷，年末林地面积 1298.6 万公顷，活立木蓄积 6.18 亿立方米，森林覆盖率 59.96%。

初步核算，全年规模以上工业综合能源消费量比上年下降 1.3%。其中，六大高耗能行业综合能源消费量下降 1.3%。

全年发生各类生产经营性安全事故 1574[17] 起，生产经营性安全事故死亡人数 1654 人。亿元地区生产总值事故死亡人数 0.04 人，煤矿百万吨死亡人数 0.16 人。

注释：

[1] 本公报数据均为初步统计数，部分数据因四舍五入的原因，存在与分项合计不等情况。人口数据将根据第七次人口普查结果发布公报，与人口相关计算指标的数据暂缺。

[2] 地区生产总值、三次产业及相关行业增加值绝对数按现价计算，增长速度按不变价格计算。

[3] 长株潭地区是指长沙、株洲和湘潭 3 市，湘南地区是指衡阳、郴州和永州 3 市，大湘西地区是指邵阳、张家界、怀化、娄底和湘西自治州 5 市（州），洞庭湖地区是指岳阳、常德和益阳 3 市。

[4] 高技术制造业包括医药制造业，航空、航天器及设备制造业，电子及通信设备制造业，计算机及办公设备制造业，医疗仪器设备及仪器仪表制造业，信息化学品制造业。

[5] 装备制造业主要包括金属制品业，通用设备制造业，专用设备制造业，汽车制造业，铁路、船舶、航空航天和其他运输设备制造业，电气机械和器材制造业，计算机、通信和其他电子设备制造业，仪器仪表制造业。

[6] 由于统计调查制度规定的口径调整、统计执法、剔除重复数据等因素，2020 年规模以上工业企业财务指标增速及变化按可比口径计算。

[7] 邮政业务总量按 2010 年不变价计算。

[8] 电信业务总量按 2015 年不变价计算。

[9] 高技术产业投资包括医药制造，航空、航天器及设备制造，电子及通信设备制造，计算机及办公

设备制造，医疗仪器设备及仪器仪表制造，信息化学品制造等六大类高技术制造业投资和信息服务、电子商务服务、检验检测服务、专业技术服务业中的高技术服务、研发设计服务、科技成果转化服务、知识产权及相关法律服务、环境监测及治理服务和其他高技术服务等九大类高技术服务业投资。

[10] 根据有关规定，对外贸易采用人民币计价。

[11] 对欧盟的货物进出口金额不包括英国数据，增速按可比口径计算。

[12] 小学适龄儿童入学率指调查范围内已入小学学习的学龄儿童占校内外学龄儿童总数的百分比。

[13] 高中阶段教育毛入学率主要反映高中阶段教育覆盖面，是指高中阶段在校生总数占 15–17 岁学龄人口数的百分比。

[14] 2014 年起，指标由农村居民人均纯收入改为农村居民人均可支配收入。

[15] 贫困地区，包括集中连片特困地区、片区外的国家扶贫开发工作重点县。其中，集中连片特困地区覆盖 37 个县，国家扶贫开发工作重点县共计 20 个，集中连片特困地区包含 17 个国家扶贫开发工作重点县。

[16] 新生代农民工，即 1980 年及以后出生的农民工。

[17] 2020 年生产安全事故统计口径进行了调整，与上年数据不可比。

资料来源：

本公报中财政数据来自省财政厅；铁路运输、铁路里程数据来自中国铁路广州局集团有限公司、石长铁路有限责任公司和南宁铁路有限公司；公路运输、水路运输、公路里程数据来自省交通运输厅；民航运输数据来自省机场管理集团有限公司、中国南方航空股份有限公司湖南分公司；管道运输数据来自中国石油化工股份有限公司长岭分公司、中国石化集团资产经营管理有限公司长岭分公司、中国石化集团资产经营管理有限公司巴陵石化分公司、中国石化销售有限公司华中分公司湖南输油管理处、长沙新奥燃气有限公司、长沙华润燃气有限公司、湘潭新奥燃气有限公司、常德中石油昆仑燃气有限公司、娄底华润燃气有限公司等；汽车保有量数据来自省公安厅；电信业务量、移动电话用户、固定电话用户、互联网宽带用户数据来自省通信管理局；邮政业务量数据来自省邮政管理局；存贷款数据来自中国人民银行长沙中心支行；上市公司数据来自省地方金融监督管理局；证券、期货数据来自中国证券监督管理委员会湖南监管局；保险业数据来自中国银行保险监督管理委员会湖南监管局；教育数据来自省教育厅；科技数据来自省科技厅；专利、质量检测、行业标准数据来自省市场监督管理局；测绘、矿产资源数据来自省自然资源厅；旅游、艺术表演团体、博物馆、公共图书馆、文化馆、非物质文化遗产保护数据来自省文化和旅游厅；广播、电视数据来自省广播电视局；报纸、期刊、图书数据来自省委宣传部；卫生、孕产妇免费产前筛查数据来自省卫生健康委员会；体育数据来自省体育局；城镇新增就业、社会保险数据来自省人力资源和社会保障厅；医疗保险、生育保险数据来自省医疗保障局；城乡低保、社会福利、社区服务数据来自省民政厅；改（新）建农村户用厕所数据来自省农业农村厅；水利建设数据来自省水利厅；城市建设数据来自省住房和城乡建设厅；自然保护区、地质公园、林地、造林、活立木、森林覆盖率数据来自省林业局；地表水质量、空气质量数据来自省生态环境厅；安全生产数据来自省应急管理厅；其他数据来自省统计局和国家统计局湖南调查总队。

Hunan Province Statistical Communiqué for the 2020 National Economic and Social Development[1]

Hunan Bureau of Statistics, Hunan Survey Office of the National Bureau of Statistics

March 16, 2021

Facing the complicated situation of mounting risks and challenges at home and abroad, especially the compact of covid-2019 and flood in 2020, under the leadership of Hunan Provincial Committee and Hunan Provincial People's Government, Hunan adhered to the guidance of Xi Jinping Thought on Socialism with Chinese Characteristics for a New Era, implemented the instruction of Xi Jinping in Hunan, followed the decisions and arrangements made by the CPC Central Committee and the State Council, followed general work guideline of making progress while maintaining stability, took the lead of work resumption, implemented the strategy of “Six Aspects of Stability” and “Six Aspects of Security”, planed the battle of epidemic prevention and control. Throughout the year, the economy kept stable and growing, and took solid steps towards high quality development, complete victory in the fight against poverty, made decisive achievements in building a moderately prosperous society in all respects, laying the crucial foundation needed to accomplish 14th Five-Year Plan, the SanGaoSiXin Strategy and the Hunan.

I. General Outlook

According to preliminary estimation, Hunan’s gross domestic product (GDP) [2] was 4,178.15 billion Yuan, representing a 3.8 percent increase over the previous year. Out of this total, the added value of the primary industry was 424.04 billion Yuan, up by 3.7 percent; that of the secondary industry was 1,593.77 billion Yuan, up by 4.7 percent; and that of the tertiary industry was 2,160.34 billion Yuan, up by 2.9 percent.

The proportion of the three industries in Hunan Province was calculated as 10.2:38.1:51.7, down by 0.5 and 0.6 percentage for the secondary industry and the tertiary industry respectively. The added value of the industrial sector accounted for 29.6 percent of Hunan’s GDP, up by 4.6 percent from the preceding year. The added value of the high and new technology industry accounted for 23.5 percent of Hunan’s GDP, up by 10.1 percent. The added value of strategic emerging industry increased by 10.2 percent, accounting for 10.0 percent of Hunan’s GDP. The contribution rates of the primary, secondary and tertiary industry to economic growth were 8.1 percent, 53.9 percent and 38.0 percent respectively. The contribution rate of industrial sector to economic growth was 43.9 percent, and that of producer services sector to economic growth was 24.0 percent, presenting increase rates of 4.6 percent and 0.2 percent respectively.

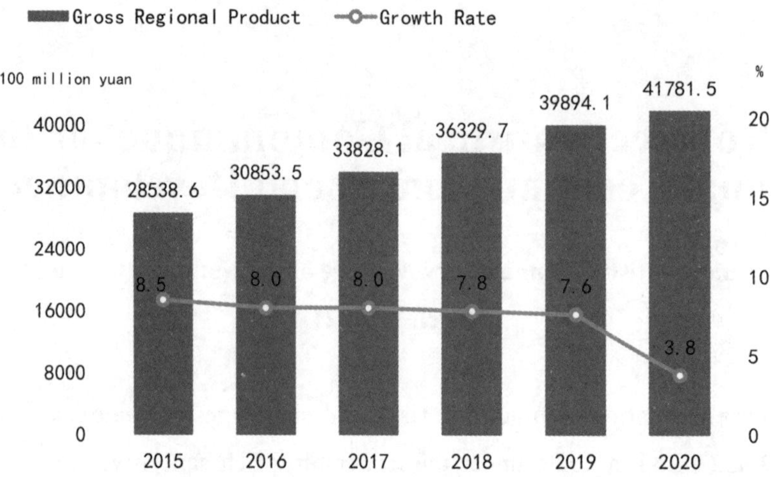

Figure 1 Gross Regional Product and its Growth Rate, 2015-2020

Looking from regions, the GDP of Changsha-Zhuzhou-Xiangtan (CZT) [3] region was 1,759.15 billion Yuan, up by 4.0 percent over the previous year; the GDP of southern Hunan was 811.93 billion Yuan, up by 3.9 percent; the GDP of large western Hunan was 688.44 billion Yuan, up by 3.6 percent; and the GDP of Dongting Lake areas was 960.42 billion Yuan, up by 4.0 percent.

II. Agriculture

In 2020, the value of agriculture and forestry animal husbandry and fishery was 751.2 billion Yuan, up by 4.1 percent over the previous year. Of this total, the value of agriculture was 336.48 billion Yuan, up by 4.1 percent; that of forestry was 42.8 billion Yuan, up by 8.3 percent; that of animal husbandry was 272.16 billion Yuan, up by 2.5 percent; and that of fishery was 47.75 billion Yuan, up by 4.3 percent.

The sown area of grain was 4,754,800 hectares, a increase of 138,400 hectares compared with that in 2019, up by 3% percent, of which, summer crops was 106,300 hectares, an increase of 3,900 hectares, up by 3.8%; early rice was 1,225,700 hectares, a increase of 131,100 hectares up by 12.0%; and autumn grain was 3,422,700 hectares, an increase of 34,000 hectares, up by 0.1%. Of the autumn grain sown area, medium rice and late rice was 1,476,100 hectares, a decrease of 126,000 hectares down by 7.9%; double cropping late-season rice was 1,292,000 hectares, an increase of 133,500 hectares up by 11.5%. The total output of grain was 30,151,000 tons, an increase of 403,000 tons up by 1.4% from the previous year. Of this total, the output of summer crops was 431,000 tons, in increase of 18,000 tons up by 4.3 percent; the output of early rice was 7,187,000 tons, an increase of 573,000 tons up by 8.7 percent; and the output of autumn grain was 22,533,000 tons, a decrease of 188,000 tons down by 0.8%.

The sown area of cotton was 59,500 hectares, a decrease by 5.6%. The sown area of sugar crops was 7,600 hectares, an increase by 2.3%. The sown area of oil-bearing crops was 1,453,500 hectares, an increase by 6.4%. The sown area of vegetables was 1,355,000 hectares, an increase by 3.2%. The output of cotton decreased by 9.0%

to 74,000 tons, that of oil-bearing crops increased by 9.0% to 2,607,000 tons, that of flue-cured tobacco drop by 0.1% to 183,000 tons, that of tea and vegetables increased by 7.1% and 3.5% to 250,000 tons and 41,101,000 tons respectively.

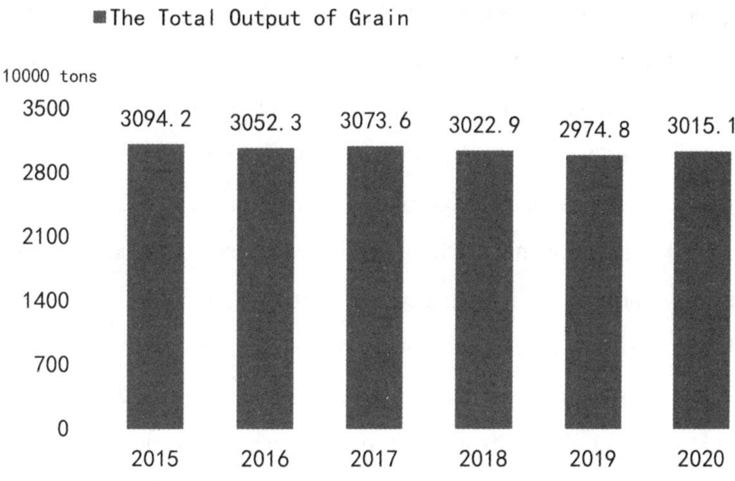

Figure 2 The Total Output of Grain, 2015-2020

The total output of pork, beef, mutton and poultry in 2020 was 4,525 thousand tons, down by 0.9 percent over the previous year. Of this total, the output of pork was 3,377 thousand tons, down by 3.1 percent; that of beef was 205 thousand tons, up by 7.9 percent; that of mutton was 161 thousand tons, up by 1.3 percent; and that of poultry was 782 thousand tons, up by 6.5 percent. At the end of 2020, 37,346 thousand pigs were registered in the total stocks, up by 38.4 percent; 3,516 thousand female hogs with fertility were registered, up by 41.7 percent; 4,381 thousand cattle were registered, up by 6.7 percent; and 7,612 thousand sheep were registered, up by 1.2 percent. 376,885 thousand poultry were registered, up by 3.7 percent. During the year, 46,589 thousand pigs were slaughtered, down by 3.2 percent; 1,746 thousand cattle were slaughtered, up by 7.4 percent; and 9,833 thousand sheep were slaughtered, up by 1.2 percent. 544,036 thousand poultry were slaughtered, up by 1.8 percent. The total output of eggs was 1,188 thousand tons, up by 3.6 percent. The production of milk was 56 thousand tons, down by 11.1 percent. The total output of aquatic products was 2,589 thousand tons, up by 1.8 percent over the previous year.

Over 31,600 hectares of farmland were newly equipped with irrigation systems, and another 40,300 hectares of farmland were newly equipped with water-saving irrigation systems. There were 77,000 water conservancy projects under construction with the investment of 26.95 billion Yuan, and the completed rock excavated volume was 1.06 billion cubic meters. The length of rural highway reconstructed was 4,598 kilometers.

III. Industry and Construction

The value added of industrial enterprises above the designated size grew by 4.8 percent. Of the industrial enterprises above the designated size, the added value of non-public sector increased by 5.7 percent, taking up 71.7 percent of the total industrial value. The high-tech manufacturing industries[4] rose by 16 percent, taking up 11.7 percent of the above-scale industrial added value, or 0.4 percentage points higher than 2019. The added value of equipment manufacturing industry[5] rose by 10.4 percent, accounting for 32.4 percent of that of industrial enterprises above designated size, or 1.9 percentage points higher than 2019. That of industrial parks rose by 4.2 percent, accounting for 69.1 percent of industrial enterprises above designated size. The growth of the added value for six major high energy consuming industries was 2.7 percent, accounting for 28.5 percent of industrial enterprises above designated size, or 0.6 percentage points lower than the previous year. In terms of regions, the value added of industrial enterprises above designated size in Changsha-Zhuzhou-Xiangtan(CZT) areas, southern Hunan, western Hunan and Dongting Lake areas grew up by 4.7 percent, 4.6 percent, 5.0 percent and 4.8 percent respectively.

In the statistic, among the main products, the output of rice was 17,322 thousand tons, up by 15.9 percent; the output of fodder was 17,91 thousand tons, up by 3.1 percent; the volume of crude oil processing was 8,779 thousand tons, down by 6 percent; the output of cement reached 109,891 thousand tons, up by 0.4 percent; the output of rolled steel was 27,207 thousand tons, up by 8.6 percent; the output of ten kinds of non-ferrous metal was 2,150 thousand tons, up by 7.5 percent; the output of concrete machineries totaled 70 thousand, up by 57.5 percent; the output of cars[6] was 635 thousand, down by 25.2 percent; and the electric energy production was 149.62 billion kilowatt-hours, down by 1.5 percent compared with the previous year.

Table 1: Outputs and Growth Rates of Major Products in Industries above Designated Size in 2020

Product	Unit	Output	Increase over 2019 (%)
Crude Coal	10,000 tons	1053.3	-13.4
Crude Salt	10,000 tons	330.5	2.6
Rice	10,000 tons	1732.2	15.9
Feedstuff	10,000 tons	1791.0	3.1
Edible Vegetable Oil	10,000 tons	310.4	1.4
Cigarette	100 million	1625.0	-1.6
Machine-made Paper and Paperboard	10,000 tons	316.1	-4.4
Crude Processing Volume	10,000 tons	877.9	-6.0
Sulfuric Acid (converted into 100%)	10,000 tons	207.6	11.6
Caustic Soda (converted into 100%)	10,000 tons	59.7	2.3

Table 1 continued

Product	Unit	Output	Increase over 2019 (%)
Synthetic Ammonia	10,000 tons	62.5	-1.1
Fertilizers (converted into pure)	10,000 tons	58.7	13.7
Cement	10,000 tons	10989.1	0.4
Flat Glass	10,000 weight cases	3821.4	11.2
Pig iron	10,000 tons	2105.4	6.6
Rolled Steel	10,000 tons	2720.7	8.6
Ten Kinds of Nonferrous Metals	10,000 tons	215.0	7.5
Silver	tons	6508.8	-5.6
Jack-up Equipment	10,000 tons	269.8	48.4
Concrete Machinery	10,000 units	7.0	57.5
Construction Machinery	10,000 units	20.7	35.5
Motor Vehicles	10,000 units	63.5	-25.2
Of which: Car	10,000 units	29.2	-12.9
SUV	10,000 units	25.6	-29.7
New-energy Vehicles	10,000 units	5.2	-56.2
Urban Rail Transit	units	1732	33.4
Power Generating Equipment	10,000 kilowatts	494.0	62.1
AC Electric Motor	10,000 kilowatts	1654.5	1.8
Transformer	10,000 KVA	13221.4	24.5
Electricity	100 million kilowatt-hours	1496.2	-1.5
Of which: Thermal power	100 million kilowatt-hours	851.2	-6.9
Hydropower	100 million kilowatt-hours	539.0	3.3

The profits made by industrial enterprises above designated size were 203.27 billion Yuan, up by 8.7 percent over the previous year. In terms of ownership, the profits of the state-holding enterprises were 8.09 billion Yuan, down by 0.9 percent; those of the collective enterprises were 0.31 billion Yuan, down by 15.2 percent; those of the share collaboration enterprises were 0.06 billion Yuan, down by 47.7 percent; those of the share-holding enterprises were 172.65 billion Yuan, up by 8.7 percent; those of the enterprises funded by foreign investors and investors from Hong Kong, Macao and Taiwan were 16.77 billion Yuan, up by 19.1 percent; those of other domestic-funded enterprises were 5.4 billion Yuan, down by 1.3 percent. Among the top five industrial sectors, the profits of special equipment were 41.32 billion Yuan, up by 50 percent over the previous year; those of non-metallic mineral products were 21.63 billion Yuan, up by 4.8 percent; those of computer, communication and other electronic equipment industry were 15.17 billion Yuan, up by 17.4 percent; those of raw chemical materials and chemical products were 14.92 billion Yuan, up by 3.4 percent; those of agricultural and sideline food processing industry were 11.17 billion Yuan, down by 6.8 percent. The cost in industrial enterprises above designated size was 81.4 Yuan per 100 Yuan prime operating revenue. The asset-liability ratio of industrial enterprises above designated size was 51.4 percent at the end of 2020.

The output value of construction enterprises qualified for general contracts and specialized contracts reached 1,186.38 billion yuan, up by 9.8 percent over the previous year. The floor space under construction of building was 679.788 million square meters, up by 4.2 percent. The completed building area was 212.353 million square meters, up by 0.9 percent.

IV. The Service Industry

The added value of the Wholesale and Retail Sale industry reached 405.44 billion Yuan, up by 0.6% over the previous year. That of Transportation, Warehousing and Postal Service reached 156.1 billion Yuan, down by 0.6%. That of Hotels and Catering Service reached 82.74 billion Yuan, down by 9.4%. That of Financial Industry reached 212.64 billion Yuan, up by 8.3%. That of Real Estate reached 290.24 billion Yuan, up by 4.1%. That of Information Transmission, Software and IT Service reached 85.05 billion Yuan, up by 20.9%. That of Leasing and Commercial Service reached 123.08 billion Yuan, up by 1.9%. The Operating revenue of the Service Industry above designated size increased by 4.9% while the total profit drop by 18.9%.

The provincial converted turnover volume of passenger and freight transportation reached 326.27 billion ton-km, a drop of 11.3 percent compared with 2019. The freight flows were 262.04 billion ton-kilometers, with a growth of 0.3 percent compared with 2019. The volume of freight handled by railways totaled 85.64 billion ton-kilometers, up by 0.1 percent; that handled by highways totaled 135.06 billion ton-kilometers, up by 2.6 percent. The total passenger traffic reached 98.56 billion person-kilometers, down by 40.9 percent over 2019. Of this total, the volume of passenger handled by railways totaled 60.79 billion person-kilometers, down by 39.6 percent; that handled by highways totaled 22.48 billion person-kilometers, down by 48.1 percent; that handled by civil aviation totaled 15.10 billion person-kilometers, down by 33.2 percent.

At the end of 2020, the mileage in highway open to traffic reached 241 thousand kilometers, with an increase of 0.2 percent over the previous year, of which, the mileage in highways open to traffic reached 6,951 kilometers, with an increase of 149 kilometers over the previous year. The railroad lines in service reached 5,630 kilometers, of which, high-speed railways reached 1,996 kilometers. The total number of motor vehicles for civilian use reached 9.566 million by the end of 2020, up by 9.3 percent; the privately-owned vehicles reached 8.902 million, up by 9.5 percent; and the number of cars reached 5.223 million, up by 8.9 percent.

Table 2: Volume of Passenger and Freight Traffic by Various Means and Growth Rates in 2020

Product	Unit	Absolute Number	Increase over 2019 (%)
Volume of Freight Traffic	10,000 tons	201977.3	5.8
Of which: Railway	10,000 tons	4591.5	0.8
Highway	10,000 tons	176441.5	6.9
Waterway	10,000 tons	19844.2	-1.2
Civil Aviation	10,000 tons	11.0	19.7
Pipeline	10,000 tons	1089.1	-7.2
Volume of Passenger Traffic	10,000 persons	57512.0	-44.2
Of which: Railway	10,000 persons	11391.9	-27.1
Highway	10,000 persons	44143.9	-47.5
Waterway	10,000 persons	840.5	-48.8
Civil Aviation	10,000 persons	1135.8	-28.9

The turnover of post services[7] totaled 42.92 billion Yuan, up by 33.4 percent over the previous year. The turnover of telecommunication services[8] totaled 567.05 billion Yuan, up by 33.4 percent over the previous year. There were 5.924 million fixed-line subscribers, down by 4.9 percent; and 67.194 million mobile phone subscribers, up by 1.1 percent. There were 21.132 million broadband internet users, up by 12.8 percent over the previous year.

The year 2020 registered 690 million domestic tourists, down by 16.2 percent over that of the previous year. The number of inbound visitors totaled 0.17 million, an decrease of 96.4 percent. The revenue from tourism totaled 826.20 billion Yuan, down by 15.4 percent over the previous year. Of this total, the revenue from domestic tourism totaled 825.84 billion Yuan, down by 14.1 percent; and the revenue from international tourism totaled 51.167 million US dollars, with a decrease of 97.7 percent.

V. Investment in Fixed Assets

In 2020, the total investment in fixed assets (excluding rural households) increased by 7.6 percent compared with the previous year. Of the total, the private investment increased by 3 percent. In terms of ownership, the investment of state-owned units increased by 7.3 percent, and that of non-state-owned units increased by 7.8 percent. In terms of investment orientation, the investment in people's livelihood increased by 5.1 percent; that in ecology increased by 7.1 percent; that in infrastructure increased by 4.6 percent; that in high and new technology industries[9] increased by 25.4 percent, and that in industrial technology increased by 6.9 percent. In terms of region, the investment in Changsha-Zhuzhou-Xiangtan areas, southern Hunan, western Hunan and Dongting Lake areas grew by 6.5 percent, 8.8 percent, 8.4 percent and 9.2 percent respectively.

In 2020, the investment in real estate development was 488.04 billion Yuan, up by 9.8 percent compared with the previous year. Of this total, the investment in residential buildings reached 361.51 billion Yuan, up by 13.1 percent. The floor space of commercialized buildings sold was 94.374 million square meters, a growth of 3.7 percent, of which, the floor space of residential buildings sold was 850.67 million square meters, an increase of 5.4 percent. The sales revenue of commercialized buildings was 594.71 billion Yuan, an increase of 6.6 percent, of which, the residential buildings was 522.36 billion Yuan, an increase of 10.6 percent. At the end of the year, the area of commercialized buildings for sale was 13.338 million square meters, a decrease of 5.5 percent, or a decrease of 0.769 million square meters.

Table 3: Growth Rates of Investment in Fixed Assets in 2020

Index	Increase over 2019(%)
Fixed Assets Investment (Excluding Rural Households)	7.6
Primary Industry	-6.3
Secondary Industry	11.5
Of which: Mining Industry	-2.8
Manufacturing Industry	8.1
Production and Supply of Electricity, Heat, Gas and Water	44.0
Construction Industry	30.9
Tertiary Industry	6.3
Of which: Transportation, Warehousing and Postal Service	3.4
Information Transmission, Software and IT Service	-7.8
Wholesale and Retail Sale	-17.8
Hotels and Catering Service	-17.9
Financial Industry	-45.3
Real Estate	7.9
Leasing and Commercial Service	35.4
Scientific Research and Technological Service	16.0
Management of Water Conservancy, Environment and Public Facilities	6.1
Residents Service, Repair and Other Services	4.0
Education	11.6
Sanitation and Social Work	19.8
Culture, Sport and Entertainment	-8.1
Public Management, Social Security and Social Organization	-11.6

VI. Domestic Trade and Price

In 2020, Hunan's total retail sales of consumer goods reached 1,625.81 billion Yuan, a reduction of 2.6 percent over the previous year. An analysis on different areas showed that the retail sales of consumer goods in urban areas stood at 1,404.52 billion Yuan, dowm by 2.8 percent, and that in rural areas reached 221.29 billion Yuan, down by 0.9 percent. Grouped by consumption patterns, the retail sales of commodities was 1,437.47 billion yuan,dowm by 1.6 percent, and that of catering industry was 188.35 billion yuan, dowm by 9.4 percent. In terms of region, the retail sales of consumer goods in Changsha-Zhuzhou-Xiangtan (CZT) zone, southern Hunan, western Hunan and Dongting Lake areas were 631.07 billion Yuan, 329.93 billion Yuan, 293.51 billion Yuan and 371.3 billion Yuan respectively, with year-on-year reduction of 2.5 percent, 2.6 percent, 2.7 percent and 2.4 percent.

Table 4: Retail Sales and Growth Rates of Social Consumer Goods in 2020

Index	Retail Sale (100 million yuan)	Increase over 2019(%)
Total Retail Sale of Consumer Goods	16258.1	-2.6
Grouped by Location		
Of which: Town	14045.2	-2.8
Village	2212.9	-0.9
Retail Sales of Above-norm Corporate Wholesale and Retailing Merchandise	5463.2	3.8
Of which: Grain and Oils, and Food	679.8	13.0
Beverages and Alcohols	103.6	3.9
Tobaccos	109.7	5.1
Clothing, Shoes, Hats, Textiles	350.3	0.9
Cosmetics	85.3	18.5
Silver and Jewelry	72.7	-3.6
Daily Commodity	186.0	3.6
Hardware and Electrical Materials	53.6	4.6
Sports and Recreation Articles	16.7	22.9
Newspapers and Magazines	63.7	10.5
Electronic Publications and Audio and Video Products	2.4	-11.2
Household Appliances and Audio and Video Accessories	331.0	1.2
Traditional Chinese and Western Medicines	282.9	22.1
Culture and Office Articles	103.1	7.9
Furniture	71.5	-0.7

Table 4 continued

Index	Retail Sale (100 million yuan)	Increase over 2019(%)
Communication Appliances	67.3	23.1
Petroleum and Related Products	926.5	-6.2
Building and Decoration Materials	90.4	6.0
Mechanical and Electrical Products	38.9	0.4
Automobiles	1668.3	3.3

The retail sales of the legal entities' wholesale and retail industry above designated size was 546.32 billion Yuan, a growth of 3.8 percent over the previous year. Grouped by commodity type, the year-on-year growth of retail sales for grain, oil and food went up by 13 percent; cosmetics up by 18.5 percent; household appliances and audio-video equipment up by 1.2 percent; traditional Chinese and western medicines up by 22.1 percent; communication appliances up by 23.1 percent; petroleum and petroleum products down by 6.2 percent; and motor vehicles up by 3.3 percent. Among intelligent and environmentally friendly products, intelligent household appliances and audio-video equipment grew by 1.5 percent, smartphones grew by 8.3 percent, and new-energy vehicles grew by 15.9 percent.

The online retail sales of physical goods were 159.11 billion yuan, up by 21.6 percent over the previous year, accounting for 9.8 percent of the total retail sales of consumer goods, or 1.7 percentage points higher than that of 2019.

The consumer prices index of household in Hunan was 2.3 percent higher than the previous year, while in urban area the index grew up by 2 percent, and in rural area up by 2.9 percent. The retail prices of commodities increased by 1.3 percent. The producer price index for industrial products decreased by 1.0 percent and purchasing price index for industrial products decreased by 1.1 percent. The producer price of agricultural products grew by 23.3 percent. The prices for means of agricultural production grew by 3.5 percent.

Table 5: The Change Rates of Consumer Prices compared with the Previous Year in 2020

Index	Increase over 2019(%)	Region	
		Urban	Rural
CPI (Consumer Price Index)	2.3	2.0	2.9
Of which: Food and Tobacco	8.3	7.4	10.2
Clothing Articles	0.2	0.0	0.5
Residence	-0.9	-0.7	-1.3
Articles for Daily Use and Services	-0.1	-0.1	0.1
Traffic and Telecommunications	-3.3	-3.4	-3.1
Recreation, Education and Cultural Articles	0.0	-0.4	0.7
Health Care and Personal Items	1.0	1.4	0.4
Other Products And Service	3.6	4.6	1.8

VII. Foreign Economic Relations

The total value of imports and exports[10] of goods reached 487.45 billion Yuan, an increase of 12.3 percent compared with the previous year. The value of goods exported was 330.64 billion Yuan, up by 7.5 percent, and the value of goods imported was 156.81 billion Yuan, up by 24.1 percent. In terms of trade, the value of goods exported through general trade totaled 263.12 billion Yuan, up by 9.1 percent, and the value of goods exported through processing trade totaled 52.07 billion Yuan, down by 5.3 percent. Among the top five kinds of goods exported, the value of clothes and clothing accessories totaled 17.51 billion Yuan, down by 34 percent; that of electronic components totaled 17.19 billion Yuan, up by 3.5 percent; that of plastics totaled 13.54 billion Yuan, up by 20.1 percent; that of footwear totaled 12.42 billion Yuan, up by 5.1 percent; that of yarns and fabrics totaled 11.91 billion Yuan, up by 100.9 percent. In terms of region, the exports to Hong Kong, United States, European Union [11] and ASEAN reached 57.14 billion Yuan, 45.78 billion Yuan, 35.78 billion Yuan and 59.1 billion Yuan, with the growth rates of -6.0 percent, 26.6 percent, -0.2 percent, and 17.5 percent respectively.

Table 6: Total Exports and Imports and Growth Rates in 2020

Index	Absolute Number (100 million yuan)	Increase over 2019(%)
Total Imports and Exports	4874.5	12.3
Exports	3306.4	7.5
Grouped by Mode of Trade		
Of which: Original Trade	2631.2	9.1
Processing Trade	520.7	-5.3
Grouped by Main Commodity		
Of which: Electromechanical Products	1493.3	12.2
High-tech Products	465.1	11.5
Agricultural Products	117.0	28.3
Imports	1568.1	24.1
Grouped by Mode of Trade		
Of which: Original Trade	958.7	24.5
Processing Trade	430.2	8.5
Grouped by Main Commodity		
Of which: Electromechanical Products	661.9	21.3
High-tech Products	451.1	44.7
Agricultural Products	250.3	65.1

The year 2020 witnessed the foreign direct investment actually utilized reached 21 billion US dollars, up by 16.0 percent over the previous year. The foreign direct investment utilized by primary industry totaled 1.03 billion US dollars, up by 43.5 percent; that utilized by secondary industry totaled 7.85 billion US dollars, down by 2.3 percent; and that utilized by tertiary industry totaled 12.12 billion US dollars, up by 29.6 percent. There were 176 projects actually utilizing more than 30 million dollars from foreign direct investment. At the end of 2020, there were 179 world top-500 leading enterprises in Hunan, with 2 enterprises newly invested. The actually utilized capital out of the province and inside China reached 873.73 billion Yuan, up by 22.5 percent, of which, the amount utilized by primary industry was 68.8 billion Yuan, up by 33.3 percent, that utilized by secondary industry was 407.65 billion Yuan, up by 14.2 percent, and that utilized by tertiary industry was 397.28 billion Yuan, up by 30.3 percent. There introduced 807 projects utilizing more than 200 million Yuan out of the province and inside China.

The added contractual value signed through overseas engineering projects, labor forces and design and consultation amounted to 4.46 billion US dollars, with an decrease of 18.8 percent over the previous year. The accomplished business revenue reached 2.25 billion US dollars, down by 25.4 percent. The number of labor forces sent abroad through overseas labor contracts was 0.55 thousand, down by 65.1 percent. The contractual foreign investment amounted 2.19 billion US dollars, with a increase of 100.8 percent. The actual foreign investment was 1.49 billion US dollars, with a increase of 54.7 percent.

VIII. Finance and Financial Intermediation

The local general public budget revenue reached 300.87 billion Yuan, up by 0.1 percent compared with the previous year, of which tax revenue reached 205.8 billion Yuan, dowm by 0.2 percent, and non-tax revenue reached 95.07 billion Yuan, up by 0.6 precent. Among the tax revenue, the value-added tax amounted to 70.06 billion Yuan, dowm by 11.3 percent; and the income tax amounted to 25.6 billion Yuan, up by 3.6 percent. The general public budget expenditure reached 840.27 billion Yuan, up by 4.6 precent, of which the education expenditure was 132.52 Yuan, up by 4.3 precent; the social security and employment expenditure was 130.76 billion Yuan, up by 12.7 precent; the hygiene health expenditure was 73.66 billion Yuan, up by 11.3 precent; the science and technology expenditure was 23.41 billion Yuan, up by 36.2 precent; the housing security expenditure was 24.47 billion Yuan, up by 14.5 precent.

Table 7: Revenue and Expenditure of Public Finance and Growth Rates in 2020

Index	Absolute Number (100 million yuan)	Increase over 2019(%)
Revenue of General Public Budget	3008.7	0.1
Of which: Tax Revenue	2058.0	-0.2
Value-added Tax Revenue	700.6	-11.3
Income Tax Revenue	256.0	3.6
Nontax Revenue	950.7	0.6

Table 7 continued

Index	Absolute Number (100 million yuan)	Increase over 2019(%)
Expenditure of General Public Budget	8402.7	4.6
Of which: General Public Services	868.0	2.0
Education	1325.2	4.3
Science and Technology	234.1	36.2
Culture, Sports and Media	139.7	-3.5
Social Security and Employment	1307.6	12.7
Health Care	736.6	11.3
Environmental Protection	243.7	0.4
Urban & Rural Community	776.7	-18.4
Agriculture, Forestry and Fisheries	979.2	0.1
Transportation	373.6	9.2
Resource Exploration Information	153.0	23.2
Natural Resources	107.4	3.9
Housing Security	244.7	14.5

Savings deposit in Renminbi and foreign currencies in all items of financial institutions reached 5791.2 billion yuan at the end of 2020, an increase of 10.0 percent compared with that at the beginning of the year. Of this total, the deposit balance of household totaled 3,186.91 billion Yuan, up by 12.2 percent, and that of non-financial enterprises totaled 1,345.64 billion Yuan, up by 3.1 percent. Loans in Renminbi and foreign currencies in all items of financial institutions reached 4,940.28 billion Yuan, an increase of 16.5 percent, of which, loan balance of household totaled 1,839.23 billion Yuan, up by 17.1 percent, and that of non-financial enterprises and government organizations totaled 3,096.59 billion Yuan, up by 16.3 percent.

Table 8: Deposit and Loan Balances of RMB and Foreign Currencies in Financial Institutions and Added Balances at the End of 2020

Index	Balances (100 million yuan)	Added Balances over the Beginning of 2020 (100 million yuan)
Total Deposit Balances	57912.0	5251.6
Of which: Domestic Deposits	57835.5	5239.2
# Household	31869.1	3458.8
Current Deposits	11183.6	742.5

Table 8 continued

Index	Balances (100 million yuan)	Added Balances over the Beginning of 2020 (100 million yuan)
Time Deposits and Other Deposits	20685.5	2716.3
Non-financial Enterprise	13456.4	410.7
Current Deposits	7236.6	-172.7
Time Deposits and Other Deposits	6219.8	583.5
Non-banking Financial Institution	2555.9	443.2
Overseas Deposits	76.5	12.4
Total Loan Balances	49402.8	6987.4
Of which: Domestic Loans	49358.6	7010.4
# Household	18392.3	2686.2
Short-term Loans	4427.6	727.0
Medium and Long-term Loans	13964.7	1959.1
Non-financial Enterprise and Government Organization	30965.9	4348.1
Short-term Loans	6272.8	749.0
Medium and Long-term Loans	22963.3	3451.1
Overseas Loans	44.3	-23.0

There were 117 listed companies by the end of 2020 in Hunan. The fund raised through direct finance amounted to 467.44 billion Yuan, up by 51.1 percent compared with that in 2019. The market value of the listed companies totaled 1753.32 billion Yuan, an increase of 77.7 percent. There were 436 business departments of security companies, 1 less than that in 2019. The turnover of security companies reached 10,486.36 billion Yuan, up by 91.5 percent all year. There were 3 futures companies basically flat with each others, whose revenue reached 6,427.59 billion Yuan, up by 42.0%.

The premium of primary insurance totaled 151.31 billion Yuan, marking an increase of 8.4 percent. Of this total, life insurance premium of primary insurance amounted to 76.08 billion Yuan, up by 7.2 percent; health insurance premium of primary insurance amounted to 30.37 billion Yuan, up by 19.8 percent; casualty insurance premium of primary insurance amounted to 3.97 billion Yuan, up by 12.4 percent; and property insurance premium of primary insurance amounted to 40.89 billion Yuan, up by 2.8 precent. Insurance companies paid an indemnity worth of 48.24 billion Yuan, up by 13.8 percent.

IX. Education, Science and Technology

At the end of 2020, there were 114 regular institutions of higher learning in Hunan. The post-graduate education graduates were 25 thousand, the general tertiary education graduates were 376 thousand, the vocational secondary school graduates were 208 thousand, the senior secondary school graduates were 386 thousand, the junior secondary school graduates were 787 thousand, and the primary education graduates were 813 thousand. Children enrolled in kindergartens were 2,314 thousand, with an increase of 1.7 percent over the previous year. Enrollment rate[12] of children in primary education hit 100 percent. Gross enrollment rate[13] of teenagers in senior secondary school was 93.29 percent. The enrollment in the 11,502 voluntary schools were 2.655 million students. There were 779 thousand college students funded by 1.72 billion Yuan state scholarships and grants for colleges and universities, and 408 thousand vocational students supported by 408 million Yuan state grants. There were 10.37 billion Yuan allocated for compulsory education guarantee fund and 500 million Yuan were granted to regular high school students.

Table 9: Numbers of New Students Enrollment, Students Enrollment and Graduates in Schools at Different Levels and Growth Rates in 2020

Index	New Students Enrollment		Students Enrollment		Graduates	
	Absolute Number (10 000 persons)	Increase over 2019 (%)	Absolute Number (10 000 persons)	Increase over 2019 (%)	Absolute Number (10 000 persons)	Increase over 2019 (%)
Post-graduate Education	3.5	15.9	10.2	9.3	2.5	15.9
Regular Higher Education	48.9	7.2	151.0	7.3	37.6	3.9
Adult Higher Education	28.3	16.7	55.5	18.7	19.1	42.8
Secondary Vocational Education	24.8	-2.1	68.3	1.9	20.8	-0.9
Regular Senior Secondary School	44.9	2.6	127.3	4.3	38.6	1.6
Junior Middle School	82.4	-3.2	252.0	1.5	78.7	2.3
Regular Primary School	84.9	-5.2	534.3	1.0	81.3	-3.1
Special Education	0.8	-2.7	5.4	14.9	0.7	32.1

By the end of 2020, there were 16 national engineering research centers, 286 provincial engineering research centers, and 38 national combined with the local engineering research centers. There were 59 state-level enterprise technology centers, 14 national engineering technology research centers, 455 provincial engineering technology research centers, 19 national key laboratories, and 338 provincial key laboratories. A total of 11,741 technology transfer contracts were signed, totally worth of 73.60 billion Yuan. There were 532 scientific and technological achievements registered. There were 137,415 patent applications, up by 29.5 percent over the previous year, of which, patent application for original inventions were 55,017, up by 40.7 percent. There were 78,723 patents authorized, up by 44.0 percent, of which, 11,537 were invention patents, up by 36.1%. The numbers of patent applications in industrial and mining enterprises, universities and colleges, and scientific research institutions reached 79,121, 18,553 and 996, while the numbers of patents authorized were 42,202, 14,125 and 650.

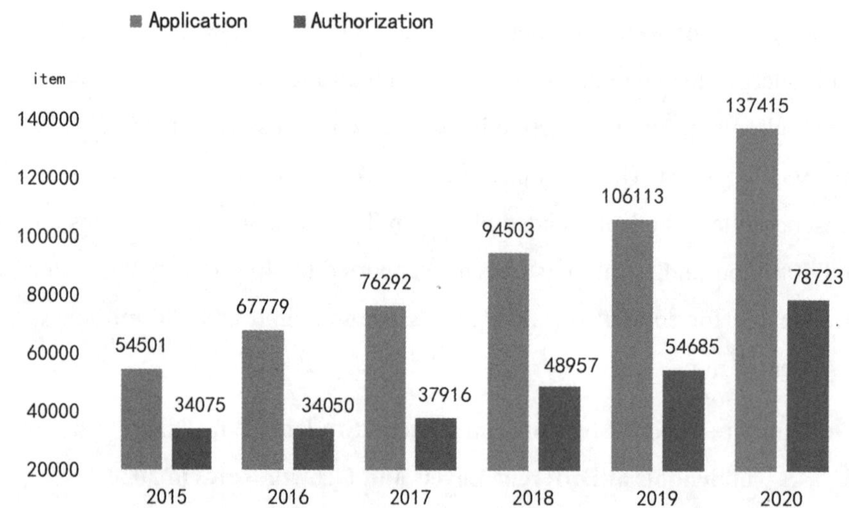

Figure 3 The Number of Patent Application and Patent Authorization, 2015-2020

There were 2,025 testing and inspection agencies, and 18 of them were national product quality supervision and inspection centers. There were 103 authorized measurement institutions. There were 1,882 entities for special equipment production and 424.0 thousand special equipment available. The qualification rate of key industrial products reached 87.6 percent. A total of 4 international standards, 176 national standards and 294 local standards were developed or revised during the year. Land and resources departments published 7868 maps and provided 2,840 thousand achievements of geospatial data. The total visits to Map World reached 2,240 thousand.

X. Culture, Public Health and Sport

By the end of 2020, there were 575 art-performing groups, 146 mass art centers and culture centers, 141 public libraries, 117 museums and memorials, and 108 television stations. Subscribers to cable television programs numbered 7.277 million. By the end of 2020, radio broadcasting coverage rate was 99.37 percent, and television broadcasting coverage rate was 99.74 percent. There were 118 state-level intangible cultural heritage protection projects and 324 provincial-level protection projects. There were 10,311 kinds of books, 254 types of magazines and 46 categories of newspapers published. The total copies were 450 million books, 95 million magazines and 730 million newspapers.

By the end of 2020, there were 56,117 medical and health institutions in the province, including 1,654 hospitals, 137 maternal and child health-care institutions, 82 specialized health institutions, 2,144 township centers, 834 community health service centers, 12,016 clinics and infirmaries, and 38,110 village clinics. There were 505 thousand health technical personnel, down by 0.5 percent, including 191 thousand licensed doctors and licensed assistant doctors and 237 thousand registered nurses. The hospitals possessed 377 thousand beds, up by 3.2 percent; and the township centers possessed 107 thousand beds, up by 1.8 percent.

The fitness programs carried out during the year amounted to 1,043, and people participated in the programs amounted to 26.643 million. There were 837 administrative villages newly built with fitness equipment. The athletes won 26 National Championships. There were 149,635 sports fields, including 264 gyms, 6,729 sports grounds, 815 swimming pools, and 7,267 training rooms.

XI. Population, Living Conditions and Social Security

In Hunan province, the per capita disposable income reached 29,380 Yuan, an increase of 6.1 percent, and the median of per capita disposable income reached 23,783 Yuan, an increase of 5.2 percent. The per capita disposable income of urban households reached 41,698 Yuan, up by 4.7 percent; and the median of per capita disposable income of urban households reached 37,478 Yuan, up by 4.0 percent. The per capita disposable income of rural households reached[14] 16,585 Yuan, up by 7.7 percent; and the median of per capita disposable income of rural households reached 14,839 Yuan, up by 6.6 percent. The urban-rural income ratio dereased to 2.51:1 from 2.59:1 in 2019. In terms of region, the per capita disposable incomes in Changsha-Zhuzhou-Xiangtan areas, southern Hunan, western Hunan and Dongting Lake areas were 45,273 Yuan, 27,171 Yuan, 20,323 Yuan, and 26,695 Yuan respectively, up by 5.6 percent, 6.2 percent, 6.6 percent and 6.3 percent. The per capita disposable income of impoverished rural regions[15] was 12,023 Yuan, an increase of 9.9 percent. The average monthly income of migrant workers was 4,889 Yuan, up by 6.4 percent over that of the previous year.

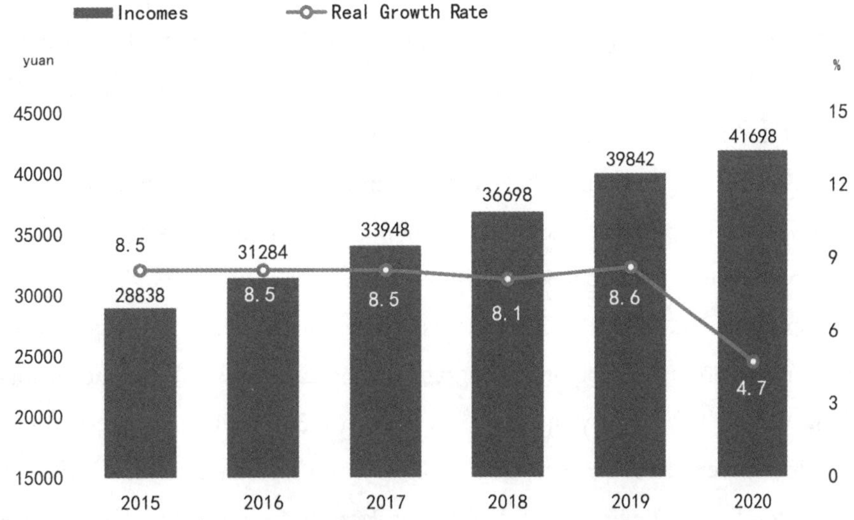

Figure 4 The Average Per Capita Disposable Incomes of City Dwellers and the Real Growth Rates, 2015-2020

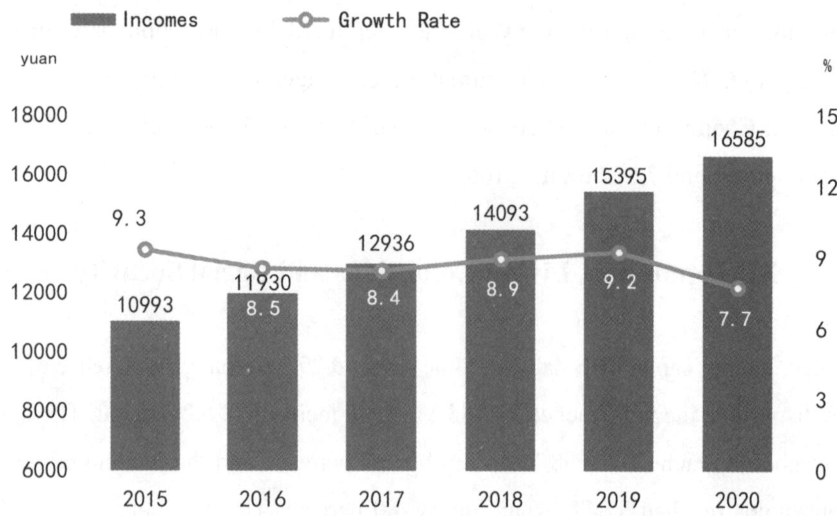

Figure 5 The Average per Capita net Incomes of Rural Residents and the Real Growth Rates,2015-2020

The per capita consumption expenditure reached 20,998 Yuan, up by 2.5 percent over the previous year. The per capita consumption expenditure of urban households was 26,796 Yuan, down by 0.5 percent; and the per capita consumption expenditure of rural households was 14,974 Yuan, up by 7.2 percent.

The newly increased employed people in urban areas numbered 724.2 thousand. The total number of migrant workers was 17.241 million, down by 3.1 percent, of which, rural workers employed outside their hometowns were 11,814 thousand, down by 4.3 percent; those employed in their hometowns were 5,427 thousand, down by 0.4 percent. The new generation of migrant workers totaled 9.509 million, down by 1.3 percent. At the end of 2020, a total of 34.711 million people participated in basic endowment insurance program for urban and rural residents, an increase of 0.575 million over that by the end of 2019; a total of 17.248 million people participated in basic endowment insurance program for urban workers, an increase of 1.669 million over that by the end of 2019. Of the total, the insured employees was 12.221 million, up by and the retirees was 5.027 million. A total of 67.318 million people participated in basic medical insurance program of which 9.898 million participated in basic program for urban employees and 57.421 million in basic program for urban and rural residents. 6.409 million people participated in unemployment insurance program, an increase of 343 thousand. A total of 8.20 million people participated in work-related injury insurance. A total of 6.338 million people participated in maternity insurance program. The number of people receiving unemployment insurance payment stood at 125 thousand by the end of 2020. Minimum living allowances of 2.34 billion Yuan were granted to 446 thousand urban residents, and minimum living allowances of 4.65 billion Yuan were granted to 1,495 thousand rural residents. At the end of 2020, various types of Adopting Social Welfare Institutions provided 239 thousand beds and accepted 126 thousand inmates. Of which the nursing institutions provided 223 thousand beds, and 117 thousand persons were taken cared here. There were 33,000 community service facilities set up in urban areas. A total of 5.09 billion

Yuan worth of social welfare lottery was sold, raising 1.60 billion Yuan of social welfare fund. 12 programs were done including 392,000 places for nursery school and 1,061 thousand village clinics newly introduced, and 417 thousand women offered free check during pregnancy.

XII. Resources, Environment and Work Safety

A total of 146 minerals have been discovered in the province and the reserves of 111 minerals have been explored, including 7 energy minerals, 39 metal minerals, 63 non-metal minerals and 2 groundwater and gas minerals. Implementations of geological explorations projects (including continuing projects) were 247. A total of 8 new mineral deposits in large or medium size were discovered.

The water quality of Grade III and above the standard accounted for 95.9 percent, with an increase of 0.6 percent. The air quality of 7 cities met the Grade II standard. The handling rate of urban sanitary sewage was 98.31 percent. The harmless disposal rate of unban household garbage was 100 percent. A total of 53 natural reserves with an area of 910 thousand hectares were approved, including 23 state-level reserves and 30 provincial-level reserves. There are 71 provincial-level scenic spots with an area of 681 thousand hectares, including 22 state-level scenic spots and 49 provincial-level scenic spots. There were 2 world geology parks and 14 national geology parks. In 2020, a total of 581 thousand hectares were reforested, with 12,986 thousand hectares of forest. And there were 618 million cubic meters of standing forest stock. The forest coverage rate reached 59.96 percent.

According to preliminary estimation, comprehensive energy consumption of enterprises above designated size was 1.3 percentage points lower than the previous year. The comprehensive energy consumption for the major six high energy consuming industries was down by 1.3 percent.

In 2020, a total of 1,574[17] accidents of production and business were reported. The death toll due to commercial production safety accidents amounted to 1,654. The death toll from work accidents every 100 million Yuan worth of GDP was 0.04 people. The death toll for producing one million tons of coal in coalmines was 0.16 persons.

Notes:

[1] All figures in this Communiqué are preliminary statistics. There may be slight discrepancy between the sum of individual items and the total owing to rounding. Population data is going to be published on the Communiqué of the Seventh National Population Census.

[2] Gross domestic product (GDP) and industrial added value as quoted in this Communiqué are calculated at current prices, whereas their growth rates are calculated at constant prices. Historical data of GDP, value added of the three and related industries and other related indicators were revised based on the results of the fourth national economic census.

[3] Changsha-Zhuzhou-Xiangtan (CZT) region refers to Changsha, Zhuzhou and Xiangtan; southern Hunan refers to Hengyang, Chenzhou and Yongzhou; western Hunan refers to Shaoyang, Zhangjiajie, Huaihua, Loudi

and Xiangxi autonomous prefecture; Dongting Lake areas refers to Yueyang, Changde and Yiyang.

[4] The high-tech manufacturing industries include the manufacturing of medicine, aerospace, electronic and telecommunication equipment, computer and office equipment, medical equipment and instrumentation, and chemicals used in information store.

[5] Equipment manufacturing industry includes Metal Product Manufacturing, Ordinarily Machinery Manufacturing, Special Equipment Manufacturing, Automobile Manufacturing; Railway, Shipbuilding, Aerospace And Other Transportation Equipment Manufacturing, Electrical Machinery And Equipment Manufacturing, Computer Communications And Other Electronic Equipment Manufacturing, Instrument Manufacturing.

[6] According to relevant state statistics regulations, vehicle output does not include Changsha Branch of Shanghai Volkswagen Automotive. The output of 2020 is calculated on a comparable basis.

[7] The turnover of post services is calculated in 2010 equivalent.

[8] The turnover of telecommunication services is calculated in 2015 equivalent.

[9] High and New Technology Industries include Manufacture of Medicines, Manufacture of Aerosapce Transport Equipments, Manufacture of Electronic and Communication Equipments, Manufacture of Computer Equipments, Manufacture of Medical Equipments, Manufacture of Chemical Products; and include Investment and Information Service, Electronic Business Service, Inspection and testing services, as well as High Technical Service, Research and Design Service, Transformation Services of Scientific and Technological Achievements, Intellectual Property and Related Legal Services, Environmental Monitoring and Treatment Services, Other High Technical Service in Professional Technical Services.

[10] According to relevant regulations, the foreign trades are accounted in RMB.

[11] The export to UK is not included in the export to EU. The incares rate is calculated in a comparable basis.

[12] The enrollment rate for elementary-age kids refers to the percentage of school-age children in primary school to the total number inside and outside of the school within the scope of investigation.

[13] The secondary gross enrollment ratio mainly reflects the coverage of senior secondary education, referring to the percentage of the total number of high school students to population aged 15-17.

[14] Since 2014, per capita net income of rural residents had been changed to per capita disposable income of rural residents.

[15] Poor regions include the counties in National Concentrative poor Regions and the officially designated poor counties out of National Concentrative poor Regions, including 37 counties in National Concentrative poor Regions (17 officially designated poor counties included) and 20 officially designated poor counties.

[16] The new generation of migrant workers are rural migrant workers born after 1980.

[17] The Statistical Criteria for the data of accidents of production and business in 2020 were adjusted thus not comparable for the previous year.

Source:

In this communique, fiscal data are from the Provincial Department of Finance; data of railway transportation and railway mileage are from China Railway Guangzhou Group Co., Ltd, Shichang Railway Co., Ltd, and China Railway Nanning Group Co., Ltd; data of highway transportation, waterway transportation and highway mileage are from Department of Transportation of Hunan Province; data of civil aviation are from Hunan Airport Management Co., Ltd and China Southern Airlines Company Limited Hunan Branch; date of pipelines are from Changling branch of China Petrochemical co., LTD, Changling Branch and Baling Branch of China Petrochemical Group Assets Management co., LTD, Hunan Oil Transportation Management Department of China Petrochemical Marketing co., LTD central-China Branch, Changsha ENN Gas co., LTD, Changsha Huarun Gas co., LTD, Xiangtan ENN Gas co., LTD, Changde Petrochina Kunlun Gas co., LTD and Loudi Huarun Gas co., LTD; data of motor vehicles for civilian use, traffic accidents and "one village and one auxiliary police" are from Public Security Department of Hunan Province; data of telecommunications services, mobile phone subscribers, fixed-line subscribers and broadband internet users are from Hunan Communications Administration; data of postal service are from Hunan Postal Service Administration; data of deposit and loans are from Changsha Central Sub-branch of the People's Bank of China; data of listed companies are from Hunan Local Financial Supervision and Administration; data of stocks and futures are from Hunan Authority of China Securities Regulatory Commission; insurance data are from Hunan Authority of China Insurance Regulatory Commission; education data are from Education Department of Hunan Province; data of science and technology are from Department of Science and Technology of Hunan Province; data of patent, quality inspection and industry standard are from Hunan Administration for Market Regulation; data of mapping and mineral resources are from Department of Natural Resources of Hunan Province; data of tourism, art performing groups, museums, public libraries, cultural centers and non-material cultural heritage protection are from Hunan Provincial Department of Culture and Tourism; data of radio and television are from Hunan Provincial Radio and Television Bureau; data of newspapers, periodicals and books are from Hunan Provincial Party Committee Propaganda Department; data of medical care are from Health Commission of Hunan Province; data of sports are from the Sports Bureau of Hunan Province; data of newly-added urban jobs and social security are from Human Resources and Social Security Department of Human Province; data of medical insurance and maternity insurance are from Healthcare Security Administration of Hunan Province; data of urban and rural minimum living allowances, social welfare and social services are from Department of Civil Affairs of Hunan Province; data of water conservancy constructions and rural residents newly supplied with tap water are from Water Resources Department of Hunan Province; data of eligible women from poverished household for two cancer screenings are from Provincial Women's Federation; data of city construction are from Hunan Provincial Department of Housing and Urban-Rural Development; data of nature reserves, geological parks, forestration, standing tree and coverage of forest are from Hunan Forestry Department; data of the quality of surface water and pollutant emission are from Ecology and Environment Department of Hunan; data of safe production are from Department of Emergency Management of Hunan Province; all the other data are from Hunan Bureau of Statistics and Hunan Survey Organization of National Bureau of Statistics of China.

01 综　合
General Survey

资料整理人员：周　玲　欧阳普　宋　超　王　丹
赵　宏　邓鸿鹄　吕　涛　田杰平
谢　凡　贺淑贞　陈　慧　段嘉欣
贺　震　杨　耒　何　达　廖闻菲
彭开吾　陈晗文　朱　鹏　刘　洋
易　贝　王　璐　罗金成　陈　婷
傅磊峰　王湘杰　孙　靖　周颖江
田　原　凌　骞　韩建芳　谢妮莉
蔡冬娥　肖首雄　赵莉淇　郭开金
邓海波

1-1 行政区划
Administrative Divisions

单位：个 (unit)

年份 Year	市州 Cities and A.P	地级市 Number of Cities at Prefectural Level	地州数 Number of Prefecture and A.P	县级市 Number of Cities at County Level	县数 Number of Counties	市辖区数 Districts Under the Jurisdiction of Cities at Prefectural Level	镇数 Number of Towns	乡数 Number of Township
1978		3	12	7	90	13	154	3295
1980		5	12	9	90	22	155	3321
1985		6	9	14	84	27	544	3011
1986		6	7	16	82	27	581	2895
1987		6	7	18	80	26	585	2903
1988		8	6	17	78	30	596	2889
1989		8	6	17	78	30	621	2807
1990		8	6	18	78	29	628	2801
1991		8	6	18	78	29	639	2784
1992		8	6	19	77	26	663	2773
1993		8	6	20	76	26	748	2689
1994		9	5	20	74	28	769	2658
1995		10	4	19	73	30	899	1406
1996		11	3	17	73	32	950	1360
1997		11	3	18	72	32	979	1327
1998		12	2	17	72	33	1001	1350
1999		13	1	16	72	34	1023	1330
2000		13	1	16	72	34	1055	1310
2001		13	1	16	72	34	1087	1275
2002		13	1	16	72	34	1097	1257
2003		13	1	16	72	34	1098	1264
2004		13	1	16	72	34	1098	1244
2005		13	1	16	72	34	1089	1087
2006		13	1	16	72	34	1091	1085
2007		13	1	16	72	34	1095	1071
2008		13	1	16	72	34	1101	1063
2009		13	1	16	72	34	1106	959
2010		13	1	16	72	34	1109	1052
2011		13	1	16	71	35	1121	1038
2012		13	1	16	71	35	1131	952
2013		13	1	16	71	35	1138	828
2014		13	1	16	71	35	1153	805
2015		13	1	16	71	35	1119	417
2016		13	1	16	71	35	1135	401
2017		13	1	17	70	35	1134	398
2018		13	1	17	69	36	1138	392
2019		13	1	18	68	36	1134	392
2020		13	1	18	68	36	1133	392
长沙市	Changsha City	1		2	1	6	69	5
株洲市	Zhuzhou City	1		1	3	5	61	7
湘潭市	Xiangtan City	1		2	1	2	35	10
衡阳市	Hengyang City	1		2	5	5	114	31
邵阳市	Shaoyang City	1		2	7	3	112	54
岳阳市	Yueyang City	1		2	4	3	88	14
常德市	Changde City	1		1	6	2	107	20
张家界市	Zhangjiajie City	1			2	2	34	30
益阳市	Yiyang City	1		1	3	2	71	10
郴州市	Chenzhou City	1		1	8	2	99	37
永州市	Yongzhou City	1			9	2	111	40
怀化市	Huaihua City	1		1	10	1	103	90
娄底市	Loudi City	1		2	2	1	54	14
湘西土家族苗族自治州	Xiangxi Tujiazu&Miaozu Autonomous Prefecture		1	1	7		75	30

1-1 续表 Continued

长沙市	Changsha City
	芙蓉区 (Furong District)、天心区 (Tianxin District)、岳麓区 (Yuelu District)、开福区 (Kaifu District)、雨花区 (Yuhua District)、望城区 (Wangcheng District)、长沙县 (Changsha County)、浏阳市 (Liuyang City)、宁乡市 (Ningxiang City)
株洲市	**Zhuzhou City**
	荷塘区 (Hetang District)、石峰区 (Shifeng District)、芦淞区 (LuSong District)、天元区 (Tianyuan District)、渌口区 (Lukou District)、醴陵市 (Liling City)、攸县 (You County)、茶陵县 (Chaling County)、炎陵县 (Yanling County)
湘潭市	**Xiangtan City**
	雨湖区 (Yuhu District)、岳塘区 (Yuetang District)、湘乡市 (Xiangxiang City)、韶山市 (Shaoshan City)、湘潭县 (Xiangtan County)
衡阳市	**Hengyang City**
	珠晖区 (zhuhui District)、雁峰区（ yanfeng District)、石鼓区 (shigu District)、蒸湘区（ zhengxiang District)、南岳区 (Nanyue District)、耒阳市 (Leiyang City)、常宁市 (Changning City)、衡阳县 (Hengyang County)、衡南县 (Hengnan County)、衡山县 (Hengshan County)、衡东县 (Hengdong County)、祁东县 (Qidong County)
邵阳市	**Shaoyang City**
	双清区 (Shuangqing District)、大祥区 (Daxiang District)、北塔区 (Beita District)、武冈市 (Wugang City)、邵东市 (Shaodong City)、新邵县 (Xinshao County)、邵阳县 (Shaoyang County)、隆回县 (Longhui County)、洞口县 (Dongkou County)、新宁县 (Xinning County)、绥宁县 (Suining County)、城步苗族自治县 (Chengbu Miao Autonomous County)
岳阳市	**Yueyang City**
	岳阳楼区 (Yueyanglou District)、云溪区 (Yunxi District)、君山区 (Junshan District)、汨罗市 (Miluo City)、临湘市 (Linxiang City)、岳阳县 (Yueyang County)、平江县 (Pingjiang County)、湘阴县 (Xiangyin County)、华容县 (Huarong County)
常德市	**Changde City**
	武陵区 (Wuling District)、鼎城区 (Dingcheng District)、津市市 (Jinshi City)、安乡县 (Anxiang County)、汉寿县 (Hanshou County)、澧县 (Li County)、临澧县 (Linli County)、桃源县 (Taoyuan County)、石门县 (Shimen County)
张家界市	**Zhangjiajie City**
	永定区 (Yongding District)、武陵源区 (Wulingyuan District)、慈利县 (Cili County)、桑植县 (Sangzhi County)
益阳市	**Yiyang City**
	资阳区 (Ziyang District)、赫山区 (Heshan District)、沅江市 (Yuanjiang City)、南县 (Nan County)、桃江县 (Taojiang County)、安化县 (Anhuan County)
郴州市	**Chenzhou City**
	北湖区 (Beihu District)、苏仙区 (Suxian District)、资兴市 (Zixing City)、桂阳县 (Guiyang County)、永兴县 (Yongxing County)、宜章县 (Yizhang County)、嘉禾县 (Jiahe County)、临武县 (Linwu County)、汝城县 (Rucheng County)、桂东县 (Guidong County)、安仁县 (Anren County)
永州市	**Yongzhou City**
	零陵区 (Lingling District)、冷水滩区 (Lengshuitan District)、东安县 (Dongan County)、道县 (Dao County)、宁远县 (Ningyuan County)、江永县 (Jiangyong County)、江华瑶族自治县 (Jianghua Yao Autonomous County)、蓝山县 (Lanshan County)、新田县 (Xintian County)、双牌县 (Shuangpai County)、祁阳县 (Qiyang County)
怀化市	**Huaihua City**
	鹤城区 (Hecheng District)、洪江市 (Hongjiang City)、中方县 (Zhongfang County)、沅陵县 (Yuanling County)、辰溪县 (Chenxi County)、溆浦县 (Xupu County)、麻阳苗族自治县 (Mayang Miao Autonomous County)、会同县 (Huitong County)、新晃侗族自治县 (Xinhuang Tong Autonomous County)、芷江侗族自治县 (Zhijiang Tong Autonomous County)、靖州苗族侗族自治县 (Jingzhou Miao and Tong Autonomous County)、通道侗族自治县 (Tongdao Tong Autonomous County)
娄底市	**Loudi City**
	娄星区 (Louxing District)、冷水江市 (Lengshuijiang City)、涟源市 (Lianyuan City)、双峰县 (Shuangfeng County)、新化县 (Xinhua County)
湘西土家族苗族自治州	**Xiangxi Tujiazu&Miaozu Autonomous Prefecture**
	吉首市 (Jishou City)、泸溪县 (Luxi County)、凤凰县 (Fenghuang County)、花垣县 (Huayuan County)、保靖县 (Baojing County)、古丈县 (Guzhang County)、永顺县 (Yongshun County)、龙山县 (Longshan County)

1-2 人口和自然资源
Population and Natural Resources

项 目		Item		2020
人口		**Population**		
年底户籍人口数	（万人）	Household Population at the Year-end	(10 000 persons)	7295.58
土地		**Land**		
土地面积	（万平方公里）	Area of Land	(10 000 sq.km)	21.18
耕地面积	（万公顷）	Area of Cultivated Land	(10 000 hectares)	
气候		**Climate**		
年平均降水量	（毫米）	Annual Average Precipitation	(mm)	1646.8
年降水总量	（亿立方米）	Annual Total Precipitation	(100 million cu.m)	3487.9
森林与湿地		**Forests and Wetlands**		
森林面积	（万公顷）	Area of Forest	(10 000 hectares)	1190.89
森林覆盖率	（%）	Forest Coverage Rate	(%)	59.96
乔木林蓄积	（万立方米）	Arbor Forest Accumulation	(10 000 cu.m)	58811.19
湿地面积	（万公顷）	Area of wetland	(10 000 hectares)	101.97
湿地保护率	（%）	Wetland Conservation Rate	(%)	75.77
水文、水利		**Water**		
5 公里以上河流	（条）	Rivers Over 5 km	(unit)	5341
5 公里以上河流长度	（万公里）	Total Length of Rivers Over 5 km	(10 000 km)	8.5
水资源总量	（亿立方米）	Total Water Resources	(100 million cu.m)	2119
地表水资源量	（亿立方米）	Total Surface Water Resources	(100 million cu.m)	2111
地下水资源量	（亿立方米）	Total Ground Water Resources	(100 million cu.m)	466.1
矿产资源探明资源量（截至 2020 年底）		**Measured resource of Mineral Resources (at the 2020 year-end)**		
煤炭	（亿吨）	Coal	(100 million tons)	1.34
铁矿（矿石）	（亿吨）	Iron Ore(ore)	(100 million tons)	0.86
磷矿（矿石）	（亿吨）	Phosphate Ore(ore)	(100 million tons)	3.42
盐矿（矿石）	（亿吨）	Salt Ore(ore)	(100 million tons)	5.49

注：耕地面积是指年末耕地总资源面积，包括常用耕地和临时性耕地。由国土部门提供（后同）。

The data of cultivated land is actual cultivated land total resources(year end),including common cultivated land and temporary cultivated land. The date came from Hunan Province Territory Resource Burear.The same as in the following table.

1-3 主要山脉基本情况
Major Mountain Ranges

名 称	Name	平均高度(米) AverageHeight (m)	最高峰(米) Heightest Peak (m)	
雪峰山	Xuefeng Mountain Range	1500	2021	Erbao Peak in
			(城步县二宝顶)	Chengbu County
武陵山	Wuling Mountain Range	500-1200	2098.7	Huping Mountain in
			(石门县壶瓶山)	Shimen County
南岭山脉	Nanling Mountain Range		2009	Jiucai Peak in
(指大庾岭、骑田岭、	(Dayu Peak,Qitian Peak,		(道县韭菜岭)	Dao County
萌渚岭、都庞岭、	Mengzhu Peak, DuPang Peak,			
越城岭)	Yuecheng Peak)			
幕阜山—罗霄山	Mofu Mountain-Luoxiao	1000	2052	Douli Peak in
	Mountain Range		(炎陵县斗笠顶)	Yanling County
			2041.1	Bamian Mountain in
			(桂东县八面山)	Guidong County

1-4 主要河流基本情况
Major Rivers

名 称	Item	河长(公里) Length of River (km)	#省内 #In Province	河流条数(条) Number of River (unit)	流域面积(平方公里) Drainage Area (sq.km)	#省内 #In Province	省内年径流量(亿立方米) Annual Flow in Province (100 million cu.m)	水力资源蕴藏量(万千瓦) Hydro-power Resources (10 000 kw)	#可开发量 Develop-able Resources
总 计	**Total**			**5341**		**211829**	**2560.00**	**1532.45**	**1083.84**
湘 江	Xiangjiang River	856	670	2157	94660	85383	1059.62	470.70	318.29
资 水	Zishui River	713	630	771	28142	26738	319.96	201.03	147.71
沅 江	Yuanjiang River	1033	568	1491	89163	51066	609.49	537.51	460.21
澧 水	Lishui River	388	388	326	18496	15505	190.55	152.46	137.11
洞庭湖水系	Water System of Dongting Lake			432		27269	299.71	140.20	13.65
鄱阳湖水系	Water System of Poyang Lake			16		683	10.79	3.12	0.58
珠江水系	Water System of Zhujiang River			148		5185	69.88	27.43	6.29

注：1. 河流条数指河长5公里以上的河流数，河长共9万公里。
2. 资水河长以夫夷水作水源计算。
3. 据1986年勘定，洞庭湖面积为2691平方公里。

a. Rivers refer to those which are more than 5 km long, and the total length of the rivers are 90 000 km.
b. The length of Zishui River refers to that of Fuyi River.
c. The figure on the area of Dongting Lake was taken from the survey in 1986.

1-5 主要城市平均气温(2020年)
Monthly Average Temperature of Major Cities (2020)

单位:摄氏度 (℃)

城 市	City	1月 January	2月 February	3月 March	4月 April	5月 May	6月 June	7月 July
长沙市	Changsha	5.1	10.0	13.3	17.0	22.9	26.3	27.6
株洲市	Zhuzhou	6.3	11.2	14.3	18.0	24.5	28.0	29.2
湘潭市	Xiangtan	5.7	10.4	13.7	17.3	23.6	27.2	28.3
衡阳市	Hengyang	7.2	11.8	14.6	18.1	25.6	28.8	30.5
邵阳市	Shaoyang	5.9	10.2	13.3	16.5	23.2	26.8	27.6
岳阳市	Yueyang	5.5	10.2	14.0	17.9	23.8	26.4	27.0
常德市	Changde	5.1	9.5	13.2	17.0	22.3	25.2	25.5
张家界市	Zhangjiajie	5.7	9.5	13.2	16.3	22.4	24.9	25.9
益阳市	Yiyang	5.5	10.1	13.9	18.1	23.6	26.7	27.6
郴州市	Chenzhou	6.8	11.7	13.7	16.4	24.4	27.3	29.2
永州市	Yongzhou	7.5	11.8	14.4	17.2	25.1	28.4	29.8
怀化市	Huaihua	5.4	9.7	14.0	16.5	22.3	26.7	28.3
娄底市	Loudi	5.6	10.3	13.5	17.2	23.1	26.5	27.7
吉首市	Jishou	5.6	9.5	13.8	16.1	22.1	25.4	26.9

注:长沙为长沙黄花站资料。
Changsha huanghua station information for Changsha

1-5 续表 Continued

城 市	City	8月 August	9月 September	10月 October	11月 November	12月 December	全年平均 Annual Total	上年平均 Annual Average Preceding Year
长沙市	Changsha	29.4	22.0	16.8	13.6	6.1	17.5	18.1
株洲市	Zhuzhou	30.9	23.2	18.3	14.8	7.1	18.8	18.6
湘潭市	Xiangtan	30.1	22.5	17.5	14.1	6.7	18.1	18.0
衡阳市	Hengyang	31.0	23.9	18.9	15.7	7.6	19.5	19.1
邵阳市	Shaoyang	28.4	21.4	16.8	13.5	6.2	17.5	17.4
岳阳市	Yueyang	30.4	23.1	17.5	14.2	6.5	18.0	18.2
常德市	Changde	29.4	21.5	16.2	12.9	5.9	17.0	17.2
张家界市	Zhangjiajie	28.5	21.0	16.3	12.4	6.1	16.9	17.8
益阳市	Yiyang	30.8	22.8	17.2	14.0	6.6	18.1	18.1
郴州市	Chenzhou	28.1	22.5	16.9	14.3	5.9	18.1	17.8
永州市	Yongzhou	29.3	23.2	18.2	15.0	7.0	18.9	18.6
怀化市	Huaihua	29.1	20.9	16.2	12.9	6.2	17.4	17.3
娄底市	Loudi	29.2	21.7	17.1	13.9	6.5	17.7	17.6
吉首市	Jishou	28.0	20.7	16.2	12.6	6.3	16.9	17.0

1-6 主要城市降水量(2020年)
Monthly Precipitation in Major Cities (2020)

单位：毫米 (millimeter)

城市	City	1月 January	2月 February	3月 March	4月 April	5月 May	6月 June	7月 July
长沙市	Changsha	147.8	135.3	168.8	106.8	194.1	181.7	162.3
株洲市	Zhuzhou	178.8	137.3	182.6	124.6	218.7	240.2	337.0
湘潭市	Xiangtan	170.4	128.8	167.0	154.4	185.4	238.6	253.9
衡阳市	Hengyang	144.6	82.2	206.7	130.4	71.7	196.7	77.5
邵阳市	Shaoyang	127.0	103.7	154.6	98.2	155.4	141.7	236.8
岳阳市	Yueyang	136.5	102.0	163.1	90.0	136.1	208.9	469.9
常德市	Changde	107.8	68.6	145.4	44.0	123.5	262.1	234.8
张家界市	Zhangjiajie	99.0	47.3	118.2	70.7	153.2	400.0	476.3
益阳市	Yiyang	179.6	110.3	176.5	68.7	210.0	148.2	252.4
郴州市	Chenzhou	73.8	150.0	286.1	192.7	157.3	122.1	42.3
永州市	Yongzhou	142.6	183.7	270.2	160.7	125.8	146.7	92.6
怀化市	Huaihua	136.7	129.3	144.0	79.5	214.8	209.4	343.2
娄底市	Loudi	150.7	112.1	156.4	115.9	235.0	426.8	389.3
吉首市	Jishou	120.8	103.2	78.4	52.0	230.3	208.3	402.9

注：长沙为长沙黄花站资料。
Changsha huanghua station information for Changsha

1-6 续表 Continued

城市	City	8月 August	9月 September	10月 October	11月 November	12月 December	全年 Annual Total	上年全年 Annual Total Preceding Year
长沙市	Changsha	68.6	195.7	80.1	24.8	37.0	1503.0	1339.2
株洲市	Zhuzhou	86.2	150.4	49.2	61.5	36.7	1803.2	1455.8
湘潭市	Xiangtan	44.3	147.8	48.1	45.2	28.4	1612.3	1423.1
衡阳市	Hengyang	36.9	127.4	28.4	36.9	20.4	1159.8	1434.8
邵阳市	Shaoyang	63.2	273.5	63.2	28.4	15.1	1460.8	1484.2
岳阳市	Yueyang	38.8	264.4	114.0	68.0	21.9	1813.6	1265.3
常德市	Changde	113.2	232.1	127.8	80.4	15.2	1554.9	1436.0
张家界市	Zhangjiajie	107.2	306.0	111.0	57.6	26.5	1973.0	1031.0
益阳市	Yiyang	118.8	229.6	112.3	60.1	44.5	1711.0	1602.6
郴州市	Chenzhou	66.7	207.9	37.0	19.4	42.1	1397.4	1726.3
永州市	Yongzhou	85.2	103.3	38.1	19.5	34.6	1403.0	1655.5
怀化市	Huaihua	113.9	269.3	111.3	29.0	25.4	1805.8	1588.6
娄底市	Loudi	40.9	136.8	48.1	11.1	21.5	1844.6	1407.1
吉首市	Jishou	242.3	483.7	114.4	31.6	38.1	2106.0	1467.8

1–7 主要城市日照时数(2020年)
Monthly Sunshine Hours in Major Cities (2020)

单位：小时 (hour)

城 市	City	1月 January	2月 February	3月 March	4月 April	5月 May	6月 June	7月 July
长沙市	Changsha	56	77	70	163	122	89	120
株洲市	Zhuzhou	50	80	63	149	109	100	139
湘潭市	Xiangtan	49	74	153	166	136	118	159
衡阳市	Hengyang	57	72	130	137	137	133	179
邵阳市	Shaoyang	55	121	89	134	172	138	147
岳阳市	Yueyang	61	91	82	181	139	87	100
常德市	Changde	73	150	89	163	132	91	75
张家界市	Zhangjiajie	35	54	64	138	125	65	78
益阳市	Yiyang	58	82	99	171	127	78	89
郴州市	Chenzhou	61	68	43	118	129	153	200
永州市	Yongzhou	57	66	51	119	140	124	175
怀化市	Huaihua	24	44	59	98	96	78	126
娄底市	Loudi	61	72	67	144	113	95	132
吉首市	Jishou	24	75	61	113	93	55	89

注：长沙为长沙黄花站资料。
Changsha huanghua station information for Changsha

1–7 续表 Continued

城 市	City	8月 August	9月 September	10月 October	11月 November	12月 December	全年 Annual Total	上年全年 Annual Total Preceding Year
长沙市	Changsha	291	48	88	106	75	1303	1496
株洲市	Zhuzhou	266	41	92	107	109	1305	1466
湘潭市	Xiangtan	289	49	101	112	80	1486	1446
衡阳市	Hengyang	243	50	92	111	61	1402	1335
邵阳市	Shaoyang	247	28	60	103	44	1338	1327
岳阳市	Yueyang	301	98	98	97	76	1408	1637
常德市	Changde	254	62	73	99	65	1325	1480
张家界市	Zhangjiajie	227	46	37	89	35	993	1300
益阳市	Yiyang	269	62	78	100	68	1280	1413
郴州市	Chenzhou	194	53	110	175	94	1398	1376
永州市	Yongzhou	230	48	70	104	41	1224	1356
怀化市	Huaihua	228	24	66	92	41	978	1247
娄底市	Loudi	261	32	82	106	63	1228	1436
吉首市	Jishou	210	22	52	95	35	922	1214

1-8 国民经济和社会发展总量指标
Principal Indicators of National Economy and Social Development

指 标	Item	总量指标 Aggregate Data			
		2000	2010	2019	2020
人口与就业	**Population and Employment**				
人口 （万人）	**Population (10 000 persons)**				
年底户籍人口	Household population at the Year-end	6562.05	7089.53	7319.53	7295.58
城镇人口	Urban	1952.21	3069.77	2557.35	2630.82
乡村人口	Rural	4609.84	4019.76	4762.18	4664.76
男性人口	Male	3422.77	3674.49	3794.45	3778.99
女性人口	Female	3139.28	3415.04	3525.08	3516.59
就业 （万人）	**Employment (10 000 persons)**				
从业人员数	Employees	3577.58	3982.73	3666.48	3280.00
在岗职工数	Staff and Workers on the Job	580.82	531.00	541.95	554.24
宏观经济	**Macro-economy**				
国民经济核算 （亿元）	**National Accounting (100 million yuan)**				
地区生产总值	Gross Domestic Products	3551.49	15574.32	39894.14	41781.49
第一产业	Primary Industry	784.92	2073.19	3647.23	4240.44
第二产业	Secondary Industry	1293.18	7034.70	15401.70	15937.69
第三产业	Tertiary Industry	1473.39	6466.43	20845.21	21603.36
人均地区生产总值 （元）	Per Capita Gross Regional Product (yuan)	5590	24005	60104	62900
财政 （亿元）	**Public Finance (100 million yuan)**				
地方一般公共预算收入	General Public Budget Revenue	177.04	1081.69	3007.15	3008.66
一般公共预算支出	General Public Budget Expenditure	347.83	2702.47	8034.42	8403.13
使用外资 （万美元）	**Utilization of Foreign Capital (USD 10 000)**				
实际使用外资	Actually Used Foreign Capital	110843	518441	1810127	2099782
产业	**Industry**				
农业	**Agriculture**				
耕地面积 （万公顷）	Cultivated Areas (10 000 hectares)	392.16	413.75		
农林牧渔业总产值（亿元）	Gross Output Value of Farming, Forestry, Animal Husbandry and Fishery (100 million yuan)	1251.89	3518.10	6405.06	7511.96
农业	Farming	633.84	1848.89	3052.06	3364.77
林业	Forestry	51.01	207.43	430.66	428.00
牧业	Animal Husbandry	486.13	1062.04	2003.09	2721.63
渔业	Fishery	80.91	222.58	441.82	477.55
主要农产品产量（万吨）	Output of Major Farm Products (10 000 tons)				
粮食	Grain	2874.97	2847.50	2974.84	3015.12
棉花	Cotton	17.13	22.70	8.18	7.44
油料	Oil-bearing Crops	139.35	178.11	239.20	260.67
黄红麻（熟麻）	Jute and Ambary Hemp (Cooked Hemp)	0.23	0.07	0.03	0.03
苎麻	Ramie	6.62	4.06	0.42	0.43
烤烟	Fluecured Tobacco	15.55	15.45	18.36	18.34
茶叶	Tea	5.73	11.72	23.35	25.01
柑桔	Citrus	125.92	385.30	560.47	626.66
猪牛羊肉	Pork, Beef and Mutton	391.40	439.28	383.40	374.30

1-8 续表 1 Continued

指 标	Item	总量指标 Aggregate Data 2000	2010	2019	2020
工业	**Industry**				
主要工业产品产量	Output of Major Industrial Products				
布 （亿米）	Cloth (100 million m)	3.41	4.65	1.78	1.31
机制纸及纸板 （万吨）	Machine-made Paper and Paperboards (10 000 tons)	70.07	384.63	331.27	316.10
合成洗涤剂 （万吨）	Synthetic Detergents (10 000 tons)	8.12	36.30	36.19	32.15
原煤 （万吨）	Coal (10 000 tons)	1490.81	7670.12	1374.66	1053.30
发电量 （亿千瓦小时）	Electricity (100 million kw.h)	354.42	1186.44	1505.52	1496.21
粗钢 （万吨）	Crude Steel (10 000 tons)	304.13	1766.52	2385.72	2612.90
钢材 （万吨）	Steel (10 000 tons)	299.05	1811.73	2451.58	2720.67
水泥 （万吨）	Cement (10 000 tons)	2395.72	8691.20	11194.89	10989.09
规模工业企业财务指标	Principal Financial Item of Industrial Enterprises above Designated Size				
利润总额 （亿元）	Total Profits (100 million yuan)	34.48	1451.45	2227.27	2559.92
建筑业	**Construction**				
建筑业企业人数 （万人）	Number of Employed Person (10 000 persons)	76.30	150.41	294.62	303.03
建筑业总产值 （亿元）	Gross Output Value of Construction (100 million yuan)	354.29	3161.73	10800.62	11863.77
施工房屋面积 （万平方米）	Floor Space of Buildings Under Construction (10 000 sq.m)	5087.93	27680.25	65247.34	67978.77
#竣工房屋面积	#Floor Space of Buildings Completed	2603.03	10573.45	21043.78	21235.27
交通运输	**Transportation**				
货运量 （万吨）	Freight Traffic (10 000 tons)	51228	149794	190958	201977
铁路	Railways	4676	5716	4554	4592
公路	Highways	42868	127635	165096	176442
水运	Waterways	3406	15811	20090	19844
客运量 （万人）	Passenger Traffic (10 000 persons)	87462	156871	102971	57512
铁路	Railways	5233	7111	15626	11392
公路	Highways	81005	148235	84162	44144
水运	Waterways	1094	919	1641	840
邮电通信业	**Postal and Telecommunications Services**				
邮政业务总量 （亿元）	Total Postal Services (100 million yuan)	9.16	32.03	321.79	429.22
函件 （万件）	Number of Letters Delivered (10 000 pieces)	21255.00	8358.00	2096.28	1648.15
报刊期发数 （万份）	Newspapers and Magazines Distributed (10 000 copies)	1042.72	718.00	481.52	522.47
快递业务量 （万件）	Express Business (10 000 pieces)			103079.26	147131.61
电信业务总量 （亿元）	Total Telecommunications Services (100 million yuan)	131.76	325.24	4248.82	5671.25
固定电话用户数（万户）	Local Telephone Subscribers (10 000 households)	638.48	1076.96	623.14	592.43
移动电话用户数（万户）	Mobile Telephone Subscribers (10 000 households)	279.00	3259.76	6648.08	6719.40
固定互联网用户数（万户）	Number of Local Internet Users (10 000 households)			1873.77	2113.17
移动互联网用户数（万户）	Number of Mobile Internet Users (10 000 households)			5489.68	5771.21

注：2013 年开始，公路水路客货运输数据，源自交通运输业经济统计专项调查，统计口径有所调整（下表同）。2019 年公路货运数据采用交通运输部专项调查数据，统计口径发生改变。电信业务总量 2017 年起执行 2015 年不变价。邮政业务总量 2010 年起执行 2010 年不变价（后同）。

Beginning in 2013,highway and waterway freignt volume data,from traffic transportation economic statistics,special inrestigation,statistical adjustments(the same below).Road freight data for 2019 are based on the special survey data of the Ministry of Transport,the statistical caliber has changed.From 2017,the Revenue of Telecommunication Business application 2015's constant price.From 2010,the total Amount of Postal Services application 2010's constant price (the same later).

1-8 续表 2 Continued

指 标	Item	总量指标 Aggregate Data			
		2000	2010	2019	2020
国内商业 （亿元）	**Domestic Trade (100 million yuan)**				
社会消费品零售总额	Total Retail Sales of Consumer Goods	1359.79	5664.27	16683.94	16258.12
对外经济贸易和旅游	**Foreign Trade and Tourism**				
进出口总额 （亿美元）	Total Exports and Imports (USD 100 million)	25.13	146.89	628.82	706.78
进口额	Imports	8.60	67.34	183.47	228.53
出口额	Exports	16.53	79.55	445.35	478.25
国际旅游	International Tourism				
来湘旅游人数（万人次）	Tourism to Hunan (10 000 person-times)	45.40	189.87	466.95	17.04
旅游外汇收入（亿美元）	Foreign Exchange Earnings from Tourism (USD 100 million)	2.21	8.87	22.51	0.51
金融保险 （亿元）	**Finance and Insurance (100 million yuan)**				
金融机构人民币存款余额	Total Saving Depositot of F inancial Institutions	2874.75	16553.78	52312.47	57479.96
金融机构人民币贷款余额	Total Loan Balances of F inancial Institutions	2403.39	11303.76	42159.45	49165.68
财产险保费收入	Premium Income from Property Insurance	13.12	100.70	397.80	408.92
人身险保费收入	Premium Income from Life Insurance	46.78	300.75	998.32	1104.14
教育、科技、文化	**Education, Science and Technology, Culture**				
教育	**Education**				
专任教师数 （万人）	Full-time Teachers (10 000 persons)				
普通高等学校	Institutions of Higher Education	2.03	5.96	7.65	7.96
中等职业学校	Specialized Secondary Schools	1.08	2.80	3.10	3.24
普通中学	Secondary Schools	22.37	24.05	26.62	27.89
小学	Primary Schools	30.64	25.00	28.71	30.00
在校学生 （万人）	Students Enrollment (10 000 persons)				
普通高等学校	Institutions of Higher Education	25.31	104.43	140.71	151.03
中等职业学校	Specialized Secondary Schools			67.00	68.30
普通中学	Secondary Schools	391.73	316.82	370.39	379.31
小学	Primary Schools	663.93	479.16	528.77	534.25
国家财政性教育经费（亿元）	State Fiscal Funding on Education (100 million yuan)	85.77	480.57	1350.82	
科技	**Science and Technology**				
各类专业技术人员数（万人）	Scientific and Technical Personnel (10 000 persons)	109.34	102.29	100.59	103.43
科技拨款 （亿元）	Funding for Scientific and Technical Activities (100 million yuan)	5.55	35.00	171.92	220.66
技术市场技术交易成交额 （亿元）	Transaction Value in Technical Market (100 million yuan)	10.95	25.95	191.71	276.93
文化	**Culture**				
出版数量	Publications				
图书 （万册）	Number of Books (10 000 copies)	24844	31153	48747	
杂志 （万册）	Number of Magazines (10 000 copies)	10504	12762	9451	
报纸 （万份）	Number of Newspapers Issue (10 000 copies)	83467	129101	79440	
电视节目每周播出时间 （小时）	Time for TV Programs Telecasting (hour)	2338	13740	14694	15053

注：对外贸易中的进出口总额，统一按海关统计数据。

Figures on total imports and exports from foreign trade are obtained from the customs statistics.

1-8 续表 3 Continued

指 标	Item	总量指标 Aggregate Data			
		2000	2010	2019	2020
家庭、生活、环境	**Family, People's Livelihood and Environment**				
家庭 （人）	**Family (person)**				
城镇居民户均家庭人口	Average Household Size in Urban Areas	3.09	2.90	3.15	3.15
农村居民户均常住人口	Average Household Size in Rural Areas	3.97	3.88	3.18	3.23
婚姻 （万对）	**Marriages and Divorces (10 000 couples)**				
结婚数	Number of Marriages	38.31	63.46	38.03	35.75
离婚数	Number of Divorces	6.45	15.37	22.05	19.80
居住 （平方米/人）	**Housing (sq.m/person)**				
城市居民人均居住面积	Per Capita Floor Space of Urban Residents	11.75	31.20	49.66	51.14
农村居民人均住房面积	Per Capita Floor Space of Rural Residents	30.92	42.20	63.94	65.28
生活 （元）	**People's Livelihood (yuan)**				
城镇居民人均可支配收入	Per Disposable Income of Urban Households	6219	16566	39842	41698
农村居民人均可支配收入	Per Disposable Income of Rural Households	2197	5622	15395	16585
城镇居民人均消费支出	Per Capita Consumption Expenditure of Urban Households	5219	11825	26924	26796
农村居民人均消费支出	Per Capita Consumption Expenditure of Rural Households	1943	4310	13969	14974
工资福利	**Wages and Welfare**				
在岗职工工资总额 （亿元）	Total Wages on the Job (100 million yuan)	377.19	1413.82	4137.00	4501.49
在岗职工平均工资 （元）	Average Wage of Staff and Workers on the Job (yuan)	6515	30483	77563	82356
卫生	**Health Care**				
医院与卫生院 （个）	Number of Hospitals (unit)	3339	3066	3789	3796
执业（助理）医师 （万人）	Number of Doctors (10 000 persons)	8.87	10.42	19.05	19.04
医院床位数 （万张）	Number of Hospital Beds (10 000 units)	9.32	14.99	36.51	37.67
市政建设	**City Construction**				
供水总量 （亿立方米）	Volume of Tap Water Supply (100 million tons)	28.24	18.92	22.32	22.47
排水管道长度 （公里）	Length of Sewer Pipelines (km)	3754	8882	19601	22665
液化石油气用量 （万吨）	Volume of Liquefied Petroleum Gas (10 000 tons)	20.20	25.29	25.69	25.24
天然气供气量 （万立方米）	Volume of Natural Gas (10 000 cu.m)			28.34	28.39
公共汽车总数 （辆）	Total Number of Public Buses (unit)	9083	12298	31851	32229
公交客运总量 （万人次）	Total Passenger Traffic of Public Transportation (10 000 person-times)	106227	246471	284948	209776

注：1. 对外贸易中的进出口总额，统一按海关统计数据。

2.2002 年起，医生数是指执业医生数。2000 年起，城镇居民人均居住面积由建设厅提供。2006 年劳动厅取消有关离退休人员人数、劳保福利费等统计指标。2007 年起，卫生部网络直报数据包含了诊所、医务室、卫生所、社区服务站；而 2007 年前是没有包括的。

a.Figures on total imports and exports from foreign trade are obtained from the customs statistics.

b. Data of doctors are doctors and assistant doctors since 2002. Data on living floor space of urban residents came from Constructional Bureau of Hunan Province since 2000. The statistical indicators on retired staff and workers have been canceled in 2006.The data submitted directly by network of Ministry of Health has included clinics,health service stations,health service centers for community from 2007, but before 2007, has not included.

1-9 国民经济和社会发展速度指标
Develop Speed of National Economy and Social Development

单位：%　　(%)

指 标	Item	发展速度（上年=100）Growth Rate (Preceding year=100) 2000	2010	2019	2020
人口与就业	**Population and Employment**				
人口	**Population**				
年底户籍人口	Household Population at the Year-end	100.5	102.7	99.9	99.7
城镇人口	Urban	113.2	103.0	101.5	102.9
乡村人口	Rural	95.9	102.6	99.1	98.0
男性人口	Male	101.0	102.5	100.0	99.6
女性人口	Female	99.9	103.0	99.9	99.8
就业	**Employment**				
从业人员数	Employees	99.3	101.2	98.1	89.5
在岗职工人数	Staff and Workers on the Job	98.3	105.6	109.1	102.3
宏观经济	**Macro-economy**				
国民经济核算	**National Accounting**				
地区生产总值	Gross Domestic Products	109.0	114.6	107.6	103.8
第一产业	Primary Industry	103.9	104.2	103.2	103.7
第二产业	Secondary Industry	110.6	120.3	107.8	104.7
第三产业	Tertiary Industry	110.5	111.5	108.1	102.9
人均地区生产总值	Per Capita Gross Regional Product	108.5	112.9	107.5	103.7
固定资产投资	**Investment in Fixed Assets**				
固定资产投资总额	Total Investment in Fixed Assets	113.0	127.6	110.1	107.6
国有投资	State Investment	109.8	113.6	95.6	107.3
非国有投资	Non-state Investment	117.0	136.2	116.8	107.8
财政	**Pubic Finance**				
地方一般公共预算收入	General Public Budget Revenue	106.3	127.6	105.1	100.1
一般公共预算支出	General Public Budget Expenditure	111.1	122.3	107.4	104.6
物价总指数	**Price Index**				
居民消费价格总指数	General Consumer Price Index	101.4	103.1	102.9	102.3
商品零售价格总指数	General Retail Price Index	99.3	103.1	102.3	101.3
农产品生产者价格指数	Producer Price Indices of Farm Products	96.8	109.9	118.0	123.3
使用外资	**Utilization of Foreign Capital**				
实际使用外资	Actually Used Foreign Capital	103.6	112.8	111.8	116.0
产业	**Industry**				
农业	**Agriculture**				
耕地面积	Cultivated Areas	122.1	100.1		
农林牧渔业总产值	Gross Output Value of Farming, Forestry,Animal Husbandry and Fishery	104.3	104.3	103.2	104.1
农业	Farming	103.1	104.3	103.7	104.1
林业	Forestry	104.3	106.9	109.5	108.3
牧业	Animal Husbandry	103.9	103.4	98.1	102.5
渔业	Fishery	111.5	105.5	106.9	104.3

1-9 续表 1 Continued

单位：% (%)

指 标	Item	发展速度（上年=100） Growth Rate (Preceding year=100)			
		2000	2010	2019	2020
主要农产品产量	Output of Major Farm Products				
粮食	Grain	106.5	98.1	98.4	101.4
棉花	Cotton	89.3	107.1	95.1	91.0
油料	Oil-bearing Crops	107.1	102.2	102.0	109.0
黄红麻（熟麻）	Jute and Ambary Hemp (Cooked Hemp)	100.0	149.7	100.4	101.4
苎麻	Ramie	173.3	74.1	99.9	103.6
烤烟	Fluecured Tobacco	125.4	75.0	97.6	99.9
茶叶	Tea	101.8	119.4	108.7	107.1
柑桔	Citrus	84.1	114.6	106.0	111.8
猪牛羊肉	Pork, Beef and Mutton	102.1	104.1	79.9	97.6
工业	**Industry**				
主要规模工业产品产量	Output of Major Industrial Products above Designated Size				
布	Cloth	118.8	95.7	71.2	73.6
机制纸及纸板	Machine-made Paper and Paperboards	132.1	109.9	75.7	95.4
合成洗涤剂	Synthetic Detergents	119.6	96.6	107.8	88.8
原煤	Coal	104.0	116.7	83.3	76.6
发电量	Electricity	106.6	120.6	105.9	99.4
粗钢	Crude Steel	98.4	123.0	103.4	109.5
钢材	Steel	103.6	120.5	103.7	111.0
水泥	Cement	105.4	115.3	102.1	98.2
规模工业企业财务指标	Principal Financial Item of Industrial Enterprises above Designated Size				
利润总额	Total Profits	212.7	191.4	110.6	114.9
建筑业	**Construction**				
建筑业企业人数	Number of Employed Person	98.9	103.8	107.1	102.9
建筑业总产值	Gross Output Value of Construction	106.1	126.1	112.7	109.8
施工房屋面积	Floor Space of Buildings Under Construction	97.8	123.3	110.1	104.2
# 竣工房屋面积	# Floor Space of Buildings Completed	97.1	107.8	105.6	100.9
交通运输	**Transportation**				
货运量	Freight Traffic	100.1	116.1		105.8
铁路	Railways	104.9	106.0	101.9	100.8
公路	Highways	99.0	114.6		106.9
水运	Waterways	107.2	133.6	95.2	98.8
客运量	Passenger Traffic	99.6	111.2	95.3	55.8
铁路	Railways	104.5	111.0	112.1	72.9
公路	Highways	99.2	111.2	92.5	52.5
水运	Waterways	109.2	123.0	94.9	51.2

注：2019 年公路货运数据采用交通运输部专项调查数据，统计口径发生改变，与上年数据不可比。

Road freight data for 2019 are based on the special survey data of the Ministry of Transport. The statistical caliber has changed ,There is no comparison with last year's data.

1-9 续表 2 Continued

单位：% (%)

指 标	Item	发展速度（上年 =100）Growth Rate (Preceding year=100)			
		2000	2010	2019	2020
邮电通信业	**Postal and Telecommunications Services**				
邮政业务总量	Total Postal Services	110.1		129.6	133.4
函件	Number of Letters Delivered	83.8	81.3	96.5	78.6
报刊期发数	Newspapers and Magazines Distributed	65.1	101.3	89.1	108.5
快递业务量	Express Business			130.6	142.7
电信业务总量	Total Telecommunications Services	156.6		171.5	133.5
固定电话用户数	Local Telephone Subscribers		92.3	96.3	95.1
移动电话用户数	Mobile Telephone Subscribers		119.1	105.5	101.1
固定互联网用户数	Number of Local Internet Users			114.6	112.8
移动互联网用户数	Number of Mobile Internet Users			105.0	105.1
国内商业	**Domestic Trade**				
社会消费品零售总额	Total Retail Sales of Consumer Goods	110.7	119.9	110.2	97.4
对外经济贸易和旅游	**Foreign Trade and Tourism**				
进出口总额	Total Exports and Imports	128.5	144.7	135.3	112.5
进口额	Imports	127.6	144.5	115.2	124.8
出口额	Exports	128.9	144.8	145.8	107.4
国际旅游	International Tourism				
来湘旅游人数	Number of Tourism to Hunan	117.7	145.1	124.5	3.7
旅游外汇收入	Foreign Exchange Earnings from Tourism	119.2	131.8	134.8	2.3
金融保险	**Finance and Insurance**				
金融机构人民币存款余额	Total Saving Depositit of F inancial Institutions	113.2	118.7	107.4	109.9
金融机构人民币贷款余额	Total Loan Balances of F inancial Institutions	99.8	120.6	116.1	116.6
财产险保费收入	Premium Income from Property Insurance	102.0	134.3	111.3	102.8
人身险保费收入	Premium Income from Life Insurance	159.0	110.0	111.2	110.6
教育、科技、文化	**Education, Science and Technology, Culture**				
教育	**Education**				
专任教师数	Full-time Teachers				
普通高等学校	Institutions of Higher Education	112.9	101.4	105.2	104.0
中等职业学校	Specialized Secondary Schools			107.0	104.4
普通中学	Secondary Schools	105.3	98.6	104.2	104.8
小学	Primary Schools	99.7	99.8	104.6	104.5
在校学生	Students Enrollment				
普通高等学校	Institutions of Higher Education	140.7	103.0	106.1	107.3
中等职业学校	Specialized Secondary Schools			101.8	101.9
普通中学	Secondary Schools	124.7	98.8	103.5	102.4
小学	Primary Schools	92.0	102.1	101.3	101.0
国家财政性教育经费	State Fiscal on Education	107.1	113.2	107.9	
科技	**Science and Technology**				
各类专业技术人员数	Number of Scientific and Technical Personnel	101.8	100.1	101.9	102.8
科技拨款	Funding for Scientific and Technical Activities	126.1	118.2	132.3	128.4
技术市场技术交易成交额	Transaction Value in Technical Market	153.2	101.0	118.7	144.5

注：对外贸易中的进出口总额，统一按海关统计数据。

Figures on total imports and exports from foreign trade are obtained from the customs statistics.

1-9 续表 3 Continued

单位：% (%)

指 标	Item	发展速度（上年 =100）Growth Rate (Preceding year=100)			
		2000	2010	2019	2020
文化	**Culture**				
出版数量	Publications				
图书	Number of Books	80.8	118.9	107.5	
杂志	Number of Magazines	84.5	110.9	107.8	
报纸	Number of Newspapers Issue	98.2	101.8	93.7	
电视节目每周播出时间	Time for TV Programs Telecasting	107.7	103.0	101.3	102.4
家庭、生活、环境	**Family, People's Livelihood and Environment**				
家庭	**Family**				
城镇居民平均每户家庭人口	Average Household Size in Urban Areas	100.3	100.0	99.4	100.0
农村居民平均每户常住人口	Average Household Size in Rural Areas	101.0	99.7	98.5	101.6
婚姻	**Marriages and Divorces**				
结婚数	Number of Marriages	94.6	97.5	90.2	94.0
离婚数	Number of Divorces	113.8	107.9	103.7	89.8
居住	**Housing**				
城市居民人均自有现住房面积	Per Capita Floor Space of Urban Residents	104.5	103.3	101.8	103.0
农村居民人均自有现住房面积	Per Capita Floor Space of Rural Residents	103.5	101.2	100.6	102.1
生活	**People's Livelihood**				
城镇居民人均可支配收入	Per Disposable Income of Urban Households	106.9	109.8	108.6	104.7
农村居民人均可支配收入	Per Disposable Income of Rural Households	102.3	114.5	109.2	107.7
城镇居民人均消费支出	Per Capita Consumption Expenditure of Urban Households	108.7	109.2	107.4	99.5
农村居民人均消费支出	Per Capita Consumption Expenditure of Rural Households	101.2	107.2	109.8	107.2
工资福利	**Wages and Welfare**				
在岗职工工资总额	Total Wages on the Job	108.1	117.1	114.7	108.8
在岗职工平均工资	Average Wage of Staff and Workers on the Job	108.3	112.6	105.8	106.2
卫生	**Health Care**				
医院与卫生院	Number of Hospitals	99.4	98.8	100.7	100.2
执业（助理）医师	Number of Doctors	104.5	103.5	105.3	100.0
医院床位数	Number of Hospital Beds	106.5	109.7	104.8	103.2
市政建设	**City Construction**				
供水总量	Volume of Tap Water Supply	99.7	105.3	102.1	100.7
排水管道长度	Length of Sewer Pipelines	76.3	113.7	105.8	115.6
液化石油气用量	Volume of Liquefied Petroleum Gas	106.5	107.2	106.6	98.3
天然气供气量	Volume of Natural Gas			109.3	100.2
公共汽车总数	Total Number of Public Buses	102.2	104.8	108.1	101.2
公交客运总量	Total Passenger Traffic of Public Transportation	115.7	123.8	98.2	73.6

1-10 国民经济和社会发展效益指标
Beneficial Indicators of National Economy and Social Development

指 标		Item		2000	2010	2019	2020
人口与就业		**Population and Employment**					
人口出生率	(‰)	Birth Rate	(‰)	11.45	13.10	10.39	8.53
人口死亡率	(‰)	Death Rate	(‰)	6.79	6.7	7.28	7.92
人口自然增长率	(‰)	Natural Growth Rate	(‰)	4.66	6.4	3.11	0.61
就业者负担人口	(人)	Dependency Rate	(person)	1.83	1.78	1.81	2.03
宏观经济		**Macro Economy**					
全社会劳动生产率	(元/年人)	Overall Labor Productivity	(yuan/person year)	9894	39339	107748	120295
第一产业		Primary Industry		3785	12256	25402	37773
第二产业		Secondary Industry		15399	77646	187086	188162
第三产业		Tertiary Industry		21791	47497	144409	143678
人均地区生产总值	(元)	Per Capita Gross Regional Product	(yuan)	5590	24005	60104	62900
国有经济项目投产率	(%)	Rate of Projects Completed and Put into Use in State-owned Economic	(%)	62.3	50.5	58.5	52.7
地方一般公共预算收入相当于生产总值	(%)	General Public Budget Revenue to GDP	(%)	5.0	6.9	7.5	7.2
一般公共预算支出相当于生产总值	(%)	General Public Budget Expenditure to GDP	(%)	9.8	17.4	20.1	20.1
产业		**Industry**					
人均耕地面积	(公顷)	Per Capita Cultivated Land	(hectare)	0.06	0.06		
每公顷耕地农业机械总动力	(千瓦)	Total Power of Agricultural Machinery Per Hectare Cultivated Land	(kw)	5.63	11.20	10.05	
每公顷耕地用电量	(千瓦小时)	Electric Power Consumption Per Hectare Cultivated Land	(kw.h)	1135.00	2384.53		
每公顷播种面积化肥施用量	(公斤)	Chemical Fertilizer Consumption Per Hectare Sown Area	(kg)	228.00	297.38	282.17	266.35
每公顷耕地生产的农业产值	(元)	Agricultural Output Value Per Hectare Cultivated Land	(yuan)	31923	44700		
每公顷播种面积农产品产量	(公斤)	Output of Farm Products per Hectare Sown Area	(kg)				
粮食		Grain		5716	5921	6444	6341
棉花		Cotton		1173	1297	1299	1252
油料		Oil-bearing Crops		1490	1506	1752	1793
规模以上工业企业效益		Benefits of Industrial Enterprises above Designated Size					
资产负债率	(%)	Size Ratio of Asset-liability	(%)	67.6	57.55	50.22	50.99
成本费用利润率	(%)	Ratio of Cost Profit	(%)	2.4	8.7	6.5	7.3
百元销售收入实现利润	(元)	Profits per 100 Yuan Sales Revenue	(yuan)	2.2	7.8	5.9	6.6

1-10 续表 Continued

指 标	Item	2000	2010	2019	2020
建筑业技术装备率 （元／人）	Value of Machinery in Construction per Laborer (yuan/person)	5428	9289	7222	7049
建筑业动力装备率 （千瓦／人）	Power of Machinery per Laborer (kw/person)	4.7	5.6	3.6	3.6
建筑业产值利税率 （％）	Ratio of Per-tax Profits to Gross Output Value (%)	4.3	7.2	6.7	6.0
建筑业全员劳动生产率 （元／人）	Overall Labor Productivity (yuan/person-year)	46436	193653	366599	391507
运输业铁路网密度（公里／万平方公里）	Railway Density in Transportation (km/10 000 sq.km)	138.07	174.46	263.41	266.57
运输业公路网密度（公里／万平方公里）	Highway Density in Transportation (km/10 000 sq.km)	2872.90	10764.77	11358.17	11385.16
全省人均消费品零售额 （元）	Per Capita Retail Sales of Consumer Goods (yuan)	2149.05	8730.32	25135.88	24475.19
进出口总额相当于生产总值 （％）	Proportion of Total Imports and Exports to GDP (%)	5.63	6.20	10.92	11.69
每一来湘旅游客人次支出 （美元）	Expenditure per International Tourist in Hunan (USD)	486.92	467.04	482.04	300.27
教育、科技、文化	**Education, Science and Technology , Culture**				
学龄儿童入学率 （％）	Rate of School-age Children Enrollment (%)	98.42	99.92	100.00	100.00
小学升学率 （％）	Rate of Graduates of Primary Schools Entering Junior Secondary Schools (%)	97.04	100.86	101.42	101.40
初中升学率 （％）	Rate of Graduates of Junior Secondary Schools Entering Senior Secondary Schools (%)	51.15	98.32	93.65	94.28
学校每一专任教师负担学生人数	Number of Students Supported by Each Fulltime Teacher				
#高等学校 （人）	#Institutions of Higher Education (person)	12.50	17.53	21.51	22.08
普通中学 （人）	Secondary Schools (person)	17.50	13.17	13.91	13.60
小学学校 （人）	Primary Schools (person)	21.70	19.16	18.42	17.81
国家财政性教育经费占 GDP 比例（％）	Proportion of State Fiscal Funding on Education to GDP (%)	2.42	3.00	3.40	
科技拨款相当于生产总值 （％）	Proportion of Funding for Scientific and Technical Activities to GDP (%)	0.15	0.22	0.43	0.53
每百万人有艺术表演团体 （个）	Number of Troupes per Million Person (unit)	1.39	2.84	8.31	9.50
每百万人有公共图书馆 （个）	Number of Public Libraries per Million Person (unit)	1.75	1.75	2.04	2.15
家庭、生活、环境	**Family , People's Livelihood and Environment**				
离婚率 （‰）	Divorce Rate (‰)	1.97	4.39	3.19	2.98
每万人口中医院卫生院数 （个）	Number of Hospitals per 10 000 Persons (unit)	0.51	0.43	0.55	0.57
每千人口中执业（助理）医师数 （人）	Number of Doctors per 1000 Persons (person)	1.35	1.47	2.75	2.87
每千人口中医院床位数 （张）	Number of Hospital Beds per 1000 Persons (bed)	2.19	3.29	5.28	5.67
医院病床使用率 （％）	Utilization Rate of Hospital Beds (%)	45.59	93.10	83.70	76.20
城市用水普及率 （％）	Percentage of Households with Access to Tap Water (%)	97.50	95.17	95.33	98.94
城市燃气普及率 （％）	Percentage of Households with Access to Natural Gas (%)	78.35	87.00	96.65	97.29
人均公园绿地面积 （平方米）	Park Green Land Per Capita (sq.m)	5.10	8.89	11.54	12.16

注：自 2010 年起艺术表演团体含民间职业剧团，此前为文化部门专业剧团数据。

Since 2010, arts performance troupes included folk troupes. And before that, arts performance troupes included professional troupes of cultural department only.

1-11 国民经济主要比例关系
Main Proportional Relations of National Economy

单位：% (%)

指 标	Item	2000	2010	2019	2020
地区生产总值（生产法）	**Ratio of Gross Domestic Products**				
第一产业	Primary Industry	22.1	13.3	9.1	10.2
第二产业	Secondary Industry	36.4	45.2	38.6	38.1
第三产业	Tertiary Industry	41.5	41.5	52.3	51.7
固定资产投资的资金来源	**Ratio of Investment in Fixed Assets by Source of Finance**				
国家预算内投资	State Budgetary Appropriation	7.2	6.6	3.4	4.1
国内贷款	Domestic Loans	20.0	12.5	9.2	8.0
债券	Bunds	0.2	0.2	0.5	0.7
利用外资	Foreign Investment	2.1	0.8	0.2	0.2
自筹投资	Fundraising	58.5	67.6	61.7	66.0
其他投资	Others	12.1	12.3	25.1	21.1
国有经济投资中各行业	**Investment in Fixed Assets by Sector**				
（国有经济）	(State-owned Economic)				
农、林、牧、渔业	Agriculture, Forestry, Animal Husbandry and Fishery	0.8	3.4	2.6	2.9
工业	Industry	23.7	15.6	15.1	18.3
地方一般公共预算收入	**General Public Budget Revenue**				
企业所得税	Income Tax of Enterprises	7.7	5.6	8.2	8.5
个人所得税	Corporate Income Tax	6.5	3.5	2.5	2.9

注：从2013年执行新的三次产业划分规定，即第一产业不含农林牧渔服务业；第二产业不含采矿业的开采辅助活动和制造业的金属制品、机械和设备修理业，因此第二产业不等于工业加建筑业，下表同。

Since 2013,the rules of the new division of three industries has been excuted.That is the first industry exclude agriculture,forestry,animal musbandry and fishery services,the secondary industry exclude mining auxiliary activities in mining industry and metal products, machinery and equipment repair in manufacturing industry. So the secondary industry is not equal to the industry and the construction industry.The same applies to the relevant tables following.

1-11 续表 Continued

单位：% (%)

指 标	Item	2000	2010	2019	2020
农林牧渔业总产值	**Gross Output Value of Farming, Forestry, Animal Husbandry and Fishery**				
农业	Farming	50.6	52.6	47.7	44.8
林业	Forestry	4.1	5.9	6.7	5.7
牧业	Animal Husbandry	38.8	30.2	31.3	36.2
渔业	Fishery	6.5	6.3	6.9	6.4
客运量	**Total Passenger Traffic**				
铁路	Railways	6.0	4.5	15.2	19.8
公路	Highways	92.6	94.5	81.7	76.8
水运	Waterways	1.3	0.6	1.6	1.5
民用航空	Civil Aviation	0.2	0.4	1.5	2.0
货运量	**Total Freight Traffic**				
铁路	Railways	9.2	3.8	2.4	2.3
公路	Highways	83.7	85.2	86.5	87.4
水运	Waterways	6.6	10.6	10.5	9.8
货物周转量	**Total Freight Ton-kilometers**				
铁路	Railways	58.8	35.1	32.7	32.7
公路	Highways	27.7	52.9	50.4	51.5
水运	Waterways	13.4	11.8	16.1	15.1
全社会消费品零售总额	**Total Retail Sales of Consumer Goods**				
城镇	Urban		90.4	86.6	86.4
其中：城区	City Proper		60.6	62.0	60.4
乡村	Rural		9.6	13.4	13.6

注：从2010年起，社会消费品零售总额统计采用新的分组，即将经营单位所在地分组由“市”、“县”、“县以下”改为“城镇”、“乡村”。公路货运、货运周转量使用2019年交通部专项调查数据，统计口径发生改变。

From 2010, new grouping method is adopted for the statistics on the total retail sales of consumer goods: grouping according to operation location changes from city, county and below county level to urban and rural areas.Road freight data for 2019 are based on the special survey data of the Ministry of Transport. The statistical caliber has changed.

1-12 平均每天主要社会经济活动
Selected Indicators of Average Daily Social and Economic Activities

指　标		Item		2000	2010	2019	2020
全省每天创造的财富		**Daily Production**					
地区生产总值	（亿元）	Gross Domestic Product	(100 million yuan)	9.73	42.67	109.30	114.47
农林牧渔业总产值	（亿元）	Gross Output Value of Farming, Forestry, Animal Husbandry and Fishery	(100 million yuan)	3.43	9.64	17.55	20.58
地方一般公共预算收入	（万元）	General Public Budget Revenue	(10 000 yuan)	4850.40	29635.34	82387.60	82429.13
布	（万米）	Cloth	(10 000 m)	93.42	127.46	48.85	35.89
机制纸及纸板	（吨）	Machine-made Paper and Paperboard	(ton)	1919.73	10537.78	9075.79	8660.27
原煤	（万吨）	Coal	(10 000 tons)	4.08	21.01	3.77	2.89
发电量	（万度）	Electricity	(10 000 kw.h)	9710.14	32505.23	41247.12	40992.05
原油加工量	（吨）	Machining Crude Oil	(ton)	14422.47	16182.82	25591.78	24050.68
粗钢	（吨）	Crude Steel	(ton)	8331.51	48397.88	65362.30	71586.30
钢材	（吨）	Steel	(ton)	8193.15	49636.35	67166.65	74538.90
水泥	（万吨）	Cement	(10 000 tons)	6.56	23.81	30.67	30.11
粮食	（万吨）	Grain	(10 000 tons)	7.88	7.80	8.15	8.26
棉花	（吨）	Cotton	(ton)	469.32	621.92	224.11	204.02
油料	（吨）	Oil-bearing Crops	(ton)	3817.81	4879.62	6553.41	7141.59
苎麻	（吨）	Ramie	(ton)	181.37	111.13	11.40	11.81
烤烟	（吨）	Flue-cured Tobacco	(ton)	426.03	423.26	503.10	502.54
茶叶	（吨）	Tea	(ton)	156.99	320.99	639.59	685.15
柑桔	（吨）	Citrus	(ton)	3449.86	10556.13	15355.29	17168.81
猪牛羊肉	（吨）	Pork, Beef and Mutton	(ton)	11959.18	12035.14	10504.11	10254.79
进出口总额	（万美元）	Total Imports and Exports	(USD 10 000)	688.49	4024.34	17227.93	19363.95
#进口额		#Total Imports		235.62	1844.93	5026.65	6261.24
出口额		Total Exports		452.88	2179.42	12201.28	13102.71
其他经济活动		**Other Daily Economic Activities**					
邮政业务总量	（万元）	Business Volume of Postal Services	(10 000 yuan)	250.96	877.47	8816.16	11759.32
电信业务总量	（万元）	Business Volume of Telecommunications Services	(10 000 yuan)	3609.86	8910.68	116405.98	155376.71
出版图书	（万册）	Books Published	(10 000 copies)	68.07	85.35	133.55	
出版杂志	（万册）	Magazines Published	(10 000 copies)	28.78	34.96	25.89	
出版报纸	（万份）	Newspaper Published	(10 000 pieces)	228.68	353.70	217.64	
全省每天人口变动和婚姻		**Daily Population Changes and Marriages**					
出生	（人）	Births	(person)	2054	2510	1967	1552
死亡	（人）	Deaths	(person)	1218	1284	1378	1441
结婚	（对）	Marriages	(couples)	1050	1739	1042	979
离婚	（对）	Divorces	(couples)	177	421	604	542

注：出生、死亡人口数从2014年起为常住人口口径。
The number of births and deaths has been the permanent population since 2014.

1-13 人均主要工农业产品产量
Per Capita Output of Major Agricultural and Industrial Products

指 标		Item		2000	2010	2019	2020
甘蔗	（公斤）	Sugarcane	(kg)	17.70	5.12	5.15	5.26
烤烟	（公斤）	Flue-cured Tobacco	(kg)	2.40	3.15	2.77	2.76
茶叶	（公斤）	Tea	(kg)	0.90	3.04	3.52	3.76
水果	（公斤）	Fruit	(kg)	23.00	97.56	160.00	173.24
#柑桔	（公斤）	#Citrus	(kg)	19.20	77.20	84.44	94.34
纱（混合数）	（公斤）	Yarn	(kg)	2.53	11.08	17.31	15.44
布（混合数）	（米）	Cloth	(meter)	5.19	6.56	2.69	1.98
机制纸及纸板	（公斤）	Machine-made Paper and Paperboard	(kg)	10.68	54.25	49.89	47.57
合成洗涤剂	（公斤）	Synthetic Detergents	(kg)	1.24	5.12	5.45	4.84
原盐	（公斤）	Salt	(kg)	11.11	32.24	48.51	49.73
卷烟	（箱/百人）	Cigarettes	(cases/100 persons)	3.51	4.94	4.97	4.89
原煤	（吨）	Coal	(ton)	0.23	1.08	0.21	0.16
原油加工量	（千克）	Machining Crude Oil	(kg)	80.22	83.32	140.68	132.10
发电量	（千瓦小时）	Electricity	(kw.h)	540.11	1673.51	2267.35	2251.50
生铁	（公斤）	Pig Iron	(kg)	50.70	239.88	297.27	316.83
粗钢	（公斤）	Crude Steel	(kg)	46.35	249.17	359.30	393.19
钢材	（公斤）	Steel	(kg)	45.57	255.55	369.21	409.41
水泥	（吨）	Cement	(ton)	0.37	1.23	1.69	1.65
合成氨	（公斤）	Synthetic Ammonia	(kg)	25.49	23.14	9.54	9.41
农用化肥（折纯量）	（公斤）	Chemical Fertilizers	(kg)	21.60	47.05	7.92	8.83
#氮肥	（公斤）	#Nitrogen Fertilizers	(kg)	17.21	41.75	6.44	7.33
化学农药原药	（公斤）	Chemical Pesticide	(kg)	0.70	1.86	0.55	1.96
汽车	（辆/万人）	Motor Vehicles	(unit/10 000 persons)	2.68	33.88	127.97	95.57
摩托车	（辆/万人）	Motorcycles	(unit/10 000 persons)	21.72	32.72	18.34	20.07

1-14 脱贫摘帽县（市、区）基本情况(2020年)
Basic Information of Counties (Cities and Districts) in Poverty Alleviation (2020)

市 县	Counties and Cities	常住人口（万人）Total Population (10 000 persons)	地区生产总值（万元）Gross Regional Products (10 000 yuan)	第一产业增加值（万元）Added Value of Primary Industry (10 000 yuan)	工业增加值（万元）Added Value of Industry (10 000 yuan)	地方一般公共预算收入（万元）General Public Budget Revenue (10 000 yuan)	粮食产量（吨）Total Output of Grain (ton)	农村居民人均可支配收入（元）Per Capita Disposable Income of Rural Households (yuan)
武陵山片区	**Wuling Mountainous Area**							
新邵县	Xinshao County	61.25	1668595	393803	346925	71908	303568	13332
邵阳县	Shaoyang County	75.17	1806104	461939	384421	55076	448427	13175
隆回县	Longhui County	100.97	2330109	500985	489207	93277	505141	12589
洞口县	Dongkou County	67.46	1893080	619612	365167	66075	471148	13061
绥宁县	Suining County	29.06	1006615	244833	229103	17869	147876	12046
新宁县	Xinning County	51.37	1164110	331686	225473	48334	288087	11923
城步县	Chengbu County	22.73	564606	124662	117829	25882	81453	10205
武冈市	Wugang City	63.92	1721925	580836	316476	75838	448129	14669
石门县	Shimen County	55.90	3136059	521051	878890	111499	301217	14056
慈利县	Cili County	55.39	1818324	385116	154536	75717	325027	12838
桑植县	Sangzhi County	37.57	1009208	161713	80972	35220	151162	10163
安化县	Anhua County	78.08	2401231	511789	657486	88495	239642	10880
中方县	Zhongfang County	23.36	1240434	181755	547722	48535	115581	13703
沅陵县	Yuanling County	51.15	1772595	306408	633912	91249	253353	11674
辰溪县	Chenxi County	40.68	1173052	228595	209714	54579	207943	12195
溆浦县	Xupu County	75.49	1836741	424977	348538	64021	361678	13753
会同县	Huitong County	29.13	905455	169744	95001	39760	132725	12351
麻阳县	Mayang County	31.35	913928	210614	204547	41054	115215	10641
新晃县	Xinhuang County	22.09	716710	121745	180287	40891	82169	10725
芷江县	Zhijiang County	30.79	1059528	243065	260958	57649	232791	10949
靖州县	Jingzhou County	23.38	876468	175968	215025	33719	136182	11959
通道县	Tongdao County	20.12	558573	91927	128323	27981	93418	10193
新化县	Xinhua County	119.67	2869461	571190	656039	119115	473000	10753
涟源市	Lianyuan City	86.21	3029166	503943	853834	78703	388006	12285
泸溪县	Luxi County	23.63	723373	115162	200259	34910	83833	10445
凤凰县	Fenghuang County	35.22	894134	125307	126480	78088	131909	12368
花垣县	Huayuan County	24.59	753618	95244	217564	51221	93637	10822
保靖县	Baojing County	23.41	733123	114489	199992	24006	93521	11798
古丈县	Guzhang County	10.91	317286	80802	60676	24023	34312	10030
永顺县	Yongshun County	40.93	883010	224500	106972	44217	224965	10120
龙山县	Longshan County	47.56	988613	259571	135071	62374	191352	11543

1－14　续表　Continued

市　县	Counties and Cities	常住人口（万人）Total Population (10 000 persons)	地区生产总值（万元）Gross Regional Products (10 000 yuan)	第一产业增加值（万元）Added Value of Primary Industry (10 000 yuan)	工业增加值（万元）Added Value of Industry (10 000 yuan)	地方一般公共预算收入（万元）General Public Budget Revenue (10 000 yuan)	粮食产量（吨）Total Output of Grain (ton)	农村居民人均可支配收入（元）Per Capita Disposable Income of Rural Households (yuan)
罗霄山片区	**Luoxiao Mountainous Area**							
茶陵县	Chaling County	49.18	2243234	392536	483115	81135	256849	11532
炎陵县	Yanling County	16.03	885189	146679	275403	34774	87942	10698
宜章县	Yizhang County	56.85	2202308	284544	669761	87989	261513	11411
汝城县	Rucheng County	34.50	914210	176888	173016	45783	145015	11836
桂东县	Guidong County	16.11	461554	68742	88924	25620	65005	11365
安仁县	Anren County	35.24	1149541	258387	232954	40567	290045	13011
片区外国扶县	**Other State Aided Counties**							
平江县	Pingjiang County	94.77	3307893	597489	1146926	123643	435329	11321
新田县	Xintian County	34.41	983698	234399	210698	50435	155407	11070
江华县	Jianghua County	44.89	1376866	311063	436803	82679	228098	12575
片区外省扶县	**Other Province Aided Counties**							
祁东县	Qidong County	76.66	3087084	616553	754598	95126	449552	16827
永定区	Yongding District	52.70	2306670	251094	202842	60230	146998	12276
武陵源区	Wulingyuan District	6.06	432594	23530	5873	26808	13495	15621
双牌县	Shuangpai County	15.76	785975	193953	239855	46242	71562	10688
江永县	Jiangyong County	23.64	823265	268986	151717	44765	131794	12185
宁远县	Ningyuan County	68.47	2323706	361677	530730	145814	305399	17186
鹤城区	Hecheng District	70.84	4008120	128787	502945	82173	54766	17795
洪江市	Hongjiang City	39.88	1657068	320142	555397	77955	179668	13479
双峰县	Shuangfeng County	68.59	2660030	571039	669708	79402	512002	14728
吉首市	Jishou City	42.19	1976225	101692	603786	108679	51003	13102

注：洪江市的数据，包含了洪江区。
Hongjiang City data, including Hongjiang District.

1-15 城乡私营企业基本情况(2020年)

Basic Statistics on Private Enterprises in Urban and Rural Areas (2020)

项 目	Item	户 数 (户) Number of Enterprises (household)	注册资本 (万元) Registered Capital (10 000 yuan)
总计	**Total**	**1002064**	**591519039**
独资企业	Private-funded Enterprises	82637	6470357
合伙企业	Private Partnership Enterprises	19064	59748182
有限责任公司	Private Limited Liability Corporations	892833	507009914
股份有限公司	Private Share-holding Corporations Ltd.	7530	18290587

注：本表资料由湖南省市场监督管理局提供。

Data in the table were obtained from Administration for Market Regulation of Hunan Province.

1-16 城乡个体工商业基本情况(2020年)

Basic Statistics on Individuals and Commerce in Urban and Rural Areas (2020)

项 目	Item	期末户数 (户) Number of Enterprise (household)	投资总额 (万元) Total Amount of Investment (10 000 yuan)
总计	**Total**	**3678205**	**41515729**
农、林、牧、渔业	Farming, Forestry, Animal Husbandry and Fishery	90933	3774639
采矿业	Mining and Quarrying	1328	112808
制造业	Manufacturing	154285	2552052
电力、热力、燃气及水生产和供应业	Production and Distribution of Electricity, Heat,Gas and Water	3040	190298
建筑业	Construction	15242	359849
批发和零售业	Wholesale and Retail Trades	2198896	20277715
交通运输、仓储和邮政业	Transport, Storage and Post	170163	2170932
住宿和餐饮业	Hotels and Catering Services	524576	6320692
信息传输、软件和信息技术服务业	Information Transfer, Computer Services and Software	32116	268335
金融业	Financial Intermediation	197	3747
房地产业	Real Estate Trade	3988	49083
租赁和商务服务业	Tenancy and Business Services	91144	1253360
科学研究和技术服务业	Scientific Research, Technical Services	3450	46395
水利、环境和公共设施管理业	Management of Water Conservancy, Environment and Public Facilities	8316	58684
居民服务、修理和其他服务业	Resident Services Repair and Other Services	341366	3256078
教育	Education	2999	65969
卫生和社会工作	Health and Social Service	11920	151684
文化、体育和娱乐业	Culture,Sports and Entertainment	23786	595099
其他	Others	460	8312

注：本表资料由湖南省市场监督管理局提供。

Data in the table were obtained from Administration for Market Regulation of Hunan Province.

1-17 外商投资企业投资基本情况（2020年）
Basic Statistics on Investment of Foreign-invested Enterprises (2020)

类 别	Item	本期投资总额（万美元） Total Amount of Investment (USD 10 000)	期末实有户数（户） Number of Registered Enterprises (household)	#本年新增企业 Newly Increase this Year
总计	**Total**	**2685839**	**10715**	**845**
中外合资	Sino-foreign Joint Ventures		1017	-98
中外合作（法人）	Sino-foreign Cooperative Enterprises		79	-8
中外合作（非法人）	Unincorporated Sino-foreign Cooperative Enterprises			
外资企业	Foreign Enterprises		1386	-50
2020年1月1日起登记的外商投资有限责任公司	Foreign Investment Limited Liability Company Registered Since January 1, 2020	2680747	241	241
外商投资股份有限公司	Companies Limited by Shares with Foreign Investment	791	36	2
其他外商投资企业	Other Kinds of Foreign-invested Enterprises	4302	49	15
合伙企业	Partnerships		39	7
普通合伙企业	General Partnerships		8	3
特殊的普通合伙企业	Special General Partnerships			
有限合伙企业	Limited Partnerships		31	4
其他企业	Others	4302	10	8
在中国境内从事经营活动的外国（地区）企业	Foreign (Regional) Enterprises Engaged in Business Activities in China		17	17
外商投资企业分支机构	Branches of Foreign-invested Enterprises		7890	726
按国民经济行业分组	**By Economic Sector**			
农、林、牧、渔业	Agriculture, Forestry, Animal Husbandry and Fishery	3946	157	-5
采矿业	Mining		13	-1
制造业	Manufacturing	863899	1070	34
电力、热力、燃气及水生产和供应业	Production and Distribution of Electricity, Heat, Gas and Water	30756	212	5
建筑业	Construction	7145	85	10
批发和零售业	Wholesale and Retail Trade	10720	5771	507
交通运输、仓储和邮政业	Transportation, Storage and Post	7047	122	4
住宿和餐饮业	Hotels and Catering Services	4362	878	158
信息传输、软件和信息技术服务业	Information Transmission, Software and Information Technology	1232341	629	50
金融业	Financial Intermediation	271516	227	-13
房地产业	Real Estate Trade	24054	314	17
租赁和商务服务业	Tenancy and Business Services	60910	676	13
科学研究和技术服务业	Scientific Research, Technical Services,	142838	300	42
水利、环境和公共设施管理业	Management of Water Conservancy, Environment and Public Facilities	22776	43	-1
居民服务、修理和其他服务业	Services to Households, Repair and Other Services	46	85	4
教育	Education		10	
卫生和社会工作	Health and Social Service	516	21	11
文化、体育和娱乐业	Culture, Sports and Entertainment	2968	99	11

注：本表资料由湖南省市场监督管理局提供。
Data in the table were obtained from Administration for Market Regulation of Hunan Province.

1-17 续表 Continued

类 别	Item	本期投资总额（万美元）Total Amount of Investment (USD 10 000)	期末实有户数（户）Number of Registered Enterprises (household)	#本年新增企业 Newly Increase this Year
按国别（地区）分组	**By Country (Region)**			
亚洲	Asian	2500925	2089	71
香港	Hong Kong	2486452	1341	50
澳门	Macao	2661	39	4
台湾	Taiwan	9710	399	19
日本	Japan	85	55	-4
韩国	Republic of Korea	776	62	
亚洲其他国家（地区）	Other Asian Countries (Region)	1240	193	2
非洲	Africa	1410	56	9
欧洲	Europe	28172	187	1
德国	Federal Republic of Germany	632	36	
法国	France	79	12	-1
英国	United Kingdom		30	1
欧洲其他国家（地区）	Other European Countries (Region)	27460	109	1
拉丁美洲	Latin America	23203	110	-9
维尔京群岛	Virgin Islands		88	-9
北美洲	North America	100734	196	5
加拿大	Canada	210	52	2
美国	United States	100524	134	3
大洋洲	Oceanic	1282	70	
澳大利亚	Australia	482	37	2
新西兰	New Zealand		3	

1-18 民营经济指标(2020年)
Private Economic Indicators (2020)

指 标	Item	总量指标 Aggregate Date	发展速度(%)(以上年为100) Growth Rate(%) (precending year=100)	人均增加值(元) Per Capita Value Added (yuan)
增加值 (亿元)	**Value Added of Non-public Economy (100 million yuan)**	**29359.93**	**103.6**	**44199**
农林牧渔业	Agriculture, Forestry, Animal Husbandry and Fishery	4436.23	103.9	6678
工业	Industry	8963.52	105.6	13494
建筑业	Construction	2459.65	104.6	3703
批发和零售业	Wholesale and Retail Trades	3481.03	100.2	5240
交通运输、仓储和邮政业	Transport, Storage and Post	1141.12	103.3	1718
住宿和餐饮业	Hotels and Catering Services	810.71	90.7	1220
金融业	Financial Intermediation	440.38	106.2	663
房地产业	Real Estate	2687.59	104.3	4046
其他服务业	Others	4939.70	103.1	7436
第一产业	Primary Industry	4223.48	103.7	6358
第二产业	Secondary Industry	11411.89	105.4	17180
第三产业	Tertiary Industry	13724.56	102.0	20661
第二、三产业从业人员数 (万人)	Employed Person in Secondary and Tertiary Industry (10 000 persons)	476.90		
增加值按市州分列 (亿元)	Cities and Prefecture (100 million yuan)			
长沙市	Changsha City	7857.41	104.0	79785
株洲市	Zhuzhou City	2159.79	103.7	55354
湘潭市	Xiangtan City	1682.81	103.9	61700
衡阳市	Hengyang City	2518.81	104.2	37726
邵阳市	Shaoyang City	1658.70	104.0	25103
岳阳市	Yueyang City	2935.99	104.4	57866
常德市	Changde City	2549.34	104.1	47936
张家界市	Zhangjiajie City	376.06	102.2	24798
益阳市	Yiyang City	1411.96	103.6	36401
郴州市	Chenzhou City	1887.51	103.0	40404
永州市	Yongzhou City	1540.28	104.4	29127
怀化市	Huaihua City	1147.30	103.3	24955
娄底市	Loudi City	1188.33	104.2	31063
湘西土家族苗族自治州	Xiangxi Tujia and Miao A.P	502.14	102.5	20123

1-19 按登记注册类型分产业法人单位数（2020年）
Corporate Units by Registration Type and Industry (2020)

单位：个 (unit)

指 标	Item	合计 Total	第一产业 Primary Industry	第二产业 Secondary Industry	第三产业 Tertiary Industry
总计	**Total**	**831104**	**66175**	**138136**	**626793**
内资	Internal-invested	829320	66130	137375	625815
国有	State-owned	58605	264	716	57625
集体	Collective-owned	6144	283	1266	4595
股份合作	Cooperated by Joint-stock	475	25	102	348
联营	Cooperative	765	27	80	658
国有联营	State-owned Cooperative	90	5	10	75
集体联营	Collective-owned Cooperative	254	10	47	197
国有与集体联营	State-owned and Collective-owned Cooperative	75	3	11	61
其他联营	Other Cooperative	346	9	12	325
有限责任公司	Limited Liability Company	29305	776	6616	21913
国有独资公司	Wholly State-owned Cooperative Company	2211	26	535	1650
其他有限责任公司	Other Limited Liability Company	27094	750	6081	20263
股份有限公司	Company Limited by Shares	3370	164	819	2387
私营	Individual-owned	597659	24702	126868	446089
私营独资	Wholly Individual-owned	64727	7138	11095	46494
私营合伙	Individual-owned Partnership	14485	872	3955	9658
私营有限责任公司	Individual-owned Limited Liability Company	510272	16311	109631	384330
私营股份有限公司	Individual-owned Company Limited by Shares	8175	381	2187	5607
其他内资	Other Internal-invested	132997	39889	908	92200
港澳台商投资	Enterprises Funded by Entrepreneurs From Hong Kong, Macao and Taiwan	948	42	408	498
与港澳台商合资经营	Uoint Venture with Entrepreneurs From Hong Kong, Macao and Taiwan	368	17	163	188
与港澳台商合作经营	Cooperative Venture with Entrepreneurs From Hong Kong,Macao and Taiwan	13	1	4	8
港澳台商独资	Wholly Entrepreneurs-owned From Hong Kong, Macao and Taiwan	527	24	222	281
港澳台商投资股份有限公司	Enterprises Limited by Shares Funded by Entrepre-neurs From Hong Kong,Macao and Taiwan	24		11	13
其他港、澳、台商投资	Other Enterprises Funded by Entrepreneurs From Hong Kong, Macao and Taiwan	16		8	8
外商投资	Enterprises Funded by Foreigners	836	3	353	480
中外合资经营	Sino-foreign Joint Equity	346	2	173	171
中外合作经营	Sino-foreign Cooperative Ventures	20		9	11
外资企业	Foreign-funded Enterprise	393	1	153	239
外商投资股份有限公司	Enterprises Limited by Shares Funded by Foreigners	30		6	24
其他外商投资	Other Enterprises Funded by Foreigners	47		12	35

1-20 按登记注册类型分机构类型法人单位数(2020年)
Corporate Units by Registration Type and Organization Type (2020)

单位：个 (unit)

指 标	Item	合计 Total	企 业 Enterprises	事业单位 Public Institution	机 关 Government Department	社会团体 Social Organization	民办非企业单位 Private Non-enterprise Units
总计	**Total**	**831104**	**628510**	**44321**	**10735**	**12190**	**18548**
内资	Internal-invested	829320	626728	44321	10735	12189	18548
国有	State-owned	58605	2633	41905	10735	2489	608
集体	Collective-owned	6144	2581	1494		865	730
股份合作	Cooperated by Joint-stock	475	244	24		14	166
联营	Cooperative	765	241	124		214	128
国有联营	State-owned Cooperative	90	42	40		6	1
集体联营	Collective-owned Cooperative	254	118	17		73	31
国有与集体联营	State-owned and Collective-owned Cooperative	75	29	28		17	
其他联营	Other Cooperative	346	52	39		118	96
有限责任公司	Limited Liability Company	29305	28932			76	241
国有独资公司	Wholly State-owned Cooperative Company	2211	2201			9	1
其他有限责任公司	Other Limited Liability Company	27094	26731			67	240
股份有限公司	Company Limited by Shares	3370	3287			14	56
私营	Individual-owned	597659	587876			469	8068
私营独资	Wholly Individual-owned	64727	58916			217	5217
私营合伙	Individual-owned Partnership	14485	12437			133	1492
私营有限责任公司	Individual-owned Limited Liability Company	510272	508469			118	1250
私营股份有限公司	Individual-owned Company Limited by Shares	8175	8054			1	109
其他内资	Other Internal-invested	132997	934	774		8048	8551
港澳台商投资	Enterprises Funded by Entrepreneurs From Hong Kong, Macao and Taiwan	948	947				
与港澳台商合资经营	Uoint Venture with Entrepreneurs From Hong Kong, Macao and Taiwan	368	367				
与港澳台商合作经营	Cooperative Venture with Entrepreneurs From Hong Kong,Macao and Taiwan	13	13				
港澳台商独资	Wholly Entrepreneurs-owned From Hong Kong, Macao and Taiwan	527	527				
港澳台商投资股份有限公司	Enterprises Limited by Shares Funded by Entrepreneurs From Hong Kong, Macao and Taiwan	24	24				
其他港、澳、台商投资	Other Enterprises Funded by Entrepreneurs From Hong Kong, Macao and Taiwan	16	16				
外商投资	Enterprises Funded by Foreigners	836	835			1	
中外合资经营	Sino-foreign Joint Equity	346	346				
中外合作经营	Sino-foreign Cooperative Ventures	20	19			1	
外资企业	Foreign-funded Enterprise	393	393				
外商投资股份有限公司	Enterprises Limited by Shares Funded by Foreigners	30	30				
其他外商投资	Other Enterprises Funded by Foreigners	47	47				

1-20 续表 Continued

单位：个 (unit)

指标	Item	基金会 Foundation	居委会 Neighborhood Committee	村委会 Village Committee	农民专业合作社 Farmer Specialized Cooperative	其他组织机构 Other Organization
总计	**Total**	**231**	**5291**	**24494**	**79172**	**7612**
内资	Internal-invested	230	5291	24494	79172	7612
国有	State-owned	66				169
集体	Collective-owned	6			104	364
股份合作	Cooperated by Joint-stock					27
联营	Cooperative				1	57
国有联营	State-owned Cooperative					1
集体联营	Collective-owned Cooperative					15
国有与集体联营	State-owned and Collective-owned Cooperative					1
其他联营	Other Cooperative				1	40
有限责任公司	Limited Liability Company	3				53
国有独资公司	Wholly State-owned Cooperative Company					
其他有限责任公司	Other Limited Liability Company	3				53
股份有限公司	Company Limited by Shares					13
私营	Individual-owned	11				1235
私营独资	Wholly Individual-owned	5				372
私营合伙	Individual-owned Partnership	1				422
私营有限责任公司	Individual-owned Limited Liability Company	5				430
私营股份有限公司	Individual-owned Company Limited by Shares					11
其他内资	Other Internal-invested	144	5291	24494	79067	5694
港澳台商投资	Enterprises Funded by Entrepreneurs From Hong Kong, Macao and Taiwan	1				
与港澳台商合资经营	Uoint Venture with Entrepreneurs From Hong Kong, Macao and Taiwan	1				
与港澳台商合作经营	Cooperative Venture with Entrepreneurs From Hong Kong,Macao and Taiwan					
港澳台商独资	Wholly Entrepreneurs-owned From Hong Kong, Macao and Taiwan					
港澳台商投资股份有限公司	Enterprises Limited by Shares Funded by Entrepreneurs From Hong Kong, Macao and Taiwan					
其他港、澳、台商投资	Other Enterprises Funded by Entrepreneurs From Hong Kong, Macao and Taiwan					
外商投资	Enterprises Funded by Foreigners					
中外合资经营	Sino-foreign Joint Equity					
中外合作经营	Sino-foreign Cooperative Ventures					
外资企业	Foreign-funded Enterprise					
外商投资股份有限公司	Enterprises Limited by Shares Funded by Foreigners					
其他外商投资	Other Enterprises Funded by Foreigners					

1-21 按登记注册类型分行业法人单位数（2020年）

Corporate Units by Registration Type and Sector (2020)

单位：个 (unit)

指 标	Item	合计 Total	农、林、牧、渔业 Agriculture, Forestry, Animal Husbandry and Fishing	采矿业 Mining	制造业 Manufacturing	电力、燃气及水的生产和供应业 Production and Supply of Electricity,Gas and Water	建筑业 Construction
总计	**Total**	**831104**	**87971**	**4011**	**75839**	**7309**	**51860**
内资	Internal-invested	829320	87921	4004	75182	7226	51845
国有	State-owned	58605	816	18	197	363	140
集体	Collective-owned	6144	354	71	493	524	183
股份合作	Cooperated by Joint-stock	475	32	10	49	35	9
联营	Cooperative	765	39	3	27	45	5
有限责任公司	Limited Liability Company	29305	997	178	3389	1010	2065
股份有限公司	Company Limited by Shares	3370	200	52	462	133	174
私营	Individual-owned	597659	30653	3670	69774	5077	49191
其他内资	Other Internal-invested	132997	54830	2	791	39	78
港澳台商投资	Enterprises Funded by Entrepreneurs From Hong Kong,Macao and Taiwan	948	43	3	343	51	11
与港澳台商合资经营	Uoint Venture with Entrepreneurs From Hong Kong,Macao and Taiwan	368	17		131	27	5
与港澳台商合作经营	Cooperative Venture with Entrepreneurs From Hong Kong,Macao and Taiwan	13	1		2	2	
港澳台商独资	Wholly Entrepreneurs-owned From Hong Kong, Macao and Taiwan	527	25	3	194	20	5
港澳台商投资股份有限公司	Enterprises Limited by Shares Funded by Entrepreneurs From Hong Kong,Macao and Taiwan	24			11		
其他港、澳、台商投资	Other Enterprises Funded by Entrepreneurs From Hong Kong, Macao and Taiwan	16			5	2	1
外商投资	Enterprises Funded by Foreigners	836	7	4	314	32	4
中外合资经营	Sino-foreign Joint Equity	346	2	2	155	16	
中外合作经营	Sino-foreign Cooperative Ventures	20	1	1	8		
外资企业	Foreign-funded Enterprise	393	2	1	134	14	4
外商投资股份有限公司	Enterprises Limited by Shares Funded by Foreigners	30			6		
其他外商投资	Other Enterprises Funded by Foreigners	47	2		11	2	

1-21 续表 1 Continued

单位：个 (unit)

指 标	Item	批发和零售业 Wholesale and Retail Trade	交通运输、仓储和邮政业 Transport, Storage and Post	住宿和餐饮业 Hotels and Catering Services	信息传输、计算机服务和软件业 Information Transmission,Computer Services and Software	金融业 Banking	房地产业 Real Estate	租赁和商务服务业 Leasing and Business Services
总计	**Total**	**191685**	**17452**	**14484**	**33795**	**2235**	**26286**	**90197**
内资	Internal-invested	191424	17391	14412	33752	2185	26089	90065
国有	State-owned	432	580	109	394	151	326	2076
集体	Collective-owned	521	141	41	30	12	116	243
股份合作	Cooperated by Joint-stock	49	3	8	2	6	6	33
联营	Cooperative	57	11	3	5	3	8	31
有限责任公司	Limited Liability Company	5037	914	716	1421	268	3277	4310
股份有限公司	Company Limited by Shares	492	86	67	144	633	192	266
私营	Individual-owned	173598	15572	13392	31591	1103	22116	80593
其他内资	Other Internal-invested	11238	84	76	165	9	48	2513
港澳台商投资	Enterprises Funded by Entrepreneurs From Hong Kong,Macao and Taiwan	107	31	36	23	9	128	83
与港澳台商合资经营	Uoint Venture with Entrepreneurs From Hong Kong,Macao and Taiwan	30	14	16	6	3	47	35
与港澳台商合作经营	Cooperative Venture with Entrepreneurs From Hong Kong,Macao and Taiwan	1	1			1	3	1
港澳台商独资	Wholly Entrepreneurs-owned From Hong Kong, Macao and Taiwan	70	15	17	15	5	75	44
港澳台商投资股份有限公司	Enterprises Limited by Shares Funded by Entrepreneurs From Hong Kong,Macao and Taiwan	3	1	2	2		2	1
其他港、澳、台商投资	Other Enterprises Funded by Entrepreneurs From Hong Kong, Macao and Taiwan	3		1			1	2
外商投资	Enterprises Funded by Foreigners	154	30	36	20	41	69	49
中外合资经营	Sino-foreign Joint Equity	49	7	9	5	16	30	15
中外合作经营	Sino-foreign Cooperative Ventures	2	3	2			2	
外资企业	Foreign-funded Enterprise	86	20	25	14	11	31	24
外商投资股份有限公司	Enterprises Limited by Shares Funded by Foreigners	7				14	1	1
其他外商投资	Other Enterprises Funded by Foreigners	10			1		5	9

1-21 续表 2 Continued

单位：个 (unit)

指 标	Item	科学研究和技术服务业 Scientific Research, Technical Service and Geologic Perambulation	水利、环境和公共设施管理业 Water Conservancy, Environment and Public Facilities Management	居民服务、修理和其他服务业 Services to Households and Other Services	教 育 Education	卫生和社会工作 Sanitation, Social Security and Social Welfare	文化、体育和娱乐业 Culture, Sports and Entertainment	公共管理、社会保障和社会组织 Public Management and Social Organization	国际组织 International Organization
总计	**Total**	**56458**	**8119**	**15915**	**34672**	**12511**	**27782**	**72523**	
内资	Internal-invested	56380	8109	15895	34665	12506	27748	72521	
国有	State-owned	3912	2202	249	10931	5629	1753	28327	
集体	Collective-owned	184	125	41	497	1269	117	1182	
股份合作	Cooperated by Joint-stock	11	1	5	146	39	13	18	
联营	Cooperative	28	4	16	113	64	21	282	
有限责任公司	Limited Liability Company	2419	725	536	618	292	1052	81	
股份有限公司	Company Limited by Shares	179	34	43	78	32	88	15	
私营	Individual-owned	38370	4802	14737	15742	3399	23738	541	
其他内资	Other Internal-invested	11277	216	268	6540	1782	966	42075	
港澳台商投资	Enterprises Funded by Entrepreneurs From Hong Kong,Macao and Taiwan	36	6	12	1	2	22	1	
与港澳台商合资经营	Uoint Venture with Entrepreneurs From Hong Kong,Macao and Taiwan	16	3	6		2	9	1	
与港澳台商合作经营	Cooperative Venture with Entrepreneurs From Hong Kong,Macao and Taiwan						1		
港澳台商独资	Wholly Entrepreneurs-owned From Hong Kong, Macao and Taiwan	18	3	5	1		12		
港澳台商投资股份有限公司	Enterprises Limited by Shares Funded by Entrepreneurs From Hong Kong,Macao and Taiwan	2							
其他港、澳、台商投资	Other Enterprises Funded by Entrepreneurs From Hong Kong, Macao and Taiwan			1					
外商投资	Enterprises Funded by Foreigners	42	4	8	6	3	12	1	
中外合资经营	Sino-foreign Joint Equity	23	2	1	4	1	9		
中外合作经营	Sino-foreign Cooperative Ventures							1	
外资企业	Foreign-funded Enterprise	16	2	5	2	2			
外商投资股份有限公司	Enterprises Limited by Shares Funded by Foreigners	1							
其他外商投资	Other Enterprises Funded by Foreigners	2		2			3		

主要统计指标解释

行政区划 指国家对行政区域的划分。根据有关法规规定，我国的行政区域划分如下：(1) 全国分为省、自治区、直辖市；(2) 省、自治区分为自治州、县、自治县、市；(3) 自治州分为县、自治县、市；(4) 县、自治县分为乡、民族乡、镇；(5) 直辖市和较大的市分为区、县；(6) 国家在必要时设立的特别行政区。

国民经济行业分类 自 2017 年年报和 2018 年定期报表开始使用新的《国民经济行业分类》（GB/T4754-2017）。该分类是由国家统计局组织修订，国家质量监督检验检疫总局和中国国家标准化管理委员会于 2017 年 6 月 30 日发布。这次修订是在 2011 年分类标准的基础上，结合我国经济活动特点，参照联合国《全部经济活动的国际标准产业分类》（ISIC/Rev.4）进行的。修订后的《国民经济行业分类》（GB/T4754-2017）共有门类 20 个，大类 97 个，中类 473 个，小类 1382 个。

企业登记注册类型 是以在市场监管部门登记注册的各类企业为划分对象，以市场监管部门对企业登记注册的类型为依据，将企业登记注册类型分为内资企业、港澳台商投资企业和外商投资企业三大类。内资企业包括国有企业、集体企业、股份合作企业、联营企业、有限责任公司、股份有限公司、私营企业和其他企业；港澳台商投资企业和外商投资企业分别包括合资经营企业、合作经营企业、独资经营企业和股份有限公司等。

国有企业 指企业全部资产归国家所有，并按《中华人民共和国企业法人登记管理条例》规定登记注册的非公司制的经济组织。不包括有限责任公司中的国有独资公司。

集体企业 指企业资产归集体所有，并按《中华人民共和国企业法人登记管理条例》规定登记注册的经济组织。

股份合作企业 指以合作制为基础，由企业职工共同出资入股，吸收一定比例的社会资产投资组建，实行自主经营，自负盈亏，共同劳动，民主管理，按劳分配与按股分红相结合的一种集体经济组织。

联营企业 指两个及两个以上相同或不同所有制性质的企业法人或事业单位法人，按自愿、平等、互利的原则，共同投资组成的经济组织。联营企业包括国有联营企业、集体联营企业、国有与集体联营企业和其他联营企业。

有限责任公司 指根据《中华人民共和国公司登记管理条例》规定登记注册，由两个以上、五十个以下的股东共同出资，每个股东以其所认缴的出资额对公司承担有限责任，公司以其全部资产对其债务承担责任的经济组织。有限责任公司包括国有独资公司以及其他有限责任公司。

股份有限公司 指根据《中华人民共和国公司登记管理条例》规定登记注册，其全部注册资本由等额股份构成并通过发行股票筹集资本，股东以其认购的股份对公司承担有限责任，公司以其全部资产对其债务承担责任的经济组织。

私营企业 指由自然人投资设立或由自然人控股，以雇佣劳动为基础的营利性经济组织。包括按照《公司法》《合伙企业法》《个人独资企业法》规定登记注册的私营独资企业、私营合伙企业、私营有限责任公司、私营股份有限公司和个人独资企业。

其他企业 指上述企业之外的其他内资经济组织。

与港澳台商合资经营企业 指港澳台地区投资者与内地企业依照《中华人民共和国中外合资经营企业法》及有关法律的规定，按合同规定的比例投资设立，分享利润、分担风险的企业。

与港澳台商合作经营企业 指港澳台地区投资者与内地企业依照《中华人民共和国中外合作经营企业法》及有关法律的规定，依照合作合同的约定进行投资或提供条件设立，分配利润、分担风险和亏损的企业。

港澳台商独资经营企业 指依照《中华人民共和国外资企业法》及有关法律的规定，在内地由港澳台地区投资者全额投资设立的企业。

港澳台商投资股份有限公司 指根据国家有关规定，经商务部（原外经贸部）依法批准设立，并且其中港、澳、台商的股本占公司注册资本的比例达 25% 以上的股份有限公司。凡其中港、澳、台商的股本占公司注册资本的比例小于 25% 的，属于内资企业中的股份有限公司。

其他港澳台商投资企业 指在中国境内参照《外国企业或个人在中国境内设立合伙企业管理办法》和《外商投资合伙企业登记管理规定》，依法设立的港、澳、台商投资合伙企业等。

中外合资经营企业 指外国企业或外国人与中国内地企业依照《中华人民共和国中外合资经营企业法》及有关法律的规定，按合同规定的比例投资设立，分享利润和分担风险的企业。

中外合作经营企业 指外国企业或外国人与中国内地企业依照《中华人民共和国中外合作经营企业法》及有关法律的规定，依照合作合同的约定进行投资或提供条件设立，分配利润、分担风险和亏损的企业。

外资企业 指依照《中华人民共和国外资企业法》及有关法律的规定，在中国内地由外国投资者全额投资设立的企业。

外商投资股份有限公司 指根据国家有关规定，经商务部（原外经贸部）依法批准设立，并且其中外资的股本占公司注册资本的比例达 25% 以上的股份有限公司。凡其中外资股本占公司注册资本的比例小于 25% 的，属于内资企业中的股份有限公司。

其他外商投资企业 指在中国境内依照《外国企业或个人在中国境内设立合伙企业管理办法》和《外商投资合伙企业登记管理规定》，依法设立的外商投资合伙企业等。

国家财政性教育经费 包括一般公共预算安排的教育经费，政府性基金预算安排的教育经费，企业办学中的企业拨款，校办产业和社会服务收入用于教育的经费，其他属于国家财政性教育经费。

Explanatory Notes on Main Statistical Indicators

Divisions of Administrative Areas refer to the division of administrative areas by the State. The relative laws define the administrative division as follows: 1) the whole country is divided into provinces, autonomous regions and municipalities directly under the Central Government; 2) provinces and autonomous regions are further divided into autonomous prefectures, counties, autonomous counties and cities; 3) autonomous prefectures are further divided into counties, autonomous counties and cities; 4) counties and autonomous counties are further divided into townships, ethnic townships and towns; 5) municipalities directly under the Central Government and large cities are divided into districts and counties, 6) the State shall, when necessary, establish special administrative regions.

Industrial Classification of the National Economy The new Industrial Classification of the National Economy (GB/T 4754-2017) is introduced starting from the compilation of 2017 annual statistics and 2018 monthly or quarterly statistics. The revision, based on the 2011 classification, was organized by the National Bureau of Statistics taking into consideration of the characteristics of economic activities in China and the International Standards of the Industrial Classification of All Economic Activities (ISIC/Rev.4) of the United Nations. The new Classification was promulgated by the National Administration of Quality Supervision, Inspection and Quarantine and the Standardization Administration of the People's Republic of China on June 30, 2017. The revised version of the Industrial Classification of the National Economy (GB/T 4754-2017) is composed of 20 sections, 97 divisions, 473 groups and 1382 classes.

Registration Status of Enterprises (units) Enterprises are classified into 3 categories, namely enterprises with domestic investment, enterprises with investment from Hong Kong, Macao and Taiwan, and enterprises with foreign investment, according to the registration status of an enterprise in market supervision administration. Domestic-invested enterprises include state-owned enterprises, collective-owned enterprises, cooperative enterprises, joint ownership enterprises, limited liability corporations, share-holding corporations Ltd., private enterprises and other enterprises. Included in the enterprises with investment from Hong Kong, Macao and Taiwan and enterprises with foreign investment are joint-venture enterprises, cooperative enterprises, sole- proprietorship enterprises and share-holding corporations Ltd.

State-owned Enterprises refer to non-corporation economic units where the entire assets are owned by the state and which have been registered in accordance with the Regulation of the People’s Republic of China on the Management of Registration of Corporate Enterprises. Not included from this category are state sole-proprietorship corporations in the limited liability corporations.

Collective-owned Enterprises refer to economic units where the assets are owned collectively and which have been registered in accordance with the Regulation of the People’s Republic of China on the Management of Registration of Corporate Enterprises.

Cooperative Enterprises refer to a form of collective economic units (enterprises) where capitals come mainly from employees as their shares, with certain proportion of capital from the outside, where production is organized on the basis of independent operation, independent accounting for profits and losses, joint work, democratic management, and a distribution system that integrates remuneration according to work with dividend according to capital share.

Joint Ownership Enterprises refer to economic units established by two or more corporate enterprises or corporate institutions of the same or different ownership, through joint investment on the basis of voluntary participation, equality, and mutual benefits. They include state joint ownership enterprises; collective joint ownership enterprises; joint state-collective enterprises; and other joint ownership enterprises.

Limited Liability Corporations refer to economic units established with investment from 2-50 investors and registered in accordance with the Regulation of the People’s Republic of China on the Management of Registration of Corporations, each investor bearing limited liability to the corporation depending on its share of investment, and the corporation bearing liability to its debt to the maximum of its total assets. Limited liability corporations include state sole-proprietorship corporations and other limited liability corporations.

Share-holding Corporations Ltd. refer to economic units registered in accordance with the Regulation of the People’s Republic of China on the Management of Registration of Corporations, with total registered capital divided into equal shares and additional capitals raised through issuing stocks. Each investor bears limited liability to the corporation depending on the holding of shares, and the corporation bears liability to its debt to the maximum of its total assets.

Private Enterprises refer to profit-making economic units invested and established by natural person, or controlled by natural person, using employed labour. Included in this category are private sole-proprietorship enterprise, private partnership enterprise, private limited liability companies, private limited-liability company by shares and individual sole-proprietorship enterprise registered in accordance with the Company Law, the Law on Partnership Business and the

Law on Individual Proprietorship Enterprises.

Other Domestic-Invested Enterprises refer to domestic-invested economic units other than those mentioned above.

Joint Venture Enterprises with Hong Kong, Macao and Taiwan are enterprises jointly established by investors from Hong Kong, Macao and Taiwan with enterprises in the mainland of China in accordance with the Law of the People's Republic of China on Sino-foreign Equity Joint Ventures and other relevant laws, where the establishment of the investment and the sharing of profits, taking risks and loss are stipulated in joint venture contracts.

Cooperative Enterprises with Hong Kong, Macao and Taiwan established by investors from Hong Kong, Macao and Taiwan with enterprises in the mainland of China in accordance with the Law of the People's Republic of China on Sino-foreign Contractual Joint Venture and other relevant laws, where the investment or provision of facilities and the sharing of profits and risks are stipulated under cooperative contracts.

Sole-proprietorship Enterprises with Investment from Hong Kong, Macao and Taiwan refer to enterprises established in the mainland of China with exclusive investment from investors from Hong Kong, Macao and Taiwan in accordance with the Law of the People's Republic of China on Enterprises with Foreign Investment and other relevant laws.

Share-holding Corporations Ltd. with Investment from Hong Kong, Macao and Taiwan refer to share-holding corporations Ltd. established with the approval from the Ministry of Commerce (the former Ministry of Foreign Trade and Economic Relations) in line with relevant state regulations, where the share of investment from Hong Kong, Macao or Taiwan businessmen exceeds 25% of the total registered capital of the corporation. In case the share of investment from Hong Kong, Macao or Taiwan is less than 25% of the total registered capital, the enterprise is to be classified as domestic-invested share-holding corporation Ltd.

Other Enterprises with Funds From Hong Kong, Macao and Taiwan refer to partnership enterprises with investments from Hong Kong, Macao and Taiwan established within the territory of China in accordance with Administrative Measures on the Establishment of Partnership Enterprises in China by Foreign Enterprises or Foreign Individuals and Regulations for the Administration of the Registration of Foreign-invested Partnership Enterprises.

Joint Venture Enterprises with Foreign Investment refer to enterprises jointly established by foreign enterprises or foreigners with enterprises in the mainland of China in accordance with the Law of the People's Republic of China on Sino-foreign Equity Joint Ventures and other relevant laws, where the sharing of investment, profits and risks is stipulated in contracts.

Cooperative Enterprises with Foreign Investment refer to enterprises jointly established by foreign enterprises or foreigners with enterprises in the mainland of China in accordance with the Law of the People's Republic of China on Sino-foreign Contractual Joint Venture and other relevant laws, where the investment or provision of facilities and the sharing of profits and taking risks and loss are stipulated in cooperative contracts.

Sole-proprietorship Enterprises with Foreign Investment refer to enterprises established in the mainland of China with exclusive investment from foreign investors in accordance with the Law of the People's Republic of China on Enterprises with Foreign Investment and other relevant laws.

Share-holding Corporations Ltd. with Foreign Investment refer to share-holding corporations Ltd. established with the approval from the Ministry of Commerce (the former Ministry of Foreign Trade and Economic Relations) in line with relevant state regulations, where the share of investment from foreign investors exceeds 25% of the total registered capital of the corporation. In case the share of foreign investment is less than 25% of the total registered capital, the enterprise is to be classified as domestic-invested share-holding corporation Ltd.

Other Enterprises with Foreign Funds refer to partnership enterprises established within the territory of China in accordance with Administrative Measures on the Establishment of Partnership Enterprises in China by Foreign Enterprises or Foreign Individuals and Regulations for the Administration of the Registration of Foreign-invested Partnership Enterprises.

Government Appropriation for Education refers to the general public budget appropriation fund for education, educational funds budgeted by government funds, enterprise appropriation for enterprise-run schools, income from school-run enterprises and social services that are used for education purpose and other government appropriations for education.

02 国民经济核算

National Accounts

资料整理人员：周　玲

2-1 按产业分的地区生产总值
Gross Domestic Product by Industry

单位：亿元 (100 million yuan)

年份 Year	地区生产总值 Gross Domestic Product	第一产业 Primary Industry	第二产业 Secondary Industry	第三产业 Tertiary Industry	人均地区生产总值（元） Per Capita Gross Domestic Product (yuan)
1952	27.81	18.72	3.43	5.66	86
1953	30.29	18.48	4.28	7.53	91
1954	30.51	17.03	5.13	8.35	90
1955	35.83	21.13	5.76	8.94	104
1956	37.93	20.56	6.57	10.80	109
1957	45.20	26.41	7.45	11.34	127
1958	55.85	26.65	16.63	12.57	154
1959	61.95	23.60	21.57	16.78	168
1960	64.07	20.58	25.47	18.02	176
1961	46.64	20.78	11.69	14.17	132
1962	51.19	27.17	10.59	13.43	144
1963	48.08	25.11	11.37	11.60	131
1964	57.36	30.41	15.60	11.35	153
1965	65.32	34.00	19.17	12.15	170
1966	72.73	37.30	22.16	13.27	184
1967	73.51	40.07	19.89	13.55	181
1968	75.67	44.85	17.31	13.51	181
1969	81.26	44.08	21.98	15.20	189
1970	93.05	44.62	31.98	16.45	211
1971	99.10	46.31	35.33	17.46	218
1972	107.01	47.73	39.91	19.37	230
1973	115.80	51.91	43.35	20.54	244
1974	108.17	53.17	34.87	20.13	223
1975	118.40	54.97	41.96	21.47	239
1976	118.53	55.07	41.47	21.99	236
1977	129.17	55.95	49.59	23.63	254
1978	146.99	59.83	59.82	27.34	286
1979	178.01	79.40	68.42	30.19	343
1980	191.72	81.14	76.99	33.59	365
1981	209.68	93.29	77.78	38.61	394
1982	232.52	107.99	82.51	42.02	430
1983	257.43	117.79	93.37	46.27	470
1984	287.29	128.28	104.34	54.67	519
1985	349.95	147.72	127.08	75.15	626

2-1 续表 Continued

单位：亿元 (100 million yuan)

年份 Year	地区生产总值 Gross Domestic Product	第一产业 Primary Industry	第二产业 Secondary Industry	第三产业 Tertiary Industry	人均地区生产总值（元） Per Capita Gross Domestic Product (yuan)
1986	397.68	165.28	143.31	89.09	703
1987	469.44	187.09	172.45	109.90	818
1988	584.07	217.03	221.28	145.76	999
1989	640.80	234.31	238.15	168.34	1074
1990	744.44	279.09	249.98	215.37	1228
1991	833.30	301.02	281.95	250.33	1357
1992	986.98	323.91	337.17	325.90	1595
1993	1244.71	383.68	470.05	390.98	1997
1994	1650.02	532.89	589.72	527.41	2630
1995	2132.13	685.30	770.67	676.16	3359
1996	2540.13	793.98	920.06	826.09	3963
1997	2849.27	855.75	1041.79	951.73	4420
1998	3025.53	828.31	1123.08	1074.14	4667
1999	3214.54	778.25	1192.99	1243.30	4933
2000	3551.49	784.92	1293.18	1473.39	5590
2001	3831.90	825.73	1412.82	1593.35	6120
2002	4151.54	847.25	1523.50	1780.79	6734
2003	4659.95	869.68	1772.29	2017.98	7589
2004	5542.62	1022.45	2135.55	2384.62	9004
2005	6369.87	1078.34	2490.17	2801.36	10200
2006	7431.55	1244.63	3030.72	3156.20	11733
2007	9285.45	1563.81	3867.42	3854.22	14626
2008	11307.36	1761.78	4870.03	4675.56	17758
2009	12772.80	1795.80	5494.66	5482.34	19979
2010	15574.32	2073.19	7034.70	6466.43	24005
2011	18914.96	2420.00	8883.59	7611.37	28766
2012	21207.23	2567.85	9926.66	8712.72	32203
2013	23545.24	2589.18	10913.80	10042.26	35702
2014	25881.28	2671.01	11825.12	11385.15	39181
2015	28538.60	2747.91	12665.72	13124.97	43155
2016	30853.45	2915.58	12941.99	14995.88	46606
2017	33828.11	2998.40	13459.82	17369.89	51030
2018	36329.68	3084.18	13904.11	19341.39	54763
2019	39894.14	3647.23	15401.70	20845.21	60104
2020	41781.49	4240.44	15937.69	21603.36	62900

2-2 分行业增加值
Value Added by Sector

单位：亿元 (100 million yuan)

年份 Year	农、林、牧、渔业 Agriculture, Forestry, Animal Husbandry and Fishery	工业 Industry	建筑业 onstruction	批发和零售业 Wholesale and Retail Trade	交通运输、仓储和邮政业 Traffic, Transport, Storage and Post	金融业 Finance	房地产业 Real Estate
1952	18.72	2.94	0.49	2.50	1.10		
1953	18.48	3.53	0.75	3.54	1.64		
1954	17.03	4.22	0.91	3.98	1.77		
1955	21.13	4.25	1.51	3.83	2.07		
1956	20.56	5.19	1.38	4.83	2.38		
1957	26.41	5.94	1.51	4.51	2.71		
1958	26.65	12.40	4.23	4.58	3.51		
1959	23.60	16.57	5.00	6.04	5.45		
1960	20.58	19.22	6.25	6.60	5.42		
1961	20.78	10.25	1.44	4.95	3.20		
1962	27.17	9.46	1.13	4.93	2.73		
1963	25.11	10.31	1.06	2.82	3.25		
1964	30.41	13.50	2.10	3.45	2.57		
1965	34.00	16.86	2.31	3.68	2.98		
1966	37.30	19.67	2.49	4.41	3.14		
1967	40.07	17.46	2.43	4.54	3.03		
1968	44.85	15.03	2.28	4.22	2.92		
1969	44.08	19.39	2.59	5.20	3.37		
1970	44.62	28.83	3.15	5.67	3.96		
1971	46.31	30.35	4.98	5.63	4.34		
1972	47.73	34.31	5.60	6.68	4.89		
1973	51.91	37.92	5.43	7.23	5.01		
1974	53.17	29.21	5.66	6.98	4.34		
1975	54.97	35.58	6.38	7.29	4.92		
1976	55.07	34.95	6.52	7.17	4.83		
1977	55.95	43.41	6.45	8.06	5.33		
1978	59.83	51.94	7.88	8.78	5.91	2.55	2.03
1979	79.40	59.23	9.19	9.54	6.47	2.50	2.10
1980	81.14	65.31	11.68	10.11	6.77	2.70	2.32
1981	93.29	67.19	10.59	11.66	6.93	3.60	3.56
1982	107.99	71.31	11.20	10.91	7.61	5.02	3.96
1983	117.79	78.84	14.53	10.32	8.16	5.66	5.18
1984	128.28	90.79	13.55	13.07	9.30	6.53	5.76
1985	147.72	110.05	17.03	20.30	13.23	8.85	7.84

2-2 续表 Continued

单位：亿元 (100 million yuan)

年份 Year	农、林、牧、渔业 Agriculture, Forestry, Animal Husbandry and Fishery	工业 Industry	建筑业 onstruction	批发和零售业 Wholesale and Retail Trade	交通运输、仓储和邮政业 Traffic, Transport, Storage and Post	金融业 Finance	房地产业 Real Estate
1986	165.28	124.30	19.01	24.78	15.00	12.55	7.93
1987	187.09	149.67	22.78	31.42	20.13	15.94	8.53
1988	217.03	190.40	30.88	42.83	24.12	20.91	9.96
1989	234.31	212.21	25.94	41.20	26.81	26.94	11.00
1990	279.09	220.69	29.29	54.57	32.27	31.01	16.25
1991	301.02	242.96	38.99	63.93	41.68	38.26	17.73
1992	323.91	284.66	52.51	91.32	51.29	49.01	20.57
1993	383.68	399.58	70.47	109.32	72.71	47.53	26.45
1994	532.89	499.97	89.75	152.19	100.30	54.07	34.13
1995	685.30	658.67	112.00	191.47	133.71	64.96	44.43
1996	793.98	790.19	129.87	218.08	171.14	74.32	64.06
1997	855.75	903.90	137.89	235.76	198.66	82.66	75.47
1998	828.31	960.70	162.38	252.92	220.86	85.44	89.28
1999	778.25	1010.53	182.46	268.19	246.08	86.57	105.50
2000	784.92	1094.76	198.42	291.85	288.16	88.88	131.58
2001	825.73	1180.43	232.39	319.75	303.88	91.71	138.41
2002	847.25	1265.72	257.78	349.58	333.51	92.43	165.29
2003	886.47	1475.76	296.53	389.68	372.33	99.72	196.39
2004	1041.10	1768.81	366.75	499.51	323.80	116.49	206.99
2005	1100.65	2075.40	414.77	590.00	367.41	156.91	240.70
2006	1272.22	2547.40	483.32	649.30	418.13	198.84	299.94
2007	1594.93	3260.63	606.79	822.55	501.67	259.85	383.33
2008	1815.27	4110.84	759.19	1053.87	601.91	334.13	453.46
2009	1857.28	4565.66	929.00	1338.85	677.92	403.02	560.73
2010	2150.25	5913.41	1121.29	1594.03	795.45	463.84	682.83
2011	2509.78	7535.54	1348.05	1868.72	899.38	501.19	798.51
2012	2671.09	8423.06	1503.60	2108.96	1016.52	580.75	920.86
2013	2702.12	9179.73	1742.85	2356.56	1102.92	763.07	1095.51
2014	2793.05	9859.94	1975.78	2619.01	1184.81	962.67	1214.62
2015	2878.86	10458.80	2217.11	2884.78	1251.25	1209.83	1473.06
2016	3063.11	10540.12	2411.74	3141.53	1309.63	1340.07	1815.00
2017	3165.28	10709.81	2760.20	3423.25	1440.63	1701.79	2215.01
2018	3266.53	10785.57	3128.34	3705.44	1516.22	1809.85	2623.44
2019	3850.48	11995.78	3416.90	4004.38	1577.95	1938.57	2725.06
2020	4461.66	12363.48	3585.49	4054.43	1561.04	2126.44	2902.37

2-3 地区生产总值构成
Composition of GDP

单位：%　　(GDP=100)　　(%)

年份 Year	地区生产总值 Gross Domestic Product	第一产业 Primary Industry	第二产业 Secondary Industry	第三产业 Tertiary Industry
1952	100.0	67.3	12.3	20.4
1953	100.0	61.0	14.1	24.9
1954	100.0	55.8	16.8	27.4
1955	100.0	59.0	16.1	25.0
1956	100.0	54.2	17.3	28.5
1957	100.0	58.4	16.5	25.1
1958	100.0	47.7	29.8	22.5
1959	100.0	38.1	34.8	27.1
1960	100.0	32.1	39.8	28.1
1961	100.0	44.6	25.1	30.4
1962	100.0	53.1	20.7	26.2
1963	100.0	52.2	23.6	24.1
1964	100.0	53.0	27.2	19.8
1965	100.0	52.1	29.3	18.6
1966	100.0	51.3	30.5	18.2
1967	100.0	54.5	27.1	18.4
1968	100.0	59.3	22.9	17.9
1969	100.0	54.2	27.0	18.7
1970	100.0	48.0	34.4	17.7
1971	100.0	46.7	35.7	17.6
1972	100.0	44.6	37.3	18.1
1973	100.0	44.8	37.4	17.7
1974	100.0	49.2	32.2	18.6
1975	100.0	46.4	35.4	18.1
1976	100.0	46.5	35.0	18.6
1977	100.0	43.3	38.4	18.3
1978	100.0	40.7	40.7	18.6
1979	100.0	44.6	38.4	17.0
1980	100.0	42.3	40.2	17.5
1981	100.0	44.5	37.1	18.4
1982	100.0	46.4	35.5	18.1
1983	100.0	45.8	36.3	17.9
1984	100.0	44.7	36.3	19.0
1985	100.0	42.2	36.3	21.5

2-3 续表 Continued

单位：% (GDP=100) (%)

年份 Year	地区生产总值 Gross Domestic Product	第一产业 Primary Industry	第二产业 Secondary Industry	第三产业 Tertiary Industry
1986	100.0	41.6	36.0	22.4
1987	100.0	39.9	36.7	23.4
1988	100.0	37.2	37.9	24.9
1989	100.0	36.6	37.2	26.2
1990	100.0	37.5	33.6	28.9
1991	100.0	36.1	33.8	30.1
1992	100.0	32.8	34.2	33.0
1993	100.0	30.8	37.8	31.4
1994	100.0	32.3	35.7	32.0
1995	100.0	32.1	36.1	31.8
1996	100.0	31.3	36.2	32.5
1997	100.0	30.0	36.6	33.4
1998	100.0	27.4	37.1	35.5
1999	100.0	24.2	37.1	38.7
2000	100.0	22.1	36.4	41.5
2001	100.0	21.5	36.9	41.6
2002	100.0	20.4	36.7	42.9
2003	100.0	18.7	38.0	43.3
2004	100.0	18.5	38.5	43.0
2005	100.0	16.9	39.1	44.0
2006	100.0	16.7	40.8	42.5
2007	100.0	16.8	41.7	41.5
2008	100.0	15.6	43.1	41.3
2009	100.0	14.1	43.0	42.9
2010	100.0	13.3	45.2	41.5
2011	100.0	12.8	47.0	40.2
2012	100.0	12.1	46.8	41.1
2013	100.0	11.0	46.4	42.6
2014	100.0	10.3	45.7	44.0
2015	100.0	9.6	44.4	46.0
2016	100.0	9.4	42.0	48.6
2017	100.0	8.9	39.8	51.3
2018	100.0	8.5	38.3	53.2
2019	100.0	9.1	38.6	52.3
2020	100.0	10.2	38.1	51.7

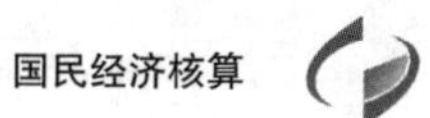

2-4　地区生产总值发展速度

Growth Rate of GDP

单位：%　　　　(上年 =100) (precending year=100)　　　　(%)

年份 Year	地区生产总值 Gross Domestic Product	第一产业 Primary Industry	第二产业 Secondary Industry	第三产业 Tertiary Industry	人均地区生产总值 Per Capita Gross Domestic Product
1978	116.4	111.7	121.8	115.6	115.2
1979	109.1	106.8	111.4	109.0	108.0
1980	105.2	98.9	111.0	105.4	103.9
1981	105.5	107.0	100.2	114.0	104.1
1982	109.4	113.0	106.0	108.1	107.7
1983	109.2	103.7	116.7	107.4	107.8
1984	109.4	106.6	109.7	115.2	108.3
1985	112.0	103.7	113.6	126.3	110.9
1986	108.1	105.2	107.7	113.9	106.8
1987	109.3	102.9	112.8	113.5	107.7
1988	108.2	97.7	115.0	111.7	106.2
1989	103.6	105.7	101.2	105.2	101.5
1990	104.0	103.2	104.6	104.0	102.4
1991	107.9	105.6	108.5	110.2	106.5
1992	111.1	103.5	117.3	113.5	110.3
1993	112.4	104.3	118.2	114.7	111.6
1994	110.6	105.4	115.4	110.1	109.9
1995	110.3	106.5	113.5	110.0	109.0
1996	112.1	106.2	116.3	112.2	111.0
1997	110.6	106.1	113.3	111.0	110.0
1998	108.5	100.9	111.5	110.9	107.9
1999	108.4	103.3	109.3	111.1	107.8
2000	109.0	103.9	110.6	110.5	108.5
2001	109.0	104.0	110.3	110.5	110.6
2002	109.0	102.6	110.9	110.5	110.7
2003	109.6	103.4	112.7	109.7	110.0
2004	111.1	107.3	114.5	109.7	110.8
2005	112.2	105.7	113.1	114.1	110.6
2006	112.8	104.7	117.3	111.8	111.2
2007	115.1	103.9	118.9	115.5	114.8
2008	114.1	105.1	115.6	115.4	113.7
2009	113.9	105.0	119.3	111.3	113.4
2010	114.6	104.2	120.3	111.5	112.9
2011	112.8	104.2	117.0	111.0	111.3
2012	111.4	102.8	113.0	112.1	111.2
2013	110.1	102.7	111.0	111.0	109.9
2014	109.5	104.5	109.6	110.7	109.3
2015	108.5	103.6	107.6	110.8	108.4
2016	108.0	103.3	106.8	110.1	107.9
2017	108.0	103.6	106.9	109.8	107.8
2018	107.8	103.5	107.4	109.1	107.8
2019	107.6	103.2	107.8	108.1	107.5
2020	103.8	103.7	104.7	102.9	103.7

2-5 主要行业增加值发展速度
Growth Rate of Value Added by Sector

单位：%　　(上年 =100) (precending year=100)　　(%)

年份 Year	农、林、牧、渔 业 Agriculture, Forestry, Animal Husbandry and Fishery	工业 Industry	建筑业 Construction	批发和零售业 Wholesale and Retail Trade	交通运输、仓储和邮政业 Traffic, Transport, Storage and Post	金融业 Finance	房地产业 Real Estate
1978	111.7	121.6	123.3	116.2	110.7	115.3	104.0
1979	106.8	111.3	112.1	110.0	109.3	96.5	101.7
1980	98.9	109.7	120.4	102.3	104.5	97.8	110.4
1981	107.0	101.4	93.5	114.4	102.6	131.0	146.4
1982	113.0	106.1	105.4	90.3	109.6	137.3	110.3
1983	103.7	114.8	128.3	96.1	107.2	110.1	128.5
1984	106.6	113.0	91.7	122.2	113.9	111.9	110.0
1985	103.7	114.3	108.9	138.8	140.6	122.1	128.4
1986	105.2	108.5	102.0	113.8	112.6	135.3	100.9
1987	102.9	113.3	109.0	114.5	127.1	114.9	105.0
1988	97.7	115.3	112.7	107.2	120.4	104.6	109.5
1989	105.7	103.0	86.8	87.7	97.3	150.6	86.7
1990	103.2	104.5	105.5	82.1	113.7	109.0	109.0
1991	105.6	107.4	116.8	111.5	118.6	115.5	106.1
1992	103.5	116.8	120.8	108.8	112.8	130.3	110.6
1993	104.3	120.0	106.1	110.9	125.2	121.3	124.0
1994	105.4	115.9	111.6	107.1	110.6	105.7	112.0
1995	106.5	113.4	114.3	108.7	116.3	106.0	114.7
1996	106.2	116.8	112.4	109.2	117.8	110.6	117.1
1997	106.1	114.3	105.2	109.1	115.0	110.3	110.2
1998	100.9	111.2	114.1	109.4	113.4	105.2	113.3
1999	103.3	109.0	111.9	110.7	108.0	105.1	117.3
2000	103.9	110.5	111.4	111.4	114.5	106.0	109.2
2001	104.0	109.9	112.5	111.3	110.2	103.5	109.3
2002	102.6	111.0	110.4	111.5	109.9	103.2	111.2
2003	103.6	112.7	112.9	110.4	110.0	105.8	110.0
2004	107.4	114.0	117.0	109.7	113.6	102.5	106.6
2005	105.7	113.6	110.5	118.0	112.8	113.0	108.3
2006	104.7	118.2	112.5	112.5	111.0	115.6	112.7
2007	103.9	119.8	114.1	117.7	115.9	121.3	111.1
2008	105.2	116.3	111.8	119.7	116.0	118.5	107.8
2009	105.0	118.6	123.1	115.8	106.8	118.4	111.1
2010	104.3	121.2	115.6	112.5	112.9	109.5	110.3
2011	104.2	118.2	110.9	109.2	112.2	106.0	105.1
2012	103.0	113.7	109.4	108.8	111.1	114.0	107.9
2013	102.8	111.2	110.5	108.9	105.6	119.2	109.4
2014	104.6	109.3	111.2	108.4	104.6	124.3	103.9
2015	103.5	107.4	108.7	105.9	104.7	115.3	113.2
2016	103.5	106.5	108.0	106.8	102.7	108.0	110.0
2017	103.9	107.0	106.5	106.7	106.1	111.2	104.7
2018	103.7	107.4	107.1	104.8	102.3	102.9	106.5
2019	103.5	108.3	104.8	106.2	103.9	107.7	105.0
2020	103.9	104.6	105.1	100.6	99.4	108.3	104.1

2-6 地区生产总值指数
Indices of Gross Domestic Product

(1952 年 =100) (year of 1952=100)

年份 Year	地区生产总值 Gross Domestic Product	第一产业 Primary Industry	第二产业 Secondary Industry	第三产业 Tertiary Industry	人均地区生产总值 Per Capita Gross Domestic Product
1952	100.0	100.0	100.0	100.0	100.0
1953	108.4	99.9	131.5	122.5	105.3
1954	106.3	89.8	157.9	130.1	101.5
1955	126.0	110.3	190.0	139.6	118.4
1956	132.8	106.4	226.8	163.6	123.4
1957	152.9	129.2	253.4	171.0	139.0
1958	183.1	130.9	522.7	181.4	163.5
1959	199.3	113.5	661.3	245.4	174.9
1960	197.3	90.4	766.4	260.9	175.4
1961	127.2	82.8	332.6	164.4	116.5
1962	131.1	101.8	284.7	144.1	119.3
1963	126.3	92.8	307.2	141.1	111.4
1964	150.1	107.1	433.2	146.9	129.6
1965	169.7	111.7	559.2	164.5	142.9
1966	191.5	121.9	670.5	180.7	156.6
1967	192.1	130.9	610.8	181.9	152.9
1968	189.4	142.3	512.5	178.5	146.5
1969	209.4	138.3	685.2	203.6	157.4
1970	246.3	139.6	1007.3	221.3	180.6
1971	260.1	140.4	1124.1	237.9	184.9
1972	280.9	142.9	1286.0	263.6	195.1
1973	300.0	154.4	1363.1	278.7	204.3
1974	277.8	158.1	1072.8	273.9	185.1
1975	306.7	162.7	1327.0	292.6	200.1
1976	305.2	162.8	1291.2	299.3	196.2
1977	334.4	165.3	1563.7	321.4	212.3
1978	389.3	184.6	1904.5	371.6	244.6
1979	424.7	197.2	2121.6	405.0	264.2
1980	446.8	195.0	2355.0	426.9	274.5
1981	471.4	208.6	2359.7	486.6	285.7
1982	515.7	235.8	2501.3	526.1	307.7
1983	563.1	244.5	2919.0	565.0	331.8
1984	616.1	260.6	3202.2	650.9	359.3
1985	690.0	270.3	3637.7	822.1	398.4

2-6 续表 1 Continued

(1952 年 =100) (year of 1952=100)

年份 Year	地区生产总值 Gross Domestic Product	第一产业 Primary Industry	第二产业 Secondary Industry	第三产业 Tertiary Industry	人均地区生产总值 Per Capita Gross Domestic Product
1986	745.9	284.3	3917.8	936.3	425.5
1987	815.3	292.6	4419.3	1062.7	458.3
1988	882.1	285.8	5082.2	1187.1	486.7
1989	913.9	302.1	5143.1	1248.8	494.0
1990	950.4	311.8	5379.7	1298.7	505.9
1991	1025.5	329.3	5837.0	1431.2	538.8
1992	1139.3	340.8	6846.8	1624.4	594.3
1993	1280.6	355.4	8092.9	1863.2	663.2
1994	1416.4	374.6	9339.2	2051.4	728.8
1995	1562.2	399.0	10600.0	2256.5	794.4
1996	1751.3	423.7	12327.9	2531.8	881.8
1997	1936.9	449.6	13967.5	2810.3	970.0
1998	2101.5	453.6	15573.7	3116.7	1046.6
1999	2278.1	468.6	17022.1	3462.6	1128.3
2000	2483.1	486.8	18826.4	3826.2	1224.2
2001	2706.6	506.3	20765.5	4228.0	1354.0
2002	2950.2	519.5	23029.0	4671.9	1498.8
2003	3233.4	537.1	25953.7	5125.1	1648.7
2004	3592.3	576.4	29716.9	5622.2	1826.8
2005	4030.6	609.2	33609.9	6414.9	2020.4
2006	4546.5	637.8	39424.4	7171.9	2246.7
2007	5233.0	662.7	46875.6	8283.5	2579.2
2008	5970.8	696.5	54188.1	9559.2	2932.6
2009	6800.8	731.3	64646.5	10639.4	3325.5
2010	7793.7	762.1	77769.7	11862.9	3754.5
2011	8791.3	794.1	90990.5	13167.8	4178.8
2012	9793.5	816.3	102819.3	14761.1	4646.8
2013	10782.6	838.3	114129.4	16384.9	5106.8
2014	11807.0	876.1	125085.9	18138.0	5581.8
2015	12810.6	907.6	134592.4	20097.0	6050.6
2016	13835.4	937.6	143744.7	22126.7	6528.6
2017	14942.3	971.3	153663.0	24295.2	7037.9
2018	16107.8	1005.3	165034.1	26506.0	7586.8
2019	17332.0	1037.5	177906.8	28653.0	8155.8
2020	17990.6	1075.9	186268.4	29484.0	8457.6

2-6 续表 2 Continued

(1978 年 =100) (year of 1978=100)

年份 Year	地区生产总值 Gross Domestic Product	第一产业 Primary Industry	第二产业 Secondary Industry	第三产业 Tertiary Industry	人均地区生产总值 Per Capita Gross Domestic Product
1978	100.0	100.0	100.0	100.0	100.0
1979	109.1	106.8	111.4	109.0	108.0
1980	114.8	105.6	123.7	114.9	112.2
1981	121.1	113.0	123.9	131.0	116.8
1982	132.5	127.7	131.3	141.6	125.8
1983	144.7	132.4	153.3	152.1	135.6
1984	158.3	141.2	168.1	175.2	146.9
1985	177.2	146.4	191.0	221.2	162.9
1986	191.6	154.0	205.7	252.0	174.0
1987	209.4	158.5	232.0	286.0	187.4
1988	226.6	154.8	266.8	319.5	199.0
1989	234.7	163.7	270.0	336.1	202.0
1990	244.1	168.9	282.5	349.5	206.8
1991	263.4	178.4	306.5	385.2	220.2
1992	292.7	184.6	359.5	437.2	242.9
1993	329.0	192.5	424.9	501.4	271.1
1994	363.8	202.9	490.4	552.1	298.0
1995	401.3	216.1	556.6	607.3	324.8
1996	449.9	229.5	647.3	681.4	360.5
1997	497.5	243.5	733.4	756.3	396.5
1998	539.8	245.7	817.7	838.8	427.9
1999	585.2	253.8	893.8	931.9	461.2
2000	637.8	263.7	988.5	1029.7	500.5
2001	695.2	274.3	1090.3	1137.9	553.5
2002	757.8	281.4	1209.2	1257.3	612.7
2003	830.6	291.0	1362.7	1379.3	674.0
2004	922.8	312.2	1560.3	1513.1	746.8
2005	1035.3	330.0	1764.7	1726.4	825.9
2006	1167.9	345.5	2070.0	1930.1	918.5
2007	1344.2	359.0	2461.3	2229.3	1054.4
2008	1533.7	377.3	2845.2	2572.6	1198.8
2009	1746.9	396.2	3394.3	2863.3	1359.5
2010	2002.0	412.8	4083.4	3192.6	1534.8
2011	2258.2	430.1	4777.6	3543.8	1708.3
2012	2515.7	442.2	5398.7	3972.6	1899.6
2013	2769.8	454.1	5992.5	4409.6	2087.7
2014	3032.9	474.6	6567.8	4881.4	2281.8
2015	3290.7	491.6	7067.0	5408.6	2473.5
2016	3553.9	507.9	7547.5	5954.9	2668.9
2017	3838.3	526.2	8068.3	6538.5	2877.1
2018	4137.7	544.6	8665.3	7133.5	3101.5
2019	4452.1	562.0	9341.2	7711.3	3334.1
2020	4621.3	582.8	9780.3	7934.9	3457.5

2-7 主要行业增加值指数
Indices of Value Added by Sector

(1978 年 =100) (year of 1978=100)

年份 Year	农、林、牧、渔业 Agriculture, Forestry, Animal Husbandry and Fishery	工业 Industry	建筑业 onstruction	批发和零售业 Wholesale and Retail Trade	交通运输、仓储和邮政业 Traffic, Transport, Storage and Post	金融业 Finance	房地产业 Real Estate
1978	100.0	100.0	100.0	100.0	100.0	100.0	100.0
1979	106.8	111.3	112.1	110.0	109.3	96.5	101.7
1980	105.6	122.1	135.0	112.5	114.2	94.4	112.3
1981	113.0	123.8	126.2	128.7	117.2	123.6	164.4
1982	127.7	131.4	133.0	116.2	128.4	169.7	181.3
1983	132.4	150.8	170.7	111.7	137.7	186.9	233.0
1984	141.2	170.4	156.5	136.5	156.8	209.1	256.3
1985	146.4	194.8	170.4	189.5	220.5	255.4	329.1
1986	154.0	211.3	173.8	215.6	248.3	345.5	332.0
1987	158.5	239.4	189.5	246.9	315.6	397.0	348.6
1988	154.8	276.1	213.5	264.7	379.9	415.2	381.7
1989	163.7	284.3	185.3	232.1	369.7	625.3	331.0
1990	168.9	297.1	195.5	190.6	420.3	681.6	360.8
1991	178.4	319.1	228.4	212.5	498.5	787.3	382.8
1992	184.6	372.7	275.9	231.2	562.3	1025.8	423.3
1993	192.5	447.3	292.7	256.4	704.0	1244.3	524.9
1994	202.9	518.4	326.7	274.6	778.6	1315.2	587.9
1995	216.1	587.9	373.4	298.5	905.6	1394.2	674.3
1996	229.5	686.6	419.7	325.9	1066.7	1541.9	789.7
1997	243.5	784.8	441.5	355.6	1226.8	1700.8	870.2
1998	245.7	872.7	503.8	389.0	1391.1	1789.2	985.9
1999	253.8	951.3	563.7	430.6	1502.4	1880.4	1156.5
2000	263.7	1051.2	628.0	479.7	1720.3	1993.3	1262.9
2001	274.3	1155.2	706.5	533.9	1895.8	2063.0	1380.4
2002	281.4	1282.3	780.0	595.4	2083.4	2129.0	1535.0
2003	291.5	1445.2	880.6	657.3	2291.8	2252.5	1688.4
2004	313.1	1647.5	1030.3	721.0	2603.5	2308.8	1799.9
2005	331.0	1871.5	1138.4	850.8	2936.7	2609.0	1949.3
2006	346.5	2212.2	1280.8	957.2	3259.7	3016.0	2196.8
2007	360.0	2650.2	1461.3	1126.6	3778.0	3658.4	2440.7
2008	378.7	3082.1	1633.8	1348.5	4382.5	4335.2	2631.1
2009	397.7	3655.4	2011.2	1561.6	4680.5	5132.9	2923.1
2010	414.8	4430.4	2324.9	1756.8	5284.3	5620.5	3224.2
2011	432.2	5236.7	2578.3	1918.4	5929.0	5957.7	3388.6
2012	445.2	5954.1	2820.7	2087.2	6587.1	6791.8	3656.3
2013	457.6	6621.0	3116.9	2273.0	6956.0	8095.9	4000.0
2014	478.7	7236.8	3466.0	2463.9	7276.0	10063.2	4156.0
2015	495.4	7772.3	3767.5	2609.3	7618.0	11602.8	4704.6
2016	512.8	8277.5	4068.9	2786.7	7823.6	12531.0	5175.1
2017	532.8	8856.9	4333.4	2973.4	8300.9	13934.5	5418.3
2018	552.5	9512.3	4641.1	3116.1	8491.8	14338.6	5770.5
2019	571.8	10301.8	4863.8	3309.3	8823.0	15442.7	6059.0
2020	594.1	10775.7	5111.9	3329.2	8770.0	16724.4	6307.4

2-8 三次产业对地区生产总值增长的贡献率和拉动
Contribution Share and Contribution of the Three Strata of Industry to the Growth of GDP

本表按不变价格计算
Data in this table are calculated at constant prices

年份 Year	贡献率（%） Contribution Share (%)				拉动（百分点） Contribution (percentage points)				
	第一产业 Primary Industry	第二产业 Secondary Industry	第三产业 Tertiary Industry	#工业 Industry	地区生产总值 Gross Regional Product	第一产业 Primary Industry	第二产业 Secondary Industry	第三产业 Tertiary Industry	#工业 Industry
1990	25.7	49.3	25.0	43.7	4.0	1.0	2.0	1.0	1.7
1991	26.6	36.1	37.3	27.8	7.9	2.1	2.9	2.9	2.2
1992	11.6	52.6	35.8	44.7	11.1	1.3	5.8	4.0	5.0
1993	11.9	52.3	35.8	50.0	12.4	1.5	6.5	4.4	6.2
1994	16.2	54.4	29.4	49.7	10.6	1.7	5.8	3.1	5.3
1995	19.1	51.3	29.6	45.2	10.3	2.0	5.3	3.0	4.7
1996	15.0	54.2	30.8	49.5	12.1	1.8	6.6	3.7	6.0
1997	15.9	52.4	31.7	50.2	10.6	1.7	5.5	3.4	5.3
1998	2.8	57.9	39.3	50.6	8.5	0.2	4.9	3.4	4.3
1999	9.7	48.7	41.6	42.2	8.4	0.8	4.1	3.5	3.5
2000	10.2	52.2	37.6	46.2	9.0	0.9	4.7	3.4	4.2
2001	9.8	41.7	48.5	33.9	9.0	0.9	3.7	4.4	3.1
2002	6.1	44.6	49.3	38.0	9.0	0.6	4.0	4.4	3.4
2003	7.0	49.7	43.3	41.9	9.6	0.7	4.8	4.1	4.0
2004	12.4	50.2	37.4	41.0	11.1	1.4	5.6	4.1	4.6
2005	8.4	42.7	48.9	37.2	12.2	1.0	5.2	6.0	4.5
2006	6.2	53.0	40.8	46.6	12.8	0.8	6.8	5.2	6.0
2007	4.0	51.1	44.9	45.0	15.1	0.6	7.7	6.8	6.8
2008	5.2	46.8	48.0	41.4	14.1	0.7	6.6	6.8	5.8
2009	4.7	59.2	36.1	48.7	13.9	0.7	8.2	5.0	6.8
2010	3.5	62.3	34.2	55.0	14.6	0.5	9.1	5.0	8.0
2011	4.4	60.1	35.5	53.9	12.8	0.6	7.7	4.5	6.9
2012	3.1	53.7	43.2	47.8	11.4	0.4	6.1	4.9	5.5
2013	3.0	52.0	45.0	45.1	10.1	0.3	5.3	4.5	4.6
2014	5.0	48.3	46.7	40.2	9.5	0.5	4.6	4.4	3.8
2015	4.2	42.7	53.1	35.5	8.5	0.4	3.6	4.5	3.0
2016	3.9	37.7	58.4	29.8	8.0	0.3	3.0	4.7	2.4
2017	4.2	38.0	57.8	31.7	8.0	0.4	3.0	4.6	2.5
2018	4.0	40.7	55.3	33.8	7.8	0.3	3.2	4.3	2.6
2019	3.6	44.4	52.0	39.3	7.6	0.3	3.4	3.9	3.0
2020	8.1	53.9	38.0	43.9	3.8	0.3	2.1	1.4	1.7

主要统计指标解释

国内生产总值 (GDP) 指一个国家所有常住单位在一定时期内生产活动的最终成果。国内生产总值有三种表现形态，即价值形态、收入形态和产品形态。从价值形态看，它是所有常住单位在一定时期内生产的全部货物和服务价值与同期投入的全部非固定资产货物和服务价值的差额，即所有常住单位的增加值之和；从收入形态看，它是所有常住单位在一定时期内创造的各项收入之和，包括劳动者报酬、生产税净额、固定资产折旧和营业盈余；从产品形态看，它是所有常住单位在一定时期内最终使用的货物和服务价值与货物和服务净出口价值之和。在实际核算中，国内生产总值有三种计算方法，即生产法、收入法和支出法。三种方法分别从不同的方面反映国内生产总值及其构成。

对于一个地区来说，称为地区生产总值或地区 GDP。

三次产业 三次产业的划分是世界上较为常用的产业结构分类，但各国的划分不尽一致。根据《国民经济行业分类》（GB/T 4754-2017）和《三次产业划分规定》，我国的三次产业划分是：

第一产业是指农、林、牧、渔业（不含农、林、牧、渔专业及辅助性活动）。

第二产业是指采矿业（不含开采专业及辅助性活动），制造业（不含金属制品、机械和设备修理业），电力、热力、燃气及水生产和供应业，建筑业。

第三产业即服务业，是指除第一产业、第二产业以外的其他行业。

当年价格 指报告期的实际价格，如工业品的出厂价格，农产品的收购价格，商业的零售价格等。按当年价格计算，是指一些以货币表现的物量指标，如工农业总产值、国内生产总值等，按照当年的实际价格来计算总量。使用当年价格计算的数字，是为了使国民经济各项指标互相衔接，便于考察当年社会经济效益，便于对生产流通、生产和分配、生产和消费进行经济核算和综合平衡。

按当年价格计算的价值指标，在不同年份之间进行对比时，因为包含有各年间价格变动的因素，不能确切地反映实物量的增减变动。必须消除价格变动因素后，才能真实反映经济发展动态。因此，在计算增长速度时都使用按可比价格计算的数字。

可比价格 指计算各种总量指标所采用的扣除了价格变动因素的价格，可进行不同时期总量指标的对比。按可比价格计算总量指标有两种方法：一种是直接用产品产量乘某一年的不变价格计算；另一种是用价格指数进行换算。

Explanatory Notes on Main Statistical Indicators

Gross Domestic Product (GDP) refers to the final products produced by all resident units in a country during a certain period of time. Gross domestic product is expressed in three different perspectives, namely value, income, and products respectively. GDP in its value perspective refers to the balance of total value of all goods and services produced by all resident units during a certain period of time, minus the total value of input of goods and services of the nature of non-fixed assets; in other words, it is the sum of the value-added of all resident units. GDP from the perspective of income refers to the sum of all kinds of revenue, including Compensation of Employees, Net Taxes on Production, Depreciation of Fixed Assets, and Operating Surplus. GDP from the perspective of products refers to the value of all goods and services for final demand by all resident units plus the net exports of goods and services during a given period of time. In the practice of national accounting, gross domestic product is calculated from three approaches, namely production approach, income approach and expenditure approach, which reflect gross domestic product and its composition from different angles.

For a region, it is called as Gross Regional Product(GRP) or regional GDP.

Three Strata of Industry Classification of economic activities into three strata of industries is a common practice in the world, although the grouping varies to some extent from country to country. In China, according to *Industrial Classification for National Economic Activities (GB/T 4754-2017) and Rules on Division of Three Strata of Industries*, economic activities are categorized into the following three strata of industries:

Primary industry refers to agriculture, forestry, animal husbandry and fishery industries (not including services in support of agriculture, forestry, animal husbandry and fishery industries).

Secondary industry refers to mining and quarrying (not including support activities for mining), manufacturing (not including repair service of metal products, machinery and equipment), production and supply of electricity, heat, gas and water, and construction.

Tertiary industry refers to all other economic activities not included in the primary or secondary industries.

Current Price refers to the actual price during the reporting period, such as Ex-factory Price of Industrial Products, purchasing price of agricultural produces and retail price. Some indicators calculated at current price are volume indicators in the value form, such as total value of output of industrial and agricultural industries and GDP, etc. Data calculated at current price are useful when it comes to evaluating the economic development and analyzing different aspects of economy, such as production, circulation, distribution and consumption.

When the different indicators calculated at current price are compared, it is in evitable that price changes will affect the comparison. Therefore, the change in volume cannot be showed. In order to eliminate the effect of price and reflect economic development, growth rate is calculated at current price.

Constant Price refers to the price without the effect of price change. By using constant price, total amount indices of different periods can be compared. There are two methods in which total amount indices are obtained, one using current price of some year to multiply the physical volume of certain products and the other using price index.

03 人　口

Population

资料整理人员：宋　超　　赵　宏　　张　驰

3-1 户籍人口数
Household Population

年份 Year	总户数（万户） Total Households (10 000 households)	总人口（万人） Total Population (10 000 persons)	按性别分 By Gender		按城乡分 By Residence	
			男 Male	女 Female	市镇 Urban	乡村 Rural
1949	689.40	2986.83	1558.45	1428.38	235.95	2750.88
1950	683.75	3074.34	1601.97	1472.37	245.79	2828.55
1951	743.32	3190.67	1664.24	1526.43	255.57	2935.10
1952	830.46	3271.20	1707.79	1563.41	259.08	3012.12
1953	836.11	3349.70	1751.22	1598.48	260.55	3089.15
1954	844.34	3429.02	1807.89	1621.13	277.21	3151.81
1955	855.56	3472.83	1831.58	1641.25	327.94	3144.89
1956	870.53	3507.43	1836.26	1671.17	329.02	3178.41
1957	883.15	3603.24	1887.55	1715.69	314.67	3288.57
1958	881.54	3672.72	1919.61	1753.11	352.78	3319.94
1959	874.96	3691.95	1933.47	1758.48	494.52	3197.43
1960	891.98	3569.37	1857.07	1712.30	404.63	3164.74
1961	932.08	3507.98	1819.55	1688.43	477.73	3030.25
1962	928.07	3600.26	1870.89	1729.37	384.66	3215.60
1963	920.52	3715.20	1926.81	1788.39	375.34	3339.86
1964	920.20	3785.13	1965.75	1819.38	429.54	3355.59
1965	934.09	3901.47	2022.78	1878.69	405.64	3495.83
1966	939.30	4009.65	2079.48	1930.17	411.87	3597.78
1967	953.11	4122.56	2138.25	1984.31	429.40	3693.16
1968	967.12	4238.65	2198.68	2039.97	446.93	3791.72
1969	981.34	4358.01	2260.82	2097.19	464.46	3893.55
1970	995.77	4480.76	2324.73	2156.03	481.97	3998.79
1971	1044.49	4598.27	2384.91	2213.36	470.86	4127.41
1972	1055.62	4700.56	2438.55	2262.01	489.75	4210.81
1973	1069.65	4809.79	2497.79	2312.00	506.49	4303.30
1974	1082.86	4900.86	2545.64	2355.22	522.34	4378.52
1975	1102.82	4991.36	2594.18	2397.18	531.82	4459.54
1976	1125.37	5056.81	2629.85	2426.96	544.71	4512.10
1977	1149.83	5111.83	2657.88	2453.95	561.21	4550.62
1978	1167.53	5165.91	2684.80	2481.11	593.86	4572.05
1979	1184.84	5223.05	2712.32	2510.73	639.60	4583.45
1980	1197.88	5280.95	2740.40	2540.55	671.05	4609.90
1981	1228.84	5360.05	2783.12	2576.93	694.72	4665.33
1982	1251.33	5452.12	2831.03	2621.09	774.75	4677.37
1983	1273.06	5509.43	2864.09	2645.34	794.46	4714.97
1984	1299.34	5561.32	2893.92	2667.40	857.56	4703.76
1985	1334.54	5622.49	2928.44	2694.05	915.90	4706.59

注：1995 年以前的人口数均为年报数；2000 年和 2010 年的人口数根据人口普查有关数据推算，其余各年人口数均根据人口变动抽样调查资料推算。2015 年起，为公安户籍统计数据。

The data on the total population are collected from the year-reports before 1995. The data on the total population in 2000 and 2010 are collected from population surveys. The data of other years are estimated on the basis of the data collected from the sample surveys on population changes. Since 2015, data of population at the year-end were hukou data from Public Security Bureau.

3-1 续表 Continued

年份 Year	总户数（万户） Total Households (10 000 households)	总人口（万人） Total Population (10 000 persons)	按性别分 By Gender		按城乡分 By Residence	
			男 Male	女 Female	市镇 Urban	乡村 Rural
1986	1407.45	5695.73	2966.85	2728.88	963.15	4732.58
1987	1485.85	5782.61	3012.59	2770.02	1003.28	4779.33
1988	1562.45	5915.68	3079.65	2836.03	1044.12	4871.56
1989	1623.00	6013.62	3130.76	2882.86	1049.25	4964.37
1990	1661.65	6110.89	3178.31	2932.58	1072.46	5038.43
1991	1697.69	6166.33	3208.42	2957.91	1147.86	5018.47
1992	1725.72	6207.78	3231.73	2976.05	1217.74	4990.04
1993	1745.47	6245.58	3249.20	2996.38	1205.95	5039.63
1994	1765.67	6302.58	3279.07	3023.51	1356.56	4946.02
1995	1796.19	6392.00	3322.27	3069.73	1550.99	4841.01
1996	1799.97	6428.00	3339.25	3088.75	1606.95	4821.05
1997	1798.83	6465.00	3356.43	3108.57	1629.00	4836.00
1998	1809.00	6502.00	3374.33	3127.67	1684.00	4818.00
1999	1814.64	6532.00	3389.32	3142.68	1724.00	4808.00
2000	1874.87	6562.05	3422.77	3139.28	1952.21	4609.84
2001	1884.47	6595.85	3409.72	3186.13	2031.52	4564.33
2002	1899.30	6628.50	3433.56	3194.94	2121.12	4507.38
2003	1929.59	6662.80	3453.33	3209.47	2232.04	4430.76
2004	1991.34	6697.70	3470.75	3226.95	2377.68	4320.02
2005	2031.01	6732.10	3490.59	3241.51	2490.88	4241.22
2006	2048.17	6768.10	3513.35	3254.75	2619.93	4148.17
2007	2085.91	6805.70	3533.87	3271.83	2752.91	4052.79
2008	2113.88	6845.20	3549.30	3295.90	2885.25	3959.95
2009	2126.05	6900.20	3583.24	3316.96	2980.89	3919.31
2010	2152.90	7089.53	3674.49	3415.04	3069.77	4019.76
2011	2186.60	7135.60	3699.10	3436.50	3218.16	3917.44
2012	2224.69	7179.87	3725.63	3454.24	3349.41	3830.46
2013	2286.57	7147.28	3712.32	3434.96	3427.84	3719.44
2014	2313.58	7202.29	3740.97	3461.32	3549.29	3653.00
2015	2330.12	7242.02	3761.09	3480.93	2037.29	5204.73
2016	2353.70	7318.81	3797.57	3521.24	2187.82	5130.99
2017	2363.83	7296.26	3781.75	3514.51	2446.87	4849.39
2018	2383.84	7326.62	3796.24	3530.38	2519.76	4806.86
2019	2386.27	7319.53	3794.45	3525.08	2557.35	4762.18
2020	2410.59	7295.58	3778.99	3516.59	2630.82	4664.76

3-2 人口出生率、死亡率、自然增长率
Birth Rate, Death Rate and Natural Growth Rate of Population

年份 Year	出生率（‰） Birth Rate（‰）	死亡率（‰） Death Rate（‰）	自然增长率（‰） Natural Growth Rate（‰）	出生人口数（万人） Population of Birth (10 000 persons)	死亡人口数（万人） Population of Death (10 000 persons)	自然增长人数（万人） Population of Natural Growth (10 000 persons)
1950	37.00	20.00	17.00	112.13	60.61	51.52
1951	37.00	19.00	18.00	115.90	59.52	56.39
1952	37.00	19.00	18.00	119.54	61.39	58.16
1953	36.00	17.00	19.00	119.18	56.28	62.90
1954	37.85	17.54	20.31	128.29	59.45	68.84
1955	31.10	16.36	14.74	107.32	56.46	50.87
1956	29.59	11.51	18.08	103.27	40.17	63.10
1957	33.47	10.41	23.06	119.00	37.01	81.99
1958	29.96	11.65	18.32	108.99	42.38	66.61
1959	24.00	12.99	11.00	88.38	47.83	40.54
1960	19.49	29.42	–9.93	70.76	106.81	–36.05
1961	12.51	17.48	–4.97	44.27	61.86	–17.59
1962	41.40	10.23	31.16	147.14	36.36	110.78
1963	47.29	10.26	37.03	172.97	37.53	135.45
1964	42.20	12.88	29.31	158.26	48.30	109.95
1965	42.25	11.19	31.06	162.38	43.01	119.37
1966	37.23	10.15	27.08	147.27	40.15	107.12
1967	35.61	9.89	25.72	144.79	40.21	104.58
1968	33.99	9.63	24.36	142.10	40.26	101.84
1969	32.37	9.37	23.00	139.14	40.28	98.86
1970	30.75	9.11	21.64	135.90	40.26	95.64
1971	29.13	8.86	20.26	132.24	40.22	92.02
1972	29.93	9.01	20.91	139.16	41.89	97.27
1973	29.21	8.05	21.15	138.90	38.28	100.62
1974	27.11	8.67	18.44	131.63	42.10	89.53
1975	25.04	8.34	16.70	123.85	41.25	82.60
1976	20.07	7.70	12.36	100.83	38.69	62.15
1977	18.61	7.79	10.82	94.62	39.61	55.01
1978	17.40	7.01	10.39	89.42	36.02	53.39
1979	17.84	7.12	10.72	92.67	36.98	55.68
1980	17.68	6.88	10.80	92.86	36.13	56.72
1981	21.11	7.03	14.08	112.32	37.40	74.91
1982	21.98	6.77	15.21	118.83	36.60	82.23
1983	16.48	6.79	9.69	90.32	37.21	53.11
1984	16.66	7.20	9.46	92.22	39.85	52.36
1985	18.16	6.47	11.69	101.55	36.18	65.37

3-2 续表 Continued

年份 Year	出生率（‰） Birth Rate（‰）	死亡率（‰） Death Rate（‰）	自然增长率（‰） Natural Growth Rate（‰）	出生人口数（万人） Population of Birth (10 000 persons)	死亡人口数（万人） Population of Death (10 000 persons)	自然增长人数（万人） Population of Natural Growth (10 000 persons)
1986	19.90	6.30	13.60	112.62	35.65	76.96
1987	23.62	7.07	16.55	135.56	40.58	94.98
1988	23.32	6.82	16.50	136.40	39.89	96.51
1989	22.91	7.07	15.84	136.65	42.17	94.48
1990	23.93	7.23	16.70	145.07	43.83	101.24
1991	20.50	7.30	13.20	125.84	44.81	81.03
1992	16.70	7.30	9.40	103.32	45.17	58.16
1993	14.08	7.13	6.95	87.67	44.40	43.28
1994	13.88	7.03	6.85	87.08	44.11	42.98
1995	13.02	7.15	5.87	82.64	45.38	37.26
1996	12.81	7.20	5.61	82.11	46.15	35.96
1997	12.59	6.99	5.60	81.16	45.06	36.10
1998	12.31	7.10	5.21	79.81	46.03	33.78
1999	11.72	7.12	4.60	76.38	46.40	29.98
2000	11.45	6.79	4.66	74.96	44.45	30.51
2001	11.80	6.72	5.08	77.63	44.21	33.42
2002	11.56	6.70	4.86	76.44	44.30	32.14
2003	11.82	6.87	4.95	78.55	45.66	32.90
2004	11.89	6.80	5.09	79.43	45.43	34.00
2005	11.90	6.75	5.15	79.91	45.33	34.58
2006	11.92	6.73	5.19	80.46	45.43	35.03
2007	11.96	6.71	5.25	81.17	45.54	35.63
2008	12.68	7.28	5.40	86.55	49.69	36.86
2009	13.05	6.94	6.11	89.69	47.70	41.99
2010	13.10	6.70	6.40	91.63	46.87	44.77
2011	13.35	6.80	6.55	94.95	48.37	46.59
2012	13.58	7.01	6.57	97.20	50.17	47.03
2013	13.50	6.96	6.54	96.71	49.86	46.85
2014	13.52	6.89	6.63	90.77	46.26	44.51
2015	13.58	6.86	6.72	91.80	46.37	45.43
2016	13.57	7.01	6.56	92.31	47.69	44.62
2017	13.27	7.08	6.19	90.78	48.43	42.35
2018	12.19	7.08	5.11	83.86	48.71	35.15
2019	10.39	7.28	3.11	71.78	50.29	21.49
2020	8.53	7.92	0.61	56.64	52.61	4.03

3-3 第1-4次全国人口普查基本情况
Basic Statistics on National Population of 1st-4th Censuses

单位：万人 (10 000 persons)

指 标	Item	第一次 1953 First	第二次 1964 Second	第三次 1982 Third	第四次 1990 Fourth
总户数 （万户）	**Total Households (10 000 households)**	**836.11**	**916.20**	**1233.88**	**1573.79**
家庭户	Family Households			1227.89	1564.88
集体户	Collective Households			5.99	8.91
总人口	**Total Population**	**3322.69**	**3718.23**	**5401.05**	**6065.80**
男性人口	Male	1752.64	1931.70	2805.23	3149.76
女性人口	Female	1570.05	1786.53	2595.82	2916.04
#育龄妇女（15-49岁）	# Women at Childbearing Age(Age 15-49)	750.73	819.43	1301.08	1607.99
各年龄组人口	**Population by Age**				
0-6岁	Age 0-6	669.02	706.05	701.81	869.47
7-14岁	Age 7-14	519.19	768.91	1131.16	826.93
劳动年龄人口	Population within Working Age	1720.75	1878.68	2936.91	3618.26
男60、女55岁以上人口	Males Aged 60 and Females Aged 55 and Over	319.57	285.00	503.39	628.16
民族人口	**Population by Nationality**				
汉族	Han Nationality	3254.67	3589.80	5180.92	5583.42
少数民族	Minority Nationalities	68.02	128.43	220.13	482.38
15岁以上婚姻人口	**Marital Status of Population Aged 15 and Over**				
未婚	Unmarried			1009.86	1099.89
有配偶	Married			2271.76	2963.86
丧偶	Widowed			262.16	278.87
离婚	Divorced			24.31	26.77
6岁以上文化程度人口	**Population Aged 6 and Over by Educational Level**				
大学本科	Undergraduates		9.77	24.56	20.72
大学专科	Junior College Student				48.27
中专	Specialized Secondary School		40.99	353.64	81.82
高中	Senior Secondary School				404.79
初中	Junior Secondary School		160.27	932.53	1370.42
小学	Primary School		1256.03	2325.78	2552.16
不识字或识字很少	Illiterate and Semi-Illiterate		1255.57	1173.52	822.76
#文盲、半文盲人口	#Illiterate and Semi-Illiterate Aged 15 and Over		1255.57	943.97	742.56
在业人口	**Employed Population**			**2827.75**	**3489.74**
不在业人口	**Unemployed Population**			**740.34**	**879.65**
市镇县人口	**Population of Cities,Towns and Counties**				
市	Cities	134.97	161.31	507.43	765.62
镇	Towns	157.57	160.79	260.00	328.20
县	Counties	3030.15	3396.13	4633.62	4971.98

注：1. 劳动年龄人口指男16-59岁，女16-54岁人口。

2. 各年龄组人口缺15岁人口和年龄不详人口，加总不等于总人口。

3. 由于四次普查所设指标不同，故此表空栏处均表示该年度普查无此调查项目。

4.1964年人口普查时，6-12岁不在校儿童没有调查其相当的文化程度，故各项文化程度人口加总不等于6周岁及以上人口数。

a. Working age range refers to 16-59 years for men and 16-54 years for women.

b. The sum of the population of the age group is not equal to the total population, because the population aged 15 is not shown and there is population whose true age is unknown.

c. Since the quota in the four population censuses were set differently, the blank space indicates the absence of this item of the year.

d. Data in 1964 excludes the children in school aged from 6-12, thus the sum of the population at all education levels does not equal to the population aged above six.

3-4 第五次全国人口普查基本情况
Basic Statistics on National Population of Fifth Censuses

单位：万人 (10 000 persons)

指 标	Item	数量 Volume
总户数 （万户）	**Number of Households (10 000 households)**	**1800.38**
家庭户	Family Households	1766.21
集体户	Collective Households	34.17
总人口	**Total Population**	**6327.42**
家庭户人口	Family Household Population	6106.15
集体户人口	Collective Household Population	221.27
平均家庭户规模 （人/户）	**Average Family Size (person/household)**	**3.46**
总人口中：男性人口	**In Total:** Male	3299.37
女性人口	Female	3028.05
性别比	Sex Ratio	108.96
总人口中：汉族人口	**In Total:** Han Nationality	5686.35
少数民族人口	Minority Nationalities	641.07
少数民族人口比重 （%）	Percentage of Minonrity Nationalities Population (%)	10.13
总人口中：市镇人口	**In Total:** Urban Population	1915.92
乡村人口	Rural Population	4524.15
总人口中：0-5 岁人口	**In Total:** Age 0-5	387.71
6-14 岁人口	Age 6-14	1012.25
15-64 岁人口	Age 15-64	4454.80
65 岁以上人口	Aged 65 and Over	472.66
6 周岁及以上人口	**Population Aged 6 and Over by Educational Level**	**5939.70**
未上过学	Unschool	298.22
扫盲班	Literacy Courses	67.69
小学	Primary School	2421.99
初中	Junior Secondary School	2259.38
高中和中专	Senior and Specialized Secondary School	707.25
大专及以上	Junior College or Above	185.17
每十万人口中：小学文化 （人）	**Per 100000 Population:** Primary School (person)	38278
初中文化 （人）	Junior Secondary School (person)	35708
高中和中专 （人）	Senior and Specialized Secondary School (person)	11177
大专及以上 （人）	Junior College or Above (person)	2926
文盲、半文盲人口	**Population of Illiterate and Semi Literate**	**294.96**
文盲率 （%）	**Illiterate Rate (%)**	**5.99**
普查年度出生率 （‰）	**Birth Rate in Census Year (‰)**	**11.45**
普查年度死亡率 （‰）	**Death Rate in Census Year (‰)**	**6.79**
普查年度自然增长率 （‰）	**Natural Growth Rate in Census Year (‰)**	**4.66**

注：1. 表中的各项数据均按普查登记的口径计算，不包括本省外出的人口，包括外省来本省的人口。

2. 普查年度是指 1999 年 11 月 1 日 0 时至 2000 年 10 月 31 日 24 时。

3. 城乡人口是按国家统计局 1999 年发布的《关于统计上划分城乡的规定（试行）》计算。

a. The data in table are calculated according to the approach of censuses. The data excluded the population of going to other provinces and included the population from other provinces.

b. The censuses year is 1999-11-1 zero o'clock to 2000-10-31 24 o'clock.

c. The urban population and rural population are calculated according to the 《regulations concerning plot out urban and rural in the statistical (test run) 》promulgated in 1999.

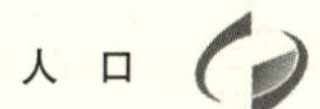

3-5 第六次全国人口普查基本情况

Basic Statistics on National Population of Sixth Censuses

单位：万人 (10 000 persons)

指 标		Item		数量 Volume
家庭户	**（万户）**	**Number of Households**	**(10 000 households)**	**1862.57**
总人口		**Total Population**		**6570.08**
家庭户人口		Family Household Population		6191.14
集体户人口		Collective Household Population		378.93
平均家庭户规模	**（人/户）**	**Average Family Size**	**(person/household)**	**3.32**
总人口中：		**In Total**		
男性人口		Male		3377.65
女性人口		Female		3192.43
性别比		Sex Ratio		105.80
总人口中：		**In Total**		
0-14 岁人口		Age 0-14		1157.65
15-64 岁人口		Age 15-64		4770.49
65 岁以上人口		Aged 65 and Over		641.94
0-14 岁人口比重	（%）	Proportion of Age 0-14	(%)	17.62
15-64 岁人口比重	（%）	Proportion of Age 15-64	(%)	72.61
65 岁以上人口比重	（%）	Proportion of Aged 65 and Over	(%)	9.77
受教育程度		**Population Aged 6 and Over by Educational Level**		
小 学		Primary School		1760.09
初 中		Junior Secondary School		2597.71
高中和中专		Senior and Specialized Secondary School		1013.39
大专及以上		Junior College or Above		499.19
每十万人口中：		**Per 100000 Population**		
小学文化	（人）	Primary School	(person)	26790
初中文化	（人）	Junior Secondary School	(person)	39539
高中和中专	（人）	Senior and Specialized Secondary School	(person)	15425
大专及以上	（人）	Junior College or Above	(person)	7598
文盲、半文盲人口		**Population of Illiterate and Semi Literate**		**175.43**
文盲率	**（%）**	**Illiterate Rate**	**(%)**	**3.24**

注：1. 以上数据均为 2010 年人口普查机器汇总数。

2. 普查登记的对象是指普查标准时点在中华人民共和国境内的自然人以及在中华人民共和国境外但未定居的中国公民，不包括在中华人民共和国境内短期停留的境外人员。

3. 总人口，是普查登记的 2010 年 11 月 1 日零时的常住人口。常住人口包括，居住在本乡镇街道、户口在本乡镇街道或户口待定的人；居住在本乡镇街道、离开户口所在的乡镇街道半年以上的人；户口在本乡镇街道、外出不满半年或在境外工作学习的人。

4. 家庭户是指以家庭成员关系为主、居住一处共同生活的人组成的户。

5. 文盲率是指全省常住人口中 15 岁及以上不识字人口所占比重。

a. All figures above are machine results of the 2010 Population Census.

b. The population census covers all natural persons residing in the territory of the People's Republic of China and the Chinese citizens residing outside but not permanently settled down in locations beyond the territory of the People's Republic of China at the census reference time, excluding foreigners temporarily staying in the territory of the People's Republic of China.

c. The population, which was registered on zero hour of November 1, 2010.Resident population of a given town/street include: people living in the current town/street where their household registration is located or with their household registration to be settled; people living in the current town/street and leaving the town/street of their household registration for over 6 months; people leaving the town/street of their household registration for less than 6 months or working or studying overseas, with their household registration located in the current town/street.

d. Population of family households refer to households consists of persons, bonded by family relations, staying under the same roof and sharing living arrangement.

e. Illiterate rate refers to the population over 15 years of age who cannot read divided by the Resident population of the Whole province.

3-6 第七次全国人口普查基本情况
Basic Statistics on National Population of Seventh Censuses

单位：万人 (10 000 persons)

指 标		Item		数量 Volume
家庭户	**（万户）**	**Number of Households**	**(10 000 households)**	**2287.83**
总人口		Total Population		6644.49
家庭户人口		Family Household Population		6112.11
集体户人口		Collective Household Population		532.38
平均家庭户规模	**（人/户）**	**Average Family Size**	**(person/household)**	**2.67**
总人口中：		**In Total**		
男性人口		Male		3399.57
女性人口		Female		3244.92
性别比		Sex Ratio		104.77
总人口中：		**In Total**		
0-14 岁人口		Age 0-14		1296.95
15-59 岁人口		Age 15-59		4026.41
60 岁以上人口		Aged 60 and Over		1321.13
65 岁以上人口		Aged 65 and Over		984.21
0-14 岁人口比重	（%）	Proportion of Age 0-14	(%)	19.52
15-59 岁人口比重	（%）	Proportion of Age 15-59	(%)	60.60
60 岁以上人口比重	（%）	Proportion of Aged 60 and Over	(%)	19.88
65 岁以上人口比重	（%）	Proportion of Aged 65 and Over	(%)	14.81
受教育程度		**Population Aged 6 and Over by Educational Level**		
小 学		Primary School		1675.31
初 中		Junior Secondary School		2367.82
高中和中专		Senior and Specialized Secondary School		1181.10
大专及以上		Junior College or Above		813.22
每十万人口中：		**Per 100000 Population**		
小学文化	（人）	Primary School	(person)	25214
初中文化	（人）	Junior Secondary School	(person)	35636
高中和中专	（人）	Senior and Specialized Secondary School	(person)	17776
大专及以上	（人）	Junior College or Above	(person)	12239
文盲人口		**Population of Illiterate**		**113.73**
文盲率	**（%）**	**Illiterate Rate**	**(%)**	**1.71**

注：1. 以上数据为 2020 年全国人口普查初步汇总数据。

2. 普查登记的对象是指普查标准时点在中华人民共和国境内的自然人以及在中华人民共和国境外但未定居的中国公民，不包括在中华人民共和国境内短期停留的境外人员。

3. 总人口，是普查登记的 2020 年 11 月 1 日零时的常住人口。常住人口包括，居住在本乡镇街道、户口在本乡镇街道或户口待定的人；居住在本乡镇街道、离开户口所在的乡镇街道半年以上的人；户口在本乡镇街道、外出不满半年或在境外工作学习的人。

4. 家庭户是指以家庭成员关系为主、居住一处共同生活的人组成的户。

5. 文盲率是指全省常住人口中 15 岁及以上不识字人口所占比重。

a. The data are preliminary Data from the 2020 Population Census.

b. The population census covers all natural persons residing in the territory of the People's Republic of China and the Chinese citizens residing outside but not permanently settled down in locations beyond the territory of the People’s Republic of China at the census reference time, excluding foreigners temporarily staying in the territory of the People’s Republic of China.

c. The population, which was registered on zero hour of November 1, 2020.Resident population of a given town/street include: people living in the current town/street where their household registration is located or with their household registration to be settled; people living in the current town/street and leaving the town/street of their household registration for over 6 months; people leaving the town/street of their household registration for less than 6 months or working or studying overseas, with their household registration located in the current town/street.

d. Population of family households refer to households consists of persons, bonded by family relations, staying under the same roof and sharing living arrangement.

e. Illiterate rate refers to the population over 15 years of age who cannot read divided by the Resident population of the Whole province.

3−7 2011年至2019年全省分市州年末常住人口

Permanent Resident Population at Year-end of Provinces and Municipalities From 2011 to 2019

单位：万人 (10 000 persons)

市州名称	Cities and Prefecture	2011			2012		
		年末常住人口 Population at the Year-end	城镇人口 Urban Population	城镇化率（%） Urbanization Rate (%)	年末常住人口 Population at the Year-end	城镇人口 Urban Population	城镇化率（%） Urbanization Rate (%)
全省	Total	6581.00	2959.47	44.97	6590.00	3045.89	46.22
长沙市	Changsha	740.36	508.05	68.62	766.18	528.62	68.99
株洲市	Zhuzhou	386.11	222.78	57.70	385.94	228.36	59.17
湘潭市	Xiangtan	275.19	142.79	51.89	274.77	146.53	53.33
衡阳市	Hengyang	710.58	330.23	46.47	707.11	333.27	47.13
邵阳市	Shaoyang	704.01	240.48	34.16	702.91	251.43	35.77
岳阳市	Yueyang	541.91	258.78	47.75	537.75	263.47	48.99
常德市	Changde	566.23	226.73	40.04	562.39	237.63	42.25
张家界市	Zhangjiajie	148.81	58.00	38.98	149.62	60.50	40.44
益阳市	Yiyang	425.45	173.51	40.78	422.82	175.01	41.39
郴州市	Chenzhou	459.36	198.81	43.28	459.71	206.23	44.86
永州市	Yongzhou	519.57	192.46	37.04	520.95	197.97	38.00
怀化市	Huaihua	471.11	175.72	37.30	466.26	178.22	38.22
娄底市	Loudi	377.75	139.13	36.83	378.50	143.15	37.82
湘西自治州	Xiangxi	254.56	92.00	36.14	255.09	95.50	37.44

注：本表2011−2019年数据根据第七次全国人口普查数据修订。
Data in this table from 2011 to 2019 are revised according to the 2020 Population Census.

3-7 续表 1

单位：万人

市州名称	Cities and Prefecture	2013 年末常住人口 Population at the Year-end	2013 城镇人口 Urban Population	2013 城镇化率（%）Urbanization Rate (%)	2014 年末常住人口 Population at the Year-end	2014 城镇人口 Urban Population	2014 城镇化率（%）Urbanization Rate (%)
全省	Total	6600.00	3143.58	47.63	6611.00	3238.06	48.98
长沙市	Changsha	787.46	555.55	70.55	813.11	589.09	72.45
株洲市	Zhuzhou	387.27	234.34	60.51	387.02	238.39	61.60
湘潭市	Xiangtan	274.31	149.59	54.53	273.65	152.84	55.85
衡阳市	Hengyang	705.52	334.48	47.41	703.85	336.00	47.74
邵阳市	Shaoyang	698.78	265.14	37.94	693.63	277.23	39.97
岳阳市	Yueyang	534.47	270.00	50.52	531.09	276.11	51.99
常德市	Changde	557.15	245.06	43.98	555.43	252.18	45.40
张家界市	Zhangjiajie	150.24	62.71	41.74	150.85	64.58	42.81
益阳市	Yiyang	420.11	177.16	42.17	416.38	179.62	43.14
郴州市	Chenzhou	461.18	215.54	46.74	461.63	223.01	48.31
永州市	Yongzhou	524.21	204.02	38.92	524.00	208.52	39.79
怀化市	Huaihua	465.19	182.63	39.26	465.05	185.74	39.94
娄底市	Loudi	379.23	148.36	39.12	379.95	152.39	40.11
湘西自治州	Xiangxi	254.88	99.00	38.84	255.36	102.36	40.08

Continued

(10 000 persons)

2015			2016			2017		
年末常住人口 Population at the Year-end	城镇人口 Urban Population	城镇化率（%）Urbanization Rate (%)	年末常住人口 Population at the Year-end	城镇人口 Urban Population	城镇化率（%）Urbanization Rate (%)	年末常住人口 Population at the Year-end	城镇人口 Urban Population	城镇化率（%）Urbanization Rate (%)
6615.00	3359.75	50.79	6625.00	3491.37	52.70	6633.00	3622.94	54.62
828.27	624.84	75.44	859.03	666.23	77.56	902.94	721.07	79.86
388.32	245.04	63.10	388.51	255.14	65.67	388.76	260.19	66.93
273.81	157.95	57.69	274.10	163.36	59.60	273.41	167.33	61.20
701.12	339.04	48.36	687.20	344.05	50.07	669.29	345.55	51.63
690.33	292.95	42.44	688.84	307.95	44.71	687.21	321.35	46.76
526.66	283.84	53.89	524.00	291.05	55.54	521.20	297.79	57.14
554.09	261.99	47.28	551.79	271.76	49.25	549.48	281.97	51.32
150.85	66.80	44.28	151.46	69.33	45.77	150.70	71.94	47.74
412.59	182.88	44.32	408.76	185.29	45.33	399.40	187.85	47.03
464.56	234.62	50.50	465.12	244.29	52.52	464.56	251.23	54.08
525.00	215.30	41.01	526.00	222.70	42.34	526.00	229.10	43.56
463.89	190.81	41.13	463.77	196.06	42.28	463.46	202.36	43.66
380.65	157.45	41.36	381.34	161.99	42.48	382.99	168.40	43.97
254.86	106.24	41.69	255.08	112.17	43.97	253.60	116.81	46.06

3-7 续表 2

单位：万人 (10 000 persons)

市州名称	Cities and Prefecture	2018 年末常住人口 Population at the Year-end	2018 城镇人口 Urban Population	2018 城镇化率（%） Urbanization Rate (%)	2019 年末常住人口 Population at the Year-end	2019 城镇人口 Urban Population	2019 城镇化率（%） Urbanization Rate (%)
全省	Total	6635.00	3721.57	56.09	6640.00	3814.68	57.45
长沙市	Changsha	928.00	760.34	81.93	963.56	794.51	82.46
株洲市	Zhuzhou	388.95	269.86	69.38	390.05	275.45	70.62
湘潭市	Xiangtan	272.70	169.00	61.97	272.93	175.30	64.23
衡阳市	Hengyang	668.82	351.25	52.52	671.08	358.69	53.45
邵阳市	Shaoyang	679.04	329.06	48.46	665.39	330.97	49.74
岳阳市	Yueyang	520.05	301.12	57.90	509.90	303.26	59.47
常德市	Changde	543.95	286.99	52.76	536.05	289.46	54.00
张家界市	Zhangjiajie	151.29	74.13	49.00	151.58	76.65	50.57
益阳市	Yiyang	392.69	189.23	48.19	390.73	192.26	49.21
郴州市	Chenzhou	465.54	257.50	55.31	466.52	266.24	57.07
永州市	Yongzhou	527.00	234.46	44.49	528.00	241.38	45.72
怀化市	Huaihua	461.24	207.16	44.91	461.24	212.13	45.99
娄底市	Loudi	382.67	170.00	44.42	382.35	173.99	45.51
湘西自治州	Xiangxi	253.06	121.47	48.00	250.62	124.39	49.63

主要统计指标解释

人口数 指一定时点、一定地区范围内有生命的个人总和。

年度统计的年末人口数指每年 12 月 31 日 24 时的人口数。年度统计的全国人口总数内未包括香港、澳门特别行政区和台湾省以及海外华侨人数。

城镇人口和乡村人口 城镇人口是指居住在城镇范围内的全部常住人口；乡村人口是除上述人口以外的全部人口。

出生率（又称粗出生率） 指在一定时期内（通常为一年）一定地区的出生人数与同期内平均人数（或期中人数）之比，用千分率表示。本资料中的出生率指年出生率，其计算公式为：

$$\text{出生率}=\frac{\text{年出生人数}}{\text{年平均人数}}\times 1000‰$$

式中：出生人数指活产婴儿，即胎儿脱离母体时（不管怀孕月数），有过呼吸或其他生命现象。年平均人数指年初、年底人口数的平均数，也可用年中人口数代替。

死亡率（又称粗死亡率） 指在一定时期内（通常为一年）一定地区的死亡人数与同期内平均人数（或期中人数）之比，用千分率表示。本资料中的死亡率指年死亡率，其计算公式为：

$$\text{死亡率}=\frac{\text{年死亡人数}}{\text{年平均人数}}\times 1000‰$$

人口自然增长率 指在一定时期内（通常为一年）人口自然增加数（出生人数减死亡人数）与该时期内平均人数（或期中人数）之比，用千分率表示。计算公式为：

$$\text{人口自然增长率}=\frac{\text{本年出生人数}-\text{本年死亡人数}}{\text{年平均人数}}\times 1000‰$$
$$=\text{人口出生率}-\text{人口死亡率}$$

Explanatory Notes on Main Statistical Indicators

Total Population refers to the total number of people alive at a certain point of time within a given area.

The annual statistics on total population is taken at midnight, the 3lst of December, not including residents in Taiwan province, Hong Kong SAR and Macao SAR and Chinese national residing abroad.

Urban Population and Rural Population Urban population refers to all people residing in cities and towns, while rural population refers to population other than urban population.

Birth Rate (or Crude Birth Rate) refers to the ratio of the number of births to the average population (or mid-period population) during a certain period of time (usually a year), expressed in ‰. Birth rate in the chapter refers to annual birth rate. The following formula is used:

$$\text{Birth Rate}=\frac{\text{Number of Births}}{\text{Annual Average Population}}\times 1000‰$$

Number of births in the formula refers to live births, i.e. when a baby has breathed or showed any vital phenomena regardless of the length of pregnancy.

Annual average population is the average of the number of population at the beginning of the year and that at the end of the year. Sometimes it is substituted by the mid-year population.

Death Rate (or Crude Death Rate) refers to the ratio of the number of deaths to the average population (or mid-period population) during a certain period of time (usually a year), expressed in ‰. Death rate in the chapter refers to annual death rate. The following formula is used:

$$\text{Death Rate}=\frac{\text{Number of Deaths}}{\text{Annual Average Population}}\times 1000‰$$

Natural Growth Rate of Population refers to the ratio of natural increase in population (number of births minus number of deaths) in a certain period of time (usually a year) to the average population (or mid-period population) of the same period, expressed in ‰. The following formula is applied:

$$\text{Natural Growth Rate of Population}=\frac{\text{Number of Births - Number of Deaths}}{\text{Annual Average Population}}\times 1000‰$$

Natural Growth Rate of Population = Birth Rate-Death Rate

Explanatory Notes on Main Statistical Indicators

04 就业人员和工资

Employment and Wages

资料整理人员：欧阳普　　王　丹

4-1 年末从业人员人数
Number of Employed Person at the Year-end

单位：万人 (10 000 persons)

年份 Year	从业人员人数 Number of Employed Person	城镇非私营单位在岗职工人数 Number of Employed Employees in Urban Non-private Units	国有经济 State-owned Economic Units	城镇集体经济 Urban Collective-owned Economic Units	其他经济类型 Economic Units of Other Types	城镇私营单位及其他从业人员 Urban Private Units and Other Employees	乡村从业人员 Employees in Rural
1950	1107.76	40.67	22.81	0.18	17.68	38.93	1028.16
1951	1147.20	52.01	33.55	0.37	18.09	42.71	1052.48
1952	1188.76	69.25	48.87	0.77	19.61	46.70	1072.81
1953	1213.15	76.15	53.12	2.32	20.71	50.68	1086.32
1954	1223.84	80.68	54.61	8.56	17.51	42.92	1100.24
1955	1250.49	90.26	60.67	14.10	15.49	31.45	1128.78
1956	1271.31	121.24	73.66	35.78	11.80	7.62	1142.45
1957	1353.51	130.24	81.84	36.62	11.78	2.00	1221.27
1958	1461.08	226.98	190.02	30.49	6.47		1234.10
1959	1466.09	218.08	174.09	36.76	7.23		1248.01
1960	1508.04	242.89	182.44	54.05	6.40		1265.15
1961	1302.48	234.40	163.50	70.90		3.92	1064.16
1962	1401.22	201.97	135.76	66.21		5.62	1193.63
1963	1443.01	191.19	129.40	61.79		3.11	1248.71
1964	1508.43	192.88	130.34	62.54		4.99	1310.56
1965	1551.93	206.96	139.24	67.72		3.91	1341.06
1966	1607.49	211.73	144.17	67.56		3.41	1392.35
1967	1668.06	215.65	148.25	67.40		2.97	1449.44
1968	1728.41	216.95	149.71	67.24		2.59	1508.87
1969	1795.01	222.02	154.93	67.09		2.26	1570.73
1970	1880.85	243.75	176.81	66.94		1.97	1635.13
1971	1975.89	272.00	205.21	66.79		1.72	1702.17
1972	2056.50	285.73	219.04	66.69		1.50	1769.27
1973	2089.11	285.65	218.99	66.66		1.32	1802.14
1974	2117.00	291.53	223.43	68.10		1.10	1824.37
1975	2152.00	304.17	232.56	71.61		0.32	1847.51
1976	2183.24	313.31	238.79	74.52		0.26	1869.67
1977	2216.19	321.24	242.64	78.60		0.37	1894.58
1978	2280.05	363.78	282.06	81.72		0.35	1915.92
1979	2328.12	388.16	299.36	88.80		0.32	1939.64
1980	2399.95	409.16	316.80	92.36		1.81	1988.98
1981	2449.46	426.88	332.46	94.42		3.43	2019.15
1982	2541.05	441.48	344.41	97.07		5.21	2094.36
1983	2594.37	447.81	348.97	98.84		9.72	2136.84
1984	2672.86	460.71	340.94	119.75	0.02	13.18	2198.97
1985	2728.71	475.15	352.73	122.34	0.08	16.19	2237.37

注：1. 2020 年起，全省从业人员人数由国家统计局根据劳动力抽样调查资料统一测算。

2. 从 2011 年起，“职工人数”指标更改为“在岗职工人数”指标。

a. Starting from 2020, the number of employees in the province will be uniformly calculated by the National Bureau of Statistics based on the sample survey of labor force.

b. From 2011,the index of "Staff and Workers" changed into "Staff and Workers of the Job".

4-1 续表 Continued

单位：万人 (10 000 persons)

年份 Year	从业人员人数 Number of Employed Person	城镇非私营单位在岗职工人数 Number of Employed Employees in Urban Non-private Units	国有经济 State-owned Economic Units	城镇集体经济 Urban Collective-owned Economic Units	其他经济类型 Economic Units of Other Types	城镇私营单位及其他从业人员 Urban Private Units and Other Employees	乡村从业人员 Employees in Rural
1986	2808.87	492.79	367.31	125.25	0.23	18.44	2297.64
1987	2904.10	515.22	386.34	128.60	0.28	24.72	2364.16
1988	2998.64	530.20	401.75	128.14	0.31	30.75	2437.69
1989	3091.37	536.64	411.34	124.81	0.49	30.43	2524.30
1990	3158.42	551.03	422.28	128.07	0.68	31.94	2575.45
1991	3222.43	567.07	435.66	130.35	1.06	32.52	2622.84
1992	3278.83	579.74	447.88	130.43	1.43	39.93	2659.16
1993	3345.61	588.87	454.26	126.70	7.91	60.42	2675.75
1994	3400.29	589.48	459.14	121.57	8.77	106.51	2685.54
1995	3467.31	597.50	466.00	119.13	12.37	133.86	2717.38
1996	3514.16	596.84	471.55	114.47	10.82	166.21	2732.35
1997	3560.29	597.48	471.52	110.48	15.48	200.36	2744.33
1998	3603.17	594.16	461.65	101.21	31.30	222.46	2772.59
1999	3601.39	590.75	461.83	96.01	32.91	210.29	2784.00
2000	3577.58	580.82	456.28	90.33	34.21	148.54	2832.04
2001	3607.96	534.22	407.55	70.95	55.72	199.76	2856.70
2002	3644.52	525.28	398.42	66.19	60.67	231.87	2870.32
2003	3694.78	500.27	379.72	56.55	64.00	335.94	2836.36
2004	3747.10	471.07	353.36	49.38	68.33	457.18	2792.67
2005	3801.48	451.80	293.79	40.12	117.89	547.83	2776.76
2006	3842.17	450.89	290.67	37.72	122.50	603.29	2762.41
2007	3883.41	460.03	283.72	37.50	138.81	635.94	2762.07
2008	3910.06	460.31	276.11	34.83	149.37	654.57	2761.85
2009	3935.21	474.43	268.57	29.21	176.65	665.17	2769.94
2010	3982.73	531.00	287.13	33.24	210.63	698.48	2753.25
2011	4005.03	514.73	258.99	23.92	231.82	894.18	2596.12
2012	4019.31	523.27	261.12	24.60	237.56	951.90	2544.14
2013	4036.45	554.44	249.67	20.92	283.85	1018.02	2463.99
2014	4044.13	552.81	245.28	19.53	288.00	1114.06	2377.26
2015	3980.30	534.77	229.95	16.14	288.68	1156.56	2288.97
2016	3920.41	523.97	228.35	16.78	278.84	1209.58	2186.86
2017	3817.22	520.37	219.75	14.83	285.79	1272.86	2023.99
2018	3738.58	496.78	219.21	11.10	266.47	1367.07	1874.73
2019	3666.48	541.95	229.67	11.90	300.38	1398.99	1725.54
2020	3280.00	554.24	239.87	12.41	301.96	1316.76	1409.00

4-2 按三次产业分年末从业人员

Number of Employed Person at Year-end by Three Strata of Industry

年份 Year	从业人员人数（万人） Number of Employed Person (10 000 persons)	第一产业 Primary Industry	第二产业 Secondary Industry	第三产业 Tertiary Industry	构成（以合计为 100） Composition in Percentage (total=100)	第一产业 Primary Industry	第二产业 Secondary Industry	第三产业 Tertiary Industry
1950	1107.76	980.83	54.86	72.07	100.0	88.5	5.0	6.5
1951	1147.20	1001.38	64.12	81.70	100.0	87.3	5.6	7.1
1952	1188.76	989.38	76.72	122.66	100.0	83.2	6.5	10.3
1953	1213.15	1014.03	90.34	108.78	100.0	83.6	7.5	9.0
1954	1223.84	982.69	89.39	151.76	100.0	80.3	7.3	12.4
1955	1250.49	1061.22	74.72	114.55	100.0	84.9	6.0	9.2
1956	1271.31	1055.72	101.21	114.38	100.0	83.0	8.0	9.0
1957	1353.51	1134.13	93.05	126.33	100.0	83.8	6.9	9.3
1958	1461.08	898.17	251.10	311.81	100.0	61.5	17.2	21.3
1959	1466.09	861.58	258.27	346.24	100.0	58.8	17.6	23.6
1960	1508.04	1023.93	199.05	285.06	100.0	67.9	13.2	18.9
1961	1302.48	1053.45	128.89	120.14	100.0	80.9	9.9	9.2
1962	1401.22	1180.33	98.04	122.85	100.0	84.2	7.0	8.8
1963	1443.01	1222.67	111.47	108.87	100.0	84.7	7.7	7.5
1964	1508.43	1274.86	116.73	116.84	100.0	84.5	7.7	7.8
1965	1551.93	1305.83	124.66	121.44	100.0	84.1	8.0	7.8
1966	1607.49	1355.48	129.72	122.29	100.0	84.3	8.1	7.6
1967	1668.06	1405.14	135.05	127.87	100.0	84.2	8.1	7.7
1968	1728.41	1456.39	140.79	131.23	100.0	84.3	8.2	7.6
1969	1795.01	1511.41	151.70	131.90	100.0	84.2	8.5	7.4
1970	1880.85	1564.21	179.69	136.95	100.0	83.2	9.6	7.3
1971	1975.89	1624.30	206.63	144.96	100.0	82.2	10.5	7.3
1972	2056.50	1683.60	227.31	145.59	100.0	81.9	11.1	7.1
1973	2089.11	1718.66	226.17	144.28	100.0	82.3	10.8	6.9
1974	2117.00	1732.28	236.13	148.59	100.0	81.8	11.2	7.0
1975	2152.00	1742.28	257.39	152.33	100.0	81.0	12.0	7.1
1976	2183.24	1759.48	266.42	157.34	100.0	80.6	12.2	7.2
1977	2216.19	1775.31	273.17	167.71	100.0	80.1	12.3	7.6
1978	2280.05	1788.17	305.37	186.51	100.0	78.4	13.4	8.2
1979	2328.12	1798.27	325.70	204.15	100.0	77.2	14.0	8.8
1980	2399.95	1846.46	339.06	214.43	100.0	77.0	14.1	8.9
1981	2449.46	1887.54	339.52	222.40	100.0	77.0	13.9	9.1
1982	2541.05	1955.49	350.79	234.77	100.0	77.0	13.8	9.2
1983	2594.37	1966.48	361.77	266.12	100.0	75.8	13.9	10.3
1984	2672.86	1971.93	414.00	286.93	100.0	73.8	15.5	10.7
1985	2728.71	1946.85	458.68	323.18	100.0	71.4	16.8	11.8

注：从 2020 年起，全省从业人员人数及分三次产业从业人员人数由国家统计局根据劳动力抽样调查资料统一测算。

Starting from 2020, the number of employees in the province and the number of employees in three industries will be uniformly calculated by the National Bureau of Statistics based on the sample labor force survey data.

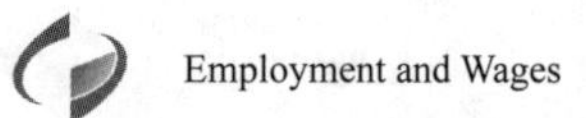

4–2 续表 Continued

年份 Year	从业人员人数（万人） Number of Employed Person (10 000 persons)	第一产业 Primary Industry	第二产业 Secondary Industry	第三产业 Tertiary Industry	构成（以合计为 100） Composition in Percentage (total=100)	第一产业 Primary Industry	第二产业 Secondary Industry	第三产业 Tertiary Industry
1986	2808.87	1969.64	494.51	344.72	100.0	70.1	17.6	12.3
1987	2904.10	2011.35	531.70	361.05	100.0	69.3	18.3	12.4
1988	2998.64	2050.72	550.38	397.54	100.0	68.4	18.4	13.2
1989	3091.37	2104.60	550.26	436.51	100.0	68.1	17.8	14.1
1990	3158.42	2176.70	553.83	427.89	100.0	68.9	17.5	13.6
1991	3222.43	2219.82	570.35	432.26	100.0	68.9	17.7	13.4
1992	3278.83	2213.42	613.57	451.84	100.0	67.5	18.7	13.8
1993	3345.61	2140.76	679.22	525.63	100.0	64.0	20.3	15.7
1994	3400.29	2076.14	731.01	593.14	100.0	61.1	21.5	17.4
1995	3467.31	2071.61	756.54	639.16	100.0	59.8	21.8	18.4
1996	3514.16	1994.90	810.38	708.88	100.0	56.8	23.0	20.2
1997	3560.29	1998.59	802.25	759.45	100.0	56.1	22.5	21.4
1998	3603.17	2002.51	822.49	778.17	100.0	55.6	22.8	21.6
1999	3601.39	2026.09	839.09	736.21	100.0	56.3	23.3	20.4
2000	3577.58	2120.98	840.52	616.08	100.0	59.3	23.5	17.2
2001	3607.96	2078.36	748.90	780.70	100.0	57.6	20.8	21.6
2002	3644.52	2034.04	757.26	853.22	100.0	55.8	20.8	23.4
2003	3694.78	1961.93	790.68	942.17	100.0	53.1	21.4	25.5
2004	3747.10	1885.06	804.91	1057.13	100.0	50.3	21.5	28.2
2005	3801.48	1846.90	818.10	1136.48	100.0	48.6	21.5	29.9
2006	3842.17	1790.46	829.92	1221.79	100.0	46.6	21.6	31.8
2007	3883.41	1743.65	854.35	1285.41	100.0	44.9	22.0	33.1
2008	3910.06	1720.44	875.84	1313.78	100.0	44.0	22.4	33.6
2009	3935.21	1693.05	896.57	1345.59	100.0	43.0	22.8	34.2
2010	3982.73	1690.03	915.43	1377.27	100.0	42.4	23.0	34.6
2011	4005.03	1679.94	932.62	1392.47	100.0	41.9	23.3	34.8
2012	4019.31	1668.99	948.78	1401.54	100.0	41.5	23.6	34.9
2013	4036.45	1656.01	964.54	1415.90	100.0	41.0	23.9	35.1
2014	4044.13	1651.37	957.77	1434.99	100.0	40.8	23.7	35.5
2015	3980.30	1618.71	935.84	1425.75	100.0	40.7	23.5	35.8
2016	3920.41	1587.32	912.16	1420.93	100.0	40.5	23.3	36.2
2017	3817.22	1515.16	871.17	1430.89	100.0	39.7	22.8	37.5
2018	3738.58	1462.38	836.44	1439.76	100.0	39.1	22.4	38.5
2019	3666.48	1409.24	810.04	1447.20	100.0	38.4	22.1	39.5
2020	3280.00	836.00	884.00	1560.00	100.0	25.5	26.9	47.6

4-3 年末城镇从业人员

Number of Employed Person in Urban Areas at the Year-end

年份 Year	城镇从业人员合计（万人） Number of Employed Person in Urban Areas (10 000 persons)	国有经济 State-owned Economic	城镇集体经济 Urban Collective-owned Economic	其他经济 Economic Units of Other Types	内资经济 Domestic Funded Economic	港澳台投资经济 Economy With Funded From H.K,Macao and Taiwan	外商投资经济 Economic With Funded Foreign	城镇私营经济 Urban Private Economic	城镇其他从业人员 Employees in Other Urban
1978	364.13								
1979	388.48								
1980	410.97								
1981	430.31								
1982	446.69								
1983	457.53								
1984	473.89								
1985	491.34								
1986	511.23								
1987	539.94								
1988	560.95								
1989	567.07								
1990	582.97								
1991	599.59								
1992	619.67								
1993	669.86								
1994	714.75								
1995	749.93	482.68	120.83	12.56	6.62	2.73	3.21	17.60	116.26
1996	781.81	487.94	116.61	11.05	5.12	2.59	3.34	22.80	143.41
1997	815.96	486.58	113.19	15.83	9.23	2.96	3.64	26.94	173.42
1998	830.58	472.37	103.56	32.19	25.21	3.20	3.78	36.89	185.57
1999	817.39	474.23	98.95	33.92	27.54	3.19	3.19	34.52	175.77
2000	745.54	467.98	92.99	36.04	29.81	3.07	3.16	33.54	114.99
2001	751.26	419.71	73.62	58.17	52.35	3.15	2.67	44.43	155.33
2002	774.20	410.13	68.73	63.47	56.88	3.51	3.08	65.63	166.24
2003	858.42	395.39	59.65	67.45	60.04	3.50	3.90	87.56	248.38
2004	954.43	370.64	52.86	73.75	65.62	4.31	3.82	143.11	314.07
2005	1024.72	306.70	43.43	126.76	111.93	8.29	6.54	165.80	382.03
2006	1079.76	302.73	40.96	132.78	116.28	8.50	8.00	214.19	389.10
2007	1121.34	294.47	40.63	150.30	131.93	9.13	9.24	223.33	412.61
2008	1148.21	291.65	37.73	164.26	144.57	9.90	9.79	218.99	435.58
2009	1175.27	283.50	32.48	194.13	170.51	11.02	12.60	227.67	437.49
2010	1229.48	287.13	33.24	210.63	186.38	11.91	12.34	234.04	464.44
2011	1408.91	275.01	27.84	248.58	218.97	16.16	13.45	260.62	596.86
2012	1475.17	282.57	27.46	257.45	225.47	18.64	13.34	291.65	616.03
2013	1572.46	265.99	23.69	311.47	274.36	21.64	15.47	311.84	659.47
2014	1666.87	261.52	22.07	314.31	277.58	22.04	14.69	334.81	734.16
2015	1691.33	244.57	18.53	316.04	281.97	20.29	13.78	364.53	747.66
2016	1733.55	242.25	19.24	306.92	269.67	23.57	13.68	385.30	779.84
2017	1793.23	232.85	17.19	315.70	275.93	26.17	13.60	406.29	821.20
2018	1863.85	232.11	13.28	300.89	265.77	21.70	13.42	423.12	894.45
2019	1940.94	243.31	14.02	339.37	302.94	23.66	12.77	439.02	905.22
2020	1871.00	251.96	14.21	338.75	300.28	24.70	13.77	493.46	772.62

4-4 年末城镇非私营单位按行业分组的女性从业人员(2020年)
Number of Female Employees in Urban Non-private Units at the Year-end by Sector (2020)

单位：万人 (10 000 persons)

行　业	Item	女性从业人员 Number of Female Employees	国有经济 State-owned Economic Units	城镇集体 Urban Collective-owned Economic Units	其他经济 Economic Units of Other Types
总计	**Total**	**236.39**	**113.62**	**4.46**	**118.32**
农、林、牧、渔业	Agriculture, Forestry, Farming of Animals and Fishing	0.52	0.25	0.04	0.23
采矿业	Mining	0.56	0.01	0.03	0.52
制造业	Manufacturing	35.42	0.49	0.48	34.45
电力、热力、燃气及水生产和供应业	Production and Distribution of Electricity, Heat, Gas and Water	4.31	2.50	0.12	1.69
建筑业	Construction	12.12	0.68	0.93	10.50
批发和零售业	Wholesale and Retail Trade	12.47	0.71	0.16	11.60
交通运输、仓储和邮政业	Information Transfer,Computer Services and Software	6.71	1.15	0.10	5.45
住宿和餐饮业	Hotels and Catering Services	4.00	0.32	0.05	3.62
信息传输、软件和信息技术服务业	Information Transfer, Software and Information technology Services	3.27	0.32	0.01	2.95
金融业	Finance	18.74	1.55	0.02	17.17
房地产业	Real Estate Trade	6.74	0.20	0.09	6.45
租赁和商务服务业	Tenancy and Business Services	4.66	0.83	0.10	3.73
科学研究和技术服务业	Scientific Research and Technical Services	4.11	1.95	0.04	2.12
水利、环境和公共设施管理业	Management of Water Conservancy, Environment and Public Establishment	3.54	2.59	0.04	0.92
居民服务、修理和其他服务业	Resident Services , Repair and Other Services	0.97	0.17	0.01	0.78
教育	Education	57.42	45.41	0.79	11.22
卫生和社会工作	Sanitation and Social Work	32.11	27.64	1.33	3.15
文化、体育和娱乐业	Culture,Sports and Entertainment	2.96	1.44	0.02	1.51
公共管理、社会保障和社会组织	Public Management, Social Security and Social Organization	25.77	25.41	0.09	0.26

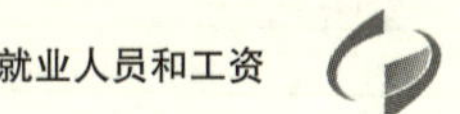

4-5 城镇非私营单位分行业年末在岗职工(2020年)

Employed Employees in Urban Non-private Units in Different Industries at the Year-end (2020)

单位：万人 (10 000 persons)

行业	Item	全部在岗职工 Number of Staff and Workers on the Job	国有经济 State-owned Economic	城镇集体 Urban Collective-owned Economic
总计	**Total**	**554.24**	**239.87**	**12.41**
农、林、牧、渔业	**Agriculture, Forestry, Farming of Animals and Fishing**	**1.63**	**0.92**	**0.08**
农业	Agriculture	0.27	0.07	0.01
林业	Forestry	0.45	0.35	0.06
畜牧业	Farming of Animals	0.25	0.01	
渔业	Fishing	0.06	0.03	
农、林、牧、渔专业及辅助性活动	Agriculture, Forestry, Animal Husbandry, Fishery and Auxiliary Activities	0.61	0.45	0.01
采矿业	**Mining**	**4.37**	**0.03**	**0.25**
煤炭开采和洗选业	Mining and Washing of Coal	2.27		0.12
石油和天然气开采业	Petroleum and Natural Gas Extraction			
黑色金属矿采选业	Mining of Ferrous Metal Ores	0.02		0.01
有色金属矿采选业	Mining of Non-ferrous Metal Ores	1.43	0.02	0.02
非金属矿采选业	Mining and Processing of Nonmetal Ores	0.64	0.01	0.11
开采专业及辅助性活动	Professional and Support Activities for Mining			
其他采矿业	Mining of Other Mineral			
制造业	**Manufacturing**	**94.74**	**1.77**	**1.22**
农副食品加工业	Processing of Food from Agricultural Products	5.43	0.16	0.05
食品制造业	Manufacture of Foods	2.59		
酒、饮料和精制茶制造业	Manufacture of Beverage，Drink and Tea	2.02	0.03	
烟草制品业	Manufacture of Tobacco	1.23	0.88	
纺织业	Manufacture of Textile	1.38		0.01
纺织服装、服饰业	Manufacture of Textile Wearing Apparel	1.11		0.04
皮革、毛皮、羽毛及其制品和制鞋业	Leather,Fur,Feather and Its Products and Footwear Products	4.20		
木材加工和木、竹、藤、棕、草制品业	Processing of Timbers, Manufacture of Wood, Bamboo, Rattan,Palm and Straw Products	0.87	0.02	0.02
家具制造业	Manufacture of Furniture	0.31		
造纸和纸制品业	Manufacture of Paper and Paper Products	1.19		0.06
印刷和记录媒介复制业	Printing,Reproduction of Recording Media	1.14	0.02	0.16
文教、工美、体育和娱乐用品制造业	Manufacture of Articles for Culture,Education and Sport Activity	1.31	0.01	
石油、煤炭及其他燃料加工业	Processing of Petroleum, Coal and Other Fuels	0.99		
化学原料和化学制品制造业	Manufacture of Chemical Raw Material and Chemical Products	4.81	0.02	0.14
医药制造业	Manufacture of Medicines	3.08		0.05
化学纤维制造业	Manufacture of Chemical Fiber	0.16		
橡胶和塑料制品业	Manufacture of Rubber and plastic	1.42	0.01	0.05
非金属矿物制品业	Manufacture of Non-metallic Mineral Products	8.43	0.02	0.20
黑色金属冶炼和压延加工业	Manufacture and Processing of Ferrous Metals	3.21		0.02
有色金属冶炼和压延加工业	Manufacture and Processing of Non-ferrous Metals	4.14	0.08	0.03
金属制品业	Manufacture of Metal Products	2.60	0.02	0.02

4-5 续表 1 Continued

单位：万人 (10 000 persons)

行 业	Item	全部在岗职工 Number of Staff and Workers on the Job	国有经济 State-owned Economic	城镇集体 Urban Collective-owned Economic
通用设备制造业	Manufacture of General Purpose Machinery	3.94	0.02	0.09
专用设备制造业	Manufacture of Special Purpose Machinery	5.02	0.10	0.10
汽车制造业	Automobile Industry	6.45	0.02	0.01
铁路、船舶、航空航天和其他运输设备制造业	Manufacture of Railway,Marine,Aerospace and Other Transport Equipment	4.36	0.02	0.04
电气机械和器材制造业	Manufacture of Electrical Machinery and Equipment	4.76	0.23	0.03
计算机、通信和其他电子设备制造业	Manufacture of Communication Equipment, Computer and Other Electronic Equipment	17.27	0.07	
仪器仪表制造业	Manufacture of Measuring Instrument	0.57		0.01
其他制造业	Other Manufacture	0.18	0.02	
废弃资源综合利用业	Utilization of Waste Resources	0.34		0.01
金属制品、机械和设备修理业	Mental Products,Machine and Equipment Repair	0.25		0.07
电力、热力、燃气及水生产和供应业	**Production and Distribution of Electricity, Gas and Water**	**15.13**	**9.07**	**0.40**
电力、热力生产和供应业	Production and Supply of Electric Power and Heat Power	11.50	7.75	0.26
燃气生产和供应业	Production and Distribution of Gas	0.67	0.01	
水的生产和供应业	Production and Distribution of Water	2.96	1.30	0.14
建筑业	**Construction**	**84.13**	**4.29**	**5.51**
房屋建筑业	Construction of Building	62.26	1.92	5.37
土木工程建筑业	Construction of Civil Engineering	17.25	2.09	0.05
建筑安装业	Architectural Installation	3.31	0.07	0.08
建筑装饰和其他建筑业	Architectural Decoration and Other Construction	1.31	0.20	
批发和零售业	**Wholesale and Retail Trade**	**22.36**	**2.19**	**0.37**
批发业	Wholesale	6.95	1.66	0.09
零售业	Retail Trade	15.41	0.53	0.27
交通运输、仓储和邮政业	**Traffic,Transport,Storage and Post**	**24.89**	**3.40**	**0.45**
铁路运输业	Transport Via Railway	7.49	0.01	
道路运输业	Transport Via Road	12.24	2.67	0.28
水上运输业	Water Transport	0.31	0.06	0.02
航空运输业	Air Transport	0.76	0.04	
管道运输业	Pipeline Transportation Industry	0.06		
装卸搬运和运输代理业	Loading,Unloading,Portage and Other Transport Services	0.24		
仓储业	Storage	1.32	0.23	0.14
邮政业	Post	2.46	0.40	
住宿和餐饮业	**Hotels and Catering Services**	**6.02**	**0.49**	**0.08**
住宿业	Accommodation	3.04	0.40	0.07
餐饮业	Restaurants	2.98	0.09	0.01
信息传输、软件和信息技术服务业	**Information Transfer,Software and Information Technology Service**	**8.23**	**0.79**	**0.02**
电信、广播电视和卫星传输服务	Telecom, Broadcasting and Satellite Transmission Service	5.44	0.62	0.01
互联网和相关服务	The Internet and Related Services	0.77	0.02	
软件和信息技术服务业	Software and Information Technology Service	2.02	0.15	

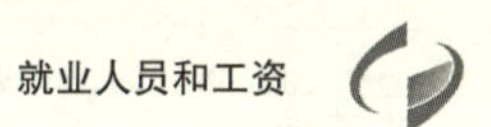

4-5 续表 2 Continued

单位：万人 (10 000 persons)

行 业	Item	全部在岗职工 Number of Staff and Workers on the Job	国有经济 State-owned Economic	城镇集体 Urban Collective-owned Economic
金融业	**Finance**	**16.69**	**2.87**	**0.04**
货币金融服务	Monetary and Financial Services	10.25	2.56	0.04
资本市场服务	Capital Markets Services	1.04	0.01	
保险业	Insurance	5.27	0.27	
其他金融业	Other Financial Activities	0.14	0.04	
房地产业	**Real Estate**	**15.58**	**0.50**	**0.18**
租赁和商务服务业	**Tenancy and Business Services**	**12.47**	**2.48**	**0.22**
租赁业	Tenancy	0.22	0.02	
商务服务业	Business Service	12.24	2.46	0.22
科学研究和技术服务业	**Scientific Research,Technical Service**	**12.63**	**5.84**	**0.12**
研究和试验发展	Research and Experimental Development	1.38	0.78	0.01
专业技术服务业	Professional Technique Services	8.65	4.30	0.07
科技推广和应用服务业	Services of S&T Intercommunion and Generalization	2.60	0.77	0.03
水利、环境和公共设施管理业	**Management of Water Conservancy,Environment and Public Establishment**	**8.65**	**6.19**	**0.10**
水利管理业	Management of Water Conservancy	1.64	1.51	0.05
生态保护和环境治理业	Environmental Management	0.72	0.45	0.02
公共设施管理业	Management of Public Establishment	5.63	4.15	0.03
土地管理业	Land Management	0.65	0.08	
居民服务、修理和其他服务业	**Resident Services and Other Services**	**2.40**	**0.39**	**0.03**
居民服务业	Resident Services	1.67	0.22	0.01
机动车、电子产品和日用产品修理业	Motor,Electronic Products and Daily Products Repair Service	0.16	0.01	0.02
其他服务业	Other Services	0.57	0.16	
教育	**Education**	**87.70**	**71.90**	**1.17**
卫生和社会工作	**Health and Social Work**	**44.79**	**38.55**	**1.86**
卫生	Health	43.16	37.62	1.78
社会工作	Social Work	1.63	0.93	0.08
文化、体育和娱乐业	**Culture, Sports and Entertainment**	**5.78**	**3.04**	**0.04**
新闻和出版业	Journalism and Publishing Activities	0.74	0.47	
广播、电视、电影和影视录音制作业	Broadcasting,Movies,Television and Audiovisual Activities	1.81	1.06	0.02
文化艺术业	Culture and Art	1.88	1.19	0.03
体育	Sports Activities	0.39	0.20	
娱乐业	Entertainment	0.96	0.13	
公共管理、社会保障和社会组织	**Public Management and Social Organization**	**86.04**	**85.16**	**0.27**
中国共产党机关	Organ of Communist Party of China	4.25	4.25	
国家机构	Organ of State	79.05	79.05	
人民政协、民主党派	People's Political Consultative Conference and Democratic Party	0.46	0.46	
社会保障	Social Insurance	0.87	0.87	
群众团体、社会团体和其他成员组织	Mass Community,Social Community and Religion Organizations	1.41	0.53	0.27

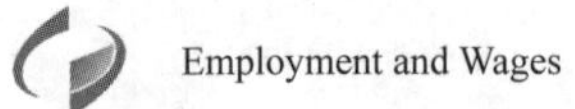

4-6 城镇非私营单位在岗职工工资总额及年平均工资
Total Wages and Average Annual Wage of Employed Staff and Workers in Urban Non-private Units

年份 Year	在岗职工工资总额（亿元） Totel Wages of Staff and Workers on the Job (100 million yuan)	国有经济 State-owned Economic	城镇集体经济 Urban Collective-owned Economic	其他经济 Economic Units of Other Types	在岗职工年平均工资（元） Average Annual Wages of Staff and Workers on the Job (yuan)	国有经济 State-owned Economic	城镇集体经济 Urban Collective-owned Economic	其他经济 Economic Units of Other Types
1978	20.33	16.29	4.04		563	589	474	
1979	23.39	18.50	4.89		628	644	580	
1980	28.73	23.09	5.64		718	746	625	
1981	30.09	24.17	5.92		725	748	643	
1982	32.46	26.13	6.33		750	772	670	
1983	34.48	27.71	6.77		780	803	700	
1984	41.69	32.28	9.41		922	965	800	
1985	49.30	38.36	10.93	0.01	1059	1111	912	1270
1986	58.80	45.97	12.81	0.02	1220	1281	1043	1078
1987	70.14	55.16	14.94	0.04	1400	1470	1190	1483
1988	87.38	69.78	17.54	0.06	1688	1777	1407	1966
1989	96.78	78.66	18.02	0.10	1836	1945	1475	2125
1990	108.97	88.92	19.91	0.14	2014	2141	1593	2089
1991	119.67	97.57	21.91	0.19	2152	2278	1727	2361
1992	143.69	118.37	24.96	0.36	2526	2686	1966	2852
1993	181.84	148.64	29.51	3.69	3142	3324	2379	4970
1994	238.22	198.56	34.76	4.90	4104	4388	2910	5762
1995	282.05	233.48	41.12	7.45	4797	5082	3525	6259
1996	299.57	251.74	41.59	6.24	5100	5412	3724	5897
1997	314.91	265.53	40.70	8.68	5326	5683	3736	5733
1998	323.76	269.17	35.94	18.65	5473	5849	3585	5994
1999	349.06	293.70	34.55	20.81	5939	6385	3627	6403
2000	377.19	318.62	34.21	24.36	6515	6999	3800	7217
2001	407.58	335.75	29.00	42.83	7698	8295	4146	7825
2002	458.53	374.41	30.05	54.07	8734	9403	4522	8958
2003	494.42	400.01	29.04	65.37	9855	10484	5108	10327
2004	543.76	432.98	31.20	79.58	11463	12173	6228	11602
2005	616.86	426.50	33.17	157.19	13718	14521	8355	13522
2006	715.23	488.02	36.31	190.90	16031	16898	9792	15874
2007	898.65	600.05	47.05	251.55	19711	21173	12921	18482
2008	1057.07	688.10	53.73	315.24	23082	24939	15529	21379
2009	1225.42	755.58	51.98	417.86	26008	28202	17867	23994
2010	1434.62	845.54	60.02	529.06	29275	31343	20221	27757
2011	1797.05	942.06	65.43	789.52	35520	36654	27034	35139
2012	2076.46	1080.35	72.93	923.18	40028	41628	30204	39270
2013	2407.62	1127.78	69.09	1210.75	43893	45342	33919	43330
2014	2665.89	1219.28	72.94	1373.67	48525	49784	37487	48196
2015	2866.49	1311.08	65.53	1489.88	53889	57308	41324	51860
2016	3111.00	1506.02	69.86	1535.12	60160	66349	42684	56073
2017	3375.91	1648.07	65.67	1662.17	65994	75394	45651	59668
2018	3606.06	1816.46	54.80	1734.80	73300	83190	51122	65991
2019	4137.22	1990.73	63.89	2082.60	77563	87187	54756	70981
2020	4501.49	2222.08	70.23	2209.18	82356	93196	57941	74625

注：从2011年起，“职工工资总额”及“职工年平均工资”指标更改为“在岗职工工资总额”及“在岗职工年平均工资”指标。

Form 2011, index of "Wages of Saff and Workers"and "Average Annual Wages of Staff and Workers" changed into"Wages of Saff and Workers on the Job"and "Average Annual Wages of Staff and Workers on the Jobs".

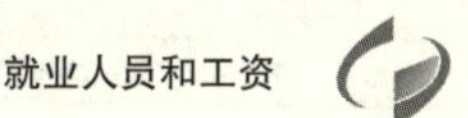

4-7 城镇非私营单位分行业在岗职工工资总额(2020年)
Total Wages of Employed Staff and Workers in Urban Non-private Units by Sector (2020)

单位：万元 (10 000 yuan)

行业	Item	全部在岗职工 Number of Staff and Workers on the Job	国有经济 State-owned Economic	城镇集体 Urban Collective-owned Economic
总计	**Total**	**45014934**	**22220827**	**702321**
农、林、牧、渔业	**Agriculture, Forestry, Farming of Animals and Fishing**	**88197**	**57241**	**2488**
农业	Agriculture	12145	4909	244
林业	Forestry	22966	19991	1261
畜牧业	Farming of Animals	11955	579	57
渔业	Fishing	3068	2186	145
农、林、牧、渔专业及辅助性活动	Agriculture, Forestry, Animal Husbandry, Fishery and Auxiliary Activities	38063	29576	781
采矿业	**Mining**	**272729**	**1719**	**12785**
煤炭开采和洗选业	Mining and Washing of Coal	129521	160	5731
石油和天然气开采业	Petroleum and Natural Gas Extraction			
黑色金属矿采选业	Mining of Ferrous Metal Ores	1619		269
有色金属矿采选业	Mining of Non-ferrous Metal Ores	105001	1217	1199
非金属矿采选业	Mining and Processing of Nonmetal Ores	35988	342	5569
开采专业及辅助性活动	Professional and Support Activities for Mining			
其他采矿业	Mining of Other Mineral	601		17
制造业	**Manufacturing**	**7101044**	**294732**	**79675**
农副食品加工业	Processing of Food from Agricultural Products	285005	6933	1591
食品制造业	Manufacture of Foods	133865	72	67
酒、饮料和精制茶制造业	Manufacture of Beverage，Drink and Tea	119990	1088	190
烟草制品业	Manufacture of Tobacco	258428	236076	29
纺织业	Manufacture of Textile	64294	190	904
纺织服装、服饰业	Manufacture of Textile Wearing Apparel	51460	9	2452
皮革、毛皮、羽毛及其制品和制鞋业	Leather,Fur,Feather and Its Products and Footwear	197480	3	
木材加工和木、竹、藤、棕、草制品业	Processing of Timbers, Manufacture of Wood, Bamboo, Rattan, Palm and Straw Products	39698	1224	949
家具制造业	Manufacture of Furniture	14035		10
造纸和纸制品业	Manufacture of Paper and Paper Products	82102	196	2892
印刷和记录媒介复制业	Printing,Reproduction of Recording Media	79166	862	14825
文教、工美、体育和娱乐用品制造业	Manufacture of Articles for Culture,Education and Sport Activity	64069	468	195
石油、煤炭及其他燃料加工业	Processing of Petroleum, Coal and Other Fuels	104141		21
化学原料和化学制品制造业	Manufacture of Chemical Raw Material and Chemical Products	340355	1327	6463
医药制造业	Manufacture of Medicines	209821		2425
化学纤维制造业	Manufacture of Chemical Fiber	8280		
橡胶和塑料制品业	Manufacture of Rubber and Plastic	86667	684	3939
非金属矿物制品业	Manufacture of Non-metallic Mineral Products	545617	975	9964
黑色金属冶炼和压延加工业	Manufacture and Processing of Ferrous Metals	351088		1211
有色金属冶炼和压延加工业	Manufacture and Processing of Non-ferrous Metals	288477	4277	2076
金属制品业	Manufacture of Metal Products	164532	3103	1231

4-7 续表 1 Continued

单位：万元 (10 000 yuan)

行业	Item	全部在岗职工 Number of Staff and Workers on the Job	国有经济 State-owned Economic	城镇集体 Urban Collective-owned Economic
通用设备制造业	Manufacture of General Purpose Machinery	309121	753	5665
专用设备制造业	Manufacture of Special Purpose Machinery	494911	10593	5878
汽车制造业	Automobile Industry	511646	1393	498
铁路、船舶、航空航天和其他运输设备制造业	Manufacture of Railway,Marine,Aerospace and Other Transport Equipment	566289	2867	3019
电气机械和器材制造业	Manufacture of Electrical Machinery and Equipment	337755	14208	1636
计算机、通信和其他电子设备制造业	Manufacture of Communication Equipment, Computer and Other Electronic Equipment	1286141	5409	
仪器仪表制造业	Manufacture of Measuring Instrument	47883		204
其他制造业	Other Manufacture	10697	1741	101
废弃资源综合利用业	Utilization of Waste Resources	27073	197	1244
金属制品、机械和设备修理业	Mental Products,Machine and Equipment Repair	20957	88	9997
电力、热力、燃气及水生产和供应业	**Production and Distribution of Electricity,Gas and Water**	**1562849**	**991483**	**19382**
电力、热力生产和供应业	Production and Supply of Electric Power and Heat Power	1275950	897702	11929
燃气生产和供应业	Production and Distribution of Gas	52754	1479	
水的生产和供应业	Production and Distribution of Water	234145	92302	7453
建筑业	**Construction**	**4796511**	**232433**	**256285**
房屋建筑业	Construction of Building	3299719	95390	249325
土木工程建筑业	Construction of Civil Engineering	1202110	122056	2776
建筑安装业	Architectural Installation	210721	3319	4010
建筑装饰和其他建筑业	Architectural Decoration and Other Construction	83961	11668	174
批发和零售业	**Wholesale and Retail Trade**	**1443944**	**291653**	**13532**
批发业	Wholesale	651235	264926	4752
零售业	Retail Trade	792709	26727	8781
交通运输、仓储和邮政业	**Traffic,Transport,Storage and Post**	**2204195**	**246844**	**15589**
铁路运输业	Transport Via Railway	966788	1879	
道路运输业	Transport Via Road	755907	174784	8531
水上运输业	Water Transport	23975	4431	1114
航空运输业	Air Transport	102007	8253	
管道运输业	Pipeline Transportation Industry	5154		
装卸搬运和运输代理业	Loading,Unloading,Portage and Other Transport Services	16428	386	107
仓储业	Storage	87950	16190	5837
邮政业	Post	245985	40921	
住宿和餐饮业	**Hotels and Catering Services**	**244323**	**20451**	**3405**
住宿业	Accommodation	134421	16799	3101
餐饮业	Restaurants	109902	3652	303
信息传输、软件和信息技术服务业	**Information Transfer,Software and Information Technology Service**	**895640**	**69447**	**1243**
电信、广播电视和卫星传输服务	Telecom, Broadcasting and Satellite Transmission Service	581060	53475	794
互联网和相关服务	The Internet and Related Services	78896	1274	188
软件和信息技术服务业	Software and Information Technology Service	235683	14698	261

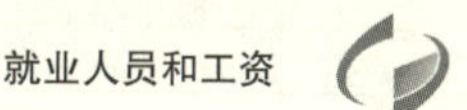

4-7 续表 2 Continued

单位：万元 (10 000 yuan)

行 业	Item	全部在岗职工 Number of Staff and Workers on the Job	国有经济 State-owned Economic	城镇集体 Urban Collective-owned Economic
金融业	**Finance**	**2479826**	**425917**	**4936**
货币金融服务	Monetary and Financial Services	1649766	395392	4918
资本市场服务	Capital Markets Services	280134	888	19
保险业	Insurance	528214	23914	
其他金融业	Other Financial Activities	21712	5723	
房地产业	**Real Estate**	**1130381**	**39825**	**10570**
租赁和商务服务业	**Tenancy and Business Services**	**810283**	**191690**	**10030**
租赁业	Tenancy	11870	1370	73
商务服务业	Business Service	798412	190320	9956
科学研究和技术服务业	**Scientific Research,Technical Service&Geologic Perambulation**	**1270974**	**568255**	**9539**
研究和试验发展	Research and Experimental Development	179787	95583	927
专业技术服务业	Professional Technique Services	956583	417822	6349
科技推广和应用服务业	Services of S&T Intercommunion and Generalization	134604	54850	2262
水利、环境和公共设施管理业	**Management of Water Conservancy, Environment and Public Establishment**	**543726**	**375783**	**8106**
水利管理业	Management of Water Conservancy	113308	105009	3552
生态保护和环境治理业	Environmental Management	52955	32465	1874
公共设施管理业	Management of Public Establishment	319946	231901	2614
土地管理业	Land Management	57516	6407	66
居民服务、修理和其他服务业	**Resident Services and Other Services**	**168193**	**27859**	**1815**
居民服务业	Resident Services	134360	15992	787
机动车、电子产品和日用产品修理业	Motor, Electronic Products and Daily Products Repair Service	8607	614	793
其他服务业	Other Services	25226	11253	235
教育	**Education**	**7300507**	**6464984**	**91197**
卫生和社会工作	**Health and Social Work**	**4840701**	**4381642**	**139080**
卫生	Health	4742909	4314852	135661
社会工作	Social Work	97792	66790	3420
文化、体育和娱乐业	**Culture, Sports and Entertainment**	**599765**	**346850**	**2419**
新闻和出版业	Journalism and Publishing Activities	89763	48319	98
广播、电视、电影和影视录音制作业	Broadcasting, Movies, Television and Audiovisual Activities	302924	181136	855
文化艺术业	Culture and Art	124351	90606	1388
体育	Sports Activities	27972	17745	9
娱乐业	Entertainment	54755	9045	69
公共管理、社会保障和社会组织	**Public Management and Social Organization**	**7261146**	**7192019**	**20245**
中国共产党机关	Organ of Communist Party of China	390127	390127	
国家机构	Organ of State	6644911	6644911	
人民政协、民主党派	People's Political Consultative Conference and Democratic Party	47193	47193	
社会保障	Social Insurance	65942	65942	
群众团体、社会团体和其他成员组织	Mass Community,Social Community and Religion Organizations	112973	43846	20245

4-8 城镇非私营单位分行业在岗职工年平均工资(2020年)
Average Annual Wage of Employed Staff and Workers in Urban Non-private Units by Sector (2020)

单位：元 (yuan)

行业	Item	全部在岗职工 Number of Staff and Workers on the Job	国有经济 State-owned Economic	城镇集体 Urban Collective-owned Economic
总计	**Total**	**82356**	**93196**	**57941**
农、林、牧、渔业	**Agriculture, Forestry, Farming of Animals and Fishing**	**54879**	**62821**	**29495**
农业	Agriculture	45920	66072	33029
林业	Forestry	51468	57017	21625
畜牧业	Farming of Animals	50990	68082	35625
渔业	Fishing	53910	65573	43134
农、林、牧、渔专业及辅助性活动	Agriculture, Forestry, Animal Husbandry, Fishery and Auxiliary Activities	62909	66549	57029
采矿业	**Mining**	**61915**	**56530**	**51940**
煤炭开采和洗选业	Mining and Washing of Coal	56488	39925	50097
石油和天然气开采业	Petroleum and Natural Gas Extraction			
黑色金属矿采选业	Mining of Ferrous Metal Ores	72919		50660
有色金属矿采选业	Mining of Non-ferrous Metal Ores	72766	57933	58760
非金属矿采选业	Mining and Processing of Nonmetal Ores	56047	63370	52666
开采专业及辅助性活动	Professional and Support Activities for Mining			
其他采矿业	Mining of Other Mineral	127766		57667
制造业	**Manufacturing**	**75745**	**166529**	**63079**
农副食品加工业	Processing of Food from Agricultural Products	54181	43006	33048
食品制造业	Manufacture of Foods	55092	29792	47857
酒、饮料和精制茶制造业	Manufacture of Beverage，Drink and Tea	57915	33359	42133
烟草制品业	Manufacture of Tobacco	220502	267054	24417
纺织业	Manufacture of Textile	47499	52833	61483
纺织服装、服饰业	Manufacture of Textile Wearing Apparel	46875	18600	56234
皮革、毛皮、羽毛及其制品和制鞋业	Leather,Fur,Feather and Its Products and Footwear	46729	26000	
木材加工和木、竹、藤、棕、草制品业	Processing of Timbers, Manufacture of Wood, Bamboo, Rattan, Palm and Straw Products	46520	52068	48577
家具制造业	Manufacture of Furniture	47858		48000
造纸和纸制品业	Manufacture of Paper and Paper Products	69649	50205	48932
印刷和记录媒介复制业	Printing,Reproduction of Recording Media	70309	55942	88855
文教、工美、体育和娱乐用品制造业	Manufacture of Articles for Culture, Education and Sport Activity	49480	69851	48800
石油、煤炭及其他燃料加工业	Processing of Petroleum, Coal and Other Fuels	103459		35333
化学原料和化学制品制造业	Manufacture of Chemical Raw Material and Chemical Products	77402	74134	47014
医药制造业	Manufacture of Medicines	67996		39116
化学纤维制造业	Manufacture of Chemical Fiber	51035		
橡胶和塑料制品业	Manufacture of Rubber and Plastic	62211	51841	79252
非金属矿物制品业	Manufacture of Non-metallic Mineral Products	65846	51835	50488
黑色金属冶炼和压延加工业	Manufacture and Processing of Ferrous Metals	107682		69171
有色金属冶炼和压延加工业	Manufacture and Processing of Non-ferrous Metals	70878	51158	62897
金属制品业	Manufacture of Metal Products	63914	141671	50884

4-8 续表 1 Continued

单位：元 (yuan)

行 业	Item	全部在岗职工 Number of Staff and Workers on the Job	国有经济 State-owned Economic	城镇集体 Urban Collective-owned Economic
通用设备制造业	Manufacture of General Purpose Machinery	82444	37839	62480
专用设备制造业	Manufacture of Special Purpose Machinery	101180	102351	46949
汽车制造业	Automobile Industry	80750	83149	97647
铁路、船舶、航空航天和其他运输设备制造业	Manufacture of Railway, Marine, Aerospace and Other Transport Equipment	132111	120462	90925
电气机械和器材制造业	Manufacture of Electrical Machinery and Equipment	72068	63285	63669
计算机、通信和其他电子设备制造业	Manufacture of Communication Equipment,Computer and Other Electronic Equipment	71761	83475	
仪器仪表制造业	Manufacture of Measuring Instrument	88256		25185
其他制造业	Other Manufacture	60470	78769	50500
废弃资源综合利用业	Utilization of Waste Resources	78924	61438	81333
金属制品、机械和设备修理业	Mental Products,Machine and Equipment Repair	95088	44150	137324
电力、热力、燃气及水生产和供应业	**Production and Distribution of Electricity, Gas and Water**	**103426**	**109444**	**48595**
电力、热力生产和供应业	Production and Supply of Electric Power and Heat Power	110701	115601	45751
燃气生产和供应业	Production and Distribution of Gas	79242	104134	
水的生产和供应业	Production and Distribution of Water	80217	72134	53965
建筑业	**Construction**	**60225**	**55095**	**49095**
房屋建筑业	Construction of Building	56601	49807	49000
土木工程建筑业	Construction of Civil Engineering	71169	59989	57831
建筑安装业	Architectural Installation	66668	47614	49448
建筑装饰和其他建筑业	Architectural Decoration and Other Construction	64900	58572	62000
批发和零售业	**Wholesale and Retail Trade**	**65465**	**132942**	**36934**
批发业	Wholesale	93853	159810	50945
零售业	Retail Trade	52435	49857	32149
交通运输、仓储和邮政业	**Traffic, Transport, Storage and Post**	**88178**	**71600**	**34705**
铁路运输业	Transport Via Railway	127320	182379	
道路运输业	Transport Via Road	61049	64317	30371
水上运输业	Water Transport	76896	78498	53498
航空运输业	Air Transport	134449	237839	
管道运输业	Pipeline Transportation Industry	96704		
装卸搬运和运输代理业	Loading,Unloading,Portage and Other Transport Services	72812	104351	71067
仓储业	Storage	70519	70397	39989
邮政业	Post	101435	103630	
住宿和餐饮业	**Hotels and Catering Services**	**40685**	**42259**	**45212**
住宿业	Accommodation	43637	42509	44687
餐饮业	Restaurants	37576	41144	51390
信息传输、软件和信息技术服务业	**Information Transfer,Software and Information Technology Service**	**108840**	**88048**	**58093**
电信、广播电视和卫星传输服务	Telecom, Broadcasting and Satellite Transmission Service	106068	86019	55139
互联网和相关服务	The Internet and Related Services	98982	75373	52333
软件和信息技术服务业	Software and Information Technology Service	120638	97873	76706

4-8 续表 2 Continued

单位：元 (yuan)

行 业	Item	全部在岗职工 Number of Staff and Workers on the Job	国有经济 State-owned Economic	城镇集体 Urban Collective-owned Economic
金融业	**Finance**	**147727**	**147830**	**125287**
货币金融服务	Monetary and Financial Services	160938	153999	126742
资本市场服务	Capital Markets Services	276480	100864	31167
保险业	Insurance	98108	88695	
其他金融业	Other Financial Activities	156937	162585	
房地产业	**Real Estate**	**72308**	**76050**	**57658**
租赁和商务服务业	**Tenancy and Business Services**	**65386**	**77348**	**52230**
租赁业	Tenancy	55209	61934	48733
商务服务业	Business Service	65565	77487	52258
科学研究和技术服务业	**Scientific Research,Technical Service&Geologic Perambulation**	**101370**	**96245**	**76338**
研究和试验发展	Research and Experimental Development	132175	122639	99710
专业技术服务业	Professional Technique Services	111419	96306	77178
科技推广和应用服务业	Services of S&T Intercommunion and Generalization	51924	69748	67758
水利、环境和公共设施管理业	**Management of Water Conservancy, Environment and Public Establishment**	**62833**	**60639**	**72236**
水利管理业	Management of Water Conservancy	68818	69442	65614
生态保护和环境治理业	Environmental Management	72918	71653	82015
公共设施管理业	Management of Public Establishment	56687	55845	78971
土地管理业	Land Management	90327	80980	31000
居民服务、修理和其他服务业	**Resident Services and Other Services**	**72723**	**71155**	**58170**
居民服务业	Resident Services	84215	71607	61969
机动车、电子产品和日用产品修理业	Motor,Electronic Products and Daily Products Repair Service	55568	93030	47226
其他服务业	Other Services	44849	69637	137941
教育	**Education**	**84524**	**91236**	**79078**
卫生和社会工作	**Health and Social Work**	**109557**	**115301**	**75279**
卫生	Health	111415	116379	76728
社会工作	Social Work	60569	72120	43029
文化、体育和娱乐业	**Culture, Sports and Entertainment**	**103808**	**114202**	**54518**
新闻和出版业	Journalism and Publishing Activities	120534	104087	69857
广播、电视、电影和影视录音制作业	Broadcasting, Movies, Television and Audiovisual Activities	168743	171693	52460
文化艺术业	Culture and Art	66448	76504	54483
体育	Sports Activities	71812	90388	47000
娱乐业	Entertainment	56054	65874	69000
公共管理、社会保障和社会组织	**Public Management and Social Organization**	**84298**	**84362**	**75483**
中国共产党机关	Organ of Communist Party of China	92779	92779	
国家机构	Organ of State	83924	83924	
人民政协、民主党派	People's Political Consultative Conference and Democratic Party	102728	102728	
社会保障	Social Insurance	76189	76189	
群众团体、社会团体和其他成员组织	Mass Community, Social Community and Religion Organizations	79030	80458	75485

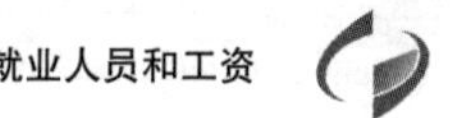

4-9 社会保险参保人员情况

Basic Indicators of Staff and Workers Participated in Social Security System

单位：万人 (10 000 persons)

年份 Year	养老保险参保人数 Person in Pension Insurance	机关事业单位 Agencies and Institutions	企业单位 Enterprises	离退休人员 Lay-off Workers	城乡居民 Rural Residents	医疗保险参保人数 Person in Health Programs	城镇职工 Urban Workers	城乡居民 Rural Residents	失业保险参保人数 Person in Unemployment Programs	工伤保险参保人数 Person in Injury Insurance	生育保险参保人数 Person in Maternity Insurance
1999	419.46		314.36	105.10		35.00	35.00		345.60		
2000	568.07	133.24	323.33	111.50		127.30	127.30		346.48		
2001	603.41	140.79	314.62	148.00		351.60	351.60		351.99		
2002	616.36	145.48	313.18	157.70		398.13	398.13		326.61		3.37
2003	636.19	151.25	317.44	167.51		423.50	423.50		347.50	8.59	3.28
2004	691.70	152.50	353.80	185.40		476.97	476.97		380.46	203.33	212.92
2005	718.65	154.26	369.15	195.24		503.35	503.35		382.67	228.22	250.24
2006	751.65	155.63	386.14	209.88		560.47	560.47		386.30	280.1	308.53
2007	783.98	155.89	400.77	227.32		724.47	620.57	103.90	388.97	342.44	369.34
2008	829.06	157.13	436.59	235.34		1348.51	682.02	666.49	390.12	403.53	431.55
2009	879.07	157.47	475.46	246.14		1831.93	746.40	1085.53	392.01	472.08	502.43
2010	937.66	155.97	516.88	264.81		1894.47	777.32	1117.15	399.50	515.97	527.13
2011	988.19	156.14	554.15	277.90		1941.21	789.52	1151.70	429.70	635.48	538.77
2012	1048.08	156.40	591.22	300.46		2341.90	797.60	1544.30	449.90	693.83	546.00
2013	1091.73	156.55	605.67	329.51		2316.19	799.25	1516.94	461.66	731.15	535.96
2014	1118.89	156.82	613.03	349.04		2300.70	807.89	1492.81	509.50	747.97	537.59
2015	1160.06	156.57	634.50	368.99		2662.40	818.80	1843.60	521.00	777.98	544.00
2016	1204.00	154.00	662.00	388.00		2647.00	830.00	1817.00	538.00	773.00	543.00
2017	4595.23	170.36	685.00	417.86	3322.01	6906.27	867.15	6039.12	563.00	782.82	561.91
2018	4807.36	177.97	770.00	454.42	3404.97	6838.03	898.48	5939.55	584.00	793.00	571.81
2019	4971.42	182.18	889.67	485.98	3413.59	6716.52	930.62	5785.90	606.59	807.00	599.97
2020	5198.17	183.08	1039.02	502.66	3473.41	6731.82	989.77	5742.05	640.87	820.47	633.75

主要统计指标解释

劳动力 指在16周岁及以上，有劳动能力，参加或要求参加社会经济活动的人口。包括就业人员和失业人员。

就业人员 指年满十六周岁，为取得报酬或经营利润，在调查周内从事了1小时（含1小时）以上劳动的人员；或由于在职学习、休假等原因在调查周内暂时未工作的人员；或由于停工、单位不景气等原因临时未工作的人员。

单位就业人员 指报告期末最后一日在本单位工作，并取得工资或其他形式劳动报酬的人员数。该指标为时点指标，不包括最后一日当天及以前已经与单位解除劳动合同关系的人员，是在岗职工、劳务派遣人员及其他就业人员之和。就业人员不包括：

(1) 离开本单位仍保留劳动关系，并定期领取生活费的人员；

(2) 在本单位实习的各类在校学生；

(3) 本单位以劳务外包形式使用的人员，如：建筑业整建制使用的人员。

城镇私营和个体就业人员 城镇私营就业人员指在工商管理部门注册登记，其经营地址设在县城关镇（含县城关镇）以上的私营企业就业人员，包括私营企业投资者和雇工。城镇个体就业人员指在工商管理部门注册登记，并持有城镇户口或在城镇长期居住，经批准从事个体工商经营的就业人员，包括个体经营者和在个体工商户劳动的家庭帮工和雇工。

在岗职工 指在本单位工作且与本单位签订劳动合同，并由单位支付各项工资和社会保险、住房公积金的人员，以及上述人员中由于学习、病伤、产假等原因暂未工作仍由单位支付工资的人员。在岗职工还包括：

(1) 应订立劳动合同而未订立劳动合同人员（如使用的农村户籍人员）；

(2) 处于试用期人员；

(3) 编制外招用的人员，如临时人员；

(4) 派往外单位工作，但工资仍由本单位发放的人员（如挂职锻炼、外派工作等情况）。

工资总额 指根据《关于工资总额组成的规定》(1990年1月1日国家统计局发布的一号令）进行修订，本单位在报告期内（季度或年度）直接支付给本单位全部就业人员的劳动报酬总额。包括计时工资、计件工资、奖金、津贴和补贴、加班加点工资、特殊情况下支付的工资，是在岗职工工资总额、劳务派遣人员工资总额和其他就业人员工资总额之和。

工资总额是税前工资，包括单位从个人工资中直接为其代扣或代缴的房费、水费、电费、住房公积金和社会保险基金个人缴纳部分等。

工资总额不论是计入成本的还是不计入成本的，不论是以货币形式支付的还是以实物形式支付的，均应列入工资总额的计算范围。

平均工资 指单位就业人员在一定时期内平均每人所得的工资额。它表明一定时期工资收入的高低程度，是反映就业人员工资水平的主要指标。计算公式为：

$$平均工资=\frac{报告期实际支付的全部就业人员工资总额}{报告期全部就业人员平均人数}$$

Explanatory Notes on Main Statistical Indicators

Labour Force refers to the population aged 16 and over who are capable of working, are participating in or willing to participate in economic activities , including employed persons and unemployed persons.

Employed Persons refer to persons, aged 16 and over, who performed some work for compensation or business gains for one hour or more during the reference period; or persons who do not work for the reasons of study or on holiday; or persons who are temporarily absent from a job for disorganization or suspension of work, recession, etc.

Person Employed in Various Units refer to the total number of employees who work at his unit and obtain wages or other forms of payment at the end of the reporting period. This indicator is a kind of time point index and it equals to the sum of the number of employed staff and workers, labor dispatch personnel and other employed person. Employed person do not include:

(1) person who have left their working units while keeping their labour contract (employment relation) unchanged and receiving regular alimony;

(2) all kinds of enrolled students who do internship in various units;

(3) person employed due to labor outsourcing, for example, person employed in the organizational system of construction industry.

Person Employed in Private Enterprises and Self-Employed Individuals in Urban Areas Person employed in private enterprises refer to the person employed in the private enterprises which have been registered at the departments of industrial and commercial administration for which the business operation are situated at a county town (i.e. a town where the county government is located), or at urban areas with administrative hierarchy higher than a county town. The self-employed individuals in urban areas refer to person who hold the certificates of residence in urban areas or have resided in the urban areas for a long time and have been registered at the departments of industrial and commercial administration and approved to be engaged in individual industrial or commercial business, including self-employed person as well as helpers and hired laborers who work in individual households.

Employed Staff and Workers refer to person who signed labor contracts with working units and working units would pay wages, social insurance and housing funds for them. Person who have their work posts but are temporarily absent from work for reasons of study or on sick, injury or maternal leave and still receive wages from their working units are also included. Employed staff and workers also include:

(1) Person who should have signed the labor contracts but not (like people with rural household registration);

(2) Employees on probation;

(3) Employees beyond the staffing quota, for example, temporary employees;

(4) Employees who are sent to other working units but still obtain wages from their original units (situations like on-the-job placement, expatriated assignment, etc.)

Total Wage Bill It is revised according to the "Provision of Composition of Total Wages" (Order No.1 by National Bureau of Statistics on January, 1st, ,1990), total wage bill refers to the total remuneration payment to all employed person in various units during the reporting period (by quarter or by year), including hourly-paid wages, piece-rate wages, bonuses, allowance and subsidies, overtime wages and wages paid under special circumstances. It equals to the sum of total wages of employed staff and workers, dispatch labors and other employed person.

Total wage bill is pre-tax wages, including the room charges, utility bills, housing funds and social insurance paid or withheld by employee's units.

Total wage bill, whether or not included in cost, whether or not paid in money or in kind, shall be included in the calculation of total wage.

Average Wage refers to the average per capita wage during a certain period of time for employed person. It shows the general level of wage income during a certain period of time, one major indicator to reflect the wage level. It is calculated as follows:

$$\text{Average Wage} = \frac{\text{Total Wage Bill of Employed Persons at Reference Time}}{\text{Average Number of Persons Employed at Reference Time}}$$

05 价 格

Prices

资料整理人员：傅磊峰　林　嘉　王湘杰　宋迪敏　陈　婷

5-1 各种物价总指数

Various Price Indices

(上年 =100) (Preceding=100)

年份 Year	居民消费价格指数 Consumer Price Index	商品零售价格指数 Retail Price Index	农产品生产者价格指数 Producer Price Index for Farm Products	工业生产者购进价格指数 Purchasing Price Index for Industrial Producers	工业品出厂价格指数 Producer Price Index for Industrial Products
1985	110.9	111.1	111.6		
1986	105.3	104.8	105.7		
1987	109.8	110.6	110.2		
1988	125.6	125.9	123.1		
1989	118.2	118.1	106.8	122.5	118.1
1990	100.4	99.4	94.1	103.3	100.6
1991	104.4	104.1	94.3	110.4	104.7
1992	110.7	109.5	99.1	116.2	111.1
1993	116.8	115.1	114.7	139.7	128.9
1994	125.3	124.5	114.1	119.6	117.6
1995	119.0	115.5	117.2	117.6	121.4
1996	107.7	105.2	104.9	105.7	105.6
1997	102.8	100.3	95.3	100.1	99.2
1998	100.2	97.9	90.4	94.8	95.9
1999	100.5	97.6	91.1	96.2	98.5
2000	101.4	99.3	96.8	106.7	102.9
2001	99.1	98.8	100.9	101.1	99.8
2002	99.5	99.2	99.9	99.3	99.2
2003	102.4	100.6	106.8	106.7	102.6
2004	105.1	103.9	127.3	114.4	108.0
2005	102.3	102.3	99.5	109.4	106.0
2006	101.4	101.3	100.7	106.5	104.3
2007	105.6	104.3	130.6	106.1	106.1
2008	106.0	105.6	126.7	112.0	109.3
2009	99.6	98.5	90.6	92.6	94.3
2010	103.1	103.1	109.9	110.0	106.9
2011	105.5	105.5	121.9	110.8	108.5
2012	102.0	101.7	100.2	100.1	99.1
2013	102.5	101.7	102.1	98.4	98.5
2014	101.9	101.2	98.6	97.9	98.4
2015	101.4	99.9	104.1	94.5	96.3
2016	101.9	101.0	104.7	98.0	98.9
2017	101.4	101.3	98.0	107.2	105.8
2018	102.0	102.3	95.4	103.5	103.2
2019	102.9	102.3	118.0	100.2	99.6
2020	102.3	101.3	123.3	98.9	99.0

注：1. 主要原材料、燃料、动力购进价格指数和工业品出厂价格指数以 1988 年为 100。
2. 固定资产投资价格指数以 1982 年为 100。
a. The main raw material, fuel and power purchase price index and industrial producer price index were 100 in 1988.
b. The investment price index of fixed assets was 100 in 1982.

5-1 续表 Continued

(1978年=100) (year of 1978=100)

年份 Year	居民消费价格指数 Consumer Price Index	商品零售价格指数 Retail Price Index	农产品生产者价格指数 Producer Price Index for Farm Products	工业生产者购进价格指数 Purchasing Price Index for Industrial Producers	工业品出厂价格指数 Producer Price Index for Industrial Products
1985	143.6	137.1	190.3		
1986	151.2	143.7	201.1		
1987	166.0	158.9	221.6		
1988	208.5	200.1	272.8		
1989	246.4	236.3	291.4	122.5	118.1
1990	247.4	234.9	274.2	126.5	118.8
1991	258.3	244.5	258.6	139.7	124.4
1992	285.9	267.7	256.3	162.3	138.2
1993	333.9	308.2	294.0	226.7	178.1
1994	418.4	383.6	335.5	271.1	209.4
1995	497.9	443.1	393.2	318.8	254.2
1996	536.2	466.1	412.5	337.0	268.4
1997	551.2	467.5	393.1	337.3	266.3
1998	552.3	457.7	355.4	319.8	255.4
1999	555.1	446.7	323.8	307.6	251.6
2000	562.9	443.6	313.4	328.2	258.9
2001	557.8	438.3	316.2	331.8	258.4
2002	555.0	434.8	315.9	329.5	256.3
2003	568.3	437.4	337.4	351.6	263.0
2004	597.3	454.5	429.5	402.2	284.0
2005	611.0	465.0	427.4	440.0	301.0
2006	619.6	471.0	430.4	468.6	313.9
2007	654.3	491.3	562.1	497.2	333.0
2008	693.6	518.8	712.2	556.9	364.0
2009	690.8	511.0	645.3	515.7	343.3
2010	712.2	526.8	654.3	567.3	367.0
2011	751.4	555.8	797.6	628.6	398.2
2012	766.4	565.2	799.2	629.2	394.6
2013	785.6	574.8	816.0	619.1	388.7
2014	800.5	581.7	804.6	606.1	382.5
2015	811.7	581.1	837.6	572.8	368.3
2016	827.1	586.9	877.0	561.3	364.3
2017	838.9	594.2	859.4	601.7	385.4
2018	855.4	607.7	819.9	622.8	397.7
2019	880.2	621.7	967.5	624.0	396.1
2020	900.4	629.8	1192.9	617.1	392.1

5-2 居民消费价格指数
Consumer Price Indices

年份 Year	居民消费价格指数（上年=100） Consumer Price Index (preceding year=100)	城 市 Urban Indices	农 村 Rural Indices	居民消费价格指数（1985年=100） Consumer Price Index (year of 1985=100)	城 市 Urban Indices	农 村 Rural Indices
1985	110.9	111.9	110.2	100	100	100
1986	105.3	105.4	105.3	105.3	105.4	105.3
1987	109.8	111.3	108.8	115.6	117.3	114.6
1988	125.6	125.7	125.4	145.2	147.5	143.7
1989	118.2	117.3	119.1	171.6	173.0	171.1
1990	100.4	100.6	100.2	172.3	174.0	171.4
1991	104.4	105.1	103.8	179.9	182.9	178.0
1992	110.7	113.5	107.9	199.2	207.6	192.0
1993	116.8	117.4	116.4	232.6	243.7	223.5
1994	125.3	124.8	125.6	291.5	304.1	280.7
1995	119.0	118.1	119.5	346.9	359.2	335.7
1996	107.7	107.2	108.2	373.6	385.1	363.2
1997	102.8	103.0	102.5	384.1	396.7	372.3
1998	100.2	100.5	100.1	384.9	398.7	372.7
1999	100.5	99.6	101.4	386.8	397.1	377.9
2000	101.4	101.3	101.4	392.2	402.3	383.2
2001	99.1	98.9	99.3	388.7	397.9	380.5
2002	99.5	99.6	99.4	386.8	396.3	378.2
2003	102.4	101.4	104.1	396.1	401.8	393.7
2004	105.1	104.1	105.7	416.3	418.3	416.2
2005	102.3	102.1	102.8	425.8	427.1	427.9
2006	101.4	101.6	101.2	431.8	433.9	433.0
2007	105.6	105.2	106.9	456.0	456.5	462.9
2008	106.0	105.8	107.4	483.4	483.0	497.2
2009	99.6	99.7	99.6	481.5	480.5	495.2
2010	103.1	103.1	103.2	496.4	495.4	511.1
2011	105.5	105.5	105.6	523.7	522.6	539.7
2012	102.0	102.2	101.6	534.2	534.1	548.3
2013	102.5	102.6	102.5	547.6	548.0	562.0
2014	101.9	102.1	101.4	558.0	559.5	569.9
2015	101.4	101.5	101.1	565.8	567.9	576.1
2016	101.9	101.9	101.9	576.4	578.5	587.2
2017	101.4	101.6	101.1	584.8	587.8	593.7
2018	102.0	101.9	102.0	596.3	599.3	605.5
2019	102.9	102.8	103.1	613.6	616.1	624.3
2020	102.3	102.0	102.9	627.7	628.4	642.4

5-3 农村相关价格指数
Rural-related Price Indices

(上年 =100) (preceding year=100)

年份 Year	农村居民消费价格指数 Rural Consumer Price Index	农业生产资料价格指数 Price Index of Agricultural Production	农产品生产者价格指数 Producer Price Indices for Farm Products
1978	99.4	100.1	101.7
1979	103.3	100.0	127.1
1980	113.6	102.0	111.2
1981	102.6	100.1	107.3
1982	101.6	103.2	103.7
1983	102.7	104.1	105.4
1984	102.9	107.5	102.9
1985	110.2	108.0	111.6
1986	105.3	102.5	105.7
1987	108.8	114.6	110.2
1988	125.4	128.3	123.1
1989	119.1	124.4	106.8
1990	100.2	99.9	94.1
1991	103.8	101.2	94.3
1992	107.9	105.6	99.1
1993	116.4	114.6	114.7
1994	125.6	118.6	144.1
1995	119.5	129.3	117.2
1996	108.2	107.3	104.9
1997	102.5	97.9	95.3
1998	100.1	89.5	90.4
1999	101.4	95.3	91.1
2000	101.4	99.3	96.8
2001	99.3	98.4	100.9
2002	99.4	98.9	99.9
2003	104.1	102.6	106.8
2004	105.7	112.1	127.3
2005	102.8	111.2	99.5
2006	101.2	100.7	100.7
2007	106.9	113.0	130.6
2008	107.4	126.5	126.7
2009	99.6	95.0	90.6
2010	103.2	101.4	109.9
2011	105.6	110.9	121.9
2012	101.6	104.7	100.2
2013	102.5	102.3	102.1
2014	101.4	100.2	98.6
2015	101.1	104.1	104.1
2016	101.9	101.7	105.4
2017	101.1	101.0	98.0
2018	102.0	102.7	95.4
2019	103.1	102.5	118.0
2020	102.9	103.5	123.3

5-4 居民消费价格分类指数(2020年)
Consumer Price Indices by Category (2020)

(上年=100) (preceding year=100)

项目名称	Item	全 省 Provincial Indices	城 市 Urban Indices	农 村 Rural Indices
居民消费价格指数	**Consumer Price Index**	**102.3**	**102.0**	**102.9**
服务项目价格指数	**Price indices for services**	**99.8**	**99.8**	**99.7**
工业品价格指数	**Industrial price index**	**99.0**	**99.1**	**99.0**
消费品价格指数	**Consumer Goods Price Index**	**103.6**	**103.1**	**104.6**
扣除食品和能源价格指数	**Core price index**	**100.2**	**100.3**	**100.1**
食品烟酒	**Food tabacoo and Liquor**	**108.3**	**107.4**	**110.2**
食品	Food	111.4	110.2	113.4
粮食	Grain	101.1	101.0	101.2
薯类	Tubers	104.7	104.4	105.1
豆类	Beans	105.5	104.9	106.6
食用油	Edible Oil and Fats	106.1	102.7	110.4
菜	Vegetables	104.4	103.7	105.7
畜肉类	Meat of Livestock	139.3	138.3	140.9
禽肉类	Meat of Poultry	103.8	103.2	104.8
水产品	Aquatic Products	102.3	101.2	104.7
蛋类	Eggs	96.1	93.5	100.0
奶类	Milk	99.6	99.8	99.1
干鲜瓜果类	Dried and Fresh Melons and Fruits	91.5	92.6	89.0
糖果糕点类	Candy and Cake	100.5	100.5	100.4
调味品	Falvoring	100.4	100.0	100.9
其他食品类	Other Foods	101.9	100.6	104.0
茶及饮料	Tea ang Beverages	99.8	100.0	99.6
烟酒	Tobacco and Liquor	100.7	101.0	100.3
在外餐饮	Dining Out	101.5	101.5	101.3
衣着	**Clothing**	**100.2**	**100.0**	**100.5**
服装	Garments	100.1	100.0	100.4
服装材料	Clothing Materials	100.4	99.8	101.5
其他衣着及配件	Other Clothing and Parts	99.8	100.0	99.2
衣着加工服务费	Clothing Manufacturing Services	100.4	100.2	101.2
鞋类	Footware	100.3	100.2	100.5
居住	**Residence**	**99.1**	**99.3**	**98.7**
租赁房房租	Rent of Renral Housing	100.0	100.4	98.5
住房保养维修及管理	Housing Maintenance and Management	100.1	100.4	99.8
水电燃料	Water,Electrcity and Fuels	97.9	98.0	97.6
自有住房	Private Housing	99.2	99.4	98.7
生活用品及服务	**Articles for Daily Use and Services**	**99.9**	**99.9**	**100.1**
家具及室内装饰品	Funiture and Interior Decorations	99.7	99.6	99.8
家用器具	Home Appliances	99.4	99.3	99.7
家用纺织品	Home Textiles	100.2	99.9	100.9
家庭日用杂品	Daily Use Household Articles	100.0	99.8	100.3
个人护理用品	Personal-care Supplies	100.6	101.0	99.6
家庭服务	Household Services	100.8	100.4	102.1
交通和通信	**Transport and Communications**	**96.7**	**96.6**	**96.9**
交通	Transport	95.1	95.2	95.1
通信	Communications	99.5	99.1	100.2
教育文化和娱乐	**Education, Culture and Recreation**	**100.0**	**99.6**	**100.7**
教育	Education	100.7	100.4	101.3
文化娱乐	Culture and Recreation	98.8	98.6	99.4
医疗保健	**Health Care**	**101.0**	**101.4**	**100.4**
药品及医疗器具	Medicine and Medical Instrument	101.0	101.1	100.9
医疗服务	Medical Services	101.1	101.7	100.1
其他用品和服务	**Other Articles and Services**	**103.6**	**104.6**	**101.8**
其他用品类	Other Articles	108.6	110.9	104.5
其他服务类	Other Services	99.1	99.0	99.3

5-5 商品零售价格指数
Retail Price Index

年份 Year	上年=100 (preceding year=100)			1985年=100 (year of 1985=100)		
	商品零售价格指数 Retail Price Index	城市 Urban	农村 Rural	商品零售价格指数 Retail Price Index	城市 Urban	农村 Rural
1985	111.1	112.4	110.1	100.0	100.0	100.0
1986	104.8	105.2	104.4	104.8	105.2	104.4
1987	110.6	111.3	110.2	115.9	117.1	115.0
1988	125.9	126.0	125.8	145.9	147.5	144.7
1989	118.1	116.2	119.4	172.3	171.4	172.8
1990	99.4	99.2	99.6	171.3	170.0	172.1
1991	104.1	104.4	103.1	178.3	177.6	177.4
1992	109.5	111.4	106.6	195.2	197.7	189.2
1993	115.1	115.7	114.6	224.8	228.9	216.8
1994	124.5	121.7	126.5	279.9	278.4	274.3
1995	115.5	114.5	116.8	323.2	318.9	320.3
1996	105.2	105.2	105.1	340.0	335.5	336.6
1997	100.3	100.6	99.8	341.0	337.5	335.9
1998	97.9	98.3	97.4	333.8	331.8	327.3
1999	97.6	97.8	97.5	325.9	324.4	319.0
2000	99.3	99.8	98.4	323.6	323.8	313.9
2001	98.8	98.1	99.4	319.7	317.6	312.0
2002	99.2	99.1	99.3	317.1	314.7	309.9
2003	100.6	100.1	101.1	319.0	315.1	313.3
2004	103.9	103.0	105.0	331.4	324.6	329.0
2005	102.3	101.6	103.0	339.0	329.7	338.8
2006	101.3	101.2	101.4	343.5	333.7	343.5
2007	104.3	103.6	106.7	358.2	345.8	366.6
2008	105.6	104.5	108.7	378.4	361.1	398.3
2009	98.5	98.2	98.8	372.7	354.8	393.7
2010	103.1	102.9	103.3	384.2	365.2	406.7
2011	105.5	105.4	105.6	405.3	384.9	429.5
2012	101.7	101.7	101.8	412.2	391.4	437.2
2013	101.7	101.4	102.3	419.2	396.9	447.3
2014	101.2	101.3	101.1	424.2	402.0	452.2
2015	99.9	99.7	100.0	423.8	400.8	452.2
2016	101.0	101.0	101.1	428.0	404.7	457.2
2017	101.3	101.2	101.4	433.4	409.7	463.5
2018	102.3	102.3	102.0	443.2	419.2	472.9
2019	102.3	102.2	102.4	453.4	428.4	484.2
2020	101.3	101.2	102.5	459.3	433.5	496.3

5-6 工业生产者出厂、购进价格指数
Producer Price Indices for Industrial Products、Purchasing Price Indices for Industrial Producers over the Years

（上年=100） (preceding year=100)

年份 Year	工业生产者出厂价格指数 Producer Price Indices for Industrial Products	工业生产者购进价格指数 Purchasing Price Indices for Industrial Producers
1989	118.1	122.5
1990	100.6	103.3
1991	104.7	110.4
1992	111.1	116.2
1993	128.9	139.7
1994	117.6	119.6
1995	121.4	117.6
1996	105.6	105.7
1997	99.2	100.1
1998	95.9	94.8
1999	98.5	96.2
2000	102.9	106.7
2001	99.8	101.1
2002	99.2	99.3
2003	102.6	106.7
2004	108.0	114.4
2005	106.0	109.4
2006	104.3	106.5
2007	106.1	106.1
2008	109.3	112.0
2009	94.3	92.6
2010	106.9	110.0
2011	108.5	110.8
2012	99.1	100.1
2013	98.5	98.4
2014	98.4	97.9
2015	96.3	94.5
2016	98.9	98.0
2017	105.8	107.2
2018	103.2	103.5
2019	99.6	100.2
2020	99.0	98.9

5-7 工业生产者出厂价格分类指数
Producer Price Indices for Industrial Products by Category

（上年 =100） (preceding year=100)

类 别	Item	2012	2013	2014	2015	2016	2017	2018	2019	2020
总指数	**General Index**	**99.1**	**98.5**	**98.4**	**96.3**	**98.9**	**105.8**	**103.2**	**99.6**	**99.0**
生产资料	**Means of Production**	**98.3**	**97.7**	**97.9**	**95.2**	**98.4**	**107.3**	**104.0**	**99.1**	**98.3**
采掘工业	Mining & Quarrying Industry	99.3	94.4	96.1	91.8	98.8	122.9	107.3	97.4	97.1
原材料工业	Raw Materials Industry	97.2	96.4	97.8	93.3	96.9	111.5	103.5	96.4	95.1
加工工业	Processing Industry	98.7	98.7	98.1	96.4	98.9	104.9	104.0	100.2	99.3
生活资料	**Consumer Goods**	**101.8**	**101.3**	**100.6**	**100.4**	**100.2**	**101.1**	**100.6**	**101.2**	**101.4**
食品类	Food	102.5	101.6	100.9	100.8	100.9	101.1	100.6	101.3	102.1
衣着类	Clothing	99.8	101.7	100.2	100.2	100.6	99.1	100.6	101.2	100.4
一般日用品	Articles for Daily Use	100.8	100.9	99.9	99.4	99.9	102.3	101.1	101.5	101.1
耐用消费品	Durable Consumer Goods	101.3	99.7	100.5	99.8	97.2	99.9	99.7	100.3	99.3

5-8 工业生产者购进价格指数
Purchasing Price Indices for Industrial Producers

（上年 =100） (preceding year=100)

类 别	Item	2012	2013	2014	2015	2016	2017	2018	2019	2020
总指数	**General Index**	**100.1**	**98.4**	**97.9**	**94.5**	**98.0**	**107.2**	**103.5**	**100.2**	**98.9**
燃料动力类	Fuel and Power	106.8	97.9	97.4	87.9	94.3	112.3	106.6	99.3	95.0
黑色金属材料类	Ferrous Matals	93.4	95.7	95.3	91.0	99.2	114.9	105.3	102.8	100.5
有色金属材料及电线	Nonferrous Metals	93.2	95.1	96.2	93.6	96.4	115.9	103.6	96.8	97.4
化工原料类	Raw Chemical Materials	97.2	98.1	98.5	97.3	99.4	105.6	103.1	98.1	94.7
木材及纸浆类	Timber and Paper Pulp	101.2	100.6	100.0	99.5	100.4	104.8	102.8	100.6	98.8
建材及非金属矿	Building Materials	99.0	98.5	100.1	97.8	100.2	104.2	106.5	105.0	104.7
其他工业原料及半成品	Other Industrial Raw Materials and Semi-finished Products	99.8	98.8	98.0	98.5	98.7	101.2	100.5	101.0	101.2
农副产品类	Agricultural Products	103.7	102.8	99.1	99.2	98.6	100.3	101.3	100.7	102.0
纺织原料类	Textile Materials	97.3	99.2	98.3	93.3	99.3	106.3	103.3	99.7	99.9

5-9 农产品生产者价格指数
Producer Price Indices for Farm Products

（上年 =100） (preceding year =100)

指 标	Item	2012	2013	2014	2015	2016	2017	2018	2019	2020
总指数	**General Index**	**100.2**	**102.1**	**98.6**	**104.1**	**104.7**	**98.0**	**95.4**	**118.0**	**123.3**
农业产品	**Farm Products**	**103.1**	**101.1**	**100.0**	**101.5**	**96.2**	**107.4**	**98.2**	**102.0**	**102.7**
谷物（原粮）	Grain (Raw Grain)	104.9	98.1	101.4	102.2	96.2	101.7	99.5	98.9	106.6
稻谷	Rice	105.1	97.9	101.4	102.3	96.7	101.5	99.0	99.0	106.5
早籼稻	Early Indica Rice	107.7	98.0	101.6	100.0	100.3	99.2	102.7		
晚籼稻	Late Indica Rice	103.1	97.7	102.3	104.3	93.9	103.2	96.5		
中籼稻	Middle Indica Rice				101.5	95.1	102.7	94.8		
玉米	Corn	107.0	102.7	99.7	100.1	85.7	106.7	108.2	97.8	108.7
薯类	Tubers	112.2	106.2	101.1	89.2	124.8	104.3	110.1	112.1	103.1
马铃薯	Potatoes	111.3	126.1	91.1	97.3	114.7	99.8	119.9		
甘薯	Sweet potato				87.0	127.6	105.5	133.7		
油料	Oil-bearing Crops	103.3	103.9	100.4	102.0	102.9	103.6	100.7	105.5	108.3
花生	Peanuts	109.2		97.9	100.0					
油菜籽	Rapeseeds	104.6	104.1	100.0	103.0	100.1	101.1	96.3		
豆类	Legume	104.7	104.9	101.4	101.1	108.4	97.3	89.7	104.3	107.5
棉花（籽棉）	Cotton(Seed Cotton)	90.2	99.1	87.1	90.5	91.5	121.9	93.9	103.2	90.4
未加工烟草	Raw Tobacco				103.1	103.8	110.4			
蔬菜及食用菌	Vegetables and Edible Fungus				101.6	101.6	98.8	100.4		
蔬菜	Vegetables	106.5	109.5	98.0	101.6	101.6	98.8	100.3	117.5	106.5
叶菜类	Leaf Vegetables	114.4	100.8	100.8	101.7	107.5	77.4	106.3		
白菜类	Chinese cabbage				102.2	110.7	88.8	103.3		
甘蓝类	Cabbage				103.5	109.5	83.2	103.0		
瓜菜类	Melon Vegetables	116.0	109.0	96.1	103.1	103.6	100.6	93.6		
根茎类	Root Vegetables	90.9	110.1	109.9	97.7	97.2	103.6	101.4		
茄果类	Solanum Vegetable	111.5	111.7	97.8	102.6	96.4	103.8	101.3		
莴苣类	Lettuce				98.8	104.9	88.6	99.0		
葱蒜类	Shallot and Garlic Vegetables	106.2	103.8	97.5	104.0	103.8	101.4	115.5		
豆类（蔬菜）	Vegetable Legume	113.7	105.6	99.5	100.1	103.9	101.1	103.5		
食用菌	Edible Fungus	109.7	102.1	106.6	103.0	102.4	95.5	109.7		
水果	Fruits				111.3	82.1	122.8	91.3	117.8	94.8
梨	Pear				106.1	110.7	116.4	96.4		
柑橘类水果	Citrus Fruit				115.7	73.4	123.8	90.7		
葡萄	Grape				94.4	96.3	96.8	88.5		
瓜类水果	Melon Fruit	116.9	104.0		104.6	101.8	129.7	94.1		
茶及饮料原料	Tea and Other Beverages	122.7	96.1	106.4	104.0	99.6	98.1	101.9		
茶叶	Tea	122.7	96.1	106.4	104.0	99.6	98.1	101.9	112.8	103.0
中草药材	Chinese Herbs	91.7	93.4	100.1	105.5	95.1	105.3	113.2		

5-9 续表 Continued

（上年 =100） (preceding year =100)

项 目		2012	2013	2014	2015	2016	2017	2018	2019	2020
林业产品	**Forestry Products**	**104.1**	**111.5**	**104.9**	**96.3**	**93.0**	**91.9**	**101.4**	**101.2**	**94.1**
木材采伐产品	Wood	104.5	103.9	93.6	95.6	95.8	95.7	102.8	95.3	
原木	Logs	104.5	106.0	93.6	95.6	95.8	95.7	102.8		
竹材采伐产品	Bamboo-Wood	105.2	102.0	101.8	95.1	90.5	88.3	93.9	102.1	
竹材	Bamboo				95.1	90.5	88.3	93.9		94.6
饲养动物及其产品	**Animal Husbandry**	**96.0**	**102.2**	**95.9**	**108.1**	**115.9**	**86.6**	**91.6**	**139.8**	**151.7**
活牲畜	Livestock	95.1	101.9	95.1	108.6	117.6	85.4	89.8	149.6	
牛	Cow	107.2	116.6	105.6	100.4	96.5	104.1	86.9	112.9	122.5
羊	Sheep	104.7	108.4	104.9	94.8	88.0	90.5	97.9	116.6	119.3
猪	Pig	95.6	99.5	92.9	100.8	121.6	82.5	110.9	149.6	166.9
活家禽	Fowl	106.5	105.8	106.2	103.7	103.6	97.7	105.0	110.1	89.0
活鸡	Chickens	102.4	102.8	106.4	105.5	99.8	110.5	109.4		
活鸭	Ducks	109.3	107.7	106.1	102.5	106.1	89.3	102.1		
禽蛋	Eggs	106.2	105.8	102.8	101.8	89.4	98.8	119.0	99.4	88.5
鸡蛋	Henapple	109.2	104.8	103.9	102.8	84.4	107.2	114.7		
鸭蛋	Duck Eggs	103.7	106.7	101.9	101.0	93.5	91.9	122.5		
渔业产品	**Fishery Product**	**104.6**	**104.9**	**102.7**	**101.2**	**103.1**	**102.8**	**95.8**	**101.1**	**103.1**
淡水养殖产品	Freshwater aquaculture	104.6	104.9	102.7	101.2	103.1	102.8	95.8	101.1	103.1
养殖淡水鱼	Freshwater Fish	104.7	104.9	102.9	100.7	99.5	102.4	95.7		
养殖淡水青鱼	Black Carp	103.4		103.5	101.3	106.6	98.5	92.2		
养殖淡水草鱼	Grass Carp	105.0	103.1	106.7	101.1	100.0	108.5	102.9		
养殖淡水鲤鱼	Common Carp	104.4	106.6	101.4	103.5	105.0	105.5	108.5		
养殖淡水鲢鱼	Silver Carp	104.7	107.1	100.2	100.9	97.1	98.1	97.4		
养殖淡水鲫鱼	Crucian Carp	102.9	103.6	98.6	99.9	102.1	102.9	90.0		
养殖淡水鳙鱼	Bighead	105.5	99.5	101.3	101.2	100.3	105.0	98.7		
养殖淡水鳊鲂	Bream				96.4					
养殖淡水鲶鱼	Catfish				96.0					
养殖淡水黄鳝	Monopterus Albus				96.4					
养殖淡水泥鳅	Loach				76.9					
淡水养殖蟹	Crab				97.6	82.8	114.0	99.5		

5-10 农业生产资料价格分类指数

Price Index of Agricultural Production by Category

（上年 =100） (preceding year=100)

类 别	Item	2012	2013	2014	2015	2016	2017	2018	2019	2020
总指数	**General Index**	**104.7**	**102.3**	**100.2**	**104.1**	**101.7**	**101.0**	**102.7**	**102.5**	**103.5**
农用手工工具	Farm Handtools	100.8	105.0	108.0	107.9	106.2	105.6	101.5	100.0	100.1
饲料	Forage	101.1	103.3	102.2	101.6	100.3	98.4	101.2	99.9	103.6
仔畜幼禽及产品畜	Newborn Animals & Poultry,and Commodity Animals	111.2	98.3	100.7	111.5	121.9	94.3	90.1	136.0	138.9
半机械化农具	Semi-mechanized Farm Tools	103.2	104.6	100.5	101.7	99.7	100.8	102.2	100.2	100.5
机械化农具	Mechanizred Farm Machiney	101.6	100.4	98.2	97.3	98.8	100.4	104.8	102.2	100.6
化学肥料	Chemical Fertilizer	106.7	101.6	96.1	104.6	101.2	104.1	106.4	99.4	98.5
农药及农药器械	Pesticide and Its Appliances	101.1	101.2	101.4	101.1	100.2	100.4	105.2	101.9	100.9
化学农药	Chenical Pesticide	100.9	101.1	101.6	101.3	100.3	100.4	105.5	102.0	100.9
农药器械	Pesticides Appliances	104.9	103.5	96.9	96.9	98.5	100.1	100.6	99.5	101.4
农机用油	Oil for Farm Machinery	106.1	102.6	98.6	87.8	96.8	112.1	113.8	95.6	85.4
其他农用生产资料	Other Means of Agricultural Production	106.6	102.7	100.2	101.8	99.4	102.6	101.6	101.9	101.0
农用种子	Agricultural Seeds	109.4	103.6	99.7	101.2	100.1	102.5	101.9	101.9	100.7
农业生产服务	Servie for Agricultural	104.4	106.9	104.5	106.3	102.3	101.4	102.0	103.4	102.9

主要统计指标解释

居民消费价格指数 是反映一定时期内城乡居民所购买的生活消费品和服务项目价格变动趋势和程度的相对数。

商品零售价格指数 是反映一定时期内城乡商品零售价格变动趋势和程度的相对数。

农业生产资料价格指数 是反映一定时期内农业生产资料价格变动趋势和程度的相对数。

农产品生产者价格指数 是反映一定时期内，农产品生产者出售农产品价格水平变动趋势及幅度的相对数。该指数可以客观反映全国农产品生产价格水平和结构变动情况，满足农业与国民经济核算需要。其中某代表品生产价格指数是通过对全部有出售该产品行为的调查单位的个体指数进行几何平均求得的，类价格指数是通过对其所属的类（或代表品）的价格指数进行加权平均求得的。季度累计价格指数的计算方法与分季指数的计算方法相同。

工业生产者出厂价格指数 是反映一定时期内全部工业产品第一次出售时的出厂价格总水平的变动趋势和变动幅度的相对数。

工业生产者购进价格指数 是反映作为中间投入的原材料、燃料、动力购进价格总水平的变动趋势和变动幅度的相对数。

Explanatory Notes on Main Statistical Indicators

Consumer Price Indices are relative figures reflecting the trend and degree of changes in prices of consumer goods and services purchased by urban and rural households during a given period.

Retail Price Indices are relative figures reflecting the trend and degree of changes in retail prices of commodities during a given period.

Price Indices for Means of Agricultural Production are relative figures reflecting the trend and degree of changes in the prices of the means of agricultural production during a given period.

Producer Prices Indices for Farm Products are relative figures reflecting the trend and degree of changes in producers' prices received by farmers when they sell farm products during a given period. These indices depict the change in the level and structure of producer prices for farm products of the country and meet the needs of agricultural statistics and national accounts statistics. The producer price index for a given product is calculated as the geometrical mean of individual indices for all surveyed units which sell such products, and the indices for a product category is obtained as the weighted mean of price indices for all products in the category. Method for calculating accumulative quarterly indices is the same as for calculating the distinctive quarterly indices.

Producer Price Indices for Industrial Products are relative figures reflecting the trend and degree of changes in general ex-factory prices of all manufactured goods for first sale during a given period.

Purchasing Price Indices for Industrial Producers are relative figures reflecting changes in the level and degree of purchasing prices such as intermediate input such as raw materials, fuels and power.

06 人民生活

People's Livelihoods

资料整理人员：王　璐

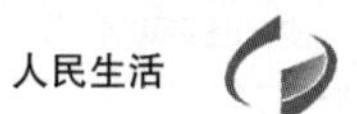

6-1 城镇居民生活
Urban Households' Life

年份 Year	平均每人每年（元） Per Capita Per Year (yuan)					每一就业者负担人数（人） Supported by Per Employee (person)	人均居住面积（平方米） Living Floor Space of Residents (sq.m)
	全部收入 Total Income	可支配收入 Disposable Income	指数 (1978年=100) Indices (year of 1978 = 100)	消费支出 Consumption Expenditure	#食品支出 Food		
1978	323.9	323.9	100.0	289.6	166.1	1.90	3.90
1980	475.9	475.9	125.2	425.5	244.1	1.76	4.30
1981	505.1	505.1	118.7	465.8	260.3	1.72	4.80
1982	519.0	519.0	116.8	449.4	264.5	1.70	5.10
1983	564.0	564.0	123.2	492.7	289.4	1.72	5.40
1984	645.0	645.0	138.0	540.8	310.4	1.71	5.80
1985	760.8	760.8	161.8	685.3	366.5	1.88	6.00
1986	904.4	904.4	182.5	775.3	427.9	1.90	6.40
1987	1017.8	1017.8	184.5	871.6	497.1	1.87	6.50
1988	1255.0	1255.0	181.0	1142.7	580.7	1.84	6.90
1989	1492.6	1492.6	183.5	1234.0	678.3	1.82	7.00
1990	1591.5	1591.5	194.5	1294.0	720.3	1.80	6.91
1991	1783.2	1783.2	207.3	1446.0	772.1	1.80	7.07
1992	2172.0	2166.5	221.9	1732.0	881.6	1.76	7.41
1993	2822.0	2816.5	245.8	2194.0	1049.4	1.73	8.14
1994	3893.0	3887.6	271.9	3138.0	1496.8	1.70	7.93
1995	4705.2	4699.2	278.7	3886.0	1898.1	1.67	7.75
1996	5060.0	5052.1	279.2	4098.0	1986.6	1.64	8.06
1997	5248.9	5209.7	280.1	4317.2	1972.8	1.64	8.66
1998	5474.6	5434.3	290.7	4371.0	1907.6	1.62	9.91
1999	5855.7	5815.4	312.2	4800.0	1942.2	1.66	10.77
2000	6261.2	6218.7	328.9	5218.8	1943.7	1.71	11.75
2001	6832.6	6780.6	362.6	5546.2	1943.6	1.77	11.80
2002	7371.8	6958.6	399.7	5574.7	1985.9	1.97	12.40
2003	8145.1	7674.2	434.7	6082.6	2179.3	1.89	24.43
2004	9190.2	8617.5	468.9	6884.6	2479.6	1.88	25.39
2005	10106.1	9524.0	507.6	7505.0	2689.4	2.05	22.03
2006	11146.1	10504.7	551.2	8169.3	2850.9	2.03	22.54
2007	14148.9	12293.5	613.2	8990.7	3243.9	1.99	34.71
2008	14577.3	13821.2	651.2	9945.5	3970.4	2.10	36.52
2009	16078.1	15084.3	713.1	10828.2	4174.6	2.06	37.25
2010	17657.1	16565.7	759.4	11825.3	4322.1	2.07	37.51
2011	20083.9	18844.1	819.4	13402.9	4943.9	2.15	39.69
2012	22804.6	21318.8	907.1	14609.0	5441.6	2.05	40.22
2013	26107.6	24352.0	970.6	16867.3	5323.0	1.95	39.97
2014	28796.4	26570.2	1037.6	18334.7	5596.0	1.84	39.52
2015	31468.3	28838.1	1109.2	19501.4	6075.5	1.90	41.02
2016	35055.6	31283.9	1181.3	21420.0	6407.7	1.96	44.04
2017	38845.9	33947.9	1261.6	23162.6	6585.0	1.98	46.48
2018	42316.8	36698.3	1338.6	25064.2	6848.9	2.03	48.76
2019	46345.4	39841.9	1413.7	26924.0	7499.6	2.02	49.66
2020	47985.1	41697.5	1450.4	26796.4	7807.1	2.06	51.14

注：1. 1991 年及以前的可支配收入均系全部收入。

2. 2002 年起，可支配收入剔除了出售财物收入和个人交纳的社会保障支出；消费支出中，居住支出剔除了自有房屋折算金。

a. Data on disposable income prior to 1991 refer to those on the total income.

b. Since 2002,Data on disposable income exclude income of selling property and individul expenditure for social security programs; Data on living expenditure exclude converted rents of self-owned housing .

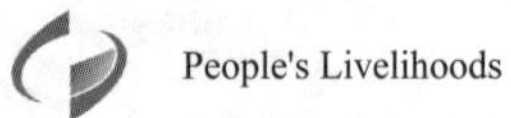

6-2 历年城镇居民平均每人家庭收入及来源
Per Capita Annual Income of Urban Households by Source

单位：元 (yuan)

年份 Year	可支配收入 Disposable Income	全部收入 Total Income	工资性收入 Income of Wages and Salaries	经营净收入 Net Business Income	财产性收入 Net Income from Property	转移性收入 Net Income from Transfer
1978	323.9	323.9	306.0			
1980	475.9	475.9	466.2			9.7
1981	505.1	505.1	496.6	0.3		8.2
1982	519.0	519.0	507.3	0.1		11.6
1983	564.0	564.0	549.7			14.3
1984	645.0	645.0	627.7	0.4		16.9
1985	760.8	760.8	651.1	9.5		100.2
1986	904.4	904.4	752.4	9.7		142.4
1987	1017.8	1017.8	840.4	11.2		166.2
1988	1255.0	1255.0	1078.7	21.3		155.0
1989	1492.6	1492.6	1213.2	28.2	14.2	237.0
1990	1591.5	1591.5	1327.7	23.6	16.4	223.7
1991	1783.2	1783.2	1567.0	14.4	19.8	182.1
1992	2166.6	2172.0	1768.2	18.2	28.8	356.8
1993	2821.6	2822.0	2298.9	31.2	54.5	437.4
1994	3892.7	3893.0	3154.5	27.8	81.5	629.2
1995	4699.2	4705.2	3971.1	26.0	81.6	626.5
1996	5052.1	5060.0	4309.5	44.3	86.8	619.4
1997	5209.7	5248.9	4433.6	35.2	112.0	668.1
1998	5434.3	5474.6	4517.5	35.4	142.6	779.1
1999	5815.4	5855.7	4723.6	52.4	153.9	925.8
2000	6218.7	6261.2	4954.2	140.1	158.8	1008.1
2001	6780.6	6832.6	5168.4	170.0	239.5	1254.7
2002	6958.6	7371.8	5408.2	235.4	111.0	1617.2
2003	7674.2	8145.1	5984.8	356.2	100.7	1703.4
2004	8617.5	9190.2	6807.3	494.0	92.9	1796.0
2005	9524.0	10106.1	6805.4	872.2	195.6	2232.9
2006	10504.7	11146.1	7401.7	929.8	287.2	2527.3
2007	12293.5	14148.9	8612.5	2343.4	170.9	3022.1
2008	13821.2	14577.3	9071.0	1575.1	316.5	3614.7
2009	15084.3	16078.1	9854.1	1744.4	419.2	4060.5
2010	16565.7	17657.1	10782.0	1880.9	541.1	4453.0
2011	18844.1	20083.9	11550.1	2674.2	770.7	5089.0
2012	21318.8	22804.6	13237.1	3008.3	867.8	5691.4
2013	24352.0	26107.6	13453.0	3254.8	2387.3	5256.8
2014	26570.2	28796.4	14661.7	3566.7	2628.6	5713.1
2015	28838.1	31468.3	15902.8	3993.6	2801.0	6140.8
2016	31283.9	35055.6	17274.9	4339.2	3009.6	6660.2
2017	33947.9	38845.9	18765.9	4605.8	3204.1	7372.2
2018	36698.3	42316.8	20021.5	5252.5	3715.3	7708.9
2019	39841.9	46345.4	21534.1	5946.8	3950.9	8410.1
2020	41697.5	47985.1	22457.3	6255.2	4146.1	8839.0

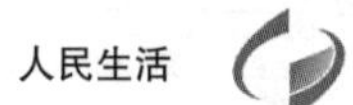

6-3 历年城镇居民平均每人消费性分类支出

Consumption Expenditures of Urban Households

单位：元　　(yuan)

年份 Year	消费性支出 Consumption Expenditure	食品烟酒 Food,Tobacco and Liquor	衣 着 Clothing	居 住 Residence	家庭设备用品及服务 Household Facilities, Articles and Services	交通和通讯 Transport and Communications	文教娱乐用品及服务 Education, Cultural and Recreation	医疗保健 Health Care and Medical Services	其他商品和服务 Miscellaneous Goods and Services
1978	289.6	166.1					99.5		24.0
1980	425.5	244.1	54.0	17.0	46.3	6.4	32.8	2.8	22.2
1981	465.8	260.3	57.8	18.5	50.6	5.8	47.0	3.8	21.9
1982	449.4	264.5	54.8	20.0	42.7	6.1	35.6	4.2	21.4
1983	492.7	289.4	61.9	21.4	46.8	7.2	39.1	4.2	22.7
1984	540.8	310.4	70.4	22.2	53.9	7.8	47.5	4.2	24.4
1985	685.3	366.5	86.5	33.0	80.2	7.6	74.8	8.3	28.6
1986	775.3	427.9	102.0	36.4	89.0	8.4	67.2	9.7	34.7
1987	871.6	497.1	101.5	36.0	96.6	9.4	77.3	10.3	43.3
1988	1142.7	580.7	132.0	54.9	168.1	11.9	110.9	18.4	65.8
1989	1234.4	678.3	146.4	51.5	144.9	14.9	108.3	21.6	68.6
1990	1294.1	720.3	170.4	60.0	124.6	26.8	122.8	19.2	50.0
1991	1445.5	772.1	197.6	71.3	142.8	33.2	135.4	25.6	67.6
1992	1731.6	881.6	237.0	95.9	164.7	39.3	176.8	41.1	95.3
1993	2194.0	1049.4	305.0	141.8	230.6	72.4	215.2	57.7	121.9
1994	3138.2	1496.8	420.7	184.5	301.9	184.6	316.6	82.1	151.0
1995	3885.6	1898.1	481.1	244.3	370.7	206.9	408.4	108.7	167.5
1996	4098.3	1986.6	507.1	267.8	334.1	210.6	460.9	149.8	181.4
1997	4317.2	1972.8	497.6	316.7	327.8	276.7	576.4	161.3	188.1
1998	4371.0	1907.6	458.4	411.2	332.2	255.8	642.7	183.9	179.2
1999	4800.0	1942.2	512.3	492.6	401.4	321.3	697.2	206.1	226.5
2000	5218.8	1943.7	495.2	576.7	544.5	395.6	753.8	270.2	239.1
2001	5546.2	1943.6	551.5	662.4	460.1	474.7	826.9	328.6	298.4
2002	5574.7	1985.9	577.7	581.9	420.4	596.0	883.6	343.7	185.6
2003	6082.6	2179.3	621.3	586.9	420.2	680.2	993.9	391.3	209.5
2004	6884.6	2479.6	689.5	640.7	388.2	881.9	1091.3	475.6	237.9
2005	7505.0	2689.4	790.7	771.5	451.0	801.3	1138.7	601.3	261.2
2006	8169.3	2850.9	868.2	871.7	513.6	965.1	1182.2	632.5	285.0
2007	8990.7	3243.9	1017.6	869.6	603.2	986.9	1285.2	668.5	315.8
2008	9945.5	3970.4	1090.7	960.8	674.8	971.1	1110.1	791.0	376.6
2009	10828.2	4174.6	1146.3	1074.7	798.4	1233.8	1207.7	784.7	408.1
2010	11825.3	4322.1	1277.5	1182.3	903.8	1541.4	1418.9	776.9	402.5
2011	13402.9	4943.9	1499.0	1292.6	940.8	1975.5	1526.1	790.8	434.3
2012	14609.0	5441.6	1624.6	1301.6	1034.3	2084.2	1737.6	918.4	466.7
2013	16867.3	5323.0	1387.9	3427.8	1108.3	2141.2	2016.4	1022.8	439.8
2014	18334.7	5596.0	1442.1	3567.6	1098.6	2462.1	2537.5	1209.8	421.0
2015	19501.4	6075.5	1638.1	3519.6	1202.6	2430.2	2934.1	1174.6	526.6
2016	21420.0	6407.7	1666.4	3918.7	1384.1	2837.1	3406.1	1362.6	437.4
2017	23162.6	6585.0	1682.4	4353.2	1492.6	2904.6	3972.9	1693.0	478.9
2018	25064.2	6848.9	1823.5	5060.9	1635.6	3220.3	3924.5	2034.4	516.0
2019	26924.0	7499.6	1843.7	5447.8	1660.4	3425.2	4172.2	2305.2	569.8
2020	26796.4	7807.1	1778.4	5465.5	1708.7	3722.5	3360.8	2350.5	602.8

注：1. 1992 年以前的数据，按现行的指标进行重新计算。
2. 2013 年起，居住消费中加入自有住房折算租金。
a. Data prior to 1992 are recalculated to current indicators.
b. Since 2013, Data on residence expenditure include converted rents of self-owned housing.

6–4 历年城镇居民可支配收入指数
Indices of Disposable Incomes of Urban Households

年份 Year	可支配收入（元/人） Disposable Income (Per Capita)	上年=100 (preceding year=100)		1978年=100 (year of 1978=100)	
		货币收入 Money Income	实际收入 Real Income	货币收入 Money Income	实际收入 Real Income
1978	323.9			100.0	100.0
1980	475.9			146.9	125.2
1985	760.8	117.0	104.6	234.9	161.8
1990	1591.5	106.0	105.4	491.4	194.5
1995	4699.2	121.0	102.5	1452.6	278.7
1999	5815.4	107.0	107.4	1795.2	312.2
2000	6218.7	106.9	105.5	1919.9	328.9
2001	6780.6	109.0	110.2	2092.7	362.6
2002	6958.6	109.8	110.2	2298.6	399.7
2003	7674.2	110.3	108.8	2534.9	434.7
2004	8617.5	112.3	107.9	2846.2	468.9
2005	9524.0	110.5	108.2	3145.6	507.6
2006	10504.7	110.3	108.6	3469.6	551.6
2007	12293.5	117.0	111.2	4059.4	613.2
2008	13821.2	112.4	106.2	4562.8	651.2
2009	15084.3	109.1	109.5	4978.0	713.1
2010	16565.7	109.8	106.5	5465.9	759.4
2011	18844.1	113.8	107.9	6220.2	819.4
2012	21318.8	113.1	110.7	7035.0	907.1
2013	24352.0	109.8	107.0	7724.4	970.6
2014	26570.2	109.1	106.9	8427.4	1037.6
2015	28838.1	108.5	106.9	9146.7	1109.2
2016	31283.9	108.5	106.5	9924.1	1181.3
2017	33947.9	108.5	106.8	10769.2	1261.6
2018	36698.3	108.1	106.1	11641.6	1338.6
2019	39841.9	108.6	105.6	12638.8	1413.7
2020	41697.5	104.7	102.6	13232.8	1450.4

注：1. 实际收入指数，指扣除价格上涨因素后的指数。

2. 1991 年及以前的可支配收入均系全部收入。

3. 2002 年起，可支配收入剔除了出售财物收入和个人交纳的社会保障支出；消费支出中，居住支出剔除了自有房屋折算金。

a. The real income is calculated without the factor of price increase.

b. Data on disposable income prior to 1991 refer to those on the total income.

c. Since 2002,Data on disposable income exclude income of selling property and individul expenditure for social security programs; Data on living expenditure exclude converted net rent from owner–occupied housing.

6-5 按户数五等份分组的城镇居民家庭人均收支(2020年)
Per Capita Income and Expenditure of Urban Households by Household Quintile (2020)

单位：元 (yuan)

项 目	Item	低收入户 Low Income Households	中低收入户 Lower Middle Income Households	中等收入户 Middle Income Households	中高收入户 Upper Middle Income Households	高收入户 High Income Households
可支配收入	**Disposable Income**	**15648.8**	**26943.9**	**37456.5**	**52126.5**	**93277.5**
工资性收入	Income of Wages and Salaries	8599.7	14818.9	21001.3	27999.0	48812.6
经营净收入	Net Business Income	1897.6	3229.7	3814.2	6347.0	18762.9
财产净收入	Net Income from Property	1326.1	2547.8	3880.8	5393.8	11732.1
转移净收入	Net Income from Transfer	3825.4	6347.6	8760.2	12386.8	13970.0
消费支出	**Consumption Expenditure**	**14464.3**	**19077.9**	**24599.3**	**32531.2**	**49149.6**

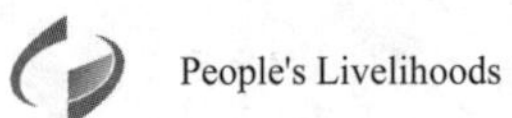

6–6 农村居民生活
Rural Households' Life

年份 Year	平均每人每年（元） Per Capita Per Year (yuan)					每一劳动力负担人数（人）	人均自有现住房面积（平方米）
	可支配收入 Disposable Income	指 数（1978年=100） Indices (year of 1978 = 100)	总支出 Total Expenditure	生活消费支出 Consumption Expenditure	#食品支出 Food	Supported by Per Employee (person)	Per Capita Self-owned Housing Area (sq.m)
1978	142.56		167.10	140.07	97.93	2.33	10.50
1980	219.72	147.6	236.13	192.95	127.70	2.09	11.15
1981	241.70	160.5	265.29	207.59	135.98	1.95	11.87
1982	284.40	186.5	323.22	248.69	164.02	2.00	12.89
1983	315.70	205.0	409.19	273.86	175.62	1.77	16.10
1984	348.20	221.9	441.76	293.19	190.96	1.74	16.77
1985	395.26	239.4	519.85	348.45	219.43	1.69	18.20
1986	439.70	255.9	568.00	386.35	228.96	1.68	19.25
1987	471.30	257.4	639.14	434.75	245.68	1.67	20.01
1988	515.35	244.8	730.06	480.75	266.89	1.65	20.48
1989	558.34	236.5	786.48	516.29	290.35	1.63	21.57
1990	664.23	229.4	930.23	608.73	390.73	1.65	22.27
1991	688.91	234.4	1008.06	655.54	412.63	1.69	22.58
1992	739.40	239.7	1116.06	707.79	442.56	1.67	23.12
1993	851.90	244.5	1306.48	816.56	498.95	1.63	24.56
1994	1155.00	257.0	1766.51	1088.73	665.72	1.60	24.23
1995	1425.16	270.4	2203.36	1367.30	823.91	1.60	25.57
1996	1792.30	292.8	2784.64	1736.71	1025.32	1.56	26.88
1997	2037.06	318.9	2853.42	1815.79	1078.00	1.56	27.37
1998	2064.85	326.6	2829.93	1889.18	1107.23	1.54	28.79
1999	2147.18	344.6	2772.35	1920.15	1122.96	1.52	29.88
2000	2197.2	361.1	2964.9	1942.9	1053.4	1.46	30.92
2001	2299.5	379.5	3030.1	1990.3	1053.2	1.45	32.87
2002	2397.9	398.5	3114.7	2068.7	1086.1	1.44	34.05
2003	2532.9	417.2	3184.3	2139.2	1111.3	1.42	35.09
2004	2837.8	450.6	3729.1	2472.3	1338.7	1.40	36.55
2005	3117.7	483.0	4289.5	2756.4	1433.0	1.40	38.38
2006	3389.8	519.7	4502.7	3013.1	1463.3	1.38	39.28
2007	3904.3	562.8	5009.9	3377.4	1675.2	1.37	40.18
2008	4512.5	607.8	5695.0	3805.0	1947.5	1.37	40.72
2009	4910.0	664.3	6024.2	4020.9	1967.5	1.36	41.69
2010	5622.0	737.1	6507.9	4310.4	2087.9	1.36	42.01
2011	6567.1	815.2	8480.5	5179.4	2343.1	1.35	46.62
2012	7440.2	909.0	9356.8	5870.1	2574.8	1.36	46.78
2013	9028.6	998.0	14349.5	7832.6	2708.9	1.51	52.93
2014	10060.2	1096.8	16612.3	9024.8	3095.2	1.50	54.2
2015	10992.5	1185.6	17387.2	9690.6	3188.9	1.50	57.3
2016	11930.4	1262.7	18231.3	10629.9	3370.7	1.68	60.6
2017	12935.8	1353.6	19309.0	11533.6	3521.2	1.71	63.5
2018	14092.5	1445.7	23632.9	12720.5	3713.9	1.83	63.6
2019	15394.8	1531.8	24603.3	13968.8	4024.9	1.87	63.9
2020	16584.6	1603.8	25198.1	14974.0	4635.9	1.95	65.3

注：从2013年开始收入指标改为可支配收入，收支口径有所变化。主要变化是参与平均的人口由家庭户籍人口改为家庭常住人口。居住面积也因人口口径变化而变化，指标名称由农村人均居住面积改为农村居民人均自有现住房面积。收入指数扣除价格因素影响。

Since 2013, the income index has been changed to disposable income, and the income and expenditure lines have changed. The main change is that the participating average population is changed from household registered population to permanent resident population. The living area also changed due to the change of population caliber, and the name of the indicator was changed from rural per capita living area to rural per capita self-owned housing area. The income index after deducting the price factor.

6-7 历年农村居民平均每人家庭收入及来源
Per Capita Annual Income of Rural Households by Source

单位：元 (yuan)

年份 Year	可支配收入 Disposable Income	工资性收入 Income of Wages and Salaries	经营净收入 Net Business Income	财产性收入 Net Income from Property	转移性收入 Net Income from Transfer
1978	142.56				
1979	177.12				
1980	219.72	104.21	88.51	26.99	
1981	243.17	110.52	102.49	30.17	
1982	284.39	132.32	124.55	27.52	
1983	315.67	50.10	236.04	29.53	
1984	348.20	52.99	266.45	28.76	
1985	395.26	53.81	326.23	15.22	
1986	439.66	59.18	364.40	16.08	
1987	471.30	74.85	379.53	16.92	
1988	515.35	86.53	409.52	19.31	
1989	558.34	99.88	436.21	22.25	
1990	664.23	85.11	557.10	22.03	
1991	688.91	94.16	570.76	23.99	
1992	739.42	114.01	601.11	24.30	
1993	851.87	135.85	685.85	30.17	
1994	1155.00	206.77	903.01	45.22	
1995	1425.16	268.00	1095.89	61.27	
1996	1792.25	352.07	1367.11	73.07	
1997	2037.06	459.97	1508.55	68.54	
1998	2064.85	613.10	1383.34	68.41	
1999	2147.18	695.62	1372.68	78.88	
2000	2197.2	789.7	1329.1	20.7	57.6
2001	2299.5	840.1	1371.1	23.2	65.1
2002	2397.9	914.3	1376.7	29.0	77.9
2003	2532.9	988.4	1427.2	32.3	85.0
2004	2837.8	1081.2	1614.6	41.9	100.1
2005	3117.7	1228.8	1713.4	42.1	133.6
2006	3389.8	1449.7	1743.5	42.5	154.2
2007	3904.3	1712.3	1963.9	39.9	188.1
2008	4512.5	1990.5	2196.6	57.1	268.3
2009	4910.0	2234.0	2257.3	81.2	337.5
2010	5622.0	2655.6	2463.9	101.6	400.9
2011	6567.1	3240.8	2725.2	112.2	488.9
2012	7440.2	3847.6	2903.2	112.8	576.6
2013	9028.6	3671.6	3255.5	130.7	1970.7
2014	10060.2	4088.1	3638.9	165.6	2167.5
2015	10992.5	4515.2	3911.7	174.1	2391.5
2016	11930.4	4946.2	4138.6	143.1	2702.5
2017	12935.8	5340.8	4368.9	148.2	3077.9
2018	14092.5	5769.3	4785.7	179.3	3358.2
2019	15394.8	6224.0	5268.3	208.8	3693.6
2020	16584.6	6569.6	5804.0	231.7	3979.3

6-8 历年农村居民生活消费分类支出
Consumption Expenditures of Rural Households

单位：元 (yuan)

年份 Year	消费性支出 Consumption Expenditure	食品烟酒 Food,Tobacco and Liquor	衣 着 Clothing	居 住 Residence	家庭设备用品及服务 Household Facilities, Articles and Services	交通和通讯 Transport and Communications	文教娱乐用品及服务 Education, Cultural and Recreation	医疗保健 Health Care and Medical Services	其他商品和服务 Miscellaneous Goods and Services
1978	140.07	97.93	14.29	18.15					
1980	192.85	127.91	20.46	27.29	3.05	0.51	7.54	3.15	2.94
1981	207.59	135.98	23.06	27.85					
1982	248.69	164.02	24.74	35.83					
1983	273.86	175.62	26.71	41.77	16.27	1.29	6.38	4.70	1.12
1984	293.19	191.19	28.81	41.51	16.15	1.62	7.03	5.53	1.33
1985	348.45	219.57	33.77	50.96	15.69	6.63	11.92	7.49	2.42
1986	386.35	229.13	36.47	66.81	23.92	2.65	16.08	8.33	2.96
1987	434.75	248.06	36.93	79.33	29.70	3.08	22.97	10.68	4.00
1988	480.75	269.77	38.69	88.38	33.00	3.86	31.52	11.61	3.92
1989	516.29	293.98	39.64	87.67	33.53	4.64	37.05	16.14	3.64
1990	608.73	390.73	37.29	82.75	28.62	8.83	39.18	18.29	3.04
1991	655.54	412.63	42.87	92.29	34.67	6.79	41.14	20.56	4.59
1992	707.29	442.56	43.51	98.80	35.92	8.23	52.59	22.69	3.49
1993	816.55	498.95	45.40	108.07	40.13	16.14	74.16	24.37	9.33
1994	1088.73	665.72	61.23	148.63	50.39	21.59	98.91	29.28	12.98
1995	1367.30	823.91	73.51	192.42	68.79	26.29	128.84	35.78	17.75
1996	1736.71	1025.32	96.04	229.74	84.74	38.70	176.96	58.66	26.55
1997	1821.13	1081.60	90.53	241.93	84.24	46.30	187.99	58.26	30.29
1998	1889.18	1107.23	91.45	251.73	85.69	45.90	206.60	61.69	38.88
1999	1920.15	1122.96	82.65	267.92	79.73	60.24	207.67	62.13	36.86
2000	1942.9	1053.4	89.8	251.9	78.1	99.4	222.5	82.2	65.7
2001	1990.3	1053.2	93.4	268.7	80.8	102.4	234.4	95.7	61.8
2002	2068.7	1086.1	97.9	271.3	84.8	118.6	248.6	102.8	58.7
2003	2139.2	1111.3	106.2	272.0	79.6	146.9	270.5	105.2	47.5
2004	2472.3	1338.7	112.4	293.2	92.4	174.5	280.0	124.1	57.1
2005	2756.4	1433.0	127.9	307.3	114.3	219.0	329.3	168.2	57.5
2006	3013.1	1463.3	137.7	420.8	129.8	249.6	341.7	196.5	73.6
2007	3377.4	1675.2	161.8	508.3	152.6	278.8	293.9	220.0	86.9
2008	3805.0	1947.5	169.1	629.8	171.1	286.0	278.7	244.2	78.7
2009	4020.9	1967.5	182.5	691.6	203.7	341.3	291.0	258.1	85.3
2010	4310.4	2087.9	209.9	719.2	243.9	343.8	315.9	293.6	96.2
2011	5179.4	2343.1	260.4	969.7	330.7	421.7	346.6	396.5	110.6
2012	5870.1	2574.8	318.0	1088.2	373.5	481.6	400.2	497.2	136.6
2013	7832.6	2708.9	403.1	1764.6	511.6	798.8	733.8	747.1	164.6
2014	9024.8	3095.2	468.0	1982.4	541.9	871.9	1112.1	771.4	181.9
2015	9690.6	3188.9	494.5	2191.0	604.7	920.2	1276.4	844.1	170.7
2016	10629.9	3370.7	508.3	2369.4	639.9	1083.1	1477.3	986.5	194.6
2017	11533.6	3521.2	527.2	2562.5	642.8	1234.5	1710.2	1171.8	163.4
2018	12720.5	3713.9	624.1	2920.6	756.8	1449.7	1678.6	1385.5	191.4
2019	13968.8	4024.9	674.9	3152.9	787.7	1642.9	1851.0	1614.5	220.1
2020	14974.0	4635.9	674.4	3367.0	853.0	1730.5	1783.8	1706.6	222.6

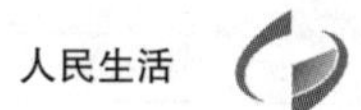

6–9 历年农村居民人均可支配收入指数
Indices of Disposable Incomes of Rural Residents

年份 Year	可支配收入（元/人） Disposable Income (yuan/person)	上年 =100 (preceding year=100)		1978 年 =100 (year of 1978 =100)		1990 年 =100 (year of 1990 =100)	
		货币收入 Money Income	实际收入 Real Income	货币收入 Money Income	实际收入 Real Income	货币收入 Money Income	实际收入 Real Income
1978	142.6			100.0	100.0		
1980	219.7	124.1	119.6	154.1	147.6		
1981	241.7	110.0	108.2	169.5	160.5		
1982	284.4	117.7	116.2	199.5	186.5		
1983	315.7	111.0	109.9	221.4	205.0		
1984	348.2	110.3	108.2	244.2	221.9		
1985	395.3	113.5	107.9	277.3	239.4		
1986	439.7	111.2	106.9	308.4	255.9		
1987	471.3	107.2	100.6	330.6	257.4		
1988	515.4	109.3	95.1	361.5	244.8		
1989	558.3	108.3	96.6	391.6	236.5		
1990	664.2	119.0	97.0	465.9	229.4	100.0	100.0
1991	688.9	103.7	102.2	483.2	234.4	103.7	102.2
1992	739.4	107.3	102.0	518.7	239.7	111.3	104.2
1993	851.9	115.2	102.0	597.6	244.5	128.2	106.1
1994	1155.0	135.6	105.1	810.2	257.0	173.9	111.6
1995	1425.2	123.4	105.2	999.7	270.4	214.6	117.4
1996	1792.3	125.8	108.3	1257.2	292.8	269.8	127.1
1997	2037.1	113.7	108.9	1428.9	318.9	306.7	138.5
1998	2064.9	101.4	102.4	1448.4	326.6	310.9	141.8
1999	2147.2	104.0	105.5	1506.3	344.6	323.3	149.6
2000	2197.2	102.3	104.8	1540.8	361.1	330.8	156.8
2001	2299.5	104.7	105.1	1613.2	379.5	346.2	164.8
2002	2397.9	104.3	105.0	1682.0	398.5	361.1	173.0
2003	2532.9	105.6	104.7	1776.2	417.2	381.3	181.1
2004	2837.8	112.0	108.0	1989.3	450.6	427.1	195.6
2005	3117.7	109.9	107.2	2186.2	483.0	469.4	209.7
2006	3389.7	108.7	107.6	2376.4	519.7	510.2	225.6
2007	3904.3	115.2	108.3	2737.6	562.8	587.8	244.3
2008	4512.5	115.6	108.0	3164.7	607.8	679.5	263.8
2009	4910.0	108.8	109.3	3443.2	664.3	739.3	288.3
2010	5622.0	114.5	111.0	3943.6	737.1	846.4	321.3
2011	6567.1	116.8	110.6	4606.1	815.2	988.6	355.4
2012	7440.2	113.3	111.5	5218.7	908.9	1120.1	396.3
2013	9028.6	112.5	109.8	6331.4	998.0	1359.3	435.1
2014	10060.2	111.4	109.9	7054.8	1096.8	1514.6	478.2
2015	10992.5	109.3	108.1	7708.6	1185.6	1655.0	516.9
2016	11930.4	108.5	106.5	8363.8	1262.7	1795.6	550.5
2017	12935.8	108.4	107.2	9066.4	1353.6	1946.5	590.1
2018	14092.5	108.9	106.8	9873.3	1445.7	2119.7	630.3
2019	15394.8	109.2	106.0	10781.7	1532.4	2314.7	668.1
2020	16584.6	107.7	104.7	11611.9	1604.4	2493.0	699.5

注：2012 年及以前为纯收入。
Data prior to 2012 refer to net income.

6-10 按户数五等份分组的农村居民人均收支(2020年)
Per Capita Income and Expenditure of Rural Households by Household Quintile (2020)

单位：元 (yuan)

项 目	Item	低收入户 Low Income Households	中低收入户 Lower Middle Income Households	中等收入户 Middle Income Households	中高收入户 Upper Middle Income Households	高收入户 High Income Households
可支配收入	**Disposable Income**	**5133.1**	**10936.3**	**15368.6**	**20486.9**	**38352.8**
工资性收入	Income of Wages and Salaries	2253.8	4722.0	7631.1	9443.3	11797.0
经营净收入	Net Business Income	711.2	2573.9	3478.0	6412.6	20135.3
财产净收入	Net Income from Property	59.6	125.0	196.9	221.4	675.5
转移净收入	Net Income from Transfer	2108.6	3515.4	4062.6	4409.5	5744.9
消费支出	**Consumption Expenditure**	**10742.6**	**12895.0**	**14244.4**	**17364.6**	**22358.8**

主要统计指标解释

从2012年四季度起，国家统计局对分别进行的城乡住户调查实施了一体化改革，规范了城乡划分范围，统一了城乡居民收入指标名称、分类和统计标准，建立了城乡统一的一体化住户调查，并据此采集全国居民有关数据。1978–2012年的数据，根据国家统计局城镇住户调查和农村住户调查的历史数据，按照住户收支与生活状况调查可比口径推算得到。

一、居民可支配收入

居民可支配收入指居民可用于最终消费支出和储蓄的总和，即居民可用于自由支配的收入。既包括现金收入，也包括实物收入。按照收入的来源，可支配收入包含四项，分别为：工资性收入、经营净收入、财产净收入和转移净收入。

工资性收入 指就业人员通过各种途径得到的全部劳动报酬和各种福利，包括受雇于单位或个人、从事各种自由职业、兼职和零星劳动得到的全部劳动报酬和福利。

经营净收入 指住户或住户成员从事生产经营活动所获得的净收入，是全部经营收入中扣除经营费用、生产性固定资产折旧和生产税之后得到的净收入。计算公式为：

经营净收入 = 经营收入 − 经营费用 − 生产性固定资产折旧 − 生产税

财产净收入 指住户或住户成员将其所拥有的金融资产、住房等非金融资产和自然资源交由其他机构单位、住户或个人支配而获得的回报并扣除相关的费用之后得到的净收入。财产净收入包括利息净收入、红利收入、储蓄性保险净收益、转让承包土地经营权租金净收入、出租房屋净收入、出租其他资产净收入和自有住房折算净租金等。财产净收入不包括转让资产所有权的溢价所得。

转移净收入 计算公式为：转移净收入 = 转移性收入 − 转移性支出

转移性收入 指国家、单位、社会团体对住户的各种经常性转移支付和住户之间的经常性收入转移。包括养老金或退休金、社会救济和补助、政策性生产补贴、政策性生活补贴、救灾款、经常性捐赠和赔偿、报销医疗费、住户之间的赡养收入，本住户非常住成员寄回带回的收入等。转移性收入不包括住户之间的实物馈赠。

转移性支出 指调查户对国家、单位、住户或个人的经常性或义务性转移支付。包括缴纳的税款、各项社会保障支出、赡养支出、经常性捐赠和赔偿支出以及其他经常转移支出等。

根据住户收支与生活状况调查，分城镇和农村的居民人均可支配收入等数据的覆盖人群主要变化：一是计算城镇居民人均可支配收入时分母包括了在城镇地区常住的农民工，计算农村居民人均可支配收入时分母不包括在城镇地区常住的农民工；二是由本户供养的在外大学生视为常住人口。

二、居民消费支出

居民消费支出是指居民用于满足家庭日常生活消费需要的全部支出，既包括现金消费支出，也包括实物消费支出。消费支出可划分为食品烟酒、衣着、居住、生活用品及服务、交通通信、教育文化娱乐、医疗保健以及其他用品及服务八大类。

食品烟酒 指用于各种食品和烟草、酒类的支出。

衣着 指与居民穿着有关的支出，包括服装、服装材料、鞋类、其他衣类及配件、衣着相关加工服务的支出。

居住 指与居住有关的支出，包括房租、水、电、燃料、物业管理等方面的支出，也包括自有住房折算租金。

生活用品及服务 指家庭及个人的各类生活品及家庭服务。包括家具及室内装饰品、家用器具、家用纺织品、家庭日用杂品、个人用品和家庭服务。

交通通信 指用于交通和通信工具及相关的各种服务费、维修费和车辆保险等支出。

教育文化娱乐 指用于教育、文化和娱乐方面的支出。

医疗保健 指用于医疗和保健的药品、用品和服务的总费用。包括医疗器具及药品，以及医疗服务。

其他用品及服务 指无法直接归入上述各类支出的其他用品与服务支出。

服务性消费 指住户用于各种生活服务的消费支出，包括餐饮服务、衣着鞋类加工服务、居住服务、家庭服务、交通通信服务、教育文化娱乐服务、医疗服务和其他服务等。

Explanatory Notes on Main Statistical Indicators

In the fourth quarter of 2012, the NBS launched its reform on the household survey programme, to develop an integrated survey, instead of two separate urban and rural household surveys. The reform aims at regulating the division of urban and rural areas, integrating the concepts, classifications and standards, implementing the integrated household survey, and collecting household data in the whole country thereafter. Data from 1978 to 2012 are estimated based on the historical data of Urban Household Survey and Rural Household Survey according to the comparable definition and coverage of main income and consumption indicators of Household Survey on Income and Expenditure and Living Conditions.

I. Disposable Income of Residents

Disposable Income of Residents refers to the income of residents for purpose of final expenditure and savings. It includes income both in cash and in kind. By sources of income, disposable income includes four categories: income from wages and salaries, net business income, net income from properties and net income from transfer.

Income from Wages and Salaries refers to remuneration and benefits of all kinds of employed person, including those employed by other units or individuals, freelance workers, part-time jobs, and sporadic workers.

Net Business Incomes refers to net income earned by households and their members engaged in production and business activities. It refers to the net income of operating revenue minus operating costs, depreciation of productive fixed assets, and production tax. The formula is:

Net business income = operating revenue-operating costs -depreciation of productive fixed assets-production tax

Net Income from Properties refers to the net income received as returns by households or members through lending of their financial assets, non-financial assets such as housing, to other institutions, households or individuals, minus relevant costs. Net income from properties includes net income of interest, bonus income, net income of saving insurance, net income from transferring management right of contract land, income from lending of housing, income from lending other assets, net converted rents of self-owned housing. Net income from properties do not include premium of transferring ownership of assets.

Net Income from Transfer The formula is:

Net income from transfer = income from transfer - expenditure from transfer

Income from Transfer refers to the regular transfer received from governments, institutions, social organizations to households and between households. It includes old-age and retirement pension, disaster relief funds, regular donation and compensation, reimbursement of medical fees, supporting income between households, income from non-resident members of households, etc. Income from transfer do not include gifts in kinds between households.

Expenditure from Transfer refers to regular or obligatory transfer paid to government, institutions, households or individuals. It includes tax payment, expenditure on all kinds of social security, supporting expenditure, regular donation, compensation payment and other regular transfer expenditure.

According to Household Survey on Income and Expenditure and Living Conditions, main changes of population coverage of per capita disposable income of urban and rural residents includes: migrant workers residing in urban areas are included in the denominator when calculating per capita disposable income of urban residents, and not included in denominator when calculating per capita disposable income of rural residents; students studying in universities or colleges in other places who are supported by the households are regarded as permanent residents of the households.

II. Consumption Expenditure of Residents

Consumption Expenditure of Residents refers to all expenditure of residents for living expenditure to satisfy family daily living. It includes expenditure in cash and in kind. It includes eight categories: food, tobacco and liquor; clothing and footwear; housing; household equipments, furnishings and services; transport and communications; education, culture and recreation; health care and medical services, and miscellaneous goods and services.

Food, Tobacco and Liquor refers to expenditure for food, tobacco and liquor of all kinds.

Clothing and Footwear refers to expenditure related to clothing, including clothes, clothing materials, footwear, other clothing and accessories, processing services related to clothing.

Housing refers to expenditure related to housing, including rents, water, electricity, fuel, property management, as well as imputed rent on owner-occupied dwellings.

Household Equipments, Furnishings and Services refers to expenditure of households and individuals on equipments, furnishings and articles for living purpose and on household services. It includes furniture and interior decoration, home appliances, home textiles, household miscellaneous daily articles, personal articles, and household services.

Transport and Communications refers to expenditure on transport and communication and related services, maintenance and repairs, and vehicle insurance.

Education, Culture and Recreation refers to expenditure on educational, cultural and recreational activities.

Health Care and Medical Services refers to expenditure on drugs, supplies and services of medical and health care. It includes medical appliances and drugs, and medical services.

Miscellaneous Goods and Services refers to expenditure on all other articles and services that can not classified into the above categories.

Service Consumption refers to consumption expenditure of households for various living services, including catering services, clothing and footwear processing services, housing services, household services, transportation and communication services, education, culture and entertainment services, medical services and other services.

07 固定资产投资

Investment in Fixed Assets

资料整理人员：田杰平

7-1 固定资产投资及构成
Composition of Investments in Fixed Assets

单位：亿元 (100 million yuan)

年份 Year	固定资产投资 Investment in Fixed Assets	中 央 Central Investment	固定资产投资增速（%） Fixed asset investment growth (%)	国有投资 Stateowned Investment	非国有投资 Non-Stateowned Investment
1978	20.15			14.71	5.44
1979	25.29			17.56	7.73
1980	32.20			20.32	11.88
1981	33.45			18.67	14.78
1982	40.18			25.34	14.84
1983	55.66			25.06	30.60
1984	60.54			29.39	31.15
1985	83.52			43.86	39.66
1986	99.26			50.40	48.86
1987	116.39			60.98	55.41
1988	140.04			72.97	67.07
1989	114.41			62.94	51.47
1990	124.17			72.01	52.16
1991	157.07			94.85	62.22
1992	233.39			149.72	83.67
1993	320.24			203.17	117.07
1994	420.89			251.21	169.68
1995	524.01			316.90	207.11
1996	678.33			375.27	303.06
1997	700.73			366.24	334.49
1998	848.59			457.00	391.59
1999	943.34			522.95	420.39
2000	1066.27	248.26		574.12	492.15
2001	1210.63	225.54		618.54	592.09
2002	1355.87	166.88		665.70	690.17
2003	1557.00	114.09		701.33	855.67
2004	1981.29	150.68		879.95	1101.34
2005	2563.96	175.48		1000.96	1563.00
2006	3242.39	255.23		1205.49	2036.90
2007	4294.36	354.63		1546.59	2747.76
2008	5649.69	457.13		1985.68	3664.01
2009	7695.27	288.58		2923.52	4771.75
2010	9821.06	281.61		3322.32	6498.75
2011	11431.48	353.67	27.9	3563.13	7868.35
2012	14576.61	435.37	27.5	4580.72	9995.89
2013	18381.44	334.14	26.1	5574.42	12807.02
2014	21950.77	460.48	19.4	6393.07	15557.70
2015	25954.27	492.75	18.2	7829.93	18124.34
2016	27688.45	443.50	13.8	9253.52	18434.93
2017	31328.08	417.48	13.1	10395.04	20933.04
2018			10.0		
2019			10.1		
2020			7.6		

注：从2011年起，固定资产投资起报点由50万元提高到500万元，全社会固定资产投资指标调整为固定资产投资。

From 2011, the starting point of reporting Investment in Fixed Assets increased from five hundred thousand yuan to five million yuan. The Index of "Total Investment in Fixed Assets" adjusted to the "Investment in Fixed Assets".

7-2 固定资产投资
Investment in Fixed Assets

指　标	Item	2000	2010	2020年比上年±% Increase Rate in 2020 over 2019 (%)
投资总额　（亿元）	**Total Investment (100 million yuan)**	**1066.27**	**9821.06**	**7.6**
按经济类型分	**Grouped by Ownership**			
国有经济	State-owned Units	574.12	3322.32	7.3
集体经济	Collective-owned Units	118.80	379.00	-59.0
个体经济	Individuals	281.89	2672.61	5.3
联营经济	Joint Owned Economic Units	1.36	19.74	-30.0
股份制经济	Share Holding Economic Units	49.80	2740.15	19.2
外商投资经济	Foreign Funded Economic Units	24.72	97.05	-17.2
港澳台投资经济	Economy With Funded From H.K,Macao and Taiwan	13.69	111.82	1.4
其他经济	Others	1.91	478.37	-16.6
按资金来源分	**Grouped by Source of Funds**			
国家预算内投资	State Budgetary Appropriation	76.49	652.68	58.3
国内贷款	Domestic Loans	213.41	1227.99	13.9
债券	Bonds	2.34	20.94	96.5
利用外资	Foreign Investment	22.01	75.20	9.6
自筹投资	Fundraising	623.37	6637.69	39.9
其他资金	Others	128.65	1206.57	-187.3
按构成分	**Grouped by Use of Funds**			
建筑安装工程	Construction and Installation	759.94	6320.16	10.8
设备、工器具购置	Purchase of Equipment and Instruments	198.68	1807.17	-8.0
其他费用	Others	107.65	1693.73	1.5
按隶属关系分	**Grouped by Administrative Relationship**			
中央	Central	248.26	283.20	53.0
地方	Local	818.02	9537.87	6.4
按用途分：住宅	**Grouped by Industry: Residential Buildings**	**297.00**	**1377.33**	**28.6**

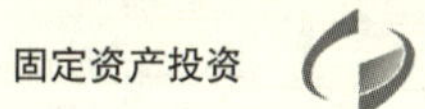

7-3　按经济类型分固定资产投资构成（2020年）
Investments in Fixed Assets Composition by Economic Type (2020)

单位：%　　(%)

类　别	Item	投资额占比 Investment Proportion
按资金来源分	**Grouped by Source of Funds**	
#国家预算内投资	#State Budgetary Appropriation	4.1
国内贷款	Domestic Loans	8.0
债券	Bonds	0.7
利用外资	Foreign Investment	0.2
自筹投资	Fundraising	66.0
其他资金	Others	21.1
按构成分	**Grouped by Use of Funds**	
#建安工程	#Construction and Installation	80.6
设备、工具、器具购置	Purchase of Equipment and Instruments	10.2
其他费用	Others	9.2
按用途分：住宅	**Grouped by Industry:Residential Buildings**	**15.2**

注：其他含联营经济、股份制经济、中外合资经营、中外合作经营、外资、与大陆合资经营、与大陆合作经营、港澳台独资等经济。

Other types of ownership refer to the types of ownership of joint-owned economic units, share holding economic units, economic units funded by Chinese and foreign ventures, Chinese-foreign joint ventures, foreign-funded economic units, and the economic units funded by enterpriser from Hong Kong, Macao and Taiwan.

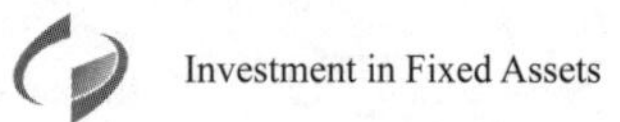

7-4 按行业分固定资产投资
Investment of Fixed Assets by Sector

指 标	Item	2018	2019	2020	2020年比上年 ±% Increase Rate in 2020 over 2019 (%)
总计 （亿元）	**Total (100 million yuan)**				**7.6**
农、林、牧、渔业	Agriculture,Forestry,Farming of Animals and Fishing				-8.1
采矿业	Mining				-2.8
制造业	Manufacturing				8.1
电力、热力、燃气及水生产和供应业	Production and Supply of Electricity,Heat,Gas and Water				44.0
建筑业	Construction				30.9
批发和零售业	Wholesale and Retail Trades				-17.8
交通运输、仓储和邮政业	Transport, Storage and Post				3.4
住宿和餐饮业	Hotels and Catering Services				-17.9
信息传输、软件和信息技术服务业	Information Transmission, Software and Information Technology				-7.8
金融业	Finance				-45.3
房地产业	Real Estate Trade				7.9
租赁和商务服务业	Tenancy and Business Services				35.4
科学研究和技术服务业	Scientific Research and Technical Services				16.0
水利、环境和公共设施管理业	Management of Water Conservancy,Environment and Public Establishment				6.1
居民服务、修理和其他服务业	Services to Households,Repair and Other Services				4.0
教育	Education				11.6
卫生和社会工作	Health and Social Welfare				19.8
文化、体育和娱乐业	Culture,Sports and Entertainment				-8.1
公共管理、社会保障和社会组织	Public Management,Social Security and Social Organization				-11.6
构成 （%）	**Composition in Percentage (%)**				
农、林、牧、渔业	Agriculture,Forestry,Farming of Animals and Fishing	4.1	5.0	4.3	
采矿业	Mining	0.9	0.9	0.8	
制造业	Manufacturing	28.5	30.6	30.7	
电力、热力、燃气及水生产和供应业	Production and Supply of Electricity,Heat,Gas and Water	3.4	3.5	4.6	
建筑业	Construction	1.2	0.1	0.2	
批发和零售业	Wholesale and Retail Trades	2.3	1.7	1.3	
交通运输、仓储和邮政业	Transport, Storage and Post	7.6	7.1	6.9	
住宿和餐饮业	Hotels and Catering Services	0.9	0.8	0.6	
信息传输、软件和信息技术服务业	Information Transmission, Software and Information Technology	0.9	1.3	1.1	
金融业	Finance	0.2	0.1	0.1	
房地产业	Real Estate Trade	20.9	20.7	20.8	
租赁和商务服务业	Tenancy and Business Services	3.1	3.4	4.3	
科学研究和技术服务业	Scientific Research and Technical Services	1.7	1.9	2.1	
水利、环境和公共设施管理业	Management of Water Conservancy,Environment and Public Establishment	16.3	14.2	14.0	
居民服务、修理和其他服务业	Services to Households,Repair and Other Services	0.4	0.3	0.3	
教育	Education	2.4	2.7	2.8	
卫生和社会工作	Health and Social Welfare	1.8	1.7	1.9	
文化、体育和娱乐业	Culture,Sports and Entertainment	2.5	2.9	2.5	
公共管理、社会保障和社会组织	Public Management,Social Security and Social Organization	1.0	0.8	0.7	

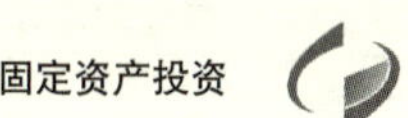

7-5 按行业分固定资产投资额占比(2020年)

The Proportion of Investment in Fixed Assets by Sector (2020)

单位：%　　　　(%)

指　标	Item	投资额占比 Investment Proportion
总计	**Total**	**100.0**
农、林、牧、渔业	**Agriculture, Forestry, Animal Husbandry and Fishing**	**4.3**
农业	Agriculture	1.6
林业	Forestry	0.1
畜牧业	Animal Husbandry	1.4
渔业	Fishing	0.2
农、林、牧、渔服务业	Service Activities for Agriculture, Forestry, Animal Husbandry	0.8
采矿业	**Mining**	**0.8**
煤炭开采和洗选业	Mining and Washing of Coal	0.1
石油和天然气开采业	Extraction of Petroleum and Natural Gas	
黑色金属矿采选业	Mining and Processing of Ferrous Metal Ores	
有色金属矿采选业	Mining and Processing of Non-ferrous Metal Ores	0.2
非金属矿采选业	Mining and Processing of Non-metal Ores	0.5
开采专业及辅助性活动	Professional and Support Activities for Mining	
其他采矿业	Mining of Other Ores	
制造业	**Manufacturing**	**30.7**
农副食品加工业	Processing of Food from Agricultural Products	2.4
食品制造业	Manufacture of Foods	0.9
酒、饮料和精制茶制造业	Wine, Soft Drinks and Refined Tea Industry	0.6
烟草制品业	Manufacture of Tobacco	0.1
纺织业	Manufacture of Textile	0.3
纺织服装、鞋、帽制造业	Manufacture of Textile Wearing Apparel, Footware, and Caps	0.5
皮革毛皮羽毛(绒)及其制品业	Manufacture of Leather, Fur, Feather and Related Products	0.6
木材加工及木竹藤棕草制品业	Processing of Timber, Manufacture of Wood, Bamboo, Rattan, Palm, and Straw Products	0.4
家具制造业	Manufacture of Furniture	0.5
造纸及纸制品业	Manufacture of Paper and Paper Products	0.4
印刷业和记录媒介的复制	Printing,Reproduction of Recording Media	0.3
文教体育用品制造业	Manufacture of Articles For Culture, Education and Sport Activity	0.4
石油加工、炼焦及核燃料加工业	Processing of Petroleum, Coking, Processing of Nuclear Fuel	0.2
化学原料及化学制品制造业	Manufacture of Raw Chemical Materials and Chemical Products	1.6
医药制造业	Manufacture of Medicines	1.2
化学纤维制造业	Manufacture of Chemical Fibers	0.0
橡胶和塑料制品业	Rubber and Plastic Products Industry	0.7
非金属矿物制品业	Manufacture of Non-metallic Mineral Products	3.0
黑色金属冶炼及压延加工业	Smelting and Pressing of Ferrous Metals	0.5
有色金属冶炼及压延加工业	Smelting and Pressing of Non-ferrous Metals	0.9
金属制品业	Manufacture of Metal Products	1.4
通用设备制造业	Manufacture of General Purpose Machinery	2.1
专用设备制造业	Manufacture of Special Purpose Machinery	2.9
汽车制造业	Automotive Manufacturing	1.3
铁路、船舶、航空航天和其他运输设备制造业	Railroad, Marine, Aerospace and Other Transportation Equipment Manufacturing	0.4
电气机械及器材制造业	Manufacture of Electrical Machinery and Equipment	1.9
通信设备、计算机及其他电子设备制造业	Manufacture of Communication Equipment, Computers and Other Electronic Equipment	3.9
仪器仪表制造业	Instrument Manufacturing	0.6
其他制造业	Other Manufacture	0.5
废弃资源综合利用业	Utilization of Waste Resources	0.4
金属制品、机械和设备修理业	Metal Products, Machinery and Equipment Repair Industry	
电力、热力、燃气及水生产和供应业	**Production and Supply of Electricity,Heat,Gas and Water**	**4.6**
电力、热力的生产和供应业	Production and Distribution of Electric Power and Heat Power	2.5
燃气生产和供应业	Production and Distribution of Gas	0.4
水的生产和供应业	Production and Distribution of Water	1.8
建筑业	**Construction**	**0.2**
房屋建筑业	Housing Construction	
土木工程建筑业	Civil Engineering Construction	0.1
建筑安装业	Building Installation	
建筑装饰和其他建筑业	Architectural Decoration and Other Construction	

7-5 续表 Continued

单位：% (%)

指 标	Item	投资额占比 Investment Proportion
批发和零售业	**Wholesale and Retail Trades**	**1.3**
批发业	Wholesale Trade	0.6
零售业	Retail Trade	0.7
交通运输、仓储和邮政业	**Transport, Storage and Post**	**6.9**
铁路运输业	Railway Transport	0.9
道路运输业	Road Transport	3.8
水上运输业	Water Transport	0.1
航空运输业	Air Transport	0.1
管道运输业	Transport Via Pipelines	
装卸搬运和其他运输服务业	Loading, Unloading and Other Transport Services	0.5
仓储业	Storage	1.4
邮政业	Post	0.1
住宿和餐饮业	**Hotels and Catering Services**	**0.6**
住宿业	Hotels	0.5
餐饮业	Restaurants	0.1
信息传输、软件和信息技术服务业	**Information Transmission,Software and Information Technology**	**1.1**
电信、广播电视和卫星传输服务	Telecommunications, Radio and Television and Satellite Transmission Services	0.4
互联网和相关服务	Internet and Related Services	0.4
软件和信息技术服务业	Software and IT Services	0.3
金融业	**Financial Intermediation**	**0.1**
货币金融服务	Monetary and Financial Services	0.1
资本市场服务	Capital Market Services	
保险业	Insurance	
其他金融业	Other Financial Activities	
房地产业	**Real Estate**	**20.8**
租赁和商务服务业	**Leasing and Business Services**	**4.3**
租赁业	Leasing	0.1
商务服务业	Business Services	4.2
科学研究和技术服务业	**Scientific Research and Technical Services**	**2.1**
研究与试验发展	Research and Experimental Development	0.4
专业技术服务业	Professional Technical Services	0.4
科技交流和推广服务业	Services of Science and Technology Exchanges and Promotion	1.3
水利、环境和公共设施管理业	**Management of Water Conservancy, Environment and Public Facilities**	**14.0**
水利管理业	Management of Water Conservancy	1.0
环境管理业	Environmental Management	2.9
公共设施管理业	Management of Public Facilities	10.1
土地管理业	Land Management Industry	0.1
居民服务、修理和其他服务业	**Services to Households,Repair and Other Services**	**0.3**
居民服务业	Services to Households	0.2
机动车、电子产品和日用产品修理业	Motor Vehicles, Electronics and Household Goods Repair Industry	0.1
其他服务业	Other Services	
教育	**Education**	**2.8**
卫生和社会工作	**Health and Social Welfare**	**1.9**
卫生	Health	1.3
社会工作	Social Work	0.6
文化、体育和娱乐业	**Culture, Sports and Entertainment**	**2.5**
新闻出版业	Journalism and Publishing Activities	
广播、电视、电影和影视录音制作业	Radio, Television, Film and Video Production Industry Recordings	0.2
文化艺术业	Cultural and Art Activities	0.6
体育	Sports Activities	0.3
娱乐业	Entertainment	1.4
公共管理、社会保障和社会组织	**Public Management,Social Security and Social Organization**	**0.7**
中国共产党机关	Organs of Communist Party of China	
国家机构	Government Agencies	0.6
人民政协和民主党派	People's Political Consultative Conference and Democratic Parties	
社会保障	Social Security	
群众团体、社会团体和宗教组织	Mass Organizations, Social Organizations and Religious Organizations	
基层群众自治组织	Grass-roots Mass Self-government Organizations	

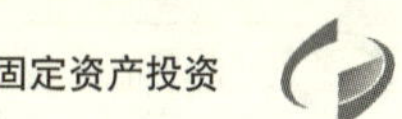

7-6 固定资产投资项目个数、项目投产率(2020年)

Number of Fixed Assets Investment Projects, Project Production Rate (2020)

行 业	Sector	施工项目（个）Construction Projects (unit)	全部建成投产项目（个）Projects Completed and Put Into Uses (unit)	项目建成投产率（%）Rate of Project Completed and Put Into Uses (%)
总计	**Total**	**31645**	**18033**	**57.0**
按行业分	**By Sector**			
农、林、牧、渔业	Agriculture,Forestry,Farming of Animals and Fishing	3381	2117	62.6
采矿业	Mining	474	294	62.0
制造业	Manufacturing	11946	7058	59.1
电力、热力、燃气及水生产和供应业	Production and Supply of Electricity,Heat,Gas and Water	1201	652	54.3
建筑业	Construction	54	34	63.0
批发和零售业	Wholesale and Retail Trades	803	447	55.7
交通运输、仓储和邮政业	Transport, Storage and Post	1551	825	53.2
住宿和餐饮业	Hotels and Catering Services	363	197	54.3
信息传输、软件和信息技术服务业	Information Transmission,Software and Information Technology	305	173	56.7
金融业	Finance	49	22	44.9
房地产业	Real Estate Trade	864	464	53.7
租赁和商务服务业	Tenancy and Business Services	867	467	53.9
科学研究和技术服务业	Scientific Research and Technical Services	777	426	54.8
水利、环境和公共设施管理业	Management of Water Conservancy, Environment and Public Establishment	5323	2794	52.5
居民服务、修理和其他服务业	Services to Households,Repair and Other Services	168	99	58.9
教育	Education	1384	805	58.2
卫生和社会工作业	Health and Social Welfare	793	453	57.1
文化、体育和娱乐业	Culture,Sports and Entertainment	901	492	54.6
公共管理、社会保障和社会组织	Public Administration, Social Security and Social Organization	441	214	48.5

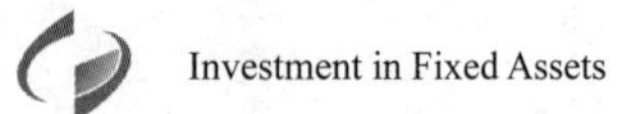

7-7 国有经济固定资产投资及构成
Investment in Fixed Assets and Its Composition of State-owned Units

年份 Year	固定资产投资总额 Total Invest-ment in Fixed Assets	新建 New Construction	扩建 Expansion	改建和技术改造 Re-construction	新增固定资产 Newly Increased Fixed Assets	新建 New Construction	扩建 Expansion	改建和技术改造 Re-construction
绝对数(亿元)	**Absolute Figure (100 million yuan)**							
1978	14.71	9.53	3.25	1.93	10.56			
1980	20.32	9.26	6.80	4.04	15.24			
1985	43.86	12.78	5.23	19.04	30.66			
1990	72.01	16.76	31.64	18.78	47.27			
1995	316.90	103.85	107.46	58.83	202.81			
1996	375.27	111.67	132.65	81.62	269.99			
1997	366.34	113.10	115.35	80.96	269.20			
1998	457.00	153.36	137.95	98.20	290.91			
1999	522.95	207.96	191.31	97.60	348.43			
2000	574.12	177.16	186.39	132.98	388.40			
2001	618.54	229.62	198.75	128.41	349.76			
2002	665.70	261.48	207.49	129.69	489.89			
2003	701.33	344.15	158.87	138.55	465.20			
2004	879.95	443.39	202.39	163.27	421.20	148.15	128.32	98.27
2005	1000.96	483.07	213.80	227.20	562.40	269.85	124.09	116.92
2006	1205.49	657.92	212.01	263.65	695.17	237.32	206.85	209.43
2007	1546.59	804.90	293.32	331.67	585.50	217.92	189.98	132.96
2008	1985.68	1032.23	320.92	466.39	692.67	259.35	158.31	220.04
2009	2923.52	1647.32	448.59	667.71	1174.41	511.83	246.71	363.07
2010	3322.32	2012.73	514.70	709.45	1335.38	599.05	270.05	429.26
2011	3563.13	2148.15	451.61	805.07	1633.03	838.62	302.89	417.01
2012	4580.72	2722.13	553.30	1134.54	2561.10	1231.53	410.65	800.14
2013	5574.42	3329.97	718.98	1287.07	3377.07	1747.12	550.60	927.00
2014	6393.07	4161.49	798.22	1252.00	4027.68	2471.96	551.44	897.46
2015	7829.93	5052.12	1169.97	1420.23	5508.18	3446.11	852.02	1101.33
2016	9253.52	7021.29	902.47	1058.36	4928.47	3558.18	529.68	697.97
2017	10395.04	7998.08	1058.10	1045.23	6639.39	4989.55	763.40	757.36
2018								
2019								
2020								

注：因投资统计方法制度改革，2018 年开始，计划总投资 5000 万元以下项目投资表取消了新增固定资产这一指标。

Due to the reform of the investment statistics method and system, starting from 2018, the index of newly added fixed assets has been removed from the investment table of projects with a total planned investment of less than 50 million yuan.

7-7 续表 Continued

年份 Year	固定资产投资总额 Total Invest-ment in Fixed Assets	新 建 New Construction	扩 建 Expansion	改建和技术改造 Re-construction	新 增固定资产 Newly Increased Fixed Assets	新 建 New Construction	扩 建 Expansion	改建和技术改造 Re-construction
构成（%）	**Composition in Percentage (%)**							
1978	100.0	64.8	22.1	13.1	100.0			
1980	100.0	45.6	33.5	19.9	100.0			
1985	100.0	29.1	11.9	43.4	100.0			
1990	100.0	23.3	43.9	26.1	100.0			
1995	100.0	32.8	33.9	18.6	100.0			
1996	100.0	29.8	35.3	21.7	100.0			
1997	100.0	30.9	31.5	22.1	100.0			
1998	100.0	33.6	30.2	21.5	100.0			
1999	100.0	39.8	36.6	18.7	100.0			
2000	100.0	30.9	32.5	23.2	100.0			
2001	100.0	37.1	32.1	20.8	100.0			
2002	100.0	39.3	31.2	19.5	100.0			
2003	100.0	49.1	22.7	19.8	100.0			
2004	100.0	50.4	23.0	18.6	100.0	35.2	30.5	23.3
2005	100.0	48.3	21.4	22.7	100.0	48.0	22.1	20.8
2006	100.0	54.6	17.6	21.9	100.0	34.1	29.8	30.1
2007	100.0	52.0	19.0	21.4	100.0	37.2	32.4	22.7
2008	100.0	52.0	16.2	23.5	100.0	37.4	22.9	31.8
2009	100.0	56.3	15.3	22.8	100.0	43.6	21.0	30.9
2010	100.0	60.6	15.5	21.4	100.0	44.9	20.2	32.1
2011	100.0	60.3	12.7	22.6	100.0	51.4	18.5	25.5
2012	100.0	59.4	12.1	24.8	100.0	48.1	16.0	31.2
2013	100.0	59.7	12.9	23.1	100.0	51.7	16.3	27.4
2014	100.0	65.1	12.5	19.6	100.0	61.4	13.7	22.3
2015	100.0	64.5	14.9	18.1	100.0	62.6	15.5	20.0
2016	100.0	75.9	9.8	11.4	100.0	72.2	10.7	14.2
2017	100.0	76.9	10.2	10.1	100.0	75.2	11.5	11.4
2018	100.0	59.9	7.8	9.9				
2019	100.0	78.6	6.5	11.1				
2020	100.0	55.2	7.1	19.1				

7-8 国有经济各种分组的固定资产投资占比(2020年)
The Proportion of Investment in Fixed Assets in Various Groups of State-owned Units (2020)

单位：% (%)

指 标	Item	投资额占比 Investment Proportion
按构成分	**Grouped by Use of Funds**	
建筑安装工程	Construction and Installation	87.7
设备、工具、器具购置	Purchase of Equipment and Instruments	4.9
其他费用	Others	7.4
按建设性质分	**Grouped by Type of Construction**	
新建	New Construction	80.2
扩建	Expansion	5.4
改建	Reconstruction	11.1
按行业分	**Grouped by Sector**	
农、林、牧、渔业	Agriculture,Forestry, Farming of Animals and Fishing	2.9
采矿业	Mining	0.2
制造业	Manufacturing	8.8
电力、热力、燃气及水生产和供应业	Production and Supply of Electricity,Heat,Gas and Water	9.3
建筑业	Construction	0.3
批发和零售业	Wholesale and Retail Trades	0.4
交通运输、仓储和邮政业	Transport, Storage and Post	13.4
住宿和餐饮业	Hotels and Catering Services	0.2
信息传输、软件和信息技术服务业	Information Transmission,Software and Information Technology	0.3
金融业	Finance	
房地产业	Real Estate Trade	9.4
租赁和商务服务业	Tenancy and Business Services	4.1
科学研究、技术服务业	Scientific Research and Technical Services	1.9
水利、环境和公共设施管理业	Management of Water Conservancy, Environment and Public Establishment	33.5
居民服务、修理和其他服务业	Services to Households,Repair and Other Services	0.3
教育	Education	6.5
卫生和社会工作业	Health and Social Welfare	3.8
文化、体育和娱乐业	Culture,Sports and Entertainment	2.4
公共管理、社会保障和社会组织	Public Management,Social Security and Social Organization	2.3

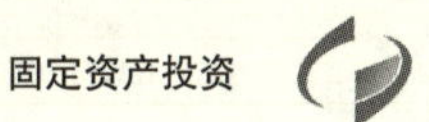

7-9 非国有经济投资各种分组的固定资产投资占比(2020年)

The Proportion of Investment in Fixed Assets in Various Groups of Non-state-owned Units (2020)

单位：% (%)

指 标	Item	投资额占比 Investment Proportion
按构成分	**Grouped by Use of Funds**	
建筑安装工程	Construction and Installation	77.9
设备、工器具购置	Purchase of Equipment and Instruments	12.2
其他费用	Others	9.9
按建设性质分	**Grouped by Type of Construction**	
新建	New Construction	45.9
扩建	Expansion	7.7
改建	Reconstruction	22.1
按行业主要门类分	**Grouped by Main Sector**	
农、林、牧、渔业	Agriculture, Forestry, Animal Husbandry and Fishery	4.8
工业	Industry	42.9

7-10 房地产开发统计主要指标(2020年)
Major Statistics Indicators of Real Estate Development (2020)

单位：亿元 (100 million yuan)

指 标	Item	总计 Total	国 有 State-owned	集 体 Colective-owned	其 他 Other Types of Ownership
计划总投资	**Panning Gross Investment**	**32651.66**	**1193.94**	**0.45**	**31457.28**
累计完成投资	Accumulative Investment Completed	20975.40	752.10	0.43	20222.87
本年完成投资	Investment Made in This Year	4880.44	180.93	0.02	4699.49
按构成分:	Group by Form:				
建筑工程	Construction	3484.41	111.26	0.01	3373.15
安装工程	Installation	396.56	12.99	0.01	383.56
设备、工具器具购置	Purchase of Equipment,Tools,Apparatus	109.50	2.98	0.01	106.51
按工程用途分	Group by Use of Projects				
住宅	Residential Buildings	3615.06	132.47	0.01	3482.57
办公楼	Business Buildings	175.30	8.60		166.70
商业营业用房	Commercial Buildings	605.24	16.64	0.01	588.59
其他	Others	484.84	23.21		461.63
房地产开发企业本年资金来源	Group by Source of Funds	6138.86	216.21	0.01	5922.64
国内贷款	Domestic Loans	696.48	68.43		628.05
自筹资金	Fund Raising	2065.86	43.87		2021.99
本年新增固定资产	Newly Increased Fixed Assets	1397.51	67.24	0.37	1329.90
本年施工房屋面积 (万平方米)	Floor Space of Buildings Under Construction (10 000 sq.m)	40757.41	1299.93	3.92	39453.55
#住宅	#Residential Buildings	30016.95	929.02	2.55	29085.38
本年竣工房屋面积 (万平方米)	Floor Space of Buildings Completed (10 000 sq.m)	3963.94	95.99	1.65	3866.30
#住宅	#Residential Buildings	2961.96	64.24	1.26	2896.46
本年竣工房屋价值	Value of Buildings Completed	1260.08	47.23	0.36	1212.49
#住宅	#Residential Buildings	906.50	26.30	0.25	879.94
商品房销售额	Total Sales of Commercial House	5947.06	167.35	0.36	5779.34
商品房销售建筑面积(万平方米)	Floor Space of Selling Commercial House (10 000 sq.m)	9437.44	235.77	1.65	9200.02

主要统计指标解释

全社会固定资产投资 是以货币形式表现的在一定时期内全社会建造和购置固定资产的工作量以及与此有关费用的总称。该指标是反映固定资产投资规模、结构和发展速度的综合性指标。全社会固定资产投资按登记注册类型可分为国有、集体、联营、股份制、私营和个体、港澳台商、外商、其他等。

固定资产投资（不含农户） 指城镇和农村各种登记注册类型的企业、事业、行政单位及城镇个体户进行的计划总投资500万元及以上的建设项目投资和房地产开发投资，包括原口径的城镇固定资产投资加上农村企事业组织项目投资，该口径自2011年起开始使用。

民间固定资产投资 指具有集体、私营、个人性质的内资企事业单位以及由其控股(包括绝对控股和相对控股)的企业单位在中华人民共和国境内建造或购置固定资产的投资。

基础设施投资 指为社会生产和生活提供基础性、大众性服务的工程和设施，是社会赖以生存和发展的基本条件。包括以下行业投资：铁路运输业、道路运输业、水上运输业、航空运输业、管道运输业、多式联运和运输代理业、装卸搬运业、邮政业、电信广播电视和卫星传输服务业、互联网和相关服务业、水利管理业、生态保护和环境治理业、公共设施管理业。

房地产开发投资 指房地产开发企业本年完成的全部用于房屋建设工程、土地开发工程的投资额以及公益性建筑和土地购置费等的投资。

实际到位资金 指用于固定资产投资的各种货币资金。包括国家预算资金、国内贷款、利用外资、自筹资金和其他资金。

国家预算资金 国家预算包括一般预算、政府性基金预算、国有资本经营预算和社保基金预算。各类预算中用于固定资产投资的资金全部作为国家预算资金填报，其中一般预算中用于固定资产投资的部分包括基建投资、车购税、灾后恢复重建基金和其他财政投资。各级政府债券也应归入国家预算资金。

国内贷款 指报告期固定资产投资项目单位向银行及非银行金融机构借入用于固定资产投资的各种国内借款，包括银行利用自有资金及吸收存款发放的贷款、上级拨入的国内贷款、国家专项贷款（包括煤代油贷款、劳改煤矿专项贷款等），地方财政专项资金安排的贷款、国内储备贷款、周转贷款等。

利用外资 指报告期收到的境外（包括外国及港澳台地区）资金（包括设备、材料、技术在内）。包括对外借款（外国政府贷款、国际金融组织贷款、出口信贷、外国银行商业贷款、对外发行债券和股票）、外商直接投资、外商其他投资（包括利用外商投资收益在国内进行固定资产再投资活动的资金）。不包括我国自有外汇资金（国家外汇、地方外汇、留成外汇、调济外汇和国内银行自有资金发放的外汇贷款等）。各类外资按报告期的外汇牌价（中间价）折成人民币计算。

自筹资金 指固定资产投资单位在报告期收到的，由各企、事业单位筹集用于固定资产投资的资金，包括各类企事业单位的自有资金和从其他单位筹集的用于固定资产投资的资金，但不包括各类财政性资金、从各类金融机构借入资金和国外资金。

其他资金来源 指在报告期收到的除以上各种资金之外的用于固定资产投资的资金。包括社会集资、个人资金、无偿捐赠的资金及其他单位拨入的资金等。

固定资产投资按国民经济行业分 指根据其从事的社会经济活动性质对各类单位进行的分类。应根据建设项目建成投产后的主要产品种类或主要用途及社会经济活动种类来划分，不能根据项目单位本身的行业类别来划分。如果项目投产后有几种产品，应根据主要产品来确定行业类别。一般情况下，一个建设项目只能属于一种国民经济行业。

固定资产投资按隶属关系分 是按建设单位或企业、事业、行政单位的主管上级机关确定的。

(1) 中央 是指中共中央、人大常委会和国务院各部、委、局、总公司以及直属机构直接领导的建设项目和企业、事业、行政单位。这些单位的固定资产投资计划由国务院各部门直接编制和下达，统一组织或委托下级实施。包括有中央垂直管理的部门（如国家统计局各级调查队）和中央直属企业、事业单位（如工商银行、中国电信、中国石油）等。

(2) 地方 是由省（自治区、直辖市）、地（区、市、州、盟）、县（区、市、旗）三级政府及业务主管部门直接领导和管理的建设项目、企业、事业、行政单位。地方项目还包括不隶属以上各级政府及主管部门的建设项目和企业、事业单位，如外商投资企业和无主管部门的企业等。

固定资产投资按建设性质分 按整个建设项目情况来确定。建设项目的性质一般分为新建、扩建、改建和技术改造、单纯建造生活设施、迁建、恢复、单纯购置。农户投资不划分建设性质。

（1）新建 指从无到有“平地起家”开始建设的项目。现有企业、事业、行政单位投资的项目一般不属于新建。但如有的单位原有基础很小，经过建设后新增的固定资产价值超过该企业、事业、行政单位原有固定资产价值（原值）三倍以上的，也应作为新建。

（2）扩建 指在厂内或其他地点，为扩大原有产品的生产能力（或效益）或增加新的产品生产能力，而增建的生产车间（或主要工程）、分厂、独立的生产线等项目。行政、事业单位在原单位增建业务性用房（如学校增建教学用房、医院增建门诊部、病房等）也作为扩建。

现有企、事业单位为扩大原有主要产品生产能力或增加新的产品生产能力，增建一个或几个主要生产车间（或主要工程）、分厂，同时进行一些更新改造工程的，也应作为扩建。

（3）改建和技术改造 指现有企业、事业单位对原有设施进行技术改造或更新（包括相应配套的辅助性生产、生活福利设施）的建设项目。改建项目包括企业、事业单位为适应市场变化的需要，而改变企业的主要产品种类（如军工企业转民用产品等）的建设项目；原有产品生产作业线由于各工序（车间）之间能力不平衡，为填平补齐充分发挥原有生产能力而增建但不增加主要产品生产能力的建设项目。技术改造是指企业、事业单位在现有基础上用先进的技术代替落后的技术，用先进的工艺和装备代替落后的工艺和装备，以改变企业落后的技术经济面貌，实现以内涵为主的扩大再生产，达到提高产品质量、促进产品更新换代、节约能源、降低消耗、扩大生产规模、全面提高社会经效益的目的。技术改造具体包括以下内容：机器设备和工具的更新改造；生产工艺改革、节约能源和原材料的改造；厂房建筑和公共设施的改造；保护环境进行的“三废”治理改造；劳动条件和生产环境的改造等。

固定资产投资按构成分

（1）建筑工程 指各种房屋、建筑物的建造工程。这部分投资额必须兴工动料，通过施工活动才能实现，是固定资产投资额的重要组成部分。

（2）安装工程 指各种设备、装置的安装工程。

在安装工程中，不包括被安装设备本身价值。

（3）设备工器具购置 指报告期内购置或自制的，达到固定资产标准的设备、工具、器具的价值。新建单位及扩建单位的新建车间，按照设计或计划要求购置或自制的全部设备、工具、器具，不论是否达到固定资产标准均计入“设备工器具购置”中。

（4）其他费用 指在固定资产建造和购置过程中发生的，除建筑安装工程和设备、工器具购置投资完成额以外的应当分摊计入固定资产投资的费用，不指经营中财务上的其他费用。

房屋施工面积 指房地产开发企业本年施工的全部房屋建筑面积。包括本年新开工的房屋建筑面积、上年跨入本年继续施工的房屋建筑面积、上年停缓建在本年恢复施工的房屋建筑面积、本年竣工的房屋建筑面积以及本年施工后又停缓建的房屋建筑面积。多层建筑应填各层建筑面积之和。

房屋新开工面积 指房地产开发企业本年新开工建设的房屋建筑面积，以单位工程为核算对象。不包括在上年开工跨入本年继续施工的房屋建筑面积和上年停缓建而在本年恢复施工的房屋建筑面积。房屋的开工应以房屋正式开始破土刨槽（地基处理或打永久桩）的日期为准。房屋新开工面积指整栋房屋的全部建筑面积，不能分割计算。

房屋竣工面积 指房地产开发企业本年按照设计要求已全部完工，达到住人和使用条件，经验收鉴定合格或达到竣工验收标准，可正式移交使用的各栋房屋建筑面积的总和。

商品房销售面积 指房地产开发企业本年出售商品房屋的合同总面积（即双方签署的正式买卖合同中所确定的建筑面积）。

商品房销售额 指房地产开发企业本年出售商品房屋的合同总价款（即双方签署的正式买卖合同中所确定的合同总价）。该指标与商品房销售面积同口径。

Explanatory Notes on Main Statistical Indicators

Total Investment in Fixed Assets in the Whole Country refers to the volume of activities in construction and purchases of fixed assets of the whole country and related fees, expressed in monetary terms during the reference period. It is a comprehensive indicator which shows the size, structure and growth of the investment in fixed assets, providing a basis for observing the progress of construction projects and evaluating results of investment. Total investment in fixed assets in the whole country includes, by type of ownership, the investment by State-owned units, collective-owned units, joint ownership units, share-holding units, private units, individuals as well as investments by entrepreneurs from Hong Kong, Macao and Taiwan, foreign investors and others.

Investment in Fixed Assets (Excluding Rural Households) refers to the investment in construction projects with a total planned investment of 5 million yuan and over by enterprises of various ownerships, institutions, administrative units and urban self-employed individuals, and the investment in real estate development in both urban and rural areas. Since 2011, it covers the urban investment in fixed assets under the previous statistical coverage plus project investments by rural enterprises and institutions.

Non-governmental Investment in Fixed Assets refers to the investment in the construction or purchase of fixed assets in the territory of the People's Republic of China by domestic-funded enterprises and institutions with collective, private and personal nature and by enterprises and institutions controlled by them (including absolute and relative holding).

Infrastructure Investment refers to projects and facilities that provide basic and popular services for social production and life. It is the basic condition for the survival and development of society. It includes: railway transport, road transport, water transport, air transport, pipeline transport, multimodal transport and transport agent Intermodality and Forwarding Agency, loading and unloading, posts, telecommunications, radio and television and satellite transmission services, Internet and related services, water management industry, ecological protection and environmental governance, public facilities management.

Investment in Real Estate Development refers to the investment made by real estate development companies in the construction of housing, development of land, nonprofit buildings and value of land purchased.

Investment in Real Estate Development refers to the investment made by real estate development companies in the construction of housing, development of land, nonprofit buildings and value of land purchased.

Fund from the State Budget State budget consists of general budget, government fund budget, operation budget of state-owned assets and social security fund budget. Funds for investment in fixed assets from various budgets are reported as fund from the state budget, of which, the general budget utilized on fixed assets investment includes investment on infrastructure construction, vehicle purchase tax, post-disaster restoration and reconstruction funds and other financial investment. Government bonds at all levels should also be included.

Domestic Loans refer to loans of various forms borrowed by investing units from banks and non-bank financial institutions during the reference period for the purpose of investment in fixed assets, including loans issued by banks from their self-owned funds and deposit, loans appropriated by higher responsible authorities, special loans by government (including loan for substituting petroleum with coal, special loans for reform-through-labour coal mines), loans arranged by local government from special funds, domestic reserve loan, and revolving loan, etc.

Foreign Investment refers to overseas (including foreign countries, Hongkong, Macao and Taiwan) funds received during the reference period (covering equipment, materials and technology), including foreign borrowings (loans from foreign governments and international financial institutions, export credit, commercial loans from foreign banks, issue of bonds and stocks overseas), foreign direct investment and other foreign investments (including funds from foreign direct investment income that are reinvested in fixed assets domestically). Excluded from this category is capital in foreign exchanges owned by China (foreign exchanges owned by the central and local governments, foreign exchanges retained by enterprises, foreign exchanges by enterprises through the regulating mechanism, loans in foreign exchanges issued by the Bank of China with its own fund, etc.). In calculating the utilization of foreign capital, foreign currencies are converted into Chinese Renminbi applying the exchange rate (central parity rate) at the end of the reference period.

Self-raised Funds refer to funds for investment in fixed assets received during the reference period by investing units, including investment in fixed assets using own funds of various enterprises and institutions or funds raised from other units other than financial funds, funds borrowed from financial institutions and overseas funds.

Other Funds refer to funds for investment in fixed assets received from sources other than those listed above, including funds raised from individuals and through donations, and funds transferred from other units.

Investment in Fixed Assets by Sector refers to the classification of investment by the nature of social economic activities the investing units are engaged in. The classification of construction projects by sector is determined by the major products or the purpose of the projects when they are put into production or use, and by the nature of their social economic activities, instead of being determined by industrial classification of the project enterprises. The project will be classified according to major product if there are several kinds of products yielded. In general, one project can only be classified into one sector.

Investment in Fixed Assets by Jurisdiction of Management refers to the classification of investment by the competent authorities under which investment is made by construction units, enterprises, institutions or administrative units.

(1) Central investment refers to the investment in projects or by enterprises, institutions or administrative units which are under the direct leadership and management of the State Council and of the national commissions, ministries, agencies and State-owned large corporations. Various ministries and departments of the State Council prepare and implement plans through unified organization or lower-level commissions, which include departments direct under central government (i.e. survey offices at all level of the National Bureau of Statistics) and enterprises and institutions directly under central government (like the Industrial and Commercial Bank of China, China Telecom and China National Petroleum Corporation).

(2) Local investment refers to the investment in projects or by enterprises, institutions or administrative units which are under the direct leadership and management of competent departments and governments at the level of province (autonomous regions and municipalities directly under the Central Government), prefecture (prefectures, cities and leagues) and county (districts, cities and banners). Also included are projects by foreign-invested enterprises and enterprises without competent managing authorities.

Investment in Fixed Assets by Type of Construction Construction projects in general can be classified, by the type of construction, into new construction, expansion, reconstruction and technical transformation, purely construction of living facilities, moving, restoration and purely purchasing. However, investment by type of construction is not applied to investment by real-estate development units and investment by rural households.

(1) New construction in general refers to construction projects, which start from scratch. The existing projects invested by enterprises, institutions and administrative agencies cannot be classified as new construction. In case the size of the existing unit is quite small, and the value of newly added fixed assets is more than three times of the original value, the expansion will be considered as new construction.

(2) Expansion refers to projects of construction of new production workshop, branch factory or independent production line within a factory or in other locations, for the purpose of increasing the production capacity (or improving efficiency) or adding new production capacity. Newly constructed accommodation for the operation of institutions and administrative organizations (such as newly constructed buildings for teaching in schools, buildings for clinics or wards in hospitals, etc.) are also classified as expansion.

Also included in expansion are investments by existing enterprises or institutions in building major production line(s) or branch factory (ies) along with some work on innovation, for the purpose of expanding the production capacity of original products or producing new products.

(3) Reconstruction and technical transformation refers to construction projects by existing enterprises or institutions in innovation or technical transformation of the old facilities (including auxiliary production equipment and welfare facilities). Also considered as reconstruction is the construction of new workshops by the existing enterprises or institutions to change the variety of products to meet the market demand (such as the production of civil products by defence industries), or to bring the designed production capacity into full play through a more balanced production process on production lines. Technical transformation refers to replacement of old technology or equipment by new technology or equipment, in order to expand the reproduction through improvement of technology contents in production, to improve product quality, to promote new products, to save energy, to reduce consumption, to expand the production scale and to improve overall social-economic efficiency. Contents of technical transformation include: updating of machinery, equipment and tools; reforming production process by using energy or materials saving technology; construction of factory workshops and transformation of public facilities; treatment transformation of "three wastes" (waste gas, waste water and industrial residue) aiming at environmental protection; improvement of working conditions and environment, etc.

Investment in Fixed Assets by Structure

(1) Construction refers to the construction of houses and buildings, also known as work volume of construction. This part of investment can only be achieved through construction activities, it is the major component of the total investment in fixed assets.

(2) Installation refers to the installation of various kinds of equipment and instruments, also known as work volume of installation.

The value of equipment installed itself is not included in the value of installation projects.

(3) Purchase of equipment and instruments refers to the total value of equipment, tools, and instruments purchased or self-produced which come up to the cut-off point for fixed

assets during the reference period. Equipment, tools and instruments purchased or self-produced for new workshops by newly established or expanded units are categorized as "purchase of equipment and instruments" no matter whether they come up to the cut-off point for fixed assets.

(4) Other expenses refer to expenses arising during the construction or purchase of fixed assets other than those expenses on construction, installation and purchase of equipment and instruments. Other financial expenses arising in operation are not included.

Floor Space of Buildings under Construction refers to the total space area of the buildings under construction in the year by real estate development companies. It includes buildings started in the year, continued from the previous year, suspended in earlier years but restarted in the year, completed in the year, and started in the year but suspended in the year as well. The floor space of a multi-storied building should be the sum of floor space of all the stories.

Floor Space of Buildings Started This Year refers to the total floor space area of the buildings started in the year by real estate development companies. It excludes the buildings started in previous years and continued in the year, and the buildings suspended in previous years but restarted in the year. The start of a construction is defined by the date of ground breaking or pile driving. The floor space of the building includes that of the entire building.

Floor Space of Buildings Completed refers to the total floor space area of the buildings completed in the year by real estate development companies, which meet the requirements as designed, reach the criteria set for people to live in or use, have passed the acceptance checks, and are ready for delivery or use.

Area of Commercialized Housing Sold refers to total contracted area of commercialized housing (i.e. area of floor space as designated in the formal contracts signed by both sides) sold by real estate development companies during the reference time.

Value of Commercialized Housing Sold refers to the total contracted value (i.e. value of sales/purchase for selling/purchase of commercialized housing as designated in the contract signed by both sides) received from the sales of the buildings by real estate development companies during the reference time. This indicator has the same coverage as the area of commercialized housing sold.

08 对外经济、旅游和开发区

Foreign Economy ,Tourism and Development Zones

资料整理人员：贺淑贞　　陈　慧

8-1 对外经济和旅游
Foreign Economy and Tourism

年份 Year	进出口总额 （万美元） Total Imports And Exports (USD 10 000)	出 口 Exports	进 口 Imports	实际使用外资金额 （万美元） Amount of Foreign Capital Actually Used (USD 10 000)	接待旅游总人数 （万人次） Number of Tourists (10 000 person-times)	旅游业总收入 （亿元） Income of Tourism (100 million yuan)	星级饭店数 （个） Total Number of Tourist Hotels (unit)
1979	23363	22296	1067		0.81	0.01	
1980	32635	31389	1246		0.95	0.01	
1981	43531	35504	8027		1.33	0.02	
1982	42662	38369	4293		1.53	0.05	
1983	45667	40003	5664		1.99	0.03	
1984	46171	41703	4468		2.63	0.04	
1985	52549	39606	12943		3.20	0.04	
1986	62377	50305	12072		4.12	0.09	
1987	74642	61945	12697	235	5.72	0.10	
1988	83403	63860	19543	447	6.76	0.30	
1989	85201	66563	18638	1495	5.57	0.30	
1990	94161	80552	13609	1116	8.52	0.50	
1991	137525	101665	35860	2276	1210	3.68	
1992	207800	141145	66655	12853	1513	6.03	
1993	234800	161200	73600	43267	1615	11.62	
1994	201740	143321	58419	32512	2014	30.80	
1995	201664	145101	56563	48802	2518	43.41	
1996	176299	129074	47225	70344	3223	60.45	
1997	189445	144796	44649	91702	4040	79.59	
1998	178209	128290	49919	81816	4235	99.93	
1999	195604	128210	67394	65384	4339	120.35	
2000	251259	165308	85951	68182	4695	148.76	212
2001	275841	175400	100441	81011	5036	210.50	270
2002	287621	179542	108079	103089	5757	245.98	321
2003	373617	214626	158990	148907	5970	294.11	359
2004	543774	309778	233996	141806	6487	371.56	417
2005	600485	374667	225818	207235	7181	453.62	388
2006	735259	509401	225858	259335	9195	588.41	501
2007	968987	652342	316645	327051	10897	732.71	585
2008	1256584	840950	415634	400515	12830	851.75	569
2009	1015101	549189	465912	459787	16065	1099.47	567
2010	1468886	795487	673399	518441	20398	1425.80	549
2011	1900006	989747	910259	615031	25328	1785.78	568
2012	2194082	1259965	934117	728034	30506	2234.10	581
2013	2516439	1482083	1034356	870482	36058	2681.86	587
2014	3102729	2002348	1100380	1026585	41203	3050.70	555
2015	2936680	1917288	1019392	1156441	47331	3712.91	498
2016	2687970	1817002	870968	1285209	56548	4707.43	461
2017	3603951	2317175	1286776	1447489	66935	7172.62	407
2018	4652983	3057434	1595550	1619134	75301	8355.73	397
2019	6288194	4453465	1834729	1810127	83154	9762.32	315
2020	7067840	4782488	2285353	2099782	69336	8261.95	320

注：进出口数据 1994 年前为外贸统计数，1994 年及以后为海关统计数。

Figures on total imports and exports form foreign trade were obtained from foreign trade statistics before 1994 and the figures were obtained from the Changsha Customs statistics after 1994.

8-2 对外经济贸易和旅游概况
A Survey on Foreign Trade and Tourism

指 标	Item	2000	2010	2019	2020
进出口总额 （亿美元）	**Total Imports And Exports (USD 100 million)**	**25.13**	**146.89**	**628.82**	**706.78**
出口总额	Total Exports	16.53	79.55	445.35	478.25
进口总额	Total Imports	8.60	67.34	183.47	228.53
进出口差额	Balance	7.93	12.21	261.87	249.72
实际使用外资 （亿美元）	**Actually Used Foreign Capital (USD 100 million)**	**11.08**	**51.84**	**181.01**	**209.98**
对外借款	Foreign Loans	3.37	1.94	1.99	
外商直接投资	Foreign Direct Investments	6.82	49.09	11.53	14.01
外商其他投资	Other Foreign Investments	0.89	0.81	167.50	195.97
外商投资企业基本情况	**Registered Foreign-funded Enterprises**				
年底登记户数 （户）	Number of Registered Enterprises (unit)	2316	2621	2672	2759
投资总额 （亿美元）	Total Investment (USD 100 million)	73.06	324.06	1841.10	2147.89
注册资本 （亿美元）	Registered Capital (USD 100 million)	43.38	161.11	793.60	1062.69
#外方	# Capital from Foreign Partners	26.51	114.61	606.22	764.33
对外承包工程新签合同额 （亿美元）	**Amount of Newly Signed Contracts for Overseas Contracted Projects (USD 100 million)**	**1.49**	**14.12**	**55.00**	**44.63**
国际旅游人数 （万人次）	**Total Number of International Tourists (10 000 person-times)**	**45.40**	**189.87**	**466.95**	**17.04**
外国人	Foreigners	15.79	103.30	250.14	7.96
港澳台同胞	Compatriots from HongKong, Macao and Taiwan	29.61	86.57	216.81	9.08
旅游外汇收入总额（亿美元）	**Foreign Exchange Earnings from International Tourism (USD 100 million)**	**2.21**	**8.87**	**22.51**	**0.51**
星级饭店 （个）	**Total Number of Tourist Hotels (unit)**	**212**	**549**	**315**	**320**

注：外贸进出口资料统一按长沙海关统计数据，以下同。

Figures on total imports and exports form foreign trade are obtained from the Changsha Customs statitics.The same as in the following table.

8-3 进出口商品总值
Total Value of Imports and Exports

单位：万美元 (USD 10 000)

项 目	Item	2018	2019	2020
进出口总值	**Imports & Exports**	**4652983**	**6288194**	**7067840**
#出口	#Exports	3057434	4453465	4782488
进口	Imports	1595550	1834729	2285353
进出口差额	**Balance**	**1461884**	**2618736**	**2497135**

8-4 进出口商品主要产销国别（地区）总值
Value of Imports and Exports by Main Producer and Sales Countries (Regions)

单位：万美元 (USD 10 000)

国家（地区）	Country(Region)	2018		2019		2020	
		进 口 Imports	出 口 Exports	进 口 Imports	出 口 Exports	进 口 Imports	出 口 Exports
总 计	**Total**	**1595550**	**3057434**	**1834729**	**4453465**	**2285353**	**4782488**
中国香港	Hong Kong, China	46759	616267	37423	881352	28493	827279
美 国	United States	100487	439895	73313	522475	118711	663135
日 本	Japan	140474	67105	142297	99194	134043	120705
韩 国	Republic of Korea	111097	140240	165500	177658	168844	179355
澳大利亚	Australia	137424	35159	179177	45493	209347	82474
南 非	South Africa	98493	38773	91403	44092	131876	58776
德 国	Germany	90295	72027	115283	118220	109240	131469
中国台湾	Taiwan, China	121022	39937	178383	63220	252545	65371
越 南	Vietnam	15043	95598	37568	140478	83369	218498
巴 西	Brazil	83858	35399	73179	43841	139093	49327
俄罗斯	Russia	23267	124846	12284	181021	14918	162652
马来西亚	Malaysia	34654	105303	32921	158057	60063	147302
英 国	United Kingdom	8541	59169	5673	137976	8499	140456
印 度	India	8053	90965	8834	143644	13530	120758
印度尼西亚	Indonesia	25769	55015	21399	66655	30095	65849
荷 兰	Netherlands	30883	64166	41789	93830	59315	84900
泰 国	Thailand	21086	58476	41216	58755	105712	114713
新加坡	Singapore	10345	63585	9107	158688	13343	177189
东盟（10国）	ASEAN(the ten countries)	117469	457570	168386	727778	315439	855184
欧盟	European Union	200055	397236	232503	656682	256199	518074

8−5 进出口商品机电电子产品情况 (2020年)
Import and Export Value of Machinery and Electrical Products (2020)

单位：万美元 (USD 10 000)

指 标	Item	进 口 Imports	出 口 Exports
机电产品	**Mechanical & Electrical Products**	**952795**	**2163585**
机械基础件	Mechanical Base	14314	28038
手用或机用工具	Hand or Machine Tools		37107
农业机械	Agricultural Machinery	33	4556
食品加工机械	Food Processing Machinery	169	1862
包装机械	Packaging Machinery	760	6518
印刷、装订机械及其零件	Printing and Binding Machinery and Its Parts	11832	34321
通用机械设备	General Mechanical Equipment	9193	34106
纺织机械及其零件	Textile Machinery and Its Parts		7939
缝制机械及其零件	Sewing Machinery and Its Parts		2626
机床	Machine Tool	9713	8025
自动数据处理设备及其零件	Automatic Data Processing Equipment and Its Parts	61858	76878
电工器材	Electrical Equipment	38904	161495
手机	Mobile Phone		41385
家用电器	Household Appliances	620	64231
音视频设备及其零件	Audio and Video Equipment and Its Parts	1740	60176
电子元件	Electronic Components	436084	250793
摩托车	Motorcycle		10778
自行车	Bicycle		3614
汽车（包括底盘）	Automobile (Including Chassis)	84177	28889
汽车零配件	Auto Parts	13457	38323
船舶	Ship		3098
计量检测分析自控仪器及其器具	Measurement, Detection and Analysis of Automatic Control Instruments and Their Instruments	32305	90732
灯具、照明装置及其零件	Lamps, Lighting Devices and Their Parts		168678
游戏机及其零附件	Game Machine and Its Accessories		6761

8-6 进出口商品高新技术产品情况(2020年)
Import and Export Value of High and New-tech Products (2020)

单位：万美元 (USD 10 000)

指 标	Item	进 口 Imports	出 口 Exports
高新技术产品	**High and New-Tech Products**	**650291**	**673675**
生物技术	Biotechnology		4348
生命科学技术	Life Science and Technology	4528	47171
光电技术	Photoelectric Technology	20329	15674
计算机与通信技术	Computer and Communication Technology	100945	392640
电子技术	Electronic Technology	431441	172873
计算机集成制造技术	Computer Integrated Manufacturing Technology	70579	29953
材料技术	Materials Technology	17612	3776
航空航天技术	Aerospace Technology	4732	6647
其他技术	Other Technologies	125	593

8-7 进出口商品贸易方式(2020年)
Value of Imports and Exports by Trade Ways (2020)

单位：万美元 (USD 10 000)

贸易方式	Trade Ways	进 口 Imports	出 口 Exports
一般贸易	Original Trade	1407327	3805678
国家间、国际组织无偿援助和赠送的物资	Assistant Goods from International Organization		371
其他捐赠物资	Other Donated Materials	1788	332
加工贸易	Processing Trade	623369	753239
#来料加工贸易	#Processing Trade of Supplied Materials	203153	196731
#进料加工贸易	#Processing Trade of Imported Material	420216	556507
边境小额贸易	Frontier Small Value Trade		15
加工贸易进口设备	Processing and Assembling Import Equipment Provided with Material	720	
对外承包工程出口货物	Constructed Projects in Foreign Countries		4430
外商投资企业作为投资进口的设备、物品	Imported Equipment and Materials as Investment of Foreign Investment Enterprises	30	
出料加工贸易	Processing Trade of Exported Material	143	149
海关保税监管场所进出境货物	Inbound and Outbound Goods in Customs Bonded Areas	132416	38965
海关特殊监管区域物流货物	Customs has Special Supervision over Regional Logistics Goods	106848	75544
海关特殊监管区域进口设备	Import Equipment from Special Areas under Customs Supervision	5167	
其他贸易	Other Trade	7545	103764

8-8 主要出口商品总值(2020年)
Major Exports Commodities in Value (2020)

商品名称	Item	美元值（万美元） Dollar Value (USD 10 000)
服装及衣着附件	Articles of Apparel & Clothing Accessories	253230
服装	Clothing	235416
电子元件	Electronic Components	250793
塑料制品	Plastic Products	187428
鞋靴	Footware	179657
纺织纱线、织物及其制品	Textile Yarn,Textile and Related Products	170888
纺织制品	Textile Ralated Products	139337
灯具、照明装置及其零件	Lamps, Lighting Fixtures and Parts	168678
电工器材	Electrical Equipments	161495
皮革、毛皮及其制品	Leather, Fur and Their Articles	157899
裘皮服装	Fur Garment	74072
箱包及类似容器	Travel Goods	156983
皮革箱包及类似容器	Leather Bags and Similar Containers	76071
玩具	Toys	150858
家具及其零件	Furniture and Parts	139700
陶瓷产品	Ceramic Products	122991
日用陶瓷	Daily-use Ceramics	107568
贵金属或包贵金属的首饰	Precious Metal or Precious Metal Jewelry	121710
钢材	Rolled Steels	94470
计量检测分析自控仪器及器具	Measurement, Detection and Analysis of Automatic Control Instruments and Instruments	90732
自动数据处理设备及其零部件	Automatic Data Processing Euipment and Components	76878
蔬菜及食用菌	Vegetables & Edible Fungus	67356
纸浆、纸及其制品	Pulp, Paper and Their Products	68582
音视频设备及其零件	Audio and Video Equipment and Its Parts	60176
家用电器	Household Appliances	64231

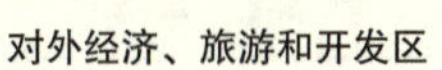

8-9 主要进口商品总值(2020年)
Major Imports Commodities in Value (2020)

商品名称	Item	美元值（万美元）Dollar Value (USD 10 000)
电子元件	Electronic Components	436084
金属矿及矿砂	Metallic Ore and Ore	417610
铁矿砂及其精矿	Iron Ores and Concentrate	291224
铜矿砂及其精矿	Cooper Ores and Concentrates	57958
粮食	Foodstuff	134651
汽车（包含底盘）	Automobile (Including Chassis)	84177
肉类（包括杂碎）	Meat (Including Chop Suey)	75454
玻璃及其制品	Glass and Its Products	64600
自动数据处理设备及其零部件	Automatic Data Processing Equipment and Components	61858
乳品	Dairy	53186
水产品	Aquatic Products	40310
半导体制造设备	Semiconductor Manufacturing Equipment	40377
电工器材	Electrical Equipment	38904
天然及合成橡胶（包括胶乳）	Natural and Synthetic Rubber (Including Latex)	36607
计量检测分析自控仪器及器具	Measuring and Checking	32305
煤及褐煤	Coal and Lignite	30295
初级形状的塑料	Plastic in Primary Form	30175
珍珠、宝石及半宝石	Pearls, Precious Stones and Semi-precious Stones	29574
钻石	Diamond	23388
纸浆、纸及其制品	Pulp, Paper and Their Products	29017
纸浆	Pulp	24910
美容化妆品及洗护用品	Cosmetics and Toiletries	17354
干鲜瓜果及坚果	Fresh Fruit, Dried Fruit and Nut	16720
机械基础件	Mechanical Base	14314

8-10 外商投资情况
Foreign Investment

单位：万美元 (USD 10 000)

项　目	Item	2000	2010	2019	2020
总　计	**Total**	**68182**	**518441**	**1810127**	**2099782**
按产业类别分类	**Grouped By Industry**				
第一产业	Primary Industry	3335	35864	72104	103457
第二产业	Secondary Industry	43425	432949	803096	784604
第三产业	Tertiary Industry	21422	49628	934927	1211721

8-11 外商投资签订合同情况(分国别、地区)(2020年)
Basic Statistics on Signed Contracts of Foreign Investment (by Country or Region) (2020)

国别(地区)	Countries (Region)	新设企业个数(个) Number of New Enterprises (case)	实际使用外资(万美元) Actually Used Foreign Capital (USD 10 000)
总　计	**Total**	**268**	**2099782**
中国香港	Hongkong, China	130	1566993
中国台湾	Taiwan, China	46	112645
美　国	United States	8	24056
日　本	Japan	3	53600
维尔京群岛	Virgin Islands		78993
德　国	Germany	2	27420
新加坡	Singapore	9	32860
荷　兰	Netherlands		31772
澳大利亚	Australia	2	8839
英　国	United Kingdom		29620
韩　国	Korea	11	16406
开曼群岛	Cayman Islands		15179

8−12 旅游业基本情况
Basic Statistics of Tourism

项 目	Item	2000	2010	2019	2020
接待旅游总人数 （万人次）	**Number of Tourists (10 000 person-times)**	**4695.40**	**20398.03**	**83154.10**	**69336.07**
#接待海外游客	#International Tourists	45.40	189.87	466.95	17.04
#接待国内游客	#Domestic Tourists	4650.00	20208.16	82687.15	69319.03
旅游业总收入 （人民币亿元）	**Income of Tourism (RMB 100 million yuan)**	**148.80**	**1425.80**	**9762.32**	**8261.95**
#旅游创汇 （亿美元）	#Earnings from International Tourism (USD 100 million)	2.21	8.87	22.51	0.51
#国内旅游收入	#Earnings from Domestic Tourism	130.46	1365.54	9613.37	8258.42

8−13 国际旅游人数和人天数
Number of International Tourists and Days of Tourism

项 目	Item	2000	2010	2019	2020
接待入境旅游人数合计（人次）	**Total of International Tourists Arrivals (person-time)**	**454008**	**1898698**	**4669513**	**170404**
#外国人	#Foreigners	157899	1032951	2501382	79639
港澳台同胞	Compatriots From Hongkong,Macao and Taiwan	296109	865747	2168131	90765
#台胞	#Compatriots from Taiwan	172731	372105	680925	24421
入境旅游人天数合计 （人天）	**Total of International Tourist Arrivals (person-day)**	**1443640**	**4631994**	**10885519**	**374064**
#外国人	#Foreigners	596216	3191532	6108077	182183
港澳台同胞	Compatriots From Hongkong,Macao and Taiwan	847424	1440462	4777442	191881
#台胞	#Compatriots from Taiwan	465221	633096	1390934	49060

注：从2000年起，华侨并入外国人统计。

Overseas chinese are bring into foreigners since 2000.

8−14 接待外国人按国别分组
Number of Foreign Tourists by Country

单位：人次 (person-time)

国 别	Country	2019	2020
总计	**Total**	**2501382**	**79639**
#日 本	#Japan	175935	6930
菲律宾	Philippines	36739	1124
新加坡	Singapore	109352	2839
泰 国	Thailand	71627	2284
印度尼西亚	Indonesia	80586	1719
美 国	United States	92741	4233
加拿大	Canada	42764	2024
德 国	Germany	68945	3984
英 国	United Kingdom	68161	2859
法 国	France	59748	3303
意大利	Italy	36631	1685
俄罗斯	Russia	53066	1699
澳大利亚	Australia	37377	2114
新西兰	New Zealand	20673	993
其 他	Others	1547037	41849

8-15 湖南省级及以上产业园区基本情况(2020年)
Basic Information of Provincial and above Industrial Parks (2020)

指 标		Item		2020
规划面积	(平方公里)	Planning Areas in Development Zone	(Sq.km.)	2392.93
实际开发面积	(平方公里)	Actual Land Areas of Development Zone	(Sq.km.)	1075.57
园区企业个数	(个)	Number of Enterprises	(unit)	62687
#工业企业个数		#Industrial Enterprises		25171
#制造业企业个数		#Manufacturing Enterprises		23392
高新技术产业企业个数	(个)	New and High-tech Enterprises	(unit)	8474
期末从业人员	(万人)	Population of Employment	(10 000 persons)	401.03
#工业企业从业人员		#Employees in Industrial Enterprises		287.18
高新技术产业企业从业人员	(万人)	Employees in New and High-tech Enterprises	(10 000 persons)	158.49
技工贸总收入	(亿元)	Total Income of Technology, Industry and Trade	(100 million yuan)	51433.65
#工业企业主营业务收入		#Main Business Income of Industrial Enterprises		36716.68
高新技术产业主营业务收入	(亿元)	Main Business Income of New and High-tech Industry	(100 million yuan)	24602.55
利润总额	(亿元)	Total Profit	(100 million yuan)	2633.19
上交税金总额	(亿元)	Total of the Tax Amount	(100 million yuan)	1761.81
专利申请授权数	(件)	Number of Patent Applications Granted	(item)	23824
本年完成固定资产投资总额	(亿元)	Total Investment in Fixed Assets Completed this Year	(100 million yuan)	10979.38
实际使用外资额	(亿美元)	Actual Value of Foreign Investment	(USD 100 million)	114.96
实际使用省外境内资金额	(亿元)	Actual Value of Domestic Investment Outside the Province	(100 million yuan)	3721.13
进出口总额	(亿元)	Value of Imports and Exports	(100 million yuan)	3484.36

8-16 湖南省国家级产业园区基本情况(2020年)
Basic Information of National Industrial Park (2020)

指 标		Item		2020
规划面积	(平方公里)	Planning Areas in Development Zone	(Sq.km.)	1150.96
实际开发面积	(平方公里)	Actual Land Areas of Development Zone	(Sq.km.)	388.37
园区企业个数	(个)	Number of Enterprises	(unit)	35170
#工业企业个数		#Industrial Enterprises		9896
#制造业企业个数		#Manufacturing Enterprises		9182
高新技术产业企业个数	(个)	New and High-tech Enterprises	(unit)	3773
期末从业人员	(万人)	Population of Employment	(10 000 persons)	156.59
#工业企业从业人员		#Employees in Industrial Enterprises		96.43
高新技术产业企业从业人员	(万人)	Employees in New and High-tech Enterprises	(10 000 persons)	65.55
技工贸总收入	(亿元)	Total Income of Technology, Industry and Trade	(100 million yuan)	23882.70
#工业企业主营业务收入		#Main Business Income of Industrial Enterprises		15001.57
高新技术产业主营业务收入	(亿元)	Main Business Income of New and High-tech Industry	(100 million yuan)	11124.77
利润总额	(亿元)	Total Profit	(100 million yuan)	1293.35
上交税金总额	(亿元)	Total of the Tax Amount	(100 million yuan)	956.29
专利申请授权数	(件)	Number of Patent Applications Granted	(item)	15260
本年完成固定资产投资总额	(亿元)	Total Investment in Fixed Assets Completed this Year	(100 million yuan)	4255.83
实际使用外资额	(亿美元)	Actual Value of Foreign Investment	(USD 100 million)	49.98
实际使用省外境内资金额	(亿元)	Actual Value of Domestic Investment Outside the Province	(100 million yuan)	1185.84
进出口总额	(亿元)	Value of Imports and Exports	(100 million yuan)	2536.20

8-17 湖南省省级产业园区基本情况(2020年)
Basic Information of Provincial Industrial Park (2020)

指 标		Item		2020
规划面积	（平方公里）	Planning Areas in Development Zone	(Sq.km.)	1241.97
实际开发面积	（平方公里）	Actual Land Areas of Development Zone	(Sq.km.)	687.20
园区企业个数	（个）	Number of Enterprises	(unit)	27517
#工业企业个数		#Industrial Enterprises		15275
#制造业企业个数		#Manufacturing Enterprises		14210
高新技术产业企业个数	（个）	New and High-tech Enterprises	(unit)	4701
期末从业人员	（万人）	Population of Employment	(10 000 persons)	244.43
#工业企业从业人员		#Employees in Industrial Enterprises		190.75
高新技术产业企业从业人员	（万人）	Employees in New and High-tech Enterprises	(10 000 persons)	92.94
技工贸总收入	（亿元）	Total Income of Technology, Industry and Trade	(100 million yuan)	27550.95
#工业企业主营业务收入		#Main Business Income of Industrial Enterprises		21715.11
高新技术产业主营业务收入	（亿元）	Main Business Income of New and High-tech Industry	(100 million yuan)	13477.78
利润总额	（亿元）	Total Profit	(100 million yuan)	1339.84
上交税金总额	（亿元）	Total of the Tax Amount	(100 million yuan)	805.52
专利申请授权数	（件）	Number of Patent Applications Granted	(item)	8564
本年完成固定资产投资总额	（亿元）	Total Investment in Fixed Assets Completed this Year	(100 million yuan)	6723.55
实际使用外资额	（亿美元）	Actual Value of Foreign Investment	(USD 100 million)	64.98
实际使用省外境内资金额	（亿元）	Actual Value of Domestic Investment Outside the Province	(100 million yuan)	2535.29
进出口总额	（亿元）	Value of Imports and Exports	(100 million yuan)	948.16

8-18 湖南省高新技术产业开发区基本情况(2020年)
Basic Information of New and High-tech Development Park (2020)

指 标		Item		2020
规划面积	(平方公里)	Planning Areas in Development Zone	(Sq.km.)	997.63
实际开发面积	(平方公里)	Actual Land Areas of Development Zone	(Sq.km.)	429.71
园区企业个数	(个)	Number of Enterprises	(unit)	22480
#工业企业个数		#Industrial Enterprises		10409
#制造业企业个数		#Manufacturing Enterprises		9999
高新技术产业企业个数	(个)	New and High-tech Enterprises	(unit)	4551
期末从业人员	(万人)	Population of Employment	(10 000 persons)	157.73
#工业企业从业人员		#Employees in Industrial Enterprises		119.44
高新技术产业企业从业人员	(万人)	Employees in New and High-tech Enterprises	(10 000 persons)	69.00
技工贸总收入	(亿元)	Total Income of Technology, Industry and Trade	(100 million yuan)	21628.32
#工业企业主营业务收入		#Main Business Income of Industrial Enterprises		15956.97
高新技术产业主营业务收入	(亿元)	Main Business Income of New and High-tech Industry	(100 million yuan)	11916.29
利润总额	(亿元)	Total Profit	(100 million yuan)	894.14
上交税金总额	(亿元)	Total of the Tax Amount	(100 million yuan)	675.81
专利申请授权数	(件)	Number of Patent Applications Granted	(item)	12716
本年完成固定资产投资总额	(亿元)	Total Investment in Fixed Assets Completed this Year	(100 million yuan)	4407.60
实际使用外资额	(亿美元)	Actual Value of Foreign Investment	(USD 100 million)	47.29
实际使用省外境内资金额	(亿元)	Actual Value of Domestic Investment Outside the Province	(100 million yuan)	1596.86
进出口总额	(亿元)	Value of Imports and Exports	(100 million yuan)	1057.62

主要统计指标解释

货物进出口总额 指实际进出我国国境的货物总金额。包括对外贸易实际进出口货物,来料加工装配进出口货物,国家间、联合国及国际组织无偿援助物资和赠送品，华侨、港澳台同胞和外籍华人捐赠品，租赁期满归承租人所有的租赁货物，进料加工进出口货物，边境地方贸易及边境地区小额贸易进出口货物，中外合资企业、中外合作经营企业、外商独资经营企业进出口货物和公用物品，到、离岸价格在规定限额以上的进出口货样和广告品(无商业价值、无使用价值和免费提供出口的除外)，从保税仓库提取在中国境内销售的进口货物，以及其他进出口货物。该指标可以观察一个国家在对外贸易方面的总规模。我国规定出口货物按离岸价格统计，进口货物按到岸价格统计。

商品收发货人所在地进、出口额 指按进出口企业注册登记地进行分组汇总的进、出口额。

商品境内目的地进口额和商品境内货源地出口额 境内目的地进口额指按进口货物的消费、使用或最终抵运地进行分组汇总的进口额；境内货源地出口额指按出口货物的产地或原始发货地进行分组汇总的出口额。

服务进出口 指常住单位与非常住单位之间相互提供的服务。包括运输，旅行，建筑，保险服务，金融服务，电信、计算机和信息服务，知识产权使用费，个人、文化和娱乐服务，维护和维修服务，加工服务，其他商业服务，政府服务。

外商投资 是指国外及港澳台地区的法人和自然人在中国大陆地区以现金、实物、无形资产、股权等方式进行投资。其中，外商直接投资是指国外及港澳台地区投资者在非上市公司中的全部投资及在单个外国投资者所占股权比例不低于10%的上市公司中的投资。

对外直接投资 是境内投资者以控制国（境）外企业的经营管理权为核心的经济活动，体现在一经济体通过投资于另一经济体而实现其持久利益的目标。

对外承包工程 根据《对外承包工程管理条例》，对外承包工程是指中国的企业或者其他单位承包境外建设工程项目的活动。

对外劳务合作 指组织劳务人员赴其他国家或地区为国外的企业或机构工作的经营性活动。

入境游客 指报告期内来中国（大陆）观光、度假、探亲访友、就医疗养、购物、参加会议或从事经济、文化、体育、宗教活动的外国人、港澳台同胞等游客（即入境旅游人数）。统计时，入境游客按每入境一次统计1人次。入境旅游人数包括入境过夜游客和入境一日游游客。

国内游客 指报告期内在中国(大陆)观光游览、度假、探亲访友、就医疗养、购物、参加会议或从事经济、文化、体育、宗教活动的中国（大陆）居民人数，其出游的目的不是通过所从事的活动谋取报酬。统计时，国内游客按每出游一次统计1人次。

国际旅游(外汇)收入 指入境游客在中国（大陆）境内旅行、游览过程中用于交通、参观游览、住宿、餐饮、购物、娱乐等全部花费。

国内旅游收入(旅游总花费) 指国内游客在国内旅行、游览过程中用于交通、参观游览、住宿、餐饮、购物、娱乐等全部花费。

Explanatory Notes on Main Statistical Indicators

Total Import and Export of Goods refer to the real value of commodities imported and exported across the border of China. They include the actual imports and exports through foreign trade, imported and exported goods under the processing and assembling trades and materials, supplies and gifts as aid given gratis between governments and by the United Nations and other international organizations, and contributions donated by overseas Chinese, compatriots in Hong Kong and Macao and Chinese with foreign citizenship, leasing commodities owned by tenant at the expiration of leasing period, the imported and exported commodities processed with imported materials, commodities trading in border areas, the imported and exported commodities and articles for public use of the Sino-foreign joint ventures, cooperative enterprises and ventures with sole foreign investment. Also included is import or export of samples and advertising goods for which CIF or FOB value are beyond the permitted ceiling (excluding goods of no trading or use value and free commodities for export), imported goods sold in China from bonded warehouses and other imported or exported goods. The indicator of the total imports and exports at customs can be used to observe the total size of external trade in a country. In accordance with the stipulation of the Chinese government, imports are calculated at CIF, while exports are calculated at FOB.

Import or Export by Location of Importers/Exporters The location of importers or exporters refers to the place inside China's customs territory where the importers or exporters are registered.

Imports and Exports by Location of Domestic Consumers/Producers The location of domestic consumers refers to the place inside China's customs territory where the imported goods are to be consumed, utilized or destined for. The location of domestic producers refers to the place inside China's customs territory where the exported goods are produced, manufactured or initially delivered.

Import and Export of Services refers to services provided between resident and non-resident units, including transportation, travel, construction, insurance, finance, telecommunications, computer and information, professional and management consultancy, intellectual property fee, personal, cultural or recreational services, maintenance and repair, processing, other business services, and government services.

Foreign Investment refers to investment in China by legal or natural persons of foreign countries and of HongKong, Macau and Taiwan, in the form of cash、physical assets、intangible assets and equity and others. Foreign direct investment refers to investment by investors from foreign countries and from HongKong, Macau and Taiwan in a non-listed company, or the investment of over 10 percent or more in a listed company.

Outward Direct Investment refers to the economic activities of domestic investors focussing on controlling the operation and management of overseas enterprises. The content of overseas direct investment mainly reflects goal of of lasting interest of one economic entity by investing in another economic entity.

Overseas Contracted Projects refer to activities of contracting overseas construction projects by Chinese enterprises or any other units, which are stipulated in the Regulations on Administration of Foreign Contracted Project.

Overseas Labour Services refer to operational activities of organizing labour force to go abroad providing services to foreign enterprises or agencies.

Overseas Visitor Arrivals refer to the number of tourists of foreigners, Chinese compatriots from Hong Kong, Macao and Taiwan who come to China (mainland) within the reference period for sight-seeing, vacation, visiting relatives, medical treatment, shopping, attending conference, or to engage in economic, cultural, sports and religious activities (namely the number of overseas visitor arrivals). In compiling statistics, each arrival is counted as one person-time. The number of overseas visitor arrivals includes inbound overnight tourists and one-day tourists.

Number of Domestic Tourists refers to the number of Chinese (mainland) residents who travel within China (mainland) for sight-seeing, vacation, visiting relatives, medical treatment, shopping, attending conference, or to engage in economic, cultural, sports and religious activities. In compiling statistics, each time of travelling is counted as one person-time.

Foreign Exchange Earnings from International Tourism refer to the total expenditure of foreigners, overseas Chinese, Chinese compatriots from Hong Kong, Macao and Taiwan during their stay in the mainland of China on transportation, sighting, accommodation, food, shopping and entertainment.

Income from Domestic Tourism refer to expenditure of domestic tourists on transportation, sighting, accommodation, food, shopping and entertainment while they travel.

Explanatory Notes on Main Statistical Indicators

09 能　源

Energy

资料整理人员：贺　震　　杨　耒　　户新刚　　何　达
黄少华

9-1 工业企业能源购进、消费及库存(2020年)
Energy Purchase, Consumption and Stock of Industry (2020)

指 标	Item	年初库存 Stock at the Beginning of the Year	购进量实物量 Total Purchase	工业生产消费量 Industrial Production and Consumption	原材料 Material Use	年末库存 Stock at the End of the Year
能源合计 (吨标准煤)	**Total Energy (tce)**			**104015356**	**3079557**	
原煤 (吨)	Raw Coal (ton)	5284308	50801210	52203287	1436165	3904089
其中：无烟煤	Blind Coal	758830	5050376	5415998	83076	377737
炼焦烟煤	Coking Coal	8277	203930	197657	662	13803
一般烟煤	Generally Coal	4516810	45512547	46555080	1352427	3512282
褐煤	Lignitous Coal	390	34357	34552		267
洗精煤 (吨)	Cleaned Coal (ton)	201451	8346863	8544066		233680
其它洗煤 (吨)	Other Washed Coal (ton)	63204	2783363	2775100	36565	71279
煤制品 (吨)	Coal Products (ton)	18645	167573	175647	136245	10478
焦炭 (吨)	Coke (ton)	279938	6191442	9705492	78989	217521
其它焦化产品 (吨)	Other Coking Products (ton)	487	15144	15579		51
焦炉煤气 (万立方米)	Coke Oven Gas (10 000 cu.m)		35505	187895	4700	
高炉煤气 (万立方米)	High Oven Gas (10 000 cu.m)		784516	3262919	7914	
转炉煤气 (万立方米)	Converter Gas (10 000 cu.m)		104695	248284	3	
其他煤气 (万立方米)	Other Gas (10 000 cu.m)		1544	1553		
天然气(气态) (万立方米)	Natural Gas (10 000 cu.m)	1356	286574	182532	2923	1114
液化天然气(液态) (吨)	Liquefied Natural Gas (ton)	345	49844	48956	1196	493
氢气 (万立方米)	Hydrogen (10 000 cu.m)	2	18	424		
原油 (吨)	Crude Oil (ton)	277852	8771108	8788443		260507
汽油 (吨)	Gasoline (ton)	387	127024	129884	2268	742
煤油 (吨)	Kerosene (ton)	56	16379	14113	416	1890
柴油 (吨)	Diesel Oil (ton)	10976	307979	311644	13085	12339
燃料油 (吨)	Fuel Oil (ton)	4591	102576	104734	1166	3406
液化石油气 (吨)	Liquefied Petroleum Gas (ton)	412	164410	167426	5812	270
炼厂干气 (吨)	Refinery Gas (ton)		228	345128		
石脑油 (吨)	Naphtha (ton)					
润滑油 (吨)	Lubricating Oil (ton)	623	46020	44757	24364	1642
石蜡 (吨)	Paraffin Wax (ton)	21	1181	1182	775	45
溶剂油 (吨)	Solvnet Naphtha (ton)	245	6707	6845	4366	153
石油焦 (吨)	Petroleum Coke (ton)	29531	311983	349202	16112	26479
石油沥青 (吨)	Petroleum Asphalt (ton)	4251	68563	70652	58586	1692
其它石油制品 (吨)	Other Petroleum Products (ton)	33655	2237556	2907660	1091956	40072
热力 (百万千焦)	Heat (million kilo-joule)		27621346	52828119		
电力 (万千瓦时)	Electricity (10 000 kwh)		7518774	9788745		
煤矸石用于燃料 (吨)	Coal Gangue Solid Fuel (ton)	96737	2898171	2856649		111422
城市垃圾用于燃料 (吨)	Municipal Refuse Fuel (ton)	30591	1989922	4304703		35799
生物质废料用于燃料 (吨)	Biomass Waste Fuel (ton)	17013	1658250	1679268		12518
余热余压 (百万千焦)	Waste Heat And Excess Pressure (million kilo-joule)		7579588	36265020		
其它工业废料用于燃料 (吨)	Other Industrial Waste Fuel (ton)	346	75025	75062		
其他燃料 (吨标准煤)	Other Fuel (tce)	678	538999	540528	5004	811

注：本表统计范围为年主营业务收入2000万元及以上的工业企业。

a. All Industry corporation enterises with an annual sales income of over 20 million yuan.

9-2 工业企业能源加工转换与回收利用(2020年)

指标		Item		工业生产消费量 For Production	加工转换投入合计 Input& Outputof Transfor-mation	火力发电 Thermal Power
能源合计	**(吨标准煤)**	**Total Energy**	**(tce)**	**82963682**	**55444536**	**26724365**
原煤	(吨)	Raw Coal	(ton)	46361948	35783564	29630947
其中:无烟煤		Blind Coal		4310200	4215422	3639366
炼焦烟煤		Coking Coal		71067	44230	44230
一般烟煤		Generally Coal		41980681	31523912	25947351
褐煤		Lignitous Coal				
洗精煤	(吨)	Cleaned Coal	(ton)	8544066	8544066	
其它洗煤	(吨)	Other Washed Coal	(ton)	2730266	1273270	
煤制品	(吨)	Coal Products	(ton)			
焦炭	(吨)	Coke	(ton)	9198328		
其它焦化产品	(吨)	Other Coking Products	(ton)			
焦炉煤气	(万立方米)	Coke Oven Gas	(10 000 cu.m)	177080	37154	37154
高炉煤气	(万立方米)	High Oven Gas	(10 000 cu.m)	3132991	1907704	1305249
转炉煤气	(万立方米)	Converter Gas	(10 000 cu.m)	248154	129830	129830
其他煤气	(万立方米)	Other Gas	(10 000 cu.m)			
天然气(气态)	(万立方米)	Natural Gas	(10 000 cu.m)	28360	12157	1437
液化天然气(液态)	(吨)	Liquefied Natural Gas	(ton)	1387		
氢气	(万立方米)	Hydrogen	(10 000 cu.m)	396	396	396
原油	(吨)	Crude Oil	(ton)	8786898	8778451	
汽油	(吨)	Gasoline	(ton)	11409	2587	
煤油	(吨)	Kerosene	(ton)	49		
柴油	(吨)	Diesel Oil	(ton)	54863	15637	4538
燃料油	(吨)	Fuel Oil	(ton)	9513	9052	3203
液化石油气	(吨)	Liquefied Petroleum Gas	(ton)	8658		
炼厂干气	(吨)	Refinery Gas	(ton)	344900	35787	5977
石脑油	(吨)	Naphtha	(ton)			
润滑油	(吨)	Lubricating Oil	(ton)	769	204	204
石蜡	(吨)	Paraffin Wax	(ton)			
溶剂油	(吨)	Solvnet Naphtha	(ton)			
石油焦	(吨)	Petroleum Coke	(ton)	325905	145168	79961
石油沥青	(吨)	Petroleum Asphalt	(ton)			
其它石油制品	(吨)	Other Petroleum Products	(ton)	2489905	1337844	50955
热力	(百万千焦)	Heat	(million kilo-joule)	25689375	2434209	2434209
电力	(万千瓦时)	Electricity	(10 000 kwh)	2715790		
煤矸石用于燃料	(吨)	Coal Gangue Solid Fuel	(ton)	982009	982009	982009
城市垃圾用于燃料	(吨)	Municipal Refuse Fuel	(ton)	4304703	4304703	4304703
生物质废料用于燃料	(吨)	Biomass Waste Fuel	(ton)	499662	495412	488331
余热余压	(百万千焦)	Waste Heat And Excess Pressure	(million kilo-joule)	35795472	22983460	22983460
其它工业废料用于燃料	(吨)	Other Industrial Waste Fuel	(ton)	18049	18049	18049
其他燃料	(吨标准煤)	Other Fuel	(tce)	23916		

注:本表统计范围为辖区内有能源加工转换活动或回收利用的规模以上工业法人单位。

The statistical scope of this table is for industrial enterprises above designated size that have energy processing conversion activities or recycling in their jurisdiction.

Energy Processing, Conversion and Recycling in Industrial Enterprises (2020)

供 热 Heating Supply	原煤入洗 Coal Washing	炼 焦 Coking	炼油及煤制油 Petroleum Refineries	制气 Gas Works	天然气液 化 Natural Gas Liquefaction	加 工煤制品 Coal Processing	能源加工转换产出 Energy Processing Conversion	回收利用 Recycling
3390332	**2939289**	**7858574**	**14531975**				**36629557**	**5832318**
2146541	4006075							
70764	505292							
2075777	3500783							
		8544066					2091179	
1273270							627978	
							6039925	
							331801	
							226382	
602455								3074757
								280316
52			10669					
			8778451					
			2587				2574686	
							736630	
49			11050				2117871	
1299			4550				130569	
							863231	
14326			15483				398177	
							220479	
65207							303981	
							92278	
			1286890				2405212	
							50059808	
							8514152	
7081								
								37843292

9-3 主要能源按工业行业分组工业生产消费量(2020年)

指 标	Item	原煤（吨）Raw Coal (ton)	洗精煤（吨）Cleaned Coal (ton)	其他洗煤（吨）Other Washed Coal (ton)
煤炭开采和洗选业	Mining and Washing of Coal	3552526		
黑色金属矿采选业	Mining of Ferrous Metal Ores	13895		
有色金属矿采选业	Mining of Non-ferrous Metal Ores	39260		
非金属矿采选业	Mining and Processing of Nonmetal Ores	339472		
开采专业及辅助性活动	Professional and Support Activities for Mining			
农副食品加工业	Processing of Food from Agricultural Products	272255		
食品制造业	Manufacture of Foods	234367		
酒、饮料和精制茶制造业	Manufacture of Liquor, Beverage and Refined Tea	79375		
烟草制品业	Manufacture of Tobacco	18		
纺织业	Manufacture of Textile	159692		
纺织服装、服饰业	Manufacture of Textile Wearing and Clothing Apparel	1272		
皮革、毛皮、羽毛及其制品和制鞋业	Leather, Fur, Feather and Its Products and Footwear	16623		
木材加工和木、竹、藤、棕、草制品业	Processing of Timbers,Manufacture of Wood, Bamboo, Rattan, Palm and Straw Products	168311		
家具制造业	Manufacture of Furniture	952		
造纸和纸制品业	Manufacture of Paper and Paper Products	1070375		
印刷和记录媒介复制业	Printing,Reproduction of Recording Media	4847		
文教、工美、体育和娱乐用品制造业	Manufacture of Articles for Culture,Education and Sport Activity	1632		
石油、煤炭及其他燃料加工业	Processing of Petroleum, Coal and Other Fuels	2090102	3158470	
化学原料和化学制品制造业	Manufacture of Chemical Raw Material and Chemical Products	2020574		
医药制造业	Manufacture of Medicines	164735		
化学纤维制造业	Manufacture of Chemical Fiber			
橡胶和塑料制品业	Manufacture of Rubber and Plastic	28191		
非金属矿物制品业	Manufacture of Non-metallic Mineral Products	11806293		37288
黑色金属冶炼和压延加工业	Manufacture and Processing of Ferrous Metals	505187	5385596	2730266
有色金属冶炼和压延加工业	Manufacture and Processing of Non-ferrous Metals	555617		7546
金属制品业	Manufacture of Metal Products	72576		
通用设备制造业	Manufacture of General Purpose Machinery	22048		
专用设备制造业	Manufacture of Special Purpose Machinery	1920		
汽车制造业	Automobile Industry	1514		
铁路、船舶、航空航天和其他运输设备制造业	Manufacture of Railway,Marine,Aerospace and Other Transport Equipment	32949		
电气机械和器材制造业	Manufacture of Electrical Machinery and Equipment	36585		
计算机、通信和其他电子设备制造业	Manufacture of Communication Equipment, Computer and Other Electronic Equipment	2720		
仪器仪表制造业	Manufacture of Measuring Instrument	15576		
其他制造业	Other Manufacture	389		
废弃资源综合利用业	Utilization of Waste Resources	70885		
金属制品、机械和设备修理业	Mental Products,Machine and Equipment Repair			
电力、热力生产和供应业	Production and Supply of Electric Power and Heat Power	28819553		
燃气生产和供应业	Production and Distribution of Gas	913		
水的生产和供应业	Production and Distribution of Water	88		

注：本表统计范围为年主营业务收入2000万元及以上的工业企业。
All Industry corporation enterises with an annual sales income of over 20 million yuan.

Major Energy Sources are Grouped by Industrial Sector Industrial Production and Consumption (2020)

煤制品（吨） Coal Products (ton)	焦炭（吨） Coke (ton)	其他焦化产品（吨） Other Coking Products (ton)	焦炉煤气（万立方米） Coke Oven Gas (10 000 cu.m)	高炉煤气（万立方米） High Oven Gas (10 000 cu.m)	天然气（万立方米） Natural Gas (10 000 cu.m)	原油（吨） Crude Oil (ton)	汽油（吨） Gasoline (ton)	煤油（吨） Kerosene (ton)	柴油（吨） Diesel Oil (ton)	燃料油（吨） Fuel Oil (ton)
					177		212	6	2482	
	530						128		1531	
	757				359		616	299	5555	
	557				33		1308	16	32632	220
	243				7134		9598		8284	270
					9119		13474		5159	172
	51	115			2738		1375		1182	
					2395		12		2093	
	2008				378		361	6	546	
					284		218		839	
					1524	1	131	2	592	
	52				144		1691	9	3889	
					822		911		1552	
					898		541		2015	14070
			679		569		5031		4564	
326					291		175		438	
8376			16371	58234	10728	8786898	2728		12715	6445
1255	103349				13984	24	5288	335	10768	17208
	2				4381		2548		2265	
	45				2617	66	3255		4783	2
144115	13693		4700	109978	40977		33245	1322	116322	55481
	9193584	5685	140832	2431918	10336		8741		17757	
	315462	9779			31628	1446	3493	342	12263	5860
563	44177			288	7012		5545	363	6091	
8	2997				3153		4343	2378	8372	773
21004	14398				3873		6217	7974	12591	2
	1284				8521		2093	11	6912	2
					1416		1237	6	3532	
	17		15		2482	8	5155	51	5591	834
	173				1742		3573	13	4203	70
					309		4012		150	
					31		324	900	183	
	12114			7914	2295		200	75	5643	257
			618				6		30	
			24680	654587	3044		794	5	6362	3069
					7049		353		136	
					87		951		1337	

9-3 续表 Continued

指 标	Item	液化石油气（吨） Liquefied Petroleum Gas (ton)	其他石油制品（吨） Other Petroleum Products (ton)	热力（百万千焦） Heat (million kilo-joule)	电力（万千瓦时） Electricity (10 000 kwh)	其他燃料（吨标准煤） Other Fuel (tce)
煤炭开采和洗选业	Mining and Washing of Coal				56156	7004
黑色金属矿采选业	Mining of Ferrous Metal Ores				14362	
有色金属矿采选业	Mining of Non-ferrous Metal Ores				114917	552
非金属矿采选业	Mining and Processing of Nonmetal Ores			6060850	97644	965
开采专业及辅助性活动	Professional and Support Activities for Mining					
农副食品加工业	Processing of Food from Agricultural Products	465		493337	287870	102488
食品制造业	Manufacture of Foods		9682	4405053	118584	14890
酒、饮料和精制茶制造业	Manufacture of Liquor, Beverage and Refined Tea	26		150314	79822	11807
烟草制品业	Manufacture of Tobacco			64452	19487	7088
纺织业	Manufacture of Textile		2290	5955	93774	19768
纺织服装、服饰业	Manufacture of Textile Wearing and Clothing Apparel				28166	3589
皮革、毛皮、羽毛及其制品和制鞋业	Leather, Fur, Feather and Its Products and Footwear			45696	56749	2152
木材加工和木、竹、藤、棕、草制品业	Processing of Timbers,Manufacture of Wood, Bamboo, Rattan, Palm and Straw Products	7		2629	93223	94158
家具制造业	Manufacture of Furniture				23993	5124
造纸和纸制品业	Manufacture of Paper and Paper Products	456		6222028	211585	14125
印刷和记录媒介复制业	Printing,Reproduction of Recording Media		1693	76852	54304	
文教、工美、体育和娱乐用品制造业	Manufacture of Articles for Culture,Education and Sport Activity	24			36483	5633
石油、煤炭及其他燃料加工业	Processing of Petroleum, Coal and Other Fuels	10927	2443466	8540872	210095	522
化学原料和化学制品制造业	Manufacture of Chemical Raw Material and Chemical Products	5079	341660	19159476	746738	39442
医药制造业	Manufacture of Medicines		7317	1361992	91778	2156
化学纤维制造业	Manufacture of Chemical Fiber			54516	11948	23543
橡胶和塑料制品业	Manufacture of Rubber and Plastic	149	24094	707890	120236	1182
非金属矿物制品业	Manufacture of Non-metallic Mineral Products	122067	58771	148795	1350259	112257
黑色金属冶炼和压延加工业	Manufacture and Processing of Ferrous Metals			570577	1314170	42712
有色金属冶炼和压延加工业	Manufacture and Processing of Non-ferrous Metals		1024	3412017	575433	1138
金属制品业	Manufacture of Metal Products	1142	178	7815	328751	101
通用设备制造业	Manufacture of General Purpose Machinery	704	980	73146	202627	292
专用设备制造业	Manufacture of Special Purpose Machinery	36	14209		178062	8442
汽车制造业	Automobile Industry	64	1295		150337	9
铁路、船舶、航空航天和其他运输设备制造业	Manufacture of Railway,Marine,Aerospace and Other Transport Equipment	1		16727	51355	
电气机械和器材制造业	Manufacture of Electrical Machinery and Equipment	863		1051164	218528	12890
计算机、通信和其他电子设备制造业	Manufacture of Communication Equipment, Computer and Other Electronic Equipment	14			584596	5408
仪器仪表制造业	Manufacture of Measuring Instrument		862		11130	
其他制造业	Other Manufacture	25402			13263	
废弃资源综合利用业	Utilization of Waste Resources			15	45051	605
金属制品、机械和设备修理业	Mental Products,Machine and Equipment Repair				1561	
电力、热力生产和供应业	Production and Supply of Electric Power and Heat Power		140	142387	2035769	478
燃气生产和供应业	Production and Distribution of Gas				5237	11
水的生产和供应业	Production and Distribution of Water			53565	154567	

9-4 主要用能工业企业单位产品能源消耗情况
Unit Product Energy Consumption of Industry

单位：千克标准煤 / 吨 (kgce / ton)

指 标	Item	2019	2020
万米印染布综合能耗（千克标准煤 / 万米）	Total Energy Consumption of Dyed Cloth/10 000m (kgce/10 000m)	2027.30	1318.04
机制纸及纸板综合能耗	Total Energy Consumption of Machine-Made Paper and Paperboard	242.37	286.04
炼焦工序单位能耗	Energy Consumption of Coking Process/unit	127.51	104.27
原油加工单位综合能耗（千克标准油 / 吨）	Total Energy Consumption of Crude Oil Processing/unit (kg SO/ton)	64.63	67.13
单位烧碱生产综合能耗（离子膜法 30%）	Total Energy Consumption of Caustic Soda Production/unit (Diaphragm Process 30%)	606.82	613.63
联碱法纯碱双吨产品生产综合能耗	Total Energy Consumption of Soda Production/double tons	147.37	143.52
单位合成氨生产综合能耗	Total Energy Consumption of Synthetic Ammonia/unit	1799.14	1730.68
吨水泥熟料综合能耗	Total Energy Consumption of Cement/ton	105.02	105.16
吨水泥综合能耗	Total Energy Consumption of Cement Per Ton	83.59	84.78
每重量箱平板玻璃综合能耗（千克标准煤 / 重量箱）	Total Energy Consumption of Plate Glass/weight box (kgce/weight case)	9.85	11.08
吨钢综合能耗	Total Energy Consumption of Steel/ton	500.76	451.01
炼铁工序单位能耗	Unit Energy Consumption of Iron Refining Process	389.82	385.86
铁矿烧结工序单位能耗	Unit Energy Consumption of Iron Ore Sintering Process	47.53	45.57
转炉炼钢综合工序单位能耗	Unit Energy Consumption of Converter Steelmaking Process	-2.11	-2.88
电炉炼钢综合工序单位能耗	Unit Energy Consumption of Electric Furnace Steelmaking Process	57.90	59.94
锰硅合金工序单位能耗（千克标准煤 / 标准吨）	Unit Energy Consumption of Silicomanganese Alloy Process (kgce/standard ton)	77.36	51.54
轧钢工序单位能耗	Unit Energy Consumption of Steel Rolling Process	55.19	50.95
吨钢耗新水 （吨 / 吨）	New Water Consumption of Steel/ton (ton/ton)	3.02	2.76
吨铜加工材消耗能源量	Total Energy Consumption of Copper Refining/unit	639.99	639.98
单位粗铅综合能耗	Total Energy Consumption of Crude Lead/unit	278.29	260.98
单位铅冶炼综合能耗	Total Energy Consumption of Lead Refining/unit	436.46	432.78
单位精锌（电锌）综合能耗	Total Consumption of Refined Zinc (Electrolytic Zinc)/unit	1388.48	
吨铝加工材消耗能源量	Energy Consumption of Aluminium Processing Material/ton	722.11	708.21
电厂火力发电标准煤耗（克标准煤 / 千瓦时）	Standard Coal Consumption of Thermal Power Generation in the Power Plant (gce/kwh)	298.81	297.83
电厂火力供电标准煤耗（克标准煤 / 千瓦时）	Standard Coal Consumption of Thermal Power Supply in the Power Plant (gce/kwh)	317.73	309.73

9–5 规模工业企业水消费
Water Consumption of Scale Industry

单位：万立方米 (10 000 cu.m)

项　目	Item	2016	2017	2018	2019	2020
取水总量	**the Total Amount of Water Intake**	**367437.23**	**386128.39**	**386225.28**	**396468.75**	**420190.27**
地表水	Surface Water	314016.22	329535.37	334983.43	346370.76	362370.45
地下水	Groundwater	18828.74	20200.01	15126.50	15161.22	15514.34
自来水	Tap Water	33539.16	34951.32	34449.51	33265.97	39850.35
其他水	Other Water	532.35	677.93	830.16	813.88	860.16
重复用水	Repeated Water	517752.92	514372.36	599480.18	615880.04	605700.97
污水处理量	Quantity of Sewage Treatment	74705.48	75866.71	108076.13	156966.68	169435.90

注：根据国家新修订的报表制度，水、火电企业用于冷却机组的河湖海冷却用水（包括循环冷却用水和直抽直排冷却用水）不计入取水量。

According to the new revision of the reporting system, thermal power enterprises for the rivers and lakes water cooling water cooling unit (including circulating cooling water and cooling water straight pulling straight row) are not included in the water.

9–6 能源消耗指标
Indicators of Energy Consumption

项　目	Item	2016	2017	2018	2019	2020
单位 GDP 能耗上升或下降（±%）	Energy Consumption of Unit GDP Increase or Decrease (±%)	–5.27	–5.17	–5.17	–4.29	–1.98
能源消费总量增速（%）	Total Energy Consumption Growth (%)	2.29	2.39	2.26	2.94	1.71
单位 GDP 电耗上升或下降（±%）	Electric Power Consumption of Unit GDP Increase or Decrease (±%)	–4.32	–2.07	2.33	–0.68	–0.28

注：2016–2020 年单位 GDP 能耗、单位 GDP 电耗根据当年能源、电耗与按 2015 年可比价计算的 GDP 相比较取得。2016–2018 年单位 GDP 能耗、能源消费总量、单位 GDP 电耗根据第四次全国经济普查调查结果进行了修订。

2016–2020 unit GDP energy consumption unit GDP power consumption according to the current energy consumption,power consumption and by 2015 comparable price compared with the calculation of GDP achieved..Energy consumption per unit of GDP, total energy consumption and electricity consumption per unit of GDP from 2016 to 2018 have been revised according to the results of the fourth National Economic Census.

9-7 非工业主要耗能单位综合能源消费量
Comprehensive Energy Consumption of Non-industrial Major Energy Consuming Units

单位：吨标准煤 (tce)

指 标	Item	2019	2020
消费合计	**Total Energy**	**1620180.48**	**1592115.54**
按国民经济行业分组	**By Sector**		
建筑业	Construction	824607.99	880406.18
批发和零售业	Wholesale and Retail Trade	8585.98	6846.86
交通运输、仓储和邮政业	Traffic,Transport, Storage and Post	565188.37	473553.20
住宿和餐饮业	Hotels and Catering Services	18997.04	15762.52
信息传输、软件和信息技术服务业	Information Transfer ,Computer Services and Software	202164.35	214895.90
金融业	Finance		
房地产业	Real Estate Trade		
租赁和商务服务业	Tenancy and Business Services	48.60	55.75
科学研究和技术服务业	Scientific Research, Technical Service	561.15	579.02
水利、环境和公共设施管理业	Management of Water Conservancy Environment and Public Establishment		
居民服务、修理和其他服务业	Resident Services and Other Services	18.16	16.11
教育	Education		
卫生和社会工作	Sanitation,Social Security		
按登记注册类型	**Grouped by Registration**		
内资企业	Internal-invested Enterprises	1593844.31	1579168.77
港澳台商投资	Enterprises With Investment From Hong Kong, Macao and Taiwan	21175.18	9045.44
外商投资	Enterprises With Foreign Investment	5160.99	3901.33
国有控股	**State Controlling Share Hold Enterprises**	**1130717.89**	**1141552.41**

注：本表统计范围为年耗能3000吨标准煤以上的非工业企业。
The range of statistics is more than 3000 tons of standard coal consumption per year of non-industrial enterprises

主要统计指标解释

一次能源生产总量 指一定时期内，全国一次能源生产量的总和。该指标是观察全国能源生产水平、规模、构成和发展速度的总量指标。包括：原煤、原油、天然气、水电、核能及其他动力能（如风能、地热能等）发电量等，不包括低热值燃料生产量和由一次能源加工转换而成的二次能源产量。

能源消费总量 指一定地域内，国民经济各行业和居民家庭在一定时期内消费的各种能源的总和。包括：原煤、原油、天然气、水能、核能、风能、太阳能、地热能、生物质能等一次能源；一次能源通过加工转换产生的洗煤、焦炭、煤气、电力、热力、成品油等二次能源和同时产生的其他产品；其他化石能源、可再生能源和新能源。其中水能、风能、太阳能、地热能、生物质能等可再生能源，是指人们通过一定技术手段获得的，并作为商品能源使用的部分。在核算过程中，一次能源、二次能源消费不能重复计算。能源消费总量分为终端能源消费量、能源加工转换损失量和能源损失量三部分。

(1) 终端能源消费量：指一定时期内，用于消费（而非用于加工转换产出其他能源）的各种能源之和。

(2) 能源加工转换损失量：指一定时期内，全国投入加工转换的各种能源数量之和与产出各种能源产品之和的差额。该指标是观察能源在加工转换过程中损失量变化的指标。

(3) 能源损失量：指一定时期内，能源在输送、分配、储存过程中发生的损失和由客观原因造成的各种损失量，不包括各种气体能源放空、放散量。

单位国内生产总值能耗 指一定时期内，一个国家或地区每生产一个单位的国内生产总值所消耗的能源。计算公式为：

$$\text{单位国内生产总值能源}=\frac{\text{能源消费总量}}{\text{国内生产总值}}$$

单位国内生产总值电耗 指一定时期内，一个国家或地区每生产一个单位的国内生产总值所消耗的电力。计算公式为：

$$\text{单位国内生产总值电耗}=\frac{\text{全社会用电量}}{\text{国内生产总值}}$$

单位工业增加值能耗 指一定时期内，一个国家或地区每生产一个单位的工业增加值所消耗的能源。计算公式为：

$$\text{单位工业增加值能耗}=\frac{\text{工业能源消费量}}{\text{工业增加值}}$$

Explanatory Notes on Main Statistical Indicators

Total Primary Energy Production refers to the total production of primary energy in a given period of time. It is a comprehensive indicator to show the level, scale, composition and growth of energy production of the country. It includes that of coal, crude oil, natural gas, hydropower and electricity generated by nuclear energy and other means such as wind power and geothermal power, etc. However, it does not include the production of fuels of low calorific value and secondary energy converted from primary energy.

Total Energy Consumption refers to the total consumption of energy of various kinds by the production sectors of the economy and the households in a given period of time. It includes primary energy such as coal, crude oil, natural gas, hydropower, nuclear power, wind power, solar power, geothermal power and bio-energy; the secondary energy and their products which are transformed from the primary energy such as washed coal, coke, coal gas, electricity, heating, and petroleum products; and other kinds of fossil energy, renewable energy and new energy. The renewable energy refers to the part of renewable energy that is attained with some given technical means and used for commercial purposes, including hydropower, wind power, solar power, geothermal power and bio-energy. In the process of accounting, there should be no double or multiple counting between and primary and the secondary accounting. Total energy consumption can be divided into three parts: final energy consumption; loss during the process of energy transformation; and other losses.

(1) Final Energy Consumption: It refers to the consumption of various kinds of energy in a given period of time, not involving the energy consumed for transformation.

(2) Losses During the Process of Energy Transformation: It refers to the total input of various kinds of energy for transformation, minus the total output of various kinds of energy products in a given period of time. It is an indicator to show the losses that occurs during the process of energy transformation.

(3) Other Losses: It refers to the total of the losses of energy during the course of energy transport, distribution and storage and the losses caused by any objective reason in a given period of time. The losses of various kinds of gas due to gas discharges and stocktaking is not included.

Energy Consumption per Unit of GDP refers to the energy consumption per unit of Gross Domestic Product in a country or the Gross Regional Product in a region in the same reference period. The formula is:

$$\text{Energy Consumption per Unit of GDP} = \frac{\text{Total Energy Consumption}}{\text{Gross Domestic Product}}$$

Electricity Consumption per Unit of GDP refers to the electricity consumption per unit of Gross Domestic Product in a country or the Gross Regional Product in a region in the same reference period. The formula is:

$$\text{Electricity Consumption per Unit of GDP} = \frac{\text{Total Electricity Consumption}}{\text{Gross Domestic Product}}$$

Energy Consumption per Unit of Industrial Value-added refers to the energy consumption per unit of indu- strial value-added in a country or region in the same reference period. The formula is:

$$\text{Energy Consumption per Unit of Industrial Value-added} = \frac{\text{Total Energy Consumption}}{\text{Industrial Value-added.}}$$

10 财政、金融和保险

Government Finance, Banking and Insurance

资料整理人员：廖闻菲

10-1 财政、金融和保险
Government Finance, Banking and Insurance

单位：亿元 (100 million yuan)

年份 Year	地方一般公共预算收入 General Public Budget Revenue	一般公共预算支出 Public Budgetary Expenditure	金融机构人民币存款余额 Deposits of Financial Institutions	金融机构人民币贷款余额 Loans of Financial Institutions	全年各项保费收入 Premiums Institutions
1950	2.15	0.79	0.44	0.05	
1951	3.15	1.12	1.18	0.21	
1952	4.07	2.06	1.76	0.31	
1953	4.13	2.08	2.12	1.60	
1954	4.91	2.93	3.01	4.02	
1955	4.73	2.24	3.44	7.40	
1956	5.23	3.14	2.52	8.45	
1957	5.53	3.22	3.13	8.90	
1958	10.47	8.40	7.60	16.62	
1959	13.40	11.09	12.82	26.53	
1960	15.17	14.07	13.37	30.98	
1961	8.50	9.21	13.10	27.64	
1962	8.77	4.22	11.00	25.19	
1963	8.09	5.01	10.41	21.92	
1964	9.12	6.88	10.33	19.87	
1965	10.05	7.00	11.53	21.40	
1966	10.96	9.06	12.53	24.07	
1967	8.86	8.31	13.82	26.84	
1968	6.92	6.24	14.32	30.24	
1969	9.81	9.34	14.38	32.19	
1970	14.95	10.84	26.24	35.92	
1971	17.71	12.33	28.24	38.16	
1972	18.43	14.61	28.10	39.51	
1973	21.72	15.07	34.00	44.75	
1974	13.89	15.40	27.53	45.23	
1975	18.27	15.92	34.00	48.33	
1976	16.02	15.85	31.21	50.55	
1977	20.88	16.41	35.84	55.25	
1978	27.98	24.46	38.64	64.46	
1979	28.63	25.17	47.38	72.85	
1980	29.86	23.71	58.08	87.34	
1981	31.40	21.39	67.79	99.70	
1982	30.33	23.26	76.08	112.58	
1983	29.27	25.31	88.47	124.10	
1984	32.85	30.04	115.03	151.59	
1985	39.19	40.09	118.84	159.73	

10-1 续表 Continued

单位：亿元 (100 million yuan)

年份 Year	地方一般公共预算收入 General Public Budget Revenue	一般公共预算支出 Public Budgetary Expenditure	金融机构人民币存款余额 Deposits of Financial Institutions	金融机构人民币贷款余额 Loans of Financial Institutions	全年各项保费收入 Premiums Institutions
1986	47.65	54.29	157.51	201.04	
1987	54.38	55.93	192.89	239.39	
1988	56.54	64.89	325.74	366.49	
1989	68.86	74.23	395.60	428.29	
1990	70.07	80.08	369.96	517.90	3.15
1991	80.52	88.58	472.10	631.07	3.69
1992	92.78	99.10	595.10	776.79	5.46
1993	127.56	132.03	738.86	944.40	7.15
1994	85.89	151.49	1107.80	1263.11	12.23
1995	108.16	173.94	1389.05	1494.03	16.17
1996	130.36	217.74	1748.61	1880.94	21.03
1997	137.16	230.82	1769.91	2123.00	30.74
1998	156.77	273.64	2110.71	2274.41	34.47
1999	166.50	313.12	2539.75	2408.36	42.30
2000	177.04	347.83	2874.75	2403.39	59.91
2001	205.41	431.70	3342.91	2787.92	56.09
2002	231.15	533.02	3923.17	3227.46	87.22
2003	268.65	573.75	4669.00	3796.31	103.70
2004	320.63	719.54	5500.47	4258.03	115.81
2005	395.27	873.42	6498.23	4509.09	127.17
2006	477.93	1064.52	7719.43	5173.87	147.82
2007	606.55	1357.03	9083.27	6037.40	201.31
2008	722.71	1765.22	10895..49	6989.42	312.49
2009	847.62	2210.44	13948.00	9369.81	348.45
2010	1081.69	2702.47	16553.78	11303.76	438.53
2011	1517.07	3520.76	19334.70	13186.68	443.53
2012	1782.16	4119.00	23037.07	15336.52	465.11
2013	2030.88	4690.89	26756.64	17774.99	508.57
2014	2262.79	5017.38	30073.36	20356.39	587.73
2015	2515.43	5728.72	36009.09	23738.58	712.18
2016	2697.88	6339.16	41694.54	27215.51	886.46
2017	2757.82	6869.39	46437.72	31532.69	1110.18
2018	2860.84	7479.61	48697.54	36211.75	1255.07
2019	3007.15	8034.42	52312.47	42159.45	1396.12
2020	3008.66	8403.13	57479.96	49165.68	1513.06

10-2 财政收支基本情况
Government Financial Revenue and Expenditure

单位：亿元 (100 million yuan)

年份 Year	地方一般公共预算收入 General Public Budget Revenue	税收收入 Taxes Revenue	非税收入 Revenue form Enterprises	一般公共预算支出 Public Budgetary Expenditure	一般公共服务 General Public Services	社会保障和就业 Social Security Progams and Employment
1978	27.98	17.17	9.68	24.46	7.62	3.57
1979	28.63			25.17		
1980	29.86	19.53	9.58	23.71	4.86	3.44
1981	31.40			21.39		
1982	30.33	24.48	5.11	23.26	3.12	2.95
1983	29.27	26.16	2.25	25.31	3.48	3.26
1984	32.85	29.12	2.74	30.04	4.43	3.21
1985	39.19	36.83	1.61	40.09	4.60	4.01
1986	47.65	42.26	4.08	54.29	5.80	4.52
1987	54.38	48.36	4.37	55.93	4.65	3.09
1988	56.54	54.25	-0.47	64.89	5.21	5.88
1989	68.86	64.88	-1.48	74.23	5.44	6.91
1990	70.07	67.33	-3.70	80.08	5.60	8.17
1991	80.52	74.14	-0.91	88.58	6.16	8.81
1992	92.78	84.90	-0.78	99.10	6.23	9.86
1993	127.56	116.31	-0.66	132.03	7.73	12.89
1994	85.89	65.04	2.70	151.49	7.89	13.74
1995	108.16	78.05	2.74	173.94	9.65	14.55
1996	130.36	88.00	2.30	217.74	13.33	17.09
1997	137.16	105.75	2.72	230.82	13.78	17.66
1998	156.77	102.95	3.63	273.64	28.75	22.16
1999	166.50	105.50	6.04	313.12	37.66	21.49
2000	177.04	111.57	8.60	347.83	38.08	22.15
2001	205.41	124.45	19.35	431.70	39.40	25.55
2002	231.15	148.61	14.16	533.02	58.26	40.59
2003	268.65	173.15	14.69	573.75	51.40	36.21
2004	320.63	218.70	21.99	719.54	46.48	74.13
2005	395.27	267.87	32.67	873.42	74.98	71.91
2006	477.93	322.74	155.19	1064.52	72.67	84.32
2007	606.55	410.66	195.89	1357.03	256.59	220.98
2008	722.71	486.31	236.40	1765.22	295.56	310.31
2009	847.62	568.27	279.34	2210.44	336.07	360.75
2010	1081.69	730.84	350.85	2702.48	367.20	396.40
2011	1517.07	915.40	601.67	3520.76	466.74	484.44
2012	1782.16	1110.74	671.42	4119.00	550.26	525.71
2013	2030.88	1299.15	731.73	4690.89	628.45	625.94
2014	2262.79	1438.52	824.27	5017.38	627.24	661.97
2015	2515.43	1527.52	987.91	5728.72	634.17	779.84
2016	2697.88	1551.33	1146.56	6339.16	675.95	874.41
2017	2757.82	1759.13	998.69	6869.39	747.05	1017.90
2018	2860.84	1959.67	901.18	7479.61	797.30	1095.57
2019	3007.15	2061.96	945.19	8034.42	850.66	1160.33
2020	3008.66	2057.98	950.69	8403.13	861.15	1300.22

注：2007年起，“基本建设支出”指标更改为“一般公共服务”，“支援农村生产支出及农业事业费”指标更改为“社会保障和就业”。

From 2007,the index of" expenditure for capital construction" has been changed into general public services and "expenditrue for supporting agricultural prodution and agricultural expense" changed into "social security programs and emplogment".

10-3 财政收入及构成(2020年)
Government Financial Revenue and Composition (2020)

项 目	Item	财政收入（亿元）Financial Revenue (100 million yuan)	2020年比上年增长（%）Increase Rate in 2020 over 2019 (%)
地方一般公共预算收入	**General Public Budget Revenue**	**3008.66**	**0.1**
税收收入	**Tax Revenue**	**2057.98**	**-0.2**
国内增值税	Domestic Value-added Tax	700.55	-11.3
企业所得税	Corporate Income Tax	255.96	3.6
个人所得税	Individual Income Tax	87.95	18.6
资源税	Resources Tax	11.43	7.2
城市维护建设税	City Maintenance and Construction Tax	139.23	-4.5
房产税	House Property Tax	69.48	-1.2
印花税	Stamp Tax	31.48	4.7
城镇土地使用税	Urban Land Use Tax	68.99	-8.3
土地增值税	Land Appreciation Tax	256.05	15.5
车船税	Tax on Vehicles and Boat Operation	30.67	12.0
耕地占用税	Farm Land Occupation Tax	72.26	9.0
契税	Deed Tax	321.15	10.9
烟叶税	Tobacco Leaf Tax	8.07	5.4
环境保护税	Environment Protection Tax	4.17	-8.3
其他税收收入	Other Tax Revenue	0.54	-65.4
非税收入	**Non-tax Revenue**	**950.69**	**0.6**
专项收入	Special Program Receipts	198.84	-21.4
行政事业性收费收入	Charge of Administrative and Insitutional Units	156.58	3.7
罚没收入	Penalty Receipts	130.32	-0.2
国有资产经营收入	Operating Income from Government Capital	2.39	-63.2
国有资源有偿使用收入	Income from Use of State-owed Resources	297.21	18.0
捐赠收入	Donation Tax Revenue	6.18	32.3
政府住房基金收入	Government Housing Fund Tax Revenue	36.44	16.1
其他收入	Other Revenue	122.71	5.6

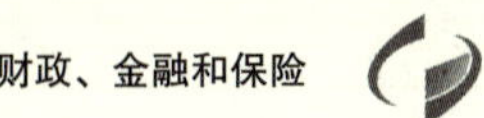

10-4 财政支出及构成(2020年)
Government Financial Expenditure and Composition (2020)

项 目	Item	财政收入（亿元）Financial Revenue (100 million yuan)	2020年比上年增长（%）Increase Rate in 2020 over 2019 (%)
一般公共预算支出	**General Public Budget Expenditure**	**8403.13**	**4.6**
一般公共服务支出	Expenditure for General Public Services	861.15	1.2
国防支出	National Defense	13.25	-4.5
公共安全支出	Public Safety	422.49	1.7
教育支出	Expenditure for Education	1325.25	4.3
其中：普通教育	Common	1021.29	7.6
职业教育	Vocational	125.93	-3.3
科学技术支出	Expenditure for Science and Technology	220.66	28.3
文化体育与传媒支出	Expenditure for Culture,Sport and Media	139.87	-3.4
其中：文化和旅游	Culture and Tourism	71.23	5.1
体育	Sport	11.56	-0.5
社会保障和就业支出	Expenditure for Social Security and Employment	1300.22	12.1
卫生健康支出	Expenditure for Medical and Health Care	737.62	11.5
节能环保支出	Environmence Protection	245.58	1.2
城乡社区支出	Expenditure for Urban and Rural Community Affairs	785.71	-17.5
农林水支出	Expenditure for Agriculture,Forestry and and Water Conservancy	987.71	0.9
其中：扶贫	Poverty Reduction	215.72	-14.9
交通运输支出	Expenditure for Transportation	371.17	8.5
资源勘探信息等支出	Expenditure for Affairs of Resource Exploration and Information	156.29	25.8
商业服务业等支出	Expenditure for Affairs of Commerce and Services	55.34	12.0
金融支出	Expenditure for Financial Affairs	23.17	1.2
援助其他地区支出	Expenditure for Other Regional Assistance	5.51	14.1
自然资源支出	Expenditure for Natural Resources	108.39	4.8
住房保障支出	Expenditure for Housing Security	244.84	14.5
粮油物资储备支出	Expenditure for Affairs of Management of Grain & Oil Reserves	53.21	96.1
灾害防治及应急管理支出	Expenditure for Disaster Prevention and Emergency Management	63.71	51.4
债务付息支出	Expenditure for Interest Payments on Debts	233.16	12.6
债务发行支出	Expenditure for Issuing Debts	1.05	-25.1
其他支出	Other Expenditure	47.79	41.4

10-5 金融机构本外币信贷收支(2020年)
Loans and Deposits of Financial Institutions (2020)

单位：亿元 (100 million yuan)

项　目	Item	年末余额 Balance at the Year-end	比年初增减 Increase Over the Year-beginning
各项存款	**Deposits**	**57912.00**	**5251.64**
境内存款	Domestic Deposits	57835.47	5239.25
住户存款	Household Deposits	31869.10	3458.77
活期存款	Demand Deposits	11183.57	742.47
定期及其他存款	Regular and Other Deposits	20685.53	2716.30
非金融企业存款	Corporate Deposits	13456.41	410.75
活期存款	Demand Deposits	7236.65	-172.71
定期及其他存款	Regular and Other Deposits	6219.77	583.45
机关团体存款	Deposits of Government Departments & Organizations	8695.90	773.10
财政性存款	Fiscal Deposits	1258.15	153.42
非银行业金融机构存款	Non-banking Financial Institutions Deposit	2555.91	443.22
境外存款	Foreign Deposits	76.54	12.39
金融债券	**Financial Bonds**	**454.45**	**86.04**
卖出回购资产	**Sell Back Assets**	**14.63**	**-2.67**
借款及非银行业金融机构拆入	**Borrowing and Non-banking Financial Institutions are Dismantled**	**18.76**	**-0.01**
联行往来（净）	**Inter-bank Credits**		
应付及暂收款	**Payable & Actually Received Funds**	**1275.38**	**228.31**
各项准备	**All Plans**	**1269.39**	**164.11**
所有者权益	**Creditors' Equity**	**2377.15**	**262.03**
实收资本	Total Capital Hold	857.97	89.09
其他	**Others**	**-3102.72**	**43.74**
资金来源总计	**All Sources**	**60219.04**	**6033.19**
各项贷款	**Loans**	**49402.84**	**6987.41**
境内贷款	Domestic Loans	49358.57	7010.42
住户贷款	Households Loans	18392.32	2686.15
短期贷款	Shortterm Loans	4427.58	727.02
#消费贷款	#Consumption Loans	2130.11	294.75
中长期贷款	Mediumterm and Longterm Loans	13964.74	1959.13
#消费贷款	#Consumption Loans	11713.50	1907.31
非金融企业及机关团体贷款	Non-financial Enterprises and Institutions Group Loans	30965.92	4348.12
非银行业金融机构贷款	Non-banking Financial Institution Loans	0.34	-23.85
境外贷款	Foreign Loans	44.27	-23.01
债券投资	**Securities**	**6208.05**	**1275.05**
股权及其他投资	**Equity and Other Investments**	**2336.37**	**-67.30**
买入返售资产	**Assets Purchased Under Resale greements**	**145.21**	**-15.69**
存放非银行业金融机构款项	**Deposit of Non-banking Financial Institutions**	**41.59**	**-11.72**
联行往来（净）	**Inter-bank Credits**	**1249.60**	**-2211.40**
应收及预付款	**Account Receivable and Advance Payment**	**450.60**	**65.46**
投资性房地产	**Investment Real Estate**	**0.33**	**-0.28**
固定资产	**Fixed Assets**	**384.45**	**11.67**
资金运用总计	**All Uses**	**60219.04**	**6033.19**

10–6 金融机构本外币存贷款分机构表(2020年)

Statement of Local and Foreign Currency Deposits and Loans of Financial Institutions (2020)

单位：亿元 (100 million yuan)

项 目	Item	存款 Deposit		贷款 Loan	
		年末余额 Balance at the Year-end	比年初增减 Increase Over the Year-beginning	年末余额 Balance at the Year-end	比年初增减 Increase Over the Year-beginning
金融机构	**Financial Institutions**	**57912.00**	**5251.64**	**49402.84**	**6987.41**
工商银行	Industrial and Commercial Bank of China Limited	4910.26	366.96	4555.03	703.04
建设银行	China Construction Bank	7962.89	804.21	6209.68	865.34
农业银行	Agricultural Bank of China	5309.36	437.41	3645.42	576.98
中国银行	Bank of China	3267.09	128.61	3111.05	310.37
开发银行	China Development Bank	448.49	-114.02	4092.66	469.23
交通银行	Bank of Communications	1859.78	224.50	1776.97	268.42
邮政储蓄银行	Postal Savings Bank of China	5219.44	446.26	2337.07	396.94
农发行	Agricultural Development Bank of China	461.64	-93.08	2693.00	422.41
进出口银行	Export-import Bank of China	16.43	-4.26	985.44	126.41
招商银行	China Merchants Bank	855.63	156.06	592.96	80.43
浦发银行	Shanghai Pudong Development Bank	628.98	-0.59	819.94	76.17
中信银行	China CITIC Bank	798.91	161.77	854.43	168.12
兴业银行	Industrial Bank Co.,Ltd.	1072.20	-16.42	611.13	143.11
民生银行	China Minsheng Banking Corp., Ltd	643.59	61.17	736.38	154.14
光大银行	China Everbright Bank	943.07	9.24	878.38	106.20
华夏银行	Hua Xia bank	241.67	7.95	230.27	16.98
广发银行	China Guangfa Bank	383.73	76.64	396.56	126.95
平安银行	Ping An Bank	309.08	83.44	418.73	133.73
恒丰银行	Hengfeng Bank	151.55	11.32	133.41	30.07
浙商银行	China Zheshang Bank Co.	122.34	26.95	94.95	-16.29
渤海银行	Bohai Bank	147.36	14.32	200.82	30.41
北京银行	Bank of Beijing	367.84	28.30	751.27	29.41
东莞银行	Bank of Dongguan	65.27	-6.15	88.57	-2.02
南粤银行	Nanyue Bank	110.45	-2.24	26.62	-7.38
上海农商行	Shanghai Rural Commercial Bank	10.99	1.06	49.34	10.19
电力财务	Power Finance Limited	78.07	8.29	80.02	27.97
长沙银行	Bank of Changsha	5081.29	769.93	2907.37	536.40
华融湘江银行	Huarong Xiangjiang Bank	2935.33	178.27	2298.06	240.37
农信机构	Rural Credit Institutions	10983.85	1012.52	6988.61	918.73
三湘银行	Sanxiang Bank	413.18	43.31	290.51	48.74
信托公司	Trust and Investment Companies			10.64	4.08
财务公司	Finance Companies	340.34	50.44	96.09	-13.43
村镇银行	Village and Township Bank	521.90	51.16	393.04	65.51
三一金融	Sany Auto Finance Co., Ltd.	72.49	57.94	116.70	14.60
外资银行	Foreign Bank	19.96	-12.33	61.78	7.10

注：外资银行包括汇丰、花旗、东亚、新韩、渣打和合作金库。
Foreign Banks include HSBC, Citigroup, East Asia, New Korea, Standard Chartered Bank and Co-operative.

10—7 主要金融机构大中小微型企业贷款分行业情况统计表 (2020年)

单位：亿元

项 目	Item	企业合计 Enterprise Total	
		年末余额 Balance at the Year-end	比年初增减 Increase Over the Year-beginning
合计	**Total**	**27952.62**	**4089.02**
农、林、牧、渔业	Agriculture,Forestry,Farming of Animals and Fishing	261.68	12.48
采矿业	Mining	116.30	-31.10
制造业	Manufacturing	2952.70	379.17
电力、热力、燃气及水生产和供应业	Production and Distribution of Electricity,Gas and Water	1555.10	158.41
建筑业	Construction	1308.45	124.61
批发和零售业	Wholesale and Retail Trade	1428.25	176.45
交通运输、仓储和邮政业	Traffic,Transport, Storage and Post	5252.21	539.68
住宿和餐饮业	Hotels and Catering Services	190.18	19.25
信息传输、软件和信息技术服务业	Information Transfer, Software and Information	149.25	44.67
金融业	Finance	286.07	-12.06
房地产业	Real Estate	3069.22	257.29
租赁和商务服务业	Tenancy and Business Services	5277.83	1413.69
科学研究和技术服务业	Scientific Research,Technical Service	91.53	24.84
水利、环境和公共设施管理业	Management of Water Conservancy, Environment and Public Establishment	5509.67	897.20
居民服务、修理和其他服务业	Resident Services and Other Services	158.25	15.36
教育业	Education	90.96	22.15
卫生和社会工作	Health and Social Work	97.82	19.65
文化、体育和娱乐业	Culture,Sports and Entertainment	155.84	28.95
公共管理、社会保障和社会组织	Public Management and Social Organization	1.31	-1.65

注：1. 本表仅统计人民币贷款，不含外汇贷款和票据融资。
2. 本表不含村镇银行、财务公司、信托公司。

Statistical Table on Loans by Sector of Major Financial Institutions, Large, Medium and Small Enterprises (2020)

(100 million yuan)

大型企业 Large Enterprise		中型企业 Medium-sized Enterprise		小型企业 Small Enterprise		微型企业 Miniature Enterprise	
年末余额 Balance at the Year-end	比年初增减 Increase Over the Year-beginning	年末余额 Balance at the Year-end	比年初增减 Increase Over the Year-beginning	年末余额 Balance at the Year-end	比年初增减 Increase Over the Year-beginning	年末余额 Balance at the Year-end	比年初增减 Increase Over the Year-beginning
9053.99	**990.40**	**9212.62**	**1735.46**	**8594.59**	**1206.95**	**1091.43**	**156.22**
57.70	-7.10	55.39	12.87	137.01	12.90	11.58	-6.19
33.41	-8.78	40.32	-17.33	35.35	-5.97	7.22	0.98
1386.56	133.01	571.47	24.24	878.33	174.83	116.34	47.09
605.01	-12.23	461.35	113.36	392.61	38.69	96.13	18.59
455.40	14.41	346.50	1.44	414.62	73.42	91.93	35.34
396.60	0.05	310.04	25.31	594.74	112.43	126.87	38.66
3813.52	282.36	840.16	114.62	533.34	162.40	65.19	-19.71
44.25	2.55	36.23	2.28	97.86	12.86	11.83	1.56
28.31	5.25	33.29	13.04	71.59	17.85	16.06	8.54
106.85	21.38	69.46	-19.27	41.15	-0.69	68.61	-13.48
276.23	23.70	2094.60	261.59	465.06	-40.75	233.33	12.75
829.14	246.02	1983.49	720.04	2327.25	428.23	137.95	19.40
19.73	1.66	19.00	7.61	46.41	11.48	6.39	4.09
918.81	288.40	2190.07	431.99	2318.25	169.37	82.53	7.43
25.13	-4.94	36.50	11.41	91.29	9.29	5.32	-0.41
9.48	3.16	37.45	7.99	40.63	10.74	3.39	0.27
20.50	-1.24	41.45	17.06	33.24	3.98	2.63	-0.15
27.34	2.75	45.83	7.19	74.54	17.55	8.13	1.46
				1.31	-1.65		

a. The statistical scope in the table include RMB loans,not-include Foreign Currency Loans and Financing Instruments.

b. The statistical scope in the table non-include Village and Township Bank、Finance Companies、Trust and Investment Companies.

10–8 保险机构与人员(2020年)
Institutions and Personnel of Insurance System (2020)

项 目		Item		合计 Total
全年各项保费收入	（亿元）	Premiums	(100 million yuan)	1513.06
保险机构数	（个）	Number of Institutions of Insurance System	(unit)	3311
法人机构		Legal Institutions		1
省级公司		Provincial Branches		58
地市级公司		Prefecture/City Branches		444
县支公司及营业部		County Branches		1316
营销服务部		Marketing Services Division		1487
年底实有职工人数	（人）	Employees at the Year-end	(person)	430854
专业保险代理公司法人机构数	（个）	Professional Insurance Agents of Corporate Institutions	(unit)	19
专业保险经纪公司法人机构数	（个）	Professional Insurance Brokers Corporate Institutions	(unit)	9
专业保险评估公司法人机构数	（个）	Professional Insurance Agencies Assess Corporate Institutions	(unit)	7
兼业保险代理机构数	（个）	Insurance Agencies and Industry	(unit)	10190

10–9 财产保险公司业务主要指标(2020年)
Major Indicators of Property Insurance Business (2020)

单位：万元 (10 000 yuan)

指 标	Item	保费收入 Premiums	赔款支出 Indemnity Expenditure
合 计	**Total**	**5101309**	**3025514**
企业财产保险	Enterprises Property Insurance	132225	51975
家庭财产保险	Household Property Insurance	35335	7403
其中：投资型家财险	Investment Link Household Property Insurance	99	11
机动车辆保险	Motor Vehicle Insurance	2872736	1669724
工程保险	Project Insurance	27957	12005
责任保险	Liability Insurance	286190	119337
信用保险	Credit Insurance	23214	8378
保证保险	Guarantee Insurance	220276	141820
其中：机动车辆消费贷款保证保险	Motor Vehicle Consumption Loans	137	234
船舶保险	Ships Insurance	2949	1817
货物运输保险	Freight Transport Insurance	19072	6458
特殊风险保险	Special Venture Insurance	5314	1096
农业保险	Agriculture Insurance	449943	314024
健康险	Health Insurance	816286	631291
意外伤害保险	Unforeseen Injury Insurance	195800	54557
其他险	Other Property Insurance	14012	5629

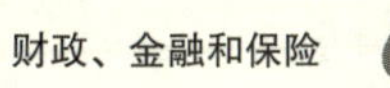

10–10 人寿保险公司主要业务指标(2020年)
Major Indicators of Life Insurance Business (2020)

单位：万元 (10 000 yuan)

指 标	Item	合计 Total
一、原保险保费收入	**The Original Insurance Premium Income**	**10029299**
（一）按险种分	According to The Insurance Division	
1. 人寿保险	Life Insurance	3995015
（1）个人业务	Personal Business	3987327
新单保费	New Insurance Premium	1662746
续期保费	Renewal Premium	2324582
（2）团体业务	Group Insurance	7687
新单保费	New Insurance Premium	7186
续期保费	Renewal Premium	501
2. 年金保险	Pension Insurance	3613099
（1）个人业务	Personal Business	3612365
新单保费	New Insurance Premium	917209
续期保费	Renewal Premium	2695156
（2）团体业务	Group Insurance	734
新单保费	New Insurance Premium	182
续期保费	Renewal Premium	552
3. 意外伤害险小计	Accidence Injury Insurance	200903
（1）一年期以内业务	Within One Year Period	33685
（2）一年期业务	One Year Period	109029
（3）一年期以上业务	Over One Year Period	58188
4. 健康险小计	Health Insurance	2220283
（1）一年期以内及一年期业务	Within One Year Periodand One Year Period	570598
个人业务	Personal Business	270709
团体业务	Group Insurance	299889
（2）一年期以上业务	Over One Year Period	1649684
个人业务	Personal Business	1616254
团体业务	Group Insurance	33431
（二）按销售渠道分	According to The Sales Channels	
1. 公司直销小计	Direct Sales Company	630547
（1）人寿保险	Life Insurance	166297
（2）年金保险	Accidence Injury Insurance	110128
（3）意外伤害险	Health Insurance	26472
（4）健康险	Personal Agent	327649
2. 个人代理小计	Life Insurance	6266465
（1）人寿保险	Accidence Injury Insurance	2017718
（2）年金保险	Health Insurance	2386998
（3）意外伤害险	Professional Insurance Agents	125800
（4）健康险	Life Insurance	1735949
3. 银行邮政代理小计	The Insurance Company	2877452
（1）人寿保险	Accidence Injury Insurance	1773873
（2）年金保险	The Insurance Company	1068191
（3）意外伤害险	Health Insurance	7098
（4）健康险	The Insurance Company	28290
4. 保险专业代理小计	Bank of Postal Agent	160100
5. 其他兼业代理小计	Life Insurance	73996
6. 保险经纪业务小计	Accidence Injury Insurance	20740

10-10 续表 Continued

单位：万元 (10 000 yuan)

指　标	Item	合计 Total
二、赔付支出	**Indemnity Expenditure**	**1798280**
1. 赔款支出	Indemnity Expenditure	395658
（1）意外伤害险	Accidence Injury Insurance	46637
一年期以内业务	Within One Year Period	8362
一年期业务	One Year Period	38275
（2）短期健康险	Health Insurance Within One Year Periodand One Year Period	349021
个人业务	Personal Business	94429
团体业务	Group Insurance	254592
2. 死伤医疗给付	Casualty Medical Payment	358990
（1）人寿保险	Life Insurance	102260
个人业务	Personal Business	98057
团体业务	Group Insurance	4203
（2）年金保险	Accidence Injury Insurance	25302
个人业务	Personal Business	25219
团体业务	Group Insurance	83
（3）长期健康险	Health Insurance Over One Year Period	231428
个人业务	Personal Business	211393
团体业务	Group Insurance	20034
3. 满期给付	Mature payment	733618
（1）人寿保险	Life Insurance	660842
个人业务	Personal Business	659205
团体业务	Group Insurance	1637
（2）年金保险	Accidence Injury Insurance	70749
个人业务	Personal Business	70749
团体业务	Group Insurance	
（3）长期健康险	Health Insurance Over One Year Period	2027
个人业务	Personal Business	2027
团体业务	Group Insurance	
4. 年金给付	Annuity	310015
个人业务	Personal Business	295075
团体业务	Personal Business	14939
三、退保金	**Surrender Value**	**979406**
1. 人寿保险	Life Insurance	483025
个人业务	Personal Business	482683
团体业务	Annuity Assurance	342
2. 年金保险	Accidence Injury Insurance	448559
个人业务	Personal Business	446740
团体业务	Group Insurance	1819
3. 长期健康险	Health Insurance Over One Year Period	47822

主要统计指标解释

地方一般公共预算收入 包括城市维护建设税（不含铁道部门、各银行总行、各保险公司总公司集中缴纳的部分），房产税，城镇土地使用税，土地增值税，车船税，耕地占用税，契税，烟叶税，印花税（不含证券交易印花税），增值税 50% 部分，纳入共享范围的企业所得税 40% 部分，个人所得税 40% 部分，海洋石油资源税以外的其他资源税，地方非税收入等。

地方一般公共预算支出 包括一般公共服务，公共安全支出，地方统筹的各项社会事业支出等。

存款 指企业、机关、团体或居民把货币资金存入银行或其他信贷机构保管，可随时或按约定时间支取款项，并取得一定利息的一种信用活动形式。根据存款对象或性质的不同可划分为住户存款、非金融企业存款、政府存款、非银行业金融机构存款等科目。它是银行信贷资金的主要来源。

贷款 指银行或其他信贷机构根据资金必须归还的原则，按一定利率，为企业、个人等提供资金的一种信用活动形式。我国银行贷款分为短期贷款、中长期贷款、融资租赁、票据融资、各项垫款、境外贷款等。

保险公司 在中国境内的、经过保险监督管理部门批准设立，并依法登记注册的各类商业保险公司。

保险金额 指保险人承担赔偿或者给付保险金责任的最高限额。

保费 指投保人为取得保险人在约定范围内所承担赔偿责任而支付给保险人的费用。

赔款 指保险人根据保险合同的规定，向被保险人支付的赔偿保险责任损失的金额。

给付 包括死伤医疗给付和满期给付。死伤医疗给付是指保险人根据人寿保险及长期健康保险合同的规定，因被保险人在保险期内发生保险责任范围内的保险事故支付给被保险人（或受益人）的金额。满期给付是指被保险人生存期满，保险人按人寿保险合同规定支付给被保险人的满期保险金额。

Explanatory Notes on Main Statistical Indicators

General Public Budget Revenue of the Local Governments includes city maintenance and construct tax (excluding the part of the Ministry of Railways, head offices of banks, head offices of insurance company, which are handed over to the government in a centralized way), house property tax, urban land use tax, land appreciation tax, tax on vehicles and boat operation, farm land occupation tax, deed tax, and tobacco leaf tax, stamp tax (not including stamp tax on security exchange), 50% of the value added tax, 40% the share part of the corporate income tax, 40% of individual income tax, resource tax other than the tax on offshore petroleum resources, local non-tax revenue, etc.

General Public Budget Expenditure of the Local Governments includes mainly the expenditure for general public services, expenditure for public security, and expenditures for social development which are planed by local governments, etc.

Deposit is a form of credit by which enterprises, institutions, organizations or households can put money into banks and other credit institutions for safekeeping and interest earning, and can withdraw anytime or at appointed time. According to different depositors, deposits are divided into household deposits, non-financial enterprise deposits, government deposits, and non-banking financial institutions deposits. Deposits are major sources of the credit funds of banks.

Loan is a form of credit by which banks and other credit institutions provide funds at certain interest rate to enterprises and individuals under the principle of unconditional repayment. Loans from Chinese banks include short-term loans, medium-term and long-term loans, financial lease, bill financing, various money advanced, and overseas loans.

Insurance Companies refer to commercial insurance companies of various forms registered by law and established in China with the approval of insurance regulatory agencies.

Amount Insured refers to the maximum that the insurant will get for the claim of the case insured.

Premium is the fee paid by the insurant to the insurer to obtain the obligation of compensation from the insurance within the agreed terms.

Settled Claim is the compensation paid by the insurer to the insurant in accordance with the insurance contract.

Payment includes payment for death, injury or medical treatment and mature payment. Payment for death, injury or medical treatment refers to the money paid to the insurant (or the beneficiary) in accordance with the life or health insurance contract when the insurant encounters accidents within the insured period covered in the contract. Mature payment refers to the mature payment to the insurant in accordance with the life insurance contract at the end of the insured period.

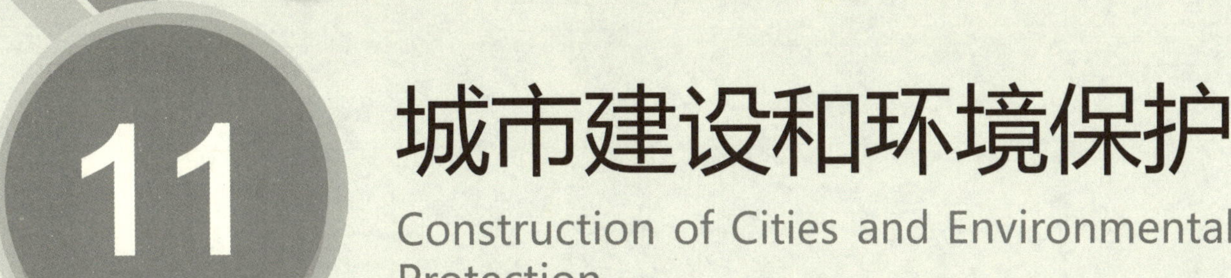

11 城市建设和环境保护

Construction of Cities and Environmental Protection

资料整理人员：杨　耒　　谢妮莉

11-1 城市公用事业基本情况
Basic Statistics for Urban Public Utilities

指　标	Item	2000	2010	2019	2020
城市个数　（个）	**Number of Cities　(unit)**				
省辖市	Cities Under the Jurisdiction of Province	13	13	13	13
县级市	Cities at County Level	16	16	17	18
城市规模	**City Size**				
城区人口　（万人）	Population of Cities　(10 000 persons)	1196.68	1151.41	1457.92	1520.45
供水	**Water Supply**				
综合生产能力（万立方米/日）	Production Capacity of Tap Water　(10 000 cu.m/day)	1162	979	994	1155
供水管长度　（公里）	Length of Water Supply Pipelines　(km)	7650	14400	34638	38420
供水总量　（万立方米）	Total Annual Volume of Water Supply　(10 000 cu.m)	282357	189223	223210	224665
#生产用量	# For Production		46904	43141	39644
公共服务用量	For Republic Services		17283	11778	31099
居民家庭用量	Household Consumption		76625	114968	101239
用水普及率　（%）	Percentage of Population with Access to Tap Water　(%)	97.5	95.2	97.7	99.1
供煤气、液化石油气	**Coal Gas and Liquefied Petroleum Gas Supply**				
供气总量	Total Gas Supply				
液化石油气　（吨）	Liquefied Petroleum Gas　(ton)	202033	252906	256917	252371
#居民家庭	# Consumption for Residential Use	189827	196219	214366	198249
天然气　（万立方米）	Natural Gas　(10 000 cu.m)			283440	283930
#居民家庭	# Consumption for Residential Use			111520	119480
天然气管道长度　（公里）	Length of Natural Gas Pipelines　(km)			22191	24023
燃气普及率　（%）	Percentage of Population with Access to Natural Gas　(%)	78.35	87.00	96.70	95.89
公共交通	**Public Traffic**				
运营车辆合计　（辆）	Number of Public Transportation Vehicles　(unit)	9083	12298	31851	32229
#汽车	# Buses	9083	12298	31851	32229
标准运营车数　（标台）	Convert into Standard Unit　(unit)	7212	13748	37505	37899
运营线路长度　（公里）	Length of Public Transportation Lines　(km)	3713	15338	39378	45732
出租汽车总计　（辆）	Total of Taxi　(unit)	19534	23668	35338	35561
每万人拥有公共交通车辆　（标台）	Number of Public Transportation Vehicles Per 10 000 Persons　(unit)	10	12	14	13
公交客运总量　（万人次）	Number of Passengers Carried　(10 000 person-times)	106227	246471	284948	209776

注：城市人口指标2006年起为城区人口，城市面积指标2006年起为城区面积。数据由湖南省住房和城乡建设厅提供。

Figure on population of cities means population of urban districts since 2006. Figure on city areas means urban district areas since 2006.The data in this table are provided by the Department of housing and urban rural development of Hunan province.

11-1 续表 Continued

指 标	Item	2000	2010	2019	2020
市政设施	**Municipal Engineering**				
道路长度 （公里）	Length of Paved Roads (km)	4739	8585	13076	15242
道路面积 （万平方米）	Area of Paved Roads (10 000 sq.m)	4816	15972	29474	34645
桥梁数 （座）	Number of bridges (unit)	637	588	1187	1311
#立交桥	#Cloverleaf Junction	82	71	109	104
路灯 （盏）	Number of Street Lights (unit)	115147	432349	817133	863176
排水管道长度 （公里）	Length of Sewer Pipelines (km)	3754	8882	19601	21665
污水排放量 （万立方米）	Number Volume of Let Sewage (10 000 cu.m)	165902	153696	227086	243174
污水处理厂 （座数）	Number of Sewage Disposal Farm (unit)	21	55	83	92
污水处理厂处理能力 （万立方米/日）	Daily Disposal Capacity of Sewage (10 000 cu.m/day)	61.2	376.7	660.3	741.5
其他污水处理装置处理能力 （万立方米/日）	Capacity of Engineering (10 000 cu.m/day)	83.9	170.8	31.5	25.1
污水年处理量 （万立方米）	Annual Volume of Sewage Treated (10 000 cu.m)	45316	115289	220486	237804
人均拥有道路 （平方米）	Per Capita of Road Areas (sq.m)	7.0	13.0	17.7	22.8
排水管密度（公里/平方公里）	Density of Drainage Pipelines (km/sq.km)	4.7	6.7	9.4	10.0
污水处理率 （%）	Rate of Sewage Disposal (%)	27.3	75.0	97.1	97.8
园林绿化	**Parks, Gardens and Green Areas**				
绿化覆盖面积 （公顷）	Coverage Space of Green Areas (hectare)	49290	54509	84451	90846
#建成区	#Developed Area	22646	48398	76540	81335
园林绿地面积 （公顷）	Area of Parks,Gardens and Green Areas in Cities(hectare)	44672	46028	74359	80964
#建成区	#Developed Area	19450	43611	67663	72880
公园绿地面积 （公顷）	Park Green Land (hectare)	3525	10969	19672	21368
公园个数 （个）	Number of Parks (unit)	116	175	395	456
公园面积 （公顷）	Area of Parks (hectare)	2646	6763	14197	14244
人均公园绿地面积（平方米）	Park Green Land Per Capita (sq.m)	5.1	8.9	11.8	14.1
建成区绿地率 （%）	Rate of Green Areas Developed (%)	24.3	33.0	36.5	37.2
建成区绿化覆盖率 （%）	Coverage Rate of Green Areas Developed (%)	28.3	36.6	41.2	41.5
环境卫生	**Environmental Sanitation**				
道路清扫保洁面积（万平方米）	Road Cleaning Area (10 000 sq.m)	3236	12331	27955	29576
#机械清扫	#Machine Cleaning	412	6457	22668	23983
生活垃圾清运量 （万吨）	Volume of Garbage Disposal (10 000 tons)	358.46	505.22	775.45	797.14
垃圾无害化处理场 （座数）	Number of Factories to Treat Garbage Harmlessly (unit)	15	21	40	43
#处理能力 （吨/日）	#Daily Disposal Capacity (ton/day)	4427	11818	29677	32355
垃圾无害处理量 （万吨）	Volume of Garbage Harmlessly Treatment (10 000 tons)	180.91	399.09	775.31	797.14
公共厕所数 （座）	Number of Public Lavatories (unit)	3001	2896	4022	4380
#三类以上	#Water Closet	1771	2328	3001	3205
市容环卫专用车辆设备总数（辆）	Environmental Sanitation Equipment (unit)	1213	1998	6792	7069
生活垃圾无害化处理率 （%）	Ratio of Garbage Harmlessly Treatment (%)	50.5	79.0	100.0	100.0

11-2 城市设施水平(2020年)
Indicators of Municipal Public Utilities Level (2020)

城市	Cities	人口密度（人/平方公里）Population Density (person/sq.km)	供水普及率（%）Water Penetration Rate (%)	每万人拥有公共交通车辆（标台）Numberof Public TransportationVehicles Per 10 000 persons (unit)	燃气普及率（%）Gas Penetration Rate (%)	人均城市道路面积（平方米）Per Capita Area of Urban Roads (sq.m)
长沙市	Changsha	3232	100.00	21.03	97.58	21.59
浏阳市	Liuyang	1901	100.00	2.39	99.53	20.20
宁乡市	Ningxiang	1381	100.00	7.86	100.00	26.92
株洲市	Zhuzhou	1342	97.30	11.15	93.94	25.06
醴陵市	Liling	2175	100.00	3.25	98.02	19.50
湘潭市	Xiangtan	6706	100.00	16.29	97.33	17.35
湘乡市	Xiangxiang	11077	100.00	3.18	98.96	14.97
韶山市	Shaoshan	1572	98.41	7.64	99.60	19.80
衡阳市	Hengyang	7701	100.00	17.85	99.25	13.68
耒阳市	Leiyang	6390	100.00	10.12	89.69	25.62
常宁市	Changning	2871	100.00	3.03	100.00	15.90
邵阳市	Shaoyang	8435	97.13	14.59	99.99	16.37
武冈市	Wugang	7550	96.03	3.78	97.68	12.59
邵东市	Shaodong	8505	100.00	3.09	89.29	22.97
岳阳市	Yueyang	5669	100.00	10.02	97.79	22.26
汨罗市	Miluo	6574	100.00	5.54	94.13	32.02
临湘市	Linxiang	4237	95.52	3.58	100.00	9.74
常德市	Changde	2460	100.00	10.09	98.07	22.10
津市市	Jinshi	1376	100.00	4.18	95.15	14.36
张家界市	Zhangjiajie	5245	95.82	12.48	87.88	16.42
益阳市	Yiyang	5621	96.38	23.54	99.99	19.99
沅江市	Yuanjiang	9555	100.00	9.82	99.84	10.93
郴州市	Chenzhou	6552	96.72	24.28	99.00	11.47
资兴市	Zixing	6870	98.64	4.11	82.45	13.04
永州市	Yongzhou	5882	99.53	13.47	99.14	21.03
怀化市	Huaihua	9585	99.08	7.77	95.89	10.91
洪江市	Hongjiang	2068	98.58	7.85	89.72	21.28
娄底市	Loudi	8276	98.08	8.61	97.91	23.53
冷水江市	Lengshuijiang	3171	98.13	7.34	99.81	15.28
涟源市	Lianyuan	7536	95.33	2.18	92.89	21.29
吉首市	Jishou	7396	95.21	8.57	78.48	29.44

注：本表数据由湖南省住房和城乡建设厅、省交通厅等部门提供。

The data in this table are provided by Hunan Provincial Department of Housing and Urban-Rural Development and Hunan Provincial Department of Communications.

11-2 续表 Continued

城　市	Cities	建成区排水管道密度（公里/平方公里） Density of Drainage Pipe in Built-up Area (km/sq.km)	污　水处理率（%） Ratio of Sewage Treatment (%)	园林绿化 Parks, Gardens and Green Areas 人均公园绿地面积（平方米） Park Green Land per Capita (sq.m)	建成区绿地率（%） Ratio of Green Area in Developed Areas (%)	建成区绿化覆盖率（%） Green Area Coverage Rate in Developed Areas (%)	生活垃圾无害化处理率（%） Ratio of Garbage Harmlessly Treatment (%)
长沙市	Changsha	7.56	98.50	11.71	33.40	39.46	100.00
浏阳市	Liuyang	14.53	98.38	11.09	37.29	42.75	100.00
宁乡市	Ningxiang	6.98	99.03	12.53	38.47	43.53	100.00
株洲市	Zhuzhou	13.01	98.04	13.98	40.21	42.60	100.00
醴陵市	Liling	11.75	95.21	12.20	35.68	40.43	100.00
湘潭市	Xiangtan	13.37	97.00	12.23	38.88	41.91	100.00
湘乡市	Xiangxiang	15.59	96.40	9.01	33.17	36.99	100.00
韶山市	Shaoshan	18.60	97.50	13.25	40.23	44.95	100.00
衡阳市	Hengyang	9.31	98.44	13.50	39.15	42.88	100.00
耒阳市	Leiyang	9.06	97.80	11.52	35.84	38.31	100.00
常宁市	Changning	6.59	96.50	14.66	28.30	33.57	100.00
邵阳市	Shaoyang	6.92	95.52	14.44	36.44	43.04	100.00
武冈市	Wugang	11.97	95.00	14.54	36.44	39.87	100.00
邵东市	Shaodong	6.68	95.01	10.63	37.78	41.09	100.00
岳阳市	Yueyang	12.55	96.45	12.65	40.01	43.32	100.00
汨罗市	Miluo	11.24	96.73	13.02	36.03	39.63	100.00
临湘市	Linxiang	10.17	99.24	11.39	36.28	39.89	100.00
常德市	Changde	16.69	99.99	14.19	39.51	44.51	100.00
津市市	Jinshi	10.90	98.00	10.68	31.19	34.75	100.00
张家界市	Zhangjiajie	7.74	96.74	8.96	32.28	36.94	100.00
益阳市	Yiyang	10.55	99.60	11.48	38.95	40.06	100.00
沅江市	Yuanjiang	7.89	97.02	11.80	34.50	38.30	100.00
郴州市	Chenzhou	13.44	95.40	13.59	41.95	46.56	100.00
资兴市	Zixing	8.69	95.04	10.95	42.43	44.22	100.00
永州市	Yongzhou	10.10	98.30	11.80	35.19	38.10	100.00
怀化市	Huaihua		95.65	8.74	35.41	39.48	100.00
洪江市	Hongjiang	9.81	95.61	12.79	34.91	38.55	100.00
娄底市	Loudi	5.94	98.50	9.59	35.55	41.07	100.00
冷水江市	Lengshuijiang	10.34	96.19	15.26	34.48	40.02	100.00
涟源市	Lianyuan	11.90	96.20	8.02	34.18	38.68	100.00
吉首市	Jishou	6.74	95.56	9.65	36.13	41.49	100.00

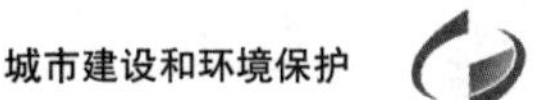

11-3 城市供水(2020年)
Tap Water Supply in Cities (2020)

城市	Cities	年末供水综合生产能力（万立方米/日）Year-end Water Supply Comprehensive Production Capacity (10 000 cu.m/day)	年末供水管道长度（公里）Length of Water Supply Pipelines at the Year-end (km)	供水总量（万立方米）Total Annual Volume of Water Supply (10 000 cu.m)	生产运营用水 Production and Operation Water	公共服务用水 Water for Public Services	居民家庭用水 Water for Family Use	用水人口（万人）Number of Residents with Access to Tap Water (10 000 persons)
长沙市	Changsha	260.00	7533	70747	14090	15886	27005	463.47
浏阳市	Liuyang	11.50	450	3272	252	594	1707	27.57
宁乡市	Ningxiang	28.00	1527	6218	2740	85	2278	47.77
株洲市	Zhuzhou	117.60	3616	18657	2984	3043	8982	121.25
醴陵市	Liling	10.00	900	2648	215	295	1438	24.75
湘潭市	Xiangtan	131.00	2063	8915	807	949	5037	94.65
湘乡市	Xiangxiang	10.00	725	1969	538	110	900	28.80
韶山市	Shaoshan	3.80	360	450	28	33	289	4.95
衡阳市	Hengyang	73.10	1970	17693	3001	1082	7325	149.58
耒阳市	Leiyang	13.87	647	3440	190	159	1754	30.90
常宁市	Changning	10.00	995	1841	302	56	1098	17.40
邵阳市	Shaoyang	38.00	1022	7787	766	447	5418	68.00
武冈市	Wugang	12.60	487	2393	415	96	1350	29.00
邵东市	Shaodong	6.50	505	2621	60	403	1717	36.40
岳阳市	Yueyang	86.00	2430	11460	2557	340	6012	92.67
汨罗市	Miluo	6.00	413	1307	191	4	728	13.28
临湘市	Linxiang	4.00	215	1057	48	106	692	19.83
常德市	Changde	57.43	2249	10428	2922	1241	4007	81.70
津市市	Jinshi	8.99	356	1216	355	0	557	10.93
张家界市	Zhangjiajie	20.00	625	4070	1146	79	1531	27.74
益阳市	Yiyang	37.57	824	8600	1063	1377	3710	64.50
沅江市	Yuanjiang	8.93	394	1137	134	41	721	18.35
郴州市	Chenzhou	75.50	1421	7570	1586	1026	3637	65.50
资兴市	Zixing	10.00	496	1631	436	120	590	16.69
永州市	Yongzhou	46.50	1434	11723	3180	1456	4290	58.90
怀化市	Huaihua	30.00	1312	8600	435	756	4078	62.20
洪江市	Hongjiang	6.00	314	992	116	147	509	11.79
娄底市	Loudi	23.00	980	6252	593	664	3507	51.54
冷水江市	Lengshuijiang	11.00	1851	1672	296	6	894	15.19
涟源市	Lianyuan	8.00	360	1478	141	149	774	17.96
吉首市	Jishou	13.00	685	3147	215	503	1675	33.80

注：本表数据由湖南省住房和城乡建设厅提供。

The data in this table are provided by the Department of housing and urban rural development of Hunan province.

11-4 城市公共交通(2020年)
Public Traffic in Cities (2020)

城市	Cities	公共汽车 Buses 运营车数合计(辆) Number of Public Tran-sportation Vehicles (unit)	标准运营车数(标台) Number of Vehicles Convert into Standard unit (unit)	运营线路网长度(公里) Length of Public Transportation Lines (km)	客运总量(万人次) Number of Passengers Carried (10 000 person-times)	出租汽车数(辆) Number of Taxis (unit)
长沙市	Changsha	9288	11857	7344	41359	8080
浏阳市	Liuyang	194	212	673	912	400
宁乡市	Ningxiang	503	597	1128	2247	467
株洲市	Zhuzhou	1351	1685	1232	13466	2186
醴陵市	Liling	158	184	155	1805	292
湘潭市	Xiangtan	1219	1596	1481	6460	1342
湘乡市	Xiangxiang	115	115	180	612	281
韶山市	Shaoshan	41	44	148	150	13
衡阳市	Hengyang	1757	2205	1240	7591	1039
耒阳市	Leiyang	541	536	238	3446	500
常宁市	Changning	109	121	261	1677	166
邵阳市	Shaoyang	803	1026	563	5729	1002
武冈市	Wugang	106	120	161	580	158
邵东市	Shaodong	168	182	306	1588	395
岳阳市	Yueyang	900	1127	957	11799	1754
汨罗市	Miluo	161	155	1187	617	200
临湘市	Linxiang	90	90	62	698	225
常德市	Changde	992	1111	1267	8114	1142
津市市	Jinshi	72	58	113	457	150
张家界市	Zhangjiajie	395	467	363	5883	865
益阳市	Yiyang	1439	1785	1107	6681	867
沅江市	Yuanjiang	298	273	626	2326	350
郴州市	Chenzhou	1629	2000	4500	14185	1220
资兴市	Zixing	80	88	210	1048	73
永州市	Yongzhou	776	936	649	8728	800
怀化市	Huaihua	349	450	616	4354	800
洪江市	Hongjiang	110	109	162	434	142
娄底市	Loudi	423	482	608	4575	950
冷水江市	Lengshuijiang	152	181	200	2024	323
涟源市	Lianyuan	71	71	82	952	200
吉首市	Jishou	229	269	550	3436	697

11-5 城市市政设施(2020年)
Urban Civil Facilities (2020)

城 市	Cities	道路长度（公里）Length of Streets (km)	道路面积（万平方米）Area of Streets (10 000 sq.m)	桥梁（座）Bridges (unit)	立交桥数 Number of Cloverleaf Junction	路灯盏数（盏）Number of Street Lights (unit)	排水管道长度（公里）Length of Sewer Pipelines (km)	污水年排放量（万立方米）Annual Volume of Sewage Discharged (10 000 cu.m)
长沙市	Changsha	4623	10008	259	30	123274	4652	93256
浏阳市	Liuyang	255	557	34	1	8976	430	3010
宁乡市	Ningxiang	677	1286	88		24458	495	5269
株洲市	Zhuzhou	1277	3123	242	8	73522	2565	16501
醴陵市	Liling	249	483	18		20596	357	1679
湘潭市	Xiangtan	903	1660	20		34630	1260	16880
湘乡市	Xiangxiang	226	431	9		10623	366	1697
韶山市	Shaoshan	57	100			2498	153	747
衡阳市	Hengyang	1028	2047	49	18	98653	1332	12752
耒阳市	Leiyang	316	815	3		8820	309	2763
常宁市	Changning	225	277	12	2	9891	232	1473
邵阳市	Shaoyang	356	1146	22	2	37180	650	6382
武冈市	Wugang	161	380	12		8609	280	1574
邵东市	Shaodong	312	836	11		16383	304	2066
岳阳市	Yueyang	989	2107	28	3	50069	1459	13586
汨罗市	Miluo	162	425	9		10094	226	1038
临湘市	Linxiang	163	202	14		6708	252	1165
常德市	Changde	822	1806	112	14	81406	1945	11749
津市市	Jinshi	142	157	7		6172	211	1449
张家界市	Zhangjiajie	344	475	37	3	20201	327	3370
益阳市	Yiyang	622	1338	4		31215	1098	7660
沅江市	Yuanjiang	315	211	3	1	5860	157	1522
郴州市	Chenzhou	177	777	71	17	41466	1073	9573
资兴市	Zixing	144	221	5		6153	190	1019
永州市	Yongzhou	562	1245	21	5	39466	698	11483
怀化市	Huaihua	281	685	48	1	34149	664	7696
洪江市	Hongjiang	132	255	10		15311	174	908
娄底市	Loudi	320	1236	28		27515	320	5968
冷水江市	Lengshuijiang	150	237	16		7092	179	1171
涟源市	Lianyuan	256	401	53		8724	300	1370
吉首市	Jishou	495	1045	69		13465	268	2995

注：本表数据由湖南省住房和城乡建设厅提供。
The data in this table are provided by the Department of housing and urban rural development of Hunan province.

11-5 续表 Continued

城 市	Cities	污水处理厂 Sewage Disposal Factory 座数（座）Number of Units (unit)	二、三级处理 Biological and Chemical Disposal	处理能力（万立方米/日）Disposal Capacity (10 000 cu.m/day)	二、三级处理 Biological and Chemical Disposal	其他污水处理装置处理能力（万立方米/日）Capacity of Engineering (10 000 cu.m/day)	污水处理总量（万立方米）Total Amount of Sewage Treated (10 000 cu.m)
长沙市	Changsha	14	14	260.5	260.5		91861
浏阳市	Liuyang	1	1	8.0	8.0	8.0	2962
宁乡市	Ningxiang	3	3	15.0	15.0		5218
株洲市	Zhuzhou	10	9	62.0	60.0	2.4	16177
醴陵市	Liling	1		5.0		5.5	1598
湘潭市	Xiangtan	5	5	53.5	53.5		16374
湘乡市	Xiangxiang	1	1	5.0	5.0		1636
韶山市	Shaoshan	1	1	2.0	2.0		729
衡阳市	Hengyang	5	4	46.1	42.1	2.0	12553
耒阳市	Leiyang	1	1	10.0	10.0	0.7	2702
常宁市	Changning	1		4.0			1421
邵阳市	Shaoyang	3		20.0			6096
武冈市	Wugang	1	1	4.0	4.0		1496
邵东市	Shaodong	1		8.0			1963
岳阳市	Yueyang	11	11	49.5	49.5	8.3	13104
汨罗市	Miluo	1		2.5			1004
临湘市	Linxiang	1	1	3.0	3.0		1156
常德市	Changde	5	5	36.0	36.0	0.1	11748
津市市	Jinshi	2		4.5			1420
张家界市	Zhangjiajie	4	4	10.5	10.5	0.2	3261
益阳市	Yiyang	4	4	29.0	29.0		7629
沅江市	Yuanjiang	1	1	4.0	4.0		1477
郴州市	Chenzhou	3	1	26.5	12.0		9133
资兴市	Zixing	1	1	4.0	4.0		968
永州市	Yongzhou	2	2	30.0	30.0		11287
怀化市	Huaihua	3	2	22.0	7.0		7361
洪江市	Hongjiang	3	2	2.5	1.5		869
娄底市	Loudi	2	2	20.0	20.0		5878
冷水江市	Lengshuijiang	1		3.0			1126
涟源市	Lianyuan	1	1	4.0	4.0		1318
吉首市	Jishou	1	1	7.0	7.0		2862

11–6 城市绿地和园林 (2020年)
Urban Green Spaces and Gardens (2020)

城市	Cities	绿化覆盖面积（公顷）Coverage Space of Green Areas (hectare)	建成区 Developed Areas	绿地面积（公顷）Area of Green Areas (hectare)	建成区 Developed Areas	公园绿地面积（公顷）Park Green Land (hectare)	公园个数（个）Number of Parks (unit)	公园面积（公顷）Area of Parks (hectare)
长沙市	Changsha	24338	24288	20639	20560	5427	61	2797
浏阳市	Liuyang	1265	1265	1104	1104	306	7	241
宁乡市	Ningxiang	3086	3086	2727	2727	598	14	539
株洲市	Zhuzhou	6642	6642	6270	6270	1743	23	508
醴陵市	Liling	1243	1229	1172	1085	302	12	215
湘潭市	Xiangtan	6306	3791	5936	3517	1170	14	702
湘乡市	Xiangxiang	869	869	783	780	260	2	113
韶山市	Shaoshan	457	231	353	207	67	6	89
衡阳市	Hengyang	8597	6135	7931	5601	2020	30	913
耒阳市	Leiyang	1306	1306	1222	1222	367	8	367
常宁市	Changning	1182	1182	996	996	255	7	255
邵阳市	Shaoyang	3960	3357	3215	2842	1011	11	773
武冈市	Wugang	1186	933	989	853	439	6	347
邵东市	Shaodong	1698	1447	1499	1330	387	3	122
岳阳市	Yueyang	6441	5037	5487	4652	1198	50	969
汨罗市	Miluo	797	797	724	724	173	3	137
临湘市	Linxiang	1347	645	1197	587	237	25	243
常德市	Changde	4779	4773	4240	4237	1159	15	834
津市市	Jinshi	683	657	622	590	117	9	154
张家界市	Zhangjiajie	1692	1436	1500	1255	259	19	251
益阳市	Yiyang	3625	3625	3524	3524	768	37	720
沅江市	Yuanjiang	810	753	746	678	228	7	200
郴州市	Chenzhou	3718	3718	3350	3350	920	34	920
资兴市	Zixing	965	965	926	926	185	2	74
永州市	Yongzhou	2837	2634	2525	2433	698	21	507
怀化市	Huaihua	2586	2586	2319	2319	549	12	497
洪江市	Hongjiang	867	599	752	543	153	6	162
娄底市	Loudi	2197	2197	1902	1902	504	16	466
冷水江市	Lengshuijiang	606	564	523	486	236	6	236
涟源市	Lianyuan	583	583	515	515	151	4	151
吉首市	Jishou	1801	1577	1662	1373	343	5	98

注：本表数据由湖南省住房和城乡建设厅提供。

The data in this table are provided by the Department of housing and urban rural development of Hunan province.

11–7 城市燃气使用情况(2020年)
Urban Coal Gas and Liquefied Petroleum (2020)

城 市	Cities	液化石油气 Liquefied Petroleum Gas			天然气 Gas			
		供气总量（吨）Total Gas Supply (ton)	居民家庭 Households	用气人口（万人）Population with Access to Gas (10 000 persons)	供气总量（万立方米）Total Gas Supply (10 000 cu.m)	居民家庭 Households	用气人口（万人）Population with Access to Gas (10 000 persons)	管道长度（公里）Length of Pipelines (km)
长沙市	Changsha	69187	39459	74	84475	35495	378.19	1989.0
浏阳市	Liuyang	800	790	1	8193	1724	26.44	456.0
宁乡市	Ningxiang	5132	3540	18	6408	1826	29.87	577.7
株洲市	Zhuzhou	6413	5289	6	25928	9891	111.43	2227.2
醴陵市	Liling	9531	2246	6	29660	4259	18.21	1414.2
湘潭市	Xiangtan	13460	13460	20	16500	7018	73.00	2200.0
湘乡市	Xiangxiang	4600	4590	11	2535	2458	17.20	368.0
韶山市	Shaoshan	335	335	2	388	134	2.74	143.9
衡阳市	Hengyang	7855	6820	11	26006	8222	137.10	4876.6
耒阳市	Leiyang	5500	5500	12	870.84	564.18	16.27	534.5
常宁市	Changning	1736	1718	3	773	532	14.00	335.0
邵阳市	Shaoyang	4300	3500	15	6263	3631	55.00	730.0
武冈市	Wugang	3520	3514	18	1453	586	11.20	406.2
邵东市	Shaodong	6586	4495	16	913	912	17.00	98.0
岳阳市	Yueyang	28809	24404	16	23428	13370	76.24	2098.3
汨罗市	Miluo	1691	1681	5	3388	475	7.66	175.2
临湘市	Linxiang	3982	3911	11	1016	897	9.92	110.0
常德市	Changde	10500	10450	22	15729	6771	58.06	2553.9
津市市	Jinshi	1731	1731	4	659	400	6.80	203.2
张家界市	Zhangjiajie	7247	7123	8	2692	1245	17.59	418.7
益阳市	Yiyang	8874	8472	18	8001	3370	48.98	338.8
沅江市	Yuanjiang	1713	785	2	2085	1069	17.10	101.1
郴州市	Chenzhou	10866	10816	16	8044	6130	51.34	1135.3
资兴市	Zixing	3508	3380	8	1015	324.55	6.27	72.2
永州市	Yongzhou	8105	7497	25	4127	3003	33.53	252.0
怀化市	Huaihua	18700	15200	46	1660	815	14.40	112.7
洪江市	Hongjiang	1530	1525	8	90.8	70.59	2.81	46.2
娄底市	Loudi	9080	9000	26	5599	4400	25.15	321.0
冷水江市	Lengshuijiang	1050	1050	11	442	195	4.95	48.7
涟源市	Lianyuan	2799	2760	14	280	135	3.15	55.0
吉首市	Jishou	2832	2755	24	702	600	3.55	50.9

注：本表数据由湖南省住房和城乡建设厅提供。

The data in this table are provided by the Department of housing and urban rural development of Hunan province.

11−8 全省环保产业统计情况（2020年）

Statistical Report of Hunan Environmental Protection Industry (2020)

指 标	Item	合计 Total	长沙 Changsha	株洲 Zhuzhou	湘潭 Xiangtan	衡阳 Hengyang	邵阳 Shaoyang	岳阳 Yueyang	常德 Changde
环保产业单位数（个）	**The Number of Environmental Protection Industry Units (unit)**	**1626**	**313**	**195**	**51**	**135**	**105**	**175**	**80**
环保产业从业人数（万人）	**The Number of Employees in Environmental Protection Industry (10 000 persons)**	**17.1**	**5.4**	**1.7**	**0.7**	**1**	**0.8**	**1.2**	**0.9**
环保产业年收入（亿元）	**Annual Income of Environmental Protection Industry (100 million yuan)**	**2803.0**	**1163.5**	**148.5**	**298.0**	**115.1**	**57.6**	**246.1**	**72.1**
# 环境服务业	# Environmental Services	294.8	213.6	19.3	10.4	4	4.4	3.9	5.1
# 环境保护产品生产	# Environmental Protection Products Production	209.6	156.6	19.9	4.1	4.4	5.1	1.9	5.7
# 环境友好产品生产	# Environment Friendly Products Production	1390.1	756.8	91.9	246.0	2.2	0.8	88.1	37
# 资源综合利用	# Comprehensive Utilization of Resources	908.5	36.5	17.4	37.5	104.5	47.3	152.2	24.3

注：本表数据由湖南省环境保护厅提供。

The data in this table are provided by the environmental protection department of Hunan province.

11−8 续表 Continued

指 标	Item	张家界 Zhangjiajie	益阳 Yiyang	郴州 Chenzhou	永州 Yongzhou	怀化 Huaihua	娄底 Loudi	湘西州 Xiangxi
环保产业单位数（个）	**The Number of Environmental Protection Industry Units (unit)**	**30**	**65**	**213**	**55**	**65**	**81**	**63**
环保产业从业人数（万人）	**The Number of Employees in Environmental Protection Industry (10 000 persons)**	**0.4**	**0.4**	**2.5**	**0.4**	**0.5**	**0.7**	**0.5**
环保产业年收入（亿元）	**Annual Income of Environmental Protection Industry (100 million yuan)**	**12.8**	**64.0**	**429.8**	**51.7**	**42.2**	**60.3**	**41.3**
# 环境服务业	# Environmental Services	1.6	8.5	5.8	3.7	4.8	6.3	3.4
# 环境保护产品生产	# Environmental Protection Products Production	0.2	2.8	2.9	0.4	3.4	1.6	0.6
# 环境友好产品生产	# Environment Friendly Products Production	1.6	11.6	75.7	36.7	1.7	32.4	7.6
# 资源综合利用	# Comprehensive Utilization of Resources	9.4	41.1	345.4	10.9	32.3	20.0	29.7

主要统计指标解释

供水综合生产能力 指按供水设施取水、净化、送水、出厂输水干管等环节设计能力计算的综合生产能力。包括在原设计能力的基础上，经挖、革、改增加的生产能力。计算时，以四个环节中最薄弱的环节为主确定能力。

供水管道长度 指从送水泵至用户水表之间所有管道的长度。不包括新安装尚未使用、水厂内以及用户建筑物内的管道。

城市供水总量 指报告期供水企业（单位）供出的全部水量。包括有效供水量和漏损水量。

生活用水 包括公共服务用水和居民家庭用水。公共服务用水指为城区社会公共生活服务的用水。包括行政事业单位、部队营区和公共设施服务、批发零售业、住宿餐饮业以及社会服务业等单位的用水。居民家庭用水指城市范围内所有居民家庭的日常生活用水。包括城市居民、农民家庭、公共供水站用水。

生产用水 指在城区范围内生产、运营的农、林、牧、渔业、工业、建筑业、交通运输业等单位在生产、运营过程中的用水。

用水普及率 指报告期末城区用水人口数与城市人口总数的比率。计算公式：

$$用水普及率 = \frac{城区用水人口（含暂住人口）}{城区人口 + 城区暂住人口} \times 100\%$$

供气管道长度 指报告期末从气源厂压缩机的出口或门站出口至各类用户引入管之间的全部已经通气、投入使用的管道长度。不包括煤气生产厂、输配站、液化气储存站、灌瓶站、储配站、气化站、混气站、供应站等厂（站）内的管道。

城市供气总量 指报告期燃气企业（单位）向用户供应的燃气数量。包括销售量和损失量。

燃气普及率 指报告期末城区使用燃气的城市人口数与城市人口总数的比率。其中燃气包括人工煤气、天然气、液化石油气三种。计算公式为：

$$燃气普及率 = \frac{城区用气人口（含暂住人口）}{城区人口 + 城区暂住人口} \times 100\%$$

道路长度 指道路长度和与道路相通的桥梁、隧道的长度，按车行道中心线计算。

城市桥梁 指为跨越天然或人工障碍物而修建的构筑物。包括跨河桥、立交桥、人行天桥以及人行地下通道等。

城市排水管道长度 指所有排水总管、干管、支管、检查井及连接井进出口等长度之和。

城市污水日处理能力 指污水处理厂（或污水处理装置）每昼夜处理污水量的设计能力。

年末公共交通车辆运营数 指年末城市用于公共交通运营业务的全部车辆数。新购、新制和调入的运营车辆，自投入之日起开始计算；调出、报废和调作他用的运营车辆，自上级主管机关批准之日起不再计入。

城市绿地面积 指报告期末用作园林和绿化的各种绿地面积。包括公园绿地、生产绿地、防护绿地、附属绿地和其他绿地的面积。

公园绿地 城市中向公众开放的、以游憩为主要功能，有一定的游憩设施和服务设施，同时兼有健全生态、美化景观、防灾减灾等综合作用的绿化用地。包括综合公园、社区公园、专类公园、带状公园和街旁绿地。其中综合公园、专类公园和带状公园面积之和为公园面积。

清扫保洁面积 指报告期末对城市道路和公共场所（主要包括城市行车道、人行道、车行隧道、人行过街地下通道、道路附属绿地、地铁站、高架路、人行过街天桥、立交桥、广场、停车场及其他设施等）进行清扫保洁的面积。一天清扫保洁多次的，按清扫保洁面积最大的一次计算。

市容环卫专用车辆设备 指用于环境卫生作业、监察的专用车辆和设备，包括用于道路清扫、冲洗、洒水、除雪、垃圾粪便清运、市容监察以及与其配套使用的车辆和设备。

每万人拥有公共汽电车辆 指按城市人口计算的每万人平均拥有的公共汽电车辆标台数。

Explanatory Notes on Main Statistical Indicators

Production Capacity of Water Supply refers to the designed overall production capacity of water facilities, covering the four segments of water collection, purification, conveyance, and outflow through trunk pipelines. Increased capacity through transformation and innovation projects is included as well. The capacity is determined mainly on the weakest of the above-mentioned four segments.

Length of Water Supply Pipelines refers to the total length of all the pipelines between the water pumps and the user water meters, excluding pipelines newly installed but not used yet, pipeline in the water factory, and pipeline in the user's buildings.

Total Volume of Urban Water Supply refers to the total volume of water supplied by water-works (units) during the reference period, including both the effective water supply and loss during the water supply.

Consumption of Water for Living Use It includes Consumption of Water for Public Service Use and Consumption of Water for Households Use. Consumption of Water for Public Service Use refers to water consumption for public service in the urban areas. It includes water consumption of administrative institutions, army camps, public facilities, wholesale and retail, accommodation and catering industry and social service industry, etc. Consumption of Water for Households Use refers to consumption of water for daily life of all households in cities, including households of urban residents and farmers, and public water supply stations.

Consumption of Water for Production and Operation Use refers to water consumption in the process of production and operation by production and operation units of agriculture, forestry, animal husbandry, fisheries, industry, construction industry, and transportation industry, etc. in urban areas.

Coverage Rate of Urban Population with Access to Tap Water refers to the ratio of the urban population with access to tap water to the total urban population at the end of reference period. The formula is:

$$\text{Coverage of urban population with access to tap water} = \frac{\text{Urban population with access to tap water}}{\text{Urban population}} \times 100\%$$

Length of Gas Pipelines refers to the total length of pipelines in use between the outlet of the compressor of gas-work or outlet of gas stations and the leading pipe of users, excluding pipelines within gasworks, delivery stations, LPG storage stations, refilling stations, gas-mixing stations and supply stations.

Volume of Gas Supply refers to the total volume of gas provided to users by gas-producing enterprises (units) during the reporting period, including the volume sold and the volume lost.

Coverage Rate of Urban Population with Access to Gas refers to the ratio of the urban population with access to gas to the total urban population at the end of the reference period. Gas here includes artificial coal gas, natural gas and liquefied petroleum gas. The formula is:

$$\text{Coverage rate urban population with access to gas} = \frac{\text{Urban population with access to gas}}{\text{Urban population}} \times 100\%$$

Length of Paved Roads refers to the length of roads with paved surface including bridges and tunnels connected with roads. Length of the roads is measured by the central lines.

Urban Bridges refer to bridges built to cross over natural or man-made barriers, including bridges over rivers, overpasses for traffic and for pedestrians, underpasses for pedestrians, etc.

Length of Urban Sewage Pipes refers to the total length of general drainage, trunks, branch and inspection wells, connection wells, inlets and outlets, etc.

Daily Disposal Capacity of Urban Sewage refers to the designed 24-hour capacity of sewage disposal by the sewage treatment works or facilities.

Number of Vehicles under Operation at Year-end refers to the total number of vehicles under operation by public transport enterprises (units) at the end of the year, based on the records of operational vehicles by the enterprises (units).

Area of Urban Green Land refers to the total area occupied for green projects at the end of the reference period, including park green land, production green land, protection green land, green land attached to institutions, and other green areas.

Park Green Area refers to green areas open to the public for amusement and rest with the facilities of amusement, rest and services. Its function includes perfecting ecology, beautifying landscape, and preventing and reducing disaster. Park green areas include comprehensive park, community park, theme park, linear park and roadside green space. Total areas of comprehensive park, topic park and belt-shaped is the area of park.

Road Area Cleaned refers to the area which are regularly cleaned, as at the end of the reference period, at urban roads and public places (mainly including urban roadways, pedestrian walkways, vehicular tunnels, pedestrian underpasses, underground railway stations, lifted roads, pedestrians walk bridges, overpasses, plazas, parking lots and other facilities). If there are several times of cleaning in a day at a location, the area of that time of cleaning with the largest area cleaned will be taken.

Vehicles and Facilities Dedicated to Urban Cleanliness and Environmental Sanitation refer to vehicles and facilities dedicated for use in the operation, management and monitoring of environmental hygiene work. They include vehicles for road cleaning, washing, showering, ice removal, disposal of garbage and human wastes, cleanliness monitoring and related activities.

Public Transportation Vehicles per 10 000 Population refers to the number of public transportation vehicles, calculated by urban population, per 10 000 population in the city district.

12 农 业

Agriculture

资料整理人员：彭开吾　陈晗文　朱　鹏　易　贝
刘　美　陈　婷

12-1 农林牧渔业总产值和指数

Gross Output Value and Indices of Farming,Forestry, Animal Husbandry and Fishery

年份 Year	农林牧渔业总产值（亿元） Gross Output Value of Farming, Forestry, Animal Husbandry and Fishery (100 million yuan)					指数（1952年=100） Indices of Gross Output Value of Farming, Animal Husbandry and Fishery (year of 1952=100)				
	总产值 Total	#农业 Farming	#林业 Forestry	#牧业 Animal Husbandry	#渔业 Fishery	总指数 Total	#农业 Farming	#林业 Forestry	#牧业 Animal Husbandry	#渔业 Fishery
1949	15.84	12.05	0.24	1.42	0.03	59.6	64.4	51.1	45.7	42.9
1950	19.18	14.09	0.30	1.70	0.04	72.2	75.3	63.8	54.7	57.1
1951	21.91	15.66	0.36	2.37	0.04	82.5	83.7	76.6	76.2	57.1
1952	26.57	18.72	0.47	3.11	0.07	100.0	100.0	100.0	100.0	100.0
1953	26.59	18.70	0.37	2.97	0.10	100.1	99.9	78.7	95.5	142.9
1954	24.39	16.59	0.37	2.76	0.10	91.8	88.6	78.7	88.7	142.9
1955	28.89	19.99	0.57	2.36	0.12	108.7	106.8	121.3	75.9	171.4
1956	28.15	18.78	0.84	2.83	0.11	105.9	100.3	178.7	91.0	157.1
1957	35.04	21.14	1.20	5.39	0.28	127.2	112.9	255.3	173.3	400.0
1958	33.25	23.38	2.58	4.30	0.60	132.4	122.8	411.7	108.6	774.2
1959	30.55	21.96	2.62	3.14	0.70	121.7	115.3	418.1	79.3	903.2
1960	25.89	18.98	2.34	1.85	0.48	103.1	99.7	373.4	46.7	619.4
1961	21.95	16.63	1.00	1.56	0.26	87.4	87.3	159.6	39.4	335.5
1962	26.18	20.10	0.96	2.39	0.28	104.3	105.6	153.2	60.4	361.3
1963	24.65	18.09	1.03	3.25	0.31	98.2	95.0	164.4	82.1	400.0
1964	28.07	20.22	1.23	4.24	0.35	111.8	106.2	196.3	107.1	451.6
1965	29.31	21.07	1.31	4.42	0.40	116.7	110.7	209.0	111.7	516.1
1966	32.74	24.29	1.39	4.55	0.45	130.4	127.6	221.8	115.0	580.6
1967	34.40	25.41	1.55	4.89	0.46	137.0	133.5	247.8	123.5	593.5
1968	36.99	27.05	1.80	5.52	0.45	147.3	142.1	287.2	139.5	580.6
1969	36.21	26.48	1.85	5.36	0.34	144.2	139.1	295.2	135.4	438.7
1970	38.03	27.94	1.63	5.85	0.39	151.4	146.8	260.1	147.8	503.2
1971	58.77	43.42	2.72	9.18	0.53	151.3	150.5	295.2	151.1	541.9
1972	62.67	44.88	2.82	11.54	0.45	161.4	155.5	306.1	189.9	460.1
1973	67.86	50.48	2.77	10.93	0.57	174.7	175.0	300.6	179.9	582.8
1974	69.29	51.64	3.21	11.22	0.62	178.4	179.0	348.4	184.7	634.0
1975	72.45	54.41	2.86	11.64	0.64	186.5	188.6	310.4	191.6	654.4
1976	72.72	55.12	2.45	11.77	0.65	187.2	191.0	265.9	193.7	664.6
1977	73.81	55.40	2.98	11.95	0.68	190.0	192.0	323.4	196.7	695.3
1978	81.37	62.72	3.12	12.55	0.70	209.5	217.4	338.6	206.5	715.8
1979	86.51	65.47	3.13	14.27	0.77	222.7	226.9	339.7	234.8	787.3
1980	116.34	81.13	7.31	21.87	1.94	218.4	218.2	391.8	236.3	961.2
1981	123.38	86.05	6.70	23.32	2.18	231.6	231.4	359.1	252.0	1080.1
1982	135.90	95.95	6.45	26.26	2.46	255.1	258.1	345.7	283.8	1218.8
1983	142.70	100.60	6.43	27.87	2.88	267.9	270.6	344.6	301.2	1426.9
1984	150.80	102.32	7.02	32.16	3.37	283.1	275.2	376.3	347.5	1669.7
1985	158.22	101.84	7.25	34.87	3.89	297.0	273.9	388.6	376.8	1927.3

注：本表绝对数按当年价格计算，指数按可比价格计算。

Absolute figures in this table are calculated at current prices while indices are calculated at comparable prices.

12–1 续表 Continued

年份 Year	农林牧渔业总产值（亿元）Gross Output Value of Farming, Forestry, Animal Husbandry and Fishery (100 million yuan)					指数（1952 年 =100）Indices of Gross Output Value of Farming, Animal Husbandry and Fishery (year of 1952=100)				
	总产值 Total	#农业 Farming	#林业 Forestry	#牧业 Animal Husbandry	#渔业 Fishery	总指数 Total	#农业 Farming	#林业 Forestry	#牧业 Animal Husbandry	#渔业 Fishery
1986	166.83	106.01	6.35	38.42	4.64	313.2	285.1	340.4	415.2	2298.9
1987	172.32	108.48	6.90	38.62	5.42	323.5	291.8	369.8	417.3	2685.3
1988	173.19	103.09	6.74	42.02	5.69	325.2	277.3	361.3	454.1	2819.1
1989	182.09	109.68	7.75	44.18	6.28	341.8	295.0	415.5	477.3	3112.3
1990	430.21	241.32	22.00	120.40	22.13	348.3	296.0	404.7	493.5	3205.7
1991	451.69	249.79	28.22	126.62	22.20	361.8	306.4	434.2	519.2	3215.3
1992	468.73	250.39	31.55	135.67	24.90	375.5	307.0	485.4	556.1	3614.0
1993	493.63	258.70	31.26	147.51	28.59	395.4	317.1	481.0	604.5	4141.6
1994	532.16	266.43	32.92	169.22	32.70	426.2	326.6	506.5	693.4	4738.0
1995	578.73	277.43	33.66	195.25	39.71	463.7	340.3	518.1	800.2	5751.9
1996	627.16	283.37	34.74	224.61	47.91	502.7	347.4	534.7	920.2	6936.8
1997	679.20	306.80	35.26	245.35	52.89	544.4	376.2	542.7	1004.9	7658.2
1998	686.21	297.81	36.12	255.34	56.67	552.6	365.3	555.7	1046.1	8201.9
1999	1200.94	624.70	48.20	458.62	69.42	571.4	383.6	586.3	1048.2	8841.6
2000	1251.89	633.84	51.01	486.13	80.91	596.0	395.8	611.5	1089.1	9858.4
2001	1313.23	665.70	51.88	510.42	85.23	619.6	409.7	630.7	1136.3	10400.7
2002	1349.92	666.65	54.78	538.64	89.85	636.3	410.6	659.5	1194.3	11014.3
2003	1452.96	671.66	81.73	575.08	96.97	659.9	421.6	685.9	1243.3	11818.3
2004	1913.31	874.00	91.31	796.95	119.92	709.4	461.7	734.0	1310.4	12657.4
2005	2056.24	947.70	100.90	834.50	138.40	750.5	482.5	805.9	1393.0	13872.5
2006	1991.81	1040.85	112.45	657.92	130.42	787.3	509.0	855.1	1440.3	14996.2
2007	2584.00	1210.06	144.12	1000.84	152.99	819.1	530.1	924.4	1477.8	15866.0
2008	3204.11	1370.88	155.44	1426.18	165.83	862.8	541.3	964.1	1610.8	16659.3
2009	3035.20	1472.53	174.18	1058.66	182.35	907.3	573.2	1007.5	1681.6	17542.3
2010	3518.10	1848.89	207.43	1062.04	222.58	946.3	597.8	1077.0	1738.8	18501.3
2011	4111.04	2089.89	239.11	1336.67	241.26	986.6	639.1	1151.3	1731.8	18566.1
2012	4390.34	2255.43	259.97	1377.85	261.89	1016.7	647.0	1208.9	1813.2	19587.2
2013	4432.69	2257.55	287.67	1340.83	286.70	1044.5	665.1	1281.4	1825.8	20821.2
2014	4577.08	2324.78	304.81	1356.00	310.03	1093.5	692.8	1356.1	1911.4	21976.6
2015	4682.31	2325.93	317.38	1408.13	328.34	1133.8	723.3	1466.7	1903.6	23537.0
2016	5057.52	2485.49	321.60	1549.59	354.95	1174.5	751.0	1587.8	1913.1	25046.7
2017	5213.48	2597.63	325.01	1505.78	393.06	1221.8	773.6	1731.5	1970.7	26655.9
2018	5361.62	2664.30	387.15	1464.59	417.21	1265.5	798.1	1895.1	1992.1	28665.7
2019	6405.06	3052.06	430.66	2003.09	441.82	1305.8	827.5	2074.8	1953.9	30657.9
2020	7511.96	3364.77	428.00	2721.63	477.55	1360.0	861.7	2246.1	2002.8	31983.4

注：本表绝对数按当年价格计算，指数按可比价格计算。2006–2017 年数据按照农业普查结果进行了修正。

Absolute figures in this table are calculated at current prices while indices are calculated at comparable prices.Data for 2006–2017 are revised based on the results of the agricultural census.

12–2 农业基本情况
Basic Indicators of Agriculture

单位：万公顷 (10 000 hectares)

年 份 Year	年末实有耕地面积 Cultivated Areas (year–end)	当年减少耕地面积 Decrease in Cultivated Area by Cause	农作物播种面积 Total Sown Areas	#粮食作物 Grain Corps	造林面积 Afforesta-tion Areas
1978			844.58	582.94	
1979			833.44	570.42	
1980			790.95	545.13	
1981			800.94	542.01	
1982			796.95	540.34	
1983			774.62	542.32	
1984			763.92	539.09	
1985	334.17		747.71	516.14	34.40
1986			753.65	521.04	37.73
1987			747.47	515.10	32.91
1988			749.62	519.63	32.17
1989			774.88	533.05	33.99
1990	331.23	1.16	795.18	536.56	37.59
1991			804.02	536.52	37.17
1992			796.08	524.36	37.75
1993			765.39	505.05	27.83
1994			773.05	507.74	13.44
1995	324.97	1.83	784.04	511.56	10.95
1996			792.74	513.39	5.29
1997	323.01	1.66	800.90	515.53	4.29
1998	321.87	1.64	793.63	507.48	2.86
1999	321.32	1.30	802.77	513.52	2.74
2000	392.16	1.18	800.21	502.99	5.15
2001	391.26	1.73	793.17	480.28	7.56
2002	389.10	2.80	777.92	465.26	10.09
2003	383.37	6.46	773.12	452.98	40.96
2004	381.65	2.60	818.87	475.41	33.38
2005	381.60	0.70	833.64	483.86	13.65
2006	378.76	3.88	853.19	454.54	13.45
2007	378.90	0.61	739.70	453.97	7.62
2008	378.94	0.61	761.35	460.71	8.04
2009	413.50	0.75	785.22	482.72	12.50
2010	413.75	0.97	805.80	484.78	21.34
2011	413.77	0.91	817.81	493.22	40.24
2012	414.62	0.72	829.96	497.53	40.42
2013	414.97	0.99	835.27	501.00	34.98
2014	415.32		839.86	506.56	39.19
2015	415.35	0.37	835.52	505.37	37.60
2016	414.88	0.85	829.20	501.07	33.66
2017	415.10	0.84	827.01	497.89	55.41
2018	415.54	0.65	810.93	474.79	58.43
2019			812.28	461.64	57.69
2020			840.01	475.48	57.65

注：从 2000 年起，耕地面积为省国土资源厅统计数据（下表同）。

The data of cultivated Areas from Hunan Province Territory Resource Bureau since 2000.The same as in the following table.

12-3 农村基层组织
Grassroots Units of Rural Areas

指 标	Item	2000	2010	2019	2020
农村基层组织	**Grassroots Units of Rural Areas**				
#乡(镇)个数 (个)	Number of Township (Town Governments) (unit)	2353	2161	1526	1525
#乡个数	Number of Township	1314	1052	309	309
#民族乡	Number of National Township	104	97	83	83
镇个数	Number of Town Governments	1039	1109	1134	1133
村(居)民委员会个数 (万个)	Number of Villagers(Residential) Committees (10 000 units)	5.01	4.56	2.79	2.71
#村民委员会 (万个)	Number of Villagers Committees (10 000 units)	4.75	4.25	2.4	2.4
农村社会基础设施	**Country Society Basic Establishment**				
#自来水受益村数(万个)	Villages Tap Water Benefited (10 000 units)	1.17	1.86	2.11	2.15
通汽车村数 (万个)	Villages Car Available (10 000 units)	4.41	4.11	2.48	2.45
通电话村数 (万个)	Villages Telephone Available (10 000 units)	4.05	4.21	2.49	2.46

12-4 耕地面积
Cultivated Areas

单位：千公顷 (1000 hectares)

指 标	Item	2000	2010	2019	2020
年初实有耕地总资源	Actual Cultivated Land Total Resources at The Year Beginning	3926.52			
年内增加耕地总资源	Increased Cultivated Land Total Resources This Year	6.85			
年内减少耕地总资源	Decrease in Cultivated Land Total Resources This Year	11.77			
年末实有耕地总资源	Actual Cultivated Land Total Resources at The Year End	3921.60	4137.50		

12-5 农业生产条件
Condition of Agricultural Production

年 份 Year	农业机械总动力（万千瓦） Total Power of Agricultural Machinery (10 000 kw)	有效灌溉面积（千公顷） Effective Irrigated Area (1000 hectares)	化肥施用量（万吨） Consumption of Chemical Fertilizers (10 000 tons)	农村用电量（亿千瓦小时） Electricity Consumed in Rural Areas (100 million kwh)	每公顷面积产量（公斤） Yield per hectare (kg) 粮 食 Grain Crops	棉 花 Cotton	油 料 Oil-bearing Crops
1949	0.11	1199.21					
1950	0.10	1289.93					
1951	0.20	1360.65					
1952	0.33	1538.27	0.20				
1953	0.38	1586.24	0.10				
1954	0.43	1630.03	0.97				
1955	0.76	1666.75	2.40				
1956	1.95	1716.85	4.95				
1957	2.45	1777.03	5.18				
1958	7.44	1849.99	11.25				
1959	14.58	1716.96	12.84				
1960	22.43	1935.57	15.85				
1961	24.60	1957.07	9.36				
1962	26.57	1984.41	12.35				
1963	29.06	2019.75	23.91	0.50			
1964	33.91	2084.79	32.75	0.46			
1965	42.89	2163.53	53.15	0.91			
1966	54.47	2202.64	90.17	1.41			
1967	55.66	2262.00	86.20	1.58			
1968	63.93	2286.15	75.19	1.78			
1969	72.95	2307.52	101.41	2.00			
1970	89.50	2343.68	121.71	4.81			
1971	106.68	2377.67	130.29	3.27			
1972	132.77	2430.93	167.99	4.68			
1973	153.42	2483.15	198.07	4.14			
1974	186.16	2503.94	177.56	6.46			
1975	233.18	2583.35	193.84	6.82			
1976	283.42	2617.13	194.25	6.96			
1977	349.56	2657.09	202.95	7.36			
1978	428.64	2691.34	271.90	8.78			
1979	507.67	2730.43	325.23	9.26			
1980	588.99	2743.73	361.04	9.67			
1981	659.74	2753.03	371.20	11.20			
1982	704.94	2759.67	396.38	12.64			
1983	785.57	2773.45	421.54	13.81			
1984	805.43	2775.57	354.21	14.45			
1985	892.02	2771.18	369.64	15.06	4875	990	1005

注：化肥施用量1989年及以前均为实物量，1990年及以后为折纯量。

Data of consumption of fertilizers refer to the consumption in quantity prior to 1989, and the consumption in purity in and after 1990.

12-5 续表 Continued

年份 Year	农业机械总动力（万千瓦） Total Power of Agricultural Machinery (10 000 kw)	有效灌溉面积（千公顷） Effective Irrigated Area (1000 hectares)	化肥施用量（万吨） Consumption of Chemical Fertilizers (10 000 tons)	农村用电量（亿千瓦小时） Electricity Consumed in Rural Areas (100 million kwh)	每公顷面积产量（公斤） Yield per hectare (kg) 粮食 Grain Crops	棉花 Cotton	油料 Oil-bearing Crops
1986	1059.37	2771.75	432.12	18.05			
1987	1053.56	2665.33	457.77	17.98			
1988	1112.91	2670.29	490.07	20.35			
1989	1168.74	2674.20	517.88	21.86			
1990	1209.17	2676.22	126.09	23.37	5025	1020	990
1991	1270.52	2612.70	138.66	25.77			
1992	1284.37	2664.98	146.18	27.71			
1993	1374.35	2676.11	148.15	30.44			
1994	1459.07	2675.09	159.41	33.04			
1995	1532.54	2680.03	167.91	37.64	5380	1206	1258
1996	1616.29	2667.07	167.08	38.91			
1997	1692.84	2672.38	175.30	41.68	5581	1448	1352
1998	1825.57	2675.14	179.93	42.01	5553	969	1323
1999	2006.97	2665.40	180.87	42.97	5632	1121	1391
2000	2209.74	2677.46	182.15	44.53	5716	1173	1490
2001	2358.02	2676.35	184.25	46.73	5622	1271	1505
2002	2498.09	2675.61	184.32	49.83	5376	1291	1334
2003	2664.45	2675.34	188.33	53.84	5393	1173	1449
2004	2923.93	2683.28	203.19	57.53	5530	1437	1591
2005	3189.86	2690.41	209.90	65.24	5477	1395	1569
2006	3416.61	2696.93	212.14	75.99	5478	1528	1628
2007	3684.43	2702.88	219.58	76.38	5944	1538	1598
2008	4021.14	2709.20	223.38	81.46	6126	1354	1267
2009	4352.64	2720.68	231.60	93.55	6067	1401	1555
2010	4651.55	2726.66	236.57	98.63	5944	1389	1432
2011	4935.59	2762.41	242.49	106.03	6049	1381	1635
2012	5189.24	3070.84	249.11	110.23	6154	1421	1510
2013	5435.93	2768.12	248.19	118.58	5967	1219	1582
2014	5680.34	3101.70	247.80	123.83	6078	1222	1628
2015	5894.05	3113.32	246.54	123.91	6123	1208	1701
2016	6097.54	3132.37	246.44	126.70	6092	1185	1702
2017	6254.83	3145.87	245.26	128.56	6173	1145	1724
2018	6338.57	3164.00	242.61	130.82	6367	1341	1743
2019	6471.82	3176.11	229.01	132.98	6444	1299	1752
2020	6588.95	3293.48	223.73	134.69	6341	1252	1793

注：化肥施用量1989年及以前均为实物量，1990年及以后为折纯量。

Data of consumption of fertilizers refer to the consumption in quantity prior to 1989, and the consumption in purity in and after 1990.

12-6 农业机械年末拥有量
Year-end Possession of Agriculture Machinery

指 标		Item		2000	2010	2019	2020
农业机械总动力合计	**（千瓦）**	**Total Power of Agricultural Machinery**	**(kw)**	**22097435**	**46515488**	**64718152**	**65889516**
柴油发动机		Diesel Engines		15719714	35478418	48803456	49619435
汽油发动机		Gasoline Engines		2310250	2748316	4120853	4234681
电动机		Electric Motor		3959172	8095821	11408600	11646458
其他机械		Other Machinery		108299	192933	385243	388942
机械分类		**Machinery by Tybe**					
大中型拖拉机	（混合台）	Large and Medium Tractors	(mixed unit)	15149	84992	122262	107671
	（千瓦）		(kw)	381244	2465058	4524591	4234946
小型及手扶拖拉机	（混合台）	Mini and Walking Tractors	(mixed unit)	209271	198611	239862	219231
	（千瓦）		(kw)	1916099	2076993	2876245	2732386
耕整机	（台）	Tillage Machinery	(unit)	536557	1349055	1885250	1832664
	（千瓦）		(kw)		5034046	7569630	7434868
大中型拖拉机配套农具	（部）	Farm Tools for Large and Medium Tractors	(unit)	6428	27684	42133	42829
小型拖拉机配套农具	（部）	Necessary Farm Tools for Mini Tractors	(unit)	63865	97051	161896	163513
#农用水泵	（台）	#Pumps	(unit)	1208900	2099818	2320341	2325781
谷物联合收割机	（台）	Grain Combine	(unit)	3049	69051	130995	131217
	（千瓦）		(kw)	43837	2365043	4953025	5058161
增氧机	（台）	Machinery for Pond Oxygen Increase	(unit)		21471	115496	117805
农产品初加工动力机械	（千瓦）	Motorized Machinery for Products Processing	(kw)	3525247	6562481	7727054	7810316
#柴油机动力		#Diesel Engines Power		2006630	3457597	3544063	3541489
农田基本建设机械	（台）	Machinery for Farmland Capital Construction	(unit)			21027	20260
	（千瓦）		(kw)			1324772	1390165
农用航空器	（架）	Agricultural Aircraft	(unit)			2523	4967
有人驾驶农用飞机		The Farm Plane was Manned				20	18
植保无人机		Plant Protection Uav				2503	4948

12-7 农作物生产情况(2020年)
Basic Indicators of Farm Corp Production (2020)

指　标	Item	播种面积（千公顷）Sown Area (1000 hectares)	单　产（公斤/公顷）Per Unit Area Yield (kg/hectare)	总产量（吨）Total Output (ton)
农作物总播种面积	**Total Sown Area**	**8400**		
粮食作物	**Grain Crops**	**4755**	**6341**	**30151150**
#谷物	#Cereal	4421	6508	28769250
#稻谷	#Rice	3994	6608	26389400
#早稻	#Early Season Rice	1226	5864	7187300
中稻与一季晚稻	Middle Season Rice and Late Rice of One-season	1476	7521	11101700
晚稻	Late Season Rice	1292	6270	8100400
小麦	Wheat	23	3342	77700
玉米	Corn	384	5808	2232500
高粱	Sorghum	9	4344	38100
其他谷物	Other Cereal	10	3072	31550
#大麦	#Barley	1	3942	5400
豆类	Soybeans	129	2656	341800
#大豆	#Beans	115	2718	311600
杂豆	Mixed Beans	14	2154	30200
#绿豆	#Mung Beans	11	2114	23400
薯类（按折粮薯类计算）	Tubers(Converted into Grain)	183	5351	981600
#红薯	#Sweet Potatoes	126	5551	699000
马铃薯	Potatoes	58	4912	282600
油料	**Oil-bearing Crops**	**1454**	**1793**	**2606680**
#花生果	#Peanuts	113	2653	299025
油菜籽	Rapeseeds	1326	1724	2287365
芝麻	Sesame	11	1419	16289
向日葵	Sunflower	2	1205	1989
其他油料	Other Oil-bearing Crops	1	1636	2012
棉花	**Cotton**	**59**	**1252**	**74468**
麻类	**Fiber Crops**	**2**	**2589**	**4635**
#黄、红麻	#Jute and Ambary Hemp		2100	294
苎麻	Ramie	2	2628	4310
甘蔗	**Sugarcane**	**8**	**46003**	**349162**
烟叶	**Tobacco**	**87**	**2133**	**185338**
#烤烟	#Flue-cured Tobacco	86	2135	183427
晒（土）烟	Sun-cured Tobacco	1	1975	1911
药材	**Medicinal Herbs**	**95**	**6763**	**643875**
蔬菜瓜类	**Vegetables and Melons**	**1499**	**30130**	**45174724**
#蔬菜（包括菜用瓜）	#Vegetables(include Snake Melons)	1355	30332	41100821
果用瓜	Fruit Melons	144	28228	4073903
其他作物:	**Other Crops**	**442**		
#青饲料	#Succulence	142		

12-8 粮食、棉花播种面积
Sown Area of Grain Crops and Cotton

单位：千公顷 (1000 hectares)

年份 Year	粮食 Grain Crops	稻谷 Rice	早稻 Early Rice	中稻 Medium Rice	晚稻 Late Rice	棉花 Cotton
1983	5423.2	4418.9	1895.0	509.7	2014.2	131.3
1984	5390.9	4401.1	1885.4	507.0	2008.7	132.6
1985	5161.4	4246.5	1825.1	495.0	1926.4	101.8
1986	5210.4	4327.6	1838.3	499.4	1989.9	86.1
1987	5150.9	4255.1	1779.5	508.4	1967.2	64.4
1988	5196.3	4293.7	1803.9	505.7	1984.1	91.4
1989	5330.5	4354.1	1827.8	497.8	2028.5	94.4
1990	5365.7	4370.5	1844.1	484.3	2042.1	118.5
1991	5365.2	4298.1	1813.3	512.0	1972.8	133.3
1992	5243.6	4188.0	1741.0	477.5	1969.5	167.6
1993	5050.5	4025.9	1618.0	516.9	1891.0	172.1
1994	5077.4	4040.7	1633.8	525.1	1881.8	209.1
1995	5115.6	4084.1	1675.6	510.2	1898.3	185.3
1996	5133.9	4064.1	1669.3	513.7	1881.1	174.1
1997	5155.3	4075.8	1651.2	515.0	1909.6	176.5
1998	5074.8	3976.4	1610.1	538.1	1828.2	198.7
1999	5135.2	3984.5	1571.1	585.4	1828.0	157.8
2000	5029.9	3896.1	1515.8	632.1	1748.2	146.0
2001	4802.8	3691.6	1361.1	707.4	1623.1	149.4
2002	4652.6	3541.5	1224.5	812.5	1504.5	129.1
2003	4529.8	3410.0	1173.3	834.5	1402.1	139.0
2004	4754.1	3716.8	1288.3	1061.8	1366.7	167.7
2005	4838.6	3795.2	1324.4	1068.6	1402.2	150.9
2006	4545.4	3931.7	1355.9	1156.3	1419.5	158.6
2007	4539.7	3915.1	1303.6	1232.1	1379.5	172.2
2008	4607.1	3968.3	1306.6	1258.3	1403.4	183.0
2009	4827.2	4103.4	1399.8	1225.3	1478.3	152.6
2010	4847.8	4105.2	1385.7	1251.2	1468.3	175.0
2011	4932.2	4160.8	1427.7	1245.6	1487.4	192.4
2012	4975.3	4209.6	1464.5	1216.5	1528.5	172.7
2013	5010.0	4218.5	1494.0	1210.1	1514.5	159.6
2014	5065.6	4275.0	1507.7	1217.6	1549.6	130.1
2015	5053.7	4287.8	1505.9	1228.3	1553.6	103.6
2016	5010.7	4277.6	1487.3	1263.0	1527.3	106.5
2017	4978.9	4238.7	1448.2	1291.3	1499.2	95.7
2018	4747.9	4009.0	1238.2	1472.5	1298.3	63.9
2019	4616.4	3855.2	1094.6	1602.1	1158.5	63.0
2020	4754.8	3993.9	1225.7	1476.1	1292.0	59.5

注：2004 年起为抽样调查数，2006、2007 年为农业普查口径修正数。
The number of sampling surveys since 2004, and the number of revised nongpu caliber in 2006 and 2007.

12–9 粮食、棉花产量
Output of Grain Crops and Cotton

单位：万吨 (10 000 tons)

年份 Year	粮食 Grain Crops	稻谷 Rice	早稻 Early Rice	中稻 Medium Rice	晚稻 Late Rice	棉花 Cotton
1983	2654.0	2458.1	1038.4	280.5	1139.2	9.8
1984	2613.0	2416.5	1069.0	280.8	1066.7	12.8
1985	2514.3	2338.8	991.7	247.3	1099.8	10.1
1986	2631.6	2464.4	1050.6	289.2	1124.6	8.3
1987	2593.7	2414.2	948.7	302.3	1163.2	5.6
1988	2519.8	2343.9	987.8	258.5	1097.6	4.4
1989	2648.2	2445.2	994.2	307.7	1143.3	6.7
1990	2651.4	2468.2	1033.5	302.4	1132.3	12.0
1991	2682.0	2473.3	957.5	314.1	1201.7	14.9
1992	2620.1	2423.1	916.1	305.0	1202.0	20.3
1993	2570.2	2343.5	825.7	324.8	1193.0	21.1
1994	2661.0	2414.9	903.5	350.6	1160.8	23.8
1995	2691.6	2438.5	854.7	336.8	1247.0	22.4
1996	2701.6	2418.6	854.6	344.2	1219.8	19.0
1997	2801.9	2495.8	945.2	359.6	1191.0	25.6
1998	2647.9	2345.1	830.6	357.1	1157.4	19.2
1999	2725.4	2360.6	817.5	404.4	1138.7	17.7
2000	2767.6	2392.5	877.6	436.1	1078.8	15.8
2001	2700.3	2328.9	783.2	478.4	1067.3	19.0
2002	2501.3	2119.2	627.8	590.8	900.6	15.3
2003	2442.7	2070.2	621.2	637.9	811.1	16.3
2004	2640.0	2285.5	716.4	720.0	849.1	20.3
2005	2678.6	2296.2	734.4	723.8	838.0	19.8
2006	2654.2	2414.5	747.6	782.0	884.9	22.7
2007	2698.5	2435.3	743.0	833.5	858.8	22.7
2008	2822.2	2551.3	774.1	890.9	886.3	24.7
2009	2928.8	2614.3	821.0	862.0	931.3	21.2
2010	2881.6	2551.8	779.5	867.1	905.2	22.7
2011	2983.6	2634.2	824.5	883.8	925.9	23.6
2012	3061.9	2704.3	841.6	881.4	981.3	25.1
2013	2989.5	2645.3	888.5	795.6	961.2	19.8
2014	3078.9	2732.7	886.8	847.1	998.8	12.9
2015	3094.2	2756.8	895.2	857.7	1003.9	12.3
2016	3052.3	2724.6	873.5	871.4	979.8	12.6
2017	3073.6	2740.4	846.5	932.6	961.3	11.0
2018	3022.9	2674.0	755.5	1086.7	831.8	8.6
2019	2974.8	2611.5	661.4	1206.8	743.3	8.2
2020	3015.1	2638.9	718.7	1110.2	810.0	7.4

注：粮食产量 1988 年起为抽样调查数，棉花产量 1998 年起为抽样调查数。2006、2007 年为农业普查口径修正数。

Grain yield has been sampled since 1988, cotton production has been sampled since 1998. and the number of revised nongpu caliber in 2006 and 2007.

12-10 茶叶、水果生产情况(2020年) Output of Tea and Fruit (2020)

单位：吨 (ton)

名 称	Item	数量 Number	名 称	Item	数量 Number
茶叶产量	**Output of Tea**	**250080**	**水果产量**	**Output of Fruits**	**11507516**
绿茶	Green Tea	114516	柑桔	Citrus	6266617
青茶	Green Tea	888	桃子	Peaches	231792
红茶	Red Tea	24422	梨	Pears	200723
黑茶	Black Tea	102647	葡萄	Grapes	244076
黄茶	Yellow Tea	771	红枣	Red Chinese Dates	32256
白茶	White Tea	1157	柿子	Fresh Persimmons	22917
其他茶	Other Tea	5679	其他水果	Other Fruits	4509135

12-11 林业情况 Basic Indicators of Forestry

单位：万公顷 (10 000 hectares)

指 标	Item	2000	2010	2019	2020
当年造林面积总计	**Total Afforestation Areas of the Current Year**	5.15	21.34	57.69	57.65
#竹林	#Bamboo Forest	0.22	0.27	0.01	
按主要林种用途分	**By the Use of Main Forestry**				
用材林	Timber Forest	2.22	7.19	9.50	9.06
经济林	Economic Forest	1.21	3.23	8.95	6.92
防护林	Shelter-forest	1.71	10.80	9.06	8.65
薪炭林	Charcoal Forest		0.06	0.48	0.56
特种用途林	Special Use Forest	0.01	0.07	0.12	0.25
封山育林面积	Close Hillsides to Facilitate Afforestation Areas			16.50	23.42
中幼林抚育面积	Areas of Middle and Young Growth Fostering	30.18	20.63	47.30	49.91
主要林产品产量 （万吨）	**Output of Main Forestry Products (10 000 tons)**				
油茶籽	Tea-oil Seeds	33.80	39.05	110.04	128.26
板 栗	Chestnuts	1.98	7.25	10.78	12.35
竹笋干	Bamboo Shoots	1.69	3.19	6.43	8.73

12-12 畜牧业年末存栏情况(2020年)
Year-end Animals in Stock (2020)

项 目		Item		合计 Total	能繁母畜 Breeding Dams
大牲畜总头数	(万头)	Number of Large Animals	(10 000 heads)	439.96	
#从事劳役的		#Draught Animals			
牛	(万头)	Cattle and Buffaloes	(10 000 heads)	438.10	
役用牛		Draught Animals			
肉牛		Beef Cattle		433.30	
乳牛		Dairy Cattle		4.80	
马	(匹)	Horses	(head)		
驴	(匹)	Donkeys	(head)		
骡	(匹)	Mules	(head)		
生猪	(万头)	Hogs	(10 000 heads)	3734.60	351.60
羊	(万只)	Goats and Sheep	(10 000 heads)	761.20	
山羊		Goats		761.20	
绵羊		Sheep			

12-13 畜禽出栏量
Amount Over the Slaughter of Livestock and Poultry

年份 Year	生猪（万头） Live Pig (10 000 heads)	牛（万头） Cattle (10 000 heads)	羊（万只） Sheep (10 000 heads)	禽（万只） Birds (10 000 heads)
1983	1850.1	11.9	27.6	
1984	2128.9	10.1	28.8	
1985	2296.6	9.3	30.1	8458.6
1986	2471.8	9.9	28.5	9453.9
1987	2657.4	11.7	30.3	10255.8
1988	2813.7	15.3	32.6	10548.9
1989	2866.5	15.8	35.2	11384.5
1990	3092.1	16.3	35.3	11832.6
1991	3247.9	20.2	42.9	12607.1
1992	3536.3	26.5	50.1	14187.4
1993	3813.2	33.4	71.0	15872.9
1994	4372.6	43.5	101.5	18441.2
1995	5001.7	58.0	157.9	23198.2
1996	4387.5	87.0	319.1	28315.8
1997	5127.0	96.5	291.1	31458.2
1998	5467.3	109.0	331.3	35703.4
1999	5385.3	118.8	354.2	27967.5
2000	5491.3	128.1	397.1	30448.9
2001	5540.5	125.0	435.2	32672.0
2002	5653.1	146.8	526.0	35286.0
2003	5905.8	148.3	604.9	41497.0
2004	6088.7	154.6	662.1	42816.6
2005	6176.3	167.4	763.4	39209.8
2006	5126.9	121.7	638.9	32867.8
2007	4816.7	127.3	648.5	32802.0
2008	5153.1	130.0	655.0	34770.0
2009	5508.7	139.6	680.0	36880.0
2010	5723.5	144.5	656.2	38355.2
2011	5575.9	141.5	633.1	39264.2
2012	5878.8	146.6	638.2	41650.3
2013	5902.3	155.8	657.6	41283.6
2014	6220.3	161.4	676.3	40043.8
2015	6077.2	168.5	699.9	41474.7
2016	5920.9	143.4	725.5	42671.9
2017	6116.3	147.0	901.8	42263.8
2018	5993.7	152.7	911.0	42476.7
2019	4812.9	162.5	971.5	51057.0
2020	4658.9	174.6	983.3	54403.6

注：生猪 2000 年起为抽样调查数，牛 2001 起为抽样调查数，1997 年起禽为农普衔接数。

The hogs number from 2000 is spot check number; the cattle number from 2002 is spot check number;The sheep number is joined number of agriculture surveys; the poultry number from 2003 is spot check number.

12–14 主要畜禽存栏和水产品产量
Number of Live Stocks, Birds and Output of Aquatic Products

年份 Year	年底牛头数（万头） Cattle and Buffaloes (Year–end) (10 000 heads)	年底猪头数（万头） Hogs(Year–end) (10 000 heads)	年底羊只数（万只） Sheep and Goats (Year–end) (10 000 heads)	猪牛羊肉（万吨） Pork,Beef, and Mutton (10 000 tons)	禽（万只） Birds (10 000 heads)	水产品（万吨） Aquatic Products (10 000 tons)
2006	405.67	3452.45	499.14	389.18	24346.50	160.04
2007	399.59	3776.39	511.91	373.31	26099.40	170.09
2008	399.55	3924.46	523.95	395.74	26882.40	178.59
2009	414.32	4046.99	553.80	421.93	27100.00	188.59
2010	401.68	4063.91	552.66	438.98	27262.60	198.89
2011	385.04	4182.65	567.30	432.17	27563.80	200.02
2012	381.75	4275.51	565.59	454.25	29023.40	220.08
2013	384.96	4130.69	590.64	458.89	29920.50	233.91
2014	389.18	4227.81	622.13	487.43	31024.60	247.96
2015	393.91	4122.72	655.38	478.77	32105.80	261.32
2016	374.13	3983.11	648.06	466.39	33101.10	238.35
2017	379.37	3968.10	661.71	480.79	33012.80	242.31
2018	385.40	3822.00	668.30	479.60	32616.00	252.53
2019	410.40	2698.30	712.20	383.40	36333.20	264.85
2020	438.10	3734.60	761.20	374.30	37688.50	258.92

12-15 渔业生产情况
Basic Indicators of Fishery Production

名 称	Item	2000	2010	2019	2020
水产品总产量 （吨）	**Total Aquatic Products (ton)**	**1332133**	**1988859**	**2648451**	**2589158**
淡水产品捕捞产量 （吨）	**Freshwater Aquatic Products Caught (ton)**	**150442**	**168047**	**86482**	**24520**
#鱼类	#Fish	127725	145703	73763	20793
虾蟹类	Shrimps,Prawns and Crabs	9474	12635	8006	2477
贝类	Shellfish	10659	8137	3673	983
其他	Others	2584	1572	1039	267
淡水产品养殖产量 （吨）	**Freshwater Aquatic Products Cultured (ton)**	**1181691**	**1820812**	**2561970**	**2564638**
#鱼类	#Fish	1145678	1763313	2323668	2109722
虾蟹类	Shrimps,Prawns and Crabs	11396	23312	196374	384576
贝类	Shellfish	12902	15848	14175	13629
其他	Others	11715	18039	27752	56711
淡水养殖面积合计 （千公顷）	**Freshwater Cultured Area (1 000 hectares)**	**413.18**	**395.57**	**428.21**	**426.78**
#池塘养殖	#Pond Cultivated	214.96	192.10	241.55	265.10
湖泊养殖	Lake Cultivated	55.85	82.70	55.19	55.23
河沟养殖	Brook Cultivated	20.74	6.26	10.69	1.06
水库养殖	Reservoir Cultivated	102.23	111.93	103.23	95.58
其他养殖	Other Cultivated	19.40	2.58	17.56	9.81
附：稻田养殖	**Enclose: Paddy Cultivated**	**189.76**	**126.14**	**203.91**	**331.43**

12-16　洞庭湖区主要社会经济指标(2020年)

Major Economic Indicators and Social Indicators on The DongTing Lake Area (2020)

指　标		Item		2020
常住户数	（万户）	Total Number of Households	(10 000 households)	519.49
常住人口	（万人）	Total Number of Population	(10 000 persons)	1417.48
有效灌溉面积	（千公顷）	Effective Irrigated Area	(1 000 hectares)	1071.94
地区生产总值	（亿元）	Gross Domestic Products	(100 million yuan)	9604.16
#第一产业增加值		#Added-value of First Industry		1244.68
第二产业增加值		Added-value of Second Industry		3958.98
第三产业增加值		Added-value of Third Industry		4400.50
农作物总播种面积	（千公顷）	Total Sown Area of Crops	(1 000 hectares)	2563.69
油料播种面积	（千公顷）	Sown Area of Oils-bearing	(1 000 hectares)	569.89
棉花播种面积	（千公顷）	Sown Area of Cotton	(1 000 hectares)	60.60
油料产量	（万吨）	Output of Oils-bearing	(10 000 tons)	108.56
水产品总产量	（万吨）	Total Output of Aquatic Products	(10 000 tons)	141.10
水果产量	（万吨）	Output of Fruits	(10 000 tons)	257.52
地方一般公共预算收入	（亿元）	General Public Budget Revenue	(100 million yuan)	418.51
普通中学在校学生数	（人）	Student Enrollment in General Secondary Schools	(person)	665599
小学在校学生人数	（人）	Student Enrollment in Primary Schools	(person)	940515
医院、卫生院床位数	（张）	Hospital Beds	(unit)	108777
医院、卫生院技术人员数	（人）	Medical Technical Personnel in Hospitals	(person)	101736

注：洞庭湖区包括：岳阳市、常德市、益阳市。
Dongting Lake areas include:Yueyang city,Changde city,Yiyang city.

12-17 农村主要能源及物资消耗
Consumption of Major Energy and Materials of Rural Areas

指 标	Item	2000	2010	2019	2020
农用化肥施用量	**Consumption of Agricultural Chemical Fertilizer**				
按实物量计算 （吨）	Calculated at Actual Quantity in Natural Form (ton)	6954529	8248980	7545011	7330120
# 氮肥	# Nitrogenous Fertilizer	3906876	4160132	3236480	3084823
磷肥	Phosphate Fertilizer	1777537	1943919	1644510	1595045
钾肥	Potash Fertilizer	600221	817743	760245	751835
复合肥	Compound Fertilizer	669895	1327186	1903777	1898417
每亩播种面积施用量（公斤）	Consumption of Per-mu Sown Areas (kg)	57.90	66.93	61.98	57.96
按折纯量计算 （吨）	Calculated at Quantity of 100% Content (ton)	1821508	2365718	2290078	2237331
# 氮肥	# Nitrogenous Fertilizer	980845	1103546	838248	798969
磷肥	Phosphate Fertilizer	242760	267177	230231	223306
钾肥	Potash Fertilizer	298514	404631	376322	372159
复合肥	Compound Fertilizer	299389	590364	845277	842897
农用薄膜使用量 （吨）	**Consumption of Agricultural Films (ton)**	**40446**	**73173**	**83792**	**83004**
# 地膜使用量	# Consumption of Ground Films	25309	51083	55187	54857
地膜覆盖面积 （公顷）	Ground Film Covered Areas (hectare)	313340	706696	638974	630059
农药使用量 （吨）	**Consumption of Pesticide (ton)**	**85611**	**118762**	**105548**	**101450**
农用柴油使用量 （吨）	**Consumption of Agricultural Diesel Oil (ton)**	**224315**	**377821**	**447762**	**452055**

12-18 自然灾害情况
Statistics on Natural Disaster

名 称	Item	2000	2010	2019	2020
受灾面积 （千公顷）	**Areas Affected (1 000 hectares)**	**3170.1**	**2482.4**	**999.8**	**817.1**
成灾面积 （千公顷）	**Areas Disaster-affected (1 000 hectares)**	**759.2**	**1514.4**	**586.1**	**424.3**
死亡人数 （人）	**Number of Dead Population (person)**	**176**	**80**	**31**	**28**
死亡大牲畜 （头）	**Dead Large Animals (head)**	**59689**	**176671**	**4922**	**1268**
倒塌房屋 （间）	**Collapsed Houses (unit)**	**149806**	**183396**	**18070**	**7589**
损坏房屋 （间）	**Destroyed Houses (unit)**	**436459**	**519975**	**109522**	**151471**
因灾经济损失合计 （万元）	**Total Economic Loss of Disaster (10 000 yuan)**	**1081796**	**2890006**	**2435550**	**1663373**
# 水灾损失 （万元）	# Flood Loss (10 000 yuan)	662662	2534804	2160442	1503209

主要统计指标解释

农林牧渔业总产值 指以货币表现的农、林、牧、渔业全部产品和对农林牧渔业生产活动进行的各种支持性服务活动的价值总量，它反映一定时期内农林牧渔业生产总规模和总成果。1957 年以前的农林牧渔业总产值中包括了厩肥和农民自给性手工业（如农民自制衣服、鞋、袜，自己从事粮食初步加工等）。1958 年及以后，林业中增加了村及村以下竹木采伐产值；牧业中取消了厩肥产值；副业中取消了农民自给性手工业产值，增加了村及村以下办的工业产值； 渔业中增加了海洋捕捞水产品产值。1980 年及以后，在副业中增加了农民家庭兼营工业商品部分的产值。从 1984 年起村及村以下工业产值划归工业。从 1993 年起取消副业，将野生动物的捕猎划入牧业，野生植物采集和农民家庭兼营商品性工业划归农业。从 2003 年起，执行新的国民经济行业分类标准，农林牧渔业总产值中包括了农林牧渔服务业产值，2018 年以后农林牧渔服务业产值改称农林牧渔专业及辅助性活动产值。林业中增加了森林采运业产值。农业中取消了家庭兼营商品性工业产值，将野生林产品的采集划归林业。第一、二、三次农业普查以后，根据农业普查结果，对农业、畜牧业、渔业年报数据和农业、畜牧业、渔业产值进行了修订。2010 年执行《统计用产品分类目录》， 对 2009 年的农业、林业产值做了相应调整。

农林牧渔业总产值的计算方法通常是按农、林、牧、渔业产品及其副产品的产量分别乘以各自单位产品价格求得；少数生产周期较长，当年没有产品或产品产量不易统计的，则采用间接方法匡算其产值；然后将四业产品产值及农林牧渔专业及辅助性活动产值相加即为农林牧渔业总产值。

粮食产量 指农业生产经营者日历年度内生产的全部粮食数量。按收获季节包括夏收粮食、早稻和秋收粮食，按作物品种包括谷物、薯类和豆类。其产量计算方法：谷物按脱粒后的原粮计算，豆类按去豆荚后的干豆计算；薯类（包括甘薯和马铃薯，不包括芋头和木薯）1963 年以前按每 4 公斤鲜薯折 1 公斤粮食计算，从 1964 年开始改为按 5 公斤鲜薯折 1 公斤粮食计算；城市郊区作为蔬菜的薯类（如马铃薯等）按鲜品计算，并且不作粮食统计。1989 年以前全国粮食产量数据主要靠全面报表取得，1989 年开始使用抽样调查数据。

棉花产量 指全社会的产量。包括春播棉和夏播棉。产量按皮棉计算。不包括木棉。

油料产量 指全部油料作物的生产量。包括花生、油菜籽、芝麻、向日葵籽、胡麻籽（亚麻籽）和其他油料。不包括大豆、木本油料和野生油料。花生以带壳干花生计算。

水产品产量 指渔业（捕捞和养殖）生产活动的最终有效成果，包括全部海水和淡水鱼类、甲壳类（虾、蟹）、贝类、头足类、藻类和其他类渔业产品的最终产量。水产品产量是通过各级水产部门逐级上报取得数据。1995 年及以前，贝类中牡蛎按鲜肉计算；蚶、蛤、蛙按 5 斤鲜品折 1 斤计算。1996 年以后则统一按鲜品计算。

猪、牛、羊肉产量 指当年出栏并已屠宰、除去头蹄下水后带骨肉（即胴体重）的重量。包括全社会范围内的产量。1996 年以前为全面统计并逐级上报数据。1996 年第一次农业普查以后，根据普查结果，对畜牧业主要年报数据进行了修正。1999 年以后，国家统计局在部分地区开展了猪、牛、羊、禽等主要畜禽品种的抽样调查，并用抽样数据作为国家定案数据使用。未开展抽样调查的地区和品种，仍使用各级统计部门逐级上报数据。2008 年，建立了主要畜禽监测调查制度，猪、牛、羊、禽等主要畜禽数据均以抽样调查数为法定数据。

期初（末）畜禽存栏头（只）数 指报告期初（末）农村各种合作经济组织和国营农场、农民个人、机关、团体、学校、工矿企业、部队等单位以及城镇居民饲养的大牲畜、猪、羊、家禽等畜禽的数量。数据上报方式及数据调整情况同猪、牛、羊肉产量。

农作物播种面积 指农业生产经营者应在日历年度内收获农作物在全部土地（耕地或非耕地）上的播种或移植面积。凡是本年内收获的农作物，无论是本年还是上年播种，都算为播种面积，但不包括本年播种，下年收获的农作物面积。

耕地灌溉面积 指具有一定的水源，地块比较平整，灌溉工程或设备已经配套，在一般年景下能够进行正常灌溉的耕地面积。在一般情况下，耕地灌溉面积应等于灌溉工程或设备已经配套，能够进行正常灌溉的水田和水浇地面积之和。它是反映我国农田水利建设的重要指标。

农用化肥施用量 指本年内实际用于农业生产的化肥数量，包括氮肥、磷肥、钾肥和复合肥。化肥施用量要求按折纯量计算数量。折纯量是指把氮肥、磷肥、钾肥分别按含氮、含五氧化二磷、含氧化钾的百分之百成份进行折算后的数量。复合肥按其所含主要成分折算。公式为：

折纯量 = 实物量 × 某种化肥有效成份含量的百分比

农业机械总动力 指全部农业机械动力的额定功率之和。农业机械是指用于种植业、畜牧业、渔业、农产品初加工、农用运输和农田基本建设等活动的机械及设备。农机总动力按使用能源不同分为以下四部分：

柴油发动机动力：指全部柴油发动机额定功率之和；

汽油发动机动力：指全部汽油发动机额定功率之和；

电动机动力：指全部电动机（含潜水电泵的电动机）额定功率之和；

其他机械动力：指采用柴油、汽油、电力之外的其他能源，如水力、风力、煤炭、太阳能等动力机械功率之和。

这个指标的统计数据主要来源于农机部门。

Explanatory Notes on Main Statistical Indicators

Gross Output Value of Agriculture, Forestry, Animal Husbandry and Fishery refers to the total value of products of agriculture, forestry, animal husbandry and fishery, and total value of services in support of agriculture, forestry, animal husbandry and fishery activities. It reflects the total scale and results of agricultural production during a given period. Prior to 1957, China's gross agricultural output value included barnyard manure and handicraft products for self-consumption (clothes, shoes, stockings, and initial grain processing undertaken by peasants). Since 1958, cutting and felling of bamboo and trees by villages and other cooperative organizations under villages have been included in forestry; value of barnyard manure has been excluded from animal husbandry; self consumed handicrafts have not been included from sideline occupations, while the output value of industries run by villages and cooperative organizations under village has been included in sideline occupations; and the output value of fish catches by motor fishing boats has been added to fishery. Since 1980, the value of handicraft products made for sale by individuals in households has been added to sideline occupations. Since 1984, industries run by villages and under villages have been included in the sector of industry. Since 1993, the subdivision of sideline occupations has been cancelled, and the hunting of wild animals has been classified into animal husbandry, and the gathering of wild plants and commodity industry run by rural household have been included in farming. A new industrial classification of economic activities was introduced in 2003. Under the new classification, value of services to agriculture, forestry, animal husbandry and fishery is included in the gross output value of agriculture. In 2018, the output value of agriculture, forestry, animal husbandry and fishery services was renamed the output value of professional and auxiliary activities in support of agriculture, forestry, animal husbandry and fishery, value of wood felling and transport is included in forestry, value of industrial output by rural households is not included in agriculture. According to the result of the first, second, third Agriculture Census, efforts were made to adjust the annual reports of animal husbandry and fishery output and the output value of agriculture, animal husbandry and fishery output to make the figures from the annual reports consistent with the census data. "The Classification of Products for Statistical Purposes" implemented in 2010 made relevant revision on the output value of agriculture and forestry in 2009.

Gross output value of agriculture is obtained by multiplying the output of each product or by-product by its price, resulting in the output value of each single item. For a small number of products, annual output of which is not available or difficult to get due to the long production (growing) process involved, the output value is estimated through an indirect approach. The sum of output values of all products of agriculture, forestry, animal husbandry and fishery and professional and auxiliary activities in support of agriculture, forestry, animal husbandry and fishery is then equal to the gross output value of agriculture.

Grain Output refers to the total output of grains produced by agricultural producers within a calendar year. It includes summer grain, early rice and autumn grain if classified by harvest seasons; it covers cereal, tubers and beans if classified by type of crops. Output of cereal should be limited to husked grain only. Output of beans refers to dry beans without pods. The output of tubers (sweet potatoes and potatoes, not including taros and cassava) are converted into that of grain at the ratio 4:1, i.e. 4 kilograms of fresh tubers were equivalent to 1 kilogram of grain up to 1963. Since 1964 the ratio for conversion has been 5:1. Tubers supplied as vegetables (such as potatoes) in cities and suburbs are calculated as fresh vegetables and their output is not included in the output of grain. Data on grain production before 1989 were obtained through the Comprehensive Statistical Reporting System. Since 1989, data from sample surveys are used.

Cotton Output refers to cotton production in the whole country including cotton planted in spring and in autumn. Output is measured as the weight of ginned cotton. Ceiba is not included.

Output of Oil-bearing Crops refers to the total production of oil-bearing crops of various kinds, including peanuts (dry, in shell), rapeseeds, sesame, sunflower seeds, flax seeds, and other oil-bearing crops. Soybeans, oil-bearing woody plants, and wild oil-bearing crops are not included.

Output of Aquatic Products refers to final output actually yielded from fishing production (fishery and breeding), including all output of marine and freshwater fish, crustaceans (shrimps, crabs), shellfish, cephalopod, seaweed and other fishery products. Data on output of aquatic products are reported by aquatic product agencies level by level. Before 1995, among the shellfish, oyster was counted as fresh meat; 5 kilograms of ark shell, clams and frogs are equivalent to 1 kilogram of fresh aquatic products; they have all been counted as fresh aquatic products since 1996.

Output of Pork, Beef, and Mutton refers to the meat of slaughtered hogs, cattle, sheep and goats with head, feet, and offal taken away. Data refers to the production of the whole country. Before 1996, it was a comprehensive reporting from

the lower level to the upper one. The First Agricultural Census of China in 1996 revealed some discrepancy between the production of animal products from the annual reports and that from the census. Efforts were made to adjust the output value of animal husbandry to make the figures from the annual reports consistent with the census data. Since 1999, the NBS conducted sample surveys for the major animal husbandry products, such as hogs, cattle, sheep and goats and fowls, and the data from sample surveys are used as national finalized data. Those products, which are not covered by the sample survey, are still reported by statistical agencies level by level. In 2008, A Monitoring and Survey Program was set up on main livestock, the data on the main livestock such as hog, cattle, sheep and poultry became the official data based on the sampling survey.

Number of Livestock or Poultry in Stock at Beginning (or End) of Period refers to the total number of large animals, pigs, sheep, fowls, etc. raised by rural cooperative organizations, State farms, rural individuals, government agencies, schools, industrial and mining enterprises, army, and urban residents at the beginning (or end) of the reference period. Data reporting system and data adjustment are the same as that in the output of pork, beef and mutton.

Sown Area of Crops refers to area of all land (cultivated or non-cultivated area) sown or transplanted with crops that are harvested within the calendar year by agricultural producers. All crops harvested within the year are counted as sown area, regardless of being sown in this year or the previous year. Crops sown this year but will be harvested in the coming year are excluded.

Irrigated Area of Cultivated Land refers to area of land that are effectively irrigated, i.e. relatively level land, where there are water sources or complete sets of irrigation facilities to lift and move adequate water for irrigation purpose under normal conditions. Under normal situations, irrigated area of cultivated land is the sum of watered fields and irrigated fields where irrigation systems or equipment have been installed for regular irrigation purpose. It is an important indicator to reflect the farmland water conservancy construction in China.

Consumption of Chemical Fertilizers in Agriculture refers to the quantity of chemical fertilizers applied in agriculture in the year, including nitrogenous fertilizer, phosphate fertilizer, potash fertilizer, and compound fertilizer. The consumption of chemical fertilizers is calculated in terms of volume of effective components by means of converting the gross weight of the respective fertilizers into weight containing effective component (e.g. nitrogen content in nitrogenous fertilizer, phosphorous pentoxide contents in phosphate fertilizer, and potassium oxide contents in potash fertilizer). Compound fertilizer is converted in regard to its major components. The formula is:

Volume of effective component= physical quantity× effective component of certain chemical fertilizer (%)

Total Power of Agricultural Machinery refers to the total rated capacity of all agricultural machinery. Agricultural machinery refers to the machineries and equipments which are used for activities of planting, animal husbandry, fishery, primary processing of agricultural products, agricultural transport and infrastructure construction of farmland. Total power of agricultural machinery is grouped into four parts according to the energy used:

Diesel engine power refers to the total rated capacity of all diesel engines.

Gasoline engine power refers to the total rated capacity of all gasoline engines.

Motor power refers to the total rated capacity of all motors (include submersible pump motors).

Other mechanical powers refer to the total mechanical capacity of the sources of energy besides diesel, gasoline and motor power, such as hydro power, wind power, coal and solar energy.

Data are mainly from agricultural machinery agencies.

13 工 业

Industry

资料整理人员：孙 靖 田 原 凌 骞 贺 震

13-1 规模以上工业企业基本情况
Basic Conditions of Industrial Enterprises above Designated Size

单位：亿元 (100 million yuan)

年份 Year	工业增加值增速（%） The Speed of Value Added of Industry (%)	营业收入 Revenue of Bussiness	利润总额 Total Profits
1978		124.40	14.15
1979		137.89	17.29
1980		159.74	19.02
1981		167.95	17.70
1982		183.52	19.92
1983		198.22	21.85
1984		219.47	23.37
1985		271.98	26.23
1986		313.30	27.32
1987		382.17	30.48
1988		481.22	36.01
1989		527.17	29.24
1990		540.02	9.33
1991		632.96	10.27
1992		782.16	18.91
1993		1102.25	19.91
1994		1120.34	15.93
1995		1340.79	4.77
1996		1487.09	10.90
1997		1520.14	-1.22
1998		1212.79	3.18
1999		1366.59	16.21
2000		1563.26	34.48
2001	13.8	1699.15	51.42
2002	16.1	1980.04	69.02
2003	20.7	2604.98	111.25
2004	24.1	3544.38	154.77

13-1 续表 Continued

单位：亿元 (100 million yuan)

年份 Year	工业增加值增速（%） The Speed of Value Added of Industry (%)	营业收入 Revenue of Bussiness	利润总额 Total Profits
2005	20.6	4585.31	189.25
2006	20.1	5968.67	272.69
2007	24.3	8348.97	488.24
2008	18.4	11285.44	663.56
2009	20.5	13077.27	758.48
2010	23.4	18669.79	1451.45
2011	20.1	25726.21	1832.99
2012	14.6	27823.31	1790.96
2013	11.6	31854.65	2047.87
2014	9.6	33489.44	1688.30
2015	7.8	35410.45	1808.70
2016	6.9	38314.28	1953.67
2017	7.3	38934.23	2093.98
2018	7.4	35086.89	2014.60
2019	8.3	37919.60	2227.27
2020	4.8	38914.75	2559.92

注：1. 规模以上工业企业的统计范围：1998 年至 2006 年为全部国有和年主营业务收入 500 万元及以上的非国有工业法人单位；2007 年至 2010 年为年主营业务收入 500 万元及以上的工业法人单位；从 2011 年开始，为年主营业务收入 2000 万元及以上的工业法人单位。

2. 规模以上工业企业“主营业务收入”指标 2018 年调整为“营业收入”指标。

3.2017 年以来全国规模以上工业企业主要经济指标数据与上年数据之间存在不可比因素，其主要原因是：（1）根据统计制度，每年定期对规模以上工业企业调查范围进行调整。每年有部分企业达到规模标准纳入调查范围，也有部分企业因规模变小而退出调查范围，还有新建投产企业、破产、注（吊）销企业等变化。（2）加强统计执法，对统计执法检查中发现的不符合规模以上工业统计要求的企业进行了清理，对相关基数依规进行了修正。（3）加强数据质量管理，剔除跨地区、跨行业重复统计数据。

a. The scopes of industrial enterprises above designated size were: all State-owned industrial enterprises and the non-State-owned industrial enterprises with revenue from principal business over 5 million yuan from 1998 to 2006; all industrial enterprises with revenue from principal business over 5 million yuan from 2007 to 2010; and all industrial enterprises with revenue from principal business above 20 million yuan since 2011.

b. Indicators of revenue from principal business for industrial enterprises above designated size change into business revenue in 2018.

c. Since 2017, data of main indicators of industrial enterprises above designated size nationwide are not comparable with previous years, the reasons are as following: (1) According to the statistical system, the investigation scope of industrial enterprises above designated size should be adjusted regularly every year. Every year, some enterprises meet the scale criteria to be included in the scope of investigation, some enterprises withdraw from the scope of investigation because of the smaller scale, and there are other changes: new enterprises, bankruptcy, annotation (cancellation) enterprises, etc. (2) Strengthening of statistical law enforcement, cleaning up enterprises found in the inspection of statistical law enforcement that do not meet the standard of industrial statistics above designated size, and amending the relevant cardinality in accordance with regulations. (3) Strengthening data quality management and eliminating duplicated statistical data across regions and across industries.

13-2 规模以上工业企业主要经济指标(2020年)

Major Economic Indicators of Industrial Enterprises above Designated Size (2020)

单位：亿元 (100 million yuan)

指 标	Item	企 业 单位数（个） Number of Enterprises (unit)	亏损企业 Loss-making Enterprises	资产总计 Total Assets	流动资产合计 Circulating Funds
总计	**Total**	**18239**	**1382**	**32463.31**	**15321.10**
按登记注册类型：	**Grouped by Registration**				
内资企业	Internal-invested Enterprises	17769	1295	28697.46	13654.34
国有企业	State-owned Enterprises	132	35	2586.79	915.06
中央企业	Central Enterprises	25	5	2298.55	807.38
地方企业	Local Enterprises	107	30	288.24	107.68
集体企业	Collective-owned Enterprises	63	3	51.80	18.61
股份合作企业	Enterprises Cooperated by Joint-stock	9		7.71	1.53
联营企业	Cooperative Enterprises	5	1	8.13	1.16
有限责任公司	Limited Liability Company	1661	267	7178.24	3152.76
股份有限公司	Company Limited by Shares	238	32	4505.40	2743.72
私营企业	Individual-owned Enterprises	15659	956	14358.51	6820.71
其他企业	Enterprises of Other Types of Ownership	2	1	0.89	0.80
港、澳、台商投资企业	Enterprises Funded by Entrepreneurs From Hong Kong,Macao and Taiwan	255	41	2314.77	875.05
外商投资企业	Enterprises Funded by Foreigners	215	46	1451.08	791.71
按经济组织类型：	**Grouped by Ownership**				
独资企业	Enterprises Owned by a Sole Investor	953	93	3840.03	1571.24
合作、合伙企业	Enterprises of Partnership	322	6	257.80	90.05
股份有限公司	Company Limited by Shares	737	90	6851.92	3975.11
有限责任公司	Limited Liability Company	16227	1193	21513.55	9684.70
按企业规模分：	**Grouped by Size of Enterprises**				
大型企业	Large Enterprises	164	13	13851.50	7524.02
中型企业	Medium-sized Enterprises	1564	122	6973.34	3058.04
小型企业	Small Enterprises	14660	1032	10720.39	4354.99
微型企业	Miniature Enterprise	1851	215	918.08	384.06
国有控股企业	**State Controlling Share Hold Enterprises**	**759**	**154**	**10628.72**	**4386.88**

13-2 续表 1 Continued

单位：亿元 (100 million yuan)

指 标	Item	应收账款 Net Value of Account Received	存货 Stock	产成品 Finished Products	固定资产原价 Original Price of Fixed Assets	累计折旧 Accumulated Depreciation
总计	**Total**	**4457.28**	**3330.69**	**1219.29**	**17845.94**	**7816.71**
按登记注册类型：	**Grouped by Registration**					
内资企业	Internal-invested Enterprises	3853.79	3118.32	1118.77	15571.59	6777.56
国有企业	State-owned Enterprises	66.38	397.55	16.25	2709.86	1436.47
中央企业	Central Enterprises	26.40	380.98	13.96	2472.26	1316.76
地方企业	Local Enterprises	39.98	16.58	2.29	237.60	119.72
集体企业	Collective-owned Enterprises	3.24	3.14	1.17	28.38	9.76
股份合作企业	Enterprises Cooperated by Joint-stock	0.52	0.18	0.06	7.81	3.13
联营企业	Cooperative Enterprises	0.31	0.18	0.14	5.93	0.96
有限责任公司	Limited Liability Company	855.87	682.40	232.68	4562.36	1938.66
股份有限公司	Company Limited by Shares	1011.52	403.28	124.65	1449.13	655.32
私营企业	Individual-owned Enterprises	1915.74	1631.48	743.79	6808.04	2733.22
其他企业	Enterprises of Other Types of Ownership	0.21	0.10	0.03	0.09	0.03
港、澳、台商投资企业	Enterprises Funded by Entrepreneurs From Hong Kong,Macao and Taiwan	253.40	95.81	46.90	1437.36	633.42
外商投资企业	Enterprises Funded by Foreigners	350.08	116.56	53.62	836.99	405.73
按经济组织类型：	**Grouped by Ownership**					
独资企业	Enterprises Owned by a Sole Investor	427.32	492.29	58.28	3310.82	1701.30
合作、合伙企业	Enterprises of Partnership	16.01	17.50	13.07	105.17	36.46
股份有限公司	Company Limited by Shares	1309.22	631.97	223.35	2080.07	899.39
有限责任公司	Limited Liability Company	2704.72	2188.92	924.58	12349.88	5179.57
按企业规模分：	**Grouped by Size of Enterprises**					
大型企业	Large Enterprises	2224.22	1630.68	453.63	6809.51	3293.77
中型企业	Medium-sized Enterprises	808.13	645.31	285.09	4015.81	1896.00
小型企业	Small Enterprises	1317.40	974.37	449.49	6547.00	2568.55
微型企业	Miniature Enterprise	107.53	80.33	31.08	473.63	58.38
国有控股企业	**State Controlling Share Hold Enterprises**	**1078.02**	**1115.01**	**208.84**	**8212.45**	**3867.43**

13-2 续表 2 Continued

单位：亿元 (100 million yuan)

指 标	Item	负债合计 Total Liability	流动负债合计 Total Circulating Liability	应付账款 Account Payable	所有者权益合计 Total Rights of Owners
总计	**Total**	**16554.22**	**12224.59**	**3801.19**	**15719.59**
按登记注册类型:	**Grouped by Registration**				
内资企业	Internal-invested Enterprises	14688.88	10933.93	3331.50	13827.87
国有企业	State-owned Enterprises	1280.77	861.75	252.04	1291.99
中央企业	Central Enterprises	1096.54	739.92	217.52	1202.01
地方企业	Local Enterprises	184.24	121.83	34.52	89.98
集体企业	Collective-owned Enterprises	17.48	13.01	3.29	33.85
股份合作企业	Enterprises Cooperated by Joint-stock	4.88	1.51	0.59	2.83
联营企业	Cooperative Enterprises	7.31	5.14	0.55	0.82
有限责任公司	Limited Liability Company	4160.32	3070.41	858.84	2991.27
股份有限公司	Company Limited by Shares	2629.24	2102.87	739.31	1870.33
私营企业	Individual-owned Enterprises	6588.73	4879.09	1476.83	7636.03
其他企业	Enterprises of Other Types of Ownership	0.15	0.15	0.06	0.74
港、澳、台商投资企业	Enterprises Funded by Entrepreneurs From Hong Kong,Macao and Taiwan	1088.97	622.19	232.26	1221.77
外商投资企业	Enterprises Funded by Foreigners	776.36	668.47	237.42	669.96
按经济组织类型:	**Grouped by Ownership**				
独资企业	Enterprises Owned by a Sole Investor	1873.89	1345.89	528.22	1939.68
合作、合伙企业	Enterprises of Partnership	78.29	54.34	12.06	174.58
股份有限公司	Company Limited by Shares	3547.07	2800.79	960.43	3260.29
有限责任公司	Limited Liability Company	11054.97	8023.58	2300.48	10345.04
按企业规模分:	**Grouped by Size of Enterprises**				
大型企业	Large Enterprises	8136.57	6293.23	2114.91	5714.92
中型企业	Medium-sized Enterprises	3277.51	2502.39	681.37	3695.83
小型企业	Small Enterprises	4661.30	3229.40	946.05	6060.56
微型企业	Miniature Enterprise	478.84	199.58	58.86	248.28
国有控股企业	**State Controlling Share Hold Enterprises**	**6142.69**	**4378.07**	**1097.06**	**4467.53**

13-2 续表 3 Continued

单位：亿元 (100 million yuan)

指 标	Item	实收资本 Paid-in Capital	国家资本 National Assets	集体资本 Collective Assets	法人资本 Corperative Assets
总计	**Total**	**6906.94**	**1353.90**	**88.92**	**3475.49**
按登记注册类型:	**Grouped by Registration**				
内资企业	Internal-invested Enterprises	6069.99	1217.39	70.76	3189.74
国有企业	State-owned Enterprises	504.74	142.94	0.03	358.38
中央企业	Central Enterprises	434.46	81.34		353.12
地方企业	Local Enterprises	70.28	61.60	0.03	5.26
集体企业	Collective-owned Enterprises	11.34	0.01	2.15	7.55
股份合作企业	Enterprises Cooperated by Joint-stock	1.63			1.03
联营企业	Cooperative Enterprises	1.49	0.70	0.08	
有限责任公司	Limited Liability Company	1794.06	771.48	22.48	872.59
股份有限公司	Company Limited by Shares	640.26	230.26	10.34	260.96
私营企业	Individual-owned Enterprises	3116.35	72.00	35.69	1689.09
其他企业	Enterprises of Other Types of Ownership	0.13			0.13
港、澳、台商投资企业	Enterprises Funded by Entrepreneurs From Hong Kong,Macao and Taiwan	511.12	75.80	5.68	212.84
外商投资企业	Enterprises Funded by Foreigners	325.83	60.71	12.49	72.91
按经济组织类型:	**Grouped by Ownership**				
独资企业	Enterprises Owned by a Sole Investor	812.91	156.13	2.73	446.05
合作、合伙企业	Enterprises of Partnership	84.95	1.57	0.86	47.23
股份有限公司	Company Limited by Shares	996.01	234.19	21.07	386.31
有限责任公司	Limited Liability Company	5013.07	962.01	64.26	2595.90
按企业规模分:	**Grouped by Size of Enterprises**				
大型企业	Large Enterprises	2007.57	673.80	15.16	937.39
中型企业	Medium-sized Enterprises	1791.15	384.66	19.48	926.89
小型企业	Small Enterprises	2984.05	281.68	52.70	1546.16
微型企业	Miniature Enterprise	124.17	13.76	1.58	65.06
国有控股企业	**State Controlling Share Hold Enterprises**	**2295.38**	**1117.87**	**10.05**	**1054.63**

13-2 续表 4 Continued

单位：亿元 (100 million yuan)

指 标	Item	实收资本 Paid-in Capital		
		个人资本 Individual Assets	港澳台资本 Assets from Hongkong, Maco and Taiwan Funded Enterprises	外商资本 Total Rights of Owners Foreign Assets
总计	**Total**	**1591.38**	**166.40**	**230.81**
按登记注册类型：	**Grouped by Registration**			
内资企业	Internal-invested Enterprises	1555.12	5.03	31.90
国有企业	State-owned Enterprises	1.99	1.39	0.01
中央企业	Central Enterprises			
地方企业	Local Enterprises	1.99	1.39	0.01
集体企业	Collective-owned Enterprises	1.63		
股份合作企业	Enterprises Cooperated by Joint-stock	0.59		
联营企业	Cooperative Enterprises	0.71		
有限责任公司	Limited Liability Company	124.50		3.00
股份有限公司	Company Limited by Shares	110.21	0.17	28.32
私营企业	Individual-owned Enterprises	1315.49	3.47	0.57
其他企业	Enterprises of Other Types of Ownership			
港、澳、台商投资企业	Enterprises Funded by Entrepreneurs From Hong Kong,Macao and Taiwan	19.06	157.51	40.23
外商投资企业	Enterprises Funded by Foreigners	17.19	3.85	158.68
按经济组织类型：	**Grouped by Ownership**			
独资企业	Enterprises Owned by a Sole Investor	60.26	48.28	99.46
合作、合伙企业	Enterprises of Partnership	30.61	0.89	3.78
股份有限公司	Company Limited by Shares	293.31	29.48	31.66
有限责任公司	Limited Liability Company	1207.20	87.75	95.90
按企业规模分：	**Grouped by Size of Enterprises**			
大型企业	Large Enterprises	150.88	109.15	121.20
中型企业	Medium-sized Enterprises	360.87	30.67	68.58
小型企业	Small Enterprises	1037.40	25.30	40.76
微型企业	Miniature Enterprise	42.22	1.28	0.27
国有控股企业	**State Controlling Share Hold Enterprises**	**44.34**	**51.22**	**17.26**

13-2 续表 5 Continued

单位：亿元 (100 million yuan)

指 标	Item	营业收入 Revenue of Business	营业成本 Cost of Business	营业税金及附加 Tax and Surcharge of Business	销售费用 Operation Expenses	管理费用 Management Expense
总计	**Total**	**38914.75**	**30842.98**	**1037.31**	**1215.46**	**1588.26**
按登记注册类型：	**Grouped by Registration**					
内资企业	Internal-invested Enterprises	36297.55	28783.90	1009.47	1141.56	1496.68
国有企业	State-owned Enterprises	2206.23	1399.73	575.99	21.92	91.38
中央企业	Central Enterprises	2040.57	1263.00	574.52	12.61	79.25
地方企业	Local Enterprises	165.67	136.73	1.47	9.31	12.13
集体企业	Collective-owned Enterprises	85.30	74.36	1.10	2.09	3.22
股份合作企业	Enterprises Cooperated by Joint-stock	12.28	9.30	0.11	0.47	1.13
联营企业	Cooperative Enterprises	5.60	4.25	0.03	0.09	0.42
有限责任公司	Limited Liability Company	6567.38	5383.68	65.86	160.97	254.45
股份有限公司	Company Limited by Shares	2683.36	2073.58	116.33	124.21	101.23
私营企业	Individual-owned Enterprises	24736.73	19838.60	250.03	831.71	1044.81
其他企业	Enterprises of Other Types of Ownership	0.65	0.39	0.01	0.10	0.04
港、澳、台商投资企业	Enterprises Funded by Entrepreneurs From Hong Kong,Macao and Taiwan	1190.03	902.75	10.85	33.06	48.16
外商投资企业	Enterprises Funded by Foreigners	1427.17	1156.34	17.00	40.85	43.42
按经济组织类型：	**Grouped by Ownership**					
独资企业	Enterprises Owned by a Sole Investor	3844.25	2722.19	598.42	86.69	151.67
合作、合伙企业	Enterprises of Partnership	391.60	306.42	9.04	16.90	20.47
股份有限公司	Company Limited by Shares	4187.98	3172.42	126.85	213.27	168.14
有限责任公司	Limited Liability Company	30490.92	24641.95	303.00	898.61	1247.98
按企业规模分：	**Grouped by Size of Enterprises**					
大型企业	Large Enterprises	10274.08	7732.40	739.98	316.56	348.20
中型企业	Medium-sized Enterprises	8661.09	6787.87	94.72	310.17	403.33
小型企业	Small Enterprises	19162.02	15622.71	194.56	570.61	807.15
微型企业	Miniature Enterprise	817.57	700.01	8.06	18.13	29.58
国有控股企业	**State Controlling Share Hold Enterprises**	**7569.83**	**5699.63**	**729.49**	**163.53**	**313.57**

13-2 续表 6 Continued

单位：亿元 (100 million yuan)

指 标	Item	研发费用 Reserch and Development Costs	财务费用 Financial Expense	利息费用 Interest Charges	利息收入 Interest Income
总计	**Total**	**1118.12**	**366.99**	**255.93**	**16.90**
按登记注册类型：	**Grouped by Registration**				
内资企业	Internal-invested Enterprises	1037.94	317.22	212.45	14.91
国有企业	State-owned Enterprises	10.85	6.08	8.76	6.02
中央企业	Central Enterprises	7.58	3.41	7.56	6.05
地方企业	Local Enterprises	3.28	2.67	1.19	-0.03
集体企业	Collective-owned Enterprises	0.93	0.47	0.15	
股份合作企业	Enterprises Cooperated by Joint-stock	0.46	0.25	0.21	
联营企业	Cooperative Enterprises	0.30	0.35	0.34	
有限责任公司	Limited Liability Company	207.44	77.58	65.92	7.42
股份有限公司	Company Limited by Shares	83.17	22.16	29.19	10.53
私营企业	Individual-owned Enterprises	734.72	210.34	107.89	-9.06
其他企业	Enterprises of Other Types of Ownership	0.07	-0.01		-0.01
港、澳、台商投资企业	Enterprises Funded by Entrepreneurs From Hong Kong,Macao and Taiwan	37.56	32.42	26.64	1.68
外商投资企业	Enterprises Funded by Foreigners	42.61	17.35	16.85	0.31
按经济组织类型：	**Grouped by Ownership**				
独资企业	Enterprises Owned by a Sole Investor	55.38	16.47	12.77	5.90
合作、合伙企业	Enterprises of Partnership	4.89	4.01	1.38	-0.21
股份有限公司	Company Limited by Shares	144.64	42.01	42.02	13.51
有限责任公司	Limited Liability Company	913.21	304.51	199.76	-2.30
按企业规模分：	**Grouped by Size of Enterprises**				
大型企业	Large Enterprises	304.59	86.48	105.00	8.97
中型企业	Medium-sized Enterprises	251.41	104.82	55.64	5.36
小型企业	Small Enterprises	545.85	165.90	90.21	2.51
微型企业	Miniature Enterprise	16.26	9.79	5.08	0.07
国有控股企业	**State Controlling Share Hold Enterprises**	**178.42**	**104.33**	**101.71**	**15.85**

13-2 续表 7 Continued

单位：亿元 (100 million yuan)

指 标	Item	营业利润 Operating Profit	投资收益 Income from Investment	营业外收入 Non-operating Income	利润总额 Total Profit
总计	**Total**	**2644.76**	**45.33**	**85.40**	**2559.92**
按登记注册类型：	**Grouped by Registration**				
内资企业	Internal-invested Enterprises	2444.88	34.69	78.94	2361.12
国有企业	State-owned Enterprises	92.59	1.97	6.60	93.66
中央企业	Central Enterprises	90.88	1.84	5.17	91.12
地方企业	Local Enterprises	1.71	0.13	1.43	2.55
集体企业	Collective-owned Enterprises	3.03	0.17	0.25	3.20
股份合作企业	Enterprises Cooperated by Joint-stock	0.56			0.56
联营企业	Cooperative Enterprises	0.17		0.01	0.17
有限责任公司	Limited Liability Company	398.79	-25.39	22.38	393.23
股份有限公司	Company Limited by Shares	201.89	46.96	6.90	188.38
私营企业	Individual-owned Enterprises	1747.77	10.98	42.80	1681.85
其他企业	Enterprises of Other Types of Ownership	0.08			0.08
港、澳、台商投资企业	Enterprises Funded by Entrepreneurs From Hong Kong,Macao and Taiwan	131.34	4.91	2.07	132.10
外商投资企业	Enterprises Funded by Foreigners	68.55	5.73	4.39	66.70
按经济组织类型：	**Grouped by Ownership**				
独资企业	Enterprises Owned by a Sole Investor	202.48	3.97	10.84	204.62
合作、合伙企业	Enterprises of Partnership	29.92		0.39	29.94
股份有限公司	Company Limited by Shares	372.67	55.16	11.57	355.47
有限责任公司	Limited Liability Company	2039.68	-13.81	62.60	1969.89
按企业规模分：	**Grouped by Size of Enterprises**				
大型企业	Large Enterprises	717.26	26.94	21.91	698.93
中型企业	Medium-sized Enterprises	702.24	11.93	17.68	699.86
小型企业	Small Enterprises	1189.62	6.24	41.48	1122.40
微型企业	Miniature Enterprise	35.64	0.23	4.33	38.73
国有控股企业	**State Controlling Share Hold Enterprises**	**385.34**	**-9.83**	**23.87**	**385.42**

13-2 续表 8 Continued

单位：亿元 (100 million yuan)

指 标	Item	亏损企业亏损总额 Total Loss of Enterprises Running under Deficit	本年应付职工薪酬 Total Sum of Wages Payable this Year	全部从业人员年平均人数（万人） Average Number of Empolyment of the Current Year (10 000 persons)	百元固定资产原价实现利润（元） Profits per 100 Yuan of Original Value of Fix Assets (yuan)
总计	**Total**	**194.61**	**3157.28**	**313.05**	**14.34**
按登记注册类型:	**Grouped by Registration**				
内资企业	Internal-invested Enterprises	161.69	2878.42	284.81	15.16
国有企业	State-owned Enterprises	16.92	193.07	10.76	3.46
中央企业	Central Enterprises	14.32	168.59	8.24	3.69
地方企业	Local Enterprises	2.61	24.49	2.52	1.07
集体企业	Collective-owned Enterprises	0.13	11.97	1.58	11.28
股份合作企业	Enterprises Cooperated by Joint-stock		1.73	0.11	7.17
联营企业	Cooperative Enterprises	0.67	0.74	0.07	2.87
有限责任公司	Limited Liability Company	75.65	540.63	43.44	8.62
股份有限公司	Company Limited by Shares	35.03	179.54	13.31	13.00
私营企业	Individual-owned Enterprises	33.28	1950.59	215.52	24.70
其他企业	Enterprises of Other Types of Ownership		0.14	0.01	88.89
港、澳、台商投资企业	Enterprises Funded by Entrepreneurs From Hong Kong,Macao and Taiwan	3.95	170.95	20.19	9.19
外商投资企业	Enterprises Funded by Foreigners	28.96	107.92	8.05	7.97
按经济组织类型:	**Grouped by Ownership**				
独资企业	Enterprises Owned by a Sole Investor	23.02	365.85	30.31	6.18
合作、合伙企业	Enterprises of Partnership	0.97	44.53	6.01	28.47
股份有限公司	Company Limited by Shares	39.47	344.43	31.91	17.09
有限责任公司	Limited Liability Company	131.15	2402.46	244.81	15.95
按企业规模分:	**Grouped by Size of Enterprises**				
大型企业	Large Enterprises	93.67	927.54	65.84	10.26
中型企业	Medium-sized Enterprises	43.61	874.07	88.87	17.43
小型企业	Small Enterprises	51.63	1335.38	149.95	17.14
微型企业	Miniature Enterprise	5.71	20.29	8.39	8.18
国有控股企业	**State Controlling Share Hold Enterprises**	**113.02**	**638.29**	**41.18**	**4.69**

13-2 续表 9 Continued

单位：%　　(%)

指　标	Item	营业收入利润率 Operating Profit Markgin	资产负债率 Assets-Liability Ratio	总资产贡献率 Ratio of Total Assets to Industrial Output Vale	成本费用利润率 Rate of Cost Profits
总计	**Total**	**6.58**	**50.99**	**13.91**	**7.29**
按登记注册类型:	**Grouped by Registration**				
内资企业	Internal-invested Enterprises	6.50	51.19	14.67	7.20
国有企业	State-owned Enterprises	4.25	49.51	30.66	6.12
中央企业	Central Enterprises	4.47	47.71	34.14	6.67
地方企业	Local Enterprises	1.54	63.92	2.87	1.55
集体企业	Collective-owned Enterprises	3.75	33.75	11.97	3.94
股份合作企业	Enterprises Cooperated by Joint-stock	4.53	63.34	14.74	4.78
联营企业	Cooperative Enterprises	3.04	89.87	7.43	3.15
有限责任公司	Limited Liability Company	5.99	57.96	8.84	6.46
股份有限公司	Company Limited by Shares	7.02	58.36	8.66	7.83
私营企业	Individual-owned Enterprises	6.80	45.89	16.60	7.42
其他企业	Enterprises of Other Types of Ownership	12.33	16.61	14.04	13.61
港、澳、台商投资企业	Enterprises Funded by Entrepreneurs From Hong Kong,Macao and Taiwan	11.10	47.04	7.95	12.53
外商投资企业	Enterprises Funded by Foreigners	4.67	53.50	8.46	5.13
按经济组织类型:	**Grouped by Ownership**				
独资企业	Enterprises Owned by a Sole Investor	5.32	48.80	24.93	6.75
合作、合伙企业	Enterprises of Partnership	7.65	30.37	18.69	8.49
股份有限公司	Company Limited by Shares	8.49	51.77	8.79	9.50
有限责任公司	Limited Liability Company	6.46	51.39	13.52	7.03
按企业规模分:	**Grouped by Size of Enterprises**				
大型企业	Large Enterprises	6.80	58.74	13.03	7.95
中型企业	Medium-sized Enterprises	8.08	47.00	14.21	8.91
小型企业	Small Enterprises	5.86	43.48	15.48	6.34
微型企业	Miniature Enterprise	4.74	52.16	6.53	5.01
国有控股企业	**State Controlling Share Hold Enterprises**	**5.09**	**57.79**	**13.57**	**5.97**

13-3 规模以上工业企业行业大类主要经济指标(2020年)

Main Economic indicators of Industrial Enterprises above Designated Size by Industrial Sector (2020)

单位：亿元 (100 million yuan)

指 标	Item	企业单位数（个） Number of Enterprises (unit)	亏损企业 Loss-making Enterprises	资产总计 Total Assets	流动资产合计 Cir-culating Funds
按行业划分：	**Grouped by Sector**	**18239**	**1382**	**32463.31**	**15321.10**
煤炭开采和洗选业	Mining and Washing of Coal	139	10	191.09	52.41
石油和天然气开采业	Petroleum and Natural Gas Extraction				
黑色金属矿采选业	Mining of Ferrous Metal Ores	26	3	34.40	9.61
有色金属矿采选业	Mining of Non-ferrous Metal Ores	114	10	243.51	48.57
非金属矿采选业	Mining and Processing of Nonmetal Ores	325	17	187.42	74.00
开采专业及辅助性活动	Professional and Support Activities for Mining				
其他采矿业	Other Mining and Dressing	1		0.38	0.12
农副食品加工业	Processing of Food from Agricultural Products	1722	92	1363.49	565.63
食品制造业	Manufacture of Foods	570	46	635.33	316.64
酒、饮料和精制茶制造业	Manufacture of Liquor, Beverage and Refined Tea	565	24	440.90	198.58
烟草制品业	Manufacture of Tobacco	8	2	908.41	689.60
纺织业	Manufacture of Textile	302	36	387.41	198.34
纺织服装、服饰业	Manufacture of Textile Wearing and Clothing Apparel	305	20	215.37	65.91
皮革、毛皮、羽毛及其制品和制鞋业	Leather, Fur, Feather and Its Products and Footwear	722	51	226.55	103.03
木材加工和木、竹、藤、棕、草制品业	Processing of Timbers, Manufacture of Wood, Bamboo, Rattan, Palm and Straw Products	463	7	190.61	64.30
家具制造业	Manufacture of Furniture	228	7	102.54	42.89
造纸和纸制品业	Manufacture of Paper and Paper Products	267	17	480.82	234.71
印刷和记录媒介复制业	Printing,Reproduction of Recording Media	283	15	179.43	79.91
文教、工美、体育和娱乐用品制造业	Manufacture of Articles for Culture, Education and Sport Activity	309	26	151.64	70.58
石油、煤炭及其他燃料加工业	Processing of Petroleum, Coal and Other Fuels	104	8	190.03	63.34
化学原料和化学制品制造业	Manufacture of Chemical Raw Material and Chemical Products	1433	74	1485.12	548.92
医药制造业	Manufacture of Medicines	424	44	758.83	347.44
化学纤维制造业	Manufacture of Chemical Fiber	16	3	23.00	5.93
橡胶和塑料制品业	Manufacture of Rubber and Plastic	529	36	307.66	137.76
非金属矿物制品业	Manufacture of Non-metallic Mineral Products	2656	136	2434.87	876.83
黑色金属冶炼和压延加工业	Manufacture and Processing of Ferrous Metals	127	17	951.00	384.79
有色金属冶炼和压延加工业	Manufacture and Processing of Non-ferrous Metals	423	50	1199.84	548.65
金属制品业	Manufacture of Metal Products	1073	69	799.27	341.74
通用设备制造业	Manufacture of General Purpose Machinery	959	85	1313.29	861.42
专用设备制造业	Manufacture of Special Purpose Machinery	907	89	5157.20	3463.58
汽车制造业	Automobile Industry	424	98	1534.15	861.37
铁路、船舶、航空航天和其他运输设备制造业	Manufacture of Railway,Marine,Aerospace and Other Transport Equipment	199	40	1225.26	778.29
电气机械和器材制造业	Manufacture of Electrical Machinery and Equipment	816	75	1462.10	870.26
计算机、通信和其他电子设备制造业	Manufacture of Communication Equipment, Computer and Other Electronic Equipment	802	80	2529.96	1486.22
仪器仪表制造业	Manufacture of Measuring Instrument	157	8	215.12	131.86
其他制造业	Other Manufacture	95	8	127.43	66.24
废弃资源综合利用业	Utilization of Waste Resources	151	13	132.23	54.69
金属制品、机械和设备修理业	Mental Products,Machine and Equipment Repair	7		7.33	4.17
电力、热力生产和供应业	Production and Supply of Electric Power and Heat Power	368	40	3814.78	462.73
燃气生产和供应业	Production and Distribution of Gas	66	2	192.55	59.25
水的生产和供应业	Production and Distribution of Water	154	24	663.00	150.77

13-3 续表1 Continued

单位：亿元 (100 million yuan)

指 标	Item	应收账款 Value of Account Received	存货 Stock	产成品 Finished Products	固定资产原价 Original Price of Fixed Assets	累计折旧 Accumulated Depreciation
按行业划分：	**Grouped by Sector**	**4457.28**	**3330.69**	**1219.29**	**17845.94**	**7816.71**
煤炭开采和洗选业	Mining and Washing of Coal	6.51	4.47	2.34	115.74	41.48
石油和天然气开采业	Petroleum and Natural Gas Extraction					
黑色金属矿采选业	Mining of Ferrous Metal Ores	0.40	1.85	0.64	16.89	5.91
有色金属矿采选业	Mining of Non-ferrous Metal Ores	7.75	10.71	5.09	179.86	65.07
非金属矿采选业	Mining and Processing of Nonmetal Ores	18.13	9.13	5.63	112.55	41.62
开采专业及辅助性活动	Professional and Support Activities for Mining					
其他采矿业	Other Mining and Dressing				0.26	
农副食品加工业	Processing of Food from Agricultural Products	93.09	165.71	70.35	817.12	329.54
食品制造业	Manufacture of Foods	35.99	100.94	27.39	403.73	195.40
酒、饮料和精制茶制造业	Manufacture of Liquor, Beverage and Refined Tea	29.66	68.83	33.18	284.44	110.88
烟草制品业	Manufacture of Tobacco	6.91	363.05	8.63	260.66	158.15
纺织业	Manufacture of Textile	41.75	51.80	29.51	230.30	86.42
纺织服装、服饰业	Manufacture of Textile Wearing and Clothing Apparel	16.25	18.18	10.15	80.07	28.69
皮革、毛皮、羽毛及其制品和制鞋业	Leather, Fur, Feather and Its Products and Footwear	37.96	31.70	14.62	130.16	37.09
木材加工和木、竹、藤、棕、草制品业	Processing of Timbers, Manufacture of Wood, Bamboo, Rattan, Palm and Straw Products	14.80	18.75	9.71	167.43	69.38
家具制造业	Manufacture of Furniture	9.06	10.63	6.12	47.25	14.89
造纸和纸制品业	Manufacture of Paper and Paper Products	50.08	80.27	11.78	288.03	131.20
印刷和记录媒介复制业	Printing,Reproduction of Recording Media	24.50	20.74	8.51	133.57	60.57
文教、工美、体育和娱乐用品制造业	Manufacture of Articles for Culture, Education and Sport Activity	20.99	23.77	10.86	75.68	22.71
石油、煤炭及其他燃料加工业	Processing of Petroleum, Coal and Other Fuels	10.33	16.37	6.49	217.26	119.28
化学原料和化学制品制造业	Manufacture of Chemical Raw Material and Chemical Products	130.36	130.93	68.67	891.26	371.71
医药制造业	Manufacture of Medicines	69.45	75.45	37.21	310.21	117.08
化学纤维制造业	Manufacture of Chemical Fiber	1.13	3.36	1.26	18.99	5.27
橡胶和塑料制品业	Manufacture of Rubber and Plastic	42.18	35.85	18.28	196.45	76.18
非金属矿物制品业	Manufacture of Non-metallic Mineral Products	324.96	164.54	81.71	1381.21	563.57
黑色金属冶炼和压延加工业	Manufacture and Processing of Ferrous Metals	45.38	100.02	29.35	890.32	512.38
有色金属冶炼和压延加工业	Manufacture and Processing of Non-ferrous Metals	77.41	205.32	51.23	703.47	351.40
金属制品业	Manufacture of Metal Products	106.88	83.95	38.33	463.85	192.21
通用设备制造业	Manufacture of General Purpose Machinery	405.79	158.47	63.83	409.68	175.66
专用设备制造业	Manufacture of Special Purpose Machinery	1132.82	585.52	266.66	922.23	375.46
汽车制造业	Automobile Industry	379.80	133.65	65.86	671.47	272.82
铁路、船舶、航空航天和其他运输设备制造业	Manufacture of Railway,Marine,Aerospace and Other Transport Equipment	277.98	173.87	47.39	369.65	161.78
电气机械和器材制造业	Manufacture of Electrical Machinery and Equipment	310.78	181.40	88.01	553.04	233.94
计算机、通信和其他电子设备制造业	Manufacture of Communication Equipment, Computer and Other Electronic Equipment	491.07	210.25	73.66	761.03	298.21
仪器仪表制造业	Manufacture of Measuring Instrument	50.55	19.96	6.85	58.87	20.44
其他制造业	Other Manufacture	8.67	18.76	4.02	53.44	20.98
废弃资源综合利用业	Utilization of Waste Resources	15.05	15.91	6.83	106.16	53.78
金属制品、机械和设备修理业	Mental Products,Machine and Equipment Repair	0.98	0.49	0.05	3.46	1.62
电力、热力生产和供应业	Production and Supply of Electric Power and Heat Power	123.62	26.69	5.12	4957.31	2316.33
燃气生产和供应业	Production and Distribution of Gas	7.61	4.78	2.67	138.22	36.95
水的生产和供应业	Production and Distribution of Water	30.64	4.61	1.29	424.63	140.68

13-3 续表 2 Continued

单位：亿元 (100 million yuan)

指标	Item	负债合计 Total Liability	流动负债合计 Total Circulating Liability	应付账款 Account Payable	所有者权益合计 Total Rights of Owners
按行业划分：	**Grouped by Sector**	**16554.22**	**12224.59**	**3801.19**	**15719.59**
煤炭开采和洗选业	Mining and Washing of Coal	108.47	84.60	6.61	81.47
石油和天然气开采业	Petroleum and Natural Gas Extraction				
黑色金属矿采选业	Mining of Ferrous Metal Ores	16.87	9.18	2.20	17.36
有色金属矿采选业	Mining of Non-ferrous Metal Ores	114.66	90.37	9.50	126.64
非金属矿采选业	Mining and Processing of Nonmetal Ores	71.74	40.30	11.25	113.90
开采专业及辅助性活动	Professional and Support Activities for Mining				
其他采矿业	Other Mining and Dressing	0.09			
农副食品加工业	Processing of Food from Agricultural Products	541.94	388.99	80.27	810.96
食品制造业	Manufacture of Foods	293.55	241.30	44.52	338.01
酒、饮料和精制茶制造业	Manufacture of Liquor, Beverage and Refined Tea	168.93	120.23	26.08	271.19
烟草制品业	Manufacture of Tobacco	141.32	140.56	39.02	767.08
纺织业	Manufacture of Textile	225.85	184.02	37.66	158.73
纺织服装、服饰业	Manufacture of Textile Wearing and Clothing Apparel	56.51	36.07	10.19	158.59
皮革、毛皮、羽毛及其制品和制鞋业	Leather, Fur, Feather and Its Products and Footwear	88.91	62.32	29.86	128.66
木材加工和木、竹、藤、棕、草制品业	Processing of Timbers, Manufacture of Wood, Bamboo, Rattan, Palm and Straw Products	59.33	38.88	8.24	126.43
家具制造业	Manufacture of Furniture	42.81	31.36	8.68	58.04
造纸和纸制品业	Manufacture of Paper and Paper Products	271.55	201.72	52.22	206.70
印刷和记录媒介复制业	Printing,Reproduction of Recording Media	73.55	51.63	21.17	103.62
文教、工美、体育和娱乐用品制造业	Manufacture of Articles for Culture, Education and Sport Activity	59.63	43.70	20.08	90.65
石油、煤炭及其他燃料加工业	Processing of Petroleum, Coal and Other Fuels	96.84	69.12	12.31	93.19
化学原料和化学制品制造业	Manufacture of Chemical Raw Material and Chemical Products	543.93	399.38	101.83	914.85
医药制造业	Manufacture of Medicines	256.53	199.01	43.49	502.55
化学纤维制造业	Manufacture of Chemical Fiber	18.15	16.42	0.96	4.86
橡胶和塑料制品业	Manufacture of Rubber and Plastic	119.85	91.60	29.27	183.42
非金属矿物制品业	Manufacture of Non-metallic Mineral Products	993.42	728.38	235.99	1424.78
黑色金属冶炼和压延加工业	Manufacture and Processing of Ferrous Metals	513.11	436.20	84.48	437.39
有色金属冶炼和压延加工业	Manufacture and Processing of Non-ferrous Metals	653.20	421.87	78.83	529.49
金属制品业	Manufacture of Metal Products	379.18	283.83	71.61	415.81
通用设备制造业	Manufacture of General Purpose Machinery	749.52	641.83	316.06	561.57
专用设备制造业	Manufacture of Special Purpose Machinery	3155.93	2486.06	868.04	1994.71
汽车制造业	Automobile Industry	1133.82	990.01	332.02	394.66
铁路、船舶、航空航天和其他运输设备制造业	Manufacture of Railway,Marine,Aerospace and Other Transport Equipment	685.59	606.87	269.69	539.39
电气机械和器材制造业	Manufacture of Electrical Machinery and Equipment	805.23	660.90	244.22	647.91
计算机、通信和其他电子设备制造业	Manufacture of Communication Equipment, Computer and Other Electronic Equipment	995.87	809.54	395.96	1525.62
仪器仪表制造业	Manufacture of Measuring Instrument	81.56	64.44	23.16	113.33
其他制造业	Other Manufacture	63.17	58.37	7.34	64.03
废弃资源综合利用业	Utilization of Waste Resources	59.51	43.60	15.74	74.64
金属制品、机械和设备修理业	Mental Products,Machine and Equipment Repair	5.63	5.63	0.68	1.69
电力、热力生产和供应业	Production and Supply of Electric Power and Heat Power	2375.99	1133.91	207.71	1428.17
燃气生产和供应业	Production and Distribution of Gas	120.04	96.30	18.86	72.51
水的生产和供应业	Production and Distribution of Water	412.47	216.07	35.38	236.97

13-3 续表 3 Continued

单位：亿元 (100 million yuan)

指 标	Item	实收资本 Paid-in Capital	国家资本 National Assets	集体资本 Collective Assets	法人资本 Corperative Assets
按行业划分：	**Grouped by Sector**	**6906.94**	**1353.90**	**88.92**	**3475.49**
煤炭开采和洗选业	Mining and Washing of Coal	56.43	13.60	0.38	25.17
石油和天然气开采业	Petroleum and Natural Gas Extraction				
黑色金属矿采选业	Mining of Ferrous Metal Ores	15.23			10.83
有色金属矿采选业	Mining of Non-ferrous Metal Ores	87.44	25.02	0.41	33.20
非金属矿采选业	Mining and Processing of Nonmetal Ores	63.57	1.38	0.65	31.08
开采专业及辅助性活动	Professional and Support Activities for Mining				
其他采矿业	Other Mining and Dressing				
农副食品加工业	Processing of Food from Agricultural Products	344.15	22.92	6.80	178.52
食品制造业	Manufacture of Foods	132.52	10.56	2.60	55.17
酒、饮料和精制茶制造业	Manufacture of Liquor, Beverage and Refined Tea	121.21	19.25	3.79	47.00
烟草制品业	Manufacture of Tobacco	74.92	43.92		30.77
纺织业	Manufacture of Textile	73.76	14.94	2.46	20.44
纺织服装、服饰业	Manufacture of Textile Wearing and Clothing Apparel	80.75	2.67	0.11	41.57
皮革、毛皮、羽毛及其制品和制鞋业	Leather, Fur, Feather and Its Products and Footwear	54.23	0.08	0.13	32.37
木材加工和木、竹、藤、棕、草制品业	Processing of Timbers, Manufacture of Wood, Bamboo, Rattan, Palm and Straw Products	70.22	12.75	0.25	24.90
家具制造业	Manufacture of Furniture	28.87		0.34	13.98
造纸和纸制品业	Manufacture of Paper and Paper Products	118.70	56.85	0.50	42.87
印刷和记录媒介复制业	Printing,Reproduction of Recording Media	37.48	0.39	0.35	22.84
文教、工美、体育和娱乐用品制造业	Manufacture of Articles for Culture, Education and Sport Activity	42.67	0.33	0.53	24.25
石油、煤炭及其他燃料加工业	Processing of Petroleum, Coal and Other Fuels	107.25	81.24	0.22	18.20
化学原料和化学制品制造业	Manufacture of Chemical Raw Material and Chemical Products	448.16	42.49	6.22	260.07
医药制造业	Manufacture of Medicines	174.94	11.70	1.87	68.74
化学纤维制造业	Manufacture of Chemical Fiber	11.22	1.60		9.25
橡胶和塑料制品业	Manufacture of Rubber and Plastic	100.48	2.20	1.07	45.88
非金属矿物制品业	Manufacture of Non-metallic Mineral Products	738.76	50.61	13.69	422.88
黑色金属冶炼和压延加工业	Manufacture and Processing of Ferrous Metals	236.53	106.41		122.99
有色金属冶炼和压延加工业	Manufacture and Processing of Non-ferrous Metals	329.85	152.59	0.81	93.21
金属制品业	Manufacture of Metal Products	210.75	9.10	3.82	137.47
通用设备制造业	Manufacture of General Purpose Machinery	231.51	8.77	1.83	123.92
专用设备制造业	Manufacture of Special Purpose Machinery	330.06	37.65	2.60	156.22
汽车制造业	Automobile Industry	332.66	79.15	11.22	134.44
铁路、船舶、航空航天和其他运输设备制造业	Manufacture of Railway,Marine,Aerospace and Other Transport Equipment	272.32	91.76	0.79	158.74
电气机械和器材制造业	Manufacture of Electrical Machinery and Equipment	360.42	74.66	5.07	186.46
计算机、通信和其他电子设备制造业	Manufacture of Communication Equipment, Computer and Other Electronic Equipment	502.08	56.44	9.29	270.11
仪器仪表制造业	Manufacture of Measuring Instrument	36.79	0.88	0.84	22.89
其他制造业	Other Manufacture	23.23	0.43	0.35	13.98
废弃资源综合利用业	Utilization of Waste Resources	36.19	1.48	0.26	21.18
金属制品、机械和设备修理业	Mental Products,Machine and Equipment Repair	1.10		0.20	0.30
电力、热力生产和供应业	Production and Supply of Electric Power and Heat Power	875.69	239.87	7.19	527.10
燃气生产和供应业	Production and Distribution of Gas	25.97	9.07	1.55	9.94
水的生产和供应业	Production and Distribution of Water	118.83	71.13	0.73	36.56

13-3 续表 4 Continued

单位：亿元 (100 million yuan)

指 标	Item	实收资本 Paid-in Capital		
		个人资本 Individual Assets	港澳台资本 Assets from Hongkong, Maco and Taiwan Funded Enterprises	外商资本 Total Rights of Owners Foreign Assets
按行业划分：	**Grouped by Sector**	**1591.38**	**166.40**	**230.81**
煤炭开采和洗选业	Mining and Washing of Coal	17.28		
石油和天然气开采业	Petroleum and Natural Gas Extraction			
黑色金属矿采选业	Mining of Ferrous Metal Ores	4.40		
有色金属矿采选业	Mining of Non-ferrous Metal Ores	26.56		2.24
非金属矿采选业	Mining and Processing of Nonmetal Ores	30.15	0.32	
开采专业及辅助性活动	Professional and Support Activities for Mining			
其他采矿业	Other Mining and Dressing			
农副食品加工业	Processing of Food from Agricultural Products	129.28	3.02	3.60
食品制造业	Manufacture of Foods	53.86	2.29	8.03
酒、饮料和精制茶制造业	Manufacture of Liquor, Beverage and Refined Tea	40.20	2.23	8.75
烟草制品业	Manufacture of Tobacco	0.22		
纺织业	Manufacture of Textile	34.54	0.98	0.40
纺织服装、服饰业	Manufacture of Textile Wearing and Clothing Apparel	33.22	0.46	2.72
皮革、毛皮、羽毛及其制品和制鞋业	Leather, Fur, Feather and Its Products and Footwear	15.57	3.08	3.01
木材加工和木、竹、藤、棕、草制品业	Processing of Timbers, Manufacture of Wood, Bamboo, Rattan, Palm and Straw Products	32.22	0.03	0.06
家具制造业	Manufacture of Furniture	14.55		
造纸和纸制品业	Manufacture of Paper and Paper Products	16.02	0.85	1.60
印刷和记录媒介复制业	Printing,Reproduction of Recording Media	12.80	0.06	1.03
文教、工美、体育和娱乐用品制造业	Manufacture of Articles for Culture, Education and Sport Activity	16.35	1.22	
石油、煤炭及其他燃料加工业	Processing of Petroleum, Coal and Other Fuels	7.58		
化学原料和化学制品制造业	Manufacture of Chemical Raw Material and Chemical Products	129.24	4.98	5.17
医药制造业	Manufacture of Medicines	92.23	0.31	0.08
化学纤维制造业	Manufacture of Chemical Fiber	0.37		
橡胶和塑料制品业	Manufacture of Rubber and Plastic	30.59	0.58	20.16
非金属矿物制品业	Manufacture of Non-metallic Mineral Products	243.49	7.31	0.76
黑色金属冶炼和压延加工业	Manufacture and Processing of Ferrous Metals	6.97	0.16	
有色金属冶炼和压延加工业	Manufacture and Processing of Non-ferrous Metals	83.11	0.08	0.01
金属制品业	Manufacture of Metal Products	59.58	0.77	0.02
通用设备制造业	Manufacture of General Purpose Machinery	93.06	0.90	3.02
专用设备制造业	Manufacture of Special Purpose Machinery	107.24	1.03	25.31
汽车制造业	Automobile Industry	21.97	3.08	82.80
铁路、船舶、航空航天和其他运输设备制造业	Manufacture of Railway,Marine,Aerospace and Other Transport Equipment	14.89	0.16	5.99
电气机械和器材制造业	Manufacture of Electrical Machinery and Equipment	89.07	4.42	0.74
计算机、通信和其他电子设备制造业	Manufacture of Communication Equipment, Computer and Other Electronic Equipment	71.88	57.72	36.65
仪器仪表制造业	Manufacture of Measuring Instrument	12.11	0.03	0.05
其他制造业	Other Manufacture	8.47		
废弃资源综合利用业	Utilization of Waste Resources	12.64	0.36	0.27
金属制品、机械和设备修理业	Mental Products,Machine and Equipment Repair	0.59		
电力、热力生产和供应业	Production and Supply of Electric Power and Heat Power	21.07	67.56	12.89
燃气生产和供应业	Production and Distribution of Gas	1.26	1.55	2.61
水的生产和供应业	Production and Distribution of Water	6.72	0.85	2.83

13-3 续表 5 Continued

单位：亿元 (100 million yuan)

指 标	Item	营业收入 Revenue of Business	营业成本 Cost of Business	营业税金及附加 Tax and Surcharge of Business	销售费用 Operation Expenses	管理费用 Management Expense
按行业划分：	**Grouped by Sector**	**38914.75**	**30842.98**	**1037.31**	**1215.46**	**1588.26**
煤炭开采和洗选业	Mining and Washing of Coal	115.50	92.65	1.95	3.46	6.69
石油和天然气开采业	Petroleum and Natural Gas Extraction					
黑色金属矿采选业	Mining of Ferrous Metal Ores	24.35	19.05	0.34	0.98	2.56
有色金属矿采选业	Mining of Non-ferrous Metal Ores	229.64	178.03	6.22	6.60	16.64
非金属矿采选业	Mining and Processing of Nonmetal Ores	360.76	277.06	5.88	17.37	24.06
开采专业及辅助性活动	Professional and Support Activities for Mining					
其他采矿业	Other Mining and Dressing	0.41	0.31		0.03	0.03
农副食品加工业	Processing of Food from Agricultural Products	3276.66	2740.38	22.73	95.24	128.93
食品制造业	Manufacture of Foods	1321.96	1088.52	9.14	60.91	57.47
酒、饮料和精制茶制造业	Manufacture of Liquor, Beverage and Refined Tea	768.57	588.05	12.03	42.88	41.25
烟草制品业	Manufacture of Tobacco	986.74	244.51	570.17	11.30	55.88
纺织业	Manufacture of Textile	636.98	540.92	5.18	19.87	23.44
纺织服装、服饰业	Manufacture of Textile Wearing and Clothing Apparel	327.91	256.84	3.38	15.70	19.31
皮革、毛皮、羽毛及其制品和制鞋业	Leather, Fur, Feather and Its Products and Footwear	715.30	606.74	4.12	16.09	25.33
木材加工和木、竹、藤、棕、草制品业	Processing of Timbers, Manufacture of Wood, Bamboo, Rattan, Palm and Straw Products	700.32	585.92	6.24	19.33	28.60
家具制造业	Manufacture of Furniture	264.15	209.02	2.91	8.91	11.86
造纸和纸制品业	Manufacture of Paper and Paper Products	561.16	453.17	7.02	20.19	26.76
印刷和记录媒介复制业	Printing,Reproduction of Recording Media	443.95	359.65	3.94	10.36	18.95
文教、工美、体育和娱乐用品制造业	Manufacture of Articles for Culture, Education and Sport Activity	412.94	340.13	3.44	9.56	17.27
石油、煤炭及其他燃料加工业	Processing of Petroleum, Coal and Other Fuels	672.03	518.67	112.38	5.05	34.98
化学原料和化学制品制造业	Manufacture of Chemical Raw Material and Chemical Products	2342.77	1874.48	47.47	76.63	107.40
医药制造业	Manufacture of Medicines	1025.13	674.52	13.26	109.76	80.64
化学纤维制造业	Manufacture of Chemical Fiber	33.28	30.21	0.22	0.51	0.95
橡胶和塑料制品业	Manufacture of Rubber and Plastic	762.51	625.76	8.40	19.82	30.09
非金属矿物制品业	Manufacture of Non-metallic Mineral Products	3373.40	2622.87	39.70	139.30	166.97
黑色金属冶炼和压延加工业	Manufacture and Processing of Ferrous Metals	1446.59	1251.15	8.91	13.13	33.96
有色金属冶炼和压延加工业	Manufacture and Processing of Non-ferrous Metals	2007.06	1726.34	19.81	21.40	46.47
金属制品业	Manufacture of Metal Products	1562.64	1277.98	16.15	43.20	62.84
通用设备制造业	Manufacture of General Purpose Machinery	1844.75	1524.48	12.53	52.10	63.07
专用设备制造业	Manufacture of Special Purpose Machinery	3604.39	2708.60	22.37	164.34	110.85
汽车制造业	Automobile Industry	1469.25	1239.26	15.69	33.12	49.91
铁路、船舶、航空航天和其他运输设备制造业	Manufacture of Railway,Marine,Aerospace and Other Transport Equipment	911.16	739.64	4.60	26.18	46.95
电气机械和器材制造业	Manufacture of Electrical Machinery and Equipment	1708.65	1421.80	12.26	58.16	62.28
计算机、通信和其他电子设备制造业	Manufacture of Communication Equipment, Computer and Other Electronic Equipment	2354.42	1819.74	16.44	58.57	88.87
仪器仪表制造业	Manufacture of Measuring Instrument	181.21	129.56	1.69	8.29	10.37
其他制造业	Other Manufacture	235.54	192.16	1.28	3.96	10.94
废弃资源综合利用业	Utilization of Waste Resources	263.32	218.41	4.23	4.73	8.12
金属制品、机械和设备修理业	Mental Products,Machine and Equipment Repair	7.26	6.05	0.05	0.09	0.54
电力、热力生产和供应业	Production and Supply of Electric Power and Heat Power	1625.12	1404.43	12.25	4.42	43.36
燃气生产和供应业	Production and Distribution of Gas	161.53	132.17	0.61	6.51	7.07
水的生产和供应业	Production and Distribution of Water	175.47	123.77	2.32	7.42	16.62

13-3 续表 6 Continued

单位：亿元 (100 million yuan)

指 标	Item	研发费用 Reserch and Development Costs	财务费用 Financial Expense	利息费用 Interest Charges	利息收入 Interest Expense
按行业划分：	**Grouped by Sector**	**1118.12**	**366.99**	**255.93**	**16.90**
煤炭开采和洗选业	Mining and Washing of Coal	1.36	2.43	1.94	0.03
石油和天然气开采业	Petroleum and Natural Gas Extraction				
黑色金属矿采选业	Mining of Ferrous Metal Ores	0.33	0.35	0.10	
有色金属矿采选业	Mining of Non-ferrous Metal Ores	5.45	3.36	2.07	0.03
非金属矿采选业	Mining and Processing of Nonmetal Ores	7.54	2.67	1.61	0.07
开采专业及辅助性活动	Professional and Support Activities for Mining				
其他采矿业	Other Mining and Dressing	0.02	0.01		
农副食品加工业	Processing of Food from Agricultural Products	79.46	25.06	12.29	0.86
食品制造业	Manufacture of Foods	30.36	9.72	6.05	
酒、饮料和精制茶制造业	Manufacture of Liquor, Beverage and Refined Tea	23.13	6.40	2.25	0.52
烟草制品业	Manufacture of Tobacco	3.01	-5.26	0.01	5.51
纺织业	Manufacture of Textile	16.18	7.51	3.60	0.57
纺织服装、服饰业	Manufacture of Textile Wearing and Clothing Apparel	8.22	3.18	1.05	0.01
皮革、毛皮、羽毛及其制品和制鞋业	Leather, Fur, Feather and Its Products and Footwear	16.53	3.39	1.43	0.04
木材加工和木、竹、藤、棕、草制品业	Processing of Timbers, Manufacture of Wood, Bamboo,Rattan, Palm and Straw Products	16.61	4.45	1.59	0.23
家具制造业	Manufacture of Furniture	7.15	1.40	0.87	0.02
造纸和纸制品业	Manufacture of Paper and Paper Products	13.88	7.94	5.14	0.67
印刷和记录媒介复制业	Printing,Reproduction of Recording Media	10.82	2.62	1.24	0.07
文教、工美、体育和娱乐用品制造业	Manufacture of Articles for Culture, Education and Sport Activity	12.18	3.03	1.04	0.14
石油、煤炭及其他燃料加工业	Processing of Petroleum, Coal and Other Fuels	4.02	2.78	2.49	0.40
化学原料和化学制品制造业	Manufacture of Chemical Raw Material and Chemical Products	62.09	20.04	9.49	1.32
医药制造业	Manufacture of Medicines	41.33	20.01	3.64	0.16
化学纤维制造业	Manufacture of Chemical Fiber	1.05	0.27	0.28	0.09
橡胶和塑料制品业	Manufacture of Rubber and Plastic	21.60	4.29	1.96	0.13
非金属矿物制品业	Manufacture of Non-metallic Mineral Products	89.17	38.63	18.61	0.97
黑色金属冶炼和压延加工业	Manufacture and Processing of Ferrous Metals	52.72	4.15	9.31	0.16
有色金属冶炼和压延加工业	Manufacture and Processing of Non-ferrous Metals	51.19	23.02	13.53	0.25
金属制品业	Manufacture of Metal Products	50.70	10.07	5.85	0.50
通用设备制造业	Manufacture of General Purpose Machinery	60.22	9.99	6.11	0.49
专用设备制造业	Manufacture of Special Purpose Machinery	148.41	21.73	36.50	-3.95
汽车制造业	Automobile Industry	44.53	11.21	10.58	1.32
铁路、船舶、航空航天和其他运输设备制造业	Manufacture of Railway,Marine,Aerospace and Other Transport Equipment	41.06	6.91	4.50	2.30
电气机械和器材制造业	Manufacture of Electrical Machinery and Equipment	58.33	12.18	8.22	1.54
计算机、通信和其他电子设备制造业	Manufacture of Communication Equipment, Computer and Other Electronic Equipment	97.03	17.70	9.35	0.60
仪器仪表制造业	Manufacture of Measuring Instrument	8.70	1.78	1.13	0.13
其他制造业	Other Manufacture	6.51	0.86	0.34	0.12
废弃资源综合利用业	Utilization of Waste Resources	7.18	2.55	1.57	0.01
金属制品、机械和设备修理业	Mental Products,Machine and Equipment Repair	0.11	0.01	0.01	
电力、热力生产和供应业	Production and Supply of Electric Power and Heat Power	13.95	70.02	60.62	0.85
燃气生产和供应业	Production and Distribution of Gas	2.33	1.41	0.87	0.41
水的生产和供应业	Production and Distribution of Water	3.65	9.15	8.70	0.32

13-3 续表 7 Continued

单位：亿元 (100 million yuan)

指 标	Item	营业利润 Operating Profit	投资收益 Income from Investment	营业外收入 Non-operating Income	利润总额 Total Profit
按行业划分：	**Grouped by Sector**	**2644.76**	**45.33**	**85.40**	**2559.92**
煤炭开采和洗选业	Mining and Washing of Coal	4.58	-0.82	0.10	4.43
石油和天然气开采业	Petroleum and Natural Gas Extraction				
黑色金属矿采选业	Mining of Ferrous Metal Ores	0.75		0.03	0.77
有色金属矿采选业	Mining of Non-ferrous Metal Ores	13.67	0.41	0.75	13.91
非金属矿采选业	Mining and Processing of Nonmetal Ores	25.52	0.01	0.08	25.44
开采专业及辅助性活动	Professional and Support Activities for Mining				
其他采矿业	Other Mining and Dressing	0.01			0.01
农副食品加工业	Processing of Food from Agricultural Products	178.12	2.18	4.05	155.11
食品制造业	Manufacture of Foods	69.10	3.02	2.24	65.55
酒、饮料和精制茶制造业	Manufacture of Liquor, Beverage and Refined Tea	51.64	0.32	2.07	49.04
烟草制品业	Manufacture of Tobacco	95.55	0.94	0.12	93.82
纺织业	Manufacture of Textile	22.54	0.13	1.54	22.61
纺织服装、服饰业	Manufacture of Textile Wearing and Clothing Apparel	22.30	-0.01	0.40	21.48
皮革、毛皮、羽毛及其制品和制鞋业	Leather, Fur, Feather and Its Products and Footwear	43.11	0.09	0.61	43.58
木材加工和木、竹、藤、棕、草制品业	Processing of Timbers, Manufacture of Wood, Bamboo, Rattan, Palm and Straw Products	33.14	0.06	0.31	32.07
家具制造业	Manufacture of Furniture	18.18		0.08	17.69
造纸和纸制品业	Manufacture of Paper and Paper Products	29.62	-0.46	1.35	30.39
印刷和记录媒介复制业	Printing,Reproduction of Recording Media	37.43	0.11	0.90	35.23
文教、工美、体育和娱乐用品制造业	Manufacture of Articles for Culture, Education and Sport Activity	24.97	-0.04	0.65	23.91
石油、煤炭及其他燃料加工业	Processing of Petroleum, Coal and Other Fuels	5.14	-0.51	2.56	2.24
化学原料和化学制品制造业	Manufacture of Chemical Raw Material and Chemical Products	165.60	10.03	4.21	157.81
医药制造业	Manufacture of Medicines	92.24	7.78	2.66	92.83
化学纤维制造业	Manufacture of Chemical Fiber	0.37	0.04	0.04	0.41
橡胶和塑料制品业	Manufacture of Rubber and Plastic	47.63	0.15	1.30	44.64
非金属矿物制品业	Manufacture of Non-metallic Mineral Products	270.08	1.55	7.05	268.02
黑色金属冶炼和压延加工业	Manufacture and Processing of Ferrous Metals	82.55	1.53	1.52	80.06
有色金属冶炼和压延加工业	Manufacture and Processing of Non-ferrous Metals	130.88	17.90	3.15	108.89
金属制品业	Manufacture of Metal Products	99.25	0.24	2.29	96.46
通用设备制造业	Manufacture of General Purpose Machinery	119.96	0.63	3.83	116.08
专用设备制造业	Manufacture of Special Purpose Machinery	435.17	12.79	8.73	432.57
汽车制造业	Automobile Industry	16.32	0.39	4.23	16.07
铁路、船舶、航空航天和其他运输设备制造业	Manufacture of Railway,Marine,Aerospace and Other Transport Equipment	54.02	6.49	2.82	54.57
电气机械和器材制造业	Manufacture of Electrical Machinery and Equipment	56.17	-22.67	3.86	54.77
计算机、通信和其他电子设备制造业	Manufacture of Communication Equipment, Computer and Other Electronic Equipment	226.14	-1.74	7.90	219.15
仪器仪表制造业	Manufacture of Measuring Instrument	22.88	0.53	0.94	23.25
其他制造业	Other Manufacture	19.93	0.03	0.27	19.44
废弃资源综合利用业	Utilization of Waste Resources	17.26	0.10	3.12	20.01
金属制品、机械和设备修理业	Mental Products,Machine and Equipment Repair	0.55	0.10	0.11	0.62
电力、热力生产和供应业	Production and Supply of Electric Power and Heat Power	82.96	2.18	6.90	85.94
燃气生产和供应业	Production and Distribution of Gas	11.56	0.04	0.85	12.12
水的生产和供应业	Production and Distribution of Water	17.87	1.82	1.79	18.99

13-3 续表 8 Continued

单位：亿元 (100 million yuan)

指 标	Item	亏损企业亏损总额 Total Loss of Enterprises Running under Deficit	本年应付职工薪酬 Total Sum of Wages Payable this Yeart	全部从业人员年平均人数（万人） Average Number of Empolyment of the Cur-rent Year (10 000 persons)	百元固定资产原价实现利润（元） Profits per 100 Yuan of Original Value of Fix Assets (yuan)
按行业划分：	**Grouped by Sector**	**194.61**	**3157.28**	**313.05**	**14.34**
煤炭开采和洗选业	Mining and Washing of Coal	2.70	25.60	3.77	3.83
石油和天然气开采业	Petroleum and Natural Gas Extraction				
黑色金属矿采选业	Mining of Ferrous Metal Ores	0.26	2.79	0.36	4.56
有色金属矿采选业	Mining of Non-ferrous Metal Ores	1.02	23.78	2.99	7.73
非金属矿采选业	Mining and Processing of Nonmetal Ores	0.29	25.21	3.27	22.60
开采专业及辅助性活动	Professional and Support Activities for Mining				
其他采矿业	Other Mining and Dressing			0.01	3.85
农副食品加工业	Processing of Food from Agricultural Products	2.88	197.39	22.72	18.98
食品制造业	Manufacture of Foods	2.90	168.68	14.08	16.24
酒、饮料和精制茶制造业	Manufacture of Liquor, Beverage and Refined Tea	3.06	65.60	6.87	17.24
烟草制品业	Manufacture of Tobacco	0.25	59.54	1.17	35.99
纺织业	Manufacture of Textile	2.32	58.18	6.39	9.82
纺织服装、服饰业	Manufacture of Textile Wearing and Clothing Apparel	0.28	42.91	6.32	26.83
皮革、毛皮、羽毛及其制品和制鞋业	Leather, Fur, Feather and Its Products and Footwear	0.78	79.62	10.72	33.48
木材加工和木、竹、藤、棕、草制品业	Processing of Timbers, Manufacture of Wood, Bamboo, Rattan, Palm and Straw Products	0.53	66.05	6.42	19.15
家具制造业	Manufacture of Furniture	0.05	18.99	2.55	37.44
造纸和纸制品业	Manufacture of Paper and Paper Products	1.17	36.21	4.38	10.55
印刷和记录媒介复制业	Printing,Reproduction of Recording Media	0.21	33.49	3.92	26.38
文教、工美、体育和娱乐用品制造业	Manufacture of Articles for Culture, Education and Sport Activity	0.26	36.11	4.27	31.59
石油、煤炭及其他燃料加工业	Processing of Petroleum, Coal and Other Fuels	6.62	38.70	1.90	1.03
化学原料和化学制品制造业	Manufacture of Chemical Raw Material and Chemical Products	7.85	219.56	26.40	17.71
医药制造业	Manufacture of Medicines	4.19	84.59	7.59	29.92
化学纤维制造业	Manufacture of Chemical Fiber	0.24	3.31	0.38	2.16
橡胶和塑料制品业	Manufacture of Rubber and Plastic	1.03	52.87	5.71	22.72
非金属矿物制品业	Manufacture of Non-metallic Mineral Products	7.80	272.32	34.24	19.40
黑色金属冶炼和压延加工业	Manufacture and Processing of Ferrous Metals	0.98	63.22	4.10	8.99
有色金属冶炼和压延加工业	Manufacture and Processing of Non-ferrous Metals	6.69	124.68	9.79	15.48
金属制品业	Manufacture of Metal Products	2.87	112.53	11.95	20.80
通用设备制造业	Manufacture of General Purpose Machinery	2.39	143.05	12.64	28.33
专用设备制造业	Manufacture of Special Purpose Machinery	3.73	260.94	17.74	46.90
汽车制造业	Automobile Industry	56.41	93.58	9.07	2.39
铁路、船舶、航空航天和其他运输设备制造业	Manufacture of Railway,Marine,Aerospace and Other Transport Equipment	4.91	112.16	7.34	14.76
电气机械和器材制造业	Manufacture of Electrical Machinery and Equipment	38.66	131.05	12.86	9.90
计算机、通信和其他电子设备制造业	Manufacture of Communication Equipment, Computer and Other Electronic Equipment	7.73	249.36	28.88	28.80
仪器仪表制造业	Manufacture of Measuring Instrument	0.78	16.95	1.71	39.49
其他制造业	Other Manufacture	0.26	26.38	3.79	36.38
废弃资源综合利用业	Utilization of Waste Resources	1.05	9.41	1.23	18.85
金属制品、机械和设备修理业	Mental Products,Machine and Equipment Repair		1.37	0.20	17.92
电力、热力生产和供应业	Production and Supply of Electric Power and Heat Power	19.47	163.27	11.69	1.73
燃气生产和供应业	Production and Distribution of Gas	0.09	8.39	0.81	8.77
水的生产和供应业	Production and Distribution of Water	1.92	29.45	2.78	4.47

13-3 续表 9 Continued

单位：%　　　　(%)

指　标	Item	营业收入利润率 Output Tax of Current Year	资产负债率 Assets -liability	总资产贡献率 Ratio of Per-tax Profits to Total Capital	成本费用利润率 Rate of Cost Profit
按行业划分：	**Grouped by Sector**	**6.58**	**50.99**	**13.91**	**7.29**
煤炭开采和洗选业	Mining and Washing of Coal	3.83	56.76	6.39	4.15
石油和天然气开采业	Petroleum and Natural Gas Extraction				
黑色金属矿采选业	Mining of Ferrous Metal Ores	3.14	49.02	5.89	3.29
有色金属矿采选业	Mining of Non-ferrous Metal Ores	6.06	47.09	10.85	6.62
非金属矿采选业	Mining and Processing of Nonmetal Ores	7.05	38.28	20.87	7.74
开采专业及辅助性活动	Professional and Support Activities for Mining				
其他采矿业	Other Mining and Dressing	1.62	22.57	5.27	1.67
农副食品加工业	Processing of Food from Agricultural Products	4.73	39.75	15.62	5.05
食品制造业	Manufacture of Foods	4.96	46.20	14.84	5.26
酒、饮料和精制茶制造业	Manufacture of Liquor, Beverage and Refined Tea	6.38	38.31	17.01	6.99
烟草制品业	Manufacture of Tobacco	9.51	15.56	83.26	30.32
纺织业	Manufacture of Textile	3.55	58.30	9.10	3.72
纺织服装、服饰业	Manufacture of Textile Wearing and Clothing Apparel	6.55	26.24	13.46	7.08
皮革、毛皮、羽毛及其制品和制鞋业	Leather, Fur, Feather and Its Products and Footwear	6.09	39.25	24.83	6.52
木材加工和木、竹、藤、棕、草制品业	Processing of Timbers, Manufacture of Wood, Bamboo, Rattan, Palm and Straw Products	4.58	31.13	23.38	4.90
家具制造业	Manufacture of Furniture	6.70	41.74	24.58	7.42
造纸和纸制品业	Manufacture of Paper and Paper Products	5.42	56.48	11.10	5.82
印刷和记录媒介复制业	Printing,Reproduction of Recording Media	7.93	40.99	25.87	8.75
文教、工美、体育和娱乐用品制造业	Manufacture of Articles for Culture, Education and Sport Activity	5.79	39.32	21.35	6.26
石油、煤炭及其他燃料加工业	Processing of Petroleum, Coal and Other Fuels	0.33	50.96	70.55	0.40
化学原料和化学制品制造业	Manufacture of Chemical Raw Material and Chemical Products	6.74	36.63	17.25	7.37
医药制造业	Manufacture of Medicines	9.06	33.81	17.72	10.02
化学纤维制造业	Manufacture of Chemical Fiber	1.23	78.89	4.47	1.24
橡胶和塑料制品业	Manufacture of Rubber and Plastic	5.85	38.95	21.03	6.36
非金属矿物制品业	Manufacture of Non-metallic Mineral Products	7.95	40.80	15.93	8.77
黑色金属冶炼和压延加工业	Manufacture and Processing of Ferrous Metals	5.53	53.95	13.04	5.91
有色金属冶炼和压延加工业	Manufacture and Processing of Non-ferrous Metals	5.43	54.44	13.50	5.83
金属制品业	Manufacture of Metal Products	6.17	47.44	17.59	6.68
通用设备制造业	Manufacture of General Purpose Machinery	6.29	57.07	12.34	6.79
专用设备制造业	Manufacture of Special Purpose Machinery	12.00	61.19	11.00	13.72
汽车制造业	Automobile Industry	1.09	73.91	3.90	1.17
铁路、船舶、航空航天和其他运输设备制造业	Manufacture of Railway,Marine,Aerospace and Other Transport Equipment	5.99	55.95	6.30	6.34
电气机械和器材制造业	Manufacture of Electrical Machinery and Equipment	3.21	55.07	6.40	3.40
计算机、通信和其他电子设备制造业	Manufacture of Communication Equipment, Computer and Other Electronic Equipment	9.31	39.36	10.47	10.53
仪器仪表制造业	Manufacture of Measuring Instrument	12.83	37.91	14.14	14.65
其他制造业	Other Manufacture	8.25	49.57	17.71	9.07
废弃资源综合利用业	Utilization of Waste Resources	7.60	45.00	27.29	8.30
金属制品、机械和设备修理业	Mental Products,Machine and Equipment Repair	8.55	76.88	14.40	9.14
电力、热力生产和供应业	Production and Supply of Electric Power and Heat Power	5.29	62.28	5.40	5.59
燃气生产和供应业	Production and Distribution of Gas	7.51	62.34	8.00	8.11
水的生产和供应业	Production and Distribution of Water	10.82	62.21	5.14	11.82

13-4 规模以上国有控股工业企业主要经济指标(2020年)

Major Economic Indications of State-owned Share Holding Industrial Enterprises above Designated Size (2020)

单位：个 (unit)

指 标	Item	企业单位数 Number of Enterprises	亏损企业 Loss-making Enterprises
总计	**Total**	**759**	**154**
在总计中：	Of the Total		
亏损企业	Enterprises Running under Deficit	154	154
在总计中：	Of the Total		
中央企业	Central Enterprises	194	31
地方企业	Local Enterprises	565	123
在总计中：	Of the Total		
大型企业	Large Scale Enterprises	57	8
中型企业	Medium Scale Enterprises	185	37
小型企业	Small Enterprises	447	94
微型企业	Microenterprise	70	15
按行业分	Grouped by Sector		
煤炭开采和洗选业	Mining and Washing of Coal	14	2
石油和天然气开采业	Petroleum and Natural Gas Extraction		
黑色金属矿采选业	Mining of Ferrous Metal Ores		
有色金属矿采选业	Mining of Non-ferrous Metal Ores	20	2
非金属矿采选业	Mining and Processing of Nonmetal Ores	11	1
开采专业及辅助性活动	Professional and Support Activities for Mining		
其他采矿业	Other Mining and Dressing		
农副食品加工业	Processing of Food from Agricultural Products	38	4
食品制造业	Manufacture of Foods	16	4
酒、饮料和精制茶制造业	Manufacture of Liquor, Beverage and Refined Tea	10	3
烟草制品业	Manufacture of Tobacco	7	1
纺织业	Manufacture of Textile	5	3
纺织服装、服饰业	Manufacture of Textile Wearing and Clothing Apparel	2	1
皮革、毛皮、羽毛及其制品和制鞋业	Leather, Fur, Feather and Its Products and Footwear	2	
木材加工和木、竹、藤、棕、草制品业	Processing of Timbers, Manufacture of Wood, Bamboo, Rattan, Palm and Straw Products	1	
家具制造业	Manufacture of Furniture		
造纸和纸制品业	Manufacture of Paper and Paper Products	9	
印刷和记录媒介复制业	Printing, Reproduction of Recording Media	6	1
文教、工美、体育和娱乐用品制造业	Manufacture of Articles for Culture,Education and Sport Activity	3	
石油、煤炭及其他燃料加工业	Processing of Petroleum, Coal and Other Fuels	6	3
化学原料和化学制品制造业	Manufacture of Chemical Raw Material and Chemical Products	29	5
医药制造业	Manufacture of Medicines	16	3
化学纤维制造业	Manufacture of Chemical Fiber	1	1
橡胶和塑料制品业	Manufacture of Rubber and Plastic	3	
非金属矿物制品业	Manufacture of Non-metallic Mineral Products	71	11
黑色金属冶炼和压延加工业	Manufacture and Processing of Ferrous Metals	9	2
有色金属冶炼和压延加工业	Manufacture and Processing of Non-ferrous Metals	32	12
金属制品业	Manufacture of Metal Products	15	3
通用设备制造业	Manufacture of General Purpose Machinery	29	4
专用设备制造业	Manufacture of Special Purpose Machinery	34	6
汽车制造业	Automobile Industry	28	15
铁路、船舶、航空航天和其他运输设备制造业	Manufacture of Railway,Marine,Aerospace and Other Transport Equipment	25	7
电气机械和器材制造业	Manufacture of Electrical Machinery and Equipment	17	7
计算机、通信和其他电子设备制造业	Manufacture of Communication Equipment, Computer and Other Electronic Equipment	24	1
仪器仪表制造业	Manufacture of Measuring Instrument	6	1
其他制造业	Other Manufacture	5	
废弃资源综合利用业	Utilization of Waste Resources	4	2
金属制品、机械和设备修理业	Mental Products,Machine and Equipment Repair	2	
电力、热力生产和供应业	Production and Supply of Electric Power and Heat Power	164	27
燃气生产和供应业	Production and Distribution of Gas	9	1
水的生产和供应业	Production and Distribution of Water	86	21

13-4 续表 1 Continued

单位：亿元 (100 million yuan)

指 标	Item	资产总计 Total Assets	流动资产合计 Circulating Funds	负债合计 Total Liabilities
总计	**Total**	**10628.72**	**4386.88**	**6142.69**
在总计中：	Of the Total			
亏损企业	Enterprises Running under Deficit	2742.96	701.24	2056.40
在总计中：	Of the Total			
中央企业	Central Enterprises	6071.18	2406.12	3387.40
地方企业	Local Enterprises	4557.53	1980.76	2755.28
在总计中：	Of the Total			
大型企业	Large Scale Enterprises	6591.24	2846.94	3895.59
中型企业	Medium Scale Enterprises	2103.15	975.48	1261.80
小型企业	Small Enterprises	1751.52	527.53	862.20
微型企业	Microenterprise	182.80	36.92	123.10
按行业分	Grouped by Sector			
煤炭开采和洗选业	Mining and Washing of Coal	40.89	13.16	24.50
石油和天然气开采业	Petroleum and Natural Gas Extraction			
黑色金属矿采选业	Mining of Ferrous Metal Ores			
有色金属矿采选业	Mining of Non-ferrous Metal Ores	125.43	18.31	70.63
非金属矿采选业	Mining and Processing of Nonmetal Ores	40.25	25.22	20.94
开采专业及辅助性活动	Professional and Support Activities for Mining			
其他采矿业	Other Mining and Dressing			
农副食品加工业	Processing of Food from Agricultural Products	66.34	30.80	34.80
食品制造业	Manufacture of Foods	32.67	12.61	19.11
酒、饮料和精制茶制造业	Manufacture of Liquor, Beverage and Refined Tea	68.27	44.04	27.41
烟草制品业	Manufacture of Tobacco	908.16	689.51	141.16
纺织业	Manufacture of Textile	9.01	2.24	5.65
纺织服装、服饰业	Manufacture of Textile Wearing and Clothing Apparel	1.30	0.49	0.23
皮革、毛皮、羽毛及其制品和制鞋业	Leather, Fur, Feather and Its Products and Footwear	14.31	7.98	4.06
木材加工和木、竹、藤、棕、草制品业	Processing of Timbers, Manufacture of Wood, Bamboo, Rattan, Palm and Straw Products	0.44	0.14	0.69
家具制造业	Manufacture of Furniture			
造纸和纸制品业	Manufacture of Paper and Paper Products	260.66	140.98	180.67
印刷和记录媒介复制业	Printing, Reproduction of Recording Media	22.17	14.55	6.08
文教、工美、体育和娱乐用品制造业	Manufacture of Articles for Culture,Education and Sport Activity	9.81	7.23	4.63
石油、煤炭及其他燃料加工业	Processing of Petroleum, Coal and Other Fuels	116.60	35.64	64.33
化学原料和化学制品制造业	Manufacture of Chemical Raw Material and Chemical Products	312.88	117.96	157.09
医药制造业	Manufacture of Medicines	73.52	48.43	26.23
化学纤维制造业	Manufacture of Chemical Fiber	4.92	0.90	10.00
橡胶和塑料制品业	Manufacture of Rubber and Plastic	6.95	5.97	3.34
非金属矿物制品业	Manufacture of Non-metallic Mineral Products	358.07	121.60	226.98
黑色金属冶炼和压延加工业	Manufacture and Processing of Ferrous Metals	782.34	288.58	438.19
有色金属冶炼和压延加工业	Manufacture and Processing of Non-ferrous Metals	354.83	149.36	198.68
金属制品业	Manufacture of Metal Products	68.07	34.56	25.36
通用设备制造业	Manufacture of General Purpose Machinery	190.79	134.74	117.70
专用设备制造业	Manufacture of Special Purpose Machinery	412.88	291.81	270.09
汽车制造业	Automobile Industry	469.85	320.28	480.10
铁路、船舶、航空航天和其他运输设备制造业	Manufacture of Railway,Marine,Aerospace and Other Transport Equipment	999.93	643.26	574.24
电气机械和器材制造业	Manufacture of Electrical Machinery and Equipment	372.51	253.86	290.63
计算机、通信和其他电子设备制造业	Manufacture of Communication Equipment, Computer and Other Electronic Equipment	595.02	414.37	183.57
仪器仪表制造业	Manufacture of Measuring Instrument	22.38	13.48	15.35
其他制造业	Other Manufacture	63.88	43.78	45.75
废弃资源综合利用业	Utilization of Waste Resources	4.87	2.73	2.14
金属制品、机械和设备修理业	Mental Products,Machine and Equipment Repair	0.68	0.65	0.46
电力、热力生产和供应业	Production and Supply of Electric Power and Heat Power	3305.90	341.96	2139.61
燃气生产和供应业	Production and Distribution of Gas	20.21	4.21	10.75
水的生产和供应业	Production and Distribution of Water	491.90	111.52	321.54

13-4 续表 2 Continued

单位：亿元 (100 million yuan)

指 标	Item	实收资本 Assets Recevied	所有者权益 Paid-in capital	营业收入 Revenue of Business
总计	**Total**	**2295.38**	**4467.53**	**7569.83**
在总计中：	Of the Total			
亏损企业	Enterprises Running under Deficit	697.64	676.66	1797.95
在总计中：	Of the Total			
中央企业	Central Enterprises	1324.95	2688.27	4426.51
地方企业	Local Enterprises	970.43	1779.26	3143.32
在总计中：	Of the Total			
大型企业	Large Scale Enterprises	1312.67	2695.65	5073.96
中型企业	Medium Scale Enterprises	541.82	841.35	1549.27
小型企业	Small Enterprises	409.02	889.32	914.85
微型企业	Microenterprise	31.87	41.21	31.75
按行业分	Grouped by Sector			
煤炭开采和洗选业	Mining and Washing of Coal	6.93	16.36	20.06
石油和天然气开采业	Petroleum and Natural Gas Extraction			
黑色金属矿采选业	Mining of Ferrous Metal Ores			
有色金属矿采选业	Mining of Non-ferrous Metal Ores	39.93	54.80	65.28
非金属矿采选业	Mining and Processing of Nonmetal Ores	7.51	19.32	33.95
开采专业及辅助性活动	Professional and Support Activities for Mining			
其他采矿业	Other Mining and Dressing			
农副食品加工业	Processing of Food from Agricultural Products	17.95	30.99	195.59
食品制造业	Manufacture of Foods	11.39	13.47	26.87
酒、饮料和精制茶制造业	Manufacture of Liquor, Beverage and Refined Tea	17.19	40.86	32.86
烟草制品业	Manufacture of Tobacco	74.83	767.00	986.52
纺织业	Manufacture of Textile	3.81	3.37	8.91
纺织服装、服饰业	Manufacture of Textile Wearing and Clothing Apparel	0.56	1.06	1.43
皮革、毛皮、羽毛及其制品和制鞋业	Leather, Fur, Feather and Its Products and Footwear	2.08	10.24	5.51
木材加工和木、竹、藤、棕、草制品业	Processing of Timbers, Manufacture of Wood, Bamboo, Rattan, Palm and Straw Products	0.06	-0.24	0.30
家具制造业	Manufacture of Furniture			
造纸和纸制品业	Manufacture of Paper and Paper Products	57.55	80.00	115.72
印刷和记录媒介复制业	Printing, Reproduction of Recording Media	3.62	15.41	22.57
文教、工美、体育和娱乐用品制造业	Manufacture of Articles for Culture,Education and Sport Activity	2.99	5.18	8.11
石油、煤炭及其他燃料加工业	Processing of Petroleum, Coal and Other Fuels	84.10	52.26	531.18
化学原料和化学制品制造业	Manufacture of Chemical Raw Material and Chemical Products	81.86	155.80	167.18
医药制造业	Manufacture of Medicines	15.11	47.29	50.31
化学纤维制造业	Manufacture of Chemical Fiber	1.65	-5.08	3.01
橡胶和塑料制品业	Manufacture of Rubber and Plastic	1.42	3.61	7.93
非金属矿物制品业	Manufacture of Non-metallic Mineral Products	90.31	136.48	306.52
黑色金属冶炼和压延加工业	Manufacture and Processing of Ferrous Metals	196.66	344.15	1142.70
有色金属冶炼和压延加工业	Manufacture and Processing of Non-ferrous Metals	151.30	156.14	505.08
金属制品业	Manufacture of Metal Products	18.69	42.71	37.99
通用设备制造业	Manufacture of General Purpose Machinery	33.78	73.09	141.09
专用设备制造业	Manufacture of Special Purpose Machinery	44.87	142.59	217.24
汽车制造业	Automobile Industry	59.17	-10.25	189.47
铁路、船舶、航空航天和其他运输设备制造业	Manufacture of Railway,Marine,Aerospace and Other Transport Equipment	225.76	425.69	657.05
电气机械和器材制造业	Manufacture of Electrical Machinery and Equipment	97.45	81.88	221.22
计算机、通信和其他电子设备制造业	Manufacture of Communication Equipment, Computer and Other Electronic Equipment	87.33	404.16	275.84
仪器仪表制造业	Manufacture of Measuring Instrument	2.03	7.03	9.26
其他制造业	Other Manufacture	3.20	18.14	50.98
废弃资源综合利用业	Utilization of Waste Resources	1.78	2.73	2.81
金属制品、机械和设备修理业	Mental Products,Machine and Equipment Repair	0.24	0.22	0.96
电力、热力生产和供应业	Production and Supply of Electric Power and Heat Power	766.75	1164.49	1399.75
燃气生产和供应业	Production and Distribution of Gas	7.71	9.46	16.68
水的生产和供应业	Production and Distribution of Water	77.82	157.12	111.89

13-4 续表 3 Continued

单位：亿元 (100 million yuan)

指　标	Item	营业成本 Cost of Businese	利润总额 Total Profit
总计	**Total**	**5699.63**	**385.42**
在总计中：	Of the Total		
亏损企业	Enterprises Running under Deficit	1646.25	-113.02
在总计中：	Of the Total		
中央企业	Central Enterprises	3120.42	229.34
地方企业	Local Enterprises	2579.21	156.08
在总计中：	Of the Total		
大型企业	Large Scale Enterprises	3710.71	200.02
中型企业	Medium Scale Enterprises	1239.58	115.84
小型企业	Small Enterprises	726.54	64.53
微型企业	Microenterprise	22.81	5.02
按行业分	Grouped by Sector		
煤炭开采和洗选业	Mining and Washing of Coal	14.43	1.24
石油和天然气开采业	Petroleum and Natural Gas Extraction		
黑色金属矿采选业	Mining of Ferrous Metal Ores		
有色金属矿采选业	Mining of Non-ferrous Metal Ores	46.77	5.45
非金属矿采选业	Mining and Processing of Nonmetal Ores	21.41	4.04
开采专业及辅助性活动	Professional and Support Activities for Mining		
其他采矿业	Other Mining and Dressing		
农副食品加工业	Processing of Food from Agricultural Products	174.53	6.63
食品制造业	Manufacture of Foods	21.62	0.84
酒、饮料和精制茶制造业	Manufacture of Liquor, Beverage and Refined Tea	14.46	6.64
烟草制品业	Manufacture of Tobacco	244.33	93.82
纺织业	Manufacture of Textile	8.35	-0.65
纺织服装、服饰业	Manufacture of Textile Wearing and Clothing Apparel	0.95	0.05
皮革、毛皮、羽毛及其制品和制鞋业	Leather, Fur, Feather and Its Products and Footwear	4.58	0.18
木材加工和木、竹、藤、棕、草制品业	Processing of Timbers, Manufacture of Wood, Bamboo, Rattan, Palm and Straw Products	0.24	
家具制造业	Manufacture of Furniture		
造纸和纸制品业	Manufacture of Paper and Paper Products	96.42	2.22
印刷和记录媒介复制业	Printing, Reproduction of Recording Media	17.05	3.02
文教、工美、体育和娱乐用品制造业	Manufacture of Articles for Culture,Education and Sport Activity	6.30	0.77
石油、煤炭及其他燃料加工业	Processing of Petroleum, Coal and Other Fuels	401.46	-5.48
化学原料和化学制品制造业	Manufacture of Chemical Raw Material and Chemical Products	134.75	9.73
医药制造业	Manufacture of Medicines	23.75	7.84
化学纤维制造业	Manufacture of Chemical Fiber	2.76	-0.08
橡胶和塑料制品业	Manufacture of Rubber and Plastic	6.27	0.61
非金属矿物制品业	Manufacture of Non-metallic Mineral Products	212.88	50.54
黑色金属冶炼和压延加工业	Manufacture and Processing of Ferrous Metals	992.83	63.49
有色金属冶炼和压延加工业	Manufacture and Processing of Non-ferrous Metals	446.99	17.64
金属制品业	Manufacture of Metal Products	28.95	3.34
通用设备制造业	Manufacture of General Purpose Machinery	111.34	11.01
专用设备制造业	Manufacture of Special Purpose Machinery	170.87	15.59
汽车制造业	Automobile Industry	184.27	-25.36
铁路、船舶、航空航天和其他运输设备制造业	Manufacture of Railway,Marine,Aerospace and Other Transport Equipment	539.40	39.67
电气机械和器材制造业	Manufacture of Electrical Machinery and Equipment	193.20	-32.24
计算机、通信和其他电子设备制造业	Manufacture of Communication Equipment, Computer and Other Electronic Equipment	192.33	37.49
仪器仪表制造业	Manufacture of Measuring Instrument	5.72	1.18
其他制造业	Other Manufacture	38.93	4.79
废弃资源综合利用业	Utilization of Waste Resources	2.21	0.18
金属制品、机械和设备修理业	Mental Products,Machine and Equipment Repair	0.91	
电力、热力生产和供应业	Production and Supply of Electric Power and Heat Power	1242.84	52.58
燃气生产和供应业	Production and Distribution of Gas	14.67	1.35
水的生产和供应业	Production and Distribution of Water	80.87	7.28

13-4 续表 4 Continued

指 标	Item	本年应付职工薪酬（亿元）Total Sum of Wages Payable this Year (100 million yuan)	全部从业人员年平均人数（万人）Average Number of Empolyment of the Current Year (10 000 persons)
总计	**Total**	**638.29**	**41.18**
在总计中:	Of the Total		
亏损企业	Enterprises Running under Deficit	166.07	12.47
在总计中:	Of the Total		
中央企业	Central Enterprises	374.56	20.38
地方企业	Local Enterprises	263.72	20.80
在总计中:	Of the Total		
大型企业	Large Scale Enterprises	419.71	22.59
中型企业	Medium Scale Enterprises	137.75	11.87
小型企业	Small Enterprises	80.11	6.36
微型企业	Microenterprise	0.72	0.36
按行业分	Grouped by Sector		
煤炭开采和洗选业	Mining and Washing of Coal	9.68	1.54
石油和天然气开采业	Petroleum and Natural Gas Extraction		
黑色金属矿采选业	Mining of Ferrous Metal Ores		
有色金属矿采选业	Mining of Non-ferrous Metal Ores	10.75	0.95
非金属矿采选业	Mining and Processing of Nonmetal Ores	2.11	0.18
开采专业及辅助性活动	Professional and Support Activities for Mining		
其他采矿业	Other Mining and Dressing		
农副食品加工业	Processing of Food from Agricultural Products	8.00	1.06
食品制造业	Manufacture of Foods	4.01	0.48
酒、饮料和精制茶制造业	Manufacture of Liquor, Beverage and Refined Tea	4.77	0.54
烟草制品业	Manufacture of Tobacco	59.52	1.16
纺织业	Manufacture of Textile	1.99	0.25
纺织服装、服饰业	Manufacture of Textile Wearing and Clothing Apparel	0.13	0.01
皮革、毛皮、羽毛及其制品和制鞋业	Leather, Fur, Feather and Its Products and Footwear	0.68	0.11
木材加工和木、竹、藤、棕、草制品业	Processing of Timbers, Manufacture of Wood, Bamboo, Rattan, Palm and Straw Products	0.10	0.07
家具制造业	Manufacture of Furniture		
造纸和纸制品业	Manufacture of Paper and Paper Products	7.51	0.67
印刷和记录媒介复制业	Printing, Reproduction of Recording Media	2.90	0.27
文教、工美、体育和娱乐用品制造业	Manufacture of Articles for Culture,Education and Sport Activity	0.80	0.10
石油、煤炭及其他燃料加工业	Processing of Petroleum, Coal and Other Fuels	31.69	1.13
化学原料和化学制品制造业	Manufacture of Chemical Raw Material and Chemical Products	18.68	1.10
医药制造业	Manufacture of Medicines	5.93	0.64
化学纤维制造业	Manufacture of Chemical Fiber	0.31	0.03
橡胶和塑料制品业	Manufacture of Rubber and Plastic	0.89	0.09
非金属矿物制品业	Manufacture of Non-metallic Mineral Products	19.35	1.65
黑色金属冶炼和压延加工业	Manufacture and Processing of Ferrous Metals	47.34	2.38
有色金属冶炼和压延加工业	Manufacture and Processing of Non-ferrous Metals	43.11	2.53
金属制品业	Manufacture of Metal Products	6.00	0.39
通用设备制造业	Manufacture of General Purpose Machinery	15.15	1.24
专用设备制造业	Manufacture of Special Purpose Machinery	18.00	1.31
汽车制造业	Automobile Industry	15.76	1.41
铁路、船舶、航空航天和其他运输设备制造业	Manufacture of Railway,Marine,Aerospace and Other Transport Equipment	87.42	4.81
电气机械和器材制造业	Manufacture of Electrical Machinery and Equipment	17.52	1.01
计算机、通信和其他电子设备制造业	Manufacture of Communication Equipment, Computer and Other Electronic Equipment	24.79	1.70
仪器仪表制造业	Manufacture of Measuring Instrument	1.43	0.16
其他制造业	Other Manufacture	6.48	0.40
废弃资源综合利用业	Utilization of Waste Resources	0.37	0.05
金属制品、机械和设备修理业	Mental Products,Machine and Equipment Repair	0.84	0.09
电力、热力生产和供应业	Production and Supply of Electric Power and Heat Power	141.86	9.53
燃气生产和供应业	Production and Distribution of Gas	0.68	0.06
水的生产和供应业	Production and Distribution of Water	21.72	2.10

13-4 续表 5 Continued

单位：%　　　　(%)

指 标	Item	总资产贡献率 Ratio of Total Assets to Industrial Output Value	成本费用利润率 Ratio of Profits to Industrial Cost	资产负债率 Assets-Liability Ratio
总计	**Total**	**13.57**	**5.97**	**57.79**
在总计中：	Of the Total			
亏损企业	Enterprises Running under Deficit	1.81	-6.37	74.97
在总计中：	Of the Total			
中央企业	Central Enterprises	18.92	6.53	55.79
地方企业	Local Enterprises	6.44	5.30	60.46
在总计中：	Of the Total			
大型企业	Large Scale Enterprises	17.13	4.81	59.10
中型企业	Medium Scale Enterprises	8.93	8.16	60.00
小型企业	Small Enterprises	6.74	7.58	49.23
微型企业	Microenterprise	4.12	17.38	67.34
按行业分	Grouped by Sector			
煤炭开采和洗选业	Mining and Washing of Coal	9.66	6.80	59.92
石油和天然气开采业	Petroleum and Natural Gas Extraction			
黑色金属矿采选业	Mining of Ferrous Metal Ores			
有色金属矿采选业	Mining of Non-ferrous Metal Ores	8.73	9.28	56.31
非金属矿采选业	Mining and Processing of Nonmetal Ores	14.65	13.88	52.01
开采专业及辅助性活动	Professional and Support Activities for Mining			
其他采矿业	Other Mining and Dressing			
农副食品加工业	Processing of Food from Agricultural Products	14.91	3.50	52.45
食品制造业	Manufacture of Foods	5.73	3.26	58.48
酒、饮料和精制茶制造业	Manufacture of Liquor, Beverage and Refined Tea	17.85	28.58	40.15
烟草制品业	Manufacture of Tobacco	83.28	30.34	15.54
纺织业	Manufacture of Textile	-5.26	-6.90	62.66
纺织服装、服饰业	Manufacture of Textile Wearing and Clothing Apparel	9.65	3.96	18.08
皮革、毛皮、羽毛及其制品和制鞋业	Leather, Fur, Feather and Its Products and Footwear	2.39	3.29	28.41
木材加工和木、竹、藤、棕、草制品业	Processing of Timbers, Manufacture of Wood, Bamboo, Rattan, Palm and Straw Products	0.70	0.43	154.34
家具制造业	Manufacture of Furniture			
造纸和纸制品业	Manufacture of Paper and Paper Products	3.45	1.94	69.31
印刷和记录媒介复制业	Printing, Reproduction of Recording Media	17.78	15.49	27.45
文教、工美、体育和娱乐用品制造业	Manufacture of Articles for Culture,Education and Sport Activity	11.00	10.75	47.17
石油、煤炭及其他燃料加工业	Processing of Petroleum, Coal and Other Fuels	103.10	-1.26	55.18
化学原料和化学制品制造业	Manufacture of Chemical Raw Material and Chemical Products	6.12	6.08	50.21
医药制造业	Manufacture of Medicines	17.16	18.66	35.68
化学纤维制造业	Manufacture of Chemical Fiber	2.65	-2.45	203.35
橡胶和塑料制品业	Manufacture of Rubber and Plastic	14.05	8.24	48.04
非金属矿物制品业	Manufacture of Non-metallic Mineral Products	19.50	20.13	63.39
黑色金属冶炼和压延加工业	Manufacture and Processing of Ferrous Metals	11.94	5.92	56.01
有色金属冶炼和压延加工业	Manufacture and Processing of Non-ferrous Metals	8.45	3.64	55.99
金属制品业	Manufacture of Metal Products	7.03	9.62	37.26
通用设备制造业	Manufacture of General Purpose Machinery	7.73	8.52	61.69
专用设备制造业	Manufacture of Special Purpose Machinery	5.85	7.81	65.42
汽车制造业	Automobile Industry	-4.27	-11.92	102.18
铁路、船舶、航空航天和其他运输设备制造业	Manufacture of Railway,Marine,Aerospace and Other Transport Equipment	5.45	6.37	57.43
电气机械和器材制造业	Manufacture of Electrical Machinery and Equipment	-7.11	-14.45	78.02
计算机、通信和其他电子设备制造业	Manufacture of Communication Equipment, Computer and Other Electronic Equipment	7.41	15.36	30.85
仪器仪表制造业	Manufacture of Measuring Instrument	8.68	14.36	68.60
其他制造业	Other Manufacture	7.62	10.46	71.61
废弃资源综合利用业	Utilization of Waste Resources	6.63	7.23	43.91
金属制品、机械和设备修理业	Mental Products,Machine and Equipment Repair	17.70	0.20	67.32
电力、热力生产和供应业	Production and Supply of Electric Power and Heat Power	4.78	3.91	64.72
燃气生产和供应业	Production and Distribution of Gas	8.31	8.68	53.17
水的生产和供应业	Production and Distribution of Water	3.70	6.80	65.37

13-5 集体工业企业主要经济指标(2020年)
Major Economic Indications of Collective-owned Industrial Enterprises (2020)

单位：个 (unit)

指 标	Item	企业单位数 Number of Enterprises	亏损企业 Loss-making Enterprises
总计	**Total**	**63**	**3**
在总计中:	Of the Total		
亏损企业	Enterprises Running under Deficit	3	3
在总计中:	Of the Total		
大型企业	Large Scale Enterprises		
中型企业	Medium Scale Enterprises	12	
小型企业	Small Enterprises	44	3
微型企业	Microenterprise	7	
按行业分	Grouped by Sector		
煤炭开采和洗选业	Mining and Washing of Coal	7	1
石油和天然气开采业	Petroleum and Natural Gas Extraction		
黑色金属矿采选业	Mining of Ferrous Metal Ores	1	
有色金属矿采选业	Mining of Non-ferrous Metal Ores	1	
非金属矿采选业	Mining and Processing of Nonmetal Ores	7	
开采专业及辅助性活动	Professional and Support Activities for Mining		
其他采矿业	Other Mining and Dressing		
农副食品加工业	Processing of Food from Agricultural Products	2	
食品制造业	Manufacture of Foods		
酒、饮料和精制茶制造业	Manufacture of Liquor, Beverage and Refined Tea		
烟草制品业	Manufacture of Tobacco		
纺织业	Manufacture of Textile	1	
纺织服装、服饰业	Manufacture of Textile Wearing and Clothing Apparel		
皮革、毛皮、羽毛及其制品和制鞋业	Leather, Fur, Feather and Its Products and Footwear		
木材加工和木、竹、藤、棕、草制品业	Processing of Timbers, Manufacture of Wood, Bamboo, Rattan, Palm and Straw Products	1	
家具制造业	Manufacture of Furniture		
造纸和纸制品业	Manufacture of Paper and Paper Products	2	
印刷和记录媒介复制业	Printing, Reproduction of Recording Media	5	1
文教、工美、体育和娱乐用品制造业	Manufacture of Articles for Culture,Education and Sport Activity		
石油、煤炭及其他燃料加工业	Processing of Petroleum, Coal and Other Fuels		
化学原料和化学制品制造业	Manufacture of Chemical Raw Material and Chemical Products	5	
医药制造业	Manufacture of Medicines	1	
化学纤维制造业	Manufacture of Chemical Fiber		
橡胶和塑料制品业	Manufacture of Rubber and Plastic	2	
非金属矿物制品业	Manufacture of Non-metallic Mineral Products	8	1
黑色金属冶炼和压延加工业	Manufacture and Processing of Ferrous Metals	1	
有色金属冶炼和压延加工业	Manufacture and Processing of Non-ferrous Metals	1	
金属制品业	Manufacture of Metal Products	1	
通用设备制造业	Manufacture of General Purpose Machinery	3	
专用设备制造业	Manufacture of Special Purpose Machinery	2	
汽车制造业	Automobile Industry	1	
铁路、船舶、航空航天和其他运输设备制造业	Manufacture of Railway,Marine,Aerospace and Other Transport Equipment	1	
电气机械和器材制造业	Manufacture of Electrical Machinery and Equipment	2	
计算机、通信和其他电子设备制造业	Manufacture of Communication Equipment, Computer and Other Electronic Equipment		
仪器仪表制造业	Manufacture of Measuring Instrument	1	
其他制造业	Other Manufacture		
废弃资源综合利用业	Utilization of Waste Resources	1	
金属制品、机械和设备修理业	Mental Products,Machine and Equipment Repair	1	
电力、热力生产和供应业	Production and Supply of Electric Power and Heat Power	4	
燃气生产和供应业	Production and Distribution of Gas		
水的生产和供应业	Production and Distribution of Water	1	

13-5 续表 1 Continued

单位：亿元 (100 million yuan)

指 标	Item	资产总计 Total Assets	流动资产合计 Circulating Funds	负债合计 Total Liabilities
总计	**Total**	**51.80**	**18.61**	**17.48**
在总计中：	Of the Total			
亏损企业	Enterprises Running under Deficit	1.69	0.52	0.64
在总计中：	Of the Total			
大型企业	Large Scale Enterprises			
中型企业	Medium Scale Enterprises	24.99	10.95	7.88
小型企业	Small Enterprises	24.74	6.17	8.63
微型企业	Microenterprise	2.07	1.49	0.98
按行业分	Grouped by Sector			
煤炭开采和洗选业	Mining and Washing of Coal	3.24	0.81	1.24
石油和天然气开采业	Petroleum and Natural Gas Extraction			
黑色金属矿采选业	Mining of Ferrous Metal Ores	0.26	0.13	0.10
有色金属矿采选业	Mining of Non-ferrous Metal Ores	0.29	0.02	0.02
非金属矿采选业	Mining and Processing of Nonmetal Ores	3.02	0.70	1.04
开采专业及辅助性活动	Professional and Support Activities for Mining			
其他采矿业	Other Mining and Dressing			
农副食品加工业	Processing of Food from Agricultural Products	1.29	0.02	0.01
食品制造业	Manufacture of Foods			
酒、饮料和精制茶制造业	Manufacture of Liquor, Beverage and Refined Tea			
烟草制品业	Manufacture of Tobacco			
纺织业	Manufacture of Textile	0.15	0.12	0.10
纺织服装、服饰业	Manufacture of Textile Wearing and Clothing Apparel			
皮革、毛皮、羽毛及其制品和制鞋业	Leather, Fur, Feather and Its Products and Footwear			
木材加工和木、竹、藤、棕、草制品业	Processing of Timbers, Manufacture of Wood, Bamboo, Rattan, Palm and Straw Products	1.55	0.08	1.54
家具制造业	Manufacture of Furniture			
造纸和纸制品业	Manufacture of Paper and Paper Products	1.73	0.49	0.23
印刷和记录媒介复制业	Printing, Reproduction of Recording Media	3.70	1.98	1.19
文教、工美、体育和娱乐用品制造业	Manufacture of Articles for Culture,Education and Sport Activity			
石油、煤炭及其他燃料加工业	Processing of Petroleum, Coal and Other Fuels			
化学原料和化学制品制造业	Manufacture of Chemical Raw Material and Chemical Products	3.38	0.40	0.96
医药制造业	Manufacture of Medicines	0.08	0.05	0.05
化学纤维制造业	Manufacture of Chemical Fiber			
橡胶和塑料制品业	Manufacture of Rubber and Plastic	1.70	1.15	0.64
非金属矿物制品业	Manufacture of Non-metallic Mineral Products	10.83	2.95	3.19
黑色金属冶炼和压延加工业	Manufacture and Processing of Ferrous Metals	0.03	0.02	0.02
有色金属冶炼和压延加工业	Manufacture and Processing of Non-ferrous Metals	0.86	0.10	0.37
金属制品业	Manufacture of Metal Products	0.24	0.21	0.17
通用设备制造业	Manufacture of General Purpose Machinery	1.83	0.44	0.48
专用设备制造业	Manufacture of Special Purpose Machinery	6.31	5.08	0.04
汽车制造业	Automobile Industry	0.41	0.06	0.16
铁路、船舶、航空航天和其他运输设备制造业	Manufacture of Railway,Marine,Aerospace and Other Transport Equipment	0.32	0.32	0.04
电气机械和器材制造业	Manufacture of Electrical Machinery and Equipment	3.30	0.29	0.48
计算机、通信和其他电子设备制造业	Manufacture of Communication Equipment, Computer and Other Electronic Equipment			
仪器仪表制造业	Manufacture of Measuring Instrument	0.09	0.04	0.04
其他制造业	Other Manufacture			
废弃资源综合利用业	Utilization of Waste Resources	1.25	0.65	0.31
金属制品、机械和设备修理业	Mental Products,Machine and Equipment Repair	4.78	2.17	4.56
电力、热力生产和供应业	Production and Supply of Electric Power and Heat Power	1.05	0.24	0.45
燃气生产和供应业	Production and Distribution of Gas			
水的生产和供应业	Production and Distribution of Water	0.10	0.10	0.09

13-5 续表 2 Continued

单位：亿元 (100 million yuan)

指 标	Item	实收资本 Assets Recevied	所有者权益 Paid-in capital	营业收入 Revenue of Business
总计	**Total**	**11.34**	**33.85**	**85.30**
在总计中：	Of the Total			
亏损企业	Enterprises Running under Deficit	0.02	1.06	0.75
在总计中：	Of the Total			
大型企业	Large Scale Enterprises			
中型企业	Medium Scale Enterprises	5.49	17.11	31.86
小型企业	Small Enterprises	5.84	16.11	51.29
微型企业	Microenterprise	0.01	0.63	2.15
按行业分	Grouped by Sector			
煤炭开采和洗选业	Mining and Washing of Coal	0.34	2.00	4.76
石油和天然气开采业	Petroleum and Natural Gas Extraction			
黑色金属矿采选业	Mining of Ferrous Metal Ores	0.05	0.17	0.30
有色金属矿采选业	Mining of Non-ferrous Metal Ores	0.09	0.27	0.66
非金属矿采选业	Mining and Processing of Nonmetal Ores	1.13	1.98	13.65
开采专业及辅助性活动	Professional and Support Activities for Mining			
其他采矿业	Other Mining and Dressing			
农副食品加工业	Processing of Food from Agricultural Products	0.05	1.28	10.06
食品制造业	Manufacture of Foods			
酒、饮料和精制茶制造业	Manufacture of Liquor, Beverage and Refined Tea			
烟草制品业	Manufacture of Tobacco			
纺织业	Manufacture of Textile	0.06	0.06	0.31
纺织服装、服饰业	Manufacture of Textile Wearing and Clothing Apparel			
皮革、毛皮、羽毛及其制品和制鞋业	Leather, Fur, Feather and Its Products and Footwear			
木材加工和木、竹、藤、棕、草制品业	Processing of Timbers, Manufacture of Wood, Bamboo, Rattan, Palm and Straw Products	0.01	0.01	0.47
家具制造业	Manufacture of Furniture			
造纸和纸制品业	Manufacture of Paper and Paper Products	0.62	1.50	1.50
印刷和记录媒介复制业	Printing, Reproduction of Recording Media	0.76	2.51	4.27
文教、工美、体育和娱乐用品制造业	Manufacture of Articles for Culture,Education and Sport Activity			
石油、煤炭及其他燃料加工业	Processing of Petroleum, Coal and Other Fuels			
化学原料和化学制品制造业	Manufacture of Chemical Raw Material and Chemical Products	2.23	2.42	6.91
医药制造业	Manufacture of Medicines	0.02	0.03	0.41
化学纤维制造业	Manufacture of Chemical Fiber			
橡胶和塑料制品业	Manufacture of Rubber and Plastic	0.53	1.05	5.42
非金属矿物制品业	Manufacture of Non-metallic Mineral Products	3.13	7.47	7.65
黑色金属冶炼和压延加工业	Manufacture and Processing of Ferrous Metals	0.01	0.02	7.63
有色金属冶炼和压延加工业	Manufacture and Processing of Non-ferrous Metals	0.03	0.49	1.29
金属制品业	Manufacture of Metal Products		0.07	0.22
通用设备制造业	Manufacture of General Purpose Machinery	0.15	1.35	1.00
专用设备制造业	Manufacture of Special Purpose Machinery	0.08	6.27	3.68
汽车制造业	Automobile Industry	0.14	0.25	2.98
铁路、船舶、航空航天和其他运输设备制造业	Manufacture of Railway,Marine,Aerospace and Other Transport Equipment			0.02
电气机械和器材制造业	Manufacture of Electrical Machinery and Equipment	0.23	2.82	1.13
计算机、通信和其他电子设备制造业	Manufacture of Communication Equipment, Computer and Other Electronic Equipment			
仪器仪表制造业	Manufacture of Measuring Instrument	0.01	0.05	0.61
其他制造业	Other Manufacture			
废弃资源综合利用业	Utilization of Waste Resources	0.26	0.94	0.57
金属制品、机械和设备修理业	Mental Products,Machine and Equipment Repair	0.20	0.22	4.51
电力、热力生产和供应业	Production and Supply of Electric Power and Heat Power	1.19	0.60	4.78
燃气生产和供应业	Production and Distribution of Gas			
水的生产和供应业	Production and Distribution of Water	0.01	0.02	0.49

13-5 续表 3 Continued

单位：亿元 (100 million yuan)

指　标	Item	营业成本 Cost of Businese	利润总额 Total Profit
总计	**Total**	**74.36**	**3.20**
在总计中：	Of the Total		
亏损企业	Enterprises Running under Deficit	0.74	-0.13
在总计中：	Of the Total		
大型企业	Large Scale Enterprises		
中型企业	Medium Scale Enterprises	27.97	1.32
小型企业	Small Enterprises	44.44	1.78
微型企业	Microenterprise	1.95	0.10
按行业分	Grouped by Sector		
煤炭开采和洗选业	Mining and Washing of Coal	4.08	0.10
石油和天然气开采业	Petroleum and Natural Gas Extraction		
黑色金属矿采选业	Mining of Ferrous Metal Ores	0.24	0.03
有色金属矿采选业	Mining of Non-ferrous Metal Ores	0.46	0.10
非金属矿采选业	Mining and Processing of Nonmetal Ores	11.81	0.31
开采专业及辅助性活动	Professional and Support Activities for Mining		
其他采矿业	Other Mining and Dressing		
农副食品加工业	Processing of Food from Agricultural Products	9.63	0.06
食品制造业	Manufacture of Foods		
酒、饮料和精制茶制造业	Manufacture of Liquor, Beverage and Refined Tea		
烟草制品业	Manufacture of Tobacco		
纺织业	Manufacture of Textile	0.25	0.03
纺织服装、服饰业	Manufacture of Textile Wearing and Clothing Apparel		
皮革、毛皮、羽毛及其制品和制鞋业	Leather, Fur, Feather and Its Products and Footwear		
木材加工和木、竹、藤、棕、草制品业	Processing of Timbers, Manufacture of Wood, Bamboo, Rattan, Palm and Straw Products	0.42	0.01
家具制造业	Manufacture of Furniture		
造纸和纸制品业	Manufacture of Paper and Paper Products	0.86	0.18
印刷和记录媒介复制业	Printing, Reproduction of Recording Media	3.70	0.37
文教、工美、体育和娱乐用品制造业	Manufacture of Articles for Culture,Education and Sport Activity		
石油、煤炭及其他燃料加工业	Processing of Petroleum, Coal and Other Fuels		
化学原料和化学制品制造业	Manufacture of Chemical Raw Material and Chemical Products	6.47	0.17
医药制造业	Manufacture of Medicines	0.32	0.01
化学纤维制造业	Manufacture of Chemical Fiber		
橡胶和塑料制品业	Manufacture of Rubber and Plastic	4.68	0.07
非金属矿物制品业	Manufacture of Non-metallic Mineral Products	6.36	0.35
黑色金属冶炼和压延加工业	Manufacture and Processing of Ferrous Metals	7.27	0.03
有色金属冶炼和压延加工业	Manufacture and Processing of Non-ferrous Metals	0.91	0.04
金属制品业	Manufacture of Metal Products	0.20	
通用设备制造业	Manufacture of General Purpose Machinery	0.78	0.09
专用设备制造业	Manufacture of Special Purpose Machinery	3.28	0.09
汽车制造业	Automobile Industry	2.47	0.28
铁路、船舶、航空航天和其他运输设备制造业	Manufacture of Railway,Marine,Aerospace and Other Transport Equipment	0.01	0.01
电气机械和器材制造业	Manufacture of Electrical Machinery and Equipment	0.88	0.06
计算机、通信和其他电子设备制造业	Manufacture of Communication Equipment, Computer and Other Electronic Equipment		
仪器仪表制造业	Manufacture of Measuring Instrument	0.46	0.05
其他制造业	Other Manufacture		
废弃资源综合利用业	Utilization of Waste Resources	0.56	
金属制品、机械和设备修理业	Mental Products,Machine and Equipment Repair	3.81	0.52
电力、热力生产和供应业	Production and Supply of Electric Power and Heat Power	4.08	0.16
燃气生产和供应业	Production and Distribution of Gas		
水的生产和供应业	Production and Distribution of Water	0.37	0.08

13-5 续表 4 Continued

指 标	Item	本年应付职工薪酬（亿元）Total Sum of Wages Payable this Year (100 million yuan)	全部从业人员年平均人数（万人）Average Number of Empolyment of the Current Year (10 000 persons)
总计	**Total**	**11.97**	**1.58**
在总计中：	Of the Total		
亏损企业	Enterprises Running under Deficit	0.20	0.02
在总计中：	Of the Total		
大型企业	Large Scale Enterprises		
中型企业	Medium Scale Enterprises	6.07	0.77
小型企业	Small Enterprises	5.89	0.76
微型企业	Microenterprise		0.05
按行业分	Grouped by Sector		
煤炭开采和洗选业	Mining and Washing of Coal	0.69	0.11
石油和天然气开采业	Petroleum and Natural Gas Extraction		
黑色金属矿采选业	Mining of Ferrous Metal Ores	0.03	0.01
有色金属矿采选业	Mining of Non-ferrous Metal Ores	0.15	0.02
非金属矿采选业	Mining and Processing of Nonmetal Ores	0.70	0.10
开采专业及辅助性活动	Professional and Support Activities for Mining		
其他采矿业	Other Mining and Dressing		
农副食品加工业	Processing of Food from Agricultural Products	2.26	0.10
食品制造业	Manufacture of Foods		
酒、饮料和精制茶制造业	Manufacture of Liquor, Beverage and Refined Tea		
烟草制品业	Manufacture of Tobacco		
纺织业	Manufacture of Textile	0.05	
纺织服装、服饰业	Manufacture of Textile Wearing and Clothing Apparel		
皮革、毛皮、羽毛及其制品和制鞋业	Leather, Fur, Feather and Its Products and Footwear		
木材加工和木、竹、藤、棕、草制品业	Processing of Timbers, Manufacture of Wood, Bamboo, Rattan, Palm and Straw Products	0.06	0.01
家具制造业	Manufacture of Furniture		
造纸和纸制品业	Manufacture of Paper and Paper Products	0.38	0.06
印刷和记录媒介复制业	Printing, Reproduction of Recording Media	1.46	0.13
文教、工美、体育和娱乐用品制造业	Manufacture of Articles for Culture,Education and Sport Activity		
石油、煤炭及其他燃料加工业	Processing of Petroleum, Coal and Other Fuels		
化学原料和化学制品制造业	Manufacture of Chemical Raw Material and Chemical Products	1.41	0.17
医药制造业	Manufacture of Medicines	0.30	0.06
化学纤维制造业	Manufacture of Chemical Fiber		
橡胶和塑料制品业	Manufacture of Rubber and Plastic	0.06	0.13
非金属矿物制品业	Manufacture of Non-metallic Mineral Products	1.16	0.21
黑色金属冶炼和压延加工业	Manufacture and Processing of Ferrous Metals	0.69	0.02
有色金属冶炼和压延加工业	Manufacture and Processing of Non-ferrous Metals	0.18	0.03
金属制品业	Manufacture of Metal Products	0.02	
通用设备制造业	Manufacture of General Purpose Machinery	0.08	0.03
专用设备制造业	Manufacture of Special Purpose Machinery	0.59	0.08
汽车制造业	Automobile Industry	0.03	
铁路、船舶、航空航天和其他运输设备制造业	Manufacture of Railway,Marine,Aerospace and Other Transport Equipment		
电气机械和器材制造业	Manufacture of Electrical Machinery and Equipment	0.12	0.02
计算机、通信和其他电子设备制造业	Manufacture of Communication Equipment, Computer and Other Electronic Equipment		
仪器仪表制造业	Manufacture of Measuring Instrument	0.03	0.01
其他制造业	Other Manufacture		
废弃资源综合利用业	Utilization of Waste Resources		0.01
金属制品、机械和设备修理业	Mental Products,Machine and Equipment Repair	0.28	0.07
电力、热力生产和供应业	Production and Supply of Electric Power and Heat Power	1.21	0.19
燃气生产和供应业	Production and Distribution of Gas		
水的生产和供应业	Production and Distribution of Water	0.03	0.01

13-5 续表 5 Continued

单位：% (%)

指 标	Item	总资产贡献率 Ratio of Total Assets to Industrial Output Value	成本费用利润率 Ratio of Profits to Industrial Cost	资产负债率 Assets-Liability Ratio
总计	**Total**	**11.97**	**3.94**	**33.75**
在总计中：	Of the Total			
亏损企业	Enterprises Running under Deficit	-6.81	-15.24	37.63
在总计中：	Of the Total			
大型企业	Large Scale Enterprises			
中型企业	Medium Scale Enterprises	8.37	4.33	31.52
小型企业	Small Enterprises	15.97	3.67	34.88
微型企业	Microenterprise	7.69	4.66	47.26
按行业分	Grouped by Sector			
煤炭开采和洗选业	Mining and Washing of Coal	8.35	2.15	38.27
石油和天然气开采业	Petroleum and Natural Gas Extraction			
黑色金属矿采选业	Mining of Ferrous Metal Ores	15.64	9.62	36.72
有色金属矿采选业	Mining of Non-ferrous Metal Ores	57.57	20.60	6.57
非金属矿采选业	Mining and Processing of Nonmetal Ores	33.87	2.38	34.39
开采专业及辅助性活动	Professional and Support Activities for Mining			
其他采矿业	Other Mining and Dressing			
农副食品加工业	Processing of Food from Agricultural Products	18.09	0.59	0.64
食品制造业	Manufacture of Foods			
酒、饮料和精制茶制造业	Manufacture of Liquor, Beverage and Refined Tea			
烟草制品业	Manufacture of Tobacco			
纺织业	Manufacture of Textile	27.09	8.44	64.11
纺织服装、服饰业	Manufacture of Textile Wearing and Clothing Apparel			
皮革、毛皮、羽毛及其制品和制鞋业	Leather, Fur, Feather and Its Products and Footwear			
木材加工和木、竹、藤、棕、草制品业	Processing of Timbers, Manufacture of Wood, Bamboo, Rattan, Palm and Straw Products	2.15	1.62	99.20
家具制造业	Manufacture of Furniture			
造纸和纸制品业	Manufacture of Paper and Paper Products	14.20	13.76	13.11
印刷和记录媒介复制业	Printing, Reproduction of Recording Media	13.56	9.26	32.05
文教、工美、体育和娱乐用品制造业	Manufacture of Articles for Culture,Education and Sport Activity			
石油、煤炭及其他燃料加工业	Processing of Petroleum, Coal and Other Fuels			
化学原料和化学制品制造业	Manufacture of Chemical Raw Material and Chemical Products	8.93	2.61	28.49
医药制造业	Manufacture of Medicines	13.71	2.06	65.58
化学纤维制造业	Manufacture of Chemical Fiber			
橡胶和塑料制品业	Manufacture of Rubber and Plastic	9.34	1.33	37.94
非金属矿物制品业	Manufacture of Non-metallic Mineral Products	5.18	4.85	29.42
黑色金属冶炼和压延加工业	Manufacture and Processing of Ferrous Metals	215.48	0.43	48.34
有色金属冶炼和压延加工业	Manufacture and Processing of Non-ferrous Metals	24.09	3.65	43.15
金属制品业	Manufacture of Metal Products	3.27	0.57	68.94
通用设备制造业	Manufacture of General Purpose Machinery	7.08	10.18	26.15
专用设备制造业	Manufacture of Special Purpose Machinery	2.13	2.55	0.67
汽车制造业	Automobile Industry	174.38	11.45	39.04
铁路、船舶、航空航天和其他运输设备制造业	Manufacture of Railway,Marine,Aerospace and Other Transport Equipment	2.20	48.76	11.15
电气机械和器材制造业	Manufacture of Electrical Machinery and Equipment	3.69	5.42	14.49
计算机、通信和其他电子设备制造业	Manufacture of Communication Equipment, Computer and Other Electronic Equipment			
仪器仪表制造业	Manufacture of Measuring Instrument	79.92	8.51	43.76
其他制造业	Other Manufacture			
废弃资源综合利用业	Utilization of Waste Resources	2.42	0.42	24.57
金属制品、机械和设备修理业	Mental Products,Machine and Equipment Repair	15.56	12.45	95.44
电力、热力生产和供应业	Production and Supply of Electric Power and Heat Power	26.34	3.55	42.60
燃气生产和供应业	Production and Distribution of Gas			
水的生产和供应业	Production and Distribution of Water	98.99	19.92	84.23

13-6 私营工业企业主要经济指标(2020年)
Major Economic Indications of Private Industrial Enterprises (2020)

单位：个 (unit)

指 标	Item	企业单位数 Number of Enterprises	亏损企业 Loss-making Enterprises
总计	**Total**	**15659**	**956**
在总计中：	Of the Total		
亏损企业	Enterprises Running under Deficit	956	956
在总计中：	Of the Total		
大型企业	Large Scale Enterprises	52	2
中型企业	Medium Scale Enterprises	1088	55
小型企业	Small Enterprises	12913	735
微型企业	Microenterprise	1606	164
按行业分	Grouped by Sector		
煤炭开采和洗选业	Mining and Washing of Coal	114	6
石油和天然气开采业	Petroleum and Natural Gas Extraction		
黑色金属矿采选业	Mining of Ferrous Metal Ores	24	3
有色金属矿采选业	Mining of Non-ferrous Metal Ores	79	5
非金属矿采选业	Mining and Processing of Nonmetal Ores	290	15
开采专业及辅助性活动	Professional and Support Activities for Mining		
其他采矿业	Other Mining and Dressing	1	
农副食品加工业	Processing of Food from Agricultural Products	1517	64
食品制造业	Manufacture of Foods	504	33
酒、饮料和精制茶制造业	Manufacture of Liquor, Beverage and Refined Tea	499	14
烟草制品业	Manufacture of Tobacco	1	1
纺织业	Manufacture of Textile	267	26
纺织服装、服饰业	Manufacture of Textile Wearing and Clothing Apparel	273	14
皮革、毛皮、羽毛及其制品和制鞋业	Leather, Fur, Feather and Its Products and Footwear	670	47
木材加工和木、竹、藤、棕、草制品业	Processing of Timbers, Manufacture of Wood, Bamboo, Rattan, Palm and Straw Products	446	4
家具制造业	Manufacture of Furniture	214	7
造纸和纸制品业	Manufacture of Paper and Paper Products	242	16
印刷和记录媒介复制业	Printing, Reproduction of Recording Media	253	10
文教、工美、体育和娱乐用品制造业	Manufacture of Articles for Culture,Education and Sport Activity	272	22
石油、煤炭及其他燃料加工业	Processing of Petroleum, Coal and Other Fuels	92	5
化学原料和化学制品制造业	Manufacture of Chemical Raw Material and Chemical Products	1287	58
医药制造业	Manufacture of Medicines	328	27
化学纤维制造业	Manufacture of Chemical Fiber	11	1
橡胶和塑料制品业	Manufacture of Rubber and Plastic	484	29
非金属矿物制品业	Manufacture of Non-metallic Mineral Products	2388	105
黑色金属冶炼和压延加工业	Manufacture and Processing of Ferrous Metals	112	15
有色金属冶炼和压延加工业	Manufacture and Processing of Non-ferrous Metals	352	28
金属制品业	Manufacture of Metal Products	992	57
通用设备制造业	Manufacture of General Purpose Machinery	839	71
专用设备制造业	Manufacture of Special Purpose Machinery	792	71
汽车制造业	Automobile Industry	290	43
铁路、船舶、航空航天和其他运输设备制造业	Manufacture of Railway,Marine,Aerospace and Other Transport Equipment	133	21
电气机械和器材制造业	Manufacture of Electrical Machinery and Equipment	703	55
计算机、通信和其他电子设备制造业	Manufacture of Communication Equipment, Computer and Other Electronic Equipment	657	56
仪器仪表制造业	Manufacture of Measuring Instrument	127	3
其他制造业	Other Manufacture	84	6
废弃资源综合利用业	Utilization of Waste Resources	134	9
金属制品、机械和设备修理业	Mental Products,Machine and Equipment Repair	3	
电力、热力生产和供应业	Production and Supply of Electric Power and Heat Power	119	8
燃气生产和供应业	Production and Distribution of Gas	31	
水的生产和供应业	Production and Distribution of Water	35	1

13-6 续表 1 Continued

单位：亿元 (100 million yuan)

指 标	Item	资产总计 Total Assets	流动资产合计 Circulating Funds	负债合计 Total Liabilities
总计	**Total**	**14358.51**	**6820.71**	**6588.73**
在总计中：	Of the Total			
亏损企业	Enterprises Running under Deficit	1005.93	523.58	676.04
在总计中：	Of the Total			
大型企业	Large Scale Enterprises	3496.96	2322.05	2185.05
中型企业	Medium Scale Enterprises	3099.92	1235.65	1167.58
小型企业	Small Enterprises	7159.86	2970.42	2943.21
微型企业	Microenterprise	601.77	292.60	292.89
按行业分	Grouped by Sector			
煤炭开采和洗选业	Mining and Washing of Coal	104.05	22.21	40.12
石油和天然气开采业	Petroleum and Natural Gas Extraction			
黑色金属矿采选业	Mining of Ferrous Metal Ores	33.54	9.08	16.30
有色金属矿采选业	Mining of Non-ferrous Metal Ores	96.43	24.32	32.25
非金属矿采选业	Mining and Processing of Nonmetal Ores	128.63	44.32	46.64
开采专业及辅助性活动	Professional and Support Activities for Mining			
其他采矿业	Other Mining and Dressing	0.38	0.12	0.09
农副食品加工业	Processing of Food from Agricultural Products	998.23	378.19	374.87
食品制造业	Manufacture of Foods	477.80	227.38	214.72
酒、饮料和精制茶制造业	Manufacture of Liquor, Beverage and Refined Tea	269.32	99.52	88.13
烟草制品业	Manufacture of Tobacco	0.25	0.09	0.16
纺织业	Manufacture of Textile	350.93	177.93	201.41
纺织服装、服饰业	Manufacture of Textile Wearing and Clothing Apparel	193.13	55.96	47.75
皮革、毛皮、羽毛及其制品和制鞋业	Leather, Fur, Feather and Its Products and Footwear	163.60	74.30	64.97
木材加工和木、竹、藤、棕、草制品业	Processing of Timbers, Manufacture of Wood, Bamboo, Rattan, Palm and Straw Products	172.58	58.87	46.23
家具制造业	Manufacture of Furniture	88.42	32.74	32.59
造纸和纸制品业	Manufacture of Paper and Paper Products	150.11	44.32	54.08
印刷和记录媒介复制业	Printing, Reproduction of Recording Media	126.47	51.18	52.99
文教、工美、体育和娱乐用品制造业	Manufacture of Articles for Culture,Education and Sport Activity	123.61	52.95	45.72
石油、煤炭及其他燃料加工业	Processing of Petroleum, Coal and Other Fuels	59.61	23.45	22.82
化学原料和化学制品制造业	Manufacture of Chemical Raw Material and Chemical Products	896.83	298.03	295.26
医药制造业	Manufacture of Medicines	436.00	214.87	153.53
化学纤维制造业	Manufacture of Chemical Fiber	8.62	2.03	2.57
橡胶和塑料制品业	Manufacture of Rubber and Plastic	233.93	104.47	90.56
非金属矿物制品业	Manufacture of Non-metallic Mineral Products	1693.14	593.18	596.83
黑色金属冶炼和压延加工业	Manufacture and Processing of Ferrous Metals	163.92	93.86	71.86
有色金属冶炼和压延加工业	Manufacture and Processing of Non-ferrous Metals	641.36	319.33	349.53
金属制品业	Manufacture of Metal Products	623.40	258.49	304.25
通用设备制造业	Manufacture of General Purpose Machinery	700.14	389.80	333.56
专用设备制造业	Manufacture of Special Purpose Machinery	3243.93	2057.79	1946.01
汽车制造业	Automobile Industry	186.09	100.43	105.41
铁路、船舶、航空航天和其他运输设备制造业	Manufacture of Railway,Marine,Aerospace and Other Transport Equipment	127.53	66.29	57.49
电气机械和器材制造业	Manufacture of Electrical Machinery and Equipment	627.49	335.48	299.59
计算机、通信和其他电子设备制造业	Manufacture of Communication Equipment, Computer and Other Electronic Equipment	694.90	425.70	351.03
仪器仪表制造业	Manufacture of Measuring Instrument	119.72	59.15	45.83
其他制造业	Other Manufacture	61.50	21.00	17.13
废弃资源综合利用业	Utilization of Waste Resources	89.31	40.36	38.18
金属制品、机械和设备修理业	Mental Products,Machine and Equipment Repair	1.49	1.06	0.58
电力、热力生产和供应业	Production and Supply of Electric Power and Heat Power	215.62	45.49	117.39
燃气生产和供应业	Production and Distribution of Gas	23.72	6.87	11.80
水的生产和供应业	Production and Distribution of Water	32.80	10.10	18.49

13-6 续表 2 Continued

单位：亿元 (100 million yuan)

指 标	Item	实收资本 Assets Recevied	所有者权益 Paid-in capital	营业收入 Revenue of Business
总计	**Total**	**3116.35**	**7636.03**	**24736.73**
在总计中:	Of the Total			
亏损企业	Enterprises Running under Deficit	233.15	307.80	651.93
在总计中:	Of the Total			
大型企业	Large Scale Enterprises	114.43	1311.92	2692.57
中型企业	Medium Scale Enterprises	858.25	1932.34	5188.69
小型企业	Small Enterprises	2067.56	4216.65	16165.29
微型企业	Microenterprise	76.12	175.13	690.19
按行业分	Grouped by Sector			
煤炭开采和洗选业	Mining and Washing of Coal	36.89	62.82	87.95
石油和天然气开采业	Petroleum and Natural Gas Extraction			
黑色金属矿采选业	Mining of Ferrous Metal Ores	15.04	17.06	23.85
有色金属矿采选业	Mining of Non-ferrous Metal Ores	40.53	62.60	133.54
非金属矿采选业	Mining and Processing of Nonmetal Ores	47.71	80.23	281.58
开采专业及辅助性活动	Professional and Support Activities for Mining			
其他采矿业	Other Mining and Dressing			0.41
农副食品加工业	Processing of Food from Agricultural Products	261.79	620.55	2663.87
食品制造业	Manufacture of Foods	98.14	259.40	1142.29
酒、饮料和精制茶制造业	Manufacture of Liquor, Beverage and Refined Tea	81.65	180.40	583.83
烟草制品业	Manufacture of Tobacco	0.09	0.09	0.22
纺织业	Manufacture of Textile	64.34	146.70	564.53
纺织服装、服饰业	Manufacture of Textile Wearing and Clothing Apparel	73.02	145.42	279.97
皮革、毛皮、羽毛及其制品和制鞋业	Leather, Fur, Feather and Its Products and Footwear	40.52	89.91	569.63
木材加工和木、竹、藤、棕、草制品业	Processing of Timbers, Manufacture of Wood, Bamboo, Rattan, Palm and Straw Products	65.98	121.51	667.15
家具制造业	Manufacture of Furniture	27.47	54.67	254.56
造纸和纸制品业	Manufacture of Paper and Paper Products	39.39	93.47	391.17
印刷和记录媒介复制业	Printing, Reproduction of Recording Media	26.10	72.08	393.63
文教、工美、体育和娱乐用品制造业	Manufacture of Articles for Culture,Education and Sport Activity	33.87	76.97	337.96
石油、煤炭及其他燃料加工业	Processing of Petroleum, Coal and Other Fuels	19.40	36.79	105.79
化学原料和化学制品制造业	Manufacture of Chemical Raw Material and Chemical Products	300.46	579.86	1806.39
医药制造业	Manufacture of Medicines	117.40	281.96	781.65
化学纤维制造业	Manufacture of Chemical Fiber	4.00	6.05	18.19
橡胶和塑料制品业	Manufacture of Rubber and Plastic	70.66	139.03	644.57
非金属矿物制品业	Manufacture of Non-metallic Mineral Products	553.81	1079.92	2695.28
黑色金属冶炼和压延加工业	Manufacture and Processing of Ferrous Metals	39.19	91.56	288.83
有色金属冶炼和压延加工业	Manufacture and Processing of Non-ferrous Metals	110.41	274.69	1121.82
金属制品业	Manufacture of Metal Products	156.96	315.78	1404.08
通用设备制造业	Manufacture of General Purpose Machinery	148.74	364.44	1270.95
专用设备制造业	Manufacture of Special Purpose Machinery	167.23	1292.55	2588.12
汽车制造业	Automobile Industry	39.83	79.32	351.39
铁路、船舶、航空航天和其他运输设备制造业	Manufacture of Railway,Marine,Aerospace and Other Transport Equipment	30.74	70.04	156.43
电气机械和器材制造业	Manufacture of Electrical Machinery and Equipment	152.83	324.29	1133.13
计算机、通信和其他电子设备制造业	Manufacture of Communication Equipment, Computer and Other Electronic Equipment	128.82	343.32	1300.31
仪器仪表制造业	Manufacture of Measuring Instrument	24.02	53.88	117.48
其他制造业	Other Manufacture	19.24	44.14	178.42
废弃资源综合利用业	Utilization of Waste Resources	26.74	53.04	229.89
金属制品、机械和设备修理业	Mental Products,Machine and Equipment Repair	0.58	0.91	1.60
电力、热力生产和供应业	Production and Supply of Electric Power and Heat Power	38.27	94.66	97.23
燃气生产和供应业	Production and Distribution of Gas	5.76	11.92	44.81
水的生产和供应业	Production and Distribution of Water	8.72	14.00	24.24

13-6 续表 3 Continued

单位：亿元 (100 million yuan)

指　标	Item	营业成本 Cost of Businese	利润总额 Total Profit
总计	**Total**	**19838.60**	**1681.85**
在总计中：	Of the Total		
亏损企业	Enterprises Running under Deficit	570.53	-33.28
在总计中：	Of the Total		
大型企业	Large Scale Enterprises	2011.37	326.66
中型企业	Medium Scale Enterprises	4037.87	396.13
小型企业	Small Enterprises	13189.78	931.59
微型企业	Microenterprise	599.58	27.46
按行业分	Grouped by Sector		
煤炭开采和洗选业	Mining and Washing of Coal	71.16	5.33
石油和天然气开采业	Petroleum and Natural Gas Extraction		
黑色金属矿采选业	Mining of Ferrous Metal Ores	18.65	0.71
有色金属矿采选业	Mining of Non-ferrous Metal Ores	107.32	7.28
非金属矿采选业	Mining and Processing of Nonmetal Ores	220.25	18.28
开采专业及辅助性活动	Professional and Support Activities for Mining		
其他采矿业	Other Mining and Dressing	0.31	0.01
农副食品加工业	Processing of Food from Agricultural Products	2209.61	126.02
食品制造业	Manufacture of Foods	945.45	52.76
酒、饮料和精制茶制造业	Manufacture of Liquor, Beverage and Refined Tea	462.84	29.93
烟草制品业	Manufacture of Tobacco	0.17	
纺织业	Manufacture of Textile	479.00	20.30
纺织服装、服饰业	Manufacture of Textile Wearing and Clothing Apparel	218.19	17.88
皮革、毛皮、羽毛及其制品和制鞋业	Leather, Fur, Feather and Its Products and Footwear	478.23	38.66
木材加工和木、竹、藤、棕、草制品业	Processing of Timbers, Manufacture of Wood, Bamboo, Rattan, Palm and Straw Products	557.98	29.83
家具制造业	Manufacture of Furniture	200.99	17.37
造纸和纸制品业	Manufacture of Paper and Paper Products	310.87	23.45
印刷和记录媒介复制业	Printing, Reproduction of Recording Media	320.77	29.67
文教、工美、体育和娱乐用品制造业	Manufacture of Articles for Culture,Education and Sport Activity	276.13	18.79
石油、煤炭及其他燃料加工业	Processing of Petroleum, Coal and Other Fuels	88.68	5.73
化学原料和化学制品制造业	Manufacture of Chemical Raw Material and Chemical Products	1438.05	118.72
医药制造业	Manufacture of Medicines	531.50	62.53
化学纤维制造业	Manufacture of Chemical Fiber	16.44	0.26
橡胶和塑料制品业	Manufacture of Rubber and Plastic	531.52	34.82
非金属矿物制品业	Manufacture of Non-metallic Mineral Products	2119.47	186.11
黑色金属冶炼和压延加工业	Manufacture and Processing of Ferrous Metals	244.62	16.20
有色金属冶炼和压延加工业	Manufacture and Processing of Non-ferrous Metals	942.51	81.77
金属制品业	Manufacture of Metal Products	1156.88	85.74
通用设备制造业	Manufacture of General Purpose Machinery	1058.93	69.11
专用设备制造业	Manufacture of Special Purpose Machinery	1879.24	351.07
汽车制造业	Automobile Industry	293.95	19.16
铁路、船舶、航空航天和其他运输设备制造业	Manufacture of Railway,Marine,Aerospace and Other Transport Equipment	121.84	9.65
电气机械和器材制造业	Manufacture of Electrical Machinery and Equipment	939.79	65.40
计算机、通信和其他电子设备制造业	Manufacture of Communication Equipment, Computer and Other Electronic Equipment	1042.36	81.73
仪器仪表制造业	Manufacture of Measuring Instrument	88.34	10.25
其他制造业	Other Manufacture	148.49	14.44
废弃资源综合利用业	Utilization of Waste Resources	193.05	15.87
金属制品、机械和设备修理业	Mental Products,Machine and Equipment Repair	1.23	0.09
电力、热力生产和供应业	Production and Supply of Electric Power and Heat Power	67.87	11.95
燃气生产和供应业	Production and Distribution of Gas	37.63	2.71
水的生产和供应业	Production and Distribution of Water	18.27	2.26

13-6 续表 4 Continued

指 标	Item	本年应付职工薪酬(亿元) Total Sum of Wages Payable this Year (100 million yuan)	全部从业人员年平均人数(万人) Average Number of Empolyment of the Current Year (10 000 persons)
总计	**Total**	**1950.59**	**215.52**
在总计中:	Of the Total		
亏损企业	Enterprises Running under Deficit	68.33	9.57
在总计中:	Of the Total		
大型企业	Large Scale Enterprises	271.72	19.72
中型企业	Medium Scale Enterprises	563.44	60.47
小型企业	Small Enterprises	1097.32	128.42
微型企业	Microenterprise	18.12	6.91
按行业分	Grouped by Sector		
煤炭开采和洗选业	Mining and Washing of Coal	14.42	2.02
石油和天然气开采业	Petroleum and Natural Gas Extraction		
黑色金属矿采选业	Mining of Ferrous Metal Ores	2.67	0.34
有色金属矿采选业	Mining of Non-ferrous Metal Ores	10.42	1.62
非金属矿采选业	Mining and Processing of Nonmetal Ores	20.31	2.78
开采专业及辅助性活动	Professional and Support Activities for Mining		
其他采矿业	Other Mining and Dressing		0.01
农副食品加工业	Processing of Food from Agricultural Products	162.51	19.39
食品制造业	Manufacture of Foods	151.34	12.13
酒、饮料和精制茶制造业	Manufacture of Liquor, Beverage and Refined Tea	50.09	5.20
烟草制品业	Manufacture of Tobacco	0.02	0.01
纺织业	Manufacture of Textile	50.48	5.37
纺织服装、服饰业	Manufacture of Textile Wearing and Clothing Apparel	35.82	5.35
皮革、毛皮、羽毛及其制品和制鞋业	Leather, Fur, Feather and Its Products and Footwear	47.17	6.59
木材加工和木、竹、藤、棕、草制品业	Processing of Timbers, Manufacture of Wood, Bamboo, Rattan, Palm and Straw Products	64.42	6.13
家具制造业	Manufacture of Furniture	18.25	2.43
造纸和纸制品业	Manufacture of Paper and Paper Products	25.92	3.40
印刷和记录媒介复制业	Printing, Reproduction of Recording Media	25.66	3.05
文教、工美、体育和娱乐用品制造业	Manufacture of Articles for Culture,Education and Sport Activity	28.00	3.28
石油、煤炭及其他燃料加工业	Processing of Petroleum, Coal and Other Fuels	5.96	0.68
化学原料和化学制品制造业	Manufacture of Chemical Raw Material and Chemical Products	168.20	22.73
医药制造业	Manufacture of Medicines	58.96	5.10
化学纤维制造业	Manufacture of Chemical Fiber	2.17	0.20
橡胶和塑料制品业	Manufacture of Rubber and Plastic	43.06	4.61
非金属矿物制品业	Manufacture of Non-metallic Mineral Products	218.24	28.75
黑色金属冶炼和压延加工业	Manufacture and Processing of Ferrous Metals	14.10	1.53
有色金属冶炼和压延加工业	Manufacture and Processing of Non-ferrous Metals	65.86	6.33
金属制品业	Manufacture of Metal Products	98.55	10.68
通用设备制造业	Manufacture of General Purpose Machinery	95.03	9.58
专用设备制造业	Manufacture of Special Purpose Machinery	206.67	13.95
汽车制造业	Automobile Industry	23.22	3.07
铁路、船舶、航空航天和其他运输设备制造业	Manufacture of Railway,Marine,Aerospace and Other Transport Equipment	13.69	1.54
电气机械和器材制造业	Manufacture of Electrical Machinery and Equipment	86.81	9.22
计算机、通信和其他电子设备制造业	Manufacture of Communication Equipment, Computer and Other Electronic Equipment	92.75	11.56
仪器仪表制造业	Manufacture of Measuring Instrument	10.81	1.19
其他制造业	Other Manufacture	19.21	3.32
废弃资源综合利用业	Utilization of Waste Resources	6.94	0.97
金属制品、机械和设备修理业	Mental Products,Machine and Equipment Repair	0.21	0.03
电力、热力生产和供应业	Production and Supply of Electric Power and Heat Power	9.45	0.97
燃气生产和供应业	Production and Distribution of Gas	1.46	0.18
水的生产和供应业	Production and Distribution of Water	1.75	0.22

13-6 续表 5 Continued

单位：% (%)

指 标	Item	总资产贡献率 Ratio of Total Assets to Industrial Output Value	成本费用利润率 Ratio of Profits to Industrial Cost	资产负债率 Assets-Liability Ratio
总计	**Total**	**16.60**	**7.42**	**45.89**
在总计中：	Of the Total			
亏损企业	Enterprises Running under Deficit	-0.97	-4.90	67.21
在总计中：	Of the Total			
大型企业	Large Scale Enterprises	12.42	13.90	62.48
中型企业	Medium Scale Enterprises	17.80	8.39	37.66
小型企业	Small Enterprises	18.91	6.24	41.11
微型企业	Microenterprise	7.20	4.18	48.67
按行业分	Grouped by Sector			
煤炭开采和洗选业	Mining and Washing of Coal	8.63	6.76	38.56
石油和天然气开采业	Petroleum and Natural Gas Extraction			
黑色金属矿采选业	Mining of Ferrous Metal Ores	5.76	3.10	48.59
有色金属矿采选业	Mining of Non-ferrous Metal Ores	13.45	5.95	33.45
非金属矿采选业	Mining and Processing of Nonmetal Ores	22.19	7.08	36.26
开采专业及辅助性活动	Professional and Support Activities for Mining			
其他采矿业	Other Mining and Dressing	5.27	1.67	22.57
农副食品加工业	Processing of Food from Agricultural Products	17.38	5.06	37.55
食品制造业	Manufacture of Foods	15.85	4.88	44.94
酒、饮料和精制茶制造业	Manufacture of Liquor, Beverage and Refined Tea	15.74	5.50	32.72
烟草制品业	Manufacture of Tobacco	2.61	-0.64	64.54
纺织业	Manufacture of Textile	8.93	3.77	57.39
纺织服装、服饰业	Manufacture of Textile Wearing and Clothing Apparel	12.63	6.90	24.73
皮革、毛皮、羽毛及其制品和制鞋业	Leather, Fur, Feather and Its Products and Footwear	29.64	7.32	39.71
木材加工和木、竹、藤、棕、草制品业	Processing of Timbers, Manufacture of Wood, Bamboo, Rattan, Palm and Straw Products	24.22	4.78	26.79
家具制造业	Manufacture of Furniture	27.94	7.58	36.86
造纸和纸制品业	Manufacture of Paper and Paper Products	25.28	6.55	36.03
印刷和记录媒介复制业	Printing, Reproduction of Recording Media	30.70	8.29	41.90
文教、工美、体育和娱乐用品制造业	Manufacture of Articles for Culture,Education and Sport Activity	21.24	6.01	36.99
石油、煤炭及其他燃料加工业	Processing of Petroleum, Coal and Other Fuels	12.93	5.82	38.29
化学原料和化学制品制造业	Manufacture of Chemical Raw Material and Chemical Products	22.04	7.22	32.92
医药制造业	Manufacture of Medicines	20.72	8.80	35.21
化学纤维制造业	Manufacture of Chemical Fiber	6.46	1.47	29.83
橡胶和塑料制品业	Manufacture of Rubber and Plastic	22.24	5.85	38.71
非金属矿物制品业	Manufacture of Non-metallic Mineral Products	16.03	7.54	35.25
黑色金属冶炼和压延加工业	Manufacture and Processing of Ferrous Metals	18.29	6.04	43.84
有色金属冶炼和压延加工业	Manufacture and Processing of Non-ferrous Metals	17.57	8.06	54.50
金属制品业	Manufacture of Metal Products	20.10	6.60	48.81
通用设备制造业	Manufacture of General Purpose Machinery	14.38	5.83	47.64
专用设备制造业	Manufacture of Special Purpose Machinery	14.04	15.79	59.99
汽车制造业	Automobile Industry	14.97	5.84	56.65
铁路、船舶、航空航天和其他运输设备制造业	Manufacture of Railway,Marine,Aerospace and Other Transport Equipment	10.91	6.61	45.08
电气机械和器材制造业	Manufacture of Electrical Machinery and Equipment	14.18	6.19	47.74
计算机、通信和其他电子设备制造业	Manufacture of Communication Equipment, Computer and Other Electronic Equipment	15.23	7.00	50.52
仪器仪表制造业	Manufacture of Measuring Instrument	12.12	9.59	38.28
其他制造业	Other Manufacture	28.17	8.87	27.86
废弃资源综合利用业	Utilization of Waste Resources	33.32	7.52	42.75
金属制品、机械和设备修理业	Mental Products,Machine and Equipment Repair	10.65	6.10	38.67
电力、热力生产和供应业	Production and Supply of Electric Power and Heat Power	7.78	14.20	54.44
燃气生产和供应业	Production and Distribution of Gas	13.88	6.49	49.74
水的生产和供应业	Production and Distribution of Water	10.67	10.35	56.38

13-7 外商投资和港澳台投资工业企业主要经济指标(2020年)
Main Indicators of Industrial Enterprises with Hong Kong, Taiwan and Foreign Funds (2020)

单位：个 (unit)

指 标	Item	企业单位数 Number of Enterprises	亏损企业 Loss-making Enterprises
总计	**Total**	**470**	**87**
在总计中：	Of the Total		
亏损企业	Enterprises Running under Deficit	87	87
在总计中：	Of the Total		
大型企业	Large Scale Enterprises	31	2
中型企业	Medium Scale Enterprises	125	14
小型企业	Small Enterprises	274	60
微型企业	Microenterprise	40	11
按行业分	Grouped by Sector		
煤炭开采和洗选业	Mining and Washing of Coal		
石油和天然气开采业	Petroleum and Natural Gas Extraction		
黑色金属矿采选业	Mining of Ferrous Metal Ores		
有色金属矿采选业	Mining of Non-ferrous Metal Ores	1	1
非金属矿采选业	Mining and Processing of Nonmetal Ores	2	
开采专业及辅助性活动	Professional and Support Activities for Mining		
其他采矿业	Other Mining and Dressing		
农副食品加工业	Processing of Food from Agricultural Products	27	7
食品制造业	Manufacture of Foods	14	1
酒、饮料和精制茶制造业	Manufacture of Liquor, Beverage and Refined Tea	18	3
烟草制品业	Manufacture of Tobacco		
纺织业	Manufacture of Textile	5	1
纺织服装、服饰业	Manufacture of Textile Wearing and Clothing Apparel	14	2
皮革、毛皮、羽毛及其制品和制鞋业	Leather, Fur, Feather and Its Products and Footwear	36	2
木材加工和木、竹、藤、棕、草制品业	Processing of Timbers, Manufacture of Wood, Bamboo, Rattan, Palm and Straw Products	3	
家具制造业	Manufacture of Furniture	3	
造纸和纸制品业	Manufacture of Paper and Paper Products	8	
印刷和记录媒介复制业	Printing, Reproduction of Recording Media	9	3
文教、工美、体育和娱乐用品制造业	Manufacture of Articles for Culture,Education and Sport Activity	23	3
石油、煤炭及其他燃料加工业	Processing of Petroleum, Coal and Other Fuels		
化学原料和化学制品制造业	Manufacture of Chemical Raw Material and Chemical Products	25	3
医药制造业	Manufacture of Medicines	7	2
化学纤维制造业	Manufacture of Chemical Fiber	2	
橡胶和塑料制品业	Manufacture of Rubber and Plastic	16	5
非金属矿物制品业	Manufacture of Non-metallic Mineral Products	27	2
黑色金属冶炼和压延加工业	Manufacture and Processing of Ferrous Metals		
有色金属冶炼和压延加工业	Manufacture and Processing of Non-ferrous Metals	6	4
金属制品业	Manufacture of Metal Products	9	
通用设备制造业	Manufacture of General Purpose Machinery	25	2
专用设备制造业	Manufacture of Special Purpose Machinery	15	5
汽车制造业	Automobile Industry	45	24
铁路、船舶、航空航天和其他运输设备制造业	Manufacture of Railway,Marine,Aerospace and Other Transport Equipment	12	6
电气机械和器材制造业	Manufacture of Electrical Machinery and Equipment	16	
计算机、通信和其他电子设备制造业	Manufacture of Communication Equipment, Computer and Other Electronic Equipment	43	8
仪器仪表制造业	Manufacture of Measuring Instrument	3	
其他制造业	Other Manufacture	1	1
废弃资源综合利用业	Utilization of Waste Resources	2	1
金属制品、机械和设备修理业	Mental Products,Machine and Equipment Repair		
电力、热力生产和供应业	Production and Supply of Electric Power and Heat Power	23	1
燃气生产和供应业	Production and Distribution of Gas	16	
水的生产和供应业	Production and Distribution of Water	14	

13-7 续表 1 Continued

单位：亿元 (100 million yuan)

指 标	Item	资产总计 Total Assets	流动资产合 计 Circulating Funds	负债合计 Total Liabilities
总计	**Total**	**3765.84**	**1666.76**	**1865.33**
在总计中：	Of the Total			
亏损企业	Enterprises Running under Deficit	325.28	153.63	235.81
在总计中：	Of the Total			
大型企业	Large Scale Enterprises	2314.01	1007.00	1275.38
中型企业	Medium Scale Enterprises	871.40	394.68	419.24
小型企业	Small Enterprises	543.92	250.76	151.24
微型企业	Microenterprise	36.51	14.32	19.47
按行业分	Grouped by Sector			
煤炭开采和洗选业	Mining and Washing of Coal			
石油和天然气开采业	Petroleum and Natural Gas Extraction			
黑色金属矿采选业	Mining of Ferrous Metal Ores			
有色金属矿采选业	Mining of Non-ferrous Metal Ores	2.19	0.93	4.23
非金属矿采选业	Mining and Processing of Nonmetal Ores	1.40	0.89	0.65
开采专业及辅助性活动	Professional and Support Activities for Mining			
其他采矿业	Other Mining and Dressing			
农副食品加工业	Processing of Food from Agricultural Products	120.56	67.46	52.19
食品制造业	Manufacture of Foods	88.63	59.24	40.41
酒、饮料和精制茶制造业	Manufacture of Liquor, Beverage and Refined Tea	51.03	25.98	23.74
烟草制品业	Manufacture of Tobacco			
纺织业	Manufacture of Textile	4.05	1.38	1.58
纺织服装、服饰业	Manufacture of Textile Wearing and Clothing Apparel	13.30	4.93	4.63
皮革、毛皮、羽毛及其制品和制鞋业	Leather, Fur, Feather and Its Products and Footwear	45.35	18.72	17.99
木材加工和木、竹、藤、棕、草制品业	Processing of Timbers, Manufacture of Wood, Bamboo, Rattan, Palm and Straw Products	1.53	0.95	0.25
家具制造业	Manufacture of Furniture	2.55	0.40	0.87
造纸和纸制品业	Manufacture of Paper and Paper Products	56.79	44.64	30.52
印刷和记录媒介复制业	Printing, Reproduction of Recording Media	23.23	12.34	7.72
文教、工美、体育和娱乐用品制造业	Manufacture of Articles for Culture,Education and Sport Activity	12.97	6.89	7.64
石油、煤炭及其他燃料加工业	Processing of Petroleum, Coal and Other Fuels			
化学原料和化学制品制造业	Manufacture of Chemical Raw Material and Chemical Products	104.65	52.01	28.84
医药制造业	Manufacture of Medicines	20.06	12.03	5.32
化学纤维制造业	Manufacture of Chemical Fiber	3.55	1.59	1.51
橡胶和塑料制品业	Manufacture of Rubber and Plastic	47.45	18.79	17.66
非金属矿物制品业	Manufacture of Non-metallic Mineral Products	148.87	49.96	69.41
黑色金属冶炼和压延加工业	Manufacture and Processing of Ferrous Metals			
有色金属冶炼和压延加工业	Manufacture and Processing of Non-ferrous Metals	6.24	4.60	4.31
金属制品业	Manufacture of Metal Products	23.05	10.78	15.74
通用设备制造业	Manufacture of General Purpose Machinery	286.08	250.89	230.67
专用设备制造业	Manufacture of Special Purpose Machinery	82.10	37.04	19.30
汽车制造业	Automobile Industry	492.70	239.28	286.60
铁路、船舶、航空航天和其他运输设备制造业	Manufacture of Railway,Marine,Aerospace and Other Transport Equipment	20.75	11.81	8.73
电气机械和器材制造业	Manufacture of Electrical Machinery and Equipment	72.42	54.36	42.54
计算机、通信和其他电子设备制造业	Manufacture of Communication Equipment, Computer and Other Electronic Equipment	1079.89	538.17	386.21
仪器仪表制造业	Manufacture of Measuring Instrument	4.35	2.50	2.09
其他制造业	Other Manufacture	0.17	0.01	0.01
废弃资源综合利用业	Utilization of Waste Resources	11.50	3.42	8.28
金属制品、机械和设备修理业	Mental Products,Machine and Equipment Repair			
电力、热力生产和供应业	Production and Supply of Electric Power and Heat Power	777.37	89.41	442.38
燃气生产和供应业	Production and Distribution of Gas	122.02	38.63	82.38
水的生产和供应业	Production and Distribution of Water	39.03	6.71	20.93

13-7 续表 2 Continued

单位：亿元 (100 million yuan)

指　标	Item	实收资本 Assets Recevied	所有者权益 Paid-in Capital	营业收入 Revenue of Business
总计	**Total**	**836.95**	**1891.72**	**2617.20**
在总计中：	Of the Total			
亏损企业	Enterprises Running under Deficit	136.41	86.47	202.69
在总计中：	Of the Total			
大型企业	Large Scale Enterprises	491.62	1038.63	1213.12
中型企业	Medium Scale Enterprises	188.46	452.16	855.64
小型企业	Small Enterprises	151.35	394.16	517.25
微型企业	Microenterprise	5.53	6.77	31.20
按行业分	Grouped by Sector			
煤炭开采和洗选业	Mining and Washing of Coal			
石油和天然气开采业	Petroleum and Natural Gas Extraction			
黑色金属矿采选业	Mining of Ferrous Metal Ores			
有色金属矿采选业	Mining of Non-ferrous Metal Ores	2.23	-2.04	0.28
非金属矿采选业	Mining and Processing of Nonmetal Ores	0.40	0.75	1.72
开采专业及辅助性活动	Professional and Support Activities for Mining			
其他采矿业	Other Mining and Dressing			
农副食品加工业	Processing of Food from Agricultural Products	16.63	68.30	104.18
食品制造业	Manufacture of Foods	12.32	48.23	83.04
酒、饮料和精制茶制造业	Manufacture of Liquor, Beverage and Refined Tea	12.90	27.29	75.79
烟草制品业	Manufacture of Tobacco			
纺织业	Manufacture of Textile	2.21	2.47	7.35
纺织服装、服饰业	Manufacture of Textile Wearing and Clothing Apparel	4.30	8.67	31.27
皮革、毛皮、羽毛及其制品和制鞋业	Leather, Fur, Feather and Its Products and Footwear	10.35	27.10	131.68
木材加工和木、竹、藤、棕、草制品业	Processing of Timbers, Manufacture of Wood, Bamboo, Rattan, Palm and Straw Products	0.25	1.28	8.59
家具制造业	Manufacture of Furniture	0.35	1.42	3.67
造纸和纸制品业	Manufacture of Paper and Paper Products	16.68	26.27	46.60
印刷和记录媒介复制业	Printing, Reproduction of Recording Media	5.49	15.31	23.98
文教、工美、体育和娱乐用品制造业	Manufacture of Articles for Culture,Education and Sport Activity	3.01	4.89	53.08
石油、煤炭及其他燃料加工业	Processing of Petroleum, Coal and Other Fuels			
化学原料和化学制品制造业	Manufacture of Chemical Raw Material and Chemical Products	25.03	72.38	116.46
医药制造业	Manufacture of Medicines	5.19	16.22	10.80
化学纤维制造业	Manufacture of Chemical Fiber	1.51	2.04	5.08
橡胶和塑料制品业	Manufacture of Rubber and Plastic	22.40	29.74	46.34
非金属矿物制品业	Manufacture of Non-metallic Mineral Products	38.87	79.45	75.32
黑色金属冶炼和压延加工业	Manufacture and Processing of Ferrous Metals			
有色金属冶炼和压延加工业	Manufacture and Processing of Non-ferrous Metals	3.54	1.94	38.05
金属制品业	Manufacture of Metal Products	7.58	6.83	17.93
通用设备制造业	Manufacture of General Purpose Machinery	22.21	55.41	229.03
专用设备制造业	Manufacture of Special Purpose Machinery	5.09	62.80	70.12
汽车制造业	Automobile Industry	159.35	201.83	572.68
铁路、船舶、航空航天和其他运输设备制造业	Manufacture of Railway,Marine,Aerospace and Other Transport Equipment	8.86	12.02	37.67
电气机械和器材制造业	Manufacture of Electrical Machinery and Equipment	13.72	29.73	48.70
计算机、通信和其他电子设备制造业	Manufacture of Communication Equipment, Computer and Other Electronic Equipment	249.57	693.05	507.70
仪器仪表制造业	Manufacture of Measuring Instrument	0.47	2.25	2.31
其他制造业	Other Manufacture	0.01	0.16	0.23
废弃资源综合利用业	Utilization of Waste Resources	0.70	3.22	7.12
金属制品、机械和设备修理业	Mental Products,Machine and Equipment Repair			
电力、热力生产和供应业	Production and Supply of Electric Power and Heat Power	164.92	334.99	175.51
燃气生产和供应业	Production and Distribution of Gas	8.76	39.65	72.29
水的生产和供应业	Production and Distribution of Water	12.08	18.07	12.60

13-7 续表 3 Continued

单位：亿元 (100 million yuan)

指　标	Item	营业成本 Cost of Businese	利润总额 Total Profit
总计	**Total**	**2059.09**	**198.80**
在总计中：	Of the Total		
亏损企业	Enterprises Running under Deficit	193.16	-32.92
在总计中：	Of the Total		
大型企业	Large Scale Enterprises	935.55	86.28
中型企业	Medium Scale Enterprises	681.98	73.57
小型企业	Small Enterprises	416.34	35.51
微型企业	Microenterprise	25.21	3.43
按行业分	Grouped by Sector		
煤炭开采和洗选业	Mining and Washing of Coal		
石油和天然气开采业	Petroleum and Natural Gas Extraction		
黑色金属矿采选业	Mining of Ferrous Metal Ores		
有色金属矿采选业	Mining of Non-ferrous Metal Ores	0.31	-0.30
非金属矿采选业	Mining and Processing of Nonmetal Ores	1.04	0.25
开采专业及辅助性活动	Professional and Support Activities for Mining		
其他采矿业	Other Mining and Dressing		
农副食品加工业	Processing of Food from Agricultural Products	89.90	6.30
食品制造业	Manufacture of Foods	62.62	11.32
酒、饮料和精制茶制造业	Manufacture of Liquor, Beverage and Refined Tea	55.26	7.07
烟草制品业	Manufacture of Tobacco		
纺织业	Manufacture of Textile	6.55	0.07
纺织服装、服饰业	Manufacture of Textile Wearing and Clothing Apparel	24.93	3.15
皮革、毛皮、羽毛及其制品和制鞋业	Leather, Fur, Feather and Its Products and Footwear	116.28	4.78
木材加工和木、竹、藤、棕、草制品业	Processing of Timbers, Manufacture of Wood, Bamboo, Rattan, Palm and Straw Products	6.66	1.40
家具制造业	Manufacture of Furniture	3.31	0.08
造纸和纸制品业	Manufacture of Paper and Paper Products	40.25	4.36
印刷和记录媒介复制业	Printing, Reproduction of Recording Media	17.12	3.91
文教、工美、体育和娱乐用品制造业	Manufacture of Articles for Culture,Education and Sport Activity	45.86	3.80
石油、煤炭及其他燃料加工业	Processing of Petroleum, Coal and Other Fuels		
化学原料和化学制品制造业	Manufacture of Chemical Raw Material and Chemical Products	93.13	12.02
医药制造业	Manufacture of Medicines	4.42	1.85
化学纤维制造业	Manufacture of Chemical Fiber	4.34	0.26
橡胶和塑料制品业	Manufacture of Rubber and Plastic	37.85	4.07
非金属矿物制品业	Manufacture of Non-metallic Mineral Products	56.71	6.27
黑色金属冶炼和压延加工业	Manufacture and Processing of Ferrous Metals		
有色金属冶炼和压延加工业	Manufacture and Processing of Non-ferrous Metals	30.70	0.98
金属制品业	Manufacture of Metal Products	12.59	0.90
通用设备制造业	Manufacture of General Purpose Machinery	186.34	15.99
专用设备制造业	Manufacture of Special Purpose Machinery	52.81	9.77
汽车制造业	Automobile Industry	468.19	4.82
铁路、船舶、航空航天和其他运输设备制造业	Manufacture of Railway,Marine,Aerospace and Other Transport Equipment	32.61	0.85
电气机械和器材制造业	Manufacture of Electrical Machinery and Equipment	36.86	2.10
计算机、通信和其他电子设备制造业	Manufacture of Communication Equipment, Computer and Other Electronic Equipment	382.17	60.15
仪器仪表制造业	Manufacture of Measuring Instrument	1.48	0.35
其他制造业	Other Manufacture	0.20	-0.08
废弃资源综合利用业	Utilization of Waste Resources	5.15	0.65
金属制品、机械和设备修理业	Mental Products,Machine and Equipment Repair		
电力、热力生产和供应业	Production and Supply of Electric Power and Heat Power	117.23	23.72
燃气生产和供应业	Production and Distribution of Gas	58.09	5.60
水的生产和供应业	Production and Distribution of Water	8.12	2.30

13-7 续表 4 Continued

指 标	Item	本年应付职工薪酬（亿元）Total Sum of Wages Payable this Year (100 million yuan)	全部从业人员年平均人数（万人）Average Number of Empolyment of the Current Year (10 000 persons)
总计	**Total**	**278.87**	**28.24**
在总计中：	Of the Total		
亏损企业	Enterprises Running under Deficit	20.21	1.93
在总计中：	Of the Total		
大型企业	Large Scale Enterprises	158.45	16.37
中型企业	Medium Scale Enterprises	75.40	7.60
小型企业	Small Enterprises	44.58	3.84
微型企业	Microenterprise	0.42	0.43
按行业分	Grouped by Sector		
煤炭开采和洗选业	Mining and Washing of Coal		
石油和天然气开采业	Petroleum and Natural Gas Extraction		
黑色金属矿采选业	Mining of Ferrous Metal Ores		
有色金属矿采选业	Mining of Non-ferrous Metal Ores	0.38	0.04
非金属矿采选业	Mining and Processing of Nonmetal Ores	0.11	0.02
开采专业及辅助性活动	Professional and Support Activities for Mining		
其他采矿业	Other Mining and Dressing		
农副食品加工业	Processing of Food from Agricultural Products	9.86	0.53
食品制造业	Manufacture of Foods	7.06	0.60
酒、饮料和精制茶制造业	Manufacture of Liquor, Beverage and Refined Tea	5.13	0.47
烟草制品业	Manufacture of Tobacco		
纺织业	Manufacture of Textile	0.81	0.18
纺织服装、服饰业	Manufacture of Textile Wearing and Clothing Apparel	4.74	0.60
皮革、毛皮、羽毛及其制品和制鞋业	Leather, Fur, Feather and Its Products and Footwear	30.14	3.75
木材加工和木、竹、藤、棕、草制品业	Processing of Timbers, Manufacture of Wood, Bamboo, Rattan, Palm and Straw Products	0.37	0.04
家具制造业	Manufacture of Furniture	0.33	0.05
造纸和纸制品业	Manufacture of Paper and Paper Products	1.69	0.18
印刷和记录媒介复制业	Printing, Reproduction of Recording Media	3.04	0.29
文教、工美、体育和娱乐用品制造业	Manufacture of Articles for Culture,Education and Sport Activity	5.78	0.75
石油、煤炭及其他燃料加工业	Processing of Petroleum, Coal and Other Fuels		
化学原料和化学制品制造业	Manufacture of Chemical Raw Material and Chemical Products	7.99	0.66
医药制造业	Manufacture of Medicines	1.02	0.12
化学纤维制造业	Manufacture of Chemical Fiber	0.43	0.08
橡胶和塑料制品业	Manufacture of Rubber and Plastic	3.85	0.46
非金属矿物制品业	Manufacture of Non-metallic Mineral Products	7.74	0.91
黑色金属冶炼和压延加工业	Manufacture and Processing of Ferrous Metals		
有色金属冶炼和压延加工业	Manufacture and Processing of Non-ferrous Metals	0.91	0.11
金属制品业	Manufacture of Metal Products	1.44	0.17
通用设备制造业	Manufacture of General Purpose Machinery	15.63	0.75
专用设备制造业	Manufacture of Special Purpose Machinery	4.97	0.25
汽车制造业	Automobile Industry	32.15	2.32
铁路、船舶、航空航天和其他运输设备制造业	Manufacture of Railway,Marine,Aerospace and Other Transport Equipment	4.43	0.30
电气机械和器材制造业	Manufacture of Electrical Machinery and Equipment	5.94	0.83
计算机、通信和其他电子设备制造业	Manufacture of Communication Equipment, Computer and Other Electronic Equipment	98.43	12.51
仪器仪表制造业	Manufacture of Measuring Instrument	0.20	0.02
其他制造业	Other Manufacture	0.05	0.01
废弃资源综合利用业	Utilization of Waste Resources	0.61	0.06
金属制品、机械和设备修理业	Mental Products,Machine and Equipment Repair		
电力、热力生产和供应业	Production and Supply of Electric Power and Heat Power	16.38	0.58
燃气生产和供应业	Production and Distribution of Gas	4.86	0.43
水的生产和供应业	Production and Distribution of Water	2.39	0.18

13-7 续表 5 Continued

单位：%　　(%)

指　标	Item	总资产贡献率 Ratio of Total Assets to Industrial Output Value	成本费用利润率 Ratio of Profits to Industrial Cost	资产负债率 Assets-Liability Ratio
总计	**Total**	**8.15**	**8.44**	**49.53**
在总计中：	Of the Total			
亏损企业	Enterprises Running under Deficit	-5.82	-14.84	72.49
在总计中：	Of the Total			
大型企业	Large Scale Enterprises	5.89	8.02	55.12
中型企业	Medium Scale Enterprises	11.91	9.49	48.11
小型企业	Small Enterprises	11.54	7.47	27.81
微型企业	Microenterprise	11.10	12.48	53.33
按行业分	Grouped by Sector			
煤炭开采和洗选业	Mining and Washing of Coal			
石油和天然气开采业	Petroleum and Natural Gas Extraction			
黑色金属矿采选业	Mining of Ferrous Metal Ores			
有色金属矿采选业	Mining of Non-ferrous Metal Ores	-13.12	-54.16	193.29
非金属矿采选业	Mining and Processing of Nonmetal Ores	22.96	17.13	46.27
开采专业及辅助性活动	Professional and Support Activities for Mining			
其他采矿业	Other Mining and Dressing			
农副食品加工业	Processing of Food from Agricultural Products	7.31	6.33	43.29
食品制造业	Manufacture of Foods	16.53	15.69	45.59
酒、饮料和精制茶制造业	Manufacture of Liquor, Beverage and Refined Tea	21.21	10.62	46.52
烟草制品业	Manufacture of Tobacco			
纺织业	Manufacture of Textile	3.44	0.98	38.95
纺织服装、服饰业	Manufacture of Textile Wearing and Clothing Apparel	27.56	11.24	34.82
皮革、毛皮、羽毛及其制品和制鞋业	Leather, Fur, Feather and Its Products and Footwear	16.11	3.79	39.68
木材加工和木、竹、藤、棕、草制品业	Processing of Timbers, Manufacture of Wood, Bamboo, Rattan, Palm and Straw Products	93.78	19.56	16.33
家具制造业	Manufacture of Furniture	3.80	2.27	34.25
造纸和纸制品业	Manufacture of Paper and Paper Products	10.05	10.26	53.74
印刷和记录媒介复制业	Printing, Reproduction of Recording Media	21.54	19.82	33.25
文教、工美、体育和娱乐用品制造业	Manufacture of Articles for Culture,Education and Sport Activity	32.56	7.72	58.87
石油、煤炭及其他燃料加工业	Processing of Petroleum, Coal and Other Fuels			
化学原料和化学制品制造业	Manufacture of Chemical Raw Material and Chemical Products	14.58	11.31	27.55
医药制造业	Manufacture of Medicines	13.17	20.22	26.52
化学纤维制造业	Manufacture of Chemical Fiber	8.13	5.36	42.53
橡胶和塑料制品业	Manufacture of Rubber and Plastic	10.45	9.67	37.23
非金属矿物制品业	Manufacture of Non-metallic Mineral Products	7.08	9.10	46.63
黑色金属冶炼和压延加工业	Manufacture and Processing of Ferrous Metals			
有色金属冶炼和压延加工业	Manufacture and Processing of Non-ferrous Metals	62.12	2.95	69.00
金属制品业	Manufacture of Metal Products	7.51	5.40	68.29
通用设备制造业	Manufacture of General Purpose Machinery	7.42	7.54	80.63
专用设备制造业	Manufacture of Special Purpose Machinery	14.58	16.73	23.51
汽车制造业	Automobile Industry	5.18	0.94	58.17
铁路、船舶、航空航天和其他运输设备制造业	Manufacture of Railway,Marine,Aerospace and Other Transport Equipment	8.53	2.35	42.05
电气机械和器材制造业	Manufacture of Electrical Machinery and Equipment	5.28	4.76	58.74
计算机、通信和其他电子设备制造业	Manufacture of Communication Equipment, Computer and Other Electronic Equipment	6.42	13.51	35.76
仪器仪表制造业	Manufacture of Measuring Instrument	11.11	17.79	48.12
其他制造业	Other Manufacture	-49.91	-28.46	6.51
废弃资源综合利用业	Utilization of Waste Resources	6.69	9.93	71.99
金属制品、机械和设备修理业	Mental Products,Machine and Equipment Repair			
电力、热力生产和供应业	Production and Supply of Electric Power and Heat Power	7.82	15.69	56.91
燃气生产和供应业	Production and Distribution of Gas	5.87	8.37	67.51
水的生产和供应业	Production and Distribution of Water	7.55	22.17	53.64

13-8 规模以上大中型工业企业主要经济指标及在工业中的地位(2020年)

Main Indicators of Large and Medium-sized Industrial Enterprises above Designated Size & Percentage of Industry Total (2020)

指 标	Item	企业单位数（个）Number of Enterprises (unit)	在工业中的地位（%）Status in Industry (%)	全部从业人员年平均人数（万人）Average Number of Employees (10 000 persons)	在工业中的地位（%）Status in Industry (%)
总计	**Total**	**1728**	**9.5**	**154.71**	**49.4**
按登记注册类型:	**Grouped by Registration**				
内资企业	Internal-invested Enterprises	1572	8.8	130.74	45.9
国有企业	State-owned Enterprises	35	26.5	9.17	85.2
集体企业	Collective-owned Enterprises	12	19.0	0.77	48.7
股份合作企业	Enterprises Cooperated by Joint-stock	1	11.1	0.04	36.4
联营企业	Cooperative Enterprises	1	20.0	0.04	57.1
有限责任公司	Limited Liability Company	294	17.7	28.89	66.5
股份有限公司	Company Limited by Shares	89	37.4	11.63	87.4
私营企业	Individual-owned Enterprises	1140	7.3	80.20	37.2
其他企业	Enterprises of Other Types of Ownership				
港、澳、台投资企业	Enterprises Funded by Entrepreneurs From Hong Kong, Macao and Taiwan	86	33.7	17.78	88.1
外商投资企业	Enterprises funded by Foreigners	70	32.6	6.19	76.9
按经济组织类型:	**Grouped by Ownership**				
独资企业	Enterprises Owned by a Sole Investor	179	18.8	20.96	69.2
合作、合伙企业	Enterprises of Partnership	39	12.1	2.67	44.4
股份有限公司	Company Limited by Shares	177	24.0	25.64	80.4
有限责任公司	Limited Liability Company	1333	8.2	105.44	43.1
按行业划分:	**Grouped by Sector**				
煤炭开采和洗选业	Mining and Washing of Coal	32	23.0	2.49	66.0
石油和天然气开采业	Petroleum and Natural Gas Extraction				
黑色金属矿采选业	Mining of Ferrous Metal Ores	2	7.7	0.10	27.8
有色金属矿采选业	Mining of Non-ferrous Metal Ores	26	22.8	2.01	67.2
非金属矿采选业	Mining and Processing of Nonmetal Ores	14	4.3	0.62	19.0
开采专业及辅助性活动	Professional and Support Activities for Mining				
其他采矿业	Other Mining and Dressing				

13-8 续表 1 Continued

指 标	Item	企业单位数（个）Number of Enterprises (unit)	在工业中的地位（%）Status in Industry (%)	全部从业人员年平均人数（万人）Average Number of Employees (10 000 persons)	在工业中的地位（%）Status in Industry (%)
农副食品加工业	Processing of Food from Agricultural Products	106	6.2	8.35	36.8
食品制造业	Manufacture of Foods	60	10.5	8.31	59.0
酒、饮料和精制茶制造业	Manufacture of Liquor, Beverage and Refined Tea	31	5.5	1.95	28.4
烟草制品业	Manufacture of Tobacco	5	62.5	1.12	95.7
纺织业	Manufacture of Textile	62	20.5	3.99	62.4
纺织服装、服饰业	Manufacture of Textile Wearing and Clothing Apparel	51	16.7	3.66	57.9
皮革、毛皮、羽毛及其制品和制鞋业	Leather, Fur, Feather and Its Products and Footwear	61	8.4	5.62	52.4
木材加工和木、竹、藤、棕、草制品业	Processing of Timbers, Manufacture of Wood, Bamboo, Rattan, Palm and Straw Products	39	8.4	2.02	31.5
家具制造业	Manufacture of Furniture	12	5.3	0.56	22.0
造纸和纸制品业	Manufacture of Paper and Paper Products	30	11.2	1.90	43.4
印刷和记录媒介复制业	Printing,Reproduction of Recording Media	28	9.9	1.45	37.0
文教、工美、体育和娱乐用品制造业	Manufacture of Articles for Culture, Education and Sport Activity	28	9.1	1.54	36.1
石油、煤炭及其他燃料加工业	Processing of Petroleum, Coal and Other Fuels	8	7.7	1.28	67.4
化学原料和化学制品制造业	Manufacture of Chemical Raw Material and Chemical Products	166	11.6	9.96	37.7
医药制造业	Manufacture of Medicines	56	13.2	3.74	49.3
化学纤维制造业	Manufacture of Chemical Fiber	2	12.5	0.12	31.6
橡胶和塑料制品业	Manufacture of Rubber and Plastic	23	4.3	1.37	24.0
非金属矿物制品业	Manufacture of Non-metallic Mineral Products	212	8.0	13.30	38.8
黑色金属冶炼和压延加工业	Manufacture and Processing of Ferrous Metals	13	10.2	2.98	72.7
有色金属冶炼和压延加工业	Manufacture and Processing of Non-ferrous Metals	51	12.1	4.72	48.2
金属制品业	Manufacture of Metal Products	58	5.4	2.97	24.9
通用设备制造业	Manufacture of General Purpose Machinery	74	7.7	4.82	38.1
专用设备制造业	Manufacture of Special Purpose Machinery	72	7.9	10.36	58.4
汽车制造业	Automobile Industry	50	11.8	5.62	62.0
铁路、船舶、航空航天和其他运输	Manufacture of Railway, Marine, Aerospace and Other	33	16.6	5.65	77.0
电气机械和器材制造业	Manufacture of Electrical Machinery and Equipment	83	10.2	5.95	46.3
计算机、通信和其他电子设备制造业	Manufacture of Communication Equipment, Computer	133	16.6	21.99	76.1
仪器仪表制造业	Manufacture of Measuring Instrument	11	7.0	0.54	31.6
其他制造业	Other Manufacture	14	14.7	2.82	74.4
废弃资源综合利用业	Utilization of Waste Resources	4	2.6	0.14	11.4
金属制品、机械和设备修理业	Mental Products,Machine and Equipment Repair	2	28.6	0.16	80.0
电力、热力生产和供应业	Production and Supply of Electric Power and Heat Power	47	12.8	8.99	76.9
燃气生产和供应业	Production and Distribution of Gas	7	10.6	0.40	49.4
水的生产和供应业	Production and Distribution of Water	22	14.3	1.17	42.1

13-8 续表 2 Continued

指 标	Item	固定资产原价（亿元）Original Value of Fixed Assets (100 million yuan)	在工业中的地位（%）Status in Industry (%)	利润总额（亿元）Total Profits (100 million yuan)	在工业中的地位（%）Status in Industry (%)
总计	**Total**	**10825.32**	**60.7**	**1398.79**	**54.6**
按登记注册类型:	**Grouped by Registration**				
内资企业	Internal-invested Enterprises	8958.73	57.5	1238.94	52.5
国有企业	State-owned Enterprises	2535.18	93.6	88.81	94.8
集体企业	Collective-owned Enterprises	9.50	33.5	1.32	41.3
股份合作企业	Enterprises Cooperated by Joint-stock	0.55	7.0	0.03	5.4
联营企业	Cooperative Enterprises	0.17	2.9	0.08	47.1
有限责任公司	Limited Liability Company	2904.11	63.7	256.52	65.2
股份有限公司	Company Limited by Shares	1242.49	85.7	169.38	89.9
私营企业	Individual-owned Enterprises	2266.74	33.3	722.80	43.0
其他企业	Enterprises of Other Types of Ownership				
港、澳、台投资企业	Enterprises Funded by Entrepreneurs From Hong Kong, Macao and Taiwan	1285.14	89.4	112.33	85.0
外商投资企业	Enterprises funded by Foreigners	581.45	69.5	47.52	71.2
按经济组织类型:	**Grouped by Ownership**				
独资企业	Enterprises Owned by a Sole Investor	2882.89	87.1	151.32	74.0
合作、合伙企业	Enterprises of Partnership	33.06	31.4	10.49	35.0
股份有限公司	Company Limited by Shares	1644.61	79.1	298.95	84.1
有限责任公司	Limited Liability Company	6264.76	50.7	938.04	47.6
按行业划分:	**Grouped by Sector**				
煤炭开采和洗选业	Mining and Washing of Coal	56.93	49.2	-0.21	-4.7
石油和天然气开采业	Petroleum and Natural Gas Extraction				
黑色金属矿采选业	Mining of Ferrous Metal Ores	1.32	7.8	0.17	22.1
有色金属矿采选业	Mining of Non-ferrous Metal Ores	130.11	72.3	7.67	55.1
非金属矿采选业	Mining and Processing of Nonmetal Ores	24.67	21.9	6.00	23.6
开采专业及辅助性活动	Professional and Support Activities for Mining				
其他采矿业	Other Mining and Dressing				

13-8 续表 3 Continued

指 标	Item	固定资产原价（亿元）Original Value of Fixed Assets (100 million yuan)	在工业中的地位（%）Status in Industry (%)	利润总额（亿元）Total Profits (100 million yuan)	在工业中的地位（%）Status in Industry (%)
农副食品加工业	Processing of Food from Agricultural Products	274.04	33.5	50.92	32.8
食品制造业	Manufacture of Foods	220.46	54.6	36.21	55.2
酒、饮料和精制茶制造业	Manufacture of Liquor, Beverage and Refined Tea	95.22	33.5	18.85	38.4
烟草制品业	Manufacture of Tobacco	254.14	97.5	93.83	100.0
纺织业	Manufacture of Textile	157.60	68.4	11.57	51.2
纺织服装、服饰业	Manufacture of Textile Wearing and Clothing Apparel	37.90	47.3	9.11	42.4
皮革、毛皮、羽毛及其制品和制鞋业	Leather, Fur, Feather and Its Products and Footwear	45.21	34.7	9.35	21.5
木材加工和木、竹、藤、棕、草制品业	Processing of Timbers, Manufacture of Wood, Bamboo, Rattan, Palm and Straw Products	41.2	24.6	8.85	27.6
家具制造业	Manufacture of Furniture	7.54	16.0	4.53	25.6
造纸和纸制品业	Manufacture of Paper and Paper Products	190.99	66.3	9.52	31.3
印刷和记录媒介复制业	Printing,Reproduction of Recording Media	60.01	44.9	15.94	45.2
文教、工美、体育和娱乐用品制造业	Manufacture of Articles for Culture, Education and Sport Activity	20.56	27.2	5.12	21.4
石油、煤炭及其他燃料加工业	Processing of Petroleum, Coal and Other Fuels	184.07	84.7	-2.83	-126.3
化学原料和化学制品制造业	Manufacture of Chemical Raw Material and Chemical Products	408.43	45.8	49.04	31.1
医药制造业	Manufacture of Medicines	148.79	48.0	53.2	57.3
化学纤维制造业	Manufacture of Chemical Fiber	6.92	36.4	0.01	2.4
橡胶和塑料制品业	Manufacture of Rubber and Plastic	52.54	26.7	15.62	35.0
非金属矿物制品业	Manufacture of Non-metallic Mineral Products	431.63	31.3	91.42	34.1
黑色金属冶炼和压延加工业	Manufacture and Processing of Ferrous Metals	833.95	93.7	75.12	93.8
有色金属冶炼和压延加工业	Manufacture and Processing of Non-ferrous Metals	485.46	69.0	60.93	56.0
金属制品业	Manufacture of Metal Products	173.70	37.4	31.36	32.5
通用设备制造业	Manufacture of General Purpose Machinery	152.14	37.1	63.41	54.6
专用设备制造业	Manufacture of Special Purpose Machinery	666.90	72.3	381.48	88.2
汽车制造业	Automobile Industry	516.51	76.9	3.20	19.9
铁路、船舶、航空航天和其他运输	Manufacture of Railway, Marine, Aerospace and Other	313.67	84.9	47.75	87.5
电气机械和器材制造业	Manufacture of Electrical Machinery and Equipment	242.09	43.8	1.85	3.4
计算机、通信和其他电子设备制造业	Manufacture of Communication Equipment, Computer	564.53	74.2	168.21	76.8
仪器仪表制造业	Manufacture of Measuring Instrument	17.74	30.1	8.93	38.4
其他制造业	Other Manufacture	30.63	57.3	11.81	60.8
废弃资源综合利用业	Utilization of Waste Resources	13.35	12.6	2.18	10.9
金属制品、机械和设备修理业	Mental Products,Machine and Equipment Repair	2.46	71.1	0.52	83.9
电力、热力生产和供应业	Production and Supply of Electric Power and Heat Power	3654.87	73.7	36.02	41.9
燃气生产和供应业	Production and Distribution of Gas	79.47	57.5	4.56	37.6
水的生产和供应业	Production and Distribution of Water	227.58	53.6	7.58	39.9

13-9 规模以上中小微型工业企业主要经济指标及在工业中的地位(2020年)
Main Indicators of Small and Medium-sized Micro Industrial Enterprises above Designated Size & Percentage of Industry Total (2020)

指 标	Item	企业单位数 (个) Number of Enterprises (unit)	在工业中的地位 (%) Status in Industry (%)	全部从业人员年平均人数 (万人) Average Number of Employees (10 000 persons)	在工业中的地位 (%) Status in Industry (%)
总计	**Total**	**18075**	**99.1**	**247.21**	**79.0**
按登记注册类型:	**Grouped by Registration**				
内资企业	Internal-invested Enterprises	17636	99.3	235.34	82.6
国有企业	State-owned Enterprises	127	96.2	3.10	28.8
集体企业	Collective-owned Enterprises	63	100.0	1.58	100.0
股份合作企业	Enterprises Cooperated by Joint-stock	9	100.0	0.11	100.0
联营企业	Cooperative Enterprises	5	100.0	0.07	100.0
有限责任公司	Limited Liability Company	1615	97.2	29.70	68.4
股份有限公司	Company Limited by Shares	208	87.4	4.96	37.3
私营企业	Individual-owned Enterprises	15607	99.7	195.80	90.9
其他企业	Enterprises of Other Types of Ownership	2	100.0	0.01	100.0
港、澳、台投资企业	Enterprises Funded by Entrepreneurs from Hong Kong, Macao and Taiwan	238	93.3	6.70	33.2
外商投资企业	Enterprises funded by Foreigners	201	93.5	5.16	64.1
按经济组织类型:	**Grouped by Ownership**				
独资企业	Enterprises Owned by a Sole Investor	929	97.5	18.41	60.7
合作、合伙企业	Enterprises of Partnership	322	100.0	6.01	100.0
股份有限公司	Company Limited by Shares	691	93.8	13.37	41.9
有限责任公司	Limited Liability Company	16133	99.4	209.42	85.5
按行业划分:	**Grouped by Sector**				
煤炭开采和洗选业	Mining and Washing of Coal	139	100.0	3.77	100.0
石油和天然气开采业	Petroleum and Natural Gas Extraction				
黑色金属矿采选业	Mining of Ferrous Metal Ores	26	100.0	0.36	100.0
有色金属矿采选业	Mining of Non-ferrous Metal Ores	111	97.4	2.58	86.3
非金属矿采选业	Mining and Processing of Nonmetal Ores	325	100.0	3.27	100.0
开采专业及辅助性活动	Professional and Support Activities for Mining				
其他采矿业	Other Mining and Dressing	1	100.0	0.01	100.0

13−9 续表 1 Continued

指 标	Item	企业单位数 (个) Number of Enterprises (unit)	在工业中的地位 (%) Status in Industry (%)	全部从业人员年平均人数 (万人) Average Number of Employees (10 000 persons)	在工业中的地位 (%) Status in Industry (%)
农副食品加工业	Processing of Food from Agricultural Products	1712	99.4	20.09	88.4
食品制造业	Manufacture of Foods	557	97.7	8.39	59.6
酒、饮料和精制茶制造业	Manufacture of Liquor, Beverage and Refined Tea	562	99.5	6.44	93.7
烟草制品业	Manufacture of Tobacco	7	87.5	0.32	27.4
纺织业	Manufacture of Textile	296	98.0	5.40	84.5
纺织服装、服饰业	Manufacture of Textile Wearing and Clothing Apparel	303	99.3	5.90	93.4
皮革、毛皮、羽毛及其制品和制鞋业	Leather, Fur, Feather and Its Products and Footwear	715	99.0	8.73	81.4
木材加工和木、竹、藤、棕、草制品业	Processing of Timbers, Manufacture of Wood, Bamboo, Rattan, Palm and Straw Products	463	100.0	6.42	100.0
家具制造业	Manufacture of Furniture	228	100.0	2.55	100.0
造纸和纸制品业	Manufacture of Paper and Paper Products	266	99.6	3.90	89.0
印刷和记录媒介复制业	Printing,Reproduction of Recording Media	283	100.0	3.92	100.0
文教、工美、体育和娱乐用品制造业	Manufacture of Articles for Culture, Education and Sport Activity	308	99.7	4.11	96.3
石油、煤炭及其他燃料加工业	Processing of Petroleum, Coal and Other Fuels	102	98.1	1.32	69.5
化学原料和化学制品制造业	Manufacture of Chemical Raw Material and Chemical Products	1426	99.5	25.44	96.4
医药制造业	Manufacture of Medicines	416	98.1	6.47	85.2
化学纤维制造业	Manufacture of Chemical Fiber	16	100.0	0.38	100.0
橡胶和塑料制品业	Manufacture of Rubber and Plastic	527	99.6	5.47	95.8
非金属矿物制品业	Manufacture of Non-metallic Mineral Products	2652	99.8	33.40	97.5
黑色金属冶炼和压延加工业	Manufacture and Processing of Ferrous Metals	123	96.9	1.58	38.5
有色金属冶炼和压延加工业	Manufacture and Processing of Non-ferrous Metals	414	97.9	7.96	81.3
金属制品业	Manufacture of Metal Products	1071	99.8	11.64	97.4
通用设备制造业	Manufacture of General Purpose Machinery	952	99.3	11.32	89.6
专用设备制造业	Manufacture of Special Purpose Machinery	897	98.9	10.73	60.5
汽车制造业	Automobile Industry	412	97.2	5.74	63.3
铁路、船舶、航空航天和其他运输	Manufacture of Railway, Marine, Aerospace and Other	187	94.0	2.62	35.7
电气机械和器材制造业	Manufacture of Electrical Machinery and Equipment	806	98.8	10.96	85.2
计算机、通信和其他电子设备制造业	Manufacture of Communication Equipment, Computer	782	97.5	12.85	44.5
仪器仪表制造业	Manufacture of Measuring Instrument	157	100.0	1.71	100.0
其他制造业	Other Manufacture	93	97.9	1.92	50.7
废弃资源综合利用业	Utilization of Waste Resources	151	100.0	1.23	100.0
金属制品、机械和设备修理业	Mental Products,Machine and Equipment Repair	7	100.0	0.20	100.0
电力、热力生产和供应业	Production and Supply of Electric Power and Heat Power	363	98.6	4.67	39.9
燃气生产和供应业	Production and Distribution of Gas	66	100.0	0.81	100.0
水的生产和供应业	Production and Distribution of Water	153	99.4	2.61	93.9

13-9 续表 2 Continued

指 标	Item	固定资产原价（亿元）Original Value of Fixed Assets (100 million yuan)	在工业中的地位（%）Status in Industry (%)	利润总额（亿元）Total Profits (100 million yuan)	在工业中的地位（%）Status in Industry (%)
总计	**Total**	**11036.44**	**61.8**	**1860.99**	**72.7**
按登记注册类型:	**Grouped by Registration**				
内资企业	Internal-invested Enterprises	10026.80	64.4	1748.47	74.1
国有企业	State-owned Enterprises	322.99	11.9	13.42	14.3
集体企业	Collective-owned Enterprises	28.38	100.0	3.20	100.0
股份合作企业	Enterprises Cooperated by Joint-stock	7.81	100.0	0.56	100.0
联营企业	Cooperative Enterprises	5.93	100.0	0.17	100.0
有限责任公司	Limited Liability Company	3096.06	67.9	304.42	77.4
股份有限公司	Company Limited by Shares	456.05	31.5	71.45	37.9
私营企业	Individual-owned Enterprises	6109.49	89.7	1355.18	80.6
其他企业	Enterprises of Other Types of Ownership	0.09	100.0	0.08	100.0
港、澳、台投资企业	Enterprises Funded by Entrepreneurs From Hong Kong, Macao and Taiwan	417.66	29.1	55.47	42.0
外商投资企业	Enterprises Funded by Foreigners	591.97	70.7	57.05	85.5
按经济组织类型:	**Grouped by Ownership**				
独资企业	Enterprises Owned by a Sole Investor	804.94	24.3	98.05	47.9
合作、合伙企业	Enterprises of Partnership	105.17	100.0	29.94	100.0
股份有限公司	Company Limited by Shares	880.61	42.3	178.59	50.2
有限责任公司	Limited Liability Company	9245.71	74.9	1554.41	78.9
按行业划分:	**Grouped by Sector**				
煤炭开采和洗选业	Mining and Washing of Coal	115.74	100.0	4.43	100.0
石油和天然气开采业	Petroleum and Natural Gas Extraction				
黑色金属矿采选业	Mining of Ferrous Metal Ores	16.89	100.0	0.77	100.0
有色金属矿采选业	Mining of Non-ferrous Metal Ores	133.00	73.9	12.20	87.7
非金属矿采选业	Mining and Processing of Nonmetal Ores	112.55	100.0	25.44	100.0
开采专业及辅助性活动	Professional and Support Activities for Mining				
其他采矿业	Other Mining and Dressing	0.26	100.0	0.01	100.0

13-9 续表 3 Continued

指 标	Item	固定资产原 价（亿元）Original Value of Fixed Assets (100 million yuan)	在工业中的地位（%）Status in Industry (%)	利润总额（亿元）Total Profits (100 million yuan)	在工业中的地位（%）Status in Industry (%)
农副食品加工业	Processing of Food from Agricultural Products	776.30	95.0	143.87	92.8
食品制造业	Manufacture of Foods	327.96	81.2	45.19	68.9
酒、饮料和精制茶制造业	Manufacture of Liquor, Beverage and Refined Tea	264.76	93.1	40.30	82.2
烟草制品业	Manufacture of Tobacco	31.50	12.1	1.41	1.5
纺织业	Manufacture of Textile	202.54	87.9	18.62	82.4
纺织服装、服饰业	Manufacture of Textile Wearing and Clothing Apparel	75.82	94.7	19.31	89.9
皮革、毛皮、羽毛及其制品和制鞋业	Leather, Fur, Feather and Its Products and Footwear	116.22	89.3	41.83	96.0
木材加工和木、竹、藤、棕、草制品业	Processing of Timbers, Manufacture of Wood, Bamboo, Rattan, Palm and Straw Products	167.43	100.0	32.07	100.0
家具制造业	Manufacture of Furniture	47.25	100.0	17.69	100.0
造纸和纸制品业	Manufacture of Paper and Paper Products	160.20	55.6	29.03	95.5
印刷和记录媒介复制业	Printing,Reproduction of Recording Media	133.57	100.0	35.23	100.0
文教、工美、体育和娱乐用品制造业	Manufacture of Articles for Culture, Education and Sport Activity	75.24	99.4	23.81	99.6
石油、煤炭及其他燃料加工业	Processing of Petroleum, Coal and Other Fuels	85.15	39.2	4.37	195.1
化学原料和化学制品制造业	Manufacture of Chemical Raw Material and Chemical Products	662.17	74.3	157.27	99.7
医药制造业	Manufacture of Medicines	276.93	89.3	75.15	81.0
化学纤维制造业	Manufacture of Chemical Fiber	18.99	100.0	0.41	100.0
橡胶和塑料制品业	Manufacture of Rubber and Plastic	165.52	84.3	42.80	95.9
非金属矿物制品业	Manufacture of Non-metallic Mineral Products	1363.97	98.8	265.55	99.1
黑色金属冶炼和压延加工业	Manufacture and Processing of Ferrous Metals	153.41	17.2	22.51	28.1
有色金属冶炼和压延加工业	Manufacture and Processing of Non-ferrous Metals	512.64	72.9	90.52	83.1
金属制品业	Manufacture of Metal Products	407.52	87.9	91.15	94.5
通用设备制造业	Manufacture of General Purpose Machinery	347.45	84.8	95.97	82.7
专用设备制造业	Manufacture of Special Purpose Machinery	430.12	46.6	124.98	28.9
汽车制造业	Automobile Industry	306.35	45.6	18.63	115.9
铁路、船舶、航空航天和其他运输	Manufacture of Railway, Marine, Aerospace and Other	103.58	28.0	13.45	24.6
电气机械和器材制造业	Manufacture of Electrical Machinery and Equipment	459.60	83.1	75.69	138.2
计算机、通信和其他电子设备制造业	Manufacture of Communication Equipment, Computer	338.00	44.4	115.30	52.6
仪器仪表制造业	Manufacture of Measuring Instrument	58.87	100.0	23.25	100.0
其他制造业	Other Manufacture	28.31	53.0	15.14	77.9
废弃资源综合利用业	Utilization of Waste Resources	106.16	100.0	20.01	100.0
金属制品、机械和设备修理业	Mental Products,Machine and Equipment Repair	3.46	100.0	0.62	100.0
电力、热力生产和供应业	Production and Supply of Electric Power and Heat Power	1957.98	39.5	85.94	100.0
燃气生产和供应业	Production and Distribution of Gas	138.22	100.0	12.12	100.0
水的生产和供应业	Production and Distribution of Water	354.79	83.6	18.96	99.8

13-10 规模以上非公有制工业主要经济指标及在工业中的地位(2020年)

Main Indicators of Non-public Industrial Enterprises above Designated Size & Percentage of Industry Total (2020)

指 标	Item	企业单位数（个）Number of Enterprises (unit)	在工业中的地位（%）Status in Industry (%)	全部从业人员年平均人数（万人）Average Number of Employees (10 000 persons)	在工业中的地位（%）Status in Industry (%)
总计	**Total**	**17360**	**95.2**	**268.70**	**85.8**
按登记注册类型:	**Grouped by Registration**				
内资企业	Internal-invested Enterprises	16901	95.1	241.07	84.6
股份合作企业	Enterprises Cooperated by Joint-stock	5	55.6	0.07	63.6
联营企业	Cooperative Enterprises	1	20.0	0.04	57.1
有限责任公司	Limited Liability Company	1083	65.2	19.93	45.9
股份有限公司	Company Limited by Shares	151	63.4	5.50	41.3
私营企业	Individual-owned Enterprises	15659	100.0	215.52	100.0
其他企业	Enterprises of Other Types of Ownership	2	100.0	0.01	100.0
港、澳、台投资企业	Enterprises Funded by Entrepreneurs from Hong Kong, Macao and Taiwan	251	98.4	19.81	98.1
外商投资企业	Enterprises Funded by Foreigners	208	96.7	7.81	97.0
按经济组织类型:	**Grouped by Ownership**				
独资企业	Enterprises Owned by a Sole Investor	758	79.5	17.97	59.3
合作、合伙企业	Enterprises of Partnership	314	97.5	5.94	98.8
股份有限公司	Company Limited by Shares	650	88.2	24.10	75.5
有限责任公司	Limited Liability Company	15638	96.4	220.68	90.1
按行业划分:	**Grouped by Sector**				
煤炭开采和洗选业	Mining and Washing of Coal	118	84.9	2.11	56.0
石油和天然气开采业	Petroleum and Natural Gas Extraction				
黑色金属矿采选业	Mining of Ferrous Metal Ores	25	96.2	0.35	97.2
有色金属矿采选业	Mining of Non-ferrous Metal Ores	90	78.9	1.92	64.2
非金属矿采选业	Mining and Processing of Nonmetal Ores	307	94.5	2.99	91.4
开采专业及辅助性活动	Professional and Support Activities for Mining				
其他采矿业	Other Mining and Dressing	1	100.0	0.01	100.0

13-10 续表 1 Continued

指　标	Item	企业单位数（个）Number of Enterprises (unit)	在工业中的地位（%）Status in Industry (%)	全部从业人员年平均人数（万人）Average Number of Employees (10 000 persons)	在工业中的地位（%）Status in Industry (%)
农副食品加工业	Processing of Food from Agricultural Products	1676	97.3	21.51	94.7
食品制造业	Manufacture of Foods	554	97.2	13.61	96.7
酒、饮料和精制茶制造业	Manufacture of Liquor, Beverage and Refined Tea	555	98.2	6.33	92.1
烟草制品业	Manufacture of Tobacco	1	12.5	0.01	0.9
纺织业	Manufacture of Textile	295	97.7	6.11	95.6
纺织服装、服饰业	Manufacture of Textile Wearing and Clothing Apparel	302	99.0	6.30	99.7
皮革、毛皮、羽毛及其制品和制鞋业	Leather, Fur, Feather and Its Products and Footwear	720	99.7	10.61	99.0
木材加工和木、竹、藤、棕、草制品业	Processing of Timbers,Manufacture of Wood, Bamboo, Rattan, Palm and Straw Products	461	99.6	6.33	98.6
家具制造业	Manufacture of Furniture	228	100.0	2.55	100.0
造纸和纸制品业	Manufacture of Paper and Paper Products	256	95.9	3.65	83.3
印刷和记录媒介复制业	Printing,Reproduction of Recording Media	271	95.8	3.50	89.3
文教、工美、体育和娱乐用品制造业	Manufacture of Articles for Culture, Education and Sport Activity	306	99.0	4.18	97.9
石油、煤炭及其他燃料加工业	Processing of Petroleum, Coal and Other Fuels	98	94.2	0.77	40.5
化学原料和化学制品制造业	Manufacture of Chemical Raw Material and Chemical Products	1393	97.2	25.00	94.7
医药制造业	Manufacture of Medicines	404	95.3	6.83	90.0
化学纤维制造业	Manufacture of Chemical Fiber	14	87.5	0.29	76.3
橡胶和塑料制品业	Manufacture of Rubber and Plastic	523	98.9	5.48	96.0
非金属矿物制品业	Manufacture of Non-metallic Mineral Products	2573	96.9	32.18	94.0
黑色金属冶炼和压延加工业	Manufacture and Processing of Ferrous Metals	117	92.1	1.70	41.5
有色金属冶炼和压延加工业	Manufacture and Processing of Non-ferrous Metals	390	92.2	7.23	73.9
金属制品业	Manufacture of Metal Products	1054	98.2	11.49	96.2
通用设备制造业	Manufacture of General Purpose Machinery	927	96.7	11.37	90.0
专用设备制造业	Manufacture of Special Purpose Machinery	871	96.0	16.35	92.2
汽车制造业	Automobile Industry	395	93.2	7.65	84.3
铁路、船舶、航空航天和其他运输设备制造业	Manufacture of Railway,Marine,Aerospace and Other Transport Equipment	168	84.4	2.04	27.8
电气机械和器材制造业	Manufacture of Electrical Machinery and Equipment	794	97.3	11.80	91.8
计算机、通信和其他电子设备制造业	Manufacture of Communication Equipment, Computer and Other Electronic Equipment	778	97.0	27.18	94.1
仪器仪表制造业	Manufacture of Measuring Instrument	149	94.9	1.53	89.5
其他制造业	Other Manufacture	90	94.7	3.39	89.4
废弃资源综合利用业	Utilization of Waste Resources	146	96.7	1.18	95.9
金属制品、机械和设备修理业	Mental Products,Machine and Equipment Repair	4	57.1	0.04	20.0
电力、热力生产和供应业	Production and Supply of Electric Power and Heat Power	182	49.5	1.70	14.5
燃气生产和供应业	Production and Distribution of Gas	57	86.4	0.75	92.6
水的生产和供应业	Production and Distribution of Water	67	43.5	0.68	24.5

13-10 续表 2 Continued

指 标	Item	固定资产原价（亿元）Original Value of Fixed Assets (100 million yuan)	在工业中的地位（%）Status in Industry (%)	利润总额（亿元）Total Profits (100 million yuan)	在工业中的地位（%）Status in Industry (%)
总计	**Total**	**9468.79**	**53.1**	**2151.07**	**84.0**
按登记注册类型:	**Grouped by Registration**				
内资企业	Internal-invested Enterprises	8096.57	52.0	1972.96	83.6
股份合作企业	Enterprises Cooperated by Joint-stock	3.64	46.6	0.40	71.4
联营企业	Cooperative Enterprises	0.17	2.9	0.08	47.1
有限责任公司	Limited Liability Company	1002.35	22.0	179.62	45.7
股份有限公司	Company Limited by Shares	282.29	19.5	110.93	58.9
私营企业	Individual-owned Enterprises	6808.04	100.0	1681.85	100.0
其他企业	Enterprises of Other Types of Ownership	0.09	100.0	0.08	100.0
港、澳、台投资企业	Enterprises Funded by Entrepreneurs from Hong Kong, Macao and Taiwan	751.75	52.3	117.98	89.3
外商投资企业	Enterprises Funded by Foreigners	620.47	74.1	60.13	90.1
按经济组织类型:	**Grouped by Ownership**				
独资企业	Enterprises Owned by a Sole Investor	572.59	17.3	107.76	52.7
合作、合伙企业	Enterprises of Partnership	95.23	90.5	29.69	99.2
股份有限公司	Company Limited by Shares	913.23	43.9	278.02	78.2
有限责任公司	Limited Liability Company	7887.74	63.9	1735.59	88.1
按行业划分:	**Grouped by Sector**				
煤炭开采和洗选业	Mining and Washing of Coal	92.48	79.9	3.09	69.8
石油和天然气开采业	Petroleum and Natural Gas Extraction				
黑色金属矿采选业	Mining of Ferrous Metal Ores	16.70	98.9	0.74	96.1
有色金属矿采选业	Mining of Non-ferrous Metal Ores	64.70	36.0	7.46	53.6
非金属矿采选业	Mining and Processing of Nonmetal Ores	92.05	81.8	21.09	82.9
开采专业及辅助性活动	Professional and Support Activities for Mining				
其他采矿业	Other Mining and Dressing	0.26	100.0	0.01	100.0

13-10 续表 3 Continued

指 标	Item	固定资产原 价（亿元）Original Value of Fixed Assets (100 million yuan)	在工业中的 地 位（%）Status in Industry (%)	利润总额（亿元）Total Profits (100 million yuan)	在工业中的 地 位（%）Status in Industry (%)
农副食品加工业	Processing of Food from Agricultural Products	776.00	95.0	148.43	95.7
食品制造业	Manufacture of Foods	380.68	94.3	64.71	98.7
酒、饮料和精制茶制造业	Manufacture of Liquor, Beverage and Refined Tea	251.57	88.4	42.40	86.5
烟草制品业	Manufacture of Tobacco	0.16	0.1		
纺织业	Manufacture of Textile	224.69	97.6	22.85	101.1
纺织服装、服饰业	Manufacture of Textile Wearing and Clothing Apparel	79.34	99.1	21.41	99.7
皮革、毛皮、羽毛及其制品和制鞋业	Leather, Fur, Feather and Its Products and Footwear	125.74	96.6	43.40	99.6
木材加工和木、竹、藤、棕、草制品业	Processing of Timbers,Manufacture of Wood, Bamboo, Rattan, Palm and Straw Products	165.72	99.0	32.06	100.0
家具制造业	Manufacture of Furniture	47.25	100.0	17.69	100.0
造纸和纸制品业	Manufacture of Paper and Paper Products	124.11	43.1	27.99	92.1
印刷和记录媒介复制业	Printing,Reproduction of Recording Media	111.60	83.6	31.84	90.4
文教、工美、体育和娱乐用品制造业	Manufacture of Articles for Culture, Education and Sport Activity	73.14	96.6	23.15	96.8
石油、煤炭及其他燃料加工业	Processing of Petroleum, Coal and Other Fuels	60.11	27.7	7.72	344.6
化学原料和化学制品制造业	Manufacture of Chemical Raw Material and Chemical Products	594.59	66.7	145.79	92.4
医药制造业	Manufacture of Medicines	279.22	90.0	82.06	88.4
化学纤维制造业	Manufacture of Chemical Fiber	7.65	40.3	0.54	131.7
橡胶和塑料制品业	Manufacture of Rubber and Plastic	192.72	98.1	43.94	98.4
非金属矿物制品业	Manufacture of Non-metallic Mineral Products	1088.91	78.8	216.23	80.7
黑色金属冶炼和压延加工业	Manufacture and Processing of Ferrous Metals	100.59	11.3	16.53	20.6
有色金属冶炼和压延加工业	Manufacture and Processing of Non-ferrous Metals	408.96	58.1	91.20	83.8
金属制品业	Manufacture of Metal Products	426.82	92.0	93.35	96.8
通用设备制造业	Manufacture of General Purpose Machinery	349.08	85.2	104.98	90.4
专用设备制造业	Manufacture of Special Purpose Machinery	845.29	91.7	416.89	96.4
汽车制造业	Automobile Industry	534.27	79.6	41.14	256.0
铁路、船舶、航空航天和其他运输	Manufacture of Railway, Marine, Aerospace and Other	83.89	22.7	11.27	20.7
电气机械和器材制造业	Manufacture of Electrical Machinery and Equipment	479.21	86.7	86.78	158.4
计算机、通信和其他电子设备制造业	Manufacture of Communication Equipment, Computer	648.60	85.2	181.66	82.9
仪器仪表制造业	Manufacture of Measuring Instrument	50.01	84.9	22.02	94.7
其他制造业	Other Manufacture	34.50	64.6	14.65	75.4
废弃资源综合利用业	Utilization of Waste Resources	101.31	95.4	19.82	99.1
金属制品、机械和设备修理业	Mental Products,Machine and Equipment Repair	1.00	28.9	0.10	16.1
电力、热力生产和供应业	Production and Supply of Electric Power and Heat Power	387.76	7.8	23.70	27.6
燃气生产和供应业	Production and Distribution of Gas	125.67	90.9	10.77	88.9
水的生产和供应业	Production and Distribution of Water	42.41	10.0	11.63	61.2

13-11 规模以上工业主要产品产量

Output of Industrial Products above Designated Size

产 品		Item		2000	2010	2019	2020
化学纤维	（万吨）	Chemical Fiber	(10 000 tons)	7.79	4.55	8.91	6.95
纱(混合数)	（万吨）	Yarn	(10 000 tons)	16.63	78.53	114.92	102.60
布(混合数)	（亿米）	Cloth	(100 million m)	3.41	4.65	1.78	1.31
棉布	（亿米）	Cotton Cloth	(100 million m)	0.70	2.91	1.48	0.81
毛巾	（万条）	Towel	(10 000 cartons)	5394.00	111605.57	103416.00	107729.00
服装	（万件）	Clothes	(10 000 pieces)	1151.00	28574.94	98718.11	133316.68
麻袋	（万条）	Gunny-bag	(10 000 cartons)	339.75	361.94	469.50	611.70
纸浆	（万吨）	Paper Pulp	(10 000 tons)	31.90	127.76	64.98	56.82
机制纸及纸板	（万吨）	Machine-made Paper and Paper Boards	(10 000 tons)	70.07	384.63	331.27	316.10
日用玻璃制品	（万吨）	Household Glass Product	(10 000 tons)	5.40	23.93	32.41	44.76
玻璃保温容器	（万个）	Baowenrongqi Glass	(10 000 units)	1300.69	22479.00	3812.88	2879.05
合成洗涤剂	（万吨）	Synthetic Detergents	(10 000 tons)	8.12	36.30	36.19	32.15
铅酸蓄电池	（万千伏安时）	Lead-acid Dry Cell	(10 000 kva)	0.57	60.12	369.42	357.89
大米	（万吨）	Rice	(10 000 tons)	102.40	829.09	1468.96	1732.23
原盐	（万吨）	Salt	(10 000 tons)	72.93	228.56	322.13	330.46
成品糖	（万吨）	Refined Sugar	(10 000 tons)	4.44	0.40	0.08	0.29
卷烟	（万箱）	Cigarettes	(10 000 cases)	230.43	350.55	330.29	324.99
罐头	（万吨）	Canned Food	(10 000 tons)	4.21	92.28	85.97	90.39
软饮料	（万吨）	Soft Drinks	(10 000 tons)	12.40	141.45	753.70	778.31

13-11 续表 1 Continued

产品		Item		2000	2010	2019	2020
饮料酒	（万千升）	Liquor	(10 000 kiloliter)	30.21	123.10	91.15	110.07
白酒（商品量）		Spirit		3.76	12.95	15.03	13.31
啤酒		Beer		26.42	104.10	62.31	66.64
乳制品	（吨）	Dairy Products	(ton)	5577.00	182554.00	405268.86	283528.26
食用植物油	（万吨）	Edible Vegetable Oil	(10 000 tons)	20.14	219.31	321.28	310.39
化学药品原药	（吨）	Chemical Medicine	(ton)	1964.76	6442.10	117579.51	139413.22
中成药	（吨）	Traditional Chinese Medicine	(10 000 tons)	11745.00	114362.00	210553.51	240861.76
饲料	（万吨）	Fixed-forage	(10 000 tons)	163.62	993.73	1732.90	1791.02
塑料制品	（万吨）	Plastics Products	(10 000 tons)	7.29	74.27	405.83	348.75
皮革鞋靴	（万双）	Leather Shoe	(10 000 units)	429.49	7142.61	12930.25	20428.78
原煤	（万吨）	Coal	(10 000 tons)	1490.81	7670.12	1374.66	1053.30
原油加工量	（万吨）	Crude Process	(10 000 tons)	526.42	590.67	934.10	877.85
汽油	（万吨）	Gasoline	(10 000 tons)	120.19	125.54	280.30	257.47
柴油	（万吨）	Diesel oil	(10 000 tons)	215.53	215.02	219.22	211.79
发电量	（亿千瓦小时）	Electricity	(100 million kwh)	354.42	1186.44	1505.52	1496.21
水电		Hydro-power		191.15	462.69	527.97	538.97
火电		Thermal Power		163.27	723.75	903.75	851.24
生铁	（万吨）	Pig Iron	(10 000 tons)	332.72	1700.64	1973.87	2105.44
粗钢	（万吨）	Steel	(10 000 tons)	304.13	1766.52	2385.72	2612.90
钢材	（万吨）	Steel Products	(10 000 tons)	299.05	1811.73	2451.58	2720.67
铁道用钢材		Railway Steel		1.41	3.83	0.72	7.68
线材		Wire Rod		97.24	332.10	252.52	272.42
无缝钢管		Seamless Steel Pipe		31.63	108.09	151.95	181.15
焊接钢管		Welding Steel Pipe		2.17	12.03	2.05	1.14
铁矿石（原矿）	（万吨）	Iron Mineral	(10 000 tons)	4.27	451.36	142.10	109.78
水泥	（万吨）	Cement	(10 000 tons)	2395.72	8691.20	11194.89	10989.09
焦炭	（万吨）	Coke	(10 000 tons)	207.00	397.91	586.26	603.99
煤气	（亿立方米）	Gas	(100 million Cu.M)	3.20	10.73	349.95	358.15

13-11 续表 2 Continued

产 品		Item		2000	2010	2019	2020
平板玻璃	（万重量箱）	Plate Glass	(10 000 weight cases)	735.34	1756.20	3394.59	3284.57
硫酸（折 100%）	（万吨）	Sulfuric Acid	(10 000 tons)	128.17	260.34	171.58	207.55
纯碱	（万吨）	Sode Ash	(10 000 tons)	13.03	45.42	32.61	32.86
烧碱（折 100%）	（万吨）	Caustic Soda	(10 000 tons)	20.96	73.49	58.38	59.74
合成氨	（万吨）	Synthetic Ammonia	(10 000 tons)	167.30	164.06	63.35	62.51
农用化肥（折纯量）	（万吨）	Chemical Fertilizer	(10 000 tons)	141.74	333.58	52.57	58.69
氮肥		Nitrogen Fertilizers	(10 000 tons)	112.90	295.99	42.76	48.70
磷肥		Phosphate Fertilizers	(10 000 tons)	27.57	37.59	9.81	10.00
化学农药原药	（万吨）	Chemical Pesticide	(10 000 tons)	4.58	13.19	3.64	13.02
电石	（万吨）	Calcium Carbide	(10 000 tons)	10.44	20.66	13.48	13.36
初级形态的塑料	（万吨）	Primary Plastics	(10 000 tons)	23.10	48.29	57.07	58.27
合成橡胶	（万吨）	Synthetic Rubber	(10 000 tons)	9.83	15.37	81.59	41.90
矿山专用设备	（万吨）	Mining Special Equipment	(10 000 tons)	0.99	17.00	65.82	65.84
起重机	（万吨）	Crane	(10 000 tons)	1.48	87.58	152.97	273.99
金属冶炼设备	（万吨）	Metal Smelting Equipment	(10 000 tons)	0.45	3.26	7.11	8.75
发电设备	（万千瓦）	Power Generating Equipment	(10 000 kw)	9.92	119.97	160.87	493.97
交流电动机	（万千瓦）	AC Electric Motor	(10 000 kw)	137.59	1632.16	1114.04	1654.45
变压器	（万千伏安）	Transformer	(10 000 kva)	494.96	10733.24	10560.73	13221.39
泵	（万台）	Pump	(10 000 units)	14.24	354.65	182.33	137.82
金属切削机床	（台）	Metal-cutting Machine Tools	(unit)	907	3904	4958	3331
金属成形机床	（台）	Metal Forming Machine Tools	(unit)	1577	2460	13064	20986
汽车	（辆）	Motor Vehicles	(unit)	17614	240203	849718	635068
摩托车	（辆）	Motorcycles	(unit)	142452	231937	121800	133400
滚动轴承	（万套）	Rolling Bearings	(10 000 sets)	1940.13	1404.54	10922.50	13861.10
小型拖拉机	（万台）	Small Tractor	(10 000 units)	0.45	3.19	1.76	1.73
发动机	（万千瓦）	Engines	(10 000 kw)	175.94	20.42	745.06	358.54
铁路机车	（辆）	Railway Locomotive	(unit)	69	772	346	248
铁路货车	（辆）	Railway Freight Wagons	(unit)	3486	4012	4962	6365
民用钢质船舶	（万载重吨）	Civil Plate Ship	(10 000 tons)	1.35	12.77	22.42	17.37
工业锅炉	（蒸发量吨）	Industrial Boiler	(ton)	2976	59304	13943	12789

注：汽车产量包括在湘非法人汽车企业生产的整车产量。

Automobile output includes the complete vehicle output produced by unincorporated automobile enterprises in Hunan.

13-12 规模以上工业企业主要产品、生产能力及能力利用率综合表(2020年)

产品名称	Item	企业单位数（个）Number of Enterprises (unit)
原煤（万吨）	Raw Coal (10 000 tons)	51
卷烟（亿支）	Cigarette (100 million pieces)	1
棉纺锭/纺纱量（万锭/万吨）	Cotton Spindle/Spinning Capacity (10 000 ingots/10 000 tons)	58
气流纺锭/纺纱量（万头/万吨）	Air Spindle/Spinning Capacity (10 000 ingots/10 000 tons)	4
棉布织机/布（万台/亿米）	Cotton Weaving/Cloth (10 000 units/100 million m)	12
原油加工能力/原油加工量（万吨/万吨）	Crude Oil Processing Capacity/Crude Oil Processing Capacity (10 000 tons/10 000 tons)	3
焦炭（万吨）	Coke	5
烧碱(折100%)（万吨）	Caustic Soda (10 000 tons)	3
碳化钙(电石，折300升/千克)（万吨）	Calcium Carbide (converted to 300 liters/kg) (10 000 tons)	1
农用氮、磷、钾化学肥料总计(折纯)（万吨）	Agricultural Nitrogen,Phosphorus And Potassium Fertilizer Total(off net) (10 000 tons)	14
初级形态塑料（万吨）	Primary Form of Plastic (10 000 tons)	41
焰火制品（亿元）	Pyrotechnic Products (100 million yuan)	304
烟花	Fireworks	260
化学纤维（万吨）	Chemical Fiber (10 000 tons)	14
硅酸盐水泥熟料（万吨）	Cement Clinker (10 000 tons)	52
水泥（万吨）	Cemnet (10 000 tons)	130
平板玻璃（万重量箱）	Plate Glass (10 000 weight cases)	10
生铁（万吨）	Pig Iron (10 000 tons)	12
粗钢（万吨）	Crude Steel (10 000 tons)	4
钢材（万吨）	Steel (10 000 tons)	14
铁合金（万吨）	Ferroalloy (10 000 tons)	54
原铝(电解铝)（万吨）	Primary Aluminum (10 000 tons)	3
金属切削机床（万台）	Metal Cutting Machine Tools (10 000 units)	14
挖掘机（万台）	Excavator (10 000 sets)	8
汽车（万辆）	Car (10 000 sets)	11
乘用车	Passenger Car	6
新能源乘用车	New Energy Passenger Car	3
商用车	Commercial Vehicles	5
新能源商用车	New Energy Commercial Vehicles	1
民用钢质船舶（万载重吨）	Civil Steel Ship (10 000 tons)	14
太阳能电池（万千瓦）	Solar Battery (10 000 kw)	3
家用电冰箱（万台）	Household Refrigerators (10 000 sets)	
房间空气调节器（万台）	Room Air Conditioners (10 000 sets)	1
家用洗衣机（万台）	Household Washing Machines (10 000 sets)	
微型计算机设备（万台）	Micro Computers (10 000 sets)	5
移动通信手持机(手机)（万台）	Mobile Handset (Cell Phone) (10 000 sets)	13
彩色电视机（万台）	Color TV (10 000 sets)	1
发电设备容量总计/发电量（万千瓦/万千瓦小时）	Total Capacity of Power Equipment/Power Generation (10 000 kw/10 000 kw·h)	324
其中：火电设备容量/发电量	Of Which: Thermal Power Equipment Capacity/Power Generation	82
水电设备容量/发电量	Hydropower Equipment Capacity/Power Generation	172
风电设备容量/发电量	Capacity of Wind Power Equipment/Power Generation	58

注：报表制度规定“棉纺锭/纱纺量”、“气流纺锭/纺纱量”、“棉布织机/布”不计算能力利用率。

Main Products, Production Capacity and Utilization Rate of Industrial Enterprises above Designated Size (2020)

年初生产能力 Early Production	年末生产能力 At the End of Production Capacity	能力利用率（%） Capacity Utilization (%)
1071.86	1071.86	80.27
1723.07	1744.93	93.71
84.53	85.72	
3.14	2.89	
0.55	0.62	
1500.40	1500.60	58.47
601.00	621.00	98.85
62.50	62.50	95.59
10.50	16.50	90.92
73.00	80.47	56.23
73.08	82.38	81.89
413.24	483.90	88.63
237.53	265.23	86.05
18.02	19.64	92.21
8287.56	8331.46	83.70
14555.37	14580.30	75.57
4142.71	4236.91	91.73
1914.07	1916.05	112.99
2055.00	2055.00	127.15
2631.03	2862.59	95.12
157.86	161.71	68.29
0.84	0.89	69.26
0.62	0.73	53.99
9.11	15.12	95.61
103.52	105.22	38.47
94.72	94.72	33.38
37.32	37.32	12.77
8.80	10.50	39.87
1.00	1.00	39.45
49.00	49.03	35.64
122.8	66.50	127.06
640.75	652.00	96.35
165.80	361.73	72.24
3350.78	4234.86	66.16
20.00	50.00	90.57
4380.49	4455.07	44.65
2264.96	2269.27	43.25
1651.30	1668.60	51.04
356.24	406.28	25.87

The report system stipulates that "cotton spindle/spinning capacity ", air spindle/spinning capacity " and "cotton weaving/cloth " do not calculate the utilization rate of capacity.

13-13 按全省人口平均的主要产品产量
Per Capita Output of Major Industrial Products

产　品		Item		2000	2010	2019	2020
化学纤维	（公斤 / 人）	Chemical Fiber	(kg / person)	1.19	0.64	1.34	1.05
纱（混合数）	（公斤 / 人）	Yarn	(kg / person)	2.53	11.08	17.31	15.44
布（混合数）	（米 / 人）	Cloth	(m / person)	5.19	6.56	2.69	1.98
针棉织品（折用纱量）	（公斤 / 人）	Cotton Knitwear	(kg / person)	0.10	0.44	0.72	0.68
机制纸及纸板	（公斤 / 人）	Machine-made Paper and Paperboards	(kg/person)	10.68	54.25	49.89	47.57
合成洗涤剂	（公斤 / 人）	Synthetic Detergents	(kg / person)	1.24	5.12	5.45	4.84
原盐	（公斤 / 人）	Salt	(kg / person)	11.11	32.24	48.51	49.73
成品糖	（公斤 / 人）	Refined Sugar	(kg / person)	0.68	0.06	0.01	0.04
卷烟	（箱 / 百人）	Cigarette	(case /100 person)	3.51	4.94	4.97	4.89
原煤	（吨 / 人）	Coal	(ton / person)	0.23	1.08	0.21	0.16
原油加工量	（公斤 / 人）	Processing Output of Crude Oil	(kg / person)	80.22	83.32	140.68	132.10
发电量	（千瓦小时 / 人）	Electricity	(kwh / person)	540.11	1673.51	2267.35	2251.50
生铁	（公斤 / 人）	Pig Iron	(kg / person)	50.70	239.88	297.27	316.83
粗钢	（公斤 / 人）	Crude Steel	(kg / person)	46.35	249.17	359.30	393.19
钢材	（公斤 / 人）	Steel	(kg / person)	45.57	255.55	369.21	409.41
水泥	（吨 / 人）	Cement	(ton / person)	0.37	1.23	1.69	1.65
平板玻璃	（重量箱 / 人）	Plate Glass	(weight case / person)	0.11	0.25	0.51	0.49
硫酸（折 100）	（公斤 / 人）	Sulfuric Acid	(kg / person)	19.53	36.72	25.84	31.23
纯碱	（公斤 / 人）	Soda Ash	(kg / person)	1.99	6.41	4.91	4.95
烧碱（折 100）	（公斤 / 人）	Caustic Soda	(kg / person)	3.19	10.37	8.79	8.99
合成氨	（公斤 / 人）	Synthetic Ammonia	(kg / person)	25.49	23.14	9.54	9.41
农用化肥（折纯量）	（公斤/人）	Chemical Fertilizer	(kg / person)	21.60	47.05	7.92	8.83
氮肥	（公斤 / 人）	Nitrogen Fertilizer	(kg / person)	17.21	41.75	6.44	7.33
磷肥	（公斤 / 人）	Phosphate Fertilizer	(kg / person)	4.20	5.30	1.48	1.50
化学农药原药	（公斤 / 人）	Chemical Pesticide	(kg / person)	0.70	1.86	0.55	1.96
初级形态塑料	（公斤 / 人）	Primary Plastics	(kg / person)	3.52	6.81	8.60	8.77
合成橡胶	（公斤 / 人）	Synthetic Rubber	(kg/person)	1.50	2.17	12.29	6.30
汽车	（辆 / 万人）	Motor Vehicles	(unit/10 000 persons)	2.68	33.88	127.97	95.57
摩托车	（辆 / 万人）	Motorcycles	(unit/10 000 persons)	21.72	32.72	18.34	20.07

注：人均主要产品产量按常住人口计算。

The data are based on the permanent population.

13-14 各市、州规模以上工业主要经济指标（2020年）

Main Indicators of Industrial Enterprises above Designated Size by Region (2020)

单位：亿元 (100 million yuan)

类 别	Item	全省 Total	长沙市 Changsha	株洲市 Zhuzhou	湘潭市 Xiangtan	衡阳市 Hengyang	邵阳市 Shaoyang	岳阳市 Yueyang	常德市 Changde
企业单位数（个）	Number of Enterprises (unit)	18239	2912	1780	1217	1277	1871	1690	1543
大型企业	Largest Enterprise	164	42	24	17	13	9	16	13
中型企业	Medium-sized Enterprises	1564	240	305	54	117	103	185	129
小型企业	Small Enterprises	14660	2338	1283	1021	1067	1485	1354	1210
微型企业	Micro Enterprises	1851	292	168	125	80	274	135	191
#亏损企业	#Loss-making Enterprises	1382	355	144	120	126	79	71	124
实收资本	Total Capital Hold	6906.94	1630.36	1056.39	476.25	469.57	289.43	877.28	425.19
#外商资本	#Foreign Capital	230.81	143.20	12.71	17.88	5.81	1.94	13.34	7.49

13-14 续表 1 Continued

单位：亿元 (100 million yuan)

类 别	Item	张家界市 Zhangjiajie	益阳市 Yiyang	郴州市 Chenzhou	永州市 Yongzhou	怀化市 Huaihua	娄底市 Loudi	湘西州 Xiangxi
企业单位数（个）	Number of Enterprises (unit)	223	1290	1186	1200	753	1020	293
大型企业	Largest Enterprise	1	13	13	5	4	6	2
中型企业	Medium-sized Enterprises	2	97	89	120	29	77	19
小型企业	Small Enterprises	192	1036	977	987	651	825	234
微型企业	Micro Enterprises	28	144	107	88	69	112	38
#亏损企业	#Loss-making Enterprises	28	49	74	55	48	45	77
实收资本	Total Capital Hold	35.13	248.10	426.65	265.60	181.64	337.88	68.47
#外商资本	#Foreign Capital	0.20	1.61	1.15	4.94	3.66	16.48	0.40

13-14 续表 2 Continued

单位：亿元 (100 million yuan)

指 标	Item	全省 Total	长沙市 Changsha	株洲市 Zhuzhou	湘潭市 Xiangtan	衡阳市 Hengyang
全部从业人员年平均人数 （万人）	Annual Average Number of Obtain Employees (10 000 persons)	313.05	63.15	41.52	19.11	20.82
流动资产	Liquid Assets	15321.10	6643.14	1936.58	931.85	724.80
#存货	#Inventory	3330.69	1191.70	369.47	203.21	166.39
产成品	Products	1219.29	514.21	130.27	58.79	59.94
固定资产原价	Original Value of Fixed Assets	17845.94	3657.67	1401.31	1195.73	1212.99
累计折旧	Add up Depreciation of Fixed Assets	7816.71	1559.54	584.39	587.26	513.94
资产总计	Total Assets	32463.31	11388.81	4029.20	1980.59	1691.43
流动负债合计	Total Liquid Liabilities	12224.59	4860.05	1553.82	825.08	687.55
负债合计	Total Liabilities	16554.22	6295.19	1923.79	1066.93	972.92
所有者权益	Creditors Equity	15719.59	5041.68	2085.05	890.51	722.73
营业收入	Business Revenue	38914.75	8509.18	2872.73	3574.16	1768.84
营业成本	Business Cost	30842.98	6456.82	2250.96	3074.69	1403.35
营业税金及附加	Tax and Surcharge of Business	1037.31	250.06	32.89	18.12	13.55
管理费用	Administrative Expense	1588.26	316.72	155.86	79.06	92.47
利息费用	Interest Charges	255.93	71.52	18.79	18.61	12.57
利息收入	Interest Revenue	16.90	1.23	1.38	3.15	1.62
营业利润	Operating Profit	2644.76	870.27	160.84	98.60	85.09
利润总额	Total Profit	2559.92	882.12	163.24	100.99	88.63
本年应付职工薪酬	Total Wages Payable of the Year	3157.28	649.63	361.60	352.34	166.77
总资产贡献率 （%）	Ratio of Total Assets to Output Value (%)	13.91	12.59	6.49	8.59	8.58
营业收入利润率 （%）	Operting Profit Margin (%)	6.58	10.37	5.68	2.83	5.01
资产负债率 （%）	Asset-liability Ratio (%)	50.99	55.28	47.75	53.87	57.52
成本费用利润率 （%）	Ratio of Profits to Cost (%)	7.29	11.82	6.07	3.03	5.39

13-14 续表 3 Continued

单位：亿元 (100 million yuan)

指 标	Item	邵阳市 Shaoyang	岳阳市 Yueyang	常德市 Changde	张家界市 Zhangjiajie	益阳市 Yiyang
全部从业人员年平均人数（万人）	Annual Average Number of Obtain Employees (10 000 persons)	23.39	37.14	22.35	1.42	19.53
流动资产	Liquid Assets	380.99	798.50	1435.15	44.00	556.76
#存货	#Inventory	108.69	238.28	434.38	11.19	140.65
产成品	Products	57.74	81.69	102.17	6.34	50.61
固定资产原价	Original Value of Fixed Assets	709.44	2418.93	1266.54	97.78	824.80
累计折旧	Add up Depreciation of Fixed Assets	231.55	1341.32	519.92	37.26	316.41
资产总计	Total Assets	1092.73	2351.40	2393.96	122.65	1287.92
流动负债合计	Total Liquid Liabilities	326.13	710.21	901.36	39.45	517.84
负债合计	Total Liabilities	500.55	981.55	1149.28	58.77	677.07
所有者权益	Creditors Equity	572.65	1345.00	1235.71	63.66	609.24
营业收入	Business Revenue	2339.30	5688.73	3241.41	111.13	2830.59
营业成本	Business Cost	1877.77	4534.62	2299.86	87.85	2371.05
营业税金及附加	Tax and Surcharge of Business	14.73	191.67	363.30	0.72	17.54
管理费用	Administrative Expense	90.09	303.36	131.93	5.41	104.76
利息费用	Interest Charges	9.70	27.40	18.85	0.95	10.86
利息收入	Interest Revenue	0.61	3.86	3.35	0.04	0.56
营业利润	Operating Profit	215.69	286.25	215.85	7.64	201.60
利润总额	Total Profit	217.67	283.15	228.03	8.16	109.88
本年应付职工薪酬	Total Wages Payable of the Year	149.34	445.54	193.02	8.61	190.78
总资产贡献率（%）	Ratio of Total Assets to Output Value (%)	24.79	24.05	29.44	10.13	12.29
营业收入利润率（%）	Operting Profit Margin (%)	9.30	4.98	7.04	7.34	3.88
资产负债率（%）	Asset-liability Ratio (%)	45.81	41.74	48.01	47.91	52.57
成本费用利润率（%）	Ratio of Profits to Cost (%)	10.31	5.43	8.58	7.94	4.20

13-14 续表 4 Continued

单位：亿元 (100 million yuan)

指 标	Item	郴州市 Chenzhou	永州市 Yongzhou	怀化市 Huaihua	娄底市 Loudi	湘西州 Xiangxi
全部从业人员年平均人数（万人）	Annual Average Number of Obtain Employees (10 000 persons)	19.66	18.55	8.88	14.10	3.26
流动资产	Liquid Assets	631.24	311.26	229.85	540.67	164.90
#存货	#Inventory	175.81	85.50	47.91	121.13	39.64
产成品	Products	50.78	31.21	15.52	45.84	14.19
固定资产原价	Original Value of Fixed Assets	1176.64	887.21	887.82	1262.07	213.77
累计折旧	Add up Depreciation of Fixed Assets	436.03	377.60	414.84	593.01	90.43
资产总计	Total Assets	1895.99	1036.12	835.26	1418.38	361.60
流动负债合计	Total Liquid Liabilities	565.93	197.21	147.41	524.68	172.82
负债合计	Total Liabilities	919.19	438.29	288.94	687.27	219.91
所有者权益	Creditors Equity	954.85	590.49	535.02	728.72	141.57
营业收入	Business Revenue	2789.53	1812.76	1066.15	2139.40	253.20
营业成本	Business Cost	2232.01	1484.96	839.50	1797.36	202.36
营业税金及附加	Tax and Surcharge of Business	60.99	37.77	7.94	22.51	4.09
管理费用	Administrative Expense	100.42	80.97	64.95	57.19	11.33
利息费用	Interest Charges	14.38	5.84	14.55	11.15	2.75
利息收入	Interest Revenue	0.88	0.39	0.25	-0.86	0.40
营业利润	Operating Profit	202.52	82.62	62.80	159.08	18.05
利润总额	Total Profit	183.33	84.29	64.04	162.38	14.63
本年应付职工薪酬	Total Wages Payable of the Year	200.52	178.35	90.81	140.44	21.51
总资产贡献率（%）	Ratio of Total Assets to Output Value (%)	15.08	14.04	13.52	16.95	7.42
营业收入利润率（%）	Operting Profit Margin (%)	6.57	4.65	6.01	7.59	5.78
资产负债率（%）	Asset-liability Ratio (%)	48.48	42.30	34.59	48.45	60.82
成本费用利润率（%）	Ratio of Profits to Cost (%)	7.38	4.98	6.42	8.29	6.31

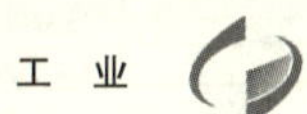

13-15 省级及以上产业园区规模工业营业收入(2020年)

Revenue From Principal Business of above the Provincial Level Industrial Park (2020)

单位：万元 (10 000 yuan)

园区名称	Park	营业收入 Revenue of Business	# 国有经济 State-owned Economic	# 集体经济 Collective Economic
长沙天心经济开发区	Changsha Tianxin Economic Development Zone	234769		
长沙高新技术产业开发区	Changsha High-tech Industrial Development Zone	13456717		
长沙金霞经济开发区	Changsha Jinxia Economic Development Zone	834615		
长沙雨花经济开发区	Changsha Yuhua Economic Development Zone	4507744		
望城经济技术开发区	Wangcheng Economic and Technological Development Zone	3206839		
长沙经济技术开发区	Changsha Economic and Technological Development Zone	21628941	4051	
湖南长沙暮云经济开发区	Muyun Industrial Park in Changsha, Hunan	184606		
湖南宁乡经济开发区	Ningxiang Economic and Technological Development Zone	6048290		
宁乡高新技术产业园区	Ningxiang Economic and Technological Development Zone	3768086		
浏阳经济技术开发区	Liuyang Economic Development Zone	4615934		
浏阳高新技术产业开发区	Liuyang High-tech Industrial Development Zone	2655919		
岳麓高新技术产业开发区	Yuelu High-tech Industrial Development Zone	73529		
株洲经济开发区	Zhuzhou Economic Development Zone	210328		
株州高新技术产业开发区	Zhuzhou Hi-tech Industrial Development Zone	11209321		
湖南株洲渌口经济开发区	Zhuzhou Lukou Economic Development Zone, Hunan	703507		
湖南茶陵经济开发区	Economic Development Zone, Hunan Chaling	543689	3911	
湖南醴陵经济开发区	Hunan Liling Ceramics Industrial Park	4646174		
湖南湘潭经济技术开发区	Xiangtan Economic and Technological Development Zone, Hunan	5226992		
湖南湘潭高新技术产业园区	Xiangtan High-tech Industrial Development Zone, Hunan	5143574	301249	93776
湖南湘潭天易经济开发区	Xiangtan Tianyi Economic Development Zone, Hunan	5149439		
湖南湘潭岳塘经济开发区	Xiangtan Yuetang Economic Development Zone, Hunan	43307		
湖南湘乡经济开发区	Hunan Xiangxiang Industrial Park	7064970		
韶山高新技术产业开发区	Shaoshan High-tech Industrial Development Zone	2055191		
湖南衡阳松木经济开发区	Hunan Hengyang Pine Industrial Park	1172275		
湖南衡阳高新技术产业园区	High-tech Industrial Park in Hunan Hengyang	3988444		
湖南衡阳西渡高新技术产业园区	Hunan Hengyang Xidu High-tech Industrial Development Zone	1367524		
湖南衡山经济开发区	Economic Development Zone, Hunan Hengshan	1067285	1902	
湖南衡东经济开发区	Hunan Hengdong Industrial Park	698700		
湖南祁东经济开发区	Hunan Qidong Economic Development Zone	319390		
湖南耒阳经济开发区	Hunan Leiyang Economic Development Zone	833494		
湖南常宁水口山经济开发区	Hunan Changning Shuikoushan Economic Development Zone	2157214		
湖南邵阳经济开发区	Hunan Shaoyang Economic Development Zone	2897465		
湖南邵东经济开发区	Hunan Shaodong Economic Development Zone	7429084	9905	
湖南新邵经济开发区	Hunan Xinshao Economic Development Zone	1463142	11729	
湖南洞口经济开发区	Hunan Dongkou Economic Development Zone	1244008		
湖南武冈经济开发区	Hunan Wugang Economic Development Zone	604348	2652	
隆回高新技术产业开发区	Longhui High-tech Industrial Development Zone	1546429		
岳阳经济技术开发区	Yueyang Economic and Technological Development Zone	4905347		
岳阳绿色化工高新技术产业开发区	Hunan Yueyang Green Chemical High-tech Industrial Development Zone	8855437		106440
湘阴高新技术产业开发区	Hunan Xiangyin High-tech Industrial Development Zone	2337530		
平江高新技术产业园区	Hunan Pingjiang High-tech Industrial Park	3964294		
汨罗高新技术产业开发区	Hunan Miluo High-tech Industrial Development Zone	6716887		

13–15 续表 Continued

单位：万元 (10 000 yuan)

园区名称	Park	营业收入 Revenue of Business	#国有经济 State-owned Economic	#集体经济 Collective Economic
湖南临湘工业园	Hunan Linxiang Industrial Park	3842372		
岳阳临港高新技术产业开发区	The Port of Yueyang High-tech Industrial Development Zone	1266399		
岳阳高新技术产业园区	Yueyang High-tech Industrial Development Zone	4998787	275168	61980
湖南常德经济开发区	Changde Economic and Technological Development Zone	9567353		3537
常德高新技术产业开发区	Hunan Changde High-tech Industrial Development Zone	3255094		
湖南汉寿高新技术产业园区	Hunan Hanshou High-tech Industrial Development Zone	2255730		
湖南澧县经济开发区	Hunan Li county Economic Development Zone	1568474		
湖南临澧经济开发区	Hunan Linli Economic Development Zone	937101		
湖南石门经济开发区	Hunan Shimen Economic Development Zone	2191627		
津市高新技术产业开发区	Jinshi High-tech Industrial Development Zone	2830779		
桃源高新技术产业开发区	Taoyuan High-tech Industrial Development Zone	1470174		
张家界高新技术产业开发区	Hunan Zhangjiajie Economic Development Zone	185633		
湖南益阳长春经济开发区	Hunan Yiyang Changchun Industrial Park	3510058		
湖南益阳高新技术产业园区	Yiyang High-tech Industrial Development Zone	6050281		
湖南南县经济开发区	Hunan Nan County Economic Development Zone	925099		
湖南桃江经济开发区	Hunan Taojiang Economic Development Zone	2512236		
湖南安化经济开发区	Hunan Anhua Economic Development Zone	663333	13330	
湖南沅江高新技术产业园区	Hunan Yuanjiang High-tech Industrial Development Zone	2248623		
湖南郴州经济开发区	Hunan Chengzhou Economic Development Zone	1256224	14127	
湖南郴州高新技术产业园区	Hunan Chenzhou High-tech Industrial Development Zone	2978897	1545	
湖南桂阳工业园区	Hunan Guiyang Industrial Park	5793627		
湖南宜章经济开发区	Hunan Yizhang Economic Development Zone	1037095	2612	
湖南永兴经济开发区	Hunan Yongxing Economic Development Zone	4311344		
湖南嘉禾经济开发区	Hunan Jiahe Economic Development Zone	1464336		
湖南临武工业园区	Hunan Linwu Industrial Park	770047		
湖南汝城经济开发区	Hunan Rucheng Economic Development Zone	217307		
湖南资兴经济开发区	Hunan Zixing Economic Development Zone	3746439	18399	
湖南零陵工业园区	Hunan Lingling Industrial Park	1123057	7892	
永州高新技术产业开发区	Yongzhou High-tech Industrial Development Zone	2457475		
湖南祁阳经济开发区	Hunan Qiyang Industrial Park	2856537	21712	
湖南东安经济开发区	Hunan Dongan Economic Development Zone	1135595	12534	
湖南宁远工业园区	Hunan Ningyuan Industrial Park	1389474	3761	
湖南蓝山经济开发区	Hunan Lanshan Economic Development Zone	1524311		
湖南江华经济开发区	Hunan Jianghua Economic Development Zone	1842347	3337	
湖南怀化经济开发区	Hunan Huaihua Economic Development Zone	180598		
怀化高新技术产业开发区	Huaihua High-tech Industrial Development Zone	644854		
湖南娄底经济开发区	Hunan Loudi Economic Development Zone	8770909		76781
湖南双峰经济开发区	Hunan Shuangfeng Economic Development Zone	1088025		
新化高新技术产业开发区	Hunan Xinhua High-tech Industrial Development Zone	1212045		
湖南冷水江经济开发区	Hunan Lenshuijiang Economic Development Zone	2343430		
湖南娄底高新技术产业开发区	Hunan Loudi High-tech Industrial Development Zone	2010173	3688	
湖南吉首经济开发区	Hunan Jishou Economic Development Zone	35740		
湖南湘西经济开发区	Hunan Xiangxi Economic Development Zone	403214		
湖南永顺经济开发区	Hunan Yongshun Economic Development Zone	68770	25299	
泸溪高新技术产业开发区	Luxi High-tech Industrial Development Zone	269267		

主要统计指标解释

工业 指从事自然资源的开采，对采掘品和农产品进行加工和再加工的物质生产部门。具体包括：(1)对自然资源的开采，如采矿、晒盐等(但不包括禽兽捕猎和水产捕捞)；(2)对农副产品的加工、再加工，如粮油加工、食品加工、缫丝、纺织、制革等；(3)对采掘品的加工、再加工，如炼铁、炼钢、化工生产、石油加工、机器制造、木材加工等，以及电力、燃气及水的生产和供应等；(4)对工业品的修理、翻新，如机器设备的修理等。

工业统计调查单位为工业法人单位。

工业法人单位指从事工业生产经营活动的法人单位。工业法人单位应同时具备以下条件：①依法成立，有自己的名称、组织机构和场所，能够独立承担民事责任；②独立拥有（或授权）使用资产，承担负债，有权与其他单位签订合同；③具有包括资产负债表在内的帐户，或者能够根据需要编制帐户。

国有控股企业 即原来的国有及国有控股企业，根据企业实收资本中国有经济成分的出资人的实际投资情况，或国有经济成分的出资人对企业资产的实际控制、支配程度进行分类。以下情况为国有控股：（1）在企业的全部实收资本中，国有经济成分的出资人拥有的实收资本（股本）所占企业全部实收资本（股本）的比例大于50%的国有绝对控股。（2）在企业的全部实收资本中，国有经济成分的出资人拥有的实收资本（股本）所占比例虽未大于50%，但相对大于其他任何一方经济成分的出资人所占比例的国有相对控股；或者虽不大于其他经济成分，但根据协议规定拥有企业实际控制权的国有协议控股。（3）投资双方各占50%，且未明确由谁绝对控股的企业，若其中一方为国有经济成分的，一律按国有控股处理。

本篇涉及的企业登记注册类型的解释详见综合篇。

资产总计 指企业过去的交易或者事项形成的、由企业拥有或者控制的、预期会给企业带来经济利益的资源。资产一般按流动性分为流动资产和非流动资产。其中流动资产可分为货币资金、交易性金融资产、应收票据、应收账款、预付款项、其他应收款、存货等；非流动资产可分为长期股权投资、固定资产、无形资产及其他非流动资产等。来源于会计“资产负债表”中“资产总计”项目的期末余额数。

流动资产合计 资产满足以下条件之一应归为流动资产：（1）预计在一个正常营业周期中变现、出售或耗用，主要包括存货、应收账款等；（2）主要为交易目的而持有；（3）预计在资产负债表日起一年内（含一年）变现；（4）自资产负债日起一年内，交换其他资产或清偿负债的能力不受限制的现金或现金等价物。包括货币资金、应收票据、应收账款、存货等项目。来源于会计“资产负债表”中“流动资产合计”项目的期末余额数。

负债合计 指企业过去的交易或者事项形成的，预期会导致经济利益流出企业的现时义务。负债一般按偿还期长短分为流动负债和非流动负债。来源于会计“资产负债表”中“负债合计”项目的期末余额数。

应收账款 指企业因销售商品、提供劳务等经营活动所形成的债权，包括应向客户收取的货款、增值税款和为客户代垫的运杂费等。来源于会计“资产负债表”中“应收账款”项目的期末余额数。

存货 指企业在日常活动中持有以备出售的产成品或商品、处在生产过程中的在产品、在生产过程或提供劳务过程中耗用的材料或物料等，通常包括原材料、在产品、半成品、产成品、商品以及周转材料等。来源于会计“资产负债表”中“存货”项目的期末余额数。

产成品 指企业已经完成全部生产过程并验收入库，可以按照合同规定的条件送交订货单位，或者可以作为商品对外销售的产品。来源于会计“产成品”科目的借方余额。

营业收入 指企业经营主要业务和其他业务所确认的收入总额。营业收入包括“主营业务收入”和“其他业务收入”。来源于会计“利润表”中“营业收入”项目的本年累计数。

营业成本 指企业经营主要业务和其他业务所发生的成本总额。包括企业（单位）在报告期内从事销售商品、提供劳务等日常活动发生的各种耗费。包括“主营业务成本”和“其他业务成本”。来源于会计“利润表”中“营业成本”项目的本年累计数。

销售费用 指企业在销售商品和材料、提供劳务的过程中发生的各种费用，包括保险费、包装费、展览费和广告费、商品维修费、预计产品质量保证损失、运输费、装卸费等以及为销售本企业商品而专设的销售机构（含销售网点、售后服务网点等）的职工薪酬、业务费、折旧费等经营费用。

管理费用 指企业为组织和管理企业生产经营所发生的费用，包括企业在筹建期间内发生的开办费、董事会和行政管理部门在企业经营管理中发生的，或者应当由企业统一负担的公司经费等。来源于会计“利润表”中“管理费用”项目的本年累计数。

财务费用 指企业为筹集生产经营所需资金等而发生的筹资费用，包括企业生产经营期间发生的利息支出（减利息收入）、汇兑损失（减汇兑收益）以及相关的手续费等。来源于会计“利润表”中“财务费用”项目的本年累计数。

利润总额 指企业在一定会计期间的经营成果，是生产经营过程中各种收入扣除各种耗费后的盈余，反映企业在报告期内实现的盈亏总额。来源于会计“利润表”中“利润总额”项目的本年累计数。

平均用工人数 指报告期企业平均实际拥有的、参与本企业生产经营活动的人员数。

Explanatory Notes on Main Statistical Indicators

Industry refers to the material production sector which is engaged in the extraction of natural resources and processing and reprocessing of minerals and agricultural products, including (1) extraction of natural resources, such as mining, salt production (but not including hunting and fishing); (2) processing and reprocessing of farm and sideline produces, such as grain and oil processing, food processing, silk reeling, spinning and weaving and leather making; (3) processing and reprocessing of mineral products, such as steel making, iron smelting, chemicals manufacturing, petroleum processing, machine building, timber processing, and production and supply of electricity, gas and water; (4) repairing and renovating of industrial products such as the machinery.

In industrial surveys, the units of enquiry are industrial corporate units.

Industrial corporate units refer to corporate units engaging in industrial production and operation activities, which meet the following requirements: (1) They are established legally, having their own names, organizations, location, and are able to take civil liability independently; (2) They possess (or are authorized to use) assets independently, assume liabilities and are entitled to sign contracts with other units; (3) They have accounts including the balance sheets or can compile the accounts according to the need.

State-holding Enterprises cover the original state-owned enterprises and state-holding enterprises. They are classified according to the actual investment made by the contribor of state-owned part in the paid-in capital of the enterprises, or the degree of control or dominance of the contributor on the assets of the enterprises. The following cases are regarded as state-holding: (1) Absolute state-holding in which the contribors of state-owned parts possess more than 50% of all the paid-in capital (stocks) of the enterprises; (2) Relative state-holding in which the contribors of state-owned parts possess no more than 50% of the paid-in capital (stocks) of the enterprises, but more than that of any other contributors; or Agreed state-holding in which the contribors of state-owned parts possess no more than other contributors but have actual control over the enterprises according to agreements; (3) In the case both contributors possess 50% and it is not clear which one is in absolute holding position, the enterprise is regarded as state-holding enterprise if one of the contributor has state-owned elements.

For explanation of types of registration covered in this chapter, please refer to General Survey.

Total Assets refer to all resources that are owned or controlled by enterprises through previous trades or transactions with expectation of making economic profits. Classified by the degree of liquidity, total assets include current assets and non-current assets. Current assets can be classified into monetary capital, trading financial assets, notes receivable, accounts receivable, advanced payments, other receivables and inventories. Non-current assets can be divided into long-term equity investment, fixed assets, intangible assets and other non-current assets. Data on this indicator can be obtained from the year-end figures of total assets in the Balance Sheet of accounting records.

Total Current Assets refer to the assets that meet one of the following requirements: (1) expected to be cashed, sold or used in a normal operation cycle, mainly including inventory and accounts receivable; (2) be owned for trading purpose mainly; (3) expected to be cashed in one year (including one year) from the day of the Balance Sheet; (4) unlimited cash or cash equivalents that can be exchanged with other assets or being capable of settling debts during one year since the day of the Balance Sheet. Included are monetary capital, notes receivable, accounts receivable and inventories. Data on this indicator can be obtained from the year-end figures of total current assets in the Balance Sheet of accounting records.

Total Liabilities refer to payable liabilities of enterprises that accumulated from previous trades or transactions with expectation of economic profits leaking out. In terms of payment, it can be divided into liquid liabilities and long-term liabilities. Data on this indicator can be obtained from the year-end figures of total liabilities in the Balance Sheet of accounting records.

Accounts Receivable refers to creditor's rights formed by business activities such as selling goods, providing labor, which include payment for goods that should be charged to the customer, value-added tax and advance freight for the clients. It comes from the ending balance of accounts receivable in balance sheet.

Inventories refers to finished goods or commodities held in preparation for sale in enterprises' daily activities, goods in the production process, material or the physical materials consumed in the production process or in the process of providing labor, usually include raw materials, goods in the production process, semi-finished products, finished products, goods and materials in flow. It comes from the ending balance of inventory in balance sheet.

Finished Goods refers to the products that the enterprises have completed all of the production process and accepted and put in storage, and can be sent to the ordering units in accordance with the contract stipulations, or can be on sale. It come from the debit balance of Finished Products of accounting.

Business Revenue refers to the total revenue recognized by an enterprise in its principal business and other business operations. Business revenue includes " revenue from principal Business" and " revenue from other business". It comes from this year's cumulative report of "business revenue" items from the "income statement".

Business Cost refers to the total cost incurred by an enterprise in its principal business and other business operations. It includes various expenditures incurred by enterprises (units) in their daily activities of selling goods and providing labour services during the reporting period. It includes "Cost of principal business" and "Cost of other business". It comes from this year's cumulative report of "operating cost" items from the "income statement".

Selling Expense refers to the cost during the sale of goods and materials, providing labour services, including insurance, packing, exhibition fees and advertising fees, merchandise maintenance costs, expected product quality guarantee loss, transportation fees, handling fees, and operating expenses for the sales of the company's products such as employee compensation, business expenses, depreciation costs for dedicated sales offices (including sales outlets, after-sales service outlets, etc.).

Administrative Expense refers to the expenses for the organization and management of enterprise operating, including the start-up costs during the construction of enterprises, funds occurred during enterprises operating by board of directors and executive management in the enterprise management, or burden by enterprises. It comes from this year's cumulative current amount of management cost in income statement.

Financial Expenses refers to cost of raising fund for enterprises to raise funds for production and operation, including interest payments (a reduction in interest income), exchange loss (less exchange gains) and related fees during the period of production. It comes from this year's cumulative current amount of financial expenses in income statement.

Total Profits refers to the operation results in a certain accounting period, and it is the balance of various incomes minus various spendings in the course of operation, reflecting the total profits and losses of enterprises in reference period. Data are obtained from the this year's cumulative amount of total profits in the profit statement of the accounting record of enterprise.

Annual Average Employees refers to the number of person engaged in the enterprise production and operation activities in the reporting period, which are actually owned by the enterprise.

14 建筑业

Construction

资料整理人员：吕 涛

14-1 建筑企业概况
General Survey of Construction Enterprises

单位：亿元 (100 million yuan)

年份 Year	建筑业企业单位数（个） Number of Construction Enterprises (unit)	总产值 Gross Output Value of Construction	企业总收入 Total Income of Enterprises	利税总额合计 Total Pre-tax Profits	利润总额合计 Total Profits
1980	3427	7.97			
1981	2771				
1982	2610				
1983	2822				
1984	3677				
1985	4248	16.48			0.95
1986	4013	20.33			0.92
1987	4083	23.23			0.73
1988	4015	29.95			0.86
1989	3887	32.39			0.48
1990	3713	33.47		1.31	0.26
1991	3718	40.55		1.89	0.53
1992	3967	55.04		2.47	0.92
1993	4759	81.77		3.40	1.04
1994	5262	115.35		4.35	0.94
1995	5169	148.80		5.73	1.05
1996	1656	278.38	248.05	11.96	3.54
1997	1748	296.50	261.67	12.23	2.97
1998	1840	327.32	288.72	11.58	1.95
1999	1812	333.90	303.46	12.10	1.72
2000	1812	354.29	316.13	15.29	4.39
2001	1628	489.79	464.73	25.52	8.64
2002	1442	595.77	552.65	31.89	11.10
2003	1593	818.84	769.26	45.25	15.61
2004	1940	1027.89	966.60	60.95	25.47
2005	1842	1219.35	1136.14	73.14	28.75
2006	1861	1462.88	1370.91	91.51	37.66
2007	1893	1828.81	1720.40	122.05	54.56
2008	1992	2115.44	1994.97	202.77	112.11
2009	1948	2507.40	2333.97	180.28	84.59
2010	2005	3161.73	3010.77	228.87	105.02
2011	2021	3915.01	3600.93	267.00	124.67
2012	2021	4407.92	4102.19	307.30	149.59
2013	2094	5283.84	4947.39	392.54	190.34
2014	2108	6020.97	5699.61	429.37	208.31
2015	2083	6630.82	6131.31	454.45	216.19
2016	2124	7304.22	7010.13	433.03	230.57
2017	2339	8423.00	7688.40	547.83	246.62
2018	2652	9581.44	8695.41	707.63	317.59
2019	2986	10800.62	9693.34	719.09	324.84
2020	3338	11863.77	10278.14	711.46	334.67

14–1 续表 1 Continued

指 标	Item	2000	2010	2019	2020
总产值 （万元）	**Gross Output Value of Construction (10 000 yuan)**	**3542866**	**31617292**	**108006192**	**118637745**
#国有企业	#State-owned Enterprises	1581149	9817093	2644681	2111762
集体企业	Collective-owned Enterprises	1509253	1453121	2563658	2461912
股份合作企业	Cooperative Enterprises	49773	77535	97938	49861
联营企业	Joint Ownership Enterprises	20538	49320	85885	80458
有限责任公司	Limited Liability Corporations	152616	12725894	64048546	68869449
股份有限公司	Share-holding Corporations Ltd.	174020	2356614	6267292	5162364
私营企业	Private Enterprises	41503	4773327	31911858	39541592
其他企业	Others Enterprises	566	272582	9891	
港澳台商投资企业	Funded by Entrepreneurs from Hong kong,Macao and Taiwan	13448	81757	214599	222741
外商投资企业	Enterprises with Foreign Investment		10050	161845	137606
增加值 （万元）	**Value Added of Construction (10 000 yuan)**				
#本年内提取的固定资产折旧	#Depreciation of Fixed Assets of the Year	77163	278811	509021	511693
应付工资	Wages Payable	490810	2952164	12412113	11635554
主营业务税金及附加	Taxes and Extra Charges on Main Business	101064	1192347	1464493	1372233
实收资本 （万元）	**Capital Stock (10 000 yuan)**	**1004829**	**4315628**	**12992491**	**13674490**
#国有企业	#State-owned Enterprises	337826	928108	331363	447858
集体企业	Collective-owned Enterprises	488259	296638	252994	247463
股份合作企业	Cooperative Enterprises	17883	17205	2731	12759
联营企业	Joint Ownership Enterprises	5754	33322	9968	
有限责任公司	Limited Liability Corporations	48338	1750828	7481877	6692950
股份有限公司	Share-holding Corporations Ltd.	69068	374913	639121	254509
私营企业	Private Enterprises	30891	815004	4261349	6005862
其他企业	Others Enterprises	100	65129		
港澳台商投资企业	Funded by Entrepreneurs from Hong kong,Macao and Taiwan	6710	20105	7398	7398
外商投资企业	Enterprises with Foreign Investment		14376	5691	5691

注：1995 年至 2001 年，建筑施工企业为资质等级四级及以上的建筑施工企业。从 2002 年起，建筑施工企业的统计范围为具有新资质等级的施工总承包和专业承包企业。下表同。

Construction enterprises refer to the fourth and higher grade construction enterprises between 1995 and 2001. The Statistical Coverage of Construction Enterprises Just Included the New Grade Construction Enterprises of Overall Contract and Special Contract Since 2002. The Same as in the following table.

14-1 续表 2 Continued

指　标	Item	2000	2010	2019	2020
资产合计　（万元）	**Total Assets (10 000 yuan)**	**3552544**	**17526351**	**71035080**	**79861193**
#流动资产	#Circulating Funds	2311307	12773189	52309940	59633161
#固定资产	#Fixed Assets	1032597	3210345	5897804	6471444
#国有企业	#State-owned Enterprises	1807419	6414214	1531640	2730680
集体企业	Collective-owned Enterprises	1301816	803948	799478	802459
服份合作企业	Cooperative Enterprises	43725	30920	26883	16650
联营企业	Joint Ownership Enterprises	11063	68576	34840	
有限责任公司	Limited Liability Corporations	138182	6528396	48917592	50406962
股份有限公司	Share-holding Corporations Ltd.	182134	1097403	3185458	2075167
私营企业	Private Enterprises	58761	2284582	16254864	23521268
其他企业	Others Enterprises	155	159245		
港澳台商投资企业	Funded by Entrepreneurs from HongKong,Macao and Taiwan	9287	76484	103708	85543
外商投资企业	Enterprises with Foreign Investment		62583	180618	222464
负债合计　（万元）	**Total Liabilities (10 000 yuan)**	**2287791**	**11034064**	**45934145**	**53059436**
#流动负债	#Liquid Liabilities	2064425	10268489	39306024	45332469
长期负债	Long-term Liabilities	223366	765575		
#国有企业	#State-owned Enterprises	1355446	4981922	942006	1971278
集体企业	Collective-owned Enterprises	697271	429443	445170	441532
股份合作企业	Cooperative Enterprises	21781	12290	8413	1585
联营企业	Joint Ownership Enterprises	4977	26822	17498	
有限责任公司	Limited Liability Corporations	82412	3918390	34213973	36901466
股份有限公司	Share-holding Corporations Ltd.	103449	457995	1791208	1294970
私营企业	Private Enterprises	19869	1068840	8344137	12282205
其他企业	Others Enterprises	50	52423		
港澳台商投资企业	Funded by Entrepreneurs from HongKong,Macao and Taiwan	2535	43895	86772	66466
外商投资企业	Enterprises with Foreign Investment		42045	84969	99936
所有者权益　（万元）	**Creditors' Equity (10 000 yuan)**	**1264753**	**6492317**	**25100935**	**26801756**
#国有企业	#State-owned Enterprises	451973	1432322	589634	759402
集体企业	Collective-owned Enterprises	604545	374505	354308	360927
股份合作企业	Cooperative Enterprises	21945	18630	18470	15066
联营企业	Joint Ownership Enterprises	6086	41754	17342	
有限责任公司	Limited Liability Corporations	55770	2610007	14703619	13505496
股份有限公司	Share-holding Corporations Ltd.	78685	639408	1394249	780197
私营企业	Private Enterprises	38893	1215742	7910728	11239063
其他企业	Others Enterprises	105	106822		
港澳台商投资企业	Funded by Entrepreneurs from HongKong,Macao and Taiwan	6752	32588	16936	19077
外商投资企业	Enterprises with Foreign Investment		20539	95649	122528
企业总收入　（万元）	**Total Income of Enterprises (10 000 yuan)**	**3161339**	**30107702**	**96933387**	**102781389**
#主营业务收入	#Revenue of Main Business	3049291	29982962	96611814	102086709
主营业务成本	Costs of Main Business	2697703	26700081	87679043	94349666

14-1 续表 3 Continued

指 标	Item	2000	2010	2019	2020
#国有企业	#State-owned Enterprises	1476206	9682690	1987846	2720060
集体企业	Collective-owned Enterprises	1281118	1492663	1927944	1992482
股份合作企业	Cooperative Enterprises	47570	69547	69609	24388
联营企业	Joint Ownership Enterprises	17549	58086	66663	
有限责任公司	Limited Liability Corporations	133184	11726069	59163143	53058867
股份有限公司	Share-holding Corporations Ltd.	152984	2308216	5233768	2614673
私营企业	Private Enterprises	38906	4430061	28173178	42066705
其他企业	Others Enterprises	374	254482		
港澳台商投资企业	Funded by Entrepreneurs from Hong Kong, Macao and Taiwan	13448	75587	149391	166608
外商投资企业	Enterprises with Foreign Investment		10302	161845	137606
利税总额合计 （万元）	**Total Pre-tax Profits (10 000 yuan)**	**152949**	**2288715**	**7190904**	**7114647**
#利润总额	#Total Profits	43878	1050202	3248416	3346685
主营业务税金及附加	Taxes and Extra Charges on Main Business	101064	1192347	1464493	1372233
管理费用中的税金	Taxes in Management Enpenses	8007	46166	2477995	2395729
产值利税率（%）	Ratio of Pretax Profits to Output Value(%)	4.3	7.0	6.7	6.0
资产利税率（%）	Ratio of Tax Profits to Assets(%)	4.7	13.0	10.1	8.9
#国有企业	#State-owned Enterprises	42940	557708	196553	215761
集体企业	Collective-owned Enterprises	82842	131249	220385	213737
股份合作企业	Cooperative Enterprises	3077	5077	7059	2645
联营企业	Joint Ownership Enterprises	1146	6490	12944	
有限责任公司	Limited Liability Corporations	7781	916356	3792731	3028167
股份有限公司	Share-holding Corporations Ltd.	11236	211455	409817	186873
私营企业	Private Enterprises	2585	429633	2480585	3422675
其他企业	Others Enterprises	14	21894		
港澳台商投资企业	Funded by Entrepreneurs from Hong kong,Macao and Taiwan	1344	5696	6063	6539
外商投资企业	Enterprises with Foreign Investment		3157	64768	38249
利润总额合计 （万元）	**Total Profits (10 000 yuan)**	**43878**	**1050202**	**3248416**	**3346685**
#国有企业	#State-owned Enterprises	2640	235971	70367	82765
集体企业	Collective-owned Enterprises	29367	50697	76914	75586
股份合作企业	Cooperative Enterprises	1437	1949	1137	1754
联营企业	Joint Ownership Enterprises	444	3071	6553	
有限责任公司	Limited Liability Corporations	2627	415403	1763486	1532816
股份有限公司	Share-holding Corporations Ltd.	5540	108859	183240	120554
私营企业	Private Enterprises	1024	216677	1090956	1498437
其他企业	Others Enterprises		12311		
港澳台商投资企业	Funded by Entrepreneurs from Hong kong,Macao and Taiwan	799	2444	1323	1562
外商投资企业	Enterprises with Foreign Investment		2822	54441	33211

14–2 建筑施工企业个数和平均人数

Number of Construction Enterprises and Its Average Annual Staff and Workers

年份 Year	总计 Total	国有经济 State-owned	集体经济 Collective-owned	其他经济 Others
施工企业个数（个）	Number of Enterprises (unit)			
2000	1812	313	1241	258
2001	1628	305	829	494
2002	1442	262	532	648
2003	1593	257	470	866
2004	1940	274	414	1252
2005	1842	229	364	1249
2006	1861	233	350	1278
2007	1893	239	329	1325
2008	1992	253	272	1467
2009	1948	233	221	1495
2010	2005	254	264	1487
2011	2021	247	248	1526
2012	2021	228	233	1560
2013	2094	322	191	1581
2014	2108	316	184	1608
2015	2083	312	176	1595
2016	2124	294	169	1661
2017	2339	296	158	1885
2018	2652	291	131	2230
2019	2986	283	234	2320
2020	3338	291	215	2832
建筑业从业人员（万人）	Staff and Workers (10 000 persons)			
1995	61.33	22.29	38.52	0.16
2000	76.30	22.66	41.98	11.66
2001	96.73	25.01	38.86	32.86
2002	92.72	21.56	28.70	42.46
2003	111.95	28.67	27.53	55.75
2004	115.53	25.59	20.90	69.04
2005	118.61	35.15	18.41	65.05
2006	125.97	28.90	17.14	79.93
2007	131.62	29.12	15.90	86.60
2008	137.90	27.85	12.78	97.27
2009	144.97	31.07	9.99	103.91
2010	150.41	32.48	12.41	105.51
2011	155.44	35.53	11.97	107.94
2012	118.82	16.79	10.30	91.73
2013	197.46	65.70	79.55	122.21
2014	211.55	70.26	9.48	131.81
2015	221.27	68.94	9.64	142.69
2016	229.15	71.95	10.55	146.65
2017	267.57	78.16	11.78	177.63
2018	275.22	81.00	8.99	185.23
2019	294.62	86.25	18.93	189.44
2020	303.03	91.25	17.35	194.43

14–3 建筑施工企业主要效益指标(2020年)
Major Benefit Indicators of Construction Enterprises (2020)

指 标	Item	总计 Total	国有经济 State-owned	集体经济 Collective-owned	其他经济 Others
年末固定资产原值（亿元）	Original Value Fixed Assets at the Year-end (100 million yuan)	778.10	338.68	48.91	390.51
年末固定资产净值（亿元）	Net Value of Fixed Assets at the Year-end (100 million yuan)	647.14	285.22	35.59	326.34
流动资产年末合计（亿元）	Circulating Funds at the Year-end (100 million yuan)	5963.32	3216.44	187.76	2559.12
利润总额（亿元）	Total Profits (100 million yuan)	334.67	117.46	14.98	202.22
利税总额（亿元）	Total Pre-tax Profits (100 million yuan)	711.46	215.36	40.80	455.30
资金利润率（元／百元）	Ratio of Fund to Profits (yuan/100 yuan)	5.1	3.4	6.7	7.0
产值利润率（%）	Ratio of Profit to Gross Output Value (%)	2.8	2.5	2.9	3.1
产值利税率（%）	Ratio of Pre-tax Profit to Output Value (%)	6.0	4.5	7.8	6.9
按施工产值计算的劳动生产率（元／人年）	Overall Labor Productivity in Terms of Total Output Value Productivity (yuan /person-year)	391507	523465	301756	337583
人均竣工面积（平方米／人）	Floor Space of Buildings Completed per Laborer (sq.m/person)	70.1	55.4	105.6	73.8

注：本表不包括建筑业活动单位。2013 年开始，国有经济企业指国有及国有控股企业（下同）。

This table does not indude the constuction sector. Beginning in 2013,state-owned economic enterprises reper to state-owned and state holding enterprises (the same below).

14-4 国有建筑企业主要经济指标

Major Economic Indicators on State-owned Construction Enterprises

指 标	Item	2000	2010	2019	2020
国有建筑施工企业	**State-owned**				
施工产值 （亿元）	Output Value of Projects (100 million yuan)	158.11	981.71	4213.49	4776.76
全员劳动生产率 （元/人）	Overall Labor Productivity (yuan/person)	69792	240748	488496	523465
计算劳动生产率的平均人数 （万人）	Average Number of Staff and Workers by Calculating Labor Productivity (10 000 persons)	22.66	40.78	86.25	91.25
房屋建筑施工面积（万平方米）	Floor Space of Buildings Under Construction (10 000 sq.m)	1287.31	6158.88	29430.18	32828.43
房屋建筑竣工面积（万平方米）	Floor Space of Buildings Completed (10 000 sq.m)	580.12	1433.76	5199.14	5059.20
#住宅	#Residential Buildings		853.07	3755.94	3337.83
地方国有建筑施工企业	**Local State-owned**				
施工产值 （亿元）	Output Value of Projects (100 million yuan)	92.10	254.09	1753.75	1876.88
全员劳动生产率 （元/人）	Overall Labor Productivity (yuan/person)	59094	164952	413252	440725
计算劳动生产率的平均人数 （万人）	Average Number of Staff and Workers by Calculating Labor Productivity (10 000 persons)	15.59	15.40	42.44	42.59
房屋建筑施工面积（万平方米）	Floor Space of Buildings Under Construction (10 000 sq.m)	1036.99	2095.68	9721.22	10240.97
房屋建筑竣工面积（万平方米）	Floor Space of Buildings Completed (10 000 sq.m)	481.60	794.38	1859.56	1784.08
#住宅	#Residential Buildings		459.04	1268.05	1135.09

注：本表国有建筑企业为国有及国有控股企业。

State owned construction enterprises in this table is the state owned and state holding enterprises.

14-5 房屋建筑面积
Floor Space of Building Construction

单位：万平方米 (10 000 sq.m)

年份 Year	房屋建筑面积 Floor Space of Building Construction		国有经济 State-owned		集体经济 Collective-owned	
	施工面积 Floor Space Under Construction	竣工面积 Floor Space Completed	施工面积 Floor Space Under Construction	竣工面积 Floor Space Completed	施工面积 Floor Space Under Construction	竣工面积 Floor Space Completed
1990	1159.10	558.70	572.40	233.50	586.70	325.20
1991	1282.70	653.20	577.20	269.50	705.50	383.70
1992	1554.00	711.30	699.40	279.80	854.60	431.50
1993	1869.50	802.20	867.90	334.60	1001.60	467.60
1994	2081.50	868.30	1011.10	378.40	1068.40	489.30
1995	4507.41	2313.70	1094.50	361.20	3223.05	1835.33
1996	4662.00	2393.05	1285.16	467.04	3333.59	1898.28
1997	4719.57	2279.89	1236.68	465.95	3444.90	1783.44
1998	5067.56	2382.33	1397.64	530.70	3373.22	1701.44
1999	5180.91	2681.81	1333.55	561.10	3417.60	1900.54
2000	5087.93	2603.08	1287.31	580.12	3017.81	1634.32
2001	6259.27	3204.60	1459.86	575.96	2734.12	1548.82
2002	7167.52	3665.71	1492.90	557.76	2342.29	1375.27
2003	10051.97	4969.67	2403.74	872.54	2667.99	1487.17
2004	12522.96	6250.66	2688.46	1105.49	2283.17	1342.06
2005	13774.87	6846.04	3155.37	1187.33	2310.26	1221.36
2006	15893.25	7451.71	4029.50	1203.42	2184.87	1280.53
2007	18796.15	8202.43	5031.99	1298.72	1885.13	1133.24
2008	21463.02	9077.52	4271.08	1240.98	1883.08	1038.20
2009	22442.34	9809.63	4014.66	1417.89	1617.52	889.23
2010	27680.25	10573.45	6158.88	1433.76	1920.30	1041.96
2011	32795.65	11777.74	10211.94	1870.29	2117.59	1100.78
2012	36412.18	13398.75	4175.97	1199.63	2292.37	1195.18
2013	43528.16	15890.95	15943.34	3831.35	2239.85	1142.34
2014	47433.19	16583.00	18252.67	3567.12	2356.22	1162.44
2015	47504.41	17389.97	18585.29	3873.21	2357.57	1366.82
2016	50329.04	18629.18	20693.91	4247.81	3887.89	2216.64
2017	54593.66	19840.34	23629.92	4756.15	2311.71	1304.30
2018	59253.25	19929.34	26813.25	4754.62	2276.14	1283.16
2019	65247.34	21043.78	29430.18	5199.14	3863.66	1905.06
2020	67978.77	21235.27	32828.43	5059.20	3797.03	1832.11

14-6 国有、集体建筑企业生产指标（2020年）

Production Indicators of State-owned and Collective-owned Construction Enterprises (2020)

指标	Item	总计 Total	国有经济 State-owned Economic	中央 Central	地方 Local	集体经济 Collective Owned Economic
企业个数 （个）	**Number of Enterprises (unit)**	**3338**	**291**	**35**	**165**	**215**
建筑业总产值 （亿元）	**Gross Output Value of Construction (100 million yuan)**	**11863.77**	**4776.76**	**2616.00**	**1876.88**	**523.55**
#建筑工程	# Construction Projects	10110.44	4246.24	2406.26	1594.59	423.92
安装工程	Installation Projects	972.85	310.34	135.72	149.68	76.51
其他	Others	780.48	220.18	74.02	132.61	23.12
竣工产值 （亿元）	**Output Value Completed (100 million yuan)**	**5658.74**	**1713.37**	**890.59**	**702.45**	**1713.37**
房屋建筑施工面积 （万平方米）	**Floor Space of Buildings Under Construction (10 000 sq.m)**	**67978.77**	**32828.43**	**22064.65**	**10240.97**	**3797.03**
#本年新开工面积	# Floor Space of Buildings Started in Current Year	25938.88	9532.57	6441.38	2732.71	1982.61
房屋建筑竣工面积 （万平方米）	**Floor Space of Buildings Completed (10 000 sq.m)**	**21235.27**	**5059.20**	**2975.41**	**1784.08**	**1832.11**
计算建筑业劳动生产率的平均人数 （万人）	**Average of Staff and Workers by Calculating Construction Labor Productivity (10 000 persons)**	**303.03**	**91.25**	**42.14**	**42.59**	**17.35**
按施工产值计算的劳动生产率 （元/人年）	**Overall Labor Productivity in Terms of Total Output Value (yuan /person-year)**	**391507**	**523465**	**620857**	**440699**	**301756**

14-7 建筑业企业分行业生产指标(2020年)

指 标		Item		房屋建筑业 Building Construction	土木工程建筑业 Construction of Civil Engineering
企业个数	**(个)**	**Number of Enterprises**	**(unit)**	**2021**	**823**
建筑业总产值	**(亿元)**	**Gross Output Value of Construction**	**(100 million yuan)**	**8275.63**	**2888.67**
#建筑工程		#Construction Projects		7443.63	2328.28
安装工程		Installation Projects		315.45	359.13
其他		Others		516.55	201.26
竣工产值	**(亿元)**	**Output Value Completed**	**(100 million yuan)**	**4138.90**	**1154.22**
房屋建筑施工面积	**(万平方米)**	**Floor Space of Buildings Under Construction**	**(10 000 sq.m)**	**64651**	**2687**
#本年新开工面积		#Floor Space of Buildings Started in Current Year		24539	1185
房屋建筑竣工面积	**(万平方米)**	**Floor Space of Buildings Completed**	**(10 000 sq.m)**	**19876**	**869**

14-7 续表

指 标		Item		建筑安装业 Archi-tectural Installation	电气安装 Electrical Installation
企业个数	**(个)**	**Number of Enterprises**	**(unit)**	**266**	**102**
建筑业总产值	**(亿元)**	**Gross Output Value of Construction**	**(100 million yuan)**	**475.17**	**139.19**
#建筑工程		#Construction Projects		163.57	37.49
安装工程		Installation Projects		281.70	90.69
其他		Others		29.90	11.01
竣工产值	**(亿元)**	**Output Value Completed**	**(100 million yuan)**	**240.63**	**73.03**
房屋建筑施工面积	**(万平方米)**	**Floor Space of Buildings Under Construction**	**(10 000 sq.m)**	**385**	**65**
#本年新开工面积		#Floor Space of Buildings Started in Current Year		129	19
房屋建筑竣工面积	**(万平方米)**	**Floor Space of Buildings Completed**	**(10 000 sq.m)**	**183**	**37**

Production Indicators of Construction Enterprises by Sector (2020)

铁路公路隧道桥梁建筑业 Construction of Railways, Roads, Tunnels and Bridgeworks	水利和港口建筑业 Construction of Water Conservancy and Harbor Engineering	海洋工程建筑业 Construction of Ocean Engineering	工矿工程建筑业 Construction of Industry and Mining Projects	架线和管道工程建筑业 Construction of Wire Laying and Pipework	其他土木工程建筑业 Construction of Other Civil Engineering
413	**99**		**31**	**121**	**107**
1742.32	**430.96**		**148.96**	**338.26**	**146.14**
1591.08	399.17		66.77	132.01	99.44
62.62	11.34		67.48	161.53	18.78
88.62	20.45		14.71	44.72	27.93
637.94	**136.35**		**34.59**	**248.11**	**66.90**
1239	**677**		**379**	**13**	**292**
645	238		133	7	122
561	**117**		**18**	**41**	**94**

Continued

		建筑装饰和其他建筑业				
管道和设备安装 Piping and Equipment Installation	其他建筑安装业 Other Architectural Installation	Architectural Decoration	建筑装饰业 Architectural Decoration Industry	工程准备 Engineering Preparation	提供施工设备服务 Service of Supplying Construction Equipment	其他未列明的建筑活动 Other Construction Activities N.E.C
48	**116**	**225**	**151**	**18**	**10**	
184.89	**151.09**	**224.30**	**168.14**	**22.06**	**10.58**	
40.33	85.74	174.96	143.12	9.36	9.73	
130.84	60.17	16.57	9.07		0.39	
13.72	5.18	32.77	15.96	12.69	0.45	
104.66	**62.94**	**124.99**	**91.03**	**15.69**	**4.19**	
218	**103**	**255**	**122**	**10**	**7**	
40	70	86	48	6	0	
66	**79**	**308**	**90**	**4**	**17**	

主要统计指标解释

建筑业统计单位 指从事房屋、构筑物建造和设备安装活动的法人企业。建筑业法人企业应具有建筑业资质并能够独立核算，同时其应具备以下条件：①依法成立，有自己的名称、组织机构和场所，能够承担民事责任；②独立拥有和使用资产，承担负债，有权与其他单位签订合同；③独立核算盈亏，能够编制资产负债表。

建筑业总产值 是以货币形式表现的建筑业企业在一定时期内生产的建筑业产品和提供的服务的总和。建筑业总产值包括：

(1) 建筑工程产值：指列入建筑工程预算内的各种工程价值。

(2) 安装工程产值：指设备安装工程价值，不包括被安装设备本身的价值。

(3) 其他产值：建筑业总产值中除建筑工程、安装工程以外的产值。包括房屋构筑物修理产值、非标准设备制造产值、总包企业向分包企业收取的管理费以及不能明确划分的施工活动所完成的产值。

a. 房屋构筑物修理产值：指房屋和构筑物修理所完成的产值，但不包括被修理房屋、构筑物本身价值和生产设备的修理价值。

b. 非标准设备制造产值：指加工制造没有定型的非标准生产设备的加工费和原材料价值（如化工厂、炼油厂用的各种罐、槽，矿井生产统一使用的各种漏斗、三角槽、阀门等）以及附属加工厂为本企业承建工程制作的非标准设备的价值。

建筑业增加值 指建筑业企业在报告期内以货币形式表现的建筑业生产经营活动的最终成果。

从2004年第一次全国经济普查开始，建筑业现价增加值按生产法和分配法（收入法）两种方法计算，以收入法的计算结果为准，即从收入的角度出发，根据生产要素在生产过程中应得的收入份额计算。具体计算方法：经济普查年度建筑业增加值按照《经济普查年度GDP核算方案》计算，非经济普查年度建筑业增加值按照《非经济普查年度GDP核算方案》计算。

房屋建筑施工面积 指在报告期内施过工的全部房屋建筑面积，包括本期新开工的房屋面积、上期施工跨入本期继续施工的房屋面积、上期停缓建在本期恢复施工的房屋面积、本期竣工的房屋面积及本期施工后又停缓建的房屋面积。

房屋建筑竣工面积 指在报告期内房屋建筑按照设计要求全部完工，达到了使用条件，经验收鉴定合格，正式移交使用单位的房屋建筑面积。

Explanatory Notes on Main Statistical Indicators

Statistical Unit in the Construction Industry refers to a corporate enterprise engaged in the construction of buildings and structures and in the installation of equipment. A corporate construction enterprise should have qualification certificates with independent accounting system, and should meet the following 3 requirements: a) being set up in line with relevant legal basis, having its full name, organization and location, and capable of taking civil liabilities; b) independently possessing and using its assets and assuming its liabilities, and entitled to sign contracts with other institutions; and c) making independent accounts of its profits and losses, and capable of compiling its own balance sheet.

Gross Output Value of Construction refers to total of construction products and services, expressed in money terms, produced or rendered by construction and installation enterprises during a given period of time. It includes:

(1) Output value of construction projects: the value of projects covered by the project budgets;

(2) Output value of installation projects: the value of the installation of equipment, (excluding the value of the equipment to be installed);

(3) Other output values: the output value of construction industry apart from that of construction projects and installation projects. It includes: output value of repair of buildings and structures; output value of non-standard equipment manufacturing; overhead expenses received by contracted enterprises from the sub-contracted enterprises and the completed output value of construction activities for which there is no clear definition.

a. Output value of repair of buildings and structures: the value created through the repairs of buildings or structures. It does not include the value of buildings or structures being repaired and the value of the repair of production equipment;

b. Output value of manufactured non-standard equipment: the value of non-standard production equipment, including raw materials and manufacturing cost, made for the construction project (i.e., chemical plant; kettles or tanks used by refineries; various fillers, triangle tanks, valves used by mines). It also includes the output value of equipment manufactured by subsidiary workshops.

Value-added of Construction refers to the final result of the activities of production and operation of enterprises of the construction industry in monetary terms during the reference period.

Starting from the 2004 economic census, value-added of construction is calculated by both production approach and income approach, with the figures from the income approach as the final figures., Under the income approach,, calculation starts from the perspective of income and is based on the share of income derived from the production process by the relevant factors of production.. Specifically, value-added of construction for the Census years is calculated in accordance with the Programme of Compilation of GDP and National Accounts for the Year of Economic Census, and value-added of construction for other years is calculated in accordance with the Programme of Compilation of GDP and National Accounts for the Non Economic Census Years.

Floor Space of Buildings Under Construction refers to floor space of buildings under construction during the reference period, including the floor space of buildings for which construction has newly started; buildings for which construc- tion has started earlier and is continuing during the reference period; and buildings for which construction has been suspended earlier but has restarted during the reference period; buildings completed during the reference period; and buildings under construction but construction has subsequently been during the reference period.

Floor Space of Buildings Completed refers to the floor space of buildings that are completed in the reference period in accordance with the requirements of the design, up to the standard for being put into use, and having been checked and accepted by departments concerned as qualified ones.

15 交通运输、邮电和其他服务业

Transportation, Postal, Telecommunication and other Services

资料整理人员：谢妮莉　　韩建芳

15-1 运输线路长度和民用汽车拥有量
Length of Transportation Routes and Number of Civil Vehicles Owned

年份 Year	铁路营业里程（公里）Length of Railways in Operation (km)	#复线里程 Double-tracking	#高速铁路 High Speed Railway	公路里程（公里）Length of Highways (km)	#高速公路 Expressway	内河航道（公里）Length of Navigable Inland Waterways (km)	民用汽车拥有量（万辆）Number of Civil Vehicles Owned (10 000 units)	#私人汽车 Private-owned
1949	950			3142		10913		
1950	950			3420		10913	0.11	
1951	950			3631		10913	0.16	
1952	950			3790		10913	0.16	
1953	928			4231		10913	0.17	
1954	933			4352		10913	0.17	
1955	933			4469		10952	0.19	
1956	933			5430		11295	0.22	
1957	919			6437		11299	0.24	
1958	919			11282		14202	0.41	
1959	1007			15326		16607	0.57	
1960	1127			17223		17098	0.64	
1961	1193			17340		17098	0.62	
1962	1193			17340		17098	0.60	
1963	1193			18466		15768	0.66	
1964	1193			19487		16586	0.70	
1965	1416			20979		16586	0.78	
1966	1443			22726		16586	0.84	
1967	1464			23875		16586	0.93	
1968	1464			25148		16586	1.04	
1969	1464			27028		16586	1.16	
1970	1464			29437		16586	1.64	
1971	1538			32066		12099	1.77	
1972	1937			32824		10643	2.10	
1973	2053			35978		10828	2.60	
1974	2065			38331		11179	2.86	
1975	2065			46803		11147	3.34	
1976	2065			49943		11499	3.85	
1977	2065			55420		11558	4.39	
1978	2065			59541		10798	4.89	
1979	1681			54678		10137	5.69	
1980	1653			54897		10137	6.52	
1981	1653			55155		10149	7.09	
1982	2236			55289		10154	7.85	
1983	2236			55483		10164	8.70	
1984	2299			55756		10164	9.24	
1985	2299			56002		9941	10.84	

15-1 续表 Continued

年份 Year	铁路营业里程（公里）Length of Railways in Operation (km)	#复线里程 Double-tracking	#高速铁路 High Speed Railway	公路里程（公里）Length of Highways (km)	#高速公路 Expressway	内河航道（公里）Length of Navigable Inland Waterways (km)	民用汽车拥有量（万辆）Number of Civil Vehicles Owned (10 000 units)	#私人汽车 Private-owned
1986	2299			56636		10005	12.89	
1987	2302			56930		10051	14.88	2.64
1988	2302			57090		10037	16.91	3.35
1989	2302			57209		10092	18.10	3.68
1990	2302			57460		10110	18.75	3.71
1991	2302			57693		10110	20.35	4.20
1992	2302			58110		10010	22.91	5.55
1993	2273			58421		10010	26.55	7.34
1994	2273			58803	44	10010	32.11	10.01
1995	2273			59125	44	10050	35.24	12.66
1996	2273			59554	100	10050	37.49	13.78
1997	2273	642		59761	101	10050	38.12	16.55
1998	2275	642		60077	172	10050	41.58	21.12
1999	2891	1033		60416	280	10065	42.73	22.94
2000	2924	1836		60848	449	10041	46.10	25.98
2001	2894	1282		66593	585	10041	50.43	27.95
2002	2829	1282		84808	1012	10041	57.67	30.72
2003	2771	1273		85233	1218	11968	65.08	36.01
2004	2774	1282		87875	1218	11968	71.78	41.60
2005	2802	1247		88200	1403	11968	82.76	52.13
2006	2806	1246		171848	1403	11968	94.64	61.35
2007	2799	1250		175415	1764	11398	121.72	85.36
2008	2795	1246		184568	2001	11398	142.67	101.89
2009	3693	1852	606	191405	2226	11968	200.07	138.28
2010	3695	1847	606	227998	2386	11968	243.72	179.57
2011	3693	1852	604	232190	2649	11968	290.58	222.93
2012	3825	1987	604	234051	3968	11968	340.18	271.33
2013	4028	2033	786	235396	5084	11968	397.75	327.24
2014	4532	2540	1293	236250	5493	11968	443.42	393.26
2015	4521	2541	1293	236886	5653	11968	516.60	466.14
2016	4716	2982	1374	238273	6080	11968	603.02	551.11
2017	4698	3007	1396	239724	6419	11968	688.89	635.97
2018	5070	3336	1730	240060	6725	11968	786.20	727.45
2019	5579	3682	1986	240566	6802	11968	875.41	812.68
2020	5646	3776	1997	241138	6951	11968	956.60	890.18

注：2006 年起，公路里程含村道。2019 年铁路管界调整。

From 2006, Length of Highways included Village Roads.Railway boundary adjustment in 2019.

15-2 运输线路、铁路机车基本情况

Basic Statistics on Transportation Routes and Railway Locomotives

单位：公里 (km)

指 标		Item		2000	2010	2019	2020
铁路营业里程		**Length of Railways in Operation**		**2924**	**3695**	**5579**	**5646**
复线里程		Double-track		1836	1847	3682	3776
电气化线路里程		Length of Electrified Railway		672	2342	4531	4754
高速铁路里程		Length of High Speed Railway			606	1986	1997
公路线路里程		**Length of Highways**		**60848**	**227998**	**240566**	**241138**
有铺装路面（高级）		Paved Highways			131036	221381	223188
未铺装路面（中低无）		Non-paved Highway			89905	17856	16714
等级公路		Expressway and Class Ⅰ to Ⅳ Highway		33380	184045	226590	229192
高速		Expressway		440	2386	6802	6951
一级		First Class		239	838	2232	2723
二级		Second Class		3761	8018	15298	15749
等外路		Highway Below Class Ⅳ		27468	43953	13976	11946
内河航道		**Length of Navigable Inland Waterway**		**10041**	**11968**	**11968**	**11968**
中央铁路		**Central Railway**					
内燃机车	（台）	Diesel Locomotives	(unit)	529	283	324	324
电力机车	（辆）	Electric Locomotives	(unit)	120	496	704	682
地方铁路（窄轨）		**Local Railway Locomotives(narrow gauge)**					
客车	（辆）	Passenger Coaches	(unit)	27	35	35	35

注：公路线路里程 2006 年起包含村道。
The figure on the Length of highways includes country road since 2006.

15-3 民用车辆拥有量(2020年)
Number of Civil Motor Vehicles (2020)

单位：辆 (unit)

指 标	Item	总计 Total	营业性 Business	非营业性 Non-business	#个体 Individual	#新注册 New Registration
合计	**Total**	**15416659**	**706342**	**14341557**	**14377085**	**1531447**
民用汽车	Civil Motor Vehicles	9565987	602349	8917651	8901815	938820
载客汽车	Passenger Vehicles	8584789	151404	8387398	8108238	821900
#大型	#Large	60130	49998	5533	508	2337
中型	Medium	39705	15866	8079	4686	1187
轿车	Cars	5222709	82144	5115828	4982741	474100
载货汽车	Trucks Vehicles	895331	425198	470133	729412	111123
#重型	#Heavy	200620	193581	7039	124776	28086
中型	Medium	45994	41869	4125	36875	2145
摩托车	Motors	5463369	40185	5423184	5445843	556845
拖拉机	Tractors	213580				13821
挂车	Truck Trailer	64530	63808	722	29427	14164
其他类型车	Other Motors Vehicles	109193				7797

15-4 水路运输工具拥有量(2020年)
Ownership of Water Transport Means (2020)

指 标		Item		总计 Total	#个体 Individual	内河运输 River Shipping	#个体 Individual
机动船	**(艘)**	**Motor Vessels**	**(unit)**	**4312**	**622**	**4300**	**622**
净载重量	(吨位)	Net Haulage Capacity	(ton)	4325046	246133	4007203	246133
载客量	(客位)	Passenger Capacity	(seat)	60167		60167	
功率	(千瓦)	Power	(kw)	1415520	99543	1366880	99543
客船	(艘)	Passenger Ship	(unit)	1660		1660	
载客量	(客位)	Passenger Capacity	(seat)	60167		60167	
功率	(千瓦)	Power	(kw)	101702		101702	
货船	(艘)	Cargoboat	(unit)	2648	622	2636	622
净载重量	(吨位)	Net Haulage Capacity	(ton)	4325046	246133	4007203	246133
功率	(千瓦)	Power	(kw)	1311420	99543	1262780	99543
货船中：油船	(艘)	Oil Tanker	(unit)	21		21	
净载重量	(吨位)	Net Haulage Capacity	(ton)	27736		27736	
功率	(千瓦)	Power	(kw)	9416		9416	
拖船	(艘)	Drawing	(unit)	4		4	
功率	(千瓦)	Power	(kw)	2398		2398	
驳船	**(艘)**	**Barges**	**(unit)**	**239**		**239**	
净载重量	(吨位)	Net Haulage Capacity	(ton)	34267		34267	

15-5 旅客运量和旅客周转量
Passenger Traffic and Turnover Volume of Passenger Traffic

年份 Year	合计 Total	铁路 Railway	公路 Highway	水运 Waterway	民用航空 Civil Aviation
客运量（万人）	Total Passenger Traffic (10 000 persons)				
2000	87462	5233	81005	1094	130
2001	92381	5202	85971	1063	145
2002	98244	5173	91653	1249	169
2003	96182	4850	90353	793	186
2004	106333	5326	99975	772	260
2005	116457	5423	109728	702	304
2006	118621	5550	112135	573	363
2007	123626	5891	116780	525	430
2008	131442	6239	124274	509	419
2009	141061	6407	133359	747	548
2010	156871	7111	148235	919	606
2011	171886	7915	161980	1327	664
2012	184872	8429	174386	1349	708
2013	197541	9067	149016	1480	757
2014	162540	9639	150583	1449	870
2015	132104	10368	119266	1534	935
2016	122851	11518	108627	1615	1091
2017	116178	12872	100390	1674	1241
2018	108083	13943	91007	1729	1403
2019	102971	15626	84162	1641	1542
2020	57512	11392	44144	840	1136
周转量（亿人公里）	Total Passenger-kilometers (100 million passenger-km)				
2000	724.06	394.00	318.37	3.55	8.14
2001	761.62	410.65	337.90	3.23	9.84
2002	827.55	428.84	384.91	3.20	10.60
2003	831.24	431.00	384.67	2.43	13.14
2004	972.57	500.38	449.73	2.35	25.87
2005	1046.27	531.71	480.57	1.94	32.05
2006	1114.86	562.48	512.24	1.42	38.72
2007	1224.57	626.14	548.12	1.19	49.12
2008	1260.17	645.98	565.64	0.82	47.73
2009	1289.93	625.44	601.11	1.01	62.37
2010	1464.96	707.18	683.58	1.69	72.51
2011	1636.15	775.01	778.04	2.74	80.36
2012	1713.94	769.62	853.96	2.63	87.73
2013	1856.51	830.75	721.93	2.85	97.96
2014	1762.41	873.49	776.48	2.84	109.60
2015	1650.45	879.46	635.64	3.07	132.28
2016	1665.50	920.60	577.03	3.22	164.66
2017	1679.47	970.47	526.60	3.47	178.93
2018	1668.36	979.54	479.93	3.63	205.26
2019	1660.98	1006.05	433.47	3.45	218.02
2020	985.61	607.89	224.84	1.89	151.00

注：2013 年开始，公路水路客货运输数据，源自交通运输业经济统计专项调查，统计口径有所调整（下同）。

Beginning in 2013,highway and waterway freignt volume data,from traffic transportation economic statistics,special inrestigation,statistical adjustments(the same below).

15–6 货物运量和货物周转量
Freight Traffic and Turnover Volume of Freight Traffic

年份 Year	合计 Total	铁路 Railway	公路 Highway	水运 Waterway	民用航空 Civil Aviation
货运量（万吨）	**Total Freight Traffic (10 000 tons)**				
2000	51228	4676	42868	3406	2.00
2001	53035	4965	44340	3572	2.00
2002	52156	4942	42982	3760	2.00
2003	59952	5214	51136	3600	2.00
2004	69680	5400	60291	3986	3.00
2005	76876	5218	67040	4615	3.00
2006	84998	5643	72457	6894	3.74
2007	99501	5831	85432	8234	3.77
2008	115810	5552	98759	11495	3.80
2009	128582	5392	111351	11834	4.62
2010	149168	5716	127635	15811	6.09
2011	168152	5951	144241	17954	6.11
2012	190712	5331	166670	18705	5.80
2013	210659	4890	156268	23097	6.07
2014	202800	4495	172613	25687	6.25
2015	199499	4184	172248	23061	6.08
2016	207553	4114	178968	23445	6.41
2017	226522	4185	198806	22560	6.96
2018	231110	4468	204389	21101	8.13
2019	190958	4554	165096	20090	9.14
2020	201977	4592	176442	19844	10.95
周转量（亿吨公里）	**Total Freight Ton-kilometers (100 million ton-km)**				
2000	1074.50	632.12	297.79	143.76	0.11
2001	1132.18	674.39	316.03	141.22	0.14
2002	1223.09	730.86	355.96	135.48	0.16
2003	1361.12	782.60	455.45	121.74	0.24
2004	1574.21	896.49	513.45	162.21	0.32
2005	1661.97	930.29	538.57	190.32	0.38
2006	1781.11	951.66	592.37	236.66	0.42
2007	1981.63	1038.39	682.69	260.10	0.45
2008	2340.11	971.47	1085.06	283.10	0.48
2009	2505.27	990.00	1259.65	255.03	0.59
2010	2904.98	1022.71	1539.36	342.14	0.77
2011	3345.76	1046.16	1878.57	420.26	0.77
2012	3953.62	998.13	2392.49	562.26	0.74
2013	4227.44	923.76	2329.54	552.45	0.81
2014	4122.58	832.92	2578.90	709.94	0.82
2015	3884.64	749.95	2553.52	580.30	0.87
2016	4072.70	750.82	2686.57	619.47	0.94
2017	4316.43	813.13	2990.55	497.07	1.05
2018	4404.28	812.75	3114.85	458.96	1.26
2019	2612.24	855.38	1316.65	421.55	1.42
2020	2620.41	856.36	1350.55	395.28	1.63

注：2019 年度公路货运数据采用交通部专项调查数据。
Road freight data for 2019 are based on the special survey data of the Ministry of Transport.

15-7 邮政业务基本情况
Basic Statistics of Postal Business

指 标		Item		2019	2020
邮政局、所	**（处）**	**Number of Post Offices**	**(unit)**	**2810**	**2810**
#设在农村的局、所		#Rural Post Offices		2185	2188
邮政局		Post Bureaus		136	136
邮政支局		Branch of Post Bureaus		1092	1298
自办邮政所		Post Places		649	445
代办邮政所		Agency of Post Places		933	931
邮路总长度	**（公里）**	**Length of Postal Routes**	**(km)**	**127942**	**137141**
农村投递路线总长度	**（公里）**	**Length of Rural Delivery Routes**	**(km)**	**203940**	**202390**
邮政业务总量	**（亿元）**	**Revenue of Postal Business**	**(100 million yuan)**	**321.79**	**429.22**
包裹业务合计	**（万件）**	**Total of Parcels**	**(10 000 pieces)**	**25.00**	**19.43**
报刊业务	**（万份）**	**Business of Newspaper and Magazine**	**(10 000 copies)**		
报纸累计份数		Total of Newspapers		62946	61615
杂志累计份数		Total of Magazines		3818	3917
报纸期发份数		Number of Newspapers in One Period		275	264
杂志期发份数		Number of Magazines in One Period		207	259
邮政其他业务量	**（万元）**	**Revenue of Other Postal Business**	**(10 000 yuan)**	**107954**	**81916**

注：邮政业务总量2010年起，由2000年不变价调整为2010年不变价。

From 2010, the index of Revenue From Postal is adjusted from 2000's constant price to 2010's constant price.

15-8 电信业务基本情况
Basic Statistics of Telecommunication

指 标		Item		2019	2020
销售营业网点数	**（处）**	**Number of Selling Places**	**(unit)**	**33486**	**36588**
自办营业网点数		Main Selling Places		619	784
电信业务代办网点数		Agency of Telecommunication Places		32867	35804
长途电信设备		**Equipment of Long Distance Telecommunication**			
长途光缆线路长度	（公里）	Length of Long Distance Optical Cables	(km)	43219	42650
移动通信主要设备		**Main Equipment of Mobile Communication**			
移动电话基站	（个）	Basic Station of Mobile Telephone	(unit)	327200	365768
互联网宽带接入端口	（万个）	Broad Band Subscribers Port of Internet	(10 000 ports)	2997.94	3242.37
电信业务总量	**（亿元）**	**Revenue of Telecommunication Business**	**(100 million yuan)**	**4248.82**	**5671.25**
固定电话用户	（万户）	Fixed Telephone User	(10 000 households)	623.14	592.43
移动电话年末用户	（万户）	Mobile Telephone User at the Year-end	(10 000 households)	6648.08	6719.40
3G 移动电话用户		3G Mobile Phone Subscribers		318.09	99.41
4G 移动电话用户		4G Mobile Phone Subscribers		5276.67	5417.20
固定互联网上网用户	（万户）	Internet User	(10 000 households)	1873.77	2113.17
移动互联网上网用户	（万户）	Internet User	(10 000 households)	5489.68	5771.21

注：电信业务总量 2017 年起执行 2015 年不变价。
From 2017,the Revenue of Telecommunication Business application 2015's constant price.

15-9 邮电通信水平(2020年)
Development of Postal and Telecommunications Services (2020)

指 标		Item		2020
平均每一邮政业营业网点服务面积	（平方公里）	Average Area Served by Every Postal Service	(sq.km)	17.4
平均每一邮政业营业网点服务人口	（万人）	Average People Served by Every Post Service	(10 000 persons)	0.58
平均每人每年发函件数	（件）	Annual Average Number of Letters and Mails Per Capita	(piece)	0.25
平均每百人每年订购报刊数	（份）	Annual Average Number of Newspaper and Magazine Subscribers Per 100 ersons	(copy)	7.9
设有邮电局、所的乡镇比重	（%）	Percentage of Townships with Post and Telecommunication Offic	(%)	100.0
电话普及率（含移动）	（部/百人）	Popularization Rate of Telephone	(sets/100 persons)	110.0
进入长途电话自动网的县(市)比重	（%）	Percentage of Townships with Connected Autoexchange Net of Long Distance Call	(%)	100.0
已通电话的乡（镇）比重	（%）	Percentage of Townships with Telephone Communication	(%)	100.0

注：邮政业营业网点含邮政企业和快递企业所属营业网点。
Postal service business outlets include postal enterprises and express enterprises affiliated business outlets.

15-10 规模以上服务业企业分类别经济指标(2020年)
Classification Economic Indicators of Service Enterprises above Designated Size (2020)

单位：亿元 (100 million yuan)

指 标	Item	单位数（个）Number of Enterprises (unit)	年初存货 Inventory Year-early	流动资产合计 Circulating Funds	应收账款 Net Value of Account Received	存 货 Stock
总计	**Total**	**7032**	**4933.56**	**13635.93**	**1366.76**	**5131.20**
按登记注册类型分：	**Grouped by Registration**					
内资企业	Internal-invested Enterprises	6975	4932.63	13469.26	1348.60	5129.95
国有企业	State-owned Enterprises	186	89.64	465.80	48.20	74.84
集体企业	Collective-owned Enterprises	33	0.07	11.97	0.62	0.07
股份合作企业	Enterprises Cooperated by Joint-stock	4		0.53	0.46	
联营企业	Cooperative Enterprises	2	0.03	0.12		0.04
有限责任公司	Limited Liability Company	1430	4742.98	11522.52	999.57	4955.60
股份有限公司	Company Limited by Shares	119	22.49	439.43	54.92	23.06
私营企业	Individual-owned Enterprises	4727	73.70	970.61	231.56	72.06
其他企业	Enterprises of Other Types of Ownership	474	3.71	58.29	13.26	4.28
港、澳、台商投资企业	Enterprises Funded by Entrepreneurs From Hong Kong,Macao and Taiwan	33	0.57	137.13	13.59	0.88
外商投资企业	Enterprises Funded by Foreigners	24	0.37	29.54	4.57	0.37

15-10 续表 1

单位：亿元

指　标	Item	固定资产原　价 Original Price of Fixed Assets	累计折旧 Accumulated Depreciation	本年折旧 Deprecia-tion this Year	资产总计 Total Assets
总计	**Total**	**9602.45**	**1806.43**	**251.29**	**29850.53**
按登记注册类型分：	**Grouped by Registration**				
内资企业	Internal-invested Enterprises	9418.94	1709.25	243.68	29390.87
国有企业	State-owned Enterprises	280.80	109.48	15.75	912.07
集体企业	Collective-owned Enterprises	10.11	7.10	0.26	21.67
股份合作企业	Enterprises Cooperated by Joint-stock	3.74	1.22	0.07	3.28
联营企业	Cooperative Enterprises	3.76	2.09	0.07	1.96
有限责任公司	Limited Liability Company	7451.50	738.07	108.37	24495.20
股份有限公司	Company Limited by Shares	987.99	492.49	68.19	1800.59
私营企业	Individual-owned Enterprises	572.53	331.90	45.29	1981.30
其他企业	Enterprises of Other Types of Ownership	108.50	26.91	5.69	174.80
港、澳、台商投资企业	Enterprises Funded by Entrepreneurs From Hong Kong,Macao and Taiwan	114.29	49.84	5.04	264.80
外商投资企业	Enterprises Funded by Foreigners	69.22	47.34	2.57	194.85

15-10 续表 2

单位：亿元

指　标	Item	财务费用 Financial Expense	利息收入 Interest Revenue	利息支出 Interest Expense	投资收益 Income from Investment
总计	**Total**	**237.82**	**20.42**	**226.13**	**71.81**
按登记注册类型分：	**Grouped by Registration**				
内资企业	Internal-invested Enterprises	229.46	20.10	220.38	70.76
国有企业	State-owned Enterprises	3.06	4.48	7.53	0.23
集体企业	Collective-owned Enterprises	0.12	0.01	0.04	0.01
股份合作企业	Enterprises Cooperated by Joint-stock	0.06		0.03	
联营企业	Cooperative Enterprises	-0.05		0.05	
有限责任公司	Limited Liability Company	187.82	11.39	182.69	20.87
股份有限公司	Company Limited by Shares	11.58	2.75	12.07	15.06
私营企业	Individual-owned Enterprises	24.11	1.44	16.51	34.34
其他企业	Enterprises of Other Types of Ownership	2.76	0.02	1.46	0.25
港、澳、台商投资企业	Enterprises Funded by Entrepreneurs From Hong Kong,Macao and Taiwan	6.47	0.22	3.78	1.03
外商投资企业	Enterprises Funded by Foreigners	1.89	0.10	1.96	0.03

Continued

(100 million yuan)

负债合计 Total Liability	所有者权益合计 Total Rights of Owners	营业收入 Operating Income	营业成本 Operating Cost	税金及附加 Tax and Extra Charges	销售费用 Operation Expenses	管理费用 Management Expense
17404.67	**12445.85**	**4748.16**	**3602.66**	**49.74**	**263.17**	**394.91**
17165.28	12225.59	4644.61	3549.43	49.18	236.89	386.08
545.77	366.31	239.70	219.53	6.27	15.40	30.37
14.37	7.30	7.90	5.25	0.26	0.36	1.14
1.09	2.19	0.90	0.18		0.02	0.63
3.50	-1.53	0.39	0.33			0.08
14490.57	10004.62	2174.42	1643.25	23.46	84.03	154.94
808.95	991.65	383.49	248.86	2.17	42.51	31.30
1203.05	778.25	1659.47	1295.90	16.15	90.67	152.41
97.99	76.81	178.34	136.13	0.87	3.90	15.21
117.61	147.19	73.24	34.70	0.21	24.13	5.82
121.79	73.07	30.31	18.52	0.35	2.14	3.01

Continued

(100 million yuan)

营业利润 Operating Profit	营业外收入 Non-operating Income	营业外支出 Operating Expense	利润总额 Total Profit	所得税费用 Income Tax and Fee	应付职工薪酬 Total Sum of Wages Payable	平均用工人数（万人） Average Number of Empolyment of the Current Year (10 000 persons)
329.57	**80.45**	**18.49**	**391.52**	**44.89**	**743.24**	**89.90**
322.18	79.96	18.03	384.10	43.23	722.58	87.75
-20.53	5.58	0.87	-15.81	0.78	57.56	4.58
0.77	0.04	0.02	0.80	0.02	1.95	0.46
0.01			0.01		0.48	0.07
-0.06	0.13		0.07		0.22	0.02
177.25	50.89	9.14	219.00	27.99	300.32	28.06
58.99	5.03	3.48	60.53	3.77	70.89	4.31
86.63	17.54	4.23	99.93	10.16	262.73	45.32
19.11	0.75	0.29	19.57	0.51	28.44	4.93
3.42	0.36	0.29	3.48	0.70	13.16	1.56
3.98	0.13	0.17	3.94	0.97	7.50	0.59

15-11 规模以上服务业企业分行业大类经济指标(2020年)

单位：亿元

指标	Item	单位数（个）Number of Institutions (unit)	年初存货 Inventory Year-early	流动资产合计 Circulating Funds
总计	**Total**	**7032**	**4933.56**	**13635.93**
铁路运输业	Railway Transport	7	0.74	8.01
道路运输业	Road Transport	711	7.04	1060.52
水上运输业	Water Transport	44	0.11	10.67
航空运输业	Air Transport	8	0.11	59.74
管道运输业	Transport Via Pipelines	4	0.40	17.40
多式联运和运输代理业	Multimodal Transport and Other Transport Services	74	0.38	17.32
装卸搬运和仓储业	Handling Industry and Storage	130	93.62	164.03
邮政业	Post	64	1.32	40.01
电信、广播电视和卫星传输服务	Telecommunications, Radio and Television and Satellite Transmission Services	183	4.32	99.58
互联网和相关服务	Internet and Related Services	130	3.95	114.75
软件和信息技术服务业	Software and IT Services	257	8.44	154.88
物业管理	Property Management	397	2.01	92.96
房地产中介服务	Real Estate Intermediary Services	34	0.02	13.47
房地产租赁经营	Real Estate Leasing	44	76.43	223.70
租赁业	Leasing	94	1.04	11.47
商务服务业	Business Services	1304	818.36	2670.36
研究和试验发展	Research and Experimental Development	38	44.65	105.24
专业技术服务业	Professional Technical Services	558	32.30	566.31
科技推广和应用服务业	Services of Science and Technology Promotion and Application	327	5.73	58.65
水利管理业	Management of Water Conservancy	6		2.35
生态保护和环境治理业	Ecological Protection and Environmental Management	86	2.42	46.93
公共设施管理业	Management of Public Facilities	168	167.52	411.31
土地管理业	Land Management	63	3595.03	6838.38
居民服务业	Services to Households	182	4.90	44.68
机动车、电子产品和日用产品修理业	Motor Vehicles, Electronics and Household Goods Repair Industry	118	0.83	3.75
其他服务业	Other Services	96	0.39	7.54
教育	Education	457	0.97	62.06
卫生	Health	361	6.53	190.88
社会工作	Social Work	64	0.06	3.11
新闻和出版业	Journalism and Publishing Activities	36	8.41	96.39
广播、电视、电影和影视录音制作业	Radio, Television,Film and Video Production Industry Recordings	210	21.24	312.99
文化艺术业	Cultural and Art Activities	233	2.47	26.69
体育	Sports Activities	66	0.13	9.72
娱乐业	Entertainment	478	21.68	90.09

Main Economic Indicators of Service Enterprises above Designated Size by Service Sector (2020)

(100 million yuan)

应收账款 Net Value of Account Received	存货 Inven-tory	固定资产原价 Original Price of Fixed Assets	累计折旧 Accumulated Depreciation	本年折旧 Depreciation this Year	资产总计 Total Assets	负债合计 Total liability	所有者权益合计 Total Rights of Owners	营业收入 Operating Income	营业成本 Operating Cost
1366.76	**5131.20**	**9602.45**	**1806.43**	**251.29**	**29850.53**	**17404.67**	**12445.85**	**4748.16**	**3602.66**
1.20	0.34	405.37	54.49	9.87	479.39	284.25	195.14	23.18	27.07
85.79	8.17	5304.20	249.78	44.25	7681.87	5182.95	2498.92	623.78	469.24
2.37	0.20	19.79	8.04	0.96	39.30	16.65	22.65	18.40	16.02
3.57	0.15	151.37	43.14	5.89	286.33	175.15	111.18	23.44	28.59
0.10	0.44	8.09	3.14	0.24	53.65	35.86	17.79	5.99	3.92
5.19	0.43	17.32	3.35	0.71	38.65	21.68	16.96	56.55	56.16
13.07	73.44	98.98	36.36	5.23	285.54	197.90	87.64	110.03	109.32
17.61	1.58	39.96	21.26	2.27	63.35	42.09	21.26	151.81	128.60
27.16	4.19	1398.73	810.33	103.02	881.87	293.62	588.25	552.55	352.24
15.56	5.61	21.78	5.41	1.11	205.15	102.64	102.51	128.03	79.08
59.22	9.21	26.12	9.54	2.73	218.29	97.76	120.53	186.96	110.42
14.68	2.79	23.38	9.74	1.51	130.55	97.58	32.97	116.50	93.11
7.53	0.02	0.84	0.33	0.05	14.27	13.34	0.93	16.31	13.38
5.13	48.20	72.64	19.75	1.58	639.70	323.09	316.61	18.61	9.02
4.37	1.56	12.05	3.52	1.28	21.86	11.73	10.14	23.25	18.23
387.63	869.39	721.36	128.77	19.42	5429.09	2949.28	2479.81	789.00	638.67
7.73	48.71	19.97	7.47	1.18	339.93	142.46	197.47	123.88	106.85
126.31	46.25	94.36	34.14	6.38	774.77	439.29	335.48	529.65	412.89
7.19	6.51	34.69	8.16	1.98	199.56	108.76	90.80	135.01	104.62
0.10		1.03	0.38	0.04	9.53	5.77	3.76	1.24	0.66
14.76	3.57	15.13	5.11	1.34	101.46	64.26	37.20	40.56	31.02
32.40	178.23	87.70	17.69	3.59	840.31	466.40	373.91	58.80	42.30
422.22	3753.71	477.06	20.65	4.55	9387.89	5413.56	3974.33	274.30	217.48
2.59	6.34	15.71	5.03	1.07	66.59	52.81	13.78	53.14	37.40
0.72	0.73	3.19	0.77	0.31	7.90	3.86	4.04	16.38	12.07
2.07	0.32	4.46	1.81	0.48	12.84	6.39	6.46	16.20	12.31
12.47	0.82	138.90	31.62	6.39	213.88	120.37	93.51	92.11	67.16
22.47	7.67	131.56	44.55	8.50	405.17	237.12	168.05	158.98	113.19
0.54	0.10	6.77	0.72	0.26	10.00	5.49	4.51	6.20	4.48
4.04	6.96	23.98	9.76	0.91	197.07	32.68	164.38	46.06	30.53
45.79	19.49	56.50	30.85	3.63	484.51	225.99	258.52	218.56	164.90
2.44	3.23	37.27	8.54	2.09	73.41	42.08	31.33	36.90	26.33
4.31	0.46	11.55	3.80	0.61	23.41	19.72	3.70	8.40	5.70
8.46	22.37	120.63	168.43	7.85	233.47	172.12	61.35	87.39	59.69

15-11 续表

单位：亿元

指 标	Item	税 金及附加 Tax and Extra Charges	销售费用 Operation Expense	管理费用 Management Expense
总计	**Total**	**49.74**	**263.17**	**394.91**
铁路运输业	Railway Transport	0.04	0.05	0.68
道路运输业	Road Transport	4.52	18.70	59.43
水上运输业	Water Transport	0.15	0.12	1.42
航空运输业	Air Transport	0.56	0.57	2.94
管道运输业	Transport Via Pipelines	0.05	0.43	0.42
多式联运和运输代理业	Multimodal Transport and Other Transport Services	0.26	1.15	1.85
装卸搬运和仓储业	Handling Industry and Storage	0.80	3.87	8.52
邮政业	Post	0.53	0.84	10.50
电信、广播电视和卫星传输服务	Telecommunications, Radio and Television and Satellite Transmission Services	1.52	63.03	34.49
互联网和相关服务	Internet and Related Services	0.57	29.95	14.56
软件和信息技术服务业	Software and IT Services	1.37	13.87	15.64
物业管理	Property Management	1.19	2.19	13.88
房地产中介服务	Real Estate Intermediary Services	0.10	1.51	1.06
房地产租赁经营	Real Estate Leasing	2.00	1.08	3.60
租赁业	Leasing	0.33	0.74	2.27
商务服务业	Business Services	10.03	27.87	57.37
研究和试验发展	Research and Experimental Development	0.56	7.80	6.16
专业技术服务业	Professional Technical Services	3.34	11.97	43.02
科技推广和应用服务业	Services of Science and Technology Promotion and Application	1.07	3.81	7.94
水利管理业	Management of Water Conservancy	0.02	0.05	0.27
生态保护和环境治理业	Ecological Protection and Environmental Management	0.68	0.97	3.26
公共设施管理业	Management of Public Facilities	1.42	2.30	6.15
土地管理业	Land Management	8.72	2.29	9.72
居民服务业	Services to Households	0.57	6.12	6.76
机动车、电子产品和日用产品修理业	Motor Vehicles, Electronics and Household Goods Repair Industry	0.22	0.89	1.15
其他服务业	Other Services	0.14	0.62	1.65
教育	Education	0.46	2.49	13.31
卫生	Health	0.46	11.14	24.64
社会工作	Social Work	0.06	0.24	0.79
新闻和出版业	Journalism and Publishing Activities	0.44	6.21	8.39
广播、电视、电影和影视录音制作业	Radio, Television,Film and Video Production Industry Recordings	5.57	27.73	17.40
文化艺术业	Cultural and Art Activities	0.56	3.06	4.48
体育	Sports Activities	0.30	0.81	1.50
娱乐业	Entertainment	1.16	8.69	9.68

Continued

(100 million yuan)

财务费用 Financial Expense	利息收入 Interest Revenue	利息支出 Interest Expense	投资收益 Income from Investment	营业利润 Operating Profit	营业外收入 Non-operating Income	营业外支出 Non-operating Expense	利润总额 Total Profit	所得税费用 Income Tax and Fee	应付职工薪酬 Total Sum of Wages Payable	应交增值税 Value Added Payable	平均用工人数（万人） Average Number of Empolyment of the Current Year (10 000 persons)
237.82	**20.42**	**226.13**	**71.81**	**329.57**	**80.45**	**18.49**	**391.52**	**44.89**	**743.24**	**91.37**	**89.90**
11.48	0.03	11.43		-14.56	0.18	0.11	-14.49	-0.01	2.93	0.16	0.15
155.31	1.81	152.24	5.20	-8.00	29.66	1.54	20.12	3.96	93.80	15.62	13.89
0.01	0.05	0.20	0.02	0.86	0.21	0.05	1.02	0.11	2.44	0.25	0.32
0.96	0.31	1.44	-0.07	-8.38	1.83	1.55	-8.10	0.34	12.38	0.13	0.72
0.17	0.03	0.03		1.00	0.01	0.01	1.01	0.26	0.35	0.18	0.03
0.39	0.03	0.26	0.04	1.57	0.43	0.29	1.71	0.32	2.66	0.55	0.38
1.66	2.70	3.41	-0.08	0.05	2.45	0.12	2.38	0.63	11.12	0.91	1.30
0.28				11.23	0.79	0.81	11.20	0.83	42.48	1.21	3.98
3.55	0.33	3.21	2.65	92.83	1.62	3.47	90.98	11.39	70.06	15.72	4.73
3.45	0.20	0.44	0.61	-3.92	4.77	0.31	0.55	0.65	21.31	1.84	1.91
0.61	0.19	0.48	0.73	31.96	1.61	0.15	33.42	4.36	35.73	7.03	2.84
0.72	0.22	0.75	0.23	6.03	0.64	0.15	6.52	1.59	37.69	3.13	7.69
0.08		0.08	-0.02	0.15	0.03	0.01	0.17	0.18	4.01	0.71	0.45
5.08	0.21	5.04	1.86	-0.34	1.90	0.14	1.43	0.39	2.73	0.62	0.25
0.22		0.11		1.32	0.05	0.01	1.35	0.12	2.19	0.45	0.37
23.99	2.94	19.28	27.65	68.51	3.86	1.86	70.50	6.84	107.65	15.62	18.87
0.12	0.63	0.91	2.63	3.00	0.88	0.16	3.72	0.38	8.84	2.71	0.51
2.59	2.03	3.60	4.39	40.30	2.19	0.85	41.64	4.39	93.87	11.63	6.64
3.37	0.62	1.50	0.46	12.59	0.61	0.23	12.98	0.24	8.39	0.86	1.88
0.01				0.20	0.29	0.18	0.32		0.33		0.03
0.80	0.10	0.79	0.77	3.35	0.10	0.13	3.33	0.33	3.18	0.81	0.43
3.21	0.49	3.19	0.58	4.68	2.82	0.38	7.13	1.21	9.60	1.43	1.75
11.24	2.12	7.58	4.46	40.52	18.86	3.08	56.31	2.74	5.75	1.94	0.57
0.50	0.15	0.40	0.25	1.87	0.34	0.26	1.95	0.46	20.66	1.26	2.56
0.13	0.01	0.04	0.02	1.92	0.04	0.03	1.93	0.07	1.52	0.28	0.34
0.12	0.01	0.08		1.25	0.05	0.06	1.24	0.15	5.21	0.41	1.42
2.71	0.06	2.18	0.16	6.15	0.88	0.23	6.79	0.47	29.66	0.40	4.85
3.08	0.73	3.30	18.59	25.45	0.87	1.17	25.16	1.40	44.74	0.30	5.09
0.10		0.06		0.52	0.18	0.03	0.67	0.02	1.34	0.03	0.32
-1.38	1.49	0.06	0.07	-3.46	0.49	0.12	-3.09	0.02	9.69	1.02	0.56
-2.14	2.85	0.56	0.48	5.05	0.77	0.52	5.30	0.10	31.91	2.53	1.42
1.17	0.01	0.37	0.04	2.02	0.28	0.08	2.23	0.24	5.21	0.44	1.08
0.40		0.21		-0.33	0.13	0.16	-0.36	0.04	1.53	0.13	0.31
3.81	0.07	2.90	0.09	4.19	0.60	0.26	4.53	0.68	12.27	1.06	2.23

主要统计指标解释

铁路营业里程 又称营业长度，指投入客货运输营业或临时营业的线路长度。

电气化里程 指具备了电力机车牵引条件，并已交付运营的线路里程。

公路里程 指报告期末公路的实际长度。统计范围：包括城间、城乡间、乡（村）间能行驶汽车的公共道路，公路通过城镇街道的里程，公路桥梁长度、隧道长度、渡口宽度。不包括城市街道里程，断头路里程，农（林）业生产用道路里程，工（矿）企业等内部道路里程。统计原则：按已竣工验收或交付使用的实际里程计算；两条或多条公路共同经由同一路段的重复里程，只计算一次。

货（客）运量 指在一定时期内，各种运输工具实际运送的货物重量（旅客数量）。货运按吨计算，客运按人计算。货物不论运输距离长短、货物类别，均按实际重量统计。旅客不论行程远近或票价多少，均按一人一次客运量统计；半价票、儿童票也按一人统计。

货物（旅客）周转量 指在一定时期内，由各种运输工具运送的货物（旅客）数量与其相应运输距离的乘积之总和。该指标可以反映运输业生产的总成果，也是编制和检查运输生产计划，计算运输效率、劳动生产率以及核算运输单位成本的主要基础资料。计算货物周转量通常按发出站与到达站之间的最短距离，也就是计费距离计算。计算公式为：

货物（旅客）周转量 = Σ（货物（旅客）运输量 × 运输距离）

港口货物吞吐量 指经由水路进、出港区范围，并经过装卸的货物数量。按货物流向分为进港吞吐量和出港吞吐量，按货物的贸易性质分为内贸和外贸吞吐量。货物类别根据现行的交通行业《运输货物分类和代码》标准分类。

民用运输船舶拥有量 指报告期末在水路运输管理部门注册登记的从事水上客、货运输活动的我国企业或私人拥有的营业性运输船舶（含我国企业或私人拥有的悬挂外国旗的船舶）数量。不包括非运输船舶及农业、渔业生产船舶。

民用汽车拥有量 指报告期末，在公安交通管理部门按照《机动车注册登记工作规范》，已注册登记领有民用车辆牌照的全部汽车数量。汽车拥有量统计的主要分类：根据汽车结构分为载客汽车、载货汽车及其他汽车；根据汽车所有者不同分为个人（私人）汽车、单位汽车；根据汽车的使用性质分为营运汽车、非营运汽车；根据汽车大小规格不同，载客汽车分为大型、中型、小型和微型，载货汽车分为重型、中型、轻型和微型。

邮政、电信业务总量 指以货币形式表示的邮政、电信通信企业为社会提供各类邮政、电信通信服务的总数量。计算方法为各类业务的实物量分别乘以相应的不变单价，求出各类业务的货币量加总求得。没有不变单价的业务按其业务收入直接相加。

移动电话用户 指在电信运营企业营业网点办理开户登记手续，通过移动电话交换机进入移动电话网，占用移动电话号码的各类电话用户。包括各类签约用户、智能网预付费用户、无线上网卡用户。

互联网上网人数 指过去半年内使用过互联网的 6 周岁及以上中国居民人数。

固定电话用户 指在电信企业营业网点办理开户登记手续并已接入固定电话网上的全部电话用户。包括普通电话用户、无线市话用户、公用电话用户、窄带综合业务数字网（N-ISDN）用户、智能网专用接入终端用户等。

3G 移动电话用户 指报告期末在计费系统拥有使用信息，占用 3G 网络资源的在网用户。包括使用了 3G 业务或终端的用户。

4G 移动电话用户 指报告期末在计费系统拥有使用信息，占用 4G 网络资源的在网用户。包括使用了 4G 业务或终端的用户。

长途电话交换机容量 指电信企业用于接入长途电话网的电话交换机的设备额定容量。

移动电话交换机容量 指移动电话交换机根据一定话务模型和交换机处理能力计算出来的最大同时服务用户的数量。按报告期末已割接入网正式投入使用的设备实际容量统计。

互联网宽带接入端口 指用于接入互联网用户的各类实际安装运行的接入端口的数量，包括 xDSL 用户接入端口、LAN 接入端口、其他类型接入端口等，不包括窄带拨号接入端口。

规模以上服务业统计对象 指营业收入达到一定规模

标准的执行企业会计制度的服务业法人单位。

统计标准分为三类：一是年营业收入 2000 万元以上的服务业法人单位。包括：交通运输、仓储和邮政业，信息传输、软件和信息技术服务，水利、环境和公共设施管理业，卫生等行业。二是年营业收入 1000 万元以上的服务业法人单位。包括：租赁和商务服务业，科学研究和技术服务业，教育，物业管理、房地产中介服务、房地产租赁经营和其他房地产业等行业。三是年营业收入 500 万元以上的服务业法人单位。包括居民服务、修理和其他服务业，文化、体育和娱乐业，社会工作等行业。

Explanatory Notes on Main Statistical Indicators

Length of Railways in Operation refers to the total length of the trunk line for passenger and freight transportation in full operation or temporary operation.

Length of Electrified Trunk Line refers to the length of the trunk line capable for the running of electrified locomotives and having been put into operation.

Length of Highways refers to the actual length of highways at the end of reference period. It covers public roads running vehicles among cities, city and rural areas, township (villages), highways passing through streets at small cities and towns, length of bridges and tunnels, width of ferry piers. It does not include the length of streets in cities, dead end highways, the length of streets built for agricultural (forest) production and inside factories (mines). It can only be calculated with the actual mileage having been completed, checked and accepted or put into operation. If two or more highways go the same section of the way, the length of the section is only calculated for once.

Freight (Passenger) Traffic refers to the weight of freight (number of passenger) transported with various means within a specific period of time. Freight transport is calculated in tons and passenger traffic is calculated in terms of number of person. Freight transport is calculated in terms of the actual weight of the goods and takes no account of the type of freight and distance of travel. Passenger traffic is calculated by the principle that one person can be counted only once in one trip and takes no account of the travelling distance and ticket price. The passengers who travel with a half price ticket or a child's ticket is also calculated as one person.

Freight Ton-kilometres (Passenger-kilometres) refers to the sum of the product of the volume of transported cargo (passengers) multiplied by the transport distance. It is an important indicator to reflect the achievement of the transportation industry. This is an important indicator to show the total results of the transport industry; to prepare and examine the transport plan; and to serve as the main basic data for calculating the efficiency, labour productivity and unit cost of transport. Normally, the shortest distance between the departure station and the destination station (i.e., the payable distance) is the basis in calculating the freight ton-kilometres. The formula is as follows:

$$\begin{array}{c}\text{Freight ton-kilometres}\\ \text{(passenger-kilometres)}\end{array} = \sum \begin{array}{c}\text{freight}\\ \text{(passenger)traffic}\end{array} \times \begin{array}{c}\text{distance of}\\ \text{transportation}\end{array}$$

Volume of Freight Handled in Coastal Ports refers to the volume of cargo passing in and out of the harbour area of the major coastal ports and having been loaded and unloaded. The volume of freight handled may be classified by direction of cargo flow as in-port freight and out-port freight, or by nature of cargo as freight for domestic trade and freight for foreign trade. It can also be classified by type of freight based on the existing standard classification for transportation industry "Classification and Coding for Freight".

Possession of Civil Transport Vessels refers to the total number at the end of reference period of operating transport vessels owned by Chinese enterprises or privately that are registered in the water transportation management institutions and permitted to perform cargo transport activities (including vessels with foreign flags but owned by Chinese enterprises or citizens). Non-transport vessels and vessels used for agriculture and fishery are not included.

Possession of Civil Motor Vehicles refer to the total numbers of vehicles that are registered and received vehicles license tags according to the Work Standard for Motor Vehicles Registration formulated by the Transport Management Office under the department of public security at the end of the reference period. They are divided into categories. According to the structure of motor vehicles, they are divided into passenger vehicles, trucks and others; according to ownership into private vehicles and vehicles for the unit's use; according to kind of usage into working vehicles and non-working vehicles; and according to size of vehicles into large passenger vehicles, medium-sized passenger vehicles, small passenger vehicles and mini passenger vehicles, heavy trucks, light-heavy trucks, light trucks and mini-trucks.

Business Volume of Post and Telecommunications refers to the total amount of postal and telecommunication services, expressed in value terms, provided by the post and telecommunications departments for society. Business volume of post and telecommunications is the sum of each service in kind multiplying with its correspondent unit price (constant price). Business without constant price add their business revenue directly.

Mobile Telephone Subscribers refer to person who have gone through registration procedures in the operation points of enterprises engaged in telecommunications and are hence connected with the mobile telephone communication network through the mobile telephone switchboards and occupy mobile phone numbers. Included are various types of subscriber, prepaid users for intelligent network and wireless network card users.

Internet Users refer to the number of Chinese citizens

aged 6 and over who use the Internet in the past six months.

Local Telephone Subscribers refer to all subscribers who have gone through registration procedures in the operation points of enterprises engaged in telecommunications and are hence connected to the local telecommunications service provider through fixed line network. Included are general subscribers, wireless local telephone subscribers, public telephones subscribers, N-ISDN subscribers and intelligent network terminal subscribers.

3G Mobile Phone Users refers to the final in the billing system with use of information, take up 3 g network resources in the network users. Including the use of 3G services or terminal users.

4G Mobile Phone Users refers to the final in the billing system with use of information, take up 4 g network resources in the network users. Including the use of 4G services or terminal users.

Capacity of Long Distance Telephone Exchanges refers to the rated capacity of telephone exchanges to connect long distance telephone network by enterprises engaged in telecommunications.

Capacity of Mobile Telephone Exchanges refers to the capacity of the maximum services provided to subscribers at any one time as computed based on a certain model of calls distribution and transacting capacity of the mobile telephone exchanges. It is calculated based on the actual capacity of equipments connected to network through cutover and put into operation officially at the end of the reference period.

Broadband Connection Terminals refer to the connection terminals to internet users actually installed and put into operation, including connection terminals for XDSL, connection terminals for LAN, and other types of connection terminals. N-ISDN connection terminals are not included.

The statistical object of the service industry above designated size refers to the service legal entity that implements the enterprise accounting system and its operating income reaches a certain standard of scale.

The statistical standards are divided into three categories: one is the service legal entity with an annual operating income of more than 20 million yuan. These industries include transportation, storage and postal services, information transmission, software and information technology services, water conservancy, environment and public facilities management, and health. The second is the service legal entity with an annual operating income of more than 10 million yuan. It includes leasing and business services, scientific research and technology services, education, property management, real estate intermediary services, real estate leasing and other real estate industries. The third is the service legal entity with an annual operating income of more than 5 million yuan. These include residential, repair and other services, culture, sports and recreation, and social work.

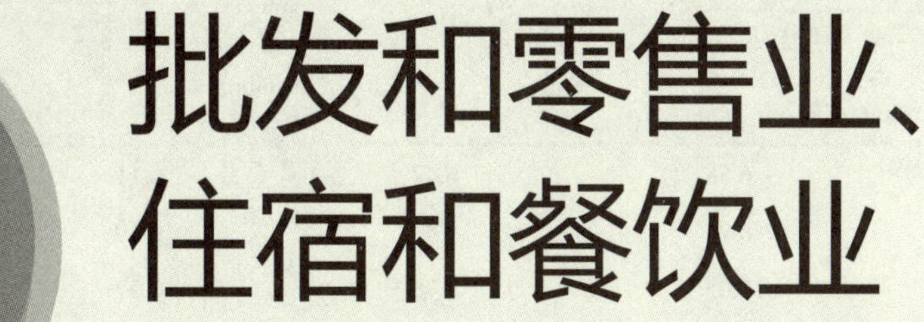

16 批发和零售业、住宿和餐饮业

Wholesale and Retail Trades, Hotels and Catering Services

资料整理人员：段嘉欣

16-1　社会消费品零售总额
Retail Sale of Consumer Goods

单位：亿元　　(100 million yuan)

年份 Year	社会消费品零售总额 Total Retail Sales of Consumer Goods	#商品销售额 Commodity Sales	餐饮消费额 Catering Consumption	城　镇 Urban	乡　村 Rural
1950	6.58	6.47	0.11	2.68	3.85
1951	8.72	8.53	0.19	3.91	4.72
1952	10.05	9.78	0.27	4.49	5.47
1953	11.61	11.34	0.27	5.04	7.16
1954	12.95	11.31	0.30	5.37	8.24
1955	13.22	12.77	0.45	5.49	8.49
1956	14.79	14.28	0.51	6.21	9.86
1957	15.73	15.15	0.58	6.73	10.22
1958	18.06	17.39	0.67	7.60	13.30
1959	21.29	20.43	0.86	9.03	16.17
1960	22.86	21.87	0.99	9.99	17.71
1961	21.47	19.91	1.56	10.18	13.59
1962	22.43	20.80	1.63	9.95	14.46
1963	22.46	21.11	1.35	8.99	15.61
1964	23.28	22.14	1.14	9.27	16.35
1965	23.10	22.10	1.00	9.43	16.91
1966	25.38	24.38	1.00	11.31	18.37
1967	28.21	27.11	1.10	11.52	20.50
1968	27.11	26.08	1.03	10.80	19.81
1969	30.01	29.10	0.91	12.26	21.86
1970	32.05	31.07	0.98	13.58	24.10
1971	34.42	33.33	1.09	15.18	26.03
1972	37.37	36.17	1.20	16.48	28.46
1973	41.21	39.93	1.28	18.17	31.65
1974	43.25	41.88	1.37	19.07	32.77
1975	47.01	45.53	1.48	19.97	36.83
1976	48.24	46.66	1.58	20.89	37.66
1977	50.98	49.30	1.68	21.93	40.31
1978	54.84	53.05	1.79	24.53	44.31
1979	65.20	63.03	2.17	30.59	51.21
1980	76.77	74.24	2.53	35.47	60.04
1981	87.24	84.45	2.79	37.31	66.87
1982	95.39	92.19	3.20	41.06	71.34
1983	107.36	91.70	3.69	43.30	81.61
1984	124.36	119.90	4.46	49.29	92.79
1985	157.47	151.84	5.63	68.80	108.50

16-1 续表 Continued

单位：亿元 (100 million yuan)

年份 Year	社会消费品零售总额 Total Retail Sales of Consumer Goods	#商品销售额 Commodity Sales	餐饮消费额 Catering Consumption	城 镇 Urban	乡 村 Rural
1986	180.61	174.03	6.58	77.24	127.44
1987	213.81	205.55	8.26	91.10	151.78
1988	277.71	267.14	10.57	123.92	192.32
1989	299.74	288.49	11.25	142.13	199.86
1990	300.95	289.59	11.36	197.84	103.11
1991	341.80	327.56	14.24	228.25	113.55
1992	401.17	383.20	17.97	273.73	127.44
1993	495.09	473.70	21.39	345.81	149.28
1994	669.18	630.24	38.94	468.68	200.50
1995	846.96	792.81	54.15	606.28	240.67
1996	955.41	885.10	70.31	666.39	289.01
1997	1047.38	966.39	80.99	738.97	308.41
1998	1128.22	1031.99	96.23	783.82	344.40
1999	1228.68	1113.90	114.79	867.86	360.82
2000	1359.79	1167.15	192.64	985.35	374.44
2001	1500.90	1344.04	156.86	1079.24	421.66
2002	1662.56	1480.48	182.08	1207.40	455.17
2003	1836.70	1585.53	251.17	1362.22	474.48
2004	2083.50	1784.41	299.09	1557.53	525.97
2005	2391.85	2034.94	356.90	1793.87	597.98
2006	2765.87	2376.12	389.76	2068.44	697.43
2007	3286.37	2825.25	461.13	2481.96	804.42
2008	4047.48	3478.10	569.39	3082.96	964.52
2009	4722.80	4148.84	573.96	4255.28	467.52
2010	5664.27	4962.39	701.88	5121.07	543.20
2011	6830.19	6001.36	828.83	6180.85	649.34
2012	7854.47	6908.83	945.64	7123.16	731.31
2013	8948.43	7852.41	1096.03	8096.00	852.43
2014	10053.24	8846.82	1206.42	9100.79	952.45
2015	11241.41	9892.32	1349.09	10175.47	1065.93
2016	12499.97	10968.63	1531.34	11299.95	1200.02
2017	13793.72	12083.66	1710.06	12453.40	1340.32
2018	15134.27	13271.28	1862.99	13124.24	2010.03
2019	16683.94	14603.71	2080.22	14450.22	2233.72
2020	16258.12	14374.65	1883.47	14043.84	2214.28

注：1.1992-2019 社会消费品零售总额统计数据根据第四次全国经济普查数据进行了调整，分组的部分数据不可比。

2. 从 2010 年起，社会消费品零售总额统计采用新的分组，即将经营单位所在地分组由“市”“县”，“县以下”改为“城镇”“乡 村”。

3. 2008 年及以前，城镇数据为“市”、“县”数据、“乡村”为“县以下”数据。

a.Statistics on total retail sales of consumer goods from 1992 to 2019 were adjusted according to the data of the fourth National Economic Census. The grouped partial data is not comparable.

b. From 2010, new grouping method is adopted for the statistics on the total retail sales of consumer goods: grouping according to operation location changes from city, county and below county level to urban and rural areas.

c. In 2008 and before, the urban data contained city and county data, the country data was below county data.

16–2 国内贸易基本情况
Basic Statistics on Domestic Trade

项　目	Item	2000	2010	2019	2020
社会消费品零售总额	**Total Retail Sales of Consumer Goods**	**1359.79**	**5664.27**	**16683.94**	**16258.12**
（亿元）	**(100 million yuan)**				
按经营地分	**By Location of Outlets**				
城镇	Urban		5121.07	14450.22	14043.84
其中：城区	City Proper		3433.58	10337.53	9824.84
乡村	Rural		543.20	2233.72	2214.28
按消费形态分	**By Consuming Pattern**				
餐饮收入	Food and Beverage Revenue	192.64	701.88	2080.22	1883.47
商品零售	Commodity Retail	1167.15	4962.39	14603.71	14374.65
亿元以上商品交易市场个数	**Number of Commodity Transaction Markets**		**290**	**303**	**285**
（个）	**above 100 Million Yuan (unit)**				
亿元以上商品交易市场成交额	**Turnover of Commodity Transaction Markets**		**2074.56**	**4339.08**	**4439.94**
（亿元）	**above 100 Million Yuan (100 million yuan)**				
法人单位（个）	**Number of Corporation Unit (unit)**				
批发零售贸易业	Wholesales and Retail Trades	756	2625	9577	10467
住宿餐饮业	Hotels and Catering Trades		1205	2267	2595
从业人员（万人）	**Employed Person (10 000 persons)**				
批发零售贸易业	Wholesales and Retail Trades	15.49	23.74	41.83	42.88
住宿餐饮业	Hotels and Catering Trades		14.05	14.64	14.19
批发零售贸易业（亿元）	**Wholesales and Retail Trades (100 million yuan)**				
商品购进总额	Total Purchases	614.09	3422.49	10363.78	10980.73
商品销售总额	Total Sales	665.65	3760.89	11955.08	12359.29
商品库存总额	Total Inventory	91.86	275.77	801.56	789.84

注：法人单位、从业人员和批发零售贸易业商品购进、销售、库存总额为限额以上法人企业数据。

Figures on number of corporation unit,person employed , and total purchae,total in inventory of wholesale and retail trade refer to units above designated size.

16－3 限额以上批发零售、住宿餐饮业基本情况（2020年）

Basic Conditions on Gross Value of Purchases, Sales and Inventory of Wholesale and Retail Trade above Designated Size (2020)

指　标	Item	法人单位（个）Number of Corporation (unit)	从业人数（人）Person Engaged (person)
总 计	**Total**	**13062**	**570735**
批发业	**Wholesale Trades**	**3225**	**131912**
内资企业	Domestic Funded Enterprises	3202	128941
国有企业	State-owned Enterprises	49	18394
集体企业	Collective-owned Enterprises	4	104
股份合作企业	Cooperative Enterprises	1	46
联营企业	Joint Ownership Enterprises	2	72
有限责任公司	Limited Liability Corporations	372	27102
股份有限公司	Share-holding Corporations Ltd.	36	4950
私营企业	Private Enterprises	2726	77835
其他企业	Other Enterprises	12	438
港澳台商投资企业	Enterprises with Funds From HongKong,Macao and Taiwan	8	2233
外商投资企业	Enterprises with Foreign Investment	15	738
零售业	**Retail Sale Trades**	**7242**	**296878**
内资企业	Domestic Funded Enterprises	7185	271739
国有企业	State-owned Enterprises	53	4968
集体企业	Collective-owned Enterprises	32	2148
股份合作企业	Cooperative Enterprises	3	254
联营企业	Joint Ownership Enterprises		
有限责任公司	Limited Liability Corporations	494	40098
股份有限公司	Share-holding Corporations Ltd.	54	17661
私营企业	Private Enterprises	6543	205754
其他企业	Other Enterprises	6	856
港澳台商投资企业	Enterprises with Funds From HongKong,Macao and Taiwan	24	17419
外商投资企业	Enterprises with Foreign Investment	33	7720
住宿业	**Hotels Trades**	**1102**	**67832**
内资企业	Domestic Funded Enterprises	1090	66120
国有企业	State-owned Enterprises	32	3550
集体企业	Collective-owned Enterprises	4	306
股份合作企业	Cooperative Enterprises	1	154
联营企业	Joint Ownership Enterprises		
有限责任公司	Limited Liability Corporations	141	14144
股份有限公司	Share-holding Corporations Ltd.	9	1510
私营企业	Private Enterprises	903	46456
其他企业	Other Enterprises		
港澳台商投资企业	Enterprises with Funds From HongKong,Macao and Taiwan	9	1548
外商投资企业	Enterprises with Foreign Investment	3	164
餐饮业	**Catering Trades**	**1493**	**74113**
内资企业	Domestic Funded Enterprises	1486	59438
国有企业	State-owned Enterprises	6	633
集体企业	Collective-owned Enterprises		
股份合作企业	Cooperative Enterprises		
联营企业	Joint Ownership Enterprises		
有限责任公司	Limited Liability Corporations	135	7501
股份有限公司	Share-holding Corporations Ltd.	5	176
私营企业	Private Enterprises	1338	51096
其他企业	Other Enterprises	2	32
港澳台商投资企业	Enterprises with Funds From HongKong,Macao and Taiwan	3	3398
外商投资企业	Enterprises with Foreign Investment	4	11277

16-4 亿元以上商品交易市场基本情况(2020年)

项 目	Item	市场数(个) Number of Markets (unit)
总计	**Total**	**285**
按市场类别分组	By Market Category	
综合市场	Integrated Markets	120
生产资料综合市场	Production Comprehensive Markets	1
工业消费品综合市场	Industrial Consumable Comprehensive Markets	24
农产品综合市场	Farm Produce Comprehensive Markets	41
其他综合市场	Other Comprehensive Markets	54
专业市场	Special Markets	165
生产资料市场	Production Markets	35
农业生产用具市场	Agricultural Production Appliance Market	1
农用生产资料市场	Agricultural Production Markets	
木材市场	Wood Markets	1
建材市场	Building Material Markets	22
化工材料及制品市场	Chemical Materials and Products Markets	1
金属材料市场	Metal Materials Markets	4
机械设备市场	Mechanical Equipments Markets	4
其他生产资料市场	Others	2
农产品市场	Farm Produce Markets	37
粮油市场	Grain and Oil Markets	2
肉禽蛋市场	Meat, Poultry and Eggs Markets	5
水产品市场	Aquatic Products Markets	3
蔬菜市场	Vegetables Markets	8
干鲜果品市场	Dried and Fresh Melons and Fruits Markets	7
其他农产品市场	Others	12
食品、饮料及烟酒市场	Food, Beverages, Tobacco and Liquor Markets	7
食品饮料市场	Food and Beverages Markets	2
茶叶市场	Tea Market	1
烟酒市场	Tobacco and Liquor Markets	1
其他食品饮料及烟酒市场	Others	3
纺织、服装、鞋帽市场	Textiles, Clothing, Shoes and Hats Markets	29
布料及纺织品市场	Cloth and Textiles Markets	1
服装市场	Clothing Markets	23
鞋帽市场	Shoes and Hats Markets	2
其他纺织服装鞋帽市场	Others	3
日用品及文化用品市场	Daily Use Articles and Cultural Goods Markets	5
文具市场	Stationary Markets	1
图书、报刊杂志市场	Books, Newspapers and Magazines Markets	1
音像制品及电子出版物市场	Video Products and E-journal Markets	1
其他日用品及文化用品市场	Others	2
黄金、珠宝、玉器等首饰市场	Gold, Jewelry, Jade and Other Jewelry Markets	1
电器、通讯器材、电子设备市场	Electrical Appliances, Communication Appliances and Electronical Appliances Markets	13
家电市场	Household Appliances Markets	7
通讯器材市场	Communication Appliances Markets	1
计算机及辅助设备市场	Computer and Auxillary Equipments Markets	4
其他电器、通讯器材、电子设备	Others	1
医疗、医疗用品及器材市场	Medicine, Medical Materials and Medical Instruments Markets	2
中药材市场	Chinese Medicine Market	2
家具、五金及装饰材料市场	Furniture, Hardware and Decoration Materials Markets	29
家具市场	Furniture Markets	7
装饰材料市场	Decoration Materials Markets	15
五金材料市场	Hardware Materials Markets	5
其他装修市场	Others	2
汽车、摩托车及零配件市场	Cars, Motorcycles and Spare Parts Markets	6
汽车市场	Cars Markets	2
摩托车市场	Motocycles Markets	1
机动车零配件市场	Vehicle Spare Parts Markts	3
花、鸟、鱼、虫市场	Flower, Bird, Fish and Insects Markets	
花卉市场	Flower Markets	
其他专业市场	Other Professional Markets	1
按营业状态分组	By Operating Status	
常年营业	Perennial Operation	282
季节性营业	Seasonal Operation	2
其他	Others	1
按经营方式分组	By Operating Mode	
以批发为主	Whole Sale	143
以零售为主	Retail	142
按经营环境分组	By Operating Circumstance	
露天式	Outdoor	24
封闭式	Indoor	219
其他	Others	42

Basic Statistics on Commodity Exchange Markets of Transaction Value over 100 Million Yuan (2020)

摊位总数（个） Number of Stalls (unit)	出租摊位个数（个） Number of Rented Stall (unit)	营业面积（万平方米） Operation Area (10 000 sq.m)	成交额（亿元） Turnover (100 million yuan)
201170	**163560**	**1155.46**	**4439.94**
103539	89949	427.84	2412.19
174	174	0.62	2.14
32126	29197	127.71	956.22
29094	25953	147.80	1211.70
42145	34625	151.71	242.13
97631	73611	727.62	2027.75
30386	18329	262.45	869.69
417	72	8.80	4.12
550	510	6.50	1.96
23785	12387	205.61	200.69
264	226	1.20	2.80
2972	2776	31.54	609.87
1720	1692	5.39	47.04
678	666	3.41	3.21
14396	11988	50.07	252.47
415	387	1.54	28.46
1963	1072	3.21	7.13
729	714	7.10	92.63
3694	3585	15.64	57.13
2074	1373	11.58	29.67
5521	4857	11.01	37.46
3055	1977	9.10	36.43
1490	600	3.64	3.42
205	194	1.56	1.09
312	265	0.76	1.72
1048	918	3.14	30.19
24108	19792	71.45	164.28
280	262	1.20	5.36
17200	13745	55.06	107.74
910	671	2.80	4.33
5718	5114	12.38	46.85
1043	799	5.31	48.90
62	62	1.30	2.12
420	410	1.26	17.33
163	102	0.65	3.84
398	225	2.10	25.61
50	47	1.85	33.11
4236	2756	19.81	60.74
1300	1170	10.08	40.50
450	59	0.13	0.90
1806	898	8.40	13.94
680	629	1.20	5.40
1786	1730	47.77	84.28
1786	1730	47.77	84.28
15290	13331	179.96	262.69
1190	1066	15.67	11.12
10611	9018	97.85	178.06
2958	2716	53.92	68.32
531	531	12.52	5.20
2957	2538	78.99	215.00
1234	840	76.25	203.53
125	125	0.28	2.59
1598	1573	2.46	8.88
324	324	0.88	0.15
199540	162495	1151.74	4432.75
556	339	1.82	2.41
1074	726	1.90	4.77
110936	87406	756.19	3442.29
90234	76154	399.27	997.64
14799	12360	73.06	662.55
157646	126092	917.48	3138.87
28725	25108	164.93	638.52

16-5 亿元以上商品交易市场摊位分类情况

Classification of Commodity Exchange Markets of Transaction Value over 100 Million Yuan

项 目	Item	出租摊位个数（个）Number of Booths (unit)		成交额（亿元）Turnover (100 million yuan)	
		2019	2020	2019	2020
总计	**Total**	**169828**	**163560**	**4339.08**	**4439.94**
粮油、食品类	Food	52769	51128	1510.05	1662.51
#粮油类	#Grain and Oil	6132	6272	257.28	243.75
#肉禽蛋类	#Meat,Poultry and Eggs	7695	7382	123.77	122.28
饮料类	Beverages	4008	3119	66.27	55.94
烟酒类	Tobacco and Liquor	5167	4815	175.21	170.86
服装、鞋帽、针纺织品类	Garments,Shoes,Hats,Knit and Textile Goods	40780	37409	335.53	315.30
#服装类	#Garments	28083	25684	227.95	215.02
#鞋帽类	#Shoes and Hats	7280	6675	60.92	56.77
#针、纺织品类	#Knit and Textile Goods	5417	5050	46.66	43.51
化妆品类	Cosmetics	1371	1315	18.42	17.63
金银珠宝类	Gold,Silver and Jewelry	235	235	50.66	36.29
日用品类	Articles for Daily Use	7047	6833	155.33	137.50
五金、电料类	Hardware & Electrical Materials	6466	7889	237.26	278.61
体育、娱乐用品类	Sports & Recreational	966	967	13.03	12.52
书报杂志类	Newspapers and Magazines	546	518	13.69	12.97
电子出版物及音像制品类	Electronic Publication and Audiovisual Products	997	905	19.42	16.91
家用电器和音像器材类	Household Appliances and Audiovisual Equipment	3545	3279	104.27	91.14
中西药品类	Traditional Chinese and Western Medicine	2207	2245	110.59	119.99
#西药类	#Western Medicine	119	140	4.40	7.24
#中草药及中成药类	#Chinese Herbal Medicine and Other Traditional Chinese Medicine	2011	1997	105.70	112.20
文化办公用品类	Cultural and Official Goods	2920	2747	85.57	92.48
家具类	Furniture	2699	2697	43.83	38.57
通讯器材类	Communication Appliances	821	618	9.41	6.31
煤炭及制品类	Coal and Related Products	48	75	0.23	0.50
木材及制品类	Wood and Wooden Products	1348	1605	9.61	31.73
石油及制品类	Oil and Related Products	254	16	1.76	0.84
化工材料及制品类	Chemical Materials and Related Products	738	1049	19.65	25.75
#化肥类	#Fertilizer	62	60	0.99	0.74
金属材料类	Metal Materials	3107	3306	576.51	615.65
建筑及装潢材料类	Building and Decoration Materials	19503	20069	316.00	321.45
机电产品及设备类	Mechanical & Electrical Products and Appliances	2955	2354	87.51	73.20
#农机类	#Agricultural Machinery	188	96	10.00	4.45
汽车类	Automobile	3090	2868	283.21	237.28
种子饲料类	Seed and Feedstuff	285	257	9.19	9.15
棉麻类	Cotton & Ambery	146	122	1.82	1.45
其他类	Others	5810	5120	85.03	57.40

16-6 限额以上批发、零售业商品购进、销售、库存总额(2020年)

Total Value of Purchases Sales and Inventory of above Designated Size in Wholesale and Retail Sales Trade (2020)

单位：亿元 (100 million yuan)

指标	Item	商品购进总额 Total Purchases	商品销售总额 Total Sales	批发 Wholesale Trade	零售 Retail Trade	年末库存总额 Inventory Year-end
总计	**Total**	**10980.73**	**12359.29**	**7020.61**	**5249.55**	**789.84**
批发业	**Wholesale Trade**	**6953.68**	**7197.01**	**6692.77**	**416.34**	**440.96**
按登记注册类型分组	**By Status of Registration**					
内资企业	Domestic Funded Enterprises	6777.99	6972.79	6474.90	410.00	427.23
国有企业	State-owned Enterprises	717.82	1040.73	1024.11	16.63	22.07
集体企业	Collective-owned Enterprises	8.40	9.02	7.91	1.11	0.84
股份合作企业	Cooperative Enterprises	0.82	0.84	0.84	0.00	0.15
联营企业	Joint Ownership Enterprises	13.61	13.75	13.75	0.00	0.04
有限责任公司	Limited Liability Corporations	2396.32	2501.93	2358.43	106.79	195.40
股份有限公司	Share-holding Corporations Ltd.	729.76	173.28	171.98	1.30	42.28
私营企业	Private Enterprises	2904.75	3225.84	2891.68	282.98	166.35
其他企业	Other Enterprises	6.51	7.40	6.20	1.20	0.10
港澳台商投资企业	Enterprises with Funds From HongKong, Macao and Taiwan	40.56	73.22	67.22	6.00	5.06
外商投资企业	Enterprises with Foreign Investment	135.13	151.00	150.66	0.34	8.67
按国民经济行业分组	**By Sector**					
农、林、牧、渔产品批发	Wholesale of Agricultural, Forestry, Livestock and Fishery Products	188.53	210.37	165.08	44.16	23.89
食品、饮料及烟草制品批发	Wholesale of Foods, Beverages and Tobaccos	1207.57	1608.59	1532.04	75.63	69.61
纺织、服装及家庭用品批发	Wholesale of Textile Clothing and Household Articles	245.50	270.48	236.75	32.86	29.48
文化、体育用品及器材批发	Wholesale of Cultural and Sporting Goods and Equipment	135.87	146.29	136.40	9.53	13.01
医药及医疗器材批发	Wholesale of Medicines and Medical Appliances	979.22	1092.38	1031.45	56.19	85.15
矿产品、建材及化工产品批发	Wholesale of Mineral Products,Building and Chemical Materials	3329.11	2905.76	2751.28	102.26	144.02
机械设备、五金产品及电子产品批发	Wholesale of Machinery, Hardware and Electronic Products	660.00	712.53	655.00	55.09	68.32
贸易经纪与代理	Wholesale of Trade Brokers and Agents	30.10	32.76	25.89	6.66	0.40
其他批发	Other Wholesale Trade	177.77	217.83	158.88	33.96	7.08

16-6 续表 Continued

单位：亿元 (100 million yuan)

指标	Item	商品购进总额 Total Purchases	商品销售总额 Total Sales	批发 Wholesale Trade	零售 Retail Trade	年末库存总额 Inventory Year-end
零售业	**Retail Trade**	**4027.05**	**5162.28**	**327.84**	**4833.20**	**348.88**
按登记注册类型分组	**By Status of Registration**					
内资企业	Domestic Funded Enterprises	3791.65	4787.41	304.69	4481.48	317.97
国有企业	State-owned Enterprises	61.96	159.35	29.62	129.74	4.38
集体企业	Collective-owned Enterprises	19.32	24.82	0.82	24.00	0.44
股份合作企业	Cooperative Enterprises	1.49	1.70	0.00	1.70	0.16
联营企业	Joint Ownership Enterprises	0.00	0.00	0.00	0.00	0.00
有限责任公司	Limited Liability Corporations	583.32	774.99	61.23	713.77	64.55
股份有限公司	Share-holding Corporations Ltd.	234.10	522.93	48.90	474.04	14.66
私营企业	Private Enterprises	2886.71	3295.31	161.19	3132.90	233.47
其他企业	Other Enterprises	4.74	8.30	2.94	5.34	0.30
港澳台商投资企业	Enterprises with Funds From HongKong, Macao and Taiwan	109.48	135.37	1.62	133.75	13.08
外商投资企业	Enterprises with Foreign Investment	125.93	239.50	21.52	217.98	17.84
按国民经济行业分组	**By Sector**					
综合零售	General Retail	798.86	927.26	22.00	905.10	99.17
百货零售	Retail of Consumer Goods	294.34	347.85	8.61	339.22	25.78
超级市场零售	Retail of Super Markets	452.05	513.59	4.49	509.10	70.69
食品、饮料及烟草制品零售	Foods、Beverages and Tobaccos	209.26	246.89	42.43	204.33	11.36
纺织、服装及日用品零售	Textiles,Garments and Daily Consumer Goods	94.54	119.55	7.22	112.30	10.81
文化、体育用品及器材专业零售	Cultural and Sporting Goods and Equipment	123.59	164.51	5.89	158.62	15.59
医药及医疗器材专门零售	Medicines and Medical Appliances	182.13	233.16	24.09	209.07	19.73
#西药零售	#Retail of Western Medicine	158.76	204.57	17.86	186.71	18.66
汽车、摩托车、零配件和燃料及其他动力销售	Retail of Motor Vehicles, Motorcycles, Parts, and Fuel and Other Powers	1899.30	2636.94	158.36	2478.36	156.90
#汽车新车零售	#Retail of New Motor Vehicles	1435.51	1565.37	26.05	1539.31	124.33
机动车燃油零售	Retail of Fuel Oil of Motor Vehicles	404.16	1002.07	129.72	872.24	29.06
家用电器及电子产品专门零售	Special Retail of Household Electric Appliances and Electronic Products	263.53	296.27	20.58	275.62	17.73
五金、家具及室内装饰材料专门零售	Special Retail of Hardware, Furniture and Interior Decoration Materials	139.63	164.06	16.93	146.58	6.67
货摊、无店铺及其他零售业	Stalls, Non-shop and Other Retails	316.21	373.63	30.34	343.22	10.94

16-7 限额以上批发和零售业企业财务状况(2020年)
Financial Affairs of above Designated Size in Wholesale and Retail Trade Enterprises (2020)

单位：万元 (10 000 yuan)

项目	Item	合计 Total	内资企业 Domestic Funded Enterprises	国有企业 State-owned Enterprises	集体企业 Collective Owned Enterprises	股份合作企业 Cooperative Enterprises	联营企业 Joint Ownership Enterprises
企业数 （个）	Number of Enterprises (unit)	10467	10387	102	36	4	2
流动资产合计	Total Circulating Funds	37699819	35034967	2452823	33671	5209	10204
#存货	# Inventories	8072052	7690614	394624	3852	3078	449
固定资产原价	Original Value of Fixed Assets	10704976	9955986	1280999	47458	3324	238
累计折旧	Total Depreciation	3848218	3592186	577253	10686	637	220
#本年折旧	# Depreciation this year	612655	569452	53049	1125	45	4
资产总计	Total Assets	55959750	51702994	3994257	78315	8591	54938
负债合计	Total Liabilities	35388178	32672725	992812	40403	3756	33139
所有者权益合计	Total Creditors Equity	20942240	19401312	3001444	37913	4835	21799
实收资本	Capitals Hold	9428080	8958053	127866	10256	1303	22200
个人资本	Individual Capital	3137136	3133674	7138	1153	388	108
营业收入	Business Income	113213033	107678548	10890612	316105	22000	121701
主营业务收入	Main Business Income	109228750	103815392	9952975	252778	22000	121701
营业成本	Operating Cost	99124685	94692065	8148584	294157	18791	120189
税金及附加	Taxes and Other charges	1701127	1683568	1109169	2577	109	41
其他业务利润	Other Business Profits	288941	242973	6210	1013		
销售费用	Operating Expenses	5289655	4639321	290816	9165	1920	558
管理费用	Overhead Expenses	2744529	2584156	408458	6824	1004	423
财务费用	Financial Expenses	625355	565356	-32086	573	94	463
利息费用	Expenses for Interest	378179	362258	2674	72		402
营业利润	Operating Profits	3854453	3660849	1096019	9639	82	28
利润总额	Total Profits	3913262	3715267	1092636	9561	111	29
所得税费用	Income Tax Expense	620747	575159	279682	897	13	7
应付职工薪酬	Employee Compensation Payable	2589701	2352844	357983	6445	1439	304
应交增值税额	Value-added Tax Payable	1684609	1604584	342260	1650	223	167

16-7 续表 1

单位：万元

项 目	Item	有限公司 Limitied Liability Corporation	股份公司 Share-holding Corporation Ltd.	私营企业 Private Enterprises	其他企业 Other Enterprises	港、澳、台商投资企业 Enterprises with Funds From HongKong, Macao and Taiwan	外商投资 Foreign Investment
企业数 （个）	Number of Enterprises (unit)	866	90	9269	18	32	48
流动资产合计	Total Circulating Funds	14501157	2059865	15958985	13054	1890413	774439
#存货	# Inventories	2985591	717967	3582888	2164	158899	222540
固定资产原价	Original Value of Fixed Assets	1747019	1680523	5190424	6001	268392	480599
累计折旧	Total Depreciation	581276	662857	1757942	1315	65823	190210
#本年折旧	# Depreciation this year	91479	85632	337773	345	23754	19449
资产总计	Total Assets	18809704	5616669	23118477	22042	2753867	1502890
负债合计	Total Liabilities	14114552	3040943	14441128	5992	1813168	902285
所有者权益合计	Total Creditors Equity	4659917	3198894	8462171	14340	940699	600229
实收资本	Capitals Hold	2727370	544924	5511206	12928	188384	281644
个人资本	Individual Capital	170196	88455	2863357	2879	2155	1308
营业收入	Business Income	29989985	5861040	60327142	149964	1962771	3571715
主营业务收入	Main Business Income	29312704	5647258	58357860	148117	1920222	3493136
营业成本	Operating Cost	27751125	4995467	53234498	129256	1381523	3051097
税金及附加	Taxes and Other charges	89266	64314	416792	1301	9455	8104
其他业务利润	Other Business Profits	92626	29731	113031	362	33546	12423
销售费用	Operating Expenses	1056327	334107	2936747	9682	331369	318965
管理费用	Overhead Expenses	489465	199064	1473465	5453	91413	68960
财务费用	Financial Expenses	204119	38857	353107	229	7440	52560
利息费用	Expenses for Interest	179723	43826	135488	73	12636	3285
营业利润	Operating Profits	572290	289426	1686336	7029	169123	24482
利润总额	Total Profits	586632	286012	1732954	7332	174987	23009
所得税费用	Income Tax Expense	98931	26011	169270	349	31420	14168
应付职工薪酬	Employee Compensation Payable	535721	208761	1236869	5321	165717	71140
应交增值税额	Value-added Tax Payable	231824	185137	842620	703	53656	26369

Continued

(10 000 yuan)

批发业 Wholesale Trade	农林牧渔产品 Agricultural, Forestry, Animal Husbandry and Fishery Products	食品饮料及烟草 Foods, Beverages, and Tobaccos	纺织服装及家庭用品 Textile Clothing and Household Articles	文化体育用品及器材 Cultural and Sporting Goods and Equipment	医药及医疗器材 Medicines and Medical Appliances	矿产品建材及化工产品 Mineral Products, Building and Chemical Materials	机械设备五金产品及电子产品 Machinery, Hardware and Electronic Products	贸易经纪与代理 Trade Brokers and Agents	其他批发 Other Wholesale Trade
3225	167	436	254	161	381	1242	443	20	121
24635303	778699	5129575	1123827	430098	5868485	7844842	2963821	31406	464550
4561422	348948	1245703	263571	109105	833267	1118853	567373	3738	70865
3630459	340133	1714190	92700	74298	357110	784369	185505	6781	75373
1319212	87019	678996	22653	26401	112706	303462	68537	1071	18368
176226	8352	72872	5547	3726	23531	40440	17644	248	3866
31804636	1210260	7712151	1280862	533415	6522033	10202734	3739006	38284	565891
21142027	614559	3524528	1013919	312401	4947128	7232816	3171691	27095	297892
11163819	587832	4169605	261519	219211	1563001	3522402	563445	11395	265410
5145745	208684	496686	119674	80473	1801927	1975790	344806	6855	110850
1792587	48588	75983	22536	38321	1136365	347392	65722	1621	56059
66062851	2022475	14778822	2519198	1349120	9966649	26396109	6746461	320218	1963799
63998297	1921094	13825128	2476361	1336386	9883893	25870881	6637012	315354	1732189
58631694	1805501	11332789	2174866	1199313	8829282	25183443	6158714	287350	1660436
1341409	13578	1128098	8397	12262	30426	92291	26096	3815	26445
72290	4286	13648	3791	2542	22073	14504	11379		67
2308188	54503	678419	205915	45847	513840	379037	316851	14035	99741
1310448	50761	529519	46141	32370	226992	256274	113433	4139	50819
284644	13302	10971	12025	4504	76779	107706	39198	3908	16253
248169	5877	43605	10418	3202	67106	103568	12101	446	1847
2433588	75866	1313686	74389	68554	275804	418049	99895	8152	99194
2480238	89610	1321077	74946	69108	272925	429267	108684	8397	106225
468948	2848	320045	12485	4671	56048	40341	16088	371	16050
1154281	37484	500465	53638	38201	212516	182830	91664	1849	35636
922566	7703	417213	21502	20255	135755	188847	60844	2557	67891

16-7 续表 2

单位：万元

项　目	Item	零售业 Retail Trade	综合零售 General Retail	百货商店 Consumer Goods Shoping	超级市场 Super Markets
企业数 （个）	Number of Enterprises (unit)	7242	833	359	329
流动资产合计	Total Circulating Funds	13064516	2904962	1398924	1377461
#存货	# Inventories	3510630	976399	460378	492451
固定资产原价	Original Value of Fixed Assets	7074518	2749944	1356543	1333526
累计折旧	Total Depreciation	2529007	999384	486093	500095
#本年折旧	# Depreciation this year	436429	132474	60714	66488
资产总计	Total Assets	24155115	7050172	3573972	3088105
负债合计	Total Liabilities	14246151	3966066	2039114	1737150
所有者权益合计	Total Creditors Equity	9778421	3060984	1517744	1347538
实收资本	Capitals Hold	4282335	976180	558736	274799
个人资本	Individual Capital	1344550	128990	76767	41994
营业收入	Business Income	47150182	8112545	2794550	4721535
主营业务收入	Main Business Income	45230453	7414320	2632644	4199980
营业成本	Operating Cost	40492991	6645171	2233239	3915196
税金及附加	Taxes and Other charges	359718	75881	33567	34597
其他业务利润	Other Business Profits	216651	64100	35351	26054
销售费用	Operating Expenses	2981467	855123	235776	582131
管理费用	Overhead Expenses	1434080	370137	220833	128434
财务费用	Financial Expenses	340711	84440	46403	33987
利息费用	Expenses for Interest	130010	46094	37847	8049
营业利润	Operating Profits	1420865	190358	77577	92686
利润总额	Total Profits	1433024	186888	73445	93855
所得税费用	Income Tax Expense	151800	20157	17012	2377
应付职工薪酬	Employee Compensation Payable	1435420	300306	148145	129567
应交增值税额	Value-added Tax Payable	762043	327921	127563	194543

Continued

(10 000 yuan)

食品饮料及烟草 Foods, Beverages, and Tobaccos	纺织服装及日用品 Textiles, Garments, and Daily Consumer Goods	文化体育用品及器材 Cultural and Sporting Goods and Equipment	医药及医疗器材 Medicines and Medical Appliances	汽车摩托车零配件和燃料及其他动力 Motor Vehicles, Motorcycles, Parts, and Fuel and Other Powers	家用电器及电子产品 Household Electric Appliances and Electronic Products	五金家具及室内装饰材料 Hardware, Furniture and Interior Decoration Materials	货摊、无店铺及其他零售 Stalls, Non-shop and Other Retails
653	310	253	314	2893	753	505	728
415338	381950	939671	1928605	4748065	732487	276113	737325
109041	90776	164045	203509	1598361	155614	87910	124977
281462	84368	257590	229057	2802656	195683	111035	362722
78017	25569	111636	62887	1020843	56848	24765	149059
14417	6379	12637	19109	201981	21473	6685	21274
762038	493949	1260260	2830639	9187062	992293	412138	1166564
353374	347379	739121	1781078	5676533	636968	186037	559595
396074	139769	518373	1046502	3463581	337237	217273	598629
330434	70994	248435	235307	1833157	154478	107399	325951
85987	21974	37809	48019	865848	53116	38072	64735
2265889	1106989	1561858	2218960	24097623	2748346	1579705	3458268
2182075	1038584	1540769	2167909	23299495	2670544	1533709	3383049
1915788	862486	1168047	1687779	21655754	2397541	1328363	2832065
16402	10912	28604	13255	150853	20987	15359	27465
11723	27954	8105	26341	66572	7193	2748	1915
133422	112309	156293	304038	879191	122692	66040	352360
86834	51598	105672	110064	447136	83006	56795	122840
19188	4959	8341	15830	116543	18032	58400	14979
5931	1106	-928	16452	49670	4548	2508	4628
84707	54542	119757	125487	548516	98198	101394	97907
73249	56725	119652	130789	560837	98111	101457	105318
8458	6897	2551	14188	76784	5881	6442	10440
81188	53339	118653	192327	477896	67427	36683	107602
19108	16672	16584	45244	236087	39399	16715	44314

16-8 限额以上批发零售企业商品分类零售额(2020年)
Business Statistics of Commodity Exchange Markets (2020)

单位：万元 (10 000 yuan)

指 标	Item	2020	比2019年增长(%) Increase over 2019 (%)
合 计	**Total**	**54632064.60**	**3.8**
按商品耐用性分	According to Product Durability Points		
耐用品类	Durable Goods	24599323.20	3.5
非耐用品类	Non Durable Goods	30032741.40	4.1
按商品用途分	According to the Use of Goods Branch		
吃类商品	Commodities Goods	8931190.80	10.9
穿类商品	Dress Goods	3502929.40	0.9
用类商品	Class Goods	32778794.10	5.6
烧类商品	Burning Goods	9419150.30	-6.1
按商品类别分	According to the Category of Commodities		
基本生活类	Basic Life	14294278.80	7.3
#粮油食品类	#Grain and Oil Food	6798042.70	13.0
烟酒类	Tobacco and Liquor	1097357.70	5.1
居住类	Type of Residence	2154848.30	3.4
其中：建筑材料类	Building Materials	903917.10	6.0
燃料类	Fuel Type	9419150.30	-6.1
#石油类	#Petroleum Oil	9264864.30	-6.2

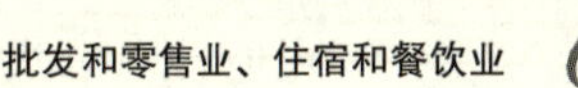

16-8 续表 Continued

单位：万元 (10 000 yuan)

指 标	Item	2020	比2019年增长（%）Increase over 2019 (%)
交通电器设备类	Traffic Electrical Equipment	21054961.20	3.4
#汽车类	#Car	16683332.90	3.3
家用电器类	Household Electric Appliances	3309951.00	1.2
文化娱乐体育健康类	Cultural and Recreational Sports and Health Class	4688128.20	16.9
#中西药类	#Drug Category	2828751.10	22.1
其他类	Other Categories	3020697.80	7.8
#金银珠宝类	#Gold and Silver Jewelry	727358.00	-3.6
化妆品类	Cosmetics	853020.20	18.5
按商品需要性分	According to the Need of Goods		
必需品类	Staples	12315416.70	7.7
非必需品类	Non Staples	42316647.90	2.7
按生活生产资料性分	According to the Life of the Means of Production Branch		
生活资料类	Life Class	53212524.10	3.8
生产资料类	Production Class	1419540.50	5.8
按消费速度分	According to the Consumption Rate		
快速消费品类	Fast Moving Consumer Goods	14473120.70	12.4
非快速消费品类	Non Fast Moving Consumer Goods	40158943.90	1.1

16-9 限额以上住宿和餐饮企业财务状况(2020年)

单位：万元

项目	Item	合计 Total	内资企业 Domestic Funded Enterprises	国有企业 State-owned Enterprises	集体企业 Collective Owned Enterprises
企业数 （个）	Number of Enterprises (unit)	2595	2576	38	4
流动资产合计	Total Circulating Funds	2344538	2264400	70252	13071
#存货	# Inventories	103319	98545	1536	208
固定资产原价	Original Value of Fixed Assets	3528496	3371395	124194	9479
累计折旧	Total Depreciation	1472192	1410711	55907	8691
#本年折旧	# Depreciation this year	214185	193176	6396	248
资产总计	Total Assets	5922559	5568514	152718	14567
负债合计	Total Liabilities	3917493	3680830	109396	5033
所有者权益合计	Total Creditors Equity	1948194	1829952	49178	9534
实收资本	Capitals Hold	1722907	1643698	21844	3580
个人资本	Individual Capital	346027	334746	904	12
营业收入	Business Income	3244364	2955953	86360	10537
主营业务收入	Main Business Income	3120988	2833319	82702	10537
营业成本	Operating Cost	1995640	1852273	51061	2465
税金及附加	Taxes and Other charges	45542	44708	1382	4
其他业务利润	Other Business Profits	16895	16242	441	
销售费用	Operating Expenses	523544	437402	20251	3526
管理费用	Overhead Expenses	503540	468721	21979	3743
财务费用	Financial Expenses	89234	84158	964	17
利息费用	Expenses for Interest	46521	43908	291	
营业利润	Operating Profits	78757	64286	-8570	782
利润总额	Total Profits	97311	82504	-5220	852
所得税费用	Income Tax Expense	20812	16142	109	211
应付职工薪酬	Employee Compensation Payable	546244	488702	17682	1562
应交增值税额	Value-added Tax Payable	30384	28802	757	33

Financial Conditions of Hotels and Catering Services Enterprises above Designated Size (2020)

(10 000 yuan)

股份合作企业 Cooperative Enterprises	联营企业 Joint Ownership Enterprises	有限公司 Limitied Liability Corporation	股份公司 Share holding Corporation Ltd.	私营企业 Private Enterprises	其他企业 Other Enterprises	港澳台 Enterprises With Invest-ment from HongKong Macao and Taiwan	外商投资 Foreign Investment
1		276	14	2241	2	12	7
184		423467	556949	1200126	352	67372	12766
		13213	1029	82322	238	2491	2283
158		1141112	78947	2017131	374	89308	67793
158		534880	55505	755523	48	32996	28485
158		60098	2335	123919	22	18331	2678
487		1435972	727119	3236983	668	261935	92111
83		1069944	430269	2065785	321	169827	66837
404		357387	296850	1116252	347	92108	26135
		491902	127585	998563	224	65096	14113
		18605	1203	314022			11280
6044		511599	26235	2314399	780	91222	197189
6044		493398	26216	2213643	780	90656	197014
4150		276706	16641	1500609	641	37470	105897
484		11316	751	30726	45	438	396
		4436	54	11310		653	
193		101716	2711	308981	24	34983	51159
164		135771	12056	294994	14	16239	18580
143		19816	3538	59679	1	4751	325
		11856	2253	29509		2221	391
910		-22173	-2200	95489	48	-5637	20108
910		-14936	-2853	103703	48	-5418	20224
		4858	14	10940	11	-611	5281
632		109397	9365	349981	85	18854	38687
		4808	476	22710	19	205	1377

16-9 续表

单位：万元

项　目	Item	住宿业 Hotels	旅游饭店 Tourist Hotel	一般旅馆 General Hotel	民宿服务 A Home Stay Facility Service
企业数（个）	Number of Enterprises (unit)	1102	505	509	19
流动资产合计	Total Circulating Funds	1756127	915521	231868	7369
#存货	# Inventories	50326	31177	16464	579
固定资产原价	Original Value of Fixed Assets	2591485	1940385	501491	8404
累计折旧	Total Depreciation	1121772	900798	151911	1503
#本年折旧	# Depreciation this year	136950	102470	26132	550
资产总计	Total Assets	4286183	2638214	780489	19784
负债合计	Total Liabilities	3019768	1968809	509707	12994
所有者权益合计	Total Creditors Equity	1238219	652549	262351	6791
实收资本	Capitals Hold	1137819	829931	168732	4911
个人资本	Individual Capital	201468	128087	63113	2062
营业收入	Business Income	1450775	885819	470052	9647
主营业务收入	Main Business Income	1392588	852634	449063	9376
营业成本	Operating Cost	849115	491460	296057	5426
税金及附加	Taxes and Other charges	26472	16670	8689	54
其他业务利润	Other Business Profits	10342	6539	3665	
销售费用	Operating Expenses	224605	152943	61817	1050
管理费用	Overhead Expenses	335158	236080	78388	2239
财务费用	Financial Expenses	62663	48422	9261	217
利息费用	Expenses for Interest	35761	28568	4374	54
营业利润	Operating Profits	-38823	-54417	16326	786
利润总额	Total Profits	-25384	-47610	18522	802
所得税费用	Income Tax Expense	6619	3331	1801	36
应付职工薪酬	Employee Compensation Payable	261887	176989	68588	1490
应交增值税额	Value-added Tax Payable	14582	8807	4749	99

Continued

(10 000 yuan)

		餐饮业					
露营地服务 Campsite Services	其他住宿服务 Other Residential Services	Catering Services	正　餐 Dinner	快　餐 Snack	饮料冷饮 Beverage and Cold Drinks	餐饮配送及外卖送餐服务 Food Delivery and Food Delivery Services	其他餐饮 Others
1	68	1493	1378	27	55	14	19
4527	596842	588411	549241	20850	7850	6597	3874
1	2105	52993	48495	3287	345	291	575
2867	138337	937011	844621	82611	2188	3619	3972
1270	66291	350420	297210	39463	901	1189	11657
488	7310	77235	60206	15505	463	545	516
6750	840945	1636377	1462090	136123	10753	9497	17914
1863	526396	897726	783819	96600	4340	5888	7079
4887	311642	709975	656092	41033	6413	3609	2829
2000	132245	585089	554425	23602	1307	3152	2603
1902	6304	144559	137718	2265	550	1976	2049
4333	80925	1793588	1451680	286074	25240	16114	14481
4333	77182	1728400	1387790	285746	25233	16090	13540
1127	55046	1146525	955842	157097	10141	14068	9376
22	1038	19070	17439	598	29	608	395
	138	6553	6328		150	73	3
291	8505	298938	200803	85555	11104	416	1060
1138	17313	168383	142926	21697	919	958	1882
38	4725	26571	24034	2288	47	73	130
41	2725	10759	10565	129	5	39	21
1717	-3236	117580	92856	19406	3053	706	1560
1758	1144	122695	99375	18068	2956	739	1558
232	1220	14192	9305	4398	238	26	225
786	14035	284356	218776	58552	4031	1221	1776
191	735	15802	13860	1369	251	155	167

16-10 限额以上住宿和餐饮企业经营情况
Business Statistics of Hotels and Catering Services Enterprises above Designated Size

单位：万元 (10 000 yuan)

指 标	Item	营业额 Total Operating Revenue		商品零售额 Retail Trade	
		2019	2020	2019	2020
总 计	**Total**	**3589154**	**3342449**	**2393512**	**2289600**
住宿业	**Hotels Trade**	**1711965**	**1489937**	**708387**	**611458**
按登记注册类型分组	**By Status of Registration**				
内资企业	Domestic Funded Enterprises	1659848	1451247	687815	595697
国有企业	State-owned Enterprises	98282	73916	53902	42000
集体企业	Collective-owned Enterprises	14822	10595	8075	6931
股份合作企业	Cooperative Enterprises	6182	6047	2181	1937
联营企业	Joint Ownership Enterprises				
有限责任公司	Limited Liability Corporations	493838	316651	210771	133702
股份有限公司	Share-holding Corporations Ltd.	63811	23580	29330	10580
私营企业	Private Enterprises	982600	1020458	383556	400547
其他企业	Other Enterprises	312			
港澳台商投资企业	Enterprises with Funds From Hong Kong,Macao and Taiwan	49886	37601	20178	15543
外商投资企业	Enterprises with Foreign Investment	2231	1089	394	218
按国民经济行业分组	**By Sector**				
旅游饭店	Restaurant for Tourism	1136078	906543	523025	419505
一般宾馆	Ordinary Hotels	485230	485672	153764	154252
民宿服务	A Home Stay Facility Service	7636	10655	2083	3676
露营地服务	Campsite Services	2746	4640	1656	4196
其他住宿服务	Others	80276	82428	27859	29829
餐饮业	**Catering Trade**	**1877189**	**1852512**	**1685125**	**1678143**
按登记注册类型分组	**By Status of Registration**				
内资企业	Domestic Funded Enterprises	1670848	1588606	1481424	1414882
国有企业	State-owned Enterprises	10516	15718	6929	10998
集体企业	Collective-owned Enterprises				
股份合作企业	Cooperative Enterprises				
联营企业	Joint Ownership Enterprises	1273		724	
有限责任公司	Limited Liability Corporations	269218	207240	226862	176100
股份有限公司	Share-holding Corporations Ltd.	30034	3527	24524	3459
私营企业	Private Enterprises	1353058	1361283	1215645	1223487
其他企业	Other Enterprises	6750	838	6740	838
港澳台商投资企业	Enterprises with Funds From Hong Kong,Macao and Taiwan	2572	55708	2572	55708
外商投资企业	Enterprises with Foreign Investment	203768	208199	201129	207554
按国民经济行业分组	**By Sector**				
正餐	Dinner	1531688	1495773	1350299	1327369
快餐	Snack	321776	301011	312788	298961
饮料及冷饮	Beverage and Cold Drinks	4983	25814	4862	25568
餐饮配送及外卖送餐服务	Food Delivery and Food Delivery Services	7395	15137	6159	13475
其他餐饮	Others	11348	14777	11017	12770

16-11 批发和零售业连锁经营情况(2020年)
Wholesale and Retail Chain Operations (2020)

项 目		Item		合计 Total	直营店 Under Direct Management	加盟店 Through License Arrangement
门店总数	（个）	Number of Stores	(unit)	10977	8014	2963
从业人数	（人）	Employed Person	(person)	119867	112185	7682
商品购进总额	（万元）	Total Purchases	(10 000 yuan)	8006720	7789826	216894
#统一配送商品购进额		# by Centralized Purchase and Delivery		6841827	6647052	194776
零售营业面积	（万平方米）	Operational Area of Retail	(10 000 sq.m)	988.13	969.35	18.77
商品销售额	（万元）	Sales of Goods	(10 000 yuan)	13056617	12828490	228127

16-12 住宿和餐饮业连锁经营情况(2020年)
Hotel and Catering Chain Operations (2020)

项 目		Item		合计 Total	直营店 Under Direct Management	加盟店 Through License Arrangement
门店总数	（个）	Number of Stores	(unit)	1107	652	455
从业人数	（人）	Employed Person	(person)	39958	22523	17435
商品购进总额	（万元）	Total Purchases	(10 000 yuan)	184215	168579	15636
#统一配送商品购进额		# by Centralized Purchase and Delivery		165514	162590	2924
餐饮营业面积	（万平方米）	Operational Area of Catering	(10 000 sq.m)	59.32	24.58	34.74
客房数	（间）	Number of Rooms	(unit)	6754	5204	1550
床位数	（张）	The Number of Beds	(unit)	9675	7119	2556
餐位数	（个）	Number of Seats	(unit)	230014	92316	137698
营业额	（万元）	Total Sales	(10 000 yuan)	553002	358793	194209
餐费收入和商品销售额	（万元）	Revenue of Catering and Total Sales	(10 000 yuan)	549312	355103	194209

主要统计指标解释

批发业 指向其他批发或零售单位（含个体经营者）及其他企事业单位、机关团体等批量销售生活用品、生产资料的活动，以及从事进出口贸易和贸易经纪与代理的活动，包括拥有货物所有权，并以本单位（公司）的名义进行交易活动，也包括不拥有货物的所有权，收取佣金的商品代理、商品代售活动；还包括各类商品批发市场中固定摊位的批发活动，以及以销售为目的的收购活动。

零售业 指百货商店、超级市场、专门零售商店、品牌专卖店、售货摊等主要面向最终消费者（如居民等）的销售活动，以互联网、邮政、电话、售货机等方式的销售活动，还包括在同一地点，后面加工生产，前面销售的店铺（如面包房）；谷物、种子、饲料、牲畜、矿产品、生产用原料、化工原料、农用化工产品、机械设备（乘用车、计算机及通信设备除外）等生产资料的销售不作为零售活动；多数零售商对其销售的货物拥有所有权，但有些则是充当委托人的代理人，进行委托销售或以收取佣金的方式进行销售。

社会消费品零售总额 指企业（单位、个体户）通过交易直接售给个人、社会集团非生产、非经营用的实物商品金额，以及提供餐饮服务所取得的收入金额。个人包括城乡居民和入境人员，社会集团包括机关、社会团体、部队、学校、企事业单位、居委会或村委会等。

批发和零售业商品购进、销售、库存额 指各种登记注册类型的批发和零售业企业（单位）以本企业（单位）为总体的，从国内、国外市场购进的商品总量，销售和出口的商品总量，库存的商品总量等情况。该指标可以反映商品流转过程中商品的购进、销售、库存之间的比例关系和存在的问题。

商品购进额 指从本企业以外的单位和个人购进（包括从国外直接进口）作为转卖或加工后转卖的商品金额（含增值税）。商品购进包括：(1) 从工农业生产者、批发和零售业企业、住宿和餐饮业企业、出版社或报社的出版发行部门和其他服务业企业购进的商品；(2) 从机关团体、事业单位购进的商品；(3) 从海关、市场管理部门购进的缉私和没收的商品；(4) 从居民收购的废旧商品等。不包括：(1) 企业为本单位自身经营用，不是作为转卖而购进的商品，如材料物资、包装物、低值易耗品、办公用品等；(2) 未通过买卖行为而收入的商品，如接受其他部门移交的商品、借入的商品、收入代其他单位保管的商品、其他单位赠送的样品、加工回收的成品等；(3) 经本单位介绍，由买卖双方直接结算，本单位只收取手续费的业务；(4) 销售退回和买方拒付货款的商品；(5) 商品溢余。

商品销售额 指对本单位以外的单位和个人出售的商品金额（包括售给本单位消费用的商品，含增值税）。商品销售包括：(1) 售给城乡居民和社会集团消费用的商品；(2) 售给农业、工业、建筑业、服务业等国民经济各行业用于生产、经营用的商品，包括售予批发和零售业作为转卖或加工后转卖的商品；(3) 对国（境）外直接出口的商品。不包括：(1) 未通过买卖行为付出的商品，如随机构变动移交给其他企业单位的商品、借出的商品、归还受其他单位委托代保管的商品、付出的加工原料和赠送给其他单位的样品等；(2) 经本单位介绍，由买卖双方直接结算，本单位只收取手续费的业务；(3) 购货退回的商品；(4) 商品损耗和损失；(5) 出售本单位自用的废旧物资。

商品库存额 对于批发和零售业法人单位和个体经营户，是指报告期末取得所有权的全部商品金额（含增值税）；对于批发和零售业产业活动单位，是指报告期末实际在库且归属法人具有所有权的全部商品金额（含增值税）。库存商品包括：(1) 存放在本单位（如门市部、批发站、采购站、经营处）的仓库、货场、货柜和货架中的商品；(2) 挑选、整理、包装中的商品；(3) 已记入购进而尚未运到本单位的商品，即发货单或银行承兑凭证已到而货未到的商品；(4) 寄放他处的商品，如因购货方拒绝付款而暂时存在购货方的商品；(5) 委托其他单位代销（未作销售或调出）尚未售出的商品；(6) 代其他单位购进尚未交付的商品。不包括：所有权不属于本单位的商品；委托外单位加工的商品；外贸企业代理其他单位从国外进口，尚未付给订货单位的商品；代国家储备部门保管的商品。

住宿业 指为旅行者提供短期留宿场所的活动，有些单位只提供住宿，也有些单位提供住宿、饮食、商务、娱乐一体的服务，不包括主要按月或按年长期出租房屋住所的活动。

餐饮业 指通过即时制作加工、商业销售和服务性劳动等，向消费者提供食品和消费场所及设施的服务。

营业额 指住宿和餐饮业单位在经营活动中，因提供服务或销售商品等取得的全部收入（含增值税），收入主要来源于提供客房、餐费服务、商品销售和其他服务，如商务服务。不包括多产业法人企业附营的其他行业产业活动单位的餐费收入、商品销售收入等各项收入。其中，客房收入指住宿和餐饮业单位在经营活动中因提供住宿服务取得的收入（含增值税）。不包括多产业法人企业附营的其他行业产业活动单位的客房收入。餐费收入指本单位为顾客提供就餐服务取得的收入（含增值税）。包括：经烹饪、调制加工后出售的各种食品，如主食、炒菜、凉拌菜等的收入。不包括多产业法人企业附营的其他行业产业活动单位的餐费收入。

亿元商品交易市场成交额　指年成交额达到亿元以上，经工商部门批准、专门从事商品批发、零售业务活动的市场。其市场所有摊位成交总额称为商品交易市场成交额。

连锁总店（总部）　指负责连锁企业资源（商号、商誉、经营模式、服务标准、管理模式等等）的开发、配置、控制或使用等功能的企业核心管理机构。连锁经营是指经营同类商品或服务，使用统一商号的若干店铺，在同一总店（总部）的管理下，采取统一采购或特许经营等方式，实现规模效益的组织形式，包括直营连锁、特许连锁和自愿连锁三种形式。其中，直营连锁是指连锁店铺由连锁公司全资或控股开设，在总部的直接控制下，开展统一经营的连锁经营形式；特许连锁是指拥有注册商标、企业标志、专利、专有技术等经营资源的企业（特许人），以合同形式将其拥有的经营资源许可其他经营者（被特许人）使用，被特许人按合同约定在统一的经营模式下开展经营，并向特许人支付特许经营费用的连锁经营形式；自愿连锁是指若干个店铺或企业自愿组合起来，在不改变各自资产所有权关系的情况下，以同一个品牌形象面对消费者，以共同进货为纽带开展的连锁经营形式。

亿元以上商品交易市场　指年成交额在亿元及以上的商品交易市场。商品交易市场是指经有关部门和组织批准设立，有固定场所、设施，有经营管理部门和监管人员，若干市场经营者入内，常年或实际开业三个月以上，集中、公开、独立地进行生活消费品、生产资料等现货商品交易以及提供相关服务的交易场所，包括各类消费品市场、生产资料市场等。

Explanatory Notes on Main Statistical Indicators

Wholesale Trade refers to the activities of selling wholesale commodities for daily use and capital goods to enterprises of wholesale and retail trades (including self-employed individuals) and other enterprises, institutions and government organs and organizations, and the activities of engaging in import and export and acting as a trade agent. The wholesaler may have the ownership of the commodities for wholesale and trade in the name of its own (a company), and the wholesaler can act as commission agent or commodity broker without the ownership of commodities. Also included are the wholesale activities at the fixed stalls in wholesale market and the acquisition for sales purpose.

Retail Trade refers to the activities of department store, supermarket, franchised store, brand store, retail stall and on-the-spot-making-selling store selling commodities to the final consumers (residents) by any means including internet, post, telephone, sales machine. It also includes shops with sales and production located in the same places (such as bakeries). Retail trade excludes the activities of sales of capital goods such as grain, seed, feed, livestock, mineral products, raw material for production, industrial chemicals, chemical products for agricultural use, machine and equipment (excluding vehicles, computers and communication equipment). Most retailers have the ownership of commodities to sell, but some are acting as agents or brokers to make transactions for a commission.

Total Retail Sales of Consumer Goods refer to the amount obtained by enterprises (units, self-employed individuals) through direct sales of non-production and non-business physical commodity to individuals, social institutions, and revenue from providing catering services. Individuals include rural and urban households, population from abroad, social institutions include government agencies, social organizations, military units, schools, institutions, neighbourhood (village) committees.

Purchase, Sales and Stock of Commodities by Wholesale and Retail Trades refer to the total volume of commodities purchased, total volume of sales and exports, and the stock of commodities by wholesale and retail enterprises (establishments) of different status of registration from domestic and overseas markets. This indicator reflects the relationship among purchase, sales and stock of commodities in the circulation of goods and reveals the existing problems.

Total Purchases of Commodities refer to the total value of purchases of commodities by enterprises (establishments) from other establishments or individuals (including direct import from abroad) for the purpose of re-selling, either with or without further processing of the commodities purchased. The commodities include: (1) commodities purchased from agricultural and industrial producer, wholesaler, retailer, publishing house and other service business; (2) commodities purchased from institutions and government departments; (3) confiscated goods purchased from the customs authorities or market management agencies; (4) second-hand goods and wastes purchased from residents; The commodities exclude (1) commodities purchased by enterprises (establishments) for use in their own business operation, commodities obtained without buying or selling procedures such as materials, consumable goods of low value, office appliance, etc. (2) received goods without trading, such as goods handed over from others, borrowed goods, preserved goods for others, donated goods from others, processed and retrieved goods, etc. (3) goods of direct settlement between buyer and seller with handling fees introduced by others, (4) goods returned or refused to pay by the buyer, (5) excessive goods.

Total Sales of Commodities refer to value of commodities sold by the establishments to other establishments and individuals (including goods sold for self consumption, including the value-added tax). The commodities include: (1) commodities sold to urban and rural residents and social groups for their consumption; (2) commodities sold to establishments in all industries for their production and operation, including agriculture, industry, construction, and catering services including commodities sold to wholesale and retail establishments for re-selling, with or without further processing; and (3) commodities for direct export to abroad. Excluded are (1) extended commodities without trading, such as goods handed over to other enterprises and institutions because of the change of organizations, lent goods, returned goods preserved for others, extended processing materials and samples donated to others, (2) goods of direct settlement between buyer and seller with handling fees introduced by others, (3) goods returned after purchase, (4) damaged and spoiled goods, (5) waste and used goods of self use,

Total Stock of Commodities For the legal entities and self-employed individuals engaged in wholesale and retail trade, it refers to total value (including VAT) of commodities possessed at the end of the reference period; and for wholesale and retail establishments, it refers to the value (including VAT) of all commodities actually in stock and owned by their legal person at the end of reference period. The commodities in stock includes: (1) commodities located in storage, garages, counters, and shelves of operating places of wholesale and retail trades (such as sale stores, wholesale centres, procurement stations and operating offices); (2) commodities in the process of being selected, sorted, and packed; (3) commodities not arrived but recorded as purchase in the account, i.e. commodities not arrived but payment receipts for the commodities from the sellers or the banks arrived; (4) commodities deposited in other places rather than places mentioned above, for instance: commodities in the hold of purchasers temporarily due to the refusal of payment; (5) commodities entrusted to other units to sell but not sold yet; (6) commodities purchased for other units but not delivered yet. Commodities not included as stock are those not owned by the enterprises (units), commodities on commission for processing, imported commodities of agency of foreign trade enterprise but not yet delivered to ordering units and finally those put in stock on behalf of the state reserves units.

Hotel Services refer to short-term accommodation services provided to visitors. Some units may provide only accommodation while others provide a combination of accommodation, meals, business services and/or recreational facilities. It excludes activities related to the provision of long-term primary residences, typically leased on a monthly or annual basis.

Catering Services refer to the activities of providing foods, serving locations and facilities to customers through instant processing, commercial sales and service-type labor.

Business Revenue refers to total revenue (including VAT) of hotels and catering services received from providing services or selling commodities through business activities. Revenue comes mainly from providing hotels, catering services, selling of commodities and other services, such as commodity services. It does not include revenue from providing meals or selling of commodities by establishments affiliated to other multi-industrial corporate enterprises. Income from hotel rooms refers to income (including VAT) of hotels and catering services by providing lodging services through business activities. Income from meals refers to income (including VAT) from providing catering services, including selling of cooked or prepared foods, such as staple food, cooked dishes, or cold dishes. It does not include income from meals provided by establishments affiliated to other multi-industrial corporate enterprises.Volume of Transaction at Large Commodity Markets (with transaction value over 100 million yuan) refers to markets approved by the industrial and commercial administration departments, which specialize in wholesale and retail of commodities with an annual transaction of over 100 million yuan. The sum of sales of all sellers in the markets makes up the transaction value of the markets.

Volume of Transaction at Large Commodity Markets (with transaction value over 100 million yuan) refers to markets approved by the industrial and commercial administration departments, which specialize in wholesale and retail of commodities with an annual transaction of over 100 million yuan. The sum of sales of all sellers in the markets makes up the transaction value of the markets.

Chain Head Stores (headquarter) refer to the core leading stores responsible for development, allocation, administration and utilization of resources (name of stores, brand of stores, operation model, service standard, management way, etc.) of chain stores. Chain stores refers to the stores engaged in providing homogeneous commodities or services, with the central leadership of head store (headquarters) and guided by common policies, conduct centralized purchase and distributed selling of commodities, in order to gain better efficiency through standardized operation. The chain stores include regular chain stores, franchise chain stores and voluntary chain stores.

Regular Chain store refers to chain stores that are invested or controlled by the headquarters. They operate under direct and unified management from the headquarters.

Franchise chain store refers to the chain stores (franchisees) which are franchised with operation resources such as trade marks, names, patent and operation know-how by the franchisors in form of contract and pay the operation fees to the franchisors.

Voluntary chain store refers to the stores operate jointly on the voluntary bases while maintaining their status of independent legal entities with full ownership of their assets. They sell goods of same brand from same channel of resource to the consumers.

Large Commodity Markets with Transaction Value over 100 Million Yuan refers to the commodity markets with an annual transaction at and above 100 million. The commodity market refers to the markets approved and managed by related departments, where there are fixed sites, facilities, managers and administration offices, where there are a certain number of traders to operate for three month and above or all the year, where the commodities including the articles for daily consumption and capital goods and services are traded in a centralized, independent and open way. Such market includes markets of daily goods and market of capital goods, etc.

17 教育和科技

Education, Science and Technology

资料整理人员：蔡冬娥　肖首雄　赵莉淇　郭开金　邓鸿鹄

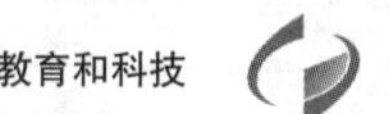

17–1 教育基本情况
Basic Statistics for Education

年份 Year	专任教师数（人）Number of Full-time Teachers (person)				在校学生数（万人）Student Enrollment (10 000 persons)				每万人口在校大学生数(人) University & College Student Enrollment per 10 000 Population (person)
	普通高等学校 Institutions of Higher Education	普通中等学校 Secondary Schools	普通中学 Regular Secondary Schools	小学 Primary Schools	普通本专科 Institutions of Higher Education	普通中等学校 Secondary Schools	普通中学 Regular Secondary Schools	小学 Primary Schools	
1949	500	1700	4400	92900	0.26	3.00	11.43	192.26	1.0
1950	600	600	3300	70300	0.26	0.90	5.00	116.88	1.0
1951	700	900	3500	90700	0.37	2.00	5.07	218.75	1.0
1952	800	1000	4700	96500	0.63	2.30	12.34	274.86	2.0
1953	900	1300	5800	102700	0.65	2.40	13.75	295.92	2.0
1954	1000	1400	6800	99200	0.79	2.20	15.48	276.40	2.0
1955	1200	1300	6900	100600	0.84	1.90	15.58	314.74	2.3
1956	1500	1500	7800	105600	1.18	2.20	20.28	383.65	3.4
1957	1800	1700	9100	110100	1.36	2.60	23.16	385.20	4.0
1958	2100	2900	16200	136700	2.24	7.90	47.22	525.71	6.0
1959	2600	3200	15400	142400	2.76	6.20	41.47	528.84	6.0
1960	4100	6200	20000	154000	3.94	12.70	54.73	573.35	11.0
1961	4600	4200	18800	142000	3.41	4.30	36.04	448.27	9.6
1962	4600	2200	18000	135300	2.91	2.20	30.30	376.09	8.0
1963	4400	2400	17900	135900	2.60	2.00	30.84	385.87	7.0
1964	3900	2600	18800	140400	2.09	1.90	36.83	494.80	5.5
1965	4000	2500	19800	142700	2.18	2.30	40.84	497.74	6.0
1966	3700	2800	22900	159300	1.92	3.10	49.99	550.61	5.0
1967	3700	2800	21500	161900	1.57	2.40	49.45	518.02	4.0
1968	3800	2600	28300	161900	1.10	1.40	54.54	476.93	3.0
1969	3700	1400	41700	176600	0.70	0.20	86.19	480.11	2.0
1970	4000	1200	56800	171100	0.43	0.80	123.58	516.91	1.0
1971	3600	1600	78500	186100	0.32	1.30	149.74	563.25	0.7
1972	4700	2000	81400	213600	1.03	1.60	171.72	650.79	2.0
1973	5200	2100	80100	236300	1.67	2.70	162.45	711.35	4.0
1974	5600	3000	79000	263600	2.18	3.50	165.86	809.73	4.5
1975	6000	3100	103600	274700	2.44	3.70	231.60	837.54	5.0
1976	6800	3400	151800	281600	2.55	3.20	320.47	842.69	5.0
1977	7300	3900	173500	280500	2.81	3.10	368.93	825.73	5.0
1978	8200	4200	166600	284800	3.57	3.50	346.44	829.32	7.0
1979	9200	5000	152800	293200	4.32	5.40	305.23	830.33	8.0
1980	9800	5700	149100	303200	5.45	5.40	281.77	832.24	10.0
1981	8900	6000	139900	311500	5.47	4.50	251.95	830.48	10.0
1982	10000	6500	134600	308500	4.82	4.40	243.59	810.64	8.8
1983	10600	6900	130000	311800	5.15	5.00	233.14	798.48	9.0
1984	11200	6700	129700	311400	5.82	5.70	242.36	791.56	10.0
1985	12700	6700	136400	313400	7.13	6.70	248.15	773.44	13.0

17-1 续表 Continued

年份 Year	专任教师数（人） Number of Full-time Teachers (person)				在校学生数（万人） Student Enrollment (10 000 persons)				每万人口在校大学生数(人) University & College Student Enrollment per 10 000 Population (person)
	普通高等学校 Institutions of Higher Education	普通中等学校 Secondary Schools	普通中学 Regular Secondary Schools	小学 Primary Schools	普通本专科 Institutions of Higher Education	普通中等学校 Secondary Schools	普通中学 Regular Secondary Schools	小学 Primary Schools	
1986	13500	7400	142600	308300	7.82	7.30	262.53	759.23	14.0
1987	14300	8300	150400	306700	8.34	7.70	267.17	738.43	14.0
1988	14500	8700	153600	308600	8.73	9.20	251.88	721.65	14.7
1989	14500	9100	159000	321700	8.90	10.20	249.62	705.82	15.0
1990	14400	9100	158100	306600	8.82	9.90	253.78	693.96	14.0
1991	14200	9100	163100	305700	8.86	9.90	257.03	687.63	14.0
1992	14300	9200	166200	300400	9.54	10.70	252.87	685.04	15.0
1993	14500	9500	168600	300300	11.10	12.90	250.45	697.32	17.7
1994	15000	9700	172000	298800	12.31	15.40	265.35	715.35	19.5
1995	15300	10600	179100	298000	13.04	18.60	285.41	736.65	20.0
1996	15700	11600	187100	298500	13.57	21.30	305.22	765.91	21.2
1997	15900	12300	194800	299500	14.37	23.70	323.24	787.13	22.0
1998	16500	12400	201800	304100	15.67	25.90	336.23	769.35	24.0
1999	17990	11934	212435	307404	19.40	27.30	356.00	721.40	30.0
2000	20317	10775	223693	306387	25.31	25.83	391.73	663.93	38.7
2001	23878	9036	236161	291574	33.13	24.09	425.59	601.26	50.2
2002	30557	8598	248245	276535	41.94	22.37	466.91	529.49	63.3
2003	33229	6377	259281	260704	53.72	22.65	488.78	468.69	80.6
2004	38345	5362	260897	248345	62.60	24.60	471.90	432.60	93.5
2005	45272	25962	261449	246112	74.24	70.56	429.11	419.83	110.3
2006	49470	28099	256047	247567	81.95	75.78	384.62	429.31	121.0
2007	54751	30628	251451	249994	89.05	83.10	354.31	444.84	130.9
2008	57651	30040	246257	250229	94.86	76.35	333.92	458.44	138.6
2009	58846	29514	243831	250365	101.38	80.87	320.78	469.15	146.9
2010	59557	28004	240494	250039	104.43	76.48	316.82	479.16	147.3
2011	61156	27977	268602	222630	106.79	77.88	317.72	490.32	161.9
2012	62541	27293	238277	246859	108.05	73.42	313.77	473.79	162.7
2013	63869	24827	236461	246273	110.08	65.07	318.39	467.81	210.6
2014	64919	25106	238543	248118	113.50	64.48	326.34	473.84	214.5
2015	66615	26047	238254	226087	117.98	64.80	329.85	488.86	221.4
2016	68726	25620	241508	253718	122.47	66.09	335.96	501.81	225.1
2017	70249	27001	247395	265887	127.32	68.65	344.26	511.66	238.8
2018	72689	29029	255386	274527	132.68	65.82	358.01	521.98	258.4
2019	76527	31027	266201	287097	140.71	67.00	370.39	528.77	296.5
2020	79598	32384	278936	300033	151.03	68.30	379.31	534.25	313.4

注：2005 年之后普通中等专业学校数为中等职业教育学校数据。

Prior to 2005 number of secondary vocation in shcools as number of regular specialized secondary schools.

17-2 各级学校单位数及教职工数
Number of Schools and School Staff

年份 Year	普通高等学校 Regular Institution of Higher Education	中等职业教育学校 Secondary Vocationl Schools	职业中学 Vocational Secondary Schools	技工学校 Technical Schools	普通中学 Regular Secondary Schools	普通小学 Primary Schools	特殊教育学校 Special Education Schools	学前教育 Pre-school Education
单位数（所）	**Number of Schools (unit)**							
1980	46	117	179	115	7411	53400		15295
2000	52	144	539	167	4505	34521	57	5473
2005	93	665	477	147	4560	17108	53	4359
2006	96	677	496	138	4394	15859	52	4528
2007	99	708	534	140	4257	14677	51	4751
2008	100	687	539	144	4129	13929	50	5516
2009	115	682	533	128	4032	13263	51	6453
2010	117	626	486	129	3933	12692	54	7829
2011	120	567		129	3904	10824	58	9488
2012	106	525		129	3885	10165	61	11030
2013	107	496		129	3878	9270	69	12236
2014	109	501		129	3894	8560	76	12935
2015	109	471		129	3906	8412	78	13944
2016	109	460		130	3901	8272	79	14365
2017	109	467		131	3912	7757	79	14670
2018	109	472		133	3957	7335	85	15166
2019	110	487		139	4010	7245	86	15717
2020	114	494		147	4044	7245	95	16285
教职工数（人）	**Number of Teachers and Staff (person)**							
1980	24462	13262	1242	6391	192400	321900		39900
2000	46642	21078	22375	10050	259989	324199	1203	39790
2005	80766	39753	26081	8955	305413	261560	1213	37864
2006	86031	43243	30020	8890	300958	263305	1245	42932
2007	90417	46733	33309	8669	294108	264623	1314	49181
2008	93303	45475	32686	9217	288168	265680	1338	58230
2009	94428	44459	32023	9394	285576	266878	1397	69731
2010	94871	41822	29926	10074	281722	266854	1531	88538
2011	95652	40070		11097	312162	235773	1656	107361
2012	96322	38410		11552	309794	231358	1673	126187
2013	96915	33342		11820	301044	226699	1733	143739
2014	97652	33272		11229	301432	226307	1826	157461
2015	98746	34134		10946	302504	226087	1936	175737
2016	100543	33290		11056	304863	227973	2016	195150
2017	102318	34447		11128	313347	235374	2258	212635
2018	104086	36678		10573	325006	238800	2479	228288
2019	108434	39075		10803	340714	247537	2711	244405
2020	111678	40486		9942	356161	257148	2911	258805

注：本表高等学校含3所部属院校，不含军事院校、分院校和大专班。

Regular institutions of higher education includes three institutions managed by the national ministry,excluding military institutions, branches and Specialized Subject class.

17–3 各级学校招生及毕业生数
New Student Enrollment and Graduates

单位：人 (person)

年份 Year	普通高等学校 Regular Institution of Higher Education	中等职业教育学校 Secondary Vocationl Schools	职业中学 Vocational Secondary Schools	技工学校 Technical Schools	普通中学 Regular Secondary Schools	高中 Senior Secondary Schools	初中 Junior Secondary Schools	普通小学 Primary Schools	特殊教育学校 Special Education	学前教育 Pre-school Education
招生数	New Student Enrollment									
1980	13004	20515	9267	16071	934300			1657300		
2000	101020	63625	93447	26683	1518734	260515	1258219	717496	2090	583324
2005	246520	317819	192156	60779	1325504	512714	812790	710905	1181	687422
2006	263799	314465	203364	59657	1216865	489621	727244	785684	1347	723322
2007	288712	336757	220657	56460	1171706	438131	733575	862812	2317	749784
2008	307575	280488	200876	61200	1111499	392351	719148	847528	2443	825608
2009	323592	348884	195299	60378	1076485	356521	719964	833027	2246	878680
2010	309776	302889	173050	59516	1104881	370508	734373	863796	2174	1001644
2011	310172	279918		51484	1104813	369889	734924	869704	1117	1035175
2012	324526	253092		46643	1112562	370069	742493	880773	1132	1082809
2013	325880	228682		40878	1140231	373754	766477	847605	2240	974589
2014	344724	227065		37444	1110833	365462	745371	813950	2924	1061997
2015	360030	237759		40291	1118969	380349	738620	886705	4625	989791
2016	376279	251324		47606	1174079	393932	780147	899873	5446	937912
2017	391611	250215		39563	1189640	398100	791540	884161	6295	862373
2018	416228	229118		38271	1249377	406744	842633	930488	4730	785219
2019	456160	253467		45870	1288589	437339	851250	895433	8262	794812
2020	489163	248228		55039	1273195	448890	824305	848870	8040	813618
毕业生数	Graduates									
1980	1306	21260	2469	6114	522900			1297800		
2000	42428	73076	68800	20479	1000980	145587	855393	1302004	1138	
2005	147642	187911	98870	37958	1591964	340207	1251757	815684	760	
2006	187456	215907	119210	39551	1540757	378477	1162280	716297	937	
2007	207604	256378	152676	42407	1357555	408711	948844	712920	1538	
2008	240027	269438	181021	43441	1204202	429998	774204	702820	1551	
2009	253795	273181	184098	47353	1108959	415666	693293	718528	1606	
2010	275285	282883	172902	44142	1059256	361786	697470	723227	1378	
2011	284178	225490		45149	1018307	325598	692709	730155	613	516842
2012	305674	251480		41949	998786	310055	688731	770212	634	735088
2013	325880	237119		40248	983228	316720	666508	770482	1286	799267
2014	295442	205099		28593	972811	320363	652448	741023	1202	827392
2015	300161	204137		29936	1034745	334954	699791	730191	1768	903774
2016	316123	199567		29207	1081856	341973	739883	769729	3328	923857
2017	332792	194901		28339	1076681	344076	732605	781279	3070	949433
2018	347641	204504		30746	1089422	364539	724883	832334	4730	983284
2019	361908	209896		34656	1149037	379575	769462	839304	5550	997220
2020	376043	207929		34237	1172445	385595	786850	812917	7332	1000295

注：2005 年之前中等职业教育学校数据为普通中等专业学校数。

Prior to 2005 number of secondary vocational education in schools as number of regular specialized secondary schools.

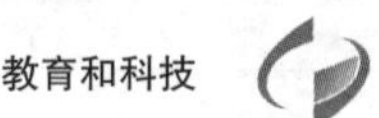

17–4 硕士研究生在校学生、招生及毕业生数
Student Enrollment, New Student Enrollment and Graduates of Postgraduates

单位：人 (person)

年份 Year	招生数 New Student Enrollment	毕业生数 Graduates	在校学生数 Student Enrollment
1980	77		347
1990	705	812	2165
2000	3475	1311	7729
2001	4575	1639	10589
2002	5832	1942	14147
2003	8597	3099	19421
2004	10656	4148	26083
2005	11702	5243	32676
2006	13260	7329	38711
2007	14088	9492	43343
2008	14876	10982	46815
2009	17326	12434	51809
2010	18270	13145	56221
2011	18942	14338	60097
2012	19801	16216	62745
2013	18473	15745	54454
2014	18795	17414	55121
2015	19476	17007	57155
2016	20012	17243	58953
2017	24985	17255	65908
2018	25711	18493	72047
2019	26602	19567	78390
2020	30947	22757	85798

17–5 普通高等学校本科在校学生、招生及毕业生数
Student Enrollment, New Student Enrollment and Graduates of Colleges and Universities

单位：人 (person)

项 目	Item	在校学生数 Student Enrollment		招收学生数 New Student Enrollment		毕业生数 Graduates	
		2019	2020	2019	2020	2019	2020
总 计	**Total**	**748384**	**781798**	**196024**	**211741**	**166655**	**175258**
哲 学	Philosophy	382	377	121	121	96	105
经济学	Economics	38712	38899	9756	10003	8597	9484
法 学	Law	24203	26048	6395	7044	5601	5662
教育学	Education	28432	29763	7441	8421	6220	6967
文 学	Literature	78703	83150	21070	22412	17209	18546
历史学	History	2398	2913	752	997	492	519
理 学	Science	52462	57216	14548	15571	10608	11275
工 学	Engineering	247672	259542	66508	71918	54102	56901
农 学	Agriculture	9885	10291	2705	2890	2180	2342
医 学	Medicine	73406	77859	17505	19640	13887	14896
管理学	Administration	118983	119182	29674	32118	30815	31604
艺术学	Artsciense	73146	76558	19549	20606	16848	16957

17−6 普通高等学校、中等职业教育学校教职工情况
Staff and Workers in General Institutions of Higher Education and Specialized Secondary Schools

单位：人 (person)

类 别	Item	高等学校 General Institutions of Higher Education			中等职业教育学校 Specialized Secondary Schools		
		2018	2019	2020	2018	2019	2020
教职工	**Staffs and Teachers**	**104086**	**108434**	**111678**	**36678**	**39075**	**40486**
#校部教职工	#Staffs and Workers	100907	104933	108399	36607	39040	40486
#专任教师	#Full-time Teachers	72689	76527	79598	29029	31027	32384
教辅人员	Auxiliary Teaching Staff	13738	14058	14709	3245	3597	3499
行政人员	Administrative Personnel	9446	9476	9589	2159	2213	2281
工勤人员	Logistics Personnel	5034	4872	4503	2174	2203	2322

17−7 普通高等学校分科专任教师情况(2020年)
Full-time Teachers in General Institutions of Higher Education by Field of Study (2020)

单位：人 (person)

类 别	Item	合 计 Total	正高级 Professors	副高级 Asso. Professors	中 级 Lecturers	初 级 Assistants	未定职级 No Assessment
总 计	**Total**	**79598**	**8892**	**23036**	**31301**	**7431**	**8938**
哲 学	Philosophy	2188	272	620	754	227	315
经济学	Economics	3980	419	1076	1580	441	464
法 学	Law	3320	381	929	1385	257	368
教育学	Education	7515	543	1923	3012	953	1084
文 学	Literature	9959	691	2675	4588	956	1049
历史学	History	719	130	212	246	63	68
理 学	Science	7773	1226	2521	2685	593	748
工 学	Engineering	21892	2786	6912	8661	1496	2037
农 学	Agriculture	1883	293	510	719	133	228
医 学	Medicine	7344	1141	2494	2361	694	654
管理学	Adminstration	7190	691	1966	2870	790	873
艺术学	Artscience	5835	319	1198	2440	828	1050

17-8 中等职业教育分科专任教师和学生数(2020年)
Students and Full-time Teachers in General Specialized Secondary Schools (2020)

单位：人 (person)

类　别	Item	招生数 New Student Enrollment	毕业生数 Graduates	在校学生数 Student Enrollment	专任教师 Full-time Teachers
总　计	**Total**	**248228**	**207929**	**682951**	**32384**
农林牧渔类	Denomination of Agriculture and Forestry	8262	7696	25767	500
资源环境类	Denomination of Natural Resources and Environment	301	108	617	43
能源与新能源类	Denomination of Energy Sources	172	310	764	34
土木水利类	Denomination of Civil and Water Conservancy Engineering	4375	4724	12854	322
加工制造类	Denomination of Processing and Manufacture	36693	32666	104041	2485
石油化工类	Denomination of Petrochemical	140	388	642	24
轻纺食品类	Denomination of Textile Food	1135	937	2723	138
交通运输类	Denomination of Transportation	20542	17801	56886	1171
信息技术类	Denomination of Information Technique	61399	46656	165064	3747
医药卫生类	Denomination of Sanitation and Medicines	12013	10646	30996	698
休闲保健类	Denomination of Leisure Care	1876	885	3933	102
财经商贸类	Denomination of Financial Business	33545	27941	92903	2005
旅游服务类	Denomination of Travel Services	13793	13267	44198	1225
文化艺术类	Denomination of Culture and Arts	18891	14580	56024	1811
体育与健身	Denomination of Sports and Fitness	2898	1920	7768	647
教育类	Denomination of Education	24606	21860	58138	1139
司法服务类	Denomination of Justice		42	93	38
公共管理与服务类	Denomination of Public Management and Services	6456	4425	17267	534
其他	Other Denomination	1131	1077	2273	336

注：专任教师中含文化基础课教师和实习指导课教师。
Full-time teachers included teachers of basic culture and intern guide.

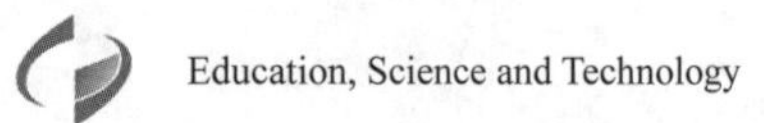

17–9 普通中学、小学按城乡和主办部门分组的情况(2020年)
Basic Statistics on General Secondary Schools, Primary Schools by Urban and Rural Area and by Department (2020)

单位：人 (person)

类别	Item	合计 Total	按城乡分 By Urban and Rural Areas 城市 Urban Areas	县镇 Counties and Towns	农村 Rural Areas	按主办部门分 By Departments 教育部门和集体办 Schools Run by Educational Departments	其他部门和民办 Schools Run by Other Departments
普通中学	**Regular Secondary Schools**						
学校数 （所）	Number of Schools (unit)	4044	750	2022	1272	3579	465
教职工数	Number of Staffs and Teachers	356161	111807	188249	56105	295217	60944
#专任教师数	#Full-time Teachers	278936	88363	150323	40250	243094	35842
招生数	New Student Enrollment	1273195	426584	698218	148393	1043981	229214
毕业生数	Number of Graduates	1172445	369837	648691	153917	997906	174539
在校学生数	Student Enrollment	3793099	1235516	2087961	469622	3154047	639052
普通中学中：高中	**Senior Secondary Schools**						
学校数 （所）	Number of Schools (unit)	660	269	347	44	475	185
专任教师数	Full-time Teachers	89921	34899	50343	4679	77508	12413
招生数	New Student Enrollment	448890	170039	255089	23762	358453	90437
毕业生数	Number of Graduates	385595	142996	223747	18852	330963	54632
在校学生数	Student Enrollment	1273403	475926	732219	65258	1045282	228121
普通中学中：初中	**Junior Secondary Schools**						
学校数 （所）	Number of Schools (unit)	3384	481	1675	1228	3104	280
专任教师数	Full-time Teachers	189015	53464	99980	35571	165586	23429
招生数	New Student Enrollment	824305	256545	443129	124631	685528	138777
毕业生数	Number of Graduates	786850	226841	424944	135065	666943	119907
在校学生数	Student Enrollment	2519696	759590	1355742	404364	2108765	410931
小　学	**Primary Schools**						
学校数 （所）	Number of Schools (unit)	7245	1230	2478	3537	7079	166
教职工数	Number of Staffs and Teachers	257148	78130	114466	64552	248926	8222
#专任教师数	#Full-time Teachers	300033	88911	135149	75973	281136	18897
招生数	New Student Enrollment	848870	296533	387922	164415	803262	45608
毕业生数	Number of Graduates	812917	237544	401972	173401	750165	62752
在校学生数	Student Enrollment	5342513	1717499	2543134	1081880	4989755	352758

注：1. 普通初中学校数包括初级中学、九年一贯制学校和职业初中；普通高中包括完全中学、高级中学和十二年一贯制学校。

2. 所有教职工数据均按学校类型统计，专任教师按教育层次统计。以九年一贯制学校为例，教职工全部统计为普通中学教职工，专任教师则分别统计为小学、初中专任教师。

a. Junior Secondary Schools include regular junior secondary schools、nine-year coherent shools and vocational junior secondary school; Senior secondary schools include regular senior secondart schools、full secondary schools and twlve-year coherent schools.

b. All data of staff statistics are according to the school type,full-time teachers in education level statistics. Take nine-year coherent schools as example, all school staff count as secondary school staff, and full-time teachers are respectively primary and junor secondary teachers.

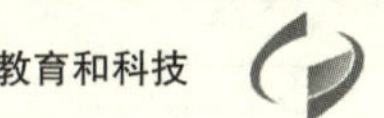

17-10 各级学校在校女学生和女教职工数
Number of Female Students and Faculties by Level of School

类 别	Item	2000	2010	2019	2020
女学生 （万人）	**Number of Female Students (10 000 persons)**	**531.25**	**457.35**	**524.62**	**537.80**
普通高等学校	Regular Institutions of Higher Education	9.58	53.05	72.60	78.85
中等职业学校	Secondary Vocational Schools	15.06	11.71	31.04	31.56
普通中学	Regular Secondary Schools	179.12	149.80	174.52	178.98
普通小学	Primary Schools	317.81	220.51	245.45	248.42
女学生占全部学生 （%）	**Percentage of Female Students to Total Students (%)**	**47.09**	**47.41**	**47.82**	**47.47**
普通高等学校	Regular Institutions of Higher Education	37.85	50.80	56.18	52.21
中等职业学校	Secondary Vocational Schools	58.29	63.32	46.33	46.21
普通中学	Regular Secondary Schools	45.73	47.28	47.12	47.18
普通小学	Primary Schools	47.87	46.02	46.42	46.50
女教职工 （万人）	**Number of Female faculties (10 000 persons)**	**24.79**	**30.79**	**43.34**	**46.04**
普通高等学校	Regular Institutions of Higher Education	0.69	4.27	5.34	5.57
中等职业学校	Secondary Vocational Schools	0.43	0.23	1.97	2.08
普通中学	Regular Secondary Schools	8.13	11.17	18.60	19.97
普通小学	Primary Schools	14.95	13.85	17.38	18.43
女教职工占全部教职工（%）	**Percentage of Female Faculties to Total Faculties (%)**	**42.97**	**45.38**	**58.81**	**60.15**
普通高等学校	Regular Institutions of Higher Education	33.96	45.02	49.20	49.83
中等职业学校	Secondary Vocational Schools	39.90	43.53	50.47	51.40
普通中学	Regular Secondary Schools	36.34	39.66	54.58	56.07
普通小学	Primary Schools	48.79	51.92	70.20	71.66

17-11 平均每万人口中在校学生
Student Enrollment per 10 000 Population

项　目	Item	2000	2010	2019	2020
各类普通学校在校学生占全省人口　（%）	**Students as Percentage of Total Population　(%)**	**17**	**14**	**20**	**21**
平均每万人口中在校学生　（人）	**Student Enrollment Per l0 000 Population　(person)**				
普通高等学校	Regular Institutions of Higher Education	39	147	297	313
中等职业教育学校	Secondary Vocationl Schools	666	108	97	99
普通小学	Primary Schools	1012	676	767	772

注：1. 本表未包括技工学校在校学生。
　　2. 2006 年起中等学校改为中等职业教育。
　　a. Secondary schools excludes schools for skilled workers.
　　b. From 2006,Secondary Schools change Secondary Vocationl Schools.

17-12 民办（私立）学校情况
Statistics on Private Schools

单位：人　　(person)

项　目	Item	2000	2010	2019	2020
普通中学	**Regular Secondary Schools**				
学校数　（所）	Number of Schools　(unit)	166	252	422	453
教职工数	Staffs and Teachers	4845	18959	52168	59918
专任教师数	Full-time Teachers	3367	13629	30244	35039
毕业生数	Graduates	9035	90021	154710	170868
招生数	New Student Enrollment	43333	106538	213651	225341
在校学生数	Student Enrollment	90112	290702	577043	627467
普通小学	**Primary Schools**				
学校数　（所）	Number of Schools　(unit)	213	121	156	152
教职工数	Staff and Teachers	2451	9439	8119	7647
专任教师数	Full-time Teachers	1713	6099	16856	18380
毕业生数	Graduates	6183	20039	61566	61376
招生数	New Student Enrollment	5572	25136	48465	43993
在校学生数	Student Enrollment	45911	141929	331970	343557

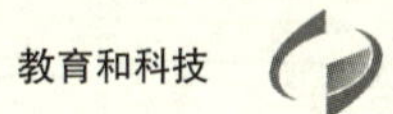

17-13 特殊教育学校基本情况
Basic Statistics on Schools for Special Education

单位：人 (person)

项 目	Item	2000	2010	2019	2020
各类特殊学校数 （所）	Number of Schools for Special Education (unit)	57	54	86	95
教职工数	Staffs and Teachers	1203	1531	2711	2911
专任教师数	Full-time Teachers	918	1168	2423	2624
毕业生数	Graduates	1138	1378	5550	7332
招生数	New Student Enrollment	2090	2174	8262	8040
在校学生数	Student Enrollment	12179	13209	47085	54119

17-14 各类学校代课教师及临时工人数
Provisional Teachers and Temporary Workers by Type of School

单位：人 (person)

项 目	Item	2000	2010	2019	2020
普通中学	**Regular Secondary Schools**				
代课教师	Provisional Teachers	2593	1936	4252	4572
兼任教师	Part-time Teachers	440	673	477	438
普通小学	**Primary Schools**				
代课教师	Provisional Teachers	15718	6135	12591	13982
兼任教师	Part-time Teachers	71	312	750	571

17-15 平均每一教职工负担学生
Student-educational Personnel and Full-time Teacher Ratio

单位：人 (person)

项　目	Item	2000	2010	2019	2020
平均每一教职工负担的学生	**Student - educational Personnel Ratio**				
普通高等学校	Regular Institutions of Higher Education	5.50	11.01	14.99	15.74
中等职业学校	Secondary Vocational Schools	12.00	18.29	17.15	16.87
普通中学	Regular Secondary Schools	15.10	11.25	10.87	10.65
普通小学	Primary Schools	20.50	17.96	21.36	20.78
平均每一专任教师负担的学生	**Student-full-time Teacher Ratio**				
普通高等学校	Regular Institutions of Higher Education	12.50	17.53	21.51	22.08
中等职业学校	Secondary Vocational Schools	23.97	27.31	21.59	21.09
普通中学	Regular Secondary Schools	17.50	13.17	13.91	13.60
普通小学	Primary Schools	21.70	19.16	18.42	17.81

17-16 初中和小学毕业生升学率及学龄儿童入学率
Percentage of Graduates of Junior Middle Schools and Primary Schools Entering Higher Level Schools, Percentage of School-age Children Enrolled

单位：万人 (10 000 persons)

项　目	Item	2000	2010	2019	2020
初　中	**Junior Middle Schools**				
毕业生数	Number of Graduates	85.77	69.75	76.95	78.69
高级中等学校招生数	New Student Enrollment of Senior Secondary Schools	43.87	68.58	72.06	74.18
升学率 （%）	Percentage of Graduates (%)	51.15	98.32	93.65	94.28
小　学	**Primary Schools**				
毕业生数	Number of Graduates	130.20	72.81	83.93	81.29
初级中等学校招生数	New Student Enrollment of Junior Secondary Schools	126.34	73.44	85.13	82.43
升学率 （%）	Percentage of Graduates (%)	97.04	100.86	101.42	101.40
学龄儿童	**School-age Children**	**645.08**	**462.07**	**746.08**	**758.94**
已入学学龄儿童	School-age Children Enrolled in Schools	634.90	461.69	746.03	758.93
入学率 （%）	Enrollment Rate (%)	98.40	99.92	99.99	100.00

注：2006年起初中升学率包括：普通高中招生数。职业高中招生数。技工学校招生数。普通中专招收初中应届毕业生数。成人中专招收初中应届毕业生数。

From 2006, the percentage of graduates in junior middle schools includes: the number of new student enrollment in senior schools, vocational high schools, technical training schools, vocational secondary schools and adult vocational schools.

17-17 学前教育基本情况
Basic Statistics on Pre-school Education

项　目		Item		2000	2010	2019	2020
幼儿园个数	（所）	Number of Kindergartens	(unit)	5473	7829	15717	16285
班数	（个）	Number of Classes	(unit)	29896	45426	82517	84019
在园幼儿数	（万人）	Student Enrollment	(10 000 persons)	62.87	141.91	227.61	231.39
教职工数	（万人）	Number of Staffs and Teachers	(10 000 persons)	3.98	8.85	24.44	25.88
#专任教师		#Full-time Teachers		3.39	4.80	11.59	12.21

17-18 各类专业技术人员
Various Specialized Technical Personnel

单位：人 (person)

项　目	Item	2019			2020		
		合计 Total	企业 Enterprise	事业 Institutions	合计 Total	企业 Enterprise	事业 Institutions
总　计	**Total**	**1005952**	**103212**	**902740**	**1034286**	**106212**	**928074**
#高级职称	#Senior	151827	5499	146328	161693	5503	156190
中级职称	Secondary	431070	30411	400659	437059	30407	406652
#女性	#Female	517659	37633	480026	543245	37659	505586
#自然科学	#Natural Sciences	879077	44661	834416	902537	44973	857564
#社会及人文科学	#Social Sciences and Humanities	126875	58551	68324	131749	61239	70510

注：此表未包括国家机关与人民团体中的专业技术人员。2008 年起，本表数据不含中央在湘单位，国有单位改为公有经济企业，集体单位改为事业单位（下表同）。事业单位自然科学和社会及人文科学只统计正式在册人员。

Technicians from government offices and mass organizations were excluded. Form 2008, Technicians from center units in Hunan province were excluded. State-Owned units changed into State-Owned Enterprises , Collective-Owned units changed into Institutions(The same as the following). Natural Sciences and Social Sciences and Humanities of Institutions only count Officially registered workers.

17-19 自然科学研究获奖成果
Number of Achievements in Natural Scientific Research

单位：项 (item)

项　目	Item	2000	2010	2019	2020
省自然科学奖	Provincial Natural Sciences Prize		45	74	83
省技术发明奖	Provincial Invention Prize		11	26	23
省科技进步奖	Provincial Scientific Technological Progress Prize	360	170	180	152
国家科学技术进步奖	National Scientific Technological Progress Prize	13	19	23	
国家技术发明奖	National Invention Prize		1	5	
国家自然科学奖	National Natural Sciences Prize	1	1	3	

17-20 科技成果情况 (2020年)
Statistics on Achievements of Science and Technology (2020)

单位：项 (item)

项　目	Item	总　计 Total	科研院所 Research Institu-tions	大专院校 Universi-ties and Colleges	工矿企业 Industrial and Mining Enterprises	其　他 Others
项目基本情况	**Basic Statistics on Items**					
登记项目数	Number of Registered Items	532	33	44	433	22
# 基础理论成果	# Results of Foundation Theories	2		1		1
软科学成果	Results of Soft Science	35	12	4	5	14
应用技术成果	Results of Applied Technique	495	21	39	428	7
# 鉴定项目数	# Number of Appraised Items	9	2	2	5	
奖励项目数	Number of Prized Items					
项目计划管理情况	**Statistics of Items Planned Management**					
国家计划项目	National Plan Items	23	8	6	8	1
省部计划项目	Provincial Plan Items	92	20	14	39	19
计划外项目	Non-plan Items	417	5	24	386	2
应用成果水平	**Level of Achievements**					
国际首创或领先	Originate and Keep Ahead at International	11	3	2	6	
国际先进	International Advanced Level	30	2	6	22	
国内首创或领先	Originate and Keep Ahead at National	43	1	3	37	2
国内先进	Domestically Advanced Level	11	2	1	6	2
其他	Others	400	13	27	357	3

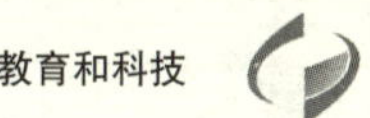

17－21 三种专利申请与批准项数
Three Types of Patent Applications Examined and Certified

单位：项 (item)

项 目	Item	申 请 数 Applications Examined		批 准 数 Applications Granted	
		2019	2020	2019	2020
总 计	**Total**	**106113**	**137415**	**54685**	**78723**
按种类分	**By Types**				
发明	Creation and Inventions	39104	55017	8479	11537
实用新型	Utility Models	48462	63114	32699	49052
外观设计	Designs	18547	19284	13507	18134
按申请人类别分	**By Proposer**				
个人	Personal	28336	37160	14026	21019
大专院校	Universities and Colleges	19157	18553	9142	14125
科研单位	Research Institutions	963	996	577	650
工矿企业	Industrial and Mining Enterprises	56251	79121	30344	42202
机关团体	Agencies and Organizations	1406	1585	596	727

17－22 各类技术合同签订及执行情况 (2020年)
Statistics on Contracts Signed and Performed (2020)

项 目	Item	合同数（项）Number of Contracts (item)	合同金额（万元）Contracted Value (10 000 yuan)	#技术交易额 Value of Technical Trade
总 计	**Total**	**11741**	**7359497.10**	**2769302.92**
技术开发合同	Contracts of Technical Development	2577	943527.79	522063.51
技术转让合同	Contracts of Technical Alienation	245	107209.44	99002.24
技术服务合同	Contracts of Technical Services	8006	6209058.84	2074173.78
技术咨询合同	Contracts of Technical Consultative	913	99701.03	74063.40

17−23 各级科技计划项目进入技术市场情况 (2020年)
Statistics on Different Levels of Scientific Plan Items Put into Technical Markets (2020)

项 目	Item	总计 Total	国家计划 Country Level	部门计划 Department Level	省、自治区、直辖市及计划单列市计划 Provinces, Autonomous Regions, Municipality and Cities Listed Separately Level	地市县计划 Cities and Counties Level	计划外 Unplanned Level
项目个数合计（项）	**Total (item)**	**11741**	**254**	**112**	**318**	**761**	**10250**
#机关法人	#Official Organ as a Legal Person	10			2	1	7
事业法人	Corporation of Public Utility	3273	188	40	142	258	2622
社团法人	Juridical Association	58				4	54
企业法人	Legal Body of Enterprise	8327	66	72	174	497	7495
自然人	Natural Personal	21					21
其他组织	Other Organizations	52				1	51
金额合计 （万元）	**Total (10 000 yuan)**	**7359497.10**	**348581.01**	**52408.26**	**492551.99**	**322336.18**	**6138331.16**
#机关法人	#Official Organ as a Legal Person	2739.59			20.00	230.00	2489.59
事业法人	Corporation of Public Utility	351981.26	139469.10	691.20	17830.75	34156.43	158711.57
社团法人	Juridical Association	19095.52				1657.12	17438.40
企业法人	Legal Body of Enterprise	6969359.02	209111.91	51717.06	474701.24	286092.63	5943569.90
自然人	Natural Personal	2937.10					2937.10
其他组织	Other Organizations	13384.60				200.00	13184.60

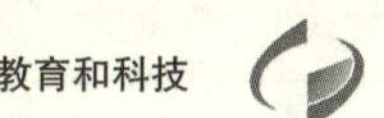

17-24 高新技术产业情况(2020年)

Basic Statistics on High-tech Industries (2020)

项 目	Item	企业单位数（个）Number of Enterprises (unit)	高新技术产业总产值（万元）Gross Output Value of High-tech Industries (10 000 yuan)	高新技术产业增加值（万元）Added Value of High-tech Industries (10 000 yuan)
总 计	**Total**	**12768**	**345033371**	**98003066**
按登记注册类型分:	**By Registration Status**			
内资企业	Domestic-Funded Enterprises	12450	324743834	91945332
国有	State-owned Enterprises	128	5942928	2262129
集体	Collective-owned Enterprises	28	610833	208635
股份合作	Cooperative Enterprises	4	64387	15484
国有联营	State-owned Cooperative	1	2500	575
集体联营	Collective Joint Ownership Enterprises			
国有与集体联营	State-owned and Collective-associate Enterprises			
其他联营	Other Cooperative			
国有独资公司	State-funded Corporations	188	31644999	9361470
其他有限责任公司	Other Limited Liability Corporations	2031	94493831	27296762
股份有限公司	Share-holding Corporations Ltd.	499	27268274	8652739
私营独资	Private-funded Enterprises	95	1054690	315901
私营合伙	Private Partnership Enterprises	48	373492	124940
私营有限责任公司	Private Limited Liability Corporations	8689	150278003	40064896
私营股份有限公司	Private Share-holding Corporations Ltd.	493	11774339	3146801
其他内资	Other Enterprises	246	1235557	495001
港澳台商投资企业	Enterprises With Investment from H.K,Macao and Taiwan	170	9806517	3402548
外商投资企业	Enterprises With Foreign Investment	148	10483021	2655186
按企业规模分:	**By Size:**			
大型企业	Large	351	133169505	38534883
中型企业	Medium	1820	88279806	25692290
按高新技术领域分:	**By High-tech Field:**			
电子信息技术	Electron and Information	1918	33037039	12207363
生物与新医药技术	Biological Medicine and Medical Instrument	2422	51111942	13684255
航空航天技术	Avigation and Spaceflight	173	2659638	841514
新材料技术	New Materials	2652	76252802	19785370
高技术服务业	High-tech Services	1253	22136737	7600535
新能源与节能技术	New Energy Resources，Energy Saving	512	10884961	2950988
资源与环境技术	Resources and Environmental Technology	783	15019580	4097943
先进制造与自动化	Advanced Manufacturing and Automation	2485	86015830	21836368
其他领域	Other Fields	570	47914842	14998729

17-24 续表 Continued

项 目	Item	高新技术产业营业收入（万元） Operating Income of High-tech Industries (10 000yuan)	#出口收入 Exports Revenue	高新技术产业利税总额（万元） Profits and Tax of High-tech Industries (10 000yuan)	#利润总额 Total of Profit and Tax
总 计	**Total**	**322499518**	**13097438**	**28308452**	**18548406**
按登记注册类型分:	**By Registration Status**				
内资企业	Domestic-funded Enterprises	302273787	8887675	25989078	17007993
国有	State-owned Enterprises	4089153	13330	101886	-42942
集体	Collective-owned Enterprises	329128	332	18497	7773
股份合作	Cooperative Enterprises	64387		1552	962
国有联营	State-owned Cooperative	2226		-674	-360
集体联营	Collective Joint Ownership Enterprises				
国有与集体联营	State-owned and Collective-associate Enterprises				
其他联营	Other Cooperative				
国有独资公司	State-funded Corporations	30026482	399817	1684098	802902
其他有限责任公司	Other Limited Liability Corporations	84694750	1314083	6983844	4628464
股份有限公司	Share-holding Corporations Ltd.	28679169	632988	3613173	2098967
私营独资	Private-funded Enterprises	1007290	31626	78155	57174
私营合伙	Private Partnership Enterprises	312936	11327	23941	17514
私营有限责任公司	Private Limited Liability Corporations	140543983	5772649	12189566	8524461
私营股份有限公司	Private Share-holding Corporations Ltd.	11256971	711522	1115608	744995
其他内资	Other Enterprises	1267311		179431	168084
港澳台商投资企业	Enterprises With Investment from H.K,Macao and Taiwan	10312211	3637605	1554890	1197255
外商投资企业	Enterprises With Foreign Investment	9913520	572158	764484	343158
按企业规模分:	**By Size:**				
大型企业	Large	126919111	8234781	12044142	7421891
中型企业	Medium	80652957	2268490	7726540	5283993
按高新技术领域分:	**By High-tech Field:**				
电子信息技术	Electron and Information	33001948	3984035	3592003	2658825
生物与新医药技术	Biological Medicine and Medical Instrument	47657523	1323963	4240986	2986256
航空航天技术	Avigation and Spaceflight	2397201	155912	163991	87504
新材料技术	New Materials	70673679	2061383	4987591	2644067
高技术服务业	High-tech Services	20634844	312516	1610064	968015
新能源与节能技术	New Energy Resources, Energy Saving	9275303	160582	937332	636325
资源与环境技术	Resources and Environmental Technology	13982941	148711	1172857	717357
先进制造与自动化	Advanced Manufacturing and Automation	80991010	4416676	8993568	6310449
其他领域	Other Fields	43885070	533661	2610060	1539608

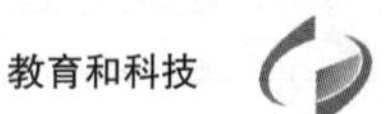

17-25 研究与试验发展（R&D）经费内部支出
Intramural Expenditures on R&D

单位：万元 (10 000 yuan)

年 份 Year	R&D 经费内部支出 Intramural Expenditure on R&D	基础研究 Basic Research	应用研究 Applied Research	试验发展 Experiment Development
2015	4126692	136022	400433	3590237
2016	4688418	131039	493659	4063720
2017	5685310	162137	587051	4936122
2018	6582729	227831	724941	5629957
2019	7871638	315091	869699	6686848
2020	8987001	344758	1111401	7530842

17-26 R&D 活动基本情况（2020年）
Basic Information on R&D Activities (2020)

项 目	Item	总计 Total	科研机构 Scientific Research Institution	高等学校 Higher Edu-cation	工业企业 Industrial Enterp-rises	非工业企业 Non Industrial Enterprises	事业单位 Institu-tions
有 R&D 活动的单位数（个）	**Number of Units Having R&D Activities (unit)**	**9073**	**85**	**205**	**7970**	**701**	**112**
R&D 人员（人）	**R&D Personnel (person)**	269908	7978	53418	175293	28863	4356
#女性	#Female	70409	2410	22052	38984	5483	1480
#全时人员	#Full-time Personnel	178127	6744	20257	128621	19984	2521
R&D 人员全时当量（人年）	**Full-time Equivalent of R&D Personnel (man-year)**	**177561**	**7309**	**24103**	**121550**	**21209**	**3390**
基础研究人员	Basic Research	13127	1057	10695	538	547	289
应用研究人员	Applied Research	24777	1801	12294	7538	2040	1105
试验发展人员	Experimental Development	139660	4451	1115	113474	18622	1998
R&D 经费内部支出（万元）	**Intramural Expenditure on R&D (10 000 yuan)**	**8987001**	**425627**	**817361**	**6713759**	**928971**	**101284**
#政府资金	#Government Funds	1185786	336094	500295	264229	21151	64018
按支出用途分	By Use						
日常性支出	Daily Expenses	8521557	350609	672475	6515683	905767	77023
#人员劳务费	#Service Fees	2840098	114815	281338	1872766	523353	47827
资产性支出	Capital Expenditures	465444	75018	144886	198075	23204	24261
按活动类型分	By Activity						
基础研究支出	Basic Research	344758	38984	246003	29506	14336	15928
应用研究支出	Applied Research	1111401	161740	511797	348493	62294	27078
试验发展支出	Experimental Development	7530842	224903	59560	6335760	852341	58278
R&D 经费外部支出（万元）	**External Expenditure on R&D (10 000 yuan)**	428468	108863	48626	243259	27118	602

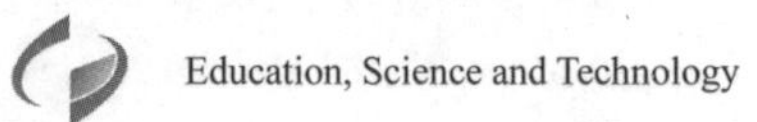

17-27 R&D人员情况(2020年)
R&D Personnel (2020)

项 目	Item	有R&D活动的单位数(个) Number of Enterprises Having R&D Activities (unit)	R&D人员(人) R&D Personnel (person)	#女性 Femal	全时人员 Full-time Personnel	非全时人员 Part-time Personnel
总 计	**Total**	**9073**	**269908**	**70409**	**178127**	**91781**
按执行部门分组	**By Performer**					
科研机构	Scientific Research Institution	85	7978	2410	6744	1234
高等学校	Higher Education	205	53418	22052	20257	33161
企业	Enterprises	8671	204156	44467	148605	55551
工业企业	Industrial Enterprises	7970	175293	38984	128621	46672
非工业企业	Non Industrial Enterprises	701	28863	5483	19984	8879
事业单位	Institution	112	4356	1480	2521	1835
按国民经济行业分组	**By Sector**					
农、林、牧、渔业	Agriculture, Forestry, Farming of Animals and Fishing	19	119	9	67	52
采矿业	Mining	167	3117	571	2101	1016
制造业	Manufacturing	7657	169146	37787	124739	44407
电力、燃气及水的生产和供应业	Production and Distribution of Electricity, Gas and Water	146	3030	626	1781	1249
建筑业	Construction	146	13199	1482	7798	5401
交通运输、仓储和邮政业	Traffic,Transport,Storage and Post	34	567	127	421	146
信息传输、计算机服务和软件业	Information Transfer,Computer Services and Software	142	4368	1071	3426	942
金融业	Finance	3	244	37	191	53
租赁和商务服务业	Tenancy and Business Services	52	548	185	449	99
科学研究、技术服务和地质勘查业	Scientific Research,Technical Service and Geologic Perambulation	374	18852	5018	15104	3748
水利、环境和公共设施管理业	Management of Water Conservancy,Environment and Public Establishment	28	477	122	333	144
教育	Education	205	53418	22052	20257	33161
卫生、社会保障和社会福利业	Sanitation,Social Security&Social Welfare	50	1975	1131	719	1256
文化、体育和娱乐业	Culture,Sports and Entertainment	50	848	191	741	107
按地区分组	**By Region**					
长沙市	Changsha	2130	115532	30148	77411	38121
株洲市	Zhuzhou	605	23831	5678	17617	6214
湘潭市	Xiangtan	720	23080	5645	12989	10091
衡阳市	Hengyang	888	21488	5371	14524	6964
邵阳市	Shaoyang	706	9073	2727	5767	3306
岳阳市	Yueyang	511	11693	2375	7525	4168
常德市	Changde	700	13652	3596	9231	4421
张家界市	Zhangjiajie	120	1216	408	823	393
益阳市	Yiyang	590	11125	3580	7054	4071
郴州市	Chenzhou	432	9212	2469	6399	2813
永州市	Yongzhou	637	10364	3233	6344	4020
怀化市	Huaihua	445	7587	2365	4869	2718
娄底市	Loudi	503	9296	1940	5937	3359
湘西州	Xiangxi	86	2759	874	1637	1122

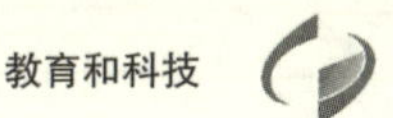

17-28 R&D人员全时当量情况(2020年)
Full-time Equivalent of R&D Personnel (2020)

单位：人年 (man-year)

项目	Item	R&D人员全时当量 Full-time Equivalent of R&D Personnel	基础研究人员 Basic Research Personnel	应用研究人员 Applied Research Personnel	试验发展人员 Experimental Development Personnel
总计	**Total**	**177561**	**13127**	**24777**	**139660**
按执行部门分组	**By Performer**				
科研机构	Scientific Research Institution	7309	1057	1801	4451
高等学校	Higher Education	24103	10695	12294	1115
企业	Enterprises	142759	1085	9578	132096
工业企业	Industrial Enterprises	121550	538	7538	113474
非工业企业	Non Industrial Enterprises	21209	547	2040	18622
事业单位	Institution	3390	289	1105	1998
按国民经济行业分组	**By Sector**				
农、林、牧、渔业	Agriculture, Forestry, Farming of Animals and Fishing	79			79
采矿业	Mining	2194		134	2061
制造业	Manufacturing	117257	523	7315	109419
电力、燃气及水的生产和供应业	Production and Distribution of Electricity, Gas and Water	2098	15	90	1994
建筑业	Construction	9857	103	551	9204
交通运输、仓储和邮政业	Traffic,Transport,Storage and Post	455		15	440
信息传输、计算机服务和软件业	Information Transfer,Computer Services and Software	3445	156	251	3038
金融业	Finance	100			100
租赁和商务服务业	Tenancy and Business Services	342		32	309
科学研究、技术服务和地质勘查业	Scientific Research,Technical Service and Geologic Perambulation	15350	1506	3591	10253
水利、环境和公共设施管理业	Management of Water Conservancy,Environment and Public Establishment	316		55	261
教育	Education	24103	10695	12294	1115
卫生、社会保障和社会福利业	Sanitation,Social Security&Social Welfare	1252	116	441	697
文化、体育和娱乐业	Culture,Sports and Entertainment	713	12	10	691
按地区分组	**By Region**				
长沙市	Changsha	77129	8189	11537	57407
株洲市	Zhuzhou	15193	271	1720	13201
湘潭市	Xiangtan	14890	1472	2031	11386
衡阳市	Hengyang	14215	1286	1531	11397
邵阳市	Shaoyang	5578	143	568	4868
岳阳市	Yueyang	7062	240	1756	5066
常德市	Changde	8834	310	475	8049
张家界市	Zhangjiajie	828	31	49	747
益阳市	Yiyang	7131	89	1008	6034
郴州市	Chenzhou	6119	82	1280	4757
永州市	Yongzhou	6785	187	476	6121
怀化市	Huaihua	5537	465	1341	3731
娄底市	Loudi	6681	138	649	5896
湘西州	Xiangxi	1580	225	355	999

17-29 按经费来源分 R&D 经费内部支出情况 (2020年)
Intramural Expenditure on R&D by Sources (2020)

单位：万元 (10 000 yuan)

项 目	Item	R&D 经费内部支出 Intramural Expenditure on R&D	政府资金 Government Funds	企业资金 Self-raised Funds by Enterprises	境外资金 Foreign Funds	其他 Other Funds
总 计	**Total**	**8987001**	**1185786**	**7695031**	**1329**	**104856**
按执行部门分组	**By Performer**					
科研机构	Scientific Research Institution	425627	336094	40582	28	48923
高等学校	Higher Education	817361	500295	283838	292	32935
企业	Enterprises	7642730	285379	7352343	978	4029
工业企业	Industrial Enterprises	6713759	264229	6444719	802	4010
非工业企业	Non Industrial Enterprises	928971	21151	907624	177	19
事业单位	Institution	101284	64018	18268	30	18969
按国民经济行业分组	**By Sector**					
农、林、牧、渔业	Agriculture, Forestry, Farming of Animals and Fishing	1835	298	1527		10
采矿业	Mining	84233	408	83793	33	
制造业	Manufacturing	6503388	263496	6235507	769	3616
电力、燃气及水的生产和供应业	Production and Distribution of Electricity, Gas and Water	126138	326	125419		394
建筑业	Construction	442936	3381	439555		
交通运输、仓储和邮政业	Traffic,Transport,Storage and Post	25224	257	24958		9
信息传输、计算机服务和软件业	Information Transfer,Computer Services and Software	121110	2501	118609		
金融业	Finance	2506		2506		
租赁和商务服务业	Tenancy and Business Services	17648	212	17436		
科学研究、技术服务和地质勘查业	Scientific Research,Technical Service and Geologic Perambulation	731978	392355	271499	235	67889
水利、环境和公共设施管理业	Management of Water Conservancy,Environment and Public Establishment	14309	444	13865		
教育	Education	817361	500295	283838	292	32935
卫生、社会保障和社会福利业	Sanitation, Social Security&Social Welfare	48965	21194	27769		3
文化、体育和娱乐业	Culture, Sports and Entertainment	49371	620	48751		
按地区分组	**By Region**					
长沙市	Changsha	3575208	627877	2880496	551	66283
株洲市	Zhuzhou	1015382	323435	678994		12953
湘潭市	Xiangtan	591689	65010	523563		3116
衡阳市	Hengyang	634314	72815	550521	33	10945
邵阳市	Shaoyang	280303	7181	273079		44
岳阳市	Yueyang	626289	11203	613420		1666
常德市	Changde	564606	13295	548832	745	1734
张家界市	Zhangjiajie	39399	2070	37308		22
益阳市	Yiyang	349381	10609	338455		316
郴州市	Chenzhou	304091	10240	293538		313
永州市	Yongzhou	342774	10975	329432		2367
怀化市	Huaihua	311237	15170	291417		4650
娄底市	Loudi	301489	3911	297465		113
湘西州	Xiangxi	50837	11995	38511		331

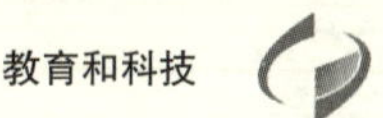

17–30 按支出用途分 R&D 经费内部支出情况 (2020年)
Intramural Expenditure on R&D by Use (2020)

单位：万元　(10 000 yuan)

项　目	Item	R&D 经费内部支出 Intramural Expenditure on R&D	日常性支出 Daily Expenses	#人员劳务费 Service Fees	资产性支出 Capital Expenditures
总　计	**Total**	**8987001**	**8521557**	**2840098**	**465444**
按执行部门分组	**By Performer**				
科研机构	Scientific Research Institution	425627	350609	114815	75018
高等学校	Higher Education	817361	672475	281338	144886
企业	Enterprises	7642730	7421450	2396119	221280
工业企业	Industrial Enterprises	6713759	6515683	1872766	198075
非工业企业	Non Industrial Enterprises	928971	905767	523353	23204
事业单位	Institution	101284	77023	47827	24261
按国民经济行业分组	**By Sector**				
农、林、牧、渔业	Agriculture, Forestry, Farming of Animals and Fishing	1835	1443	343	392
采矿业	Mining	84233	82297	23015	1936
制造业	Manufacturing	6503388	6317046	1826132	186342
电力、燃气及水的生产和供应业	Production and Distribution of Electricity, Gas and Water	126138	116340	23620	9798
建筑业	Construction	442936	438164	220664	4772
交通运输、仓储和邮政业	Traffic,Transport,Storage and Post	25224	25071	9720	153
信息传输、计算机服务和软件业	Information Transfer,Computer Services and Software	121110	116205	75043	4905
金融业	Finance	2506	1232	1107	1275
租赁和商务服务业	Tenancy and Business Services	17648	17339	6140	310
科学研究、技术服务和地质勘查业	Scientific Research,Technical Service and Geologic Perambulation	731978	632066	320090	99912
水利、环境和公共设施管理业	Management of Water Conservancy,Environment and Public Establishment	14309	12717	6186	1591
教育	Education	817361	672475	281338	144886
卫生、社会保障和社会福利业	Sanitation, Social Security&Social Welfare	48965	42082	20484	6883
文化、体育和娱乐业	Culture, Sports and Entertainment	49371	47080	26218	2291
按地区分组	**By Region**				
长沙市	Changsha	3575208	3363900	1459455	211308
株洲市	Zhuzhou	1015382	956538	303071	58844
湘潭市	Xiangtan	591689	560558	180877	31131
衡阳市	Hengyang	634314	567699	184740	66615
邵阳市	Shaoyang	280303	272547	73145	7757
岳阳市	Yueyang	626289	610547	135858	15742
常德市	Changde	564606	547688	105255	16918
张家界市	Zhangjiajie	39399	36346	9697	3053
益阳市	Yiyang	349381	340497	89201	8884
郴州市	Chenzhou	304091	293443	73401	10649
永州市	Yongzhou	342774	337172	80763	5602
怀化市	Huaihua	311237	299564	52711	11673
娄底市	Loudi	301489	285781	76308	15708
湘西州	Xiangxi	50837	49276	15615	1562

17-31 按活动类型分 R&D 经费内部支出情况（2020年）
Intramural Expenditure on R&D by Activities (2020)

单位：万元 (10 000 yuan)

项目	Item	R&D经费内部支出 Intramural Expenditure on R&D	基础研究支出 Basic Research	应用研究支出 Applied Research	试验发展支出 Experimental Development
总计	**Total**	**8987001**	**344758**	**1111401**	**7530842**
按执行部门分组	**By Performer**				
科研机构	Scientific Research Institution	425627	38984	161740	224903
高等学校	Higher Education	817361	246003	511797	59560
企业	Enterprises	7642730	43842	410787	7188101
工业企业	Industrial Enterprises	6713759	29506	348493	6335760
非工业企业	Non Industrial Enterprises	928971	14336	62294	852341
事业单位	Institution	101284	15928	27078	58278
按国民经济行业分组	**By Sector**				
农、林、牧、渔业	Agriculture, Forestry, Farming of Animals and Fishing	1835			1835
采矿业	Mining	84233		9848	74386
制造业	Manufacturing	6503388	29162	333756	6140470
电力、燃气及水的生产和供应业	Production and Distribution of Electricity, Gas and Water	126138	344	4889	120904
建筑业	Construction	442936	2540	17625	422771
交通运输、仓储和邮政业	Traffic,Transport,Storage and Post	25224		490	24734
信息传输、计算机服务和软件业	Information Transfer,Computer Services and Software	121110	1098	6303	113709
金融业	Finance	2506			2506
租赁和商务服务业	Tenancy and Business Services	17648	1	1102	16546
科学研究、技术服务和地质勘查业	Scientific Research,Technical Service and Geologic Perambulation	731978	50586	216224	465169
水利、环境和公共设施管理业	Management of Water Conservancy,Environment and Public Establishment	14309		886	13422
教育	Education	817361	246003	511797	59560
卫生、社会保障和社会福利业	Sanitation,Social Security&Social Welfare	48965	14922	7585	26459
文化、体育和娱乐业	Culture,Sports and Entertainment	49371	103	897	48372
按地区分组	**By Region**				
长沙市	Changsha	3575208	213842	450718	2910648
株洲市	Zhuzhou	1015382	7304	166149	841930
湘潭市	Xiangtan	591689	19581	52895	519213
衡阳市	Hengyang	634314	46398	74780	513136
邵阳市	Shaoyang	280303	3966	15880	260458
岳阳市	Yueyang	626289	18926	147990	459372
常德市	Changde	564606	7011	19396	538198
张家界市	Zhangjiajie	39399	888	638	37874
益阳市	Yiyang	349381	3481	39498	306402
郴州市	Chenzhou	304091	3110	59364	241617
永州市	Yongzhou	342774	6726	20106	315941
怀化市	Huaihua	311237	6970	36787	267480
娄底市	Loudi	301489	2158	18511	280820
湘西州	Xiangxi	50837	4397	8688	37752

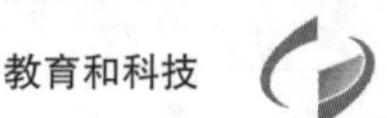

17–32 R&D经费外部支出情况（2020年）
External Expenditure on R&D (2020)

单位：万元 (10 000 yuan)

项目	Item	R&D经费外部支出 External Expenditure on R&D	对境内研究机构支出 To Domestic Research Institutions	对境内高等学校支出 To Domestic Higher Education	对境内企业支出 To Domestic Enterprises	对境外机构支出 To Foreign Institutions
总计	**Total**	**428468**	**98667**	**59762**	**248854**	**19772**
按执行部门分组	**By Performer**					
科研机构	Scientific Research Institution	108863	10852	2559	95257	
高等学校	Higher Education	48626	16768	15617	13967	1155
企业	Enterprises	270377	70854	41474	139432	18618
工业企业	Industrial Enterprises	243259	65760	37287	126856	13355
非工业企业	Non Industrial Enterprises	27118	5094	4186	12575	5262
事业单位	Institution	602	193	112	198	
按国民经济行业分组	**By Sector**					
农、林、牧、渔业	Agriculture, Forestry, Farming of Animals and Fishing	66	41	25		
采矿业	Mining	1033	506	151	367	9
制造业	Manufacturing	239678	64856	36344	125131	13346
电力、燃气及水的生产和供应业	Production and Distribution of Electricity, Gas and Water	2549	398	792	1359	
建筑业	Construction	1564	586	698	280	
交通运输、仓储和邮政业	Traffic,Transport,Storage and Post	385	23	362		
信息传输、计算机服务和软件业	Information Transfer,Computer Services and Software	12579	3054	686	3597	5242
金融业	Finance	342	342			
租赁和商务服务业	Tenancy and Business Services	280	135	7	138	
科学研究、技术服务和地质勘查业	Scientific Research,Technical Service and Geologic Perambulation	119256	11343	4848	102771	
水利、环境和公共设施管理业	Management of Water Conservancy,Environment and Public Establishment	984		14	970	
教育	Education	48626	16768	15617	13967	1155
卫生、社会保障和社会福利业	Sanitation,Social Security&Social Welfare	728	614.4	8	105	
文化、体育和娱乐业	Culture,Sports and Entertainment	399		209	170	20
按地区分组	**By Region**					
长沙市	Changsha	214421	38151	28776	133028	13795
株洲市	Zhuzhou	101380	15777	3238	81594	771
湘潭市	Xiangtan	24075	3170	12161	6524	2220
衡阳市	Hengyang	12177	3657	1669	5916	245
邵阳市	Shaoyang	884	552	205	125	2
岳阳市	Yueyang	31813	24840	4925	1999	
常德市	Changde	15258	2505	3623	6531	2600
张家界市	Zhangjiajie	1308	229	307	751	20
益阳市	Yiyang	9266	1531	1782	5899	54
郴州市	Chenzhou	2128	649	368	1062	49
永州市	Yongzhou	7254	4124	551	2578	
怀化市	Huaihua	4965	2214	749	2002	
娄底市	Loudi	2733	643	1402	672	17
湘西州	Xiangxi	806	627	8	171	

17-33 R&D 活动产出情况(2020年)
Statistics on R&D Outputs (2020)

项 目	Item	专利申请数(件) Patent Applications (item)	#发明专利 Inventions	有效发明专利数(件) Effective Inventions (item)	发表科技论文(篇) Scientific Papers Issued (piece)
总 计	**Total**	**58267**	**25572**	**64682**	**73474**
按执行部门分组	**By Performer**				
科研机构	Scientific Research Institution	741	519	2019	2421
高等学校	Higher Education	15069	7116	16449	64199
企业	Enterprises	42283	17852	45927	6086
工业企业	Industrial Enterprises	36432	15299	39898	3078
非工业企业	Non Industrial Enterprises	5851	2553	6029	3008
事业单位	Institution	174	85	287	768
按国民经济行业分组	**By Sector**				
农、林、牧、渔业	Agriculture, Forestry, Farming of Animals and Fishing	5	2	3	12
采矿业	Mining	261	90	135	22
制造业	Manufacturing	35328	14777	38645	2556
电力、燃气及水的生产和供应业	Production and Distribution of Electricity, Gas and Water	843	432	1118	500
建筑业	Construction	1658	390	978	1264
交通运输、仓储和邮政业	Traffic,Transport,Storage and Post	69	21	69	5
信息传输、计算机服务和软件业	Information Transfer,Computer Services and Software	994	552	834	41
金融业	Finance				1
租赁和商务服务业	Tenancy and Business Services	80	33	95	
科学研究、技术服务和地质勘查业	Scientific Research,Technical Service and Geologic Perambulation	3505	1920	5772	4436
水利、环境和公共设施管理业	Management of Water Conservancy,Environment and Public Establishment	181	63	223	36
教育	Education	15069	7116	16449	64199
卫生、社会保障和社会福利业	Sanitation,Social Security&Social Welfare	131	46	65	402
文化、体育和娱乐业	Culture,Sports and Entertainment	143	130	296	
按地区分组	**By Region**				
长沙市	Changsha	27274	12893	35542	49426
株洲市	Zhuzhou	7516	3634	9952	3778
湘潭市	Xiangtan	3926	1702	4893	5600
衡阳市	Hengyang	3178	1254	2268	4552
邵阳市	Shaoyang	1826	460	917	1140
岳阳市	Yueyang	1925	798	2258	768
常德市	Changde	3075	1518	2797	1867
张家界市	Zhangjiajie	501	114	276	124
益阳市	Yiyang	2465	945	1540	1225
郴州市	Chenzhou	1345	475	1280	846
永州市	Yongzhou	1570	618	725	1363
怀化市	Huaihua	1798	516	776	1090
娄底市	Loudi	1450	544	830	863
湘西州	Xiangxi	418	101	628	832

17-34 规模以上工业企业科技活动情况(2020年)
Basic Statistics on Scientific and Technological Activities in Industrial Enterprises above Designated Size (2020)

指标	Item	合计 Total	大型 Large	中型 Medium	小型 Small	微型 Miniature
企业基本情况	**Statistics on Industrial Enterprises**					
工业企业个数（个）	Number of Industrial Enterprises Above Esignated Size (unit)	18239	164	1557	14566	1952
#有 R&D 活动的企业个数	#Number of Units Having R&D Activities	7969	140	1044	6501	284
R&D 人员（人）	R&D Personnel (person)	175153	49376	42530	81059	2188
#女性	#Female	38979	10255	9906	18338	480
#全时人员	#Full-time Personnel	128587	36006	31098	59812	1671
R&D 活动情况	**Statistics on R&D Activities**					
R&D 人员全时当量（人年）	Full-time Equivalent of R&D Personnel (man-year)	121470	34890	29514	55615	1451
R&D 经费内部支出（万元）	Intramural Expenditure on R&D (10 000 yuan)	6645286	2278835	1442651	2845457	78344
按经费来源分	by Sources					
政府资金	Government Funds	264140	215195	18205	30228	512
企业资金	Self-raised Funds by Enterprises	6376335	2063639	1423006	2811859	77831
境外资金	Foreign Funds	802			802	
其他	Other Funds	4010	1	1440	2568	
按支出用途分	by Use					
日常性支出	Daily Expenses	6453552	2214250	1387440	2775471	76391
#人员劳务费	#Service Fees	1849153	747086	426957	654687	20423
资产性支出	Capital Expenditures	191734	64585	55211	69986	1952
R&D 经费外部支出（万元）	External Expenditure on R&D (10 000 yuan)	243259	106229	39870	86477	10683
新产品开发及生产情况	**Statistics on New Products Development and Production**					
新产品开发项目数（项）	Number of New Products (item)	26253	2733	5376	17555	589
新产品开发经费支出（万元）	Expenditure on New Products Development (10 000 yuan)	7509542	2719663	1570002	3126232	93646
新产品销售收入（万元）	Sales Revenue of New Products (10 000 yuan)	83879023	37044757	20094100	25403549	1336618
#出口	#Exported	5907820	4227171	992336	651784	36529
专利情况	**Statistics on Patents**					
专利申请数（件）	Patent Applications (item)	36209	9296	7903	18417	593
有效发明专利数（件）	Inventions in Force (item)	39805	14331	7678	17129	667
发表科技论文（篇）	Number of Published Scientific Papers (piece)	3020	2065	531	417	7
拥有注册商标数（件）	Number of Registered Trademark (item)	23123	10206	4687	7863	367

17–35 规模以上工业企业 R&D 人员情况 (2020年)
R&D Personnel in Industrial Enterprises above Designated Size (2020)

类 别	Item	有 R&D 活动的单位数（个）Number of Enterprises Having R&D Activities (unit)	R&D 人员（人）R&D Personnel (person)	#全时人员 Full-time Personnel	R&D 人员全时当量（人年）Full-time Equivalent of R&D Personnel (man-year)
总计	**Total**	**7969**	**175153**	**128587**	**121470**
按企业规模分组	**By Size**				
大型	Large	140	49376	36006	34890
中型	Medium	1044	42530	31098	29514
小型	Small	6501	81059	59812	55615
微型	Miniature	284	2188	1671	1451
按登记注册类型分组	**By Registration Status**				
内资企业	Domestic-funded Enterprises	7735	157143	114391	108856
国有	State-owned Enterprises	36	2555	1359	1888
集体	Collective-owned Enterprises	12	207	172	145
股份合作	Cooperative Enterprises	3	52	40	31
国有联营	State Joint Ownership Enterprises	1	10	9	10
集体联营	Collective Joint Ownership Enterprises				
国有与集体联营	Joint State-collective Enterprises	3	37	26	24
其他联营	Other Joint Ownership Enterprises				
国有独资公司	State-funded Corporations	80	9339	5834	6069
其他有限责任公司	Other Limited Liability Corporations	748	25792	19313	18555
股份有限公司	Share-holding Corporations Ltd.	159	13955	9928	10166
私营独资	Private-funded Enterprises	132	1031	710	700
私营合伙	Private Partnership Enterprises	56	414	282	230
私营有限责任公司	Private Limited Liability Corporations	6177	93140	68392	62982
私营股份有限公司	Private Share-holding Corporations Ltd.	327	10583	8301	8031
其他内资	Other Enterprises	1	28	25	26
港澳台商投资	Enterprises With Investment from Hong Kong, Macao and Taiwan	126	12670	10445	8827
外商投资	Enterprises With Foreign Investment	108	5340	3751	3786

17-35 续表 Continued

类 别	Item	有R&D活动的单位数（个）Number of Enterprises Having R&D Activities (unit)	R&D人员（人）R&D Personnel (person)	#全时人员 Full-time Personnel	R&D人员全时当量（人年）Full-time Equivalent of R&D Personnel (man-year)
按工业行业大类分组	**By Industrial Branch**				
煤炭开采和洗选业	Mining and Washing of Coal	32	681	585	522
黑色金属矿采选业	Mining and Processing of Ferrous Metal Ores	7	121	89	81
有色金属矿采选业	Mining and Processing of Non-ferrous Metal Ores	40	1121	668	799
非金属矿采选业	Mining Processing of Nonmetal Ores	88	1194	759	793
其他采矿业	Mining of Other Ores N.E.C				
农副食品加工业	Processing of Food from Agricultural Products	690	8515	5966	5759
食品制造业	Manufacture of Foods	257	5981	3641	4059
酒、饮料和精制茶制造业	Manufacture of Liquor, Beverage and Refined Tea	242	3049	2245	1846
烟草制品业	Manufacture of Tobacco	4	314	58	193
纺织业	Manufacture of Textile	118	2567	1829	1785
纺织服装、服饰业	Manufacture of Textile Wearing and Clothing Apparel	96	1454	1119	1002
皮革、毛皮、羽毛及其制品和制鞋业	Leather, Fur, Feather and Its Products and Footwear	247	3492	2136	2224
木材加工和木、竹、藤、棕、草制品业	Processing of Timbers, Manufacture of Wood, Bamboo, Rattan, Palm and Straw Products	192	2138	1519	1388
家具制造业	Manufacture of Furniture	76	735	502	467
造纸和纸制品业	Manufacture of Paper and Paper Products	85	1253	898	921
印刷和记录媒介复制业	Printing, Reproduction of Recording Media	110	1663	1223	1094
文教、工美、体育和娱乐用品制造业	Manufacture of Articles for Culture, Education, Artwork, Sport and Entertainment Activity	120	1976	1372	1308
石油、煤炭及其他燃料加工业	Processing of Petroleum, Coal and Other Fuels	41	826	521	540
化学原料和化学制品制造业	Manufacture of Chemical Raw Material and Chemical Products	644	9217	6375	6296
医药制造业	Manufacture of Medicines	275	6332	4669	4686
化学纤维制造业	Manufacture of Chemical Fiber	9	256	188	138
橡胶和塑料制品业	Manufacture of Rubber and Plastic Products	229	2921	2230	1928
非金属矿物制品业	Manufacture of Non-metallic Mineral Products	1010	14146	10352	9990
黑色金属冶炼和压延加工业	Manufacture and Processing of Ferrous Metals	53	4218	1739	3153
有色金属冶炼和压延加工业	Manufacture and Processing of Non-ferrous Metals	217	7730	5310	5557
金属制品业	Manufacture of Metal Products	496	7692	5361	5245
通用设备制造业	Manufacture of General Purpose Machinery	504	10454	7623	7456
专用设备制造业	Manufacture of Special Purpose Machinery	499	17899	13888	11626
汽车制造业	Manufacture of Automobile	205	7251	5542	5307
铁路、船舶、航空航天和其他运输设备制造业	Manufacture of Railways, Ships, Aerospace and Other Transport Equipment	110	8075	6741	4606
电气机械和器材制造业	Manufacture of Electrical Machinery and Equipment	454	10275	8118	7262
计算机、通信和其他电子设备制造业	Manufacture of Computer, Communication and Other Electronic Equipment	465	23478	19633	17334
仪器仪表制造业	Manufacture of Measuring Instrument	98	2431	1997	1898
其他制造业	Other Manufacture	39	1590	1093	1431
废弃资源综合利用业	Utilization of Waste Resources	67	765	602	497
金属制品、机械和设备修理业	Maintenance of Metal Products, Machinery and Equipment	4	313	215	182
电力、热力生产和供应业	Production and Supply of Electric Power and Heat Power	94	2250	1231	1519
燃气生产和供应业	Production and Distribution of Gas	17	340	233	240
水的生产和供应业	Production and Distribution of Water	35	440	317	340

17-36 规模以上工业企业按经费来源分R&D经费内部支出情况(2020年)
Intramural R&D Expenditures in Industrial Enterprises above Designated Size by Sources (2020)

单位：万元 (10 000 yuan)

类 别	Item	R&D经费内部支出 Intramural Expenditure on R&D	政府资金 Government Funds	企业资金 Self-raised Funds by Enterprises	境外资金 Foreign Funds	其 他 Other Funds
总计	**Total**	**6645286**	**264140**	**6376335**	**802**	**4010**
按企业规模分组	**By Size**					
大型	Large	2278835	215195	2063639		1
中型	Medium	1442651	18205	1423006		1440
小型	Small	2845457	30228	2811859	802	2568
微型	Miniature	78344	512	77831		
按登记注册类型分组	**By Registration Status**					
内资企业	Domestic-funded Enterprises	6198729	260062	5933857	802	4010
国有	State-owned Enterprises	71252	11868	59298		86
集体	Collective-owned Enterprises	3966	8	3958		
股份合作	Cooperative Enterprises	3431		3431		
国有联营	State Joint Ownership Enterprises	556		556		
集体联营	Collective Joint Ownership Enterprises					
国有与集体联营	Joint State-collective Enterprises	1603		1603		
其他联营	Other Joint Ownership Enterprises					
国有独资公司	State-funded Corporations	409205	109962	299205		38
其他有限责任公司	Other Limited Liability Corporations	952954	31078	921413		462
股份有限公司	Share-holding Corporations Ltd.	657528	70824	585619		1084
私营独资	Private-funded Enterprises	33521	27	33494		
私营合伙	Private Partnership Enterprises	11999	1	11998		
私营有限责任公司	Private Limited Liability Corporations	3725941	28147	3694702	802	2290
私营股份有限公司	Private Share-holding Corporations Ltd.	326155	8137	317969		49
其他内资	Other Enterprises	620	10	610		
港澳台商投资	Enterprises With Investment from Hong Kong, Macao and Taiwan	230785	2427	228358		
外商投资	Enterprises With Foreign Investment	215772	1652	214120		

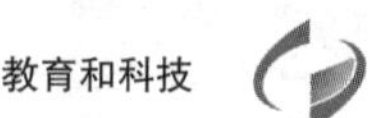

17-36 续表 Continued

单位：万元 (10 000 yuan)

类 别	Item	R&D经费内部支出 Intramural Expenditure on R&D	政府资金 Government Funds	企业资金 Self-raised Funds by Enterprises	境外资金 Foreign Funds	其 他 Other Funds
按工业行业大类分组	**By Industrial Branch**					
煤炭开采和洗选业	Mining and Washing of Coal	9890	47	9843		
黑色金属矿采选业	Mining and Processing of Ferrous Metal Ores	1759	27	1733		
有色金属矿采选业	Mining and Processing of Non-ferrous Metal Ores	31061	244	30817		
非金属矿采选业	Mining and Processing of Nonmetal Ores	41523	90	41401	33	
其他采矿业	Mining of Other Ores N.E.C					
农副食品加工业	Processing of Food from Agricultural Products	306442	2886	303467		88
食品制造业	Manufacture of Foods	139707	1806	137527	24	350
酒、饮料和精制茶制造业	Manufacture of Liquor, Beverage and Refined Tea	95384	1008	94305		71
烟草制品业	Manufacture of Tobacco	11025		11025		
纺织业	Manufacture of Textile	76531	843	75688		
纺织服装、服饰业	Manufacture of Textile Wearing and Clothing Apparel	47730	38	47692		
皮革、毛皮、羽毛及其制品和制鞋业	Leather, Fur, Feather and Its Products and Footwear	98075	99	97976		
木材加工和木、竹、藤、棕、草制品业	Processing of Timbers, Manufacture of Wood, Bamboo, Rattan, Palm and Straw Products	87511	483	86840		188
家具制造业	Manufacture of Furniture	30326	99	30226		
造纸和纸制品业	Manufacture of Paper and Paper Products	52248	15	52233		
印刷和记录媒介复制业	Printing, Reproduction of Recording Media	52720	182	52537		
文教、工美、体育和娱乐用品制造业	Manufacture of Articles for Culture, Education, Artwork, Sport and Entertainment Activity	48500	435	48064		
石油、煤炭及其他燃料加工业	Processing of Petroleum, Coal and Other Fuels	36645	177	36468		
化学原料和化学制品制造业	Manufacture of Chemical Raw Material and Chemical Products	302366	2347	300009		10
医药制造业	Manufacture of Medicines	240548	5219	234584	745	
化学纤维制造业	Manufacture of Chemical Fiber	12598	72	12526		
橡胶和塑料制品业	Manufacture of Rubber and Plastic Products	119446	1128	118318		
非金属矿物制品业	Manufacture of Non-metallic Mineral Products	417055	2334	413651		1071
黑色金属冶炼和压延加工业	Manufacture and Processing of Ferrous Metals	201096	2888	198208		
有色金属冶炼和压延加工业	Manufacture and Processing of Non-ferrous Metals	274367	4631	269736		
金属制品业	Manufacture of Metal Products	324083	2140	321634		310
通用设备制造业	Manufacture of General Purpose Machinery	388676	16239	372197		241
专用设备制造业	Manufacture of Special Purpose Machinery	1233740	24823	1208916		1
汽车制造业	Manufacture of Automobile	263928	2681	261158		89
铁路、船舶、航空航天和其他运输设备制造业	Manufacture of Railways, Ships, Aerospace and Other Transport Equipment	398781	116123	282658		
电气机械和器材制造业	Manufacture of Electrical Machinery and Equipment	351950	3729	348222		
计算机、通信和其他电子设备制造业	Manufacture of Computer, Communication and Other Electronic Equipment	662402	63471	597856		1074
仪器仪表制造业	Manufacture of Measuring Instrument	63384	1934	61412		38
其他制造业	Other Manufacture	52516	5441	46988		86
废弃资源综合利用业	Utilization of Waste Resources	42089	135	41955		
金属制品、机械和设备修理业	Maintenance of Metal Products, Machinery and Equipment	3048		3048		
电力、热力生产和供应业	Production and Supply of Electric Power and Heat Power	92653	223	92036		394
燃气生产和供应业	Production and Distribution of Gas	15714	4	15710		
水的生产和供应业	Production and Distribution of Water	17771	99	17672		

17-37 规模以上工业企业按支出用途分 R&D 经费内部支出情况(2020年) Intramural R&D Expenditures in Industrial Enterprises above Designated Size by Use (2020)

单位：万元 (10 000 yuan)

类别	Item	R&D经费内部支出 Intramural Expenditure on R&D	日常性支出 Daily Expenses	#人员劳务费 Service Fees	资产性支出 Capital Expenditures
总计	**Total**	**6645286**	**6453552**	**1849153**	**191734**
按企业规模分组	**By Size**				
大型	Large	2278835	2214250	747086	64585
中型	Medium	1442651	1387440	426957	55211
小型	Small	2845457	2775471	654687	69986
微型	Miniature	78344	76391	20423	1952
按登记注册类型分组	**By Registration Status**				
内资企业	Domestic-funded Enterprises	6198729	6017337	1706966	181392
国有	State-owned Enterprises	71252	59647	23582	11604
集体	Collective-owned Enterprises	3966	3946	2206	19
股份合作	Cooperative Enterprises	3431	3431	522	
国有联营	State Joint Ownership Enterprises	556	556	45	
集体联营	Collective Joint Ownership Enterprises				
国有与集体联营	Joint State-collective Enterprises	1603	1453	369	151
其他联营	Other Joint Ownership Enterprises				
国有独资公司	State-funded Corporations	409205	382545	100305	26660
其他有限责任公司	Other Limited Liability Corporations	952954	912647	279551	40307
股份有限公司	Share-holding Corporations Ltd.	657528	644712	221096	12816
私营独资	Private-funded Enterprises	33521	33039	7061	482
私营合伙	Private Partnership Enterprises	11999	11689	3013	311
私营有限责任公司	Private Limited Liability Corporations	3725941	3656457	948604	69484
私营股份有限公司	Private Share-holding Corporations Ltd.	326155	306596	120143	19559
其他内资	Other Enterprises	620	620	470	
港澳台商投资	Enterprises With Investment from Hong Kong, Macao and Taiwan	230785	223855	79957	6930
外商投资	Enterprises With Foreign Investment	215772	212360	62229	3411

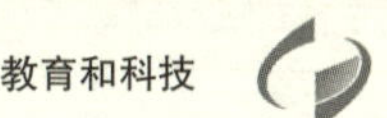

17-37 续表 Continued

单位：万元 (10 000 yuan)

类 别	Item	R&D经费内部支出 Intramural Expenditure on R&D	日常性支出 Daily Expenses	#人员劳务费 Service Fees	资产性支出 Capital Expenditures
按工业行业大类分组	**By Industrial Branch**				
煤炭开采和洗选业	Mining and Washing of Coal	9890	9564	3944	326
黑色金属矿采选业	Mining and Processing of Ferrous Metal Ores	1759	1736	797	23
有色金属矿采选业	Mining and Processing of Non-ferrous Metal Ores	31061	30885	9051	176
非金属矿采选业	Mining and Processing of Nonmetal Ores	41523	40113	9223	1410
其他采矿业	Mining of Other Ores N.E.C				
农副食品加工业	Processing of Food from Agricultural Products	306442	299885	71488	6557
食品制造业	Manufacture of Foods	139707	135752	41823	3955
酒、饮料和精制茶制造业	Manufacture of Liquor, Beverage and Refined Tea	95384	94184	23605	1200
烟草制品业	Manufacture of Tobacco	11025	10775	6499	250
纺织业	Manufacture of Textile	76531	74003	20611	2528
纺织服装、服饰业	Manufacture of Textile Wearing and Clothing Apparel	47730	46696	10212	1034
皮革、毛皮、羽毛及其制品和制鞋业	Leather, Fur, Feather and Its Products and Footwear	98075	97692	25633	383
木材加工和木、竹、藤、棕、草制品业	Processing of Timbers, Manufacture of Wood, Bamboo, Rattan, Palm and Straw Products	87511	86637	17687	874
家具制造业	Manufacture of Furniture	30326	29552	5969	773
造纸和纸制品业	Manufacture of Paper and Paper Products	52248	51641	11739	608
印刷和记录媒介复制业	Printing, Reproduction of Recording Media	52720	49879	11236	2840
文教、工美、体育和娱乐用品制造业	Manufacture of Articles for Culture, Education, Artwork, Sport and Entertainment Activity	48500	48063	16661	437
石油、煤炭及其他燃料加工业	Processing of Petroleum, Coal and Other Fuels	36645	36136	8286	509
化学原料和化学制品制造业	Manufacture of Chemical Raw Material and Chemical Products	302366	295322	83002	7044
医药制造业	Manufacture of Medicines	240548	231265	61471	9283
化学纤维制造业	Manufacture of Chemical Fiber	12598	12570	1533	27
橡胶和塑料制品业	Manufacture of Rubber and Plastic Products	119446	115836	25577	3610
非金属矿物制品业	Manufacture of Non-metallic Mineral Products	417055	403189	107757	13866
黑色金属冶炼和压延加工业	Manufacture and Processing of Ferrous Metals	201096	196771	64135	4325
有色金属冶炼和压延加工业	Manufacture and Processing of Non-ferrous Metals	274367	261926	70840	12441
金属制品业	Manufacture of Metal Products	324083	319391	65370	4692
通用设备制造业	Manufacture of General Purpose Machinery	388676	366601	90997	22075
专用设备制造业	Manufacture of Special Purpose Machinery	1233740	1216768	381705	16972
汽车制造业	Manufacture of Automobile	263928	248061	77823	15867
铁路、船舶、航空航天和其他运输设备制造业	Manufacture of Railways, Ships, Aerospace and Other Transport Equipment	398781	389603	141751	9179
电气机械和器材制造业	Manufacture of Electrical Machinery and Equipment	351950	344697	79825	7253
计算机、通信和其他电子设备制造业	Manufacture of Computer, Communication and Other Electronic Equipment	662402	640942	235163	21460
仪器仪表制造业	Manufacture of Measuring Instrument	63384	60892	25450	2493
其他制造业	Other Manufacture	52516	46353	9377	6163
废弃资源综合利用业	Utilization of Waste Resources	42089	41145	7970	944
金属制品、机械和设备修理业	Maintenance of Metal Products, Machinery and Equipment	3048	2688	1327	360
电力、热力生产和供应业	Production and Supply of Electric Power and Heat Power	92653	84153	15501	8500
燃气生产和供应业	Production and Distribution of Gas	15714	14581	4447	1133
水的生产和供应业	Production and Distribution of Water	17771	17606	3672	165

17—38 规模以上工业企业科技活动产出情况(2020年)

Basic Statistics on Scientific and Technological Outputs in Industrial Enterprises above Designated Size (2020)

类 别	Item	新产品销售收入(万元) Sales Revenue of New Products (10 000 yuan)	#出口 Exported	专利申请数(件) Patent Applic-ations (item)	有效发明专利数(件) Inventions In Force (item)
总计	**Total**	**83879023**	**5907820**	**36209**	**39805**
按企业规模分组	**By Size**				
大型	Large	37044757	4227171	9296	14331
中型	Medium	20094100	992336	7903	7678
小型	Small	25403549	651784	18417	17129
微型	Miniature	1336618	36529	593	667
按登记注册类型分组	**By Registration Status**				
内资企业	Domestic-funded Enterprises	73867535	2426797	34562	37604
国有	State-owned Enterprises	891511	282	1027	1895
集体	Collective-owned Enterprises	6265		38	10
股份合作	Cooperative Enterprises	80		4	
国有联营	State Joint Ownership Enterprises	8840		26	8
集体联营	Collective Joint Ownership Enterprises				
国有与集体联营	Joint State-collective Enterprises	1445		3	2
其他联营	Other Joint Ownership Enterprises				
国有独资公司	State-funded Corporations	7845729	209272	1174	3130
其他有限责任公司	Other Limited Liability Corporations	13738437	358489	5191	5382
股份有限公司	Share-holding Corporations Ltd.	11812343	566843	3669	6973
私营独资	Private-funded Enterprises	133457	4995	81	32
私营合伙	Private Partnership Enterprises	72003		72	19
私营有限责任公司	Private Limited Liability Corporations	34759473	839013	20117	16254
私营股份有限公司	Private Share-holding Corporations Ltd.	4594730	447903	3156	3894
其他内资	Other Enterprises	3223		4	5
港澳台商投资	Enterprises With Investment from Hong Kong, Macao and Taiwan	4743546	3261671	1123	914
外商投资	Enterprises With Foreign Investment	5267941	219353	524	1287

17-38 续表 Continued

类别	Item	新产品销售收入(万元) Sales Revenue of New Products (10 000 yuan)	#出口 Exported	专利申请数(件) Patent Applic-ations (item)	有效发明专利数(件) Inventions In Force (item)
按工业行业大类分组	**By Industrial Branch**				
煤炭开采和洗选业	Mining and Washing of Coal	92643			
黑色金属矿采选业	Mining and Processing of Ferrous Metal Ores	35589		19	12
有色金属矿采选业	Mining and Processing of Non-ferrous Metal Ores	81854		127	79
非金属矿采选业	Mining and Processing of Nonmetal Ores	226176	252	115	44
其他采矿业	Mining of Other Ores N.E.C				
农副食品加工业	Processing of Food from Agricultural Products	3384646	10465	1050	976
食品制造业	Manufacture of Foods	2042244	49291	688	538
酒、饮料和精制茶制造业	Manufacture of Liquor, Beverage and Refined Tea	981344	68018	328	322
烟草制品业	Manufacture of Tobacco	116360		280	381
纺织业	Manufacture of Textile	1167305	49487	225	125
纺织服装、服饰业	Manufacture of Textile Wearing and Clothing Apparel	407378	14201	237	127
皮革、毛皮、羽毛及其制品和制鞋业	Leather, Fur, Feather and Its Products and Footwear	637703	46039	330	231
木材加工和木、竹、藤、棕、草制品业	Processing of Timbers, Manufacture of Wood, Bamboo, Rattan, Palm and Straw Products	490655	1702	266	196
家具制造业	Manufacture of Furniture	91609	5237	149	140
造纸和纸制品业	Manufacture of Paper and Paper Products	935858	3897	294	235
印刷和记录媒介复制业	Printing, Reproduction of Recording Media	764161	10203	333	252
文教、工美、体育和娱乐用品制造业	Manufacture of Articles for Culture, Education, Artwork, Sport and Entertainment Activity	716330	186929	348	224
石油、煤炭及其他燃料加工业	Processing of Petroleum, Coal and Other Fuels	1152213	4070	115	258
化学原料和化学制品制造业	Manufacture of Chemical Raw Material and Chemical Products	3365216	213262	1530	1968
医药制造业	Manufacture of Medicines	2929330	59424	1108	1647
化学纤维制造业	Manufacture of Chemical Fiber	52087	618	46	3
橡胶和塑料制品业	Manufacture of Rubber and Plastic Products	968733	6291	534	577
非金属矿物制品业	Manufacture of Non-metallic Mineral Products	4104806	137712	2630	1817
黑色金属冶炼和压延加工业	Manufacture and Processing of Ferrous Metals	6157350	136782	293	303
有色金属冶炼和压延加工业	Manufacture and Processing of Non-ferrous Metals	5057279	99554	1085	1812
金属制品业	Manufacture of Metal Products	2020529	25163	1690	1607
通用设备制造业	Manufacture of General Purpose Machinery	4927487	140575	2697	3074
专用设备制造业	Manufacture of Special Purpose Machinery	14230627	499739	6793	8225
汽车制造业	Manufacture of Automobile	6495134	181423	1586	1505
铁路、船舶、航空航天和其他运输设备制造业	Manufacture of Railways, Ships, Aerospace and Other Transport Equipment	3763553	180747	2227	3321
电气机械和器材制造业	Manufacture of Electrical Machinery and Equipment	5223869	168510	2751	2730
计算机、通信和其他电子设备制造业	Manufacture of Computer, Communication and Other Electronic Equipment	9542223	3589843	4099	4299
仪器仪表制造业	Manufacture of Measuring Instrument	569808	4858	740	953
其他制造业	Other Manufacture	333590	1335	372	422
废弃资源综合利用业	Utilization of Waste Resources	226165	12192	270	234
金属制品、机械和设备修理业	Maintenance of Metal Products, Machinery and Equipment	17180		11	50
电力、热力生产和供应业	Production and Supply of Electric Power and Heat Power	421391		692	998
燃气生产和供应业	Production and Distribution of Gas	90031		53	49
水的生产和供应业	Production and Distribution of Water	58571		98	71

17-39 大中型工业企业科技活动情况(2020年)
Basic Statistics on Scientific and Technological Activities in Large and Medium-sized Industrial Enterprises (2020)

指标		Item		合计 Total	#大型 Large	#中型 Medium
企业基本情况		**Statistics on Industrial Enterprises**				
大中型工业企业个数	(个)	Number of Large and Medium-Sized Industrial Enterprises	(unit)	1721	164	1557
#有 R&D 活动的企业个数		#Number of Units Having R&D Activities		1184	140	1044
R&D 人员	(人)	R&D Personnel	(person)	91906	49376	42530
#女性		#Female		20161	10255	9906
#全时人员		#Full-time Personnel		67104	36006	31098
R&D 活动情况		**Statistics on R&D Activities**				
R&D 人员全时当量	(人年)	Full-time Equivalent of R&D Personnel	(man-year)	64404	34890	29514
R&D 经费内部支出	(万元)	Intramural Expenditure on R&D	(10 000 yuan)	3721486	2278835	1442651
按经费来源分		by Sources				
政府资金		Government Funds		233400	215195	18205
企业资金		Self-raised Funds by Enterprises		3486645	2063639	1423006
境外资金		Foreign Funds				
其他		Other Funds		1441	1	1440
按支出用途分		by Use				
日常性支出		Daily Expenses		3601690	2214250	1387440
#人员劳务费		#Service Fees		1174043	747086	426957
资产性支出		Capital Expenditures		119796	64585	55211
R&D 经费外部支出	(万元)	External Expenditure on R&D	(10 000 yuan)	146099	106229	39870
新产品开发及生产情况		**Statistics on New Products Development and Production**				
新产品开发项目数	(项)	Number of New Products	(item)	8109	2733	5376
新产品开发经费支出	(万元)	Expenditure on New Products Development	(10 000 yuan)	4289665	2719663	1570002
新产品销售收入	(万元)	Sales Revenue of New Products	(10 000 yuan)	57138857	37044757	20094100
#出口		#Exported		5219507	4227171	992336
专利情况		**Statistics on Patents**				
专利申请数	(件)	Patent Applications	(item)	17199	9296	7903
有效发明专利数	(件)	Inventions In Force	(item)	22009	14331	7678
发表科技论文	(篇)	Number of Published Scientific Papers	(piece)	2596	2065	531
拥有注册商标数	(件)	Number of Registered Trademark	(item)	14893	10206	4687

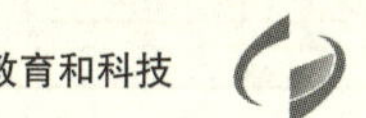

17-40 大中型工业企业 R&D 人员情况(2020年)

R&D Personnel in Large and Medium-sized Industrial Enterprises (2020)

类 别	Item	有 R&D 活动的单位数（个）Number of Enterprises Having R&D Activities (unit)	R&D 人员（人）R&D Personnel (person)	#全时人员 Full-time Personnel	R&D 人员全时当量（人年）Full-time Equivalent of R&D Personnel (man-year)
总计	**Total**	**1184**	**91906**	**67104**	**64404**
按企业规模分组	**By Size**				
大型企业	Large	140	49376	36006	34890
中型企业	Medium	1044	42530	31098	29514
按登记注册类型分组	**By Registration Status**				
内资企业	Domestic-funded Enterprises	1078	76443	54797	53602
国有	State-owned Enterprises	16	2304	1153	1705
集体	Collective-owned Enterprises	3	106	96	71
股份合作	Cooperative Enterprises	1	17	11	13
国有联营	State Joint Ownership Enterprises				
集体联营	Collective Joint Ownership Enterprises				
国有与集体联营	Joint State-collective Enterprises	1	7	5	6
其他联营	Other Joint Ownership Enterprises				
国有独资公司	State-funded Corporations	40	8709	5327	5678
其他有限责任公司	Other Limited Liability Corporations	169	16572	12141	12247
股份有限公司	Share-holding Corporations Ltd.	77	12493	8812	9149
私营独资	Private-funded Enterprises	13	182	125	120
私营合伙	Private Partnership Enterprises	14	138	113	74
私营有限责任公司	Private Limited Liability Corporations	674	29973	22181	19918
私营股份有限公司	Private Share-holding Corporations Ltd.	70	5942	4833	4620
其他内资	Other Enterprises				
港澳台商投资	Enterprises With Investment from Hong Kong, Macao and Taiwan	62	11480	9621	8024
外商投资	Enterprises With Foreign Investment	44	3983	2686	2778

17-40 续表 Continued

类 别	Item	有R&D活动的单位数（个）Number of Enterprises Having R&D Activities (unit)	R&D人员（人）R&D Personnel (person)	#全时人员 Full-time Personnel	R&D人员全时当量（人年）Full-time Equivalent of R&D Personnel (man-year)
按工业行业大类分组	**By Industrial Branch**				
煤炭开采和洗选业	Mining and Washing of Coal	14	425	365	281
黑色金属矿采选业	Mining and Processing of Ferrous Metal Ores	2	63	55	53
有色金属矿采选业	Mining and Processing of Non-ferrous Metal Ores	19	934	524	656
非金属矿采选业	Mining and Processing of Nonmetal Ores	9	433	269	257
其他采矿业	Mining of Other Ores N.E.C				
农副食品加工业	Processing of Food from Agricultural Products	66	2243	1482	1428
食品制造业	Manufacture of Foods	43	3732	1993	2559
酒、饮料和精制茶制造业	Manufacture of Liquor, Beverage and Refined Tea	19	759	525	382
烟草制品业	Manufacture of Tobacco	3	312	58	191
纺织业	Manufacture of Textile	43	1685	1210	1272
纺织服装、服饰业	Manufacture of Textile Wearing and Clothing Apparel	28	714	572	510
皮革、毛皮、羽毛及其制品和制鞋业	Leather, Fur, Feather and Its Products and Footwear	38	1579	850	1029
木材加工和木、竹、藤、棕、草制品业	Processing of Timbers, Manufacture of Wood, Bamboo, Rattan, Palm and Straw Products	31	519	335	357
家具制造业	Manufacture of Furniture	6	138	80	86
造纸和纸制品业	Manufacture of Paper and Paper Products	11	316	235	261
印刷和记录媒介复制业	Printing, Reproduction of Recording Media	15	438	346	339
文教、工美、体育和娱乐用品制造业	Manufacture of Articles for Culture, Education, Artwork, Sport and Entertainment Activity	21	809	558	540
石油、煤炭及其他燃料加工业	Processing of Petroleum, Coal and Other Fuels	5	478	276	303
化学原料和化学制品制造业	Manufacture of Chemical Raw Material and Chemical Products	94	2887	1983	2071
医药制造业	Manufacture of Medicines	46	2911	2163	2292
化学纤维制造业	Manufacture of Chemical Fiber	2	138	94	40
橡胶和塑料制品业	Manufacture of Rubber and Plastic Products	14	629	556	403
非金属矿物制品业	Manufacture of Non-metallic Mineral Products	153	4585	3458	3408
黑色金属冶炼和压延加工业	Manufacture and Processing of Ferrous Metals	10	3710	1417	2784
有色金属冶炼和压延加工业	Manufacture and Processing of Non-ferrous Metals	43	4741	3064	3404
金属制品业	Manufacture of Metal Products	37	2067	1350	1380
通用设备制造业	Manufacture of General Purpose Machinery	63	4645	3185	3292
专用设备制造业	Manufacture of Special Purpose Machinery	62	12152	9446	7718
汽车制造业	Manufacture of Automobile	40	4833	3755	3591
铁路、船舶、航空航天和其他运输设备制造业	Manufacture of Railways, Ships, Aerospace and Other Transport Equipment	23	6578	5530	3568
电气机械和器材制造业	Manufacture of Electrical Machinery and Equipment	64	4870	3934	3721
计算机、通信和其他电子设备制造业	Manufacture of Computer, Communication and Other Electronic Equipment	108	17694	15111	13176
仪器仪表制造业	Manufacture of Measuring Instrument	11	840	634	703
其他制造业	Other Manufacture	9	1096	733	1029
废弃资源综合利用业	Utilization of Waste Resources	3	104	85	83
金属制品、机械和设备修理业	Maintenance of Metal Products, Machinery and Equipment	1	226	142	144
电力、热力生产和供应业	Production and Supply of Electric Power and Heat Power	19	1381	574	910
燃气生产和供应业	Production and Distribution of Gas	4	143	91	102
水的生产和供应业	Production and Distribution of Water	5	99	66	79

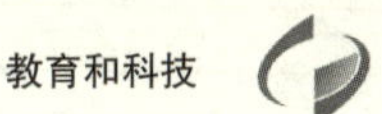

17-41 大中型工业企业按经费来源分R&D经费内部支出情况(2020年)
Intramural R&D Expenditures in Large and Medium-sized Industrial Enterprises by Sources (2020)

单位：万元 (10 000 yuan)

类别	Item	R&D经费内部支出 Intramural Expenditure on R&D	政府资金 Government Funds	企业资金 Self-raised Funds by Enterprises	境外资金 Foreign Funds	其他 Other Funds
总计	**Total**	**3721486**	**233400**	**3486645**		**1441**
按企业规模分组	**By Size**					
大型企业	Large	2278835	215195	2063639		1
中型企业	Medium	1442651	18205	1423006		1440
按登记注册类型分组	**By Registration Status**					
内资企业	Domestic-funded Enterprises	3360698	230212	3129044		1441
国有	State-owned Enterprises	60450	10718	49646		86
集体	Collective-owned Enterprises	2098		2098		
股份合作	Cooperative Enterprises	994		994		
国有联营	State Joint Ownership Enterprises					
集体联营	Collective Joint Ownership Enterprises					
国有与集体联营	Joint State-collective Enterprises	371		371		
其他联营	Other Joint Ownership Enterprises					
国有独资公司	State-funded Corporations	386279	109427	276814		38
其他有限责任公司	Other Limited Liability Corporations	608980	24772	584206		1
股份有限公司	Share-holding Corporations Ltd.	617556	70138	546345		1074
私营独资	Private-funded Enterprises	7294	1	7293		
私营合伙	Private Partnership Enterprises	4116		4116		
私营有限责任公司	Private Limited Liability Corporations	1491319	10180	1480897		242
私营股份有限公司	Private Share-holding Corporations Ltd.	181242	4976	176266		
其他内资	Other Enterprises					
港澳台商投资	Enterprises With Investment from Hong Kong, Macao and Taiwan	197285	2294	194991		
外商投资	Enterprises With Foreign Investment	163503	894	162610		

17-41 续表 Continued

单位：万元 (10 000 yuan)

类 别	Item	R&D经费内部支出 Intramural Expenditure on R&D	政府资金 Government Funds	企业资金 Self-raised Funds by Enterprises	境外资金 Foreign Funds	其 他 Other Funds
按工业行业大类分组	**By Industrial Branch**					
煤炭开采和洗选业	Mining and Washing of Coal	6178	15	6162		
黑色金属矿采选业	Mining and Processing of Ferrous Metal Ores	713		713		
有色金属矿采选业	Mining and Processing of Non-ferrous Metal Ores	21187	229	20958		
非金属矿采选业	Mining and Processing of Nonmetal Ores	12287	42	12246		
其他采矿业	Mining of Other Ores N.E.C					
农副食品加工业	Processing of Food from Agricultural Products	77844	607	77237		
食品制造业	Manufacture of Foods	70835	1167	69668		
酒、饮料和精制茶制造业	Manufacture of Liquor, Beverage and Refined Tea	28640	252	28388		
烟草制品业	Manufacture of Tobacco	11000		11000		
纺织业	Manufacture of Textile	45638	664	44975		
纺织服装、服饰业	Manufacture of Textile Wearing and Clothing Apparel	15372	23	15349		
皮革、毛皮、羽毛及其制品和制鞋业	Leather, Fur, Feather and Its Products and Footwear	31080	34	31046		
木材加工和木、竹、藤、棕、草制品业	Processing of Timbers, Manufacture of Wood, Bamboo, Rattan, Palm and Straw Products	18275	84	18191		
家具制造业	Manufacture of Furniture	5969		5969		
造纸和纸制品业	Manufacture of Paper and Paper Products	23703		23703		
印刷和记录媒介复制业	Printing, Reproduction of Recording Media	13637		13637		
文教、工美、体育和娱乐用品制造业	Manufacture of Articles for Culture, Education, Artwork, Sport and Entertainment Activity	18245	303	17942		
石油、煤炭及其他燃料加工业	Processing of Petroleum, Coal and Other Fuels	22755	115	22641		
化学原料和化学制品制造业	Manufacture of Chemical Raw Material and Chemical Products	86742	677	86065		
医药制造业	Manufacture of Medicines	110125	3204	106920		
化学纤维制造业	Manufacture of Chemical Fiber	1962		1962		
橡胶和塑料制品业	Manufacture of Rubber and Plastic Products	28501	169	28331		
非金属矿物制品业	Manufacture of Non-metallic Mineral Products	122312	1200	120871		242
黑色金属冶炼和压延加工业	Manufacture and Processing of Ferrous Metals	176874	2867	174007		
有色金属冶炼和压延加工业	Manufacture and Processing of Non-ferrous Metals	151573	2556	149017		
金属制品业	Manufacture of Metal Products	110905	880	110025		
通用设备制造业	Manufacture of General Purpose Machinery	177354	13118	164236		
专用设备制造业	Manufacture of Special Purpose Machinery	1045758	21740	1024017		1
汽车制造业	Manufacture of Automobile	185632	2207	183425		
铁路、船舶、航空航天和其他运输设备制造业	Manufacture of Railways, Ships, Aerospace and Other Transport Equipment	353800	115108	238692		
电气机械和器材制造业	Manufacture of Electrical Machinery and Equipment	164431	1850	162582		
计算机、通信和其他电子设备制造业	Manufacture of Computer, Communication and Other Electronic Equipment	451008	58379	391554		1074
仪器仪表制造业	Manufacture of Measuring Instrument	21464	799	20627		38
其他制造业	Other Manufacture	36706	4887	31733		86
废弃资源综合利用业	Utilization of Waste Resources	3125		3125		
金属制品、机械和设备修理业	Maintenance of Metal Products, Machinery and Equipment	1757		1757		
电力、热力生产和供应业	Production and Supply of Electric Power and Heat Power	59586	223	59363		
燃气生产和供应业	Production and Distribution of Gas	5565		5565		
水的生产和供应业	Production and Distribution of Water	2950		2950		

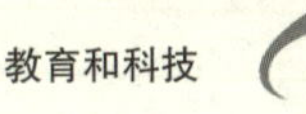

17-42 大中型工业企业按支出用途分 R&D 经费内部支出情况（2020年）

Intramural R&D Expenditures in Large and Medium-sized Industrial Enterprises by Use (2020)

单位：万元 (10 000 yuan)

类 别	Item	R&D 经费内部支出 Intramural Expenditure on R&D	日常性支出 Daily Expenses	#人员劳务费 Service Fees	资产性支出 Capital Expenditures
总计	**Total**	**3721486**	**3601690**	**1174043**	**119796**
按企业规模分组	**By Size**				
大型企业	Large	2278835	2214250	747086	64585
中型企业	Medium	1442651	1387440	426957	55211
按登记注册类型分组	**By Registration Status**				
内资企业	Domestic-funded Enterprises	3360698	3249664	1057071	111033
国有	State-owned Enterprises	60450	49465	19619	10986
集体	Collective-owned Enterprises	2098	2098	1612	
股份合作	Cooperative Enterprises	994	994	177	
国有联营	State Joint Ownership Enterprises				
集体联营	Collective Joint Ownership Enterprises				
国有与集体联营	Joint State-collective Enterprises	371	371	183	
其他联营	Other Joint Ownership Enterprises				
国有独资公司	State-funded Corporations	386279	360251	94603	26028
其他有限责任公司	Other Limited Liability Corporations	608980	575248	193691	33731
股份有限公司	Share-holding Corporations Ltd.	617556	604998	208130	12559
私营独资	Private-funded Enterprises	7294	7261	1393	33
私营合伙	Private Partnership Enterprises	4116	3913	1161	203
私营有限责任公司	Private Limited Liability Corporations	1491319	1473432	458365	17887
私营股份有限公司	Private Share-holding Corporations Ltd.	181242	171635	78137	9607
其他内资	Other Enterprises				
港澳台商投资	Enterprises With Investment from Hong Kong, Macao and Taiwan	197285	190865	71391	6420
外商投资	Enterprises With Foreign Investment	163503	161161	45581	2342

17-42 续表 Continued

单位：万元 (10 000 yuan)

类 别	Item	R&D经费内部支出 Intramural Expenditure on R&D	日常性支出 Daily Expenses	#人员劳务费 Service Fees	资产性支出 Capital Expenditures
按工业行业大类分组	**By Industrial Branch**				
煤炭开采和洗选业	Mining and Washing of Coal	6178	5966	2097	212
黑色金属矿采选业	Mining and Processing of Ferrous Metal Ores	713	691	368	22
有色金属矿采选业	Mining and Processing of Non-ferrous Metal Ores	21187	21087	7442	101
非金属矿采选业	Mining and Processing of Nonmetal Ores	12287	12270	3372	18
其他采矿业	Mining of Other Ores N.E.C				
农副食品加工业	Processing of Food from Agricultural Products	77844	76771	21471	1073
食品制造业	Manufacture of Foods	70835	70201	25340	634
酒、饮料和精制茶制造业	Manufacture of Liquor, Beverage and Refined Tea	28640	28505	7390	135
烟草制品业	Manufacture of Tobacco	11000	10750	6486	250
纺织业	Manufacture of Textile	45638	43375	14022	2263
纺织服装、服饰业	Manufacture of Textile Wearing and Clothing Apparel	15372	15317	4443	55
皮革、毛皮、羽毛及其制品和制鞋业	Leather, Fur, Feather and Its Products and Footwear	31080	31036	9553	44
木材加工和木、竹、藤、棕、草制品业	Processing of Timbers, Manufacture of Wood, Bamboo, Rattan, Palm and Straw Products	18275	18036	4968	239
家具制造业	Manufacture of Furniture	5969	5805	1334	164
造纸和纸制品业	Manufacture of Paper and Paper Products	23703	23352	4139	350
印刷和记录媒介复制业	Printing, Reproduction of Recording Media	13637	12988	3446	648
文教、工美、体育和娱乐用品制造业	Manufacture of Articles for Culture, Education, Artwork, Sport and Entertainment Activity	18245	18044	8042	201
石油、煤炭及其他燃料加工业	Processing of Petroleum, Coal and Other Fuels	22755	22625	5711	130
化学原料和化学制品制造业	Manufacture of Chemical Raw Material and Chemical Products	86742	84035	31462	2707
医药制造业	Manufacture of Medicines	110125	105473	34474	4651
化学纤维制造业	Manufacture of Chemical Fiber	1962	1962	496	
橡胶和塑料制品业	Manufacture of Rubber and Plastic Products	28501	28183	8305	317
非金属矿物制品业	Manufacture of Non-metallic Mineral Products	122312	116390	36488	5922
黑色金属冶炼和压延加工业	Manufacture and Processing of Ferrous Metals	176874	173086	60007	3788
有色金属冶炼和压延加工业	Manufacture and Processing of Non-ferrous Metals	151573	140831	45293	10742
金属制品业	Manufacture of Metal Products	110905	110005	23318	899
通用设备制造业	Manufacture of General Purpose Machinery	177354	160926	42955	16428
专用设备制造业	Manufacture of Special Purpose Machinery	1045758	1036326	333771	9432
汽车制造业	Manufacture of Automobile	185632	171643	55427	13989
铁路、船舶、航空航天和其他运输设备制造业	Manufacture of Railways, Ships, Aerospace and Other Transport Equipment	353800	345991	125434	7809
电气机械和器材制造业	Manufacture of Electrical Machinery and Equipment	164431	160377	39138	4054
计算机、通信和其他电子设备制造业	Manufacture of Computer, Communication and Other Electronic Equipment	451008	435070	178101	15938
仪器仪表制造业	Manufacture of Measuring Instrument	21464	19672	9130	1792
其他制造业	Other Manufacture	36706	30583	6330	6123
废弃资源综合利用业	Utilization of Waste Resources	3125	3123	1786	2
金属制品、机械和设备修理业	Maintenance of Metal Products, Machinery and Equipment	1757	1402	583	355
电力、热力生产和供应业	Production and Supply of Electric Power and Heat Power	59586	51412	8717	8174
燃气生产和供应业	Production and Distribution of Gas	5565	5429	2304	136
水的生产和供应业	Production and Distribution of Water	2950	2950	903	

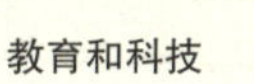

17-43 大中型工业企业科技活动产出情况(2020年)
Basic Statistics on Scientific and Technological Outputs in Large and Medium-sized Industrial Enterprises (2020)

类别	Item	新产品销售收入（万元）Sales Revenue of New Products (10 000 yuan)	#出口 Exported	专利申请数（件）Patent Applic-ations (item)	有效发明专利数（件）Inventions In Force (item)
总计	**Total**	**57138857**	**5219507**	**17199**	**22009**
按企业规模分组	**By Size**				
大型企业	Large	37044757	4227171	9296	14331
中型企业	Medium	20094100	992336	7903	7678
按登记注册类型分组	**By Registration Status**				
内资企业	Domestic-funded Enterprises	48802011	1782313	16079	20267
国有	State-owned Enterprises	813659	282	940	1742
集体	Collective-owned Enterprises	35		28	7
股份合作	Cooperative Enterprises				
国有联营	State Joint Ownership Enterprises				
集体联营	Collective Joint Ownership Enterprises				
国有与集体联营	Joint State-collective Enterprises	125			
其他联营	Other Joint Ownership Enterprises				
国有独资公司	State-funded Corporations	7695042	207660	1034	2788
其他有限责任公司	Other Limited Liability Corporations	10189131	218021	2621	2687
股份有限公司	Share-holding Corporations Ltd.	11236802	547208	3292	6107
私营独资	Private-funded Enterprises	31350		36	12
私营合伙	Private Partnership Enterprises	39218		27	1
私营有限责任公司	Private Limited Liability Corporations	15694095	422242	6305	4947
私营股份有限公司	Private Share-holding Corporations Ltd.	3102555	386901	1796	1976
其他内资	Other Enterprises				
港澳台商投资	Enterprises With Investment from Hong Kong, Macao and Taiwan	4425278	3230147	791	686
外商投资	Enterprises With Foreign Investment	3911567	207047	329	1056

17-43 续表 Continued

类别	Item	新产品销售收入（万元） Sales Revenue of New Products (10 000 yuan)	#出口 Exported	专利申请数（件） Patent Applic-ations (item)	有效发明专利数（件） Inventions In Force (item)
按工业行业大类分组	**By Industrial Branch**				
煤炭开采和洗选业	Mining and Washing of Coal	59276			
黑色金属矿采选业	Mining and Processing of Ferrous Metal Ores	9380		12	
有色金属矿采选业	Mining and Processing of Non-ferrous Metal Ores	58113		101	31
非金属矿采选业	Mining and Processing of Nonmetal Ores	83804	252	70	15
其他采矿业	Mining of Other Ores N.E.C				
农副食品加工业	Processing of Food from Agricultural Products	1264677		133	112
食品制造业	Manufacture of Foods	1352762	1511	215	138
酒、饮料和精制茶制造业	Manufacture of Liquor, Beverage and Refined Tea	388939	60916	60	107
烟草制品业	Manufacture of Tobacco	116360		272	374
纺织业	Manufacture of Textile	880583	34802	116	66
纺织服装、服饰业	Manufacture of Textile Wearing and Clothing Apparel	212970	1953	70	59
皮革、毛皮、羽毛及其制品和制鞋业	Leather, Fur, Feather and Its Products and Footwear	146126	25001	132	209
木材加工和木、竹、藤、棕、草制品业	Processing of Timbers, Manufacture of Wood, Bamboo, Rattan, Palm and Straw Products	145897	752	34	58
家具制造业	Manufacture of Furniture	14624	5155	7	3
造纸和纸制品业	Manufacture of Paper and Paper Products	644900		96	73
印刷和记录媒介复制业	Printing, Reproduction of Recording Media	285880	3198	89	93
文教、工美、体育和娱乐用品制造业	Manufacture of Articles for Culture, Education, Artwork, Sport and Entertainment Activity	281661	116243	189	40
石油、煤炭及其他燃料加工业	Processing of Petroleum, Coal and Other Fuels	1051658		67	200
化学原料和化学制品制造业	Manufacture of Chemical Raw Material and Chemical Products	1183573	155611	308	344
医药制造业	Manufacture of Medicines	1758409	25022	390	772
化学纤维制造业	Manufacture of Chemical Fiber	1750	618	2	
橡胶和塑料制品业	Manufacture of Rubber and Plastic Products	257137		45	29
非金属矿物制品业	Manufacture of Non-metallic Mineral Products	1634928	39710	997	552
黑色金属冶炼和压延加工业	Manufacture and Processing of Ferrous Metals	6057816	116023	227	226
有色金属冶炼和压延加工业	Manufacture and Processing of Non-ferrous Metals	3058616	47351	490	1080
金属制品业	Manufacture of Metal Products	468189	20137	527	615
通用设备制造业	Manufacture of General Purpose Machinery	3071650	118739	907	1452
专用设备制造业	Manufacture of Special Purpose Machinery	12618854	465963	4342	5942
汽车制造业	Manufacture of Automobile	4923922	152662	969	972
铁路、船舶、航空航天和其他运输设备制造业	Manufacture of Railways, Ships, Aerospace and Other Transport Equipment	3413704	180009	1726	2776
电气机械和器材制造业	Manufacture of Electrical Machinery and Equipment	2897979	130531	1126	1303
计算机、通信和其他电子设备制造业	Manufacture of Computer, Communication and Other Electronic Equipment	8008090	3513912	2328	2746
仪器仪表制造业	Manufacture of Measuring Instrument	182242	2434	286	384
其他制造业	Other Manufacture	241886	1002	217	275
废弃资源综合利用业	Utilization of Waste Resources	35692		9	8
金属制品、机械和设备修理业	Maintenance of Metal Products, Machinery and Equipment	17180		8	2
电力、热力生产和供应业	Production and Supply of Electric Power and Heat Power	301922		583	940
燃气生产和供应业	Production and Distribution of Gas			7	3
水的生产和供应业	Production and Distribution of Water	7709		42	10

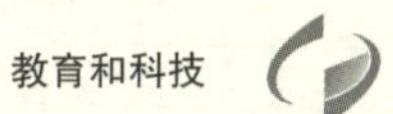

17-44 企业创新基本情况(2020年)
Basic Situation of Enterprise Innovation (2020)

指标	Item	合计 Total	#工业 Industry	#建筑业 Construction	#服务业 Services
企业创新基本情况	**The Basic Situation of Enterprise Innovation**				
企业数（个）	Companies (unit)	34341	18249	1546	14546
开展创新活动企业数（个）	Carry Out Innovation Activities (unit)	16873	12229	605	4039
实现创新企业	Realize Innovative Enterprises	14593	10057	585	3951
同时实现四种创新企业	Four Innovative Enterprises are Implemented Simultaneously	2922	2241	89	592
开展创新活动企业占比（%）	The Proportion of Enterprises Engaged in Innovation Activities (%)	49.1	67.0	39.1	27.8
实现创新企业占比	Realize the Proportion of Innovative Enterprises	42.5	55.1	37.8	27.2
同时实现四种创新企业占比	At the Same Time, There are Four Innovative Enterprises	8.5	12.3	5.8	4.1
产品和工艺创新情况	**Product and Process Innovation**				
（一）产品和工艺创新分布情况	**The Distribution of Product and Process Innovation**				
1. 开展产品或工艺创新活动企业数（个）	Number of Enterprises in Product or Process Innovation Activities (unit)	13486	11246	395	1845
实现产品创新企业	Implement Product Innovation Enterprise	6125	4800	183	1142
实现工艺创新企业	Implement Innovation Enterprise	8824	7178	329	1317
2. 开展产品或工艺创新活动企业占比（%）	Responsible for Product or Process Innovation Activities (%)	39.3	61.6	25.6	12.7
实现产品创新企业占比	The Proportion of Product Innovation Enterprises is Realized	17.8	26.3	11.8	7.9
实现工艺创新企业占比	Realize the Proportion of Technological Innovation Enterprises	25.7	39.3	21.3	9.1
同时实现产品和工艺创新企业占比	The Proportion of Product and Process Innovation Enterprises are both Realized	14.1	21.2	10.3	5.6
仅实现产品创新企业占比（无工艺创新）	Only Realize the Proportion of Product Innovation Enterprises (No process innovation)	3.8	5.2	1.6	2.3
仅实现工艺创新企业占比（无产品创新）	Only Realize the Proportion of Technological Innovation Enterprises (No product innovation)	11.6	18.2	11.0	3.5
仅有正在进行或中止的创新活动企业占比	There is Only an Ongoing or Discontinued Innovation Enterprise Share	9.8	17.1	2.7	1.3
（二）产品创新开发情况	**Product Innovation and Development**				
在实现产品创新企业中，以下列形式进行开发的企业占比（%）	In the Implementation of Product Innovation Enterprises, the Proportion of Enterprises Developed in the Following Form (%)				
本企业独立开发	Independent Development of the Enterprises	86.7	92.2	71.0	66.2
与集团内企业合作开发	Cooperation and Development of Enterprises Within the Group	6.2	4.8	10.9	11.6
与境内其他企业合作开发	Develop Cooperation with Other Enterprises in China	7.7	6.0	16.9	13.3
与境内研究机构合作开发	Working with Domestic Research Institutes	2.2	2.1	1.1	2.9
与境内高等学校合作开发	In Cooperation with Domestic Institutions of Higher Learning	9.4	9.8	10.9	7.3
与境外企业或机构合作开发	Working with Overseas Enterprises or Institutions	0.8	0.6	1.6	1.5
在其他单位基础上调整或改进	Adjust or Improve on Other Units	4.5	2.7	15.3	10.1
其他企业或机构开发	The Development of Other Enterprises or Institutions	3.5	1.4	12.0	11.1
其他	Other	5.8	3.4	16.4	14.3
（三）工艺创新开发情况	**Development of Technological Innovation**				
在实现工艺创新企业中，以下列形式进行开发的企业占比（%）	In the Implementation of Technological Innovation Enterprises, the Proportion Enterprises Developed in the Following Form (%)				
本企业独立开发	The Company Develops Independently	84.0	90.0	66.9	55.7

17–44 续表 1 Continued

指 标	Item	合 计 Total	#工业 Industry	#建筑业 Construction	#服务业 Services
本企业与集团内企业合作开发	The Enterprise Cooperation and Development with The Enterprise in The Group	5.6	4.6	8.5	10.6
本企业与境内其他企业合作开发	The Company is Cooperating with Other Enterprises in China	7.3	5.9	11.9	13.6
本企业与境内研究机构合作开发	The Company is Cooperating with Domestic Research Institutes	1.7	1.6	2.7	2.4
本企业与境内高等学校合作开发	The Company is Cooperating with The Higher Schools in China	8.1	8.1	16.7	5.9
本企业与境外企业或机构合作开发	The Company is Cooperating with Overseas Enterprises or Institutions	0.6	0.5	0.9	1.2
在其他单位开发的基础上调整或改进	To Adjust or Improve on The Basis of Other Unit Development	5.3	3.7	12.5	12.1
其他企业或机构开发	The Development of Other Enterprises or Institutions	5.2	2.6	12.2	17.5
其他	Other	7.5	5.2	20.1	17.2
产品或工艺创新活动类型及创新费用情况	**Product or Process Innovation Activity Type and Innovation Cost Situation**				
（一）产品或工艺创新活动类型	**Type of Product or Process Innovation**				
在开展产品或工艺创新活动企业中，有下列活动形式的企业占比（%）	Among the Enterprises that Carry Out Product or Process Innovation Activities, the Proportion of Enterprises with The Following Activities (%)				
内部研发	Internal Research and Development	67.0	70.9	56.2	46.0
外部研发	The External Research and Development	7.6	7.2	11.1	8.9
获得机器设备和软件	Get Machine Equipment and Software	52.0	62.4	31.1	21.2
从外部获取相关技术	Get the Technology from The Outside	0.9	1.1	8.4	8.1
相关培训	Related Training	26.4	23.9	44.1	37.7
市场推介	Market Introduction	12.6	11.1	21.5	19.7
相关设计	Related Design	11.5	11.8	3.8	11.7
其他创新活动	Other Innovative Activities	14.9	13.2	28.1	22.1
（二）工业企业创新费用支出情况	**Expenditure on Innovation Expenses of Industrial Enterprises**				
创新费用支出合计（亿元）	Total Expenditure on Innovation Expenses (100 million yuan)	982.8	982.8		
1. 内部研发经费支出所占比重（%）	Proportion of Internal r&d Expenditure (%)	67.6	67.6		
2. 外部研发经费支出所占比重（%）	Proportion of External r&d Expenditure (%)	2.5	2.5		
3. 获得机器设备和软件经费支出所占比重（%）	Account for the Proportion of Equipment and Software Expenditure (%)	29.1	29.1		
4. 从外部获取相关技术经费支出所占比重（%）	The Proportion of Relevant Technical Expenses from External Access (%)	0.8	0.8		
产品或工艺创新信息来源情况	**Product or Process Innovation Information Source Situation**				
在开展产品或工艺创新活动企业中，下列信息对创新影响较大的企业占比（%）	Among the Enterprises that Carry Out Product or Process Innovation Activities, the Following Information will Make up the Proportion of Enterprises with Greater Impact on Innovation (%)				
企业内部信息	Enterprise Internal Information	40.6	40.1	44.1	42.8
企业集团内部信息	Internal Information of Enterprise Group	9.1	7.9	15.9	15.1
来自高等学校的信息	Information from Institutions of Higher Learning	7.8	7.9	11.9	6.8
来自研究机构的信息	Information from the Research Institute	9.8	10.3	12.7	6.4
来自政府部门的信息	Information from Government Departments	14.4	12.2	28.4	24.6

注：创新费用支出情况仅包含规模工业企业。
The Cost of Innovation Expense Only Includes Scale Industrial Enterprises.

17-44 续表 2 Continued

指 标	Item	合 计 Total	#工业 Industry	#建筑业 Construction	#服务业 Services
来自行业协会的信息	Information from Industry Association	20.5	19.7	35.9	21.5
来自供应商的信息	Information from the Supplier	18.7	19.2	22.8	15.0
来自客户的信息	Information from the Customer	34.1	33.8	20.3	38.7
来自竞争对手或同行业企业的信息	Information from Competitors or Companies in the Same Industry	15.9	15.2	17.2	19.6
来自市场咨询机构的信息	Information from the Marketing Consultancy	4.8	4.2	8.4	7.7
来自展会的信息	Information from the Exhibition	8.2	8.2	4.6	9.1
来自文献、期刊的信息	Information from Literature and Periodicals	2.4	2.2	6.8	2.4
来自互联网的信息	Information from the Internet	10.0	7.7	21.0	22.0
其他	Other	6.3	5.4	10.1	11.3
产品或工艺创新合作情况	**Product or Process Innovation Cooperation**				
(一)产品或工艺创新合作开展情况	**Product or Process Innovation Cooperation**				
开展创新合作的企业数 (个)	Number of Enterprises Engaged in Innovative Cooperation (unit)	8421	6799	296	1326
创新合作企业占全部企业的比重 (%)	Innovative Cooperative Enterprises Account for the Proportion of All Enterprises. (%)	24.5	37.3	19.1	9.1
在创新合作企业中,与下列伙伴开展合作的企业占比 (%)	The Proportion of Enterprises Engaged in Cooperation with the Following Partners in Innovative Cooperative Enterprises (%)				
集团内其他企业	Other Enterprises Within the Group	29.3	27.4	39.9	36.9
高等学校	Institutions of Higher Learning	26.2	26.2	35.5	23.8
研究机构	Research Institution	16.9	17.2	21.3	14.2
政府部门	Government Departments	12.0	10.1	16.9	21.0
行业协会	Industry Association	25.5	25.4	28.7	25.4
供应商	Suppliers	34.6	35.6	36.8	28.8
客户	Clients	37.4	37.2	23.0	42.2
竞争对手或同行业企业	Competitors or Companies in the Same Industry	13.5	12.9	11.8	17.3
市场咨询机构	Marketing Consultancy	9.2	7.9	16.2	14.2
风险投资机构	Venture Capital Institution	0.6	0.6	0.3	1.1
其他合作对象	Other Cooperative Objects	15.4	13.3	25.0	24.3
(二)产品或工艺创新合作伙伴	**Product or Process Innovation Cooperation Partner**				
在创新合作企业中,下列合作伙伴对企业创新有较大价值的企业占比 (%)	Among the Innovative Cooperative Enterprises, the Following Partners Make up the Proportion of Enterprises with Greater Value for Enterprise Innovation (%)				
集团内其他企业	Other Enterprises Within the Group	24.9	23.7	32.8	29.7
高等学校	Institutions of Higher Learning	21.8	22.4	28.4	17.3
研究机构	Research Institution	13.9	14.7	15.9	9.4
政府部门	Government Departments	10.1	8.2	14.5	18.6
行业协会	Industry Association	21.2	21.3	21.6	20.8
供应商	Suppliers	29.9	30.9	32.8	24.1
客户	Clients	34.0	33.9	20.3	37.2
竞争对手或同行业企业	Competitors or Companies in the Same Industry	11.5	11.0	9.8	14.7
市场咨询机构	Marketing Consultancy	6.6	5.6	14.5	10.0
风险投资机构	Venture Capital Institution	0.3	0.2		0.8
其他合作对象	Other Cooperative Objects	11.6	10.1	16.9	18.1
(三)产学研合作形式	**Cooperation in Production and Study**				
开展产学研合作的企业数 (个)	The Number of Enterprises Engaged in the Cooperation of Production and Academic Research (unit)	2882	2375	131	376
产学研合作企业占比 (%)	Proportion of Industry-university-research Partners (%)	34.2	34.9	44.3	28.4

17-44 续表 3 Continued

指标	Item	合计 Total	#工业 Industry	#建筑业 Construction	#服务业 Services
在产学研合作企业中，以下列为主要合作形式的企业占比 (%)	**In the Cooperative Enterprise of Production and Research, the Following are Listed as the Proportion of Enterprises in the Form of Major Cooperation (%)**				
共同完成科研项目	To Jointly Complete the Research Project	65.3	65.0	69.5	65.7
在企业建立研发机构	Establish r&d Facilities in Enterprises	24.0	23.6	28.2	25.5
在高校或研究机构中设立研发机构	A Research and Development Institution is Established in a University or Research Institution	10.9	10.3	16.8	12.2
聘用高校或研究机构人员到企业兼职	Hire University or Research Staff to Work Part-time	37.7	36.9	36.6	42.8
其他形式	Other Forms	31.8	30.6	35.9	38.0
产品或工艺创新阻碍因素情况	**Product or Process Innovation Hinders the Situation**				
在全部企业中，下列各项是创新主要阻碍因素的企业占比 (%)	Among All Enterprises, the Following are the Proportion of Enterprises that are the Main Obstacles to Innovation (%)				
缺乏内部资金	Lack of Internal Funding	12.0	13.4	15.5	9.8
缺乏风险投资	Lack of Venture Capital	8.8	9.8	9.8	7.4
缺乏银行贷款	Lack of Bank Loans	11.7	14.7	10.2	8.0
创新成本过高	The Cost of Innovation is too High	21.9	27.8	25.8	14.1
缺乏人才或人才流失	Lack of Talent or Brain Drain	28.3	35.1	32.7	19.4
缺乏技术信息	Lack of Technical Information	17.0	21.4	22.8	10.8
缺乏市场信息	Lack of Market Information	9.0	8.7	9.7	9.1
难以找到创新合作伙伴	Find an Innovative Partner is Hard	7.0	6.9	10.4	6.8
市场已被占领	The Market has been Occupied	2.7	2.1	2.6	3.4
不能确定市场需求	Cannot Determine Market Demand	10.6	11.6	15.7	8.8
创新成果易被低成本模仿	Innovation is Easily Copied by Low Cost	4.9	6.2	3.6	3.3
没有创新的必要	There is no Need for Innovation	12.8	8.5	17.7	17.7
知识产权及相关情况	**Intellectual Roperty and Related Conditions**				
采取了知识产权保护或相关措施的企业数 (个)	The Number of Enterprises(s) Taking Intellectual Property Protection or Related Measures (unit)	17901	11754	749	5398
采取了知识产权保护或相关措施的企业占全部企业的比重 (%)	Enterprises Taking Intellectual Property Protection or Related Measures Account for The Proportion of all Enterprises (%)	52.1	64.4	48.4	37.1
在全部企业中，采取下列知识产权保护或相关措施的企业占比 (%)	In all Enterprises, the Proportion of Enterprises Taking the Following Intellectual Property Protection or Related Measures (%)				
申请了发明专利	Applied for the Invention Patent	8.4	14.4	6.1	1.3
申请了注册商标	Apply for a Registered Trademark	10.5	14.2	4.6	6.4
进行了版权登记	Copyright Registration	2.6	3.1	1.8	2.1
形成了国家或行业技术标准	A National or Industry Technical Standard is Formed	5.1	6.0	6.9	3.8
对技术秘密进行内部保护	Internal Protection of Technical Secrets	12.1	16.9	8.3	6.5
应用了难以复制的复杂技术	Applies Complex Technologies that are Difficult to Replicate	3.2	4.5	2.7	1.7
发挥了时间上的先发优势	Play the First Mover Advantage of Time	19.5	18.8	19.3	20.3
组织和营销创新情况	**Organizing and Marketing Innovation**				
实现组织或营销创新企业数 (个)	To Achieve Organizational or Marketing Innovation Enterprises (unit)	11407	7281	483	3643
在全部企业中，实现组织或营销创新企业占比 (%)	In all Enterprises, the Proportion of Organizational or Marketing Innovation Enterprises is Realized. (%)	33.2	39.9	31.2	25.0
实现组织创新企业占比	Realize the Proportion of Innovation Enterprises	26.9	32.3	29.6	19.9
实现营销创新企业占比	Realize the Proportion of Marketing Innovation Enterprises	26.5	32.7	13.9	20.0
同时实现组织和营销创新企业占比	The Company also Realizes the Proportion of Organization and Marketing Innovation Enterprises	20.2	25.1	12.3	14.9

17-45 企业家对创新的认识及相关情况(2020年)
Entrepreneur's Understanding of Innovation and Related Situation (2020)

单位：% (%)

指标	Item	合计 Total	#工业 Industry	#建筑业 Construction	#服务业 Services
企业家基本情况	**The Basic Situation of Entrepreneurs**				
(一)企业家教育程度构成	**Entrepreneur Education Degree Composition**				
在企业家中，下列各类人员占比	In the Enterprise Home, the Following Categories of Personnel				
博士	Dr.	1.0	1.2	0.7	0.8
硕士	A Master's Degree	5.1	5.4	4.4	4.8
本科	Undergraduate Course	39.5	39.8	55.4	37.4
大专	College	35.4	36.1	31.0	35.1
其他	Other	18.9	17.5	8.5	21.9
(二)企业家对创新的总体认识	**The Overall Understanding of Innovation by Entrepreneurs**				
在企业家中，认为创新对企业的生存和发展	In the Enterprise Home, Think Innovation to Enterprise'sSurvival and Development				
起了重要作用的人员占比	The Number of People Who Play an Important Role	30.2	37.2	22.5	22.2
起了一定作用的人员占比	The Proportion of People Who Play a Certain Role	56.3	53.1	62.8	59.6
不起作用的人员占比	Percentage of People Who are not Working	13.5	9.7	14.7	18.1
创新对企业的影响情况	**The Impact of Innovation on Enterprises**				
(一)影响最大的创新类型	**The Most Influential Types of Innovation**				
在实现创新企业中，认为下列各类创新对企业影响最大的企业家占比	Among the Innovative Enterprises, the Proportion of Entrepreneurs Who Believe that The Following Types of Innovations are The Biggest Influences on Enterprises				
产品创新	Product Innovation	13.8	19.4	14.3	5.9
工艺创新	Process Innovation	14.7	24.6	3.6	2.4
组织创新	Organizational Innovation	10.2	9.4	22.5	9.9
营销创新	Marketing Innovation	12.9	10.9	4.4	16.7
(二)产品创新对企业的影响	**The Impact of Product Innovation on Enterprises**				
在实现产品创新企业中，认为下列各项对企业影响程度为“高”的企业家占比	In the Realization of Product Innovation Enterprises, the Following are the Proportion of Entrepreneurs Who Have a "High" Impact on the Enterprise				
增加了产品品种	Product Variety has been Added	79.8	83.9		75.2
提高了产品性能	Product Performance is Improved	89.3	90.3	90.7	84.8
开拓了新市场	New Markets have been Opened up	80.2	81.8	68.9	75.4
扩大了市场份额	Expand Market Share	77.1	78.8	61.2	72.4
取代了过时产品	Replace Obsolete Products	73.8	75.4	76.5	66.7
(三)工艺创新对企业的影响	**Influence of Technological Innovation on Enterprises**				
在实现工艺创新企业中，认为下列各项对企业影响程度为“高”的企业家占比	In the Realization of Technological Innovation Enterprises, the Following Items are Considered as "High" Entrepreneurs				
提高了生产的灵活性	Improve the Flexibility of Production	78.4	79.2	75.9	74.7
提高了生产效率	Production Efficiency is Improved	86.6	87.9	84.8	79.6
降低了人力成本	It Lowers the Human Cost	73.8	75.4	73.2	65.3
节约了原材料	Save Raw Materials	70.0	72.9	68.9	54.4
降低了能源消耗	It Reduces Energy Consumption	70.0	72.8	67.4	55.4
减少了环境污染	Environmental Pollution is Reduced	71.8	74.0	74.1	59.2
改善了工作条件	Working Conditions are Improved	68.8	69.5	69.8	64.8

17-45 续表 Continued

单位：% (%)

指 标	Item	合 计 Total	#工业 Industry	#建筑业 Construction	#服务业 Services
创新成功影响因素情况	**Innovative Success Factors**				
在开展创新活动企业中，认为下列各项是创新成功最重要因素的企业家占比	Among the Enterprises that Carry out Innovative Activities, the Proportion of Entrepreneurs who Consider the Following are the Most Important Factors of Innovation Success				
有创新精神的企业家	Innovative Entrepreneurs	75.7	78.9	68.2	68.2
充足的经费支持	Adequate Funding Support	70.7	74.2	63.9	62.3
高素质的人才	High Quality Talent	76.5	78.8	73.0	70.6
员工对企业的认同感	Employees' Sense of Identity	77.6	78.4	73.5	76.2
企业内部的激励措施	Internal Incentives	75.8	76.7	70.1	74.2
有效的技术战略或计划	Effective Technical Strategy or Plan	71.4	73.1	67.7	67.4
畅通的信息渠道	Unblocked Information Channels	72.0	72.9	66.5	70.3
可信赖的创新合作伙伴	Trustworthy Innovative Partner	65.4	66.3	59.2	63.8
优惠政策的扶持	Support for Preferential Policies	70.0	71.9	64.3	65.8
创新激励措施及效果情况	**Innovative Incentive Measures and Effects**				
在开展创新活动企业中，认为下列措施"有效果"的企业家占比	Among the Innovative Enterprises, the Proportion of Entrepreneurs who Think the Following Measures are "Very Good"				
股权或期权	Stock or Option	20.6	20.6	13.2	21.6
增加工资或奖金	Increase Salary or Bonus	74.5	77.2	65.1	68.5
汽车住房等物质奖励	Car Housing and Other Material Rewards	22.4	22.9	16.8	21.8
岗位调整或升职机会	Post Adjustment or Promotion Opportunities	63.1	63.9	58.5	61.6
培训或深造机会	Training or Further Study	51.6	52.5	50.7	49.3
政策对创新的影响情况	**The Impact of Policy on Innovation**				
在开展创新活动企业中，认为下列政策效果较明显的企业家占比	Among the Enterprises that Carry out Innovation Activities, the Proportion of Entrepreneurs who Think the Following Policy Effect is Obvious				
企业研发费用加计扣除税收优惠政策	The Research and Development Expenses of the Enterprise Shall be Deducted from the Preferential Tax Policy	60.8	69.9	44.7	38.5
高新技术企业所得税减免政策	The Policy of Tax Reduction for High-tech Enterprises	55.1	62.5	44.0	36.6
企业研发活动专用仪器设备加速折旧政策	The Special Instrument Equipment for Enterprise Development Activities Accelerated Depreciation Policy	49.4	57.4	30.2	30.4
技术转让、技术开发收入免征增值税和技术转让减免所得税优惠政策	Technology Transfer and Technology Development Income are Exempted from Value-added Tax and Technology Transfer Tax Breaks	41.9	47.3	30.5	28.9
促进科技转化相关政策	Policies to Promote the Transformation of Science and Technology	53.0	60.4	34.7	35.7
科技创新进口税收政策	Scientific and Technological Innovation Import Tax Policy	34.2	38.6	21.2	24.2
鼓励企业吸引和培养人才的相关政策	Encourage Enterprises to Attract and Cultivate Talents Related Policies	54.6	60.3	40.1	41.2
金融支持相关政策	Financial Support Related Policies	55.1	61.0	36.8	41.7
创造和保护知识产权的相关政策	The Creation and Protection of Intellectual Property Rights Policies	55.6	63.1	39.1	37.9
优先发展产业的支持政策	Prioritize Industry Support Policies	56.4	63.3	36.8	40.4

17–46 规模以上工业企业创新活动总体情况（2020年）

The Overall Situation of Large-scale Industrial Enterprises Innovation Activities (2020)

类别	Item	开展创新活动企业数（个）Carry Out Innovation Activities (Unit)	#实现创新企业 Realize Innovative Enterprises	#同时实现四种创新企业 Four Innovative Enterprises are Imple-mented Simul-taneously	在全部企业中占比（%）In the Total Enterprise roportion(%) 开展创新活动企业 Carry Out Innovation Activities	实现创新企业 Realize Innovative Enterprises	同时实现四种创新企业 Four Innovative Enterprises are Imple-mented Simul-taneously
总计	**Total**	**12229**	**10057**	**2241**	**67.0**	**55.1**	**12.3**
按企业规模分组	**By Size**						
大型	Large	155	148	62	94.5	90.2	37.8
中型	Medium	1295	1125	301	83.2	72.3	19.3
小型	Small	10198	8332	1813	70.0	57.2	12.4
微型	Miniature	581	452	65	29.6	23.0	3.3
按登记注册类型分组	**By Registration Status**						
内资企业	Domestic-funded Enterprises	11892	9766	2182	66.9	54.9	12.3
国有	State-owned Enterprises	55	44	9	39.9	31.9	6.5
集体	Collective-owned Enterprises	29	22	4	46.8	35.5	6.5
股份合作	Cooperative Enterprises	7	6		77.8	66.7	0.0
国有联营	State Joint Ownership Enterprises	2	1	1	100.0	50.0	50.0
集体联营	Collective Joint Ownership Enterprises						
国有与集体联营	Joint State-collective Enterprises	3	2		100.0	66.7	
其他联营	Other Joint Ownership Enterprises						
国有独资公司	State-funded Corporations	109	101	22	69.0	63.9	13.9
其他有限责任公司	Other Limited Liability Corporations	1073	892	235	71.3	59.3	15.6
股份有限公司	Share-holding Corporations Ltd.	204	186	69	84.6	77.2	28.6
私营独资	Private-funded Enterprises	251	194	24	47.2	36.5	4.5
私营合伙	Private Partnership Enterprises	120	96	11	41.2	33.0	3.8
私营有限责任公司	Private Limited Liability Corporations	9616	7833	1681	67.0	54.6	11.7
私营股份有限公司	Private Share-holding Corporations Ltd.	422	388	125	86.1	79.2	25.5
其他内资	Other Enterprises	1	1	1	100.0	100.0	100.0
港澳台商投资	Enterprises With Investment from Hong Kong, Macao and Taiwan	180	156	33	70.6	61.2	12.9
外商投资	Enterprises With Foreign Investment	157	135	26	72.4	62.2	12.0

17-46 续表

指 标	Item	开展创新活动企业数（个）Carry Out Innovation Activities(Unit)
按工业行业大类分组	**By Industrial Branch**	
煤炭开采和洗选业	Mining and Washing of Coal	47
黑色金属矿采选业	Mining of Ferrous Metal Ores	10
有色金属矿采选业	Mining of Non-ferrous Metal Ores	64
非金属矿采选业	Mining and Processing of Nonmetal Ores	147
其他采矿业	Mining of Other Ores N.E.C	
农副食品加工业	Processing of Food from Agricultural Products	1167
食品制造业	Manufacture of Foods	413
酒、饮料和精制茶制造业	Manufacture of Liquor, Beverage and Refined Tea	419
烟草制品业	Manufacture of Tobacco	5
纺织业	Manufacture of Textile	181
纺织服装、服饰业	Manufacture of Textile Wearing and Clothing Apparel	169
皮革、毛皮、羽毛及其制品和制鞋业	Leather, Fur, Feather and Its Products and Footwear	369
木材加工和木、竹、藤、棕、草制品业	Processing of Timbers, Manufacture of Wood, Bamboo, Rattan, Palm and Straw Products	288
家具制造业	Manufacture of Furniture	138
造纸和纸制品业	Manufacture of Paper and Paper Products	149
印刷和记录媒介复制业	Printing,Reproduction of Recording Media	183
文教、工美、体育和娱乐用品制造业	Manufacture of Articles for Culture, Education, Artwork, Sport and Entertainment Activity	198
石油、煤炭及其他燃料加工业	Processing of Petroleum, Coal and Other Fuels	68
化学原料和化学制品制造业	Manufacture of Chemical Raw Material and Chemical Products	944
医药制造业	Manufacture of Medicines	366
化学纤维制造业	Manufacture of Chemical Fiber	11
橡胶和塑料制品业	Manufacture of Rubber and Plastic Products	353
非金属矿物制品业	Manufacture of Non-metallic Mineral Products	1630
黑色金属冶炼和压延加工业	Manufacture and Processing of Ferrous Metals	75
有色金属冶炼和压延加工业	Manufacture and Processing of Non-ferrous Metals	300
金属制品业	Manufacture of Metal Products	768
通用设备制造业	Manufacture of General Purpose Machinery	717
专用设备制造业	Manufacture of Special Purpose Machinery	698
汽车制造业	Manufacture of Automobile	310
铁路、船舶、航空航天和其他运输设备制造业	Manufacture of Railways, Ships, Aerospace and Other Transport Equipment	153
电气机械和器材制造业	Manufacture of Electrical Machinery and Equipment	655
计算机、通信和其他电子设备制造业	Manufacture of Computer, Communication and Other Electronic Equipment	668
仪器仪表制造业	Manufacture of Measuring Instrument	132
其他制造业	Other Manufacture	62
废弃资源综合利用业	Utilization of Waste Resources	95
金属制品、机械和设备修理业	Maintenance of Metal Products, Machinery and Equipment	6
电力、热力生产和供应业	Production and Supply of Electric Power and Heat Power	173
燃气生产和供应业	Production and Distribution of Gas	31
水的生产和供应业	Production and Distribution of Water	67

Continued

		在全部企业中占比（%） In the Total Enterprise roportion (%)		
#实现创新企业 Realize Innovative Enterprises	#同时实现四种创新企业 Four Innovative Enterprises are Implemented Simultaneously	开展创新活动企业 Carry out Innovative Activities	实现创新企业 Realize Innovative Enterprises	同时实现四种创新企业 Four Innovative Enterprises are Implemented Simultaneously
33	1	33.8	23.7	0.7
4	2	38.5	15.4	7.7
45	4	56.1	39.5	3.5
108	9	45.2	33.2	2.8
966	211	67.8	56.1	12.3
345	95	72.5	60.5	16.7
323	77	74.2	57.2	13.6
4		50.0	40.0	
146	40	59.9	48.3	13.2
137	26	55.4	44.9	8.5
316	91	51.1	43.8	12.6
220	25	62.2	47.5	5.4
114	29	60.5	50.0	12.7
122	21	55.8	45.7	7.9
147	34	64.7	51.9	12.0
172	31	64.1	55.7	10.0
50	7	65.4	48.1	6.7
806	169	65.8	56.2	11.8
313	82	86.3	73.8	19.3
10	2	68.8	62.5	12.5
301	82	66.7	56.9	15.5
1232	208	61.4	46.4	7.8
47	9	59.1	37.0	7.1
259	85	70.9	61.2	20.1
644	103	71.5	60.0	9.6
619	156	74.8	64.6	16.3
603	168	76.9	66.4	18.5
258	59	72.4	60.3	13.8
139	40	78.9	71.6	20.6
561	146	80.3	68.8	17.9
564	152	83.1	70.1	18.9
118	36	84.1	75.2	22.9
51	11	65.3	53.7	11.6
72	16	62.9	47.7	10.6
6	1	75.0	75.0	12.5
123	6	46.4	33.0	1.6
26	5	47.0	39.4	7.6
53	2	43.5	34.4	1.3

主要统计指标解释

普通高等学校 指按国家规定的设置标准和审批程序批准举办的，通过全国普通高等学校统一招生考试，招收高中毕业生为主要培养对象，实施高等学历教育的全日制大学、独立设置的学院和高等专科学校、高等职业学校及其他机构（独立学院和分校、大专班）。

大学、独立设置的学院主要实施本科层次以上教育。高等专科学校、高等职业学校实施专科层次教育。其他机构是承担国家普通招生计划任务不计校数的机构，包括独立学院、普通高等学校分校、大专班和批准筹建的普通高等学校等。独立学院指由普通本科高校按新机制、新模式举办的本科层次的二级学院，一些普通本科高校按公办机制和模式建立的二级学院，“分校”或其他类似的二级办学机构不属此范畴。

小学学龄儿童净入学率 指调查范围内已入小学学习的学龄儿童占校内外学龄儿童总数(包括弱智儿童，不包括盲聋哑儿童)的比重。计算公式为：

$$\text{小学学龄儿童净入学率}=\frac{\text{已入学的小学学龄儿童数}}{\text{校内外小学学龄儿童总数}}\times 100\%$$

科技活动 指在自然科学、农业科学、医药科学、工程与技术科学、人文与社会科学领域(简称科学技术领域)中，与科技知识的产生、发展、传播和应用密切相关的有组织的活动。可分为研究与试验发展(R&D)、研究与试验发展成果应用及相关的科技服务三类活动。该定义是联合国教科文组织考虑成员国特别是发展中国家开展科技统计工作的需要，而对科技活动所作的统计界定。

科技活动经费内部支出 指报告年内用于科技活动的实际支出，包括劳务费、科研业务费、科研管理费，非基建投资购建的固定资产、科研基建支出以及其他用于科技活动的支出。不包括生产性活动支出、归还贷款支出及转拨外单位支出。反映科技投入实际完成情况。

研究与试验发展(R&D) 指在科学技术领域，为增加知识总量，以及运用这些知识去创造新的应用进行的系统的创造性的活动，包括基础研究、应用研究、试验发展三类活动。国际上通常采用R&D活动的规模和强度指标反映一国的科技实力和核心竞争力。

基础研究 指一种不预设任何特定应用或使用目的的的实验性或理论性工作，其主要目的是为获得（已发生）现象和可观察事实的基本原理、规律和新知识。其成果通常表现为提出一般原理、理论或规律，并以论文、著作、研究报告等形式为主。

应用研究 指为获取新知识，达到某一特定的实际目的或目标而开展的初始性研究。应用研究是为了确定基础研究成果的可能用途，或确定实现特定和预定目标的新方法。其研究成果以论文、著作、研究报告、原理性模型或发明专利等形式为主。

试验发展 指利用从科学研究、实际经验中获取的知识和研究过程中产生的其他知识，开发新的产品、工艺或改进现有产品、工艺而进行的系统性研究。其研究成果以专利、专有技术，以及具有新颖性的产品原型、原始样机及装置等形式为主。

产品创新 指企业推出了全新的或有重大改进的产品。产品创新的“新”要体现在产品的功能或特性上，包括技术规范、材料、组件、用户友好性等方面的重大改进。不包括产品仅有外观变化或其他微小改变的情况，也不包括直接转销。此处的“新”是指该产品对本企业而言必须是新的，但对于其他企业或整个市场而言不一定是新的。这里的产品既包括货物，也包括服务。货物方面产品创新的例子有新能源汽车、新功能手机等；服务方面产品创新的例子有新的保修服务，如显著延长的新产品保修期限等。

工艺创新 指企业采用了全新的或有重大改进的生产方法、工艺设备或辅助性活动。工艺创新的“新”要体现在技术、设备或流程上；它对本企业而言必须是新的，但对于其他企业或整个市场而言不一定是新的。不包括单纯的组织管理方式的变化。此处的辅助性活动指企业的采购、物流、财务、信息化等活动。

组织（管理）创新 指企业采取了此前从未使用过的全新的组织管理方式，主要涉及企业的经营模式、组织结构或外部关系等方面。不包括单纯的合并或收购。组织（管理）创新应是企业管理层战略决策的结果。此处的“新”是指它对本企业而言必须是新的，但对于其他企业或整个市场而言不一定是新的。

营销创新 指企业采用了此前从未使用过的全新的营销概念或营销策略，主要涉及产品（服务）设计或包装、产品（服务）推广、产品（服务）销售渠道、产品（服务）定价等方面。不包括季节性、周期性变化和其他常规的营销方式变化。此处的“新”是指它对本企业而言必须是新的，

但对于其他企业或整个市场而言不一定是新的。

R&D 人员 指报告期 R&D 活动单位中从事基础研究、应用研究和试验发展活动的人员。包括直接参加上述三类 R&D 活动的人员，以及与上述三类 R&D 活动相关的管理人员和直接服务人员，即直接为 R&D 活动提供资料文献、材料供应、设备维护等服务的人员。不包括为 R&D 活动提供间接服务的人员，如餐饮服务、安保人员等。

R&D 人员全时当量 指报告期 R&D 人员按实际从事 R&D 活动时间计算的工作量，以“人年”为计量单位。为国际上比较科技人力投入而制定的可比指标。

R&D 经费支出 指报告期调查单位内部为实施 R&D 活动而实际发生的全部经费，按支出性质分为日常性支出和资产性支出。不包括调查单位委托其他单位或与其他单位合作开展 R&D 活动而转拨给其他单位的全部经费。

R&D 经费支出中政府资金 指 R&D 经费支出中来自于各级政府财政的各类资金，包括财政科学技术支出和财政其他功能支出的资金用于 R&D 活动的实际支出。

R&D 经费支出中企业资金 指 R&D 经费支出中来自于企业的各类资金。对企业而言，企业资金指企业自有资金、接受其他企业委托开展 R&D 活动而获得的资金，以及从金融机构贷款获得的开展 R&D 活动的资金；对科研院所、高校等事业单位而言，企业资金是指因接受从企业委托开展 R&D 活动而获得的各类资金。

R&D 项目（课题）数 R&D 项目（课题）是进行 R&D 活动的基本组织形式，通常由 R&D 活动执行单位依据项目立项书或合同书等形式明确项目任务、目标、人员和经费等。

R&D 项目（课题）人员全时当量 指实际参加研发项目（课题）活动人员折合的全时当量。

R&D 项目（课题）经费支出 指调查单位内部在报告年度进行研发项目（课题）研究和试制等的实际支出。包括劳务费、其他日常支出、固定资产购建费、外协加工费等，不包括委托或与外单位合作进行项目（课题）研究而拨付给对方使用的经费。

新产品销售收入 指报告期企业销售新产品实现的销售收入。新产品是指采用新技术原理、新设计构思研制、生产的全新产品，或在结构、材质、工艺等某一方面比原有产品有明显改进，从而显著提高了产品性能或扩大了使用功能的产品。既包括经政府有关部门认定并在有效期内的新产品，也包括企业自行研制开发，未经政府有关部门认定，从投产之日起一年之内的新产品。

专利 是专利权的简称，是对发明人的发明创造经审查合格后，由专利局依据专利法授予发明人和设计人对该项发明创造享有的专有权。包括发明、实用新型和外观设计。反映拥有自主知识产权的科技和设计成果情况。

发明（专利） 指对产品、方法或者其改进所提出的新的技术方案。是国际通行的反映拥有自主知识产权技术的核心指标。

实用新型（专利） 指对产品的形状、构造或者其结合所提出的适于实用的新的技术方案。反映具有一定技术含量的技术成果情况。

外观设计（专利） 指对产品的形状、图案、色彩或者其结合所作出的富有美感并适于工业上应用的新设计。反映拥有自主知识产权的外观设计成果情况。

Explanatory Notes on Main Statistical Indicators

Regular Institutions of Higher Education refer to educational establishments set up according to the government evaluation and approval procedures, recruiting graduates from senior secondary schools as the main target by National Matriculation TEST. They include full-time universities, colleges, institutions of higher professional education, institutions of higher vocational education, institutions of higher vocational education and others (non-university tertiary, branch schools and undergraduate classes).

Universities and colleges primarily provide undergrad-duate courses; institutions of higher professional education and institutions of higher vocational education primarily provide professional trainings; and others refer to educational establishments, which are responsible for enrolling higher education students under the State Plan but not enumerated in the total number of schools, including: branch schools of universities and colleges, and universities and colleges that have been approved and under plan for construction. Non-university tertiary refers to the regular undergraduate branch college which is running in new mechanism and mode, excluding the branch schools and other similar branches of educational institutions.

Net Enrolment Ratio of Primary Schools refers to the proportion of school age children enrolled at schools to the total number of school age children both in and outside schools (including retarded children, but excluding blind, deaf and mute children). The formula is:

$$\text{Net Enrolment Ratio of Primary Schools} = \frac{\text{Total Primary School - age Children at Schools}}{\text{Total Primary School - age Children Whether or Not Attending School}} \times 100\%$$

Scientific and Technological Activities (S&T Activities) refer to organized activities which are closely related with the creation, development, dissemination and application of the scientific and technical knowledge in the fields of natural sciences, agricultural science, medical science, engineering and technological science, humanities and social sciences (referred to as scientific and technological fields). S&T activities can be classified in to 3 categories: research and development (R&D) activities, application of R&D results, and related S&T services. This statistical definition is made by UNICHIEF for scientific and technological activities to meet the need of carrying out statistical work in this field for its member countries in particular those developing countries.

Internal Expenditures for Scientific and Technological Activities refers to the actual expenditure for scientific and technological activities during the year of the report, including labor, scientific research, business expenses, the scientific research management fees, the infrastructure investment and construction of fixed assets for science and technology activities, scientific research infrastructure spending and other spending. Excluding productive activity expenditures, repay-ment of loan expenditures and transfer of out-of-unit expendi-tures. To reflect the actual completion of technology input.

Research and Development (R&D) refers to systema-tic and creative activities in the field of science and technology aiming at increasing the knowledge and using the knowledge for new application. R&D includes 3 categories of activities: basic research, applied research and experimentation for development. The scale and intensity of R&D are widely used internationally to reflect the strength of S&T and the core competitiveness of a country in the world.

Basic Research refers to experimental or theoretical work undertaken primarily to acquire new knowledge of the underlying foundations of phenomena and observable facts, without any particular application or use in view. Basic research usually formulates hypotheses, theories or laws , and its results are mainly released or disseminated in the form of scientific papers or monographs or research reports.

Applied Research refers to original investigation undertaken in order to acquire new knowledge. It is directed primarily towards a specific, practical aim or objective. Purpose of the applied research is to identify the possible uses of results from basic research, or to explore new (fundamental) methods or new approaches. Results of applied research are expressed in the form of scientific papers, monographs, fundamental models or invention patents.

Experimental Development refers to systematic work, drawing on knowledge gained from research and practical experience and producing additional knowledge, which is directed to producing new products or processes or to improving existing products or processes. Results of experimental development activities are embodied in patents, exclusive technology, and monotype of new products or equipment.

Product Innovation refers to the introduction of new or significantly improved products by enterprises. The innovation should be reflected by the functions or features of the products, including improvement on technical specifications, materials, parts, user-friendliness etc. Simple appearance change or other subtle changes are not included, neither is direct reselling. The product must be new to the enterprise, but it is not necessarily new to other enterprises or the whole market.

The products here cover both goods and services. Examples of innovation on goods include new energy vehicles and mobile phones with new functions; examples of innovation on services include new warranty service, such as significantly extended new warranty period of products.

Process Innovation refers to the implementation of new or significantly improved production methods, process equipments or supporting activities by enterprises. The innovation should be reflected by technology, equipment or process. It must be new to the enterprise, but it is not necessarily new to other enterprises or the whole market. Simple change of organization and management mode is not included. Supporting activities cover purchase, logistics, account and compute activities.

Organizational (management) Innovation refers to the adoption of a completely new organizational management mode, which has never been used before. It mainly involves the business model, organizational structure or external relations of enterprises. It does not include pure mergers or acquisitions. Organizational (management) innovation should be the result of strategic decision-making of enterprise management. The term "new" here means that it must be new to the enterprise, but not necessarily new to other enterprises or the whole market.

Marketing Innovation refers to the implementation of completely new marketing concepts or marketing strategies that have never been used before. It mainly involves product (service) design or packaging, product (service) promotion, product (service) sales channels, product (service) pricing and so on. It does not include seasonal, cyclical and other conventional marketing changes. The term "new" here means that it must be new to the enterprise, but not necessarily new to other enterprises or the whole market.

R&D Personnel refer to person of R&D activities units engaged in basic research, applied research, and experimental development at the reference period, including person of directly participating in the three activities above, as well as managment and direct service staff related to R&D activities, such as literature provision, material supply,equipment maintenance staff, it excludes person providing indirect support and ancillary services, such as canteen and security staff.

Full-time Equivalent of R&D Personnel refers to the ratio of working hours actually spent on R&D during a specific reference period (usually a calendar year) divided by the total number of hours conventionally worked in the same period by an individual or by a group. The measurement unit of the ratio is “man-years”. This is an internationally comparable indicator of S&T manpower input.

Expenditure on R&D refers to the real expenditure of surveyed units on their own R&D activities in reporting period. It is divided into current expenditures and gross fixed capital expenditures for R&D according to the nature of expenditure. It doesn’t include the fees transferred to cooperated or entrusted agencies on R&D activities.

Expenditure on R&D from Government Funds refers to the expenditure of funds on R&D activities from government agencies at different levels, including appropriate funds on science and technology from financial departments, and the real expenditure of other fiscal functional funds on R&D activities from government agencies.

Expenditure on R&D from Enterprises funds refers to the expenditure of all kinds of funds on R&D activities from enterprises. In terms of enterprises, it refers to the expenditure of self-raised funds of enterprises, funds from other enterprises through entrustment, loans from financial institutions on R&D activities. In terms of public institutions, such as institution of scientific research and universities, it refers to the expenditure of funds from enterprises through entrustment.

Number of R&D Projects (subjects) R&D Projects (subjects) are the basic forms of R&D activities, The project task, target, personnel and expenditure are usually defined by R&D activity execution unit according to project approval specification or contract document.

Full-time Equivalent of Personnel on R&D Projects (subjects) refers to the full-time equivalent of person actually engaged in R&D projects (subjects).

Expenditure on R&D Projects (subjects) refers to the real expenditure of internal funds of the surveyed units on research and test of R&D projects (subjects) at the reference year, including service fee, other daily expenditure, cost for fixed assets, cost of external process, it excludes expenditure of funds transferred to other cooperated or entrusted units of the projects.

Sales Income of New Products refers to the sales income of new products of the enterprises at the reference period. New products refer to products developed and produced with new technologies and designs or improved in structure, material, process or other aspects so that their performance are improved or their functions expanded. New products include those affirmed by government authorities in their validity period and also those developed by enterprises without the affirmation of government authorities within one year after they are put into production.

Patent is an abbreviation for the patent right and refers to the exclusive right of ownership by the inventors or designers for the creation or inventions, given from the patent offices after due process of assessment and approval in accordance with the Patent Law. Patents are granted for inventions, utility models and designs. This indicator reflects the achievements of S&T and design with independent intellectual property.

Patented Inventions refer to new technical proposals to the products or methods or their modifications. This is universal core indicator reflecting the technologies with independent intellectual property.

Patented Utility Models refer to the practical and new technical proposals on the shape and structure of the product or the combination of both. This indicator reflects the condition of technological results with certain technical content.

Designs refer to the aesthetics and industrially applicable new designs for the shape, pattern and colour of the product, or their combinations. This indicator reflects the appearance design achievements with independent intellectual property.

18 文化、体育和卫生

Culture, Sports and Public Health

资料整理人员：蔡冬娥　肖首雄　赵莉淇

18-1 文化事业基本情况
Basic Statistics on Culture

年份 Year	艺术表演团体（个） Art Performance Troupes (unit)	公共图书馆（个） Public Libraries (unit)	博物馆（个） Museums (unit)	图书出版总印数（万册） Number of Books Published (10 000 copies)	杂志出版总印数（万册） Number of Magazines Published (10 000 copies)	报纸出版总印数（万份） Number of Newspapers Published (10 000 copies)	广播人口覆盖率（%） Listener Rating (%)	电视人口覆盖率（%） Viewer Rating (%)
1949	53	1						
1950	53	1						
1951	75	1	1	484	43			
1952	90	1	1	1647	245	5785		
1953	108	2	1	1489	40	4719		
1954	113	2	1	1976	6	4503		
1955	111	3	1	2671	52	5402		
1956	114	13	2	3237	116	6851		
1957	116	15	3	3610	169	6530		
1958	118	35	4	9591	371	19317		
1959	137	36	7	8326	678	25253		
1960	134	53	9	6347	402	33318		
1961	135	46	9	4190	165	9024		
1962	136	34	9	3298	150	6983		
1963	144	30	10	3950	172	6771		
1964	143	29	12	5889	228	15911		
1965	134	43	11	7563	211	17000		
1966	131	42	12	12797	271	20571		
1967	137	35	15	12074		12054		
1968	124	35	17	8811		15185		
1969	104	26	18	6551		10694		
1970	106	25	19	15149		10028		
1971	119	28	20	7886	293	10799		
1972	137	42	15	10072	515	20134		
1973	134	40	20	11340	1056	31744		
1974	136	49	18	12170	1226	33662		
1975	137	40	17	15181	1656	33861		
1976	137	72	19	9457	10239	38363		
1977	137	74	20	14588	822	36931		
1978	141	72	19	16479	1296	31921		
1979	137	76	20	16685	1372	33685		
1980	138	77	22	21745	1169	34801		
1981	140	85	19	28012	1437	33070		
1982	139	91	13	30514	1656	36050		
1983	137	98	15	30013	1925	52655		
1984	126	101	19	30240	3019	63653		
1985	115	110	31	35629	5944	67727	50.3	75.1

18-1 续表 Continued

年份 Year	艺术表演团体 (个) Art Performance Troupes (unit)	公共图书馆 (个) Public Libraries (unit)	博物馆 (个) Museums (unit)	图书出版总印数 (万册) Number of Books Published (10 000 copies)	杂志出版总印数 (万册) Number of Magazines Published (10 000 copies)	报纸出版总印数 (万份) Number of Newspapers Published (10 000 copies)	广播人口覆盖率 (%) Listener Rating (%)	电视人口覆盖率 (%) Viewer Rating (%)
1986	108	113	31	30202	5437	62209	50.3	78.0
1987	107	113	38	33376	6632	72898	54.0	85.0
1988	96	114	42	37715	6556	71960	54.8	86.5
1989	91	116	43	35055	5235	47146	54.8	86.5
1990	91	116	42	32134	5226	51749	54.8	86.5
1991	89	116	50	35085	6430	60658	54.8	86.9
1992	90	116	51	36436	7002	67890	54.8	86.9
1993	89	116	54	33503	8022	73754	54.8	86.9
1994	89	116	55	29597	7400	57718	54.8	86.9
1995	89	116	57	33677	7768	62425	54.8	86.9
1996	88	115	60	39393	7844	63585	68.5	88.1
1997	86	115	67	37494	7686	68726	78.6	87.7
1998	88	115	68	36582	8920	75879	79.1	88.2
1999	88	115	68	30765	12437	84995	81.1	90.4
2000	91	115	71	24844	10504	83467	81.5	91.4
2001	87	115	72	23808	10051	92273	81.6	91.7
2002	87	115	74	32600	11207	95198	81.7	91.8
2003	86	115	73	29556	12577	113514	81.8	91.9
2004	91	115	71	30525	19133	104165	82.1	92.1
2005	91	120	73	33238	11708	106428	82.5	92.4
2006	93	120	73	27946	9957	103489	88.4	94.0
2007	96	120	73	31310	8849	110207	89.0	94.7
2008	98	120	74	29103	9063	104235	91.1	95.7
2009	110	120	75	26192	11373	126346	91.7	96.1
2010	201	124	81	31153	12762	129101	92.0	96.4
2011	114	130	85	34528	12584	122640	92.6	96.8
2012	141	136	95	36290	12680	131889	93.0	97.2
2013	227	136	103	35803	12991	134113	93.3	97.4
2014	271	136	109	42194	13442	136738	93.5	97.5
2015	273	137	113	48545	14099	133554	94.1	98.0
2016	439	137	115	51704	13966	98425	94.7	98.3
2017	534	139	120	45901	11684	92912	98.5	99.3
2018	510	140	121	45340	8768	85143	99.0	99.6
2019	575	141	117	48747	9451	79440	99.4	99.7
2020	631	143	122				99.4	99.7

注：2010 年起，艺术表演团体含民间职业剧团，此前为文化部门专业剧团数据。

From 2010, arts performance troupes included folk troupes. And before that, arts performance troupes included professional troupes of cultural department only.

18–2 文化和旅游机构及人员(2020年)
Cultural and Tourism Organizations and Personnel (2020)

类 别	Item	合 计 Total		文化和旅游部门 Ministry of Culture and Tourism		其他部门 Other Department	
		机构（个）Institutions (unit)	人员（人）Personnel (person)	机构（个）Institutions (unit)	人员（人）Personnel (person)	机构（个）Institutions (unit)	人员（人）Personnel (person)
总计	**Total**	**14287**	**147369**	**3323**	**31075**	**10964**	**116294**
艺术表演团体	Art Performance Troupes	631	15987	96	3974	535	12013
艺术表演场馆	Art Performance Places	119	2790	55	948	55	1842
公共图书馆	Public Libraries	143	2066	143	2066		
文化馆	Cultural Centers	146	2088	146	2088		
文化站	Cultural Stations	2233	6876	2233	6876		
其中：乡镇综合文化站	Cultural Stations in Townships	1896	5853	1896	5853		
艺术展览创作机构	Art Exhibition & Authoring Institutions	37	187	37	187		
文化和旅游部门教育机构	Culture and Tourism Sector Educational Institutions	4	785	4	785		
文化和旅游科研机构	Cultural and Tourism Research Institutes	7	90	7	90		
文化市场经营机构	Cultural Marketing Institutions	9006	58552			9006	58552
文化和旅游行政部门	Culture and Tourism Administration	141	5952	141	5952		
其他文化和旅游机构	Others	192	4122	191	3806	1	316

18–3 艺术业机构和人员
Art Institutions and Personnel

类 别	Item	2019		2020	
		机构（个）Institutions (unit)	人员（人）Personnel (person)	机构（个）Institutions (unit)	人员（人）Personnel (person)
艺术表演团体	**Art Performance Troupes**	**575**	**12502**	**631**	**15987**
话剧、儿童剧、滑稽剧类	Drama,Children's Play and Comedy Troupes	58	885	5	300
歌舞团、音乐类	Song and Dance Troupe, Music	119	3022	172	4601
京剧、昆曲类	Beijing Opera,Kunqu Opera	3	175	5	292
地方戏曲类	Local Opera	123	3722	241	5623
曲艺类	Folk Arts	19	498	16	397
杂技、魔术、马戏类	Acrobatics, Magic and Circus	2	110	4	121
综合性艺术表演团体	Comprehensive Performing Arts Groups	251	4090	188	4653
艺术表演场馆	**Art Performance Places(Theaters and Music Halls)**	**119**	**4114**	**110**	**2790**
文化和旅游部门教育机构	**Culture and Tourism Sector Educational Institutions**	**4**	**739**	**4**	**785**
文化和旅游科研机构	**Cultural and Tourism Research Institutes**	**8**	**94**	**7**	**90**

18–4 出版发行、文物、图书馆、群众文化业机构人员(2020年)
Number of Institutions and Personnel in Publishing and Distribution, Cultural Relics, Libraries and Mass Culture (2020)

类别	Item	合计 Total		文化部门 Culture Department		其他部门 Other Department	
		机构（个）Institutions (unit)	人员（人）Personnel (person)	机构（个）Institutions (unit)	人员（人）Personnel (person)	机构（个）Institutions (unit)	人员（人）Personnel (person)
出版发行事业	**Publishing and Distribution**						
图　书	Books Published						
报　纸	Newspaper Published						
杂　志	Magazines Published						
音像出版（不含电子出版权）	Audio-visual Publishing (Excluding Electronic Publishing Rights)						
音像电子出版（含两个出版权）	Audiovisual Electronic Publishing (Including Two Publishing Rights)						
复制	Copy						
出版物印刷	Publicationto Print						
发行（邮政不计入）	Distribution(Posta Service Excluded)						
印刷物质供销	Print Materiat Supply and Marketing						
文物事业	**Cultural Relics**	**280**	**4905**	**270**	**4303**	**10**	**602**
文物保护管理机构	Protection and Management Agencies	50	681	50	681		
博物馆	Museums	122	3245	112	2643	10	602
文物科研机构	Relics Scientific Research Institutions	7	207	7	207		
文物行政部门	Cultural Heritage Administration Department	95	756	95	756		
其他文物机构	Others	6	16	6	16		
图书馆事业	**Libraries**	**143**	**2066**	**143**	**2066**		
群众文化服务	**Mass Culture**	**2379**	**8964**	**2379**	**8964**		
文化馆	Cultural Centers	146	2088	146	2088		
文化站	Cultural Stations	2233	6876	2233	6876		

注：文物保护管理机构的人员包含文物行政主管机关中文物事业编制的人员。
Protection and management agencies include administrative departments and other agencies.

18-5 图书、杂志、报纸出版情况

Statistics on Books, Magazines and Newspapers Published

年份 Year	图 书 Books Published			杂 志 Magazines Published			报 纸 Newspaper Published		
	种数（种）Number of Publica-tions(kind)	总印数（万册）Printed Copies (10 000 copies)	总印张（亿印张）Printed Sheets (100 million sheets)	种数（种）Number of Publica-tions(kind)	总印数（万册）Printed Copies (10 000 copies)	总印张（亿印张）Printed Sheets(100 million sheets)	种数（种）Number of Publica-tions(kind)	总印数（万份）Printed Copies (10 000 copies)	总印张（亿印张）Printed Sheets (100 million sheets)
1995	2357	33677	14.90	208	7768	1.75	63	62425	6.90
2000	3156	24844	12.37	244	10504	2.11	95	83467	12.75
2001	3346	23808	12.70	251	10051	2.27	109	92273	18.65
2002	3504	32600	18.10	263	11207	2.66	109	95198	21.59
2003	3702	29556	16.80	269	12577	3.20	106	113514	31.50
2004	3896	30525	16.11	247	19133	3.96	86	104165	34.60
2005	4068	33238	17.99	233	11708	4.20	88	106428	34.87
2006	4163	27946	15.96	244	9957	3.35	61	103489	38.06
2007	4354	31310	17.39	237	8849	3.72	85	110207	38.77
2008	5095	28094	18.72	235	9063	3.52	84	104235	40.14
2009	5938	26192	17.22	240	11508	5.45	86	126807	45.02
2010	7396	31153	18.71	247	12762	5.82	88	129101	54.52
2011	9949	34528	22.40	248	12584	5.63	87	122640	46.11
2012	10823	36290	24.10	248	12680	5.59	87	131889	52.57
2013	11418	35803	24.67	247	12991	2.66	86	134113	52.70
2014	10931	42194	29.89	247	13442	6.28	48	136738	51.45
2015	11364	48545	37.66	248	14099	6.86	48	133554	47.86
2016	12618	51704	39.32	250	13966	6.41	48	98425	28.30
2017	12219	45901	38.48	253	11684	5.44	48	92913	23.38
2018	9805	45340	39.44	253	8768	4.33	48	84801	20.64
2019	10397	48747	41.38	254	9451	4.70	47	79440	18.98
2020									

注：图书种数不包括租型图书。The total collection books excludes the books for rental.

18-6 广播、电视事业情况

Statistics on Broadcasting and Television Stations

项 目	Item	2000	2010	2019	2020
广播电视从业人员（万人）	**Number of Employees of Broadcasting and Television (10 000 persons)**	**2.32**	**3.30**	**4.86**	**4.79**
广播电视台（座）	**Radio and Television Station (set)**			**101**	**104**
广播	**Broadcasting**				
广播电台数（座）	Number of Broadcasting Stations (set)	11	13	2	
广播电台节目套数（套）	Number of Broadcasting Program (set)	53	97	115	120
平均每日公共广播节目播出时间（小时）	Public Service Broadcasting Hours Per Day (hour)	483	917	1326	1441
中、短波转播发射台数（座）	Transmission and Relaying Stations of Medium and Short Ware Broad Cast (set)	25	25	20	18
中、短波发射机（部）	Medium Wave and Short Wave Broadcast Transmitters (set)	36	46	60	54
中、短波发射机功率（千瓦）	Power of Medium and Short Wave Broadcast Transmitters (kw)	579	591	548	542
覆盖率（%）	Listener-coverage Rate (%)	81.46	91.99	99.36	99.37
电视	**Television**				
电视台数（座）	Number of Television Stations (set)	16	15	7	4
电视节目套数（套）	Number of Television Program (set)	33	139	138	144
平均公共电视节目每周播出时间（小时）	Public Serrice Television Hours Per Week (hour)	2338	13740	14694	15053
调频、电视转播发射台（座）	FM and TV Transmitting Station (set)	542	195	215	134
电视发射机（部）	Television Transmitters (set)	720	403	483	393
电视发射机功率（千瓦）	Power of Television Transmitters (kw)	291.00	434.37	556.40	368.07
覆盖率（%）	Viewer-coverage Rate (%)	91.38	96.43	99.72	99.74

注：1. 根据国家广电总局修订的《广播电视和网络视听统计调查制度》，2019 年起，广播电台、电视台以呼号编码进行区分。

2. 2020 年报专门对调频、电视转播发射台情况进行了调查，按实际地址进行计算。

a. According to the Radio, Television and Internet Audio-visual Survey System, revised by the State Administration of Press, Publication, Radio, Film and Television (SARFT), starting in 2019.

b. The 2020 annual report specifically investigated the situation of FM and TV transmission stations, and calculated according to the actual address.

18-7 卫生事业基本情况

Basic Statistics on Health Institutions

年份 Year	卫生机构数（个） Number of Health Institutions (unit)	#医院、卫生院 Hospitals	卫生机构床位数（万床） Number of Beds in Health Institution (10 000 beds)	#医院、卫生院 Hospitals	卫生技术人员数（万人） Medical Technical Personnel (10 000 persons)	#医生 Doctors	每千人口拥有 Per 1000 Persons 床位数（张） Number of Beds (bed)	每千人口拥有 Per 1000 Persons 执业（助理）医师数（人） Number of Professional (Assistant) Doctors (person)
1949	239	113	0.39	0.27	1.69	1.48	0.13	0.50
1950	264	123	0.39	0.28	1.67	1.48	0.13	0.48
1951	443	130	0.52	0.39	1.81	1.52	0.16	0.48
1952	2531	149	0.64	0.48	2.39	1.67	0.20	0.51
1953	3209	153	0.64	0.48	2.79	1.82	0.19	0.54
1954	3966	164	0.65	0.48	3.70	2.19	0.19	0.64
1955	4587	176	0.69	0.51	4.37	2.69	0.20	0.78
1956	7741	235	0.87	0.61	5.22	2.73	0.25	0.78
1957	8079	330	1.04	0.67	5.53	2.83	0.29	0.79
1958	12705	5307	5.00	1.75	6.44	3.04	1.36	0.83
1959	22495	5370	4.95	1.66	6.76	3.24	1.34	0.88
1960	21987	4289	5.01	2.35	6.97	3.29	1.40	0.92
1961	18517	3390	4.12	2.44	7.08	3.43	1.17	0.98
1962	12118	416	2.67	2.25	6.29	3.33	0.74	0.93
1963	11613	388	2.63	2.29	6.39	3.34	0.71	0.90
1964	11240	395	2.88	2.28	6.24	3.31	0.76	0.87
1965	11124	484	3.11	2.44	6.28	3.34	0.80	0.86
1966	10424	1014	3.68	2.69	6.29	3.24	0.92	0.81
1967	6285	3983	4.06	2.55	6.11	3.11	0.99	0.75
1968	6161	3945	4.27	2.45	6.25	3.31	1.01	0.78
1969	6144	4026	4.62	2.52	6.29	3.36	1.06	0.77
1970	7056	4447	5.83	3.31	6.54	3.54	1.30	0.79
1971	7042	4280	6.63	3.73	7.10	3.62	1.44	0.79
1972	7372	4264	7.28	4.96	7.95	3.72	1.55	0.79
1973	7898	4309	7.93	3.75	8.53	4.14	1.65	0.86
1974	8239	4340	8.67	4.02	9.26	4.43	1.77	0.90
1975	8707	4365	9.36	4.34	10.04	4.85	1.88	0.97
1976	8987	4383	9.88	4.45	10.73	5.23	1.95	1.03
1977	9259	4397	10.49	5.25	11.20	5.23	2.05	1.02
1978	9477	4374	11.14	5.52	11.54	5.38	2.16	1.04
1979	9753	4387	11.56	5.93	12.54	5.80	2.21	1.11
1980	9871	4402	11.58	6.05	13.16	5.88	2.19	1.11
1981	10222	4375	11.26	6.11	13.96	6.20	2.10	1.16
1982	10262	4334	11.41	6.28	14.29	6.40	2.09	1.17
1983	10324	4335	11.54	6.45	14.84	6.59	2.10	1.20
1984	10507	4357	11.80	6.75	15.26	6.76	2.12	1.22
1985	10552	4226	11.93	6.97	15.54	6.90	2.12	1.23

18-7 续表 Continued

年份 Year	卫生机构数（个）Number of Health Institutions (unit)	#医院、卫生院 Hospitals	卫生机构床位数（万床）Number of Beds in Health Institution (10 000 beds)	#医院、卫生院 Hospitals	卫生技术人员数（万人）Medical Technical Personnel (10 000 persons)	#医生 Doctors	每千人口拥有 Per 1000 Persons 床位数（张）Number of Beds (bed)	执业（助理）医师数（人）Number of Professional (Assistant) Doctors (person)
1986	10352	4112	12.22	7.35	15.81	6.91	2.15	1.21
1987	10392	4132	12.69	7.76	16.28	7.06	2.20	1.22
1988	10376	4114	12.93	8.12	16.89	7.83	2.19	1.32
1989	10492	4197	13.16	8.32	17.27	8.15	2.19	1.36
1990	10552	4191	13.36	8.48	17.63	8.26	2.19	1.35
1991	10557	4219	13.52	8.67	17.81	8.17	2.19	1.33
1992	10579	4229	13.65	8.85	18.29	8.23	2.20	1.43
1993	9604	4187	13.64	9.03	18.38	8.13	2.18	1.30
1994	9931	4314	13.42	8.92	18.98	8.39	2.13	1.33
1995	9137	3879	13.52	9.04	19.25	8.46	2.13	1.33
1996	9031	3423	13.36	9.08	20.22	9.57	2.08	1.41
1997	9177	3349	13.47	9.24	20.56	10.61	2.08	1.64
1998	9711	3318	13.43	9.28	21.25	9.32	2.07	1.43
1999	4259	3359	14.00	13.46	19.50	8.00	2.23	1.29
2000	4286	3339	14.34	13.21	19.88	8.80	2.19	1.35
2001	4205	3335	14.62	13.43	19.89	8.90	2.20	1.35
2002	4272	3332	14.00	13.00	19.00	8.00	2.16	1.19
2003	4016	3348	14.49	13.00	18.95	7.90	2.18	1.20
2004	4039	3340	14.79	13.70	18.89	7.90	2.21	1.19
2005	4097	3324	15.22	14.16	18.94	7.99	2.26	1.19
2006	4082	3242	16.02	14.97	19.00	8.05	2.37	1.19
2007	14521	3165	17.24	16.17	22.06	9.25	2.53	1.35
2008	14455	3111	18.79	17.47	23.21	9.63	2.75	1.41
2009	14374	3103	21.20	19.73	24.81	10.07	3.07	1.46
2010	14175	3066	23.33	21.59	26.26	10.42	3.29	1.47
2011	14266	3096	26.14	24.20	27.55	10.59	3.96	1.61
2012	14225	3092	29.44	26.78	29.71	11.67	4.43	1.76
2013	17364	3226	31.70	29.25	32.34	12.74	4.74	1.91
2014	16872	3318	35.55	33.05	34.14	13.34	5.28	1.98
2015	17824	3470	39.65	36.85	37.08	15.08	5.84	2.22
2016	16717	3534	42.81	39.56	39.27	16.07	6.28	2.36
2017	16500	3542	45.22	41.99	41.56	17.31	6.59	2.52
2018	16262	3764	48.46	45.02	43.76	18.10	7.02	2.62
2019	57232	3789	50.63	47.07	50.24	19.05	7.32	2.75
2020	56042	3796	51.98	48.43	50.00	19.04	7.82	2.87

注：1. 2002 年及以后卫生机构数为登记注册数，医生系执业（助理）医师数。机构数不含村卫生室。

2. 2007 年起卫生部网络直报数据包含了诊所、医务室、卫生所、社区服务站；而 2007 年以前是没有包括的。

3. 2019 年起卫生机构数为登记注册数，机构数包含村卫生室。

a. Number of health institutions since 2002 are the number of registeration, doctors refer to the certified (assistant) doctors.

b. The Direct Network Report from the Ministry of Health data includes outpatient departments, medical stations clinics, health service centers since 2007. But before 2007, has not included.

c.Since 2019, the number of health institutions has been registered, including village clinics.

18-8 各类卫生机构、床位和人员 (2020年)

项　目	Item	机　构（个）Number of Institutions (unit)	床位数（张）Number of Reality Beds (bed)
总　计	**Total**	**56042**	**519831**
医院	Hospitals	1649	376745
综合医院	General Hospitals	857	232846
中医医院	Hospitals of Chinese Medicine	197	63520
中西医结合医院	Hospitals Which Integrate Traditional Chinese Therapeutics with Western Therapeutics	37	3406
民族医院	National Hospitals	1	40
专科医院	Specialized Hospitals	545	76011
口腔医院	Hospitals for Oral Cavity Diseases	55	1095
眼科医院	Ophthalmology Hospitals	60	3038
耳鼻喉科医院	Otorhinolaryngology Hospitals	10	622
肿瘤医院	Tumor Hospitals	8	3651
心血管病医院	Cardiovascular Hospitals	4	563
妇产（科）医院	Hospitals for Maternity and Child Care	37	2729
儿童医院	Children's Hospitals	4	1868
精神病医院	Mental Hospitals	104	37836
传染病医院	Hospitals for Infectious Diseases	1	466
皮肤病医院	Hospitals for Occupational Diseases	14	481
结核病医院	Tuberculosis Hospitals	1	896
骨科医院	Orthopaedics Hospitals	35	3389
康复医院	Rehabilitation Hospitals	50	8542
整形外科医院	Plastic Hospitals	2	30
美容医院	Cosmetic Hospitals	22	477
其他专科医院	Other Specialized Hospitals	138	10328
社区卫生服务中心（站）	Health Service Center and Station for Community	831	16348
卫生院	Health Centers	2147	107525
村卫生室	The Village Health Room	38109	
门诊部	Clinics	693	399
诊所、卫生所、医务室	Outpatient Departments, Clinics and Medical Stations	12016	
疾病预防控制中心	Disease Prevention & Control Centers	145	
专科疾病防治院（所、站）	Specialized Disease Prevention and Treatment Institute	82	4432
健康教育所（站、中心）	Health Education Centers	1	
妇幼保健院（所、站）	Maternity and Child Care Centers	137	14173
急救中心（站）	First-aid Stations	3	10
采供血机构	Institutions for Collection and Supply of Blood	16	
卫生监督所（中心）	Medical Supervision Institutes	132	
其他卫生机构	Other Health Care Institutions	60	199

Health Care Institutions, Beds and Personnel by Type (2020)

卫生工作人员（人）Health Personnel (person)	#卫生技术人员 Medical Technical Personnel	执业（助理）医师 Professional (Assistant) Doctors	执业医师 Doctors	注册护士 Senior Nurse & Nurse	药师（士）Pharmacist	技师（士）Laboratory Technician	其他 Others
616502	**500013**	**190441**	**148749**	**237042**	**21491**	**24391**	**26648**
361174	305583	99321	91137	164880	13225	15190	12967
240277	206746	67317	62544	113127	7977	10205	8120
63478	54910	18586	17297	27708	3479	2747	2390
3258	2572	865	651	1383	138	143	43
34	27	11	5	10	1	5	
53708	41117	12455	10574	22550	1620	2081	2411
3355	2592	1026	846	1394	25	63	84
4878	3076	939	763	1677	100	142	218
553	441	146	112	230	22	27	16
3453	2928	913	889	1530	164	236	85
554	471	159	150	255	27	24	6
4008	3235	1091	944	1712	85	175	172
2260	2004	555	544	1134	80	82	153
14130	10733	2973	2536	6342	465	449	504
513	408	110	107	226	27	41	4
511	413	137	107	198	32	24	22
581	476	151	151	257	16	41	11
2868	2224	657	484	1103	87	133	244
4956	3731	1111	912	1866	143	183	428
174	140	49	41	82	5	4	
1574	873	294	258	489	33	26	31
9340	7372	2144	1730	4055	309	431	433
23521	20540	8537	6191	8680	1239	892	1192
95070	82448	35373	18913	31308	5007	4099	6661
48201	14715	12841	3381	1874			
7507	6059	2920	2409	2715	147	167	110
30954	29653	16742	13973	11410	620	135	746
9518	6967	3411	2886	948	215	1515	878
3997	3100	1317	895	1282	137	215	149
5	1			1			
30063	25860	9615	8684	12632	884	1764	965
83	57	21	21	36			
1629	1220	120	85	789	5	270	36
3556	2890						2890
1138	858	188	158	473	8	141	48

18–9 医疗机构运营情况 (2020年)
Basic Statistics of Operation on Health Care Institutions (2020)

类别	Item	诊疗人次（人次）Number of Patients Treated (person-time)	#门诊、急诊人次 Out-patients and Emergency Patients	病床周转次数（次）Turn Over of Beds (time)	病床工作日（天）Days Per Bed in Use (day)	病床使用率（%）Utilization Rate of Beds (%)
总 计	**Total**	**267426985**	**249813358**	**30.3**	**266.6**	**72.8**
医院	**Hospitals**	**104079800**	**99911464**	**28.5**	**278.9**	**76.2**
综合医院	General Hospitals	75513051	72690949	32.2	277.7	75.9
中医医院	Hospitals of Chinese Medicine	17127644	16575012	30.8	292.3	79.9
中西医结合医院	Hospitals Which Integrate Traditional Chinese Therapeutics with Western Therapeutics	685518	614748	22.9	197.4	53.9
民族医院	National Hospitals	8441	8441	32.0	196.7	53.7
专科医院	Specialized Hospitals	10729119	10007797	14.9	276.7	75.6
口腔医院	Hospitals for Oral Cavity Diseases	1102020	1091152	25.7	203.5	55.6
眼科医院	Ophthalmology Hospitals	1679974	1584972	39.4	148.7	40.6
耳鼻喉科医院	Otorhinolaryngology Hospitals	74298	67964	21.7	173.8	47.5
肿瘤医院	Tumor Hospitals	624195	610879	43.3	365.7	99.9
心血管病医院	Cardiovascular Hospitals	202132	195815	28.2	258.7	70.7
妇产（科）医院	Hospitals for Maternity and Child Care	593685	566331	20.8	161.3	44.1
儿童医院	Children's Hospitals	1525476	1525476	34.2	270.6	73.9
精神病医院	Mental Hospitals	1879361	1727793	6.0	323.7	88.4
传染病医院	Hospitals for Infectious Diseases	80214	76441	18.3	383.1	104.7
皮肤病医院	Hospitals for Occupational Diseases	79743	72564	18.9	166.9	45.6
结核病医院	Tuberculosis Hospitals	84938	74884	34.7	450.2	123.0
骨科医院	Orthopaedics Hospitals	392806	375684	20.1	229.7	62.8
康复医院	Rehabilitation Hospitals	406648	313538	9.9	245.5	67.1
整形外科医院	Plastic Hospitals	11410	11410	33.1	203.3	55.6
美容医院	Cosmetic Hospitals	360144	352933	42.2	111.3	30.4
其他专科医院	Other Specialized Hospitals	1632075	1359961	22.2	170.0	46.5
护理院	Nursing Home	16027	14517	12.1	125.8	34.4
社区卫生服务中心（站）	**Health Service Center for Community**	**16922129**	**15504421**	**24.4**	**195.6**	**53.4**
卫生院	**Health Centers**	**48336556**	**44042663**	**36.3**	**236.8**	**64.7**
村卫生室	**The Village Health Room**	**56033897**	**49317216**			
门诊部	**Clinics**	**2139445**	**1785806**			
妇幼保健院（所、站）	**Maternity and Child Care Centers**	**12394740**	**12241466**	**43.2**	**234.9**	**64.2**
专科疾病防治院（所、站）	**Specialized Disease Prevention and Treatment Institute**	**719241**	**618403**	**17.2**	**279.8**	**76.5**

18-10 诊所、卫生所、医务室基本情况(2020年)
Statistics on Clinics, Health Service Stations and Health Center (2020)

项 目		Item		诊 所 Clinics	医务室、卫生所 Health Center and Health-room、Health Service Stations for Community
机构总数	**(个)**	**Number of Institutions**	**(unit)**	**10505**	**1511**
总人员数	**(人)**	**Number of Personnel**	**(person)**	**26804**	**4150**
卫生技术人员		Medical Technical Personnel		25644	4009
执业(助理)医师		Professional (Assistant) Doctors		14515	2227
执业医师		Doctors		12245	1728
注册护士		Registered Nurse		9865	1545
药剂师(士)		Pharmacist		535	85
技师(士)		Skilled Technician		110	25
#检验人员		#Laboratory Technician		65	17
其他		Others		619	127
工勤技能人员		Logistic Personnel		325	29
总收入	**(万元)**	**Annual Income**	**(10 000 yuan)**	**203387.5**	**19729.1**
总支出	**(万元)**	**Annual Expenditure**	**(10 000 yuan)**	**161798.3**	**17972.0**
诊疗人次数	**(万人次)**	**Number of Visits**	**(10 000 person-times)**	**2324.74**	**348.67**

18-11 村卫生室基本情况(2020年)
Statistics on Village Health Center (2020)

项 目		Item		合计 Total	按主办单位分 Grouped by Organizers				
					村办 Village	乡医院设点 Township	联合办 Combine	私人办 Private	其他 Other
机构数	(个)	Number of Institutions	(unit)	38109	25440	1732	915	6601	3421
执业(助理)医师	(人)	Number of Doctors and Assistant Doctors	(person)	12841	9518		176	2007	1140
注册护士	(人)	Registered Nurses	(Person)	1874	1179		20	490	185
乡村医生和卫生员	(人)	Number of Village Doctors & Assistants	(person)	33486	23559	1305	499	5553	2570
#乡村医生		#Number of Village Doctors		31600	22258	1224	462	5263	2393
卫生员		Health Professional		1886	1301	81	37	290	177
总收入	(万元)	Annual Income	(10 000 yuan)	220771.0	149110.1	9716.9	3299.2	39380.1	19264.8
总支出	(万元)	Annual Expenditure	(10 000 yuan)	162259.5	110944.2	7276.4	2264.7	28023.7	13750.5
诊疗人次数	(万人次)	Number of Children Vaccinate	(10 000 person-times)	5603.39	3838.37	188.34	86.27	966.71	523.70

18-12 体育事业情况
Statistics on Sports

项 目	Item	2000	2010	2019	2020
体育系统从业人数 （人）	**Staff and Workers in Sports Commissions (person)**	**5303**	**5341**	**5798**	**5559**
体育场地数 （个）	**Stadiums (unit)**	**37**	**24216**	**118506**	**149461**
体育馆 （个）	**Gymnasiums (unit)**	**55**	**186**	**263**	**283**
游泳跳水场（馆） （个）	**Swimming and Diving (Pavilion) (unit)**	**111**	**180**	**675**	**784**
举办县级以上运动会 （次）	**Number of Sports Meets Above County Level (time)**	**1705**	**436**	**594**	**208**
等级运动员发展人数 （人）	**Number of Athletes in Grades (person)**	**5175**	**1295**	**2767**	**1833**
#国际级运动健将	# International Master of Sports	2	2		1
国家级运动健将	National Master of Sports	31	17	42	45
一 级	First Grade Sportsmen	13	277	497	446
二 级	Second Grade Sportsmen	890	998	2174	1335
三 级	Third Grade Sportsmen	2191			
少年级	Juvenile Grade Sportsmen	2048			
等级裁判员发展人数 （人）	**Number of Referees in Grades (person)**	**4173**	**2901**	**7758**	**6608**
#国家级裁判员	# National Referees	21	33		
打破纪录情况 （人／次／项）	**Basic Situation of Records Chalked Up (person/time/event)**				
#世界纪录	# World Records	3/1/5	2/3/3	4/11/11	
亚洲纪录	Asia Records		2/3/3	1/1/1	
全国纪录	National Records	1/1/1	36892	4/8/8	2/4/2
获奖情况 （枚）	**Basic Situation of Medallion Won (piece)**				
参加全国比赛获奖	National Competitions			247	103
#金 牌	# Gold-plate	32	44	82	34
银 牌	Silver-plate	36	21	75	40
铜 牌	Copper-plate	36	52	90	29
参加国际比赛获奖	International Competitions			48	
#金 牌	# Gold-plate	12	22	22	
银 牌	Silver-plate	7	12	18	
铜 牌	Copper-plate	6	6	8	

注：1. 参加全国比赛指参加全国性的成人竞技比赛。参加国际比赛指参加世界锦标赛、世界杯赛、奥运会、亚洲锦标赛和亚运会。

2. 奖牌数包括我省运动员参加国家队集体项目所得的奖牌。

3. 从 2002 年起，等级运动员不含三级和少年级运动员。

a. National games refer to nation-wide adult athletics. International games include the world championship, the world cup, the Olympics,the Asia championship and the Asian Games.

b. The number of medals includes that of medals won by athletes of our province in national collective events.

c. The number of athletes in grades excludes third grade sportsmen and juvenile grade sportsmen since 2002.

主要统计指标解释

广播/电视节目综合人口覆盖率 指根据国家广播电视总局制定的《广播电视人口覆盖率统计技术标准和方法》进行统计调查的，在对象区内能接收到由中央、省、地市或县通过无线、有线或卫星等各种技术方式转播的各级广播/电视节目的人口数占对象区总人口数的百分比。

艺术表演团体 指由文化部门主办或实行行业管理（经文化行政部门审批并领取营业性演出许可证），专门从事表演艺术等活动的各类专业艺术表演团体，含民间职业剧团。不包括群众业余文艺表演团队。

艺术表演场馆 指由文化部门主办或实行行业管理（向文化行政部门备案或领取合资/合作演出场所许可证），有观众席、舞台、灯光设备，公开售票、专供文艺团体演出的文化活动场所。

文化市场经营机构 指经文化市场行政部门审批或备案并领取相关许可或备案文件的、从事文化经营和文化服务活动的机构。

医疗卫生机构 指从卫生（卫生计生）行政部门取得《医疗机构执业许可证》《中医诊所备案证》《计划生育技术服务许可证》，或从民政、工商行政、机构编制管理部门取得法人单位登记证书，为社会提供医疗服务、公共卫生服务或从事医学科研和医学在职培训等工作的单位。医疗卫生机构包括医院、基层医疗卫生机构、专业公共卫生机构、其他医疗卫生机构。

医院 包括综合医院、中医医院、中西医结合医院、民族医院、各类专科医院和护理院，不包括专科疾病防治院、妇幼保健院和疗养院，包括医学院校附属医院。

基层医疗卫生机构 包括社区卫生服务中心、社区卫生服务站、街道卫生院、乡镇卫生院、村卫生室、门诊部、诊所（医务室）。

专业公共卫生机构 包括疾病预防控制中心、专科疾病防治机构、妇幼保健机构（含妇幼保健计划生育服务中心）、健康教育机构、急救中心（站）、采供血机构、卫生监督机构、取得《医疗机构执业许可证》或《计划生育技术服务许可证》的计划生育技术服务机构。

卫生人员 指在医院、基层医疗卫生机构、专业公共卫生机构及其他医疗卫生机构工作的职工，包括卫生技术人员、乡村医生和卫生员、其他技术人员、管理人员和工勤人员。一律按支付年底工资的在岗职工统计，包括各类聘任人员（含合同工）及返聘本单位半年以上人员，不包括临时工、离退休人员、退职人员、离开本单位仍保留劳动关系人员、本单位返聘和临聘不足半年人员。

卫生技术人员 包括执业医师、执业助理医师、注册护士、药师（士）、检验技师（士）、影像技师、卫生监督员和见习医（药、护、技）师（士）等卫生专业人员。不包括从事管理工作的卫生技术人员（如院长、副院长、党委书记等）。

执业医师 指《医师执业证》“级别”为“执业医师”且实际从事医疗、预防保健工作的人员，不包括实际从事管理工作的执业医师。执业医师类别分为临床、中医、口腔和公共卫生四类。

执业助理医师 指《医师执业证》“级别”为“执业助理医师”且实际从事医疗、预防保健工作的人员，不包括实际从事管理工作的执业助理医师。执业助理医师类别分为临床、中医、口腔和公共卫生四类。

每千人口卫生技术人员 每千人口卫生技术人员＝卫生技术人员数／人口数 ×1000。人口数系年末常住人口。

每千人口执业（助理）医师 每千人口执业（助理）医师＝（执业医师数＋执业助理医师数）/ 人口数 ×1000。人口数系年末常住人口。

床位数 指年底固定实有床位（非编制床位），包括正规床、简易床、监护床、超过半年加床、正在消毒和修理床位、因扩建或大修而停用的床位，不包括产科新生儿床、接产室待产床、库存床、观察床、临时加床和病人家属陪待床。

每千人口医疗卫生机构床位 每千人口医疗卫生机构床位＝医疗卫生机构床位数／人口数 ×1000。人口数系年末常住人口。

Explanatory Notes on Main Statistical Indicators

Population Coverage Rate of Radio/Television Programs refers to the percentage of population in the target region who can receive radio/television programmes transmitted by national, provincial, municipal or county stations through wireless, cable or satellite techniques, according to Statistical Standard and Method on Television and Radio Coverage of Population established by the State Administration of Radio and Television.

Arts Performance Troupes refer to the various professional performing arts groups, sponsored by the cultural departments or guided by the cultural societies (approved by the cultural administration authority, or permitted with the commercial performance certificate), including non-public troupes. The mass amateur arts performance troupes are not included.

Arts Performance Venues refer to the various venues for cultural activities, which are sponsored by the cultural departments or guided by the cultural societies (registered in the cultural market administration, or permitted with the cooperative performance certificate), with the facility of auditorium, stage and lighting, and selling tickets to the public.

Institutions of Cultural Market Management refer to the institutions engaged in cultural management and cultural services, with registration and permits certificate and documents from cultural market administration.

Health Care Institutions refer to the units which have been qualified with the Certification of Health Care Institution, filing certificate of traditional Chinese medicine clinic, certification of family planning technical service by the administration of health (family planning), or qualified with the Certification of Corporate Unit by the civil affairs, administration for industry and commerce, and engaging in medical care services, public health services, or medicine research and on-job training, etc., including: hospitals, health care institutions at grass-root level, specialized public health institutions, and other health care institutions.

Hospitals include general hospitals, traditional Chinese medicine hospitals, hospitals of integrated traditional Chinese and western medicine, nationalities hospitals, specialized hospitals and nursing hospitals, as well as affiliated hospitals of medical colleges, excluding specialized disease prevention and treatment institutes, maternal and child health centers and convalescent hospitals.

Health Care Institutions at Grass-root Level include community health service centers, community health service stations, sub-district health centers, township health centers, village clinics, outpatient departments and clinics.

Specialized Public Health Institutions include CDC, specialized disease prevention and treatment institutions, maternal and children health centers (including maternal and children health care and family planning service centers), health education institutions, emergency centers (first-aid stations), blood gathering and supplying institutions, health inspection institutions, and family planning technical service institutions that obtained the Certification of Health Care Institution or certification of family planning technical service.

Health Personnel refer to all employees engaged in the health care institutions, such as hospitals, health care institutions at grass-root level, specialized public health institutions, and other health care institutions, including health technical personnel, village doctors and assistants, other technical personnel, administrative staffs and logistics technical workers. Data are based on the year end payroll, including personnel employed (including contract workers) and re-employed after retirement by the institution for more than 6 months, excluding temporary workers, retired personnel, resigned personnel, personnel who have left the institution but kept the contract relation and personnel who are re-employed after retirement or temporarily employed for less than 6 months.

Health Technical Personnel refer to the professional staff engaged in health care, including licensed physicians and physician assistants, registered nurses, pharmacists, laboratory and imaging technicians, health care supervisors and intern doctors, pharmacists, nurses, and technical personnel, excluding health technical personnel engaged in management (e.g. president, vice president and secretary of the party committee etc).

Licensed Physicians refer to the medical workers with licenses of qualified doctors and are employed in medical treatment, disease prevention or healthcare institutions, excluding the licensed doctors engaged in management. The physicians are divided into 4 categories: clinician, Chinese medicine, stomatology and public health.

Licensed Physician Assistants refer to the medical workers with licenses of qualified assistant doctors and are employed in medical treatment, disease prevention or healthcare institutions, excluding the licensed assistant doctors engaged in management. Physician assistants are divided into 4 categories: clinician, Chinese medicine, stomatology and public health.

Number of Health Technical Personnel per 1000 Population The formula is:

Number of health technical personnel per 1000 population = number of health technical personnel / population *1000

The population refer to permanent population at year-end.

Number of Licensed Physicians & Physician Assistants

per 1000 Population The formula is:

Number of licensed physicians & physician assistants per 1000 population = (number of licensed physicians + number of licensed physician assistants) / population *1000

The population refer to permanent resident population at year-end.

Number of Beds refer to the actual fixed beds (not the authorized beds) at year-end, including regular beds, simple beds, monitoring beds, extra bed over 6 months, beds under disinfection or repairing, beds deactivated due to expansion or overhaul, not including neonatal beds, pre-delivery beds, inventory beds, observation beds, temporary beds and family accompany beds.

Number of Beds of Health Care Institutions per 1000 Population the formula is:

Number of beds of health care institutions per 1000 population = number of beds of health care institutions / population *1000

The population refer to permanent resident population at year-end.

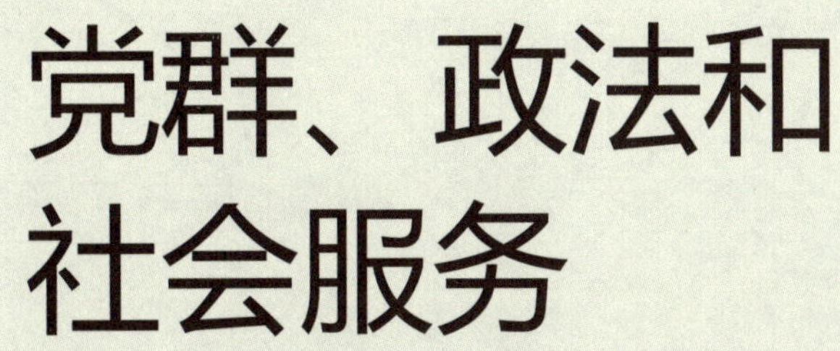

19 党群、政法和社会服务

Party and Mass, Politics and Law, Social Service

资料整理人员：蔡冬娥　　肖首雄　　赵莉淇

19-1 历届省人民代表大会的代表人数
Number of Deputies to All the Previous Provincial People' s Congress

单位：人 (person)

项 目	Item	代表总数 Total Number of All Deputies	#女性代表 Female Deputies	占代表总数（%） As Percentage to Total (%)	#少数民族代表 Deputies From National Minorities	占代表总数（%） As Percentage to Total (%)
第一届（1954）	First Congress (1954)	552	36	6.5	9	1.6
第二届（1958）	Second Congress (1958)	552	36	6.5	9	1.6
第三届（1964）	Third Congress (1964)	662	148	22.4	57	8.6
省革命委员会（1968）	The Provincial Revolutionary Committee (1968)	160				
第五届（1977）	Fifth Congress (1977)	1252	274	21.9	72	5.8
第六届（1983）	Sixth Congress (1983)	988	225	22.8	84	8.5
第七届（1988）	Seventh Congress (1988)	874	210	24.0	78	8.9
第八届（1993）	Eighth Congress (1993)	870	191	22.0	87	10.0
第九届（1997）	Ninth Congress (1997)	763	175	22.9	85	11.1
第十届（2003）	Tenth Congress (2003)	772	149	19.3	82	10.8
第十一届（2007）	Eleventh Congress (2007)	774	149	19.3	82	10.8
第十二届（2012）	Twelfth Congress (2012)	768	130	16.9	83	10.8
第十三届（2018）	Thirteenth Congress (2018)	764	207	27.1	97	12.7

注：1968 年省革命委员会召开了全体委员会议，代表人数为委员人数。
The plenary meeting was held by the provincial revolutionary committee in 1968, and the number of delegates was that of committee members.

19-2 历届省政治协商会议的委员人数
Number of Deputies to All the Previous Provincial People' s Political Consultative Conferences

单位：人 (person)

项 目	Item	委员总数 Total Number of All Deputies	#中国共产党代表 Deputies from the Communist Party of China	占代表总数（%） As Percentage to Total (%)	#少数民族代表 Deputies From National Minorities	占代表总数（%） As Percentage to Total (%)
第一届（1955）	First Congress (1955)	175	39	22.3	6	3.4
第二届（1959）	Second Congress (1959)	396	131	33.1	15	3.8
第三届（1964）	Third Congress (1964)	398	134	33.7	20	5.0
第四届（1977）	Fourth Congress (1977)	500	222	44.4	26	5.2
第五届（1983）	Fifth Congress (1983)	732	270	36.9	38	5.2
第六届（1988）	Sixth Congress (1988)	703	280	39.8	58	8.3
第七届（1993）	Seventh Congress (1993)	724	288	39.8	61	8.4
第八届（1997）	Eighth Congress (1997)	716	280	39.1	70	9.8
第九届（2003）	Ninth Congress (2003)	728	281	38.6	72	10.6
第十届（2007）	Tenth Congress (2007)	750	289	38.5	65	8.7
第十一届（2012）	Eleventh Congress (2012)	749	278	37.1	69	9.2
第十二届（2018）	Twelfth Congress (2018)	751	281	37.4	73	9.7

19–3 工会工作情况
Labor Union Work

项　目	Item	2000	2010	2019	2020
工会基层组织个数　（万个）	Number of Grassroots Unions (10 000 unit)	4.10	9.01	15.95	14.87
工会会员人数　（万人）	Union Membership (10 000 persons)			1218.32	1168.92
其中：女性	# Female			429.04	421.14
已建工会组织的基层单位在岗职工人数　（万人）	Number of Staff and Workers in Grassroots Unions (10 000 persons)	487.00	1067.85	1338.59	1279.00
工会专职干部数　（万人）	Full-time Cadres (10 000 persons)	2.14	4.41	6.58	6.34
已建立职代会制度的单位个数　（万个）	Number of Units Established With Workers Delegating Congress System (10 000 units)	1.34	2.67	15.38	13.97
本年度提出合理化建议　（万件）	Advanced Rationalization Proposals This Year (10 000 pieces)	66.60	17.66	25.34	25.57
实行厂务公开的企业单位（万个）	Implementation of Factory Affairs of the Business Units (10 000 units)			15.23	13.69
签订集体合同的企业单位（万个）	Sign a Collective Contract of the Business Units (10 000 units)			8.54	9.42
建立劳动争议调解组织（万个）	Establish a Labor Dispute Mediation Organizations (10 000 units)			1.96	1.71
建立工会劳动法律监督组织（个）	Number of Units Established With Labor Law Supervisional Organization (unit)	6295	6746	24229	22301

19–4 其他社会福利事业单位机构和人员
Institution and Personnel in Social Welfare and Special Care

项　目	Item	机构数（个） Number of Institutions (unit)		职工人数（人） Staff and Workers (person)	
		2019	2020	2019	2020
福利企业单位	**Social Welfare Institutions and Enterprises**				
假肢厂	Artificial Limb Factories	2	1	133	91
安置农场	Placement Farm	2	2	37	37
救助类社会服务机构	**Relief Type of Social Service Agencies**				
救助管理站	Salvation Management Station	103	103	931	944
流浪儿童救助保护中心	The Centers of Salvation and Safeguard Children on the Tramp	18	20	192	194
殡仪事业单位	**Funeral and Interment Institutions**	**142**	**144**	**2505**	**2652**

19-5 提供住宿的社会服务机构基本情况（2020年）

Basic Statistics of Social Service Agencies with Accommodate (2020)

项 目	Item	机构（个）Institution (unit)	职工（人）Staff and Workers (person)	床位（张）Beds (unit)	年末在院人数（人）Number of Person Housed (person)
总计	**Total**	**2555**	**26029**	**241087**	**127625**
市场监管部门登记的提供住宿单位	Accommodation Units Registered by the Market Supervision Department	169	3582	26475	9509
编制部门提供住宿单位	Compiling Department Provide Accommodation Units	2010	15400	157833	93490
民政部门登记提供住宿单位	Civil Affairs Department Registration Provide Accommodation Units	337	5985	52460	23036
一个机构多块牌子的提供住宿单位	A Multi-brand Residential Unit of an Organization	39	1062	4319	2373
在总计中	**Among Total**				
养老机构	Elderly and Disabled Service Agencies	2381	22584	225080	119563
#社会福利院	#City Pension Service Agencies	87	3555	21797	12779
#特困人员供养机构	#Pension Services in Rural Areas	1784	8592	120731	71662
#养老公寓等各类养老机构	#Psychopathic Welfare Homes	510	10437	82552	35122
精神疾病服务机构	Service Organization on Mental Retardation and Mental Illness	11	1836	5871	4724
儿童福利和救助保护机构	Child Welfare Agencies	45	558	4104	1438
其他提供住宿机构	Other Adoption Agencies	118	1051	6032	1900
复退军人精神病院	Reinstate a Military Psychiatric Hospital				
荣誉军人康复医院	Honorary Military Rehabilitation Hospital	3	648	1408	1004
复员军人疗养院	Nursing Home for Ex-servicemen				
光荣院	Glorious Institute	82	468	2905	1055
军休所	Soldier's Rest House	111	963		

注：我省暂时没有复原军人疗养院，由荣军医院承担复原军人疗养任务，1-4级残疾军人集中供养。

There is no convalescent homes for demobilized soldiers,and Rongjun Hospital provides convalescence services for demobilized soldiers soldiers and disabled soldiers of level 1-4.

19–6 社会救济和福利主要费用
Value of Major Social Relief and Welfare Funds

单位：万元 (10 000 yuan)

项 目	Item	2019	2020
民政事业费支出	**Expenditures for Civil Affairs**	**1730690.3**	**1803685.7**
抚恤事业费	Commiserate	545670.8	619478.5
退役安置事业费	Settle Down	195497.3	410820.0
社会救助	Social Assistance	1023438.2	1106978.0
城市居民最低生活保障事业费	Funds for Urban Residents Receiving Mininum Income Relief	255791.7	237857.4
农村居民最低生活保障事业费	Funds for Rural Residents Receiving Mininum Income Relief	359297.9	455920.5
其他社会救助	Other Social Assistance	13278.5	10833.0
医疗救助	Medical Assistance	186878.0	229617.0
社会福利事业费	Social Welfware Funds	411556.0	436256.8
民政管理事务事业费	Civil Administation Affairs Funds	203146.0	181540.0
自然灾害生活救助资金	Relief Funds for Natural Disasters	69960.0	66540.0
行政事业单位离退休人员经费	Administration Institution Retired Personnels Funds	5172.9	5055.8
其他款项用于民政支出	Other Funds Use in the Civil Administation	87377.2	73855.1

19–7 婚姻登记情况
Basic Statistics on Marriage Registration

项 目	Item	2000	2010	2019	2020
准予登记结婚 （万对）	**Registered Marriages (10 000 couples)**	**38.31**	**63.46**	**38.03**	**35.75**
初婚 （万人）	First Marriages (10 000 persons)	71.77	113.53	54.77	52.99
再婚 （万人）	Remarriages (10 000 persons)	4.85	13.39	21.29	18.51
离婚人数 （万对）	**Number of Divorces (10 000 couples)**	**6.45**	**15.37**	**22.05**	**19.8**
离婚率 （‰）	Divorce Rate (‰)	1.97	4.39	3.19	2.98

19-8 律师、公证、调解工作基本情况

Basic Statistics on Lawyers, Notarization and Mediation

项目		Item		2000	2010	2019	2020
律师工作		**Lawyers**					
律师事务所	（个）	Number of Law Offices	(unit)	352	529	864	942
律师	（人）	Number of Lawyers	(person)	4888	7059	18289	18191
担任法律顾问工作	（家）	Number of Units with Permanent Legal Advisors	(unit)	7899	9310	19214	23606
刑事案件代理及辩护	（件）	Agent & Defender of Criminal Cases	(case)	13664	18804	38715	46565
民事案件诉讼代理	（件）	Agent of Civil Cases	(case)	25820	40756	63623	81298
非诉讼法律事务	（件）	Agent of Non-litigious Legal Affairs	(case)	25883	26509	41447	53369
行政案件诉讼代理	（件）	Agent of Administrative Action	(case)	2156	2032	5813	8145
公证工作		**Notarization**					
公证处	（个）	Number of Notary Offices	(unit)	138	121	111	111
公证人员	（人）	Notarization Personnel	(person)	604	620	913	454
出证公证文书	（件）	Number of Show Notarized Documents	(case)	317705	126398	300646	288764
人民调解工作		**Number of People's Mediation**					
专职司法助理员	（人）	Number of Full-time Judicial Assistants	(person)	4114	5210	5458	4227
人民调解委员会	（个）	Number of People's Mediation Committees	(person)	57231	54535	33709	33247
调解人员	（人）	Number of Mediators	(person)	723389	254881	141368	142432
调解民间纠纷	（件）	Number of Civil Disputes Mediated	(case)	340612	374123	354254	313370

主要统计指标解释

律　师　指依法取得律师执业证书，担任法律顾问，民事（刑事、行政）案件代理人、刑事案件辩护人、办理非诉讼业务，解答法律询问，代写法律事务文书等，为社会提供法律服务的人员。

公证人员　指在公证处工作的人员总称，包括公证处主任、副主任、公证员、公证员助理（助理公证员）和其他从事辅助性工作的人员。

公证文书　指公证处根据当事人申请，依照事实和法律，按照法定程序制作的，具有法律效力的司法证明文书。

调解员　指在人民调解委员会担负调解民间纠纷工作的人员，包括调解委员会的委员和调解小组的调解员。该指标主要反映从事人民调解工作的人员数量。

调解民间纠纷　指调解委员会按照法律规定，根据自愿原则，用说服教育的方法调解民间发生的有关民事权利和义务争执的件数，包括调解成功数和调解未成功数。该指标主要反映人民调解委员会的工作量。

Explanatory Notes on Main Statistical Indicators

Lawyers　are certified legal workers according to law, and who are employed by legal counseling firms to act as legal advisers, agents in criminal or civil lawsuits, or defenders in criminal lawsuits, or to handle non litigious legal affairs, to advise on matters of law or to write legal papers for others, and provide service to the public.

Notary Personnel　refers to people working for notary offices including: directors, deputy directors, notaries, assistant notaries and other people providing assistance.

Notary Documents　refer to the judicial notary documents drawn up at the request of the interested party and are in accordance with facts and the law and following certain legal proceedings.

Mediators　refers to the personnel who are responsible for the mediation of civil disputes in the people's mediation committee, including members of the mediation committee and mediators of mediation teams. The index mainly reflects the number of people engaged in mediation work of the people.

Mediating Civil Disputes　refers to the mediation committee shall, in accordance with the law and on a voluntary basis, use persuade education method on civil rights and obligations dispute mediation folk, the number of successful and unsuccessful mediation including mediation. The index mainly reflects the workload of the people's mediation committee.

20 区域经济

Regional Economy

资料整理人员：屈雄英　陈晗文　郑一璞　宋　超
赵　宏　张　驰　田杰平　陈　慧
段嘉欣　廖闻菲　田　原　王　璐

20-1 "长株潭城市群"主要经济指标情况(2020年)
Main Economic Indicators of "Chang-Zhu-Tan City Clusters" (2020)

指 标	Item	绝对值 Value	比上年增长 Increase over 2019 (%)	全省比重 Percentage (%)
常住人口 (万人)	Resident Population (10 000 persons)	1668.94	2.6	25.1
生产总值 (亿元)	Gross Domestic Products (100 million yuan)	17591.46	4.0	41.7
第一产业增加值	Primary Industry	848.30	3.7	19.9
第二产业增加值	Secondary Industry	7351.53	4.9	45.3
第三产业增加值	Tertiary Industry	9391.63	3.3	43.3
人均地区生产总值 (元)	Per Capita Gross Regional Product (yuan)	106761	1.5	
固定资产投资 (亿元)	Fixed Assets Investment (100 million yuan)		6.5	39.2
地方一般公共预算收入 (亿元)	General Public Budget Revenue (100 million yuan)	1420.86	2.6	47.2
一般公共预算支出 (亿元)	General Public Budget Expenditure (100 million yuan)	2264.44	-0.1	26.9
全体居民人均可支配收入 (元)	Per Capita Disposable Income of All Residents (yuan)	45273	5.6	
城镇居民人均可支配收入 (元)	Per Capita Disposable Income of Urban Households (yuan)	53149	4.9	
农村居民人均可支配收入 (元)	Per Capita Disposable Income of Rural Households (yuan)	28809	7.4	
农林牧渔业总产值 (亿元)	Gross Output Value of Farming, Forestry, Animal, Husbandry and Fishery (100 million yuan)	1418.04	3.8	18.9
规模以上工业企业单位数 (个)	Number of Industrial Enterprises above Designated Size (unit)	5909	4.4	32.4
规模以上工业企业利润总额 (亿元)	Total Profits of Industrial Enterprises above Designated Size (100 million yuan)	1146.35	11.3	44.8
社会消费品零售总额 (亿元)	Total Retail Sales of Consumer Goods (100 million yuan)	6310.73	-2.5	38.8
进出口总额 (万美元)	Total Exports and Imports (USD 10 000)	4077398	15.2	57.7
出口额	Exports	2697980	8.5	56.4
实际使用外资 (万美元)	Actually Used Foreign Capital (USD 10 000)	1087279	15.0	51.8
金融机构人民币存款余额 (亿元)	Deposits in Financial Organizations (100 million yuan)	28895.32	9.1	50.3
金融机构人民币贷款余额 (亿元)	Loans in Financial Organizations (100 million yuan)	29031.08	13.0	59.0

注:地区生产总值、农林牧渔业总产值占全省比重为占全省市州汇总数据比重。

The proportion of regional GDP、Gross Output Value of Farming, Animal Husbandry and Fishery in the province is the proportion of the total data of the provinces and cities.

20-2 “环长株潭城市群”主要经济指标情况(2020年)
Main Economic Indicators of "The Rim Chang-Zhu-Tan City Clusters" (2020)

指标	Item	绝对值 Value	比上年增长 Increase over 2019(%)	全省比重 Percentage (%)
常住人口 （万人）	Resident Population (10 000 persons)	4133.40	0.4	62.2
生产总值 （亿元）	Gross Domestic Products (100 million yuan)	32384.06	4.0	76.7
第一产业增加值	Primary Industry	2734.20	3.9	64.1
第二产业增加值	Secondary Industry	13120.16	4.9	80.8
第三产业增加值	Tertiary Industry	16529.70	3.3	76.2
人均地区生产总值 （元）	Per Capita Gross Regional Product (yuan)	78506	3.6	
固定资产投资 （亿元）	Fixed Assets Investment (100 million yuan)		7.7	72.1
地方一般公共预算收入 （亿元）	General Public Budget Revenue (100 million yuan)	2093.46	2.6	69.6
一般公共预算支出 （亿元）	General Public Budget Expenditure (100 million yuan)	4714.29	0.1	56.1
全体居民人均可支配收入 （元）	Per Capita Disposable Income of All Residents (yuan)	34141	6.0	
城镇居民人均可支配收入 （元）	Per Capita Disposable Income of Urban Households (yuan)	44006	5.0	
农村居民人均可支配收入 （元）	Per Capita Disposable Income of Rural Households (yuan)	21493	7.9	
农林牧渔业总产值 （亿元）	Gross Output Value of Farming, Forestry, Animal，Husbandry and Fishery (100 million yuan)	4752.86	4.1	63.3
规模以上工业企业单位数 （个）	Number of Industrial Enterprises above Designated Size (unit)	12729	9.6	69.8
规模以上工业企业利润总额（亿元）	Total Profits of Industrial Enterprises above Designated Size (100 million yuan)	2018.42	10.5	78.8
社会消费品零售总额 （亿元）	Total Retail Sales of Consumer Goods (100 million yuan)	12296.91	-2.5	75.6
进出口总额 （万美元）	Total Exports and Imports (USD 10 000)	5834015	13.5	82.5
出口额	Exports	3728548	6.7	78.0
实际使用外资 （万美元）	Actually Used Foreign Capital (USD 10 000)	1626983	15.8	77.5
金融机构人民币存款余额 （亿元）	Deposits in Financial Organizations (100 million yuan)	44300.52	9.2	77.1
金融机构人民币贷款余额 （亿元）	Loans in Financial Organizations (100 million yuan)	39438.65	13.9	80.2

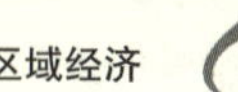

20-3 “湘南地区”主要经济指标情况(2020年)
Main Economic Indicators of "Southern Hunan" (2020)

指 标		Item		绝对值 Value	比上年增长 Increase over 2019 (%)	全省比重 Percentage (%)
常住人口	(万人)	Resident Population	(10 000 persons)	1661.64	-0.2	25.0
生产总值	(亿元)	Gross Domestic Products	(100 million yuan)	8119.27	3.9	19.2
第一产业增加值		Primary Industry		1119.59	4.1	26.2
第二产业增加值		Secondary Industry		2800.70	4.6	17.3
第三产业增加值		Tertiary Industry		4198.98	3.3	19.3
人均地区生产总值	(元)	Per Capita Gross Regional Product	(yuan)	48805	3.8	
固定资产投资	(亿元)	Fixed Assets Investment	(100 million yuan)		8.8	22.2
地方一般公共预算收入	(亿元)	General Public Budget Revenue	(100 million yuan)	445.68	2.3	14.8
一般公共预算支出	(亿元)	General Public Budget Expenditure	(100 million yuan)	1543.21	0.4	18.4
全体居民人均可支配收入	(元)	Per Capita Disposable Income of All Residents	(yuan)	27171	6.2	
城镇居民人均可支配收入	(元)	Per Capita Disposable Income of Urban Households	(yuan)	36482	5.3	
农村居民人均可支配收入	(元)	Per Capita Disposable Income of Rural Households	(yuan)	18429	7.3	
农林牧渔业总产值	(亿元)	Gross Output Value of Farming, Forestry, Animal, Husbandry and Fishery	(100 million yuan)	2062.28	4.3	27.5
规模以上工业企业单位数	(个)	Number of Industrial Enterprises above Designated Size	(unit)	3663	11.7	20.1
规模以上工业企业利润总额	(亿元)	Total Profits of Industrial Enterprises above Designated Size	(100 million yuan)	356.25	17.8	13.9
社会消费品零售总额	(亿元)	Total Retail Sales of Consumer Goods	(100 million yuan)	3299.30	-2.6	20.3
进出口总额	(万美元)	Total Exports and Imports	(USD 10 000)	1245071	-1.1	17.6
出口额		Exports		893004	5.3	18.7
实际使用外资	(万美元)	Actually Used Foreign Capital	(USD 10 000)	584869	15.5	27.9
金融机构人民币存款余额	(亿元)	Deposits in Financial Organizations	(100 million yuan)	9466.93	8.2	16.5
金融机构人民币贷款余额	(亿元)	Loans in Financial Organizations	(100 million yuan)	6325.12	14.9	12.9

20-4 "大湘西地区"主要经济指标情况(2020年)
Main Economic Indicators of "Great Xiangxi Region" (2020)

指 标	Item	绝对值 Value	比上年增长 Increase over 2019 (%)	全省比重 Percentage (%)
常住人口 （万人）	Resident Population (10 000 persons)	1897.33	-0.7	28.6
生产总值 （亿元）	Gross Domestic Products (100 million yuan)	6884.41	3.6	16.3
第一产业增加值	Primary Industry	1053.53	4.1	24.7
第二产业增加值	Secondary Industry	2118.41	4.4	13.0
第三产业增加值	Tertiary Industry	3712.47	3.0	17.1
人均地区生产总值 （元）	Per Capita Gross Regional Product (yuan)	36153	4.4	
固定资产投资 （亿元）	Fixed Assets Investment (100 million yuan)		8.4	16.8
地方一般公共预算收入 （亿元）	General Public Budget Revenue (100 million yuan)	382.12	1.4	12.7
一般公共预算支出 （亿元）	General Public Budget Expenditure (100 million yuan)	1956.96	2.4	23.3
全体居民人均可支配收入 （元）	Per Capita Disposable Income of All Residents (yuan)	20323	6.6	
城镇居民人均可支配收入 （元）	Per Capita Disposable Income of Urban Households (yuan)	30258	4.5	
农村居民人均可支配收入 （元）	Per Capita Disposable Income of Rural Households (yuan)	12952	9.5	
农林牧渔业总产值 （亿元）	Gross Output Value of Farming, Forestry, Animal, Husbandry and Fishery (100 million yuan)	1812.20	4.2	24.1
规模以上工业企业单位数 （个）	Number of Industrial Enterprises above Designated Size (unit)	4160	13.2	22.8
规模以上工业企业利润总额（亿元）	Total Profits of Industrial Enterprises above Designated Size (100 million yuan)	466.88	10.6	18.2
社会消费品零售总额 （亿元）	Total Retail Sales of Consumer Goods (100 million yuan)	2935.11	-2.7	18.1
进出口总额 （万美元）	Total Exports and Imports (USD 10 000)	648929	7.0	9.2
出口额	Exports	479576	0.5	10.0
实际使用外资 （万美元）	Actually Used Foreign Capital (USD 10 000)	141467	20.7	6.7
金融机构人民币存款余额 （亿元）	Deposits in Financial Organizations (100 million yuan)	10032.52	8.8	17.5
金融机构人民币贷款余额 （亿元）	Loans in Financial Organizations (100 million yuan)	6801.89	15.9	13.8

20-5 "洞庭湖区"主要经济指标情况(2020年)
Main Economic Indicators of "Dongting Lake" (2020)

指 标	Item	绝对值 Value	比上年增长 Increase over 2019 (%)	全省比重 Percentage (%)
常住人口 （万人）	Resident Population (10 000 persons)	1417.48	-1.3	21.3
生产总值 （亿元）	Gross Domestic Products (100 million yuan)	9604.16	4.0	22.8
第一产业增加值	Primary Industry	1244.68	4.0	29.2
第二产业增加值	Secondary Industry	3958.99	4.7	24.4
第三产业增加值	Tertiary Industry	4400.49	3.3	20.3
人均地区生产总值 （元）	Per Capita Gross Regional Product (yuan)	67299	5.5	
固定资产投资 （亿元）	Fixed Assets Investment (100 million yuan)		9.2	20.8
地方一般公共预算收入 （亿元）	General Public Budget Revenue (100 million yuan)	418.51	2.4	13.9
一般公共预算支出 （亿元）	General Public Budget Expenditure (100 million yuan)	1542.81	1.3	18.4
全体居民人均可支配收入 （元）	Per Capita Disposable Income of All Residents (yuan)	26695	6.3	
城镇居民人均可支配收入 （元）	Per Capita Disposable Income of Urban Households (yuan)	35296	4.8	
农村居民人均可支配收入 （元）	Per Capita Disposable Income of Rural Households (yuan)	18260	8.6	
农林牧渔业总产值 （亿元）	Gross Output Value of Farming, Forestry, Animal, Husbandry and Fishery (100 million yuan)	2219.44	4.1	29.5
规模以上工业企业单位数 （个）	Number of Industrial Enterprises above Designated Size (unit)	4523	14.1	24.8
规模以上工业企业利润总额（亿元）	Total Profits of Industrial Enterprises above Designated Size (100 million yuan)	621.06	18.7	24.3
社会消费品零售总额 （亿元）	Total Retail Sales of Consumer Goods (100 million yuan)	3712.99	-2.4	22.8
进出口总额 （万美元）	Total Exports and Imports (USD 10 000)	1096442	24.1	15.5
出口额	Exports	711927	11.1	14.9
实际使用外资 （万美元）	Actually Used Foreign Capital (USD 10 000)	286167	18.7	13.6
金融机构人民币存款余额 （亿元）	Deposits in Financial Organizations (100 million yuan)	8952.59	9.6	15.6
金融机构人民币贷款余额 （亿元）	Loans in Financial Organizations (100 million yuan)	6508.91	17.8	13.2

20-6 各市州市辖区人口情况(2020年)
The Population of Municipal Districts of Each City and State (2020)

市 州	Cities and States	年末总户籍户数（万户）The Household Registration Number (10 000 households)	年平均户籍人口（万人）Average Annual Registered Population (10 000 persons)	常住人口（万人）Resident Population (10 000 persons)
长沙市	Changsha	132.74	369.09	598.83
株洲市	Zhuzhou	45.10	114.76	173.46
湘潭市	Xiangtan	30.78	85.96	110.28
衡阳市	Hengyang	38.14	101.65	136.02
邵阳市	Shaoyang	24.35	69.13	80.28
岳阳市	Yueyang	45.36	110.61	133.57
常德市	Changde	47.27	140.50	146.91
张家界市	Zhangjiajie	21.74	53.75	58.76
益阳市	Yiyang	46.35	134.40	124.55
郴州市	Chenzhou	30.98	80.25	101.18
永州市	Yongzhou	40.21	117.65	114.77
怀化市	Huaihua	16.24	40.40	70.84
娄底市	Loudi	25.19	61.50	75.28
湘西州	Xiangxi	11.18	31.38	42.19

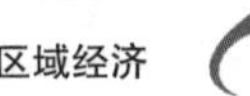

20-7 各市州市辖区土地面积情况(2020年)
Land Area of Municipal Districts of Each City and State (2020)

单位：平方公里 (sq.km)

市 州	Cities and States	行政区域土地面积 Administrative Region Land Area	建成区面积 Developed Areas	城市现状建设用地面积 City Status Construction Land Area	居住用地面积 Living Space
长沙市	Changsha		616	499	198
株洲市	Zhuzhou		156	146	58
湘潭市	Xiangtan		90	136	50
衡阳市	Hengyang		143	142	48
邵阳市	Shaoyang		78	77	29
岳阳市	Yueyang		116	105	29
常德市	Changde		107	107	35
张家界市	Zhangjiajie		39	38	16
益阳市	Yiyang		90	85	31
郴州市	Chenzhou		80	80	34
永州市	Yongzhou		69	67	16
怀化市	Huaihua		66	54	20
娄底市	Loudi		54	54	17
湘西州	Xiangxi		38	31	20

20-8 各市州市辖区生产总值情况(2020年)
GDP of Municipal Districts of Each City and State (2020)

市 州	Cities and States	地区生产总值（当年价格）（万元） Gross Domestic Product (10 000 yuan)	第一产业增加值 Value added of the First Primary Industry	第二产业增加值 Added value of the Secondary Industry	第三产业增加值 Added value of the Tertiary Industry
长沙市	Changsha	77352474	759846	25629385	50963243
株洲市	Zhuzhou	16348494	572672	7988423	7787399
湘潭市	Xiangtan	12447876	255447	6165163	6027266
衡阳市	Hengyang	12712432	210974	4265568	8235890
邵阳市	Shaoyang	4187542	160198	1699364	2327979
岳阳市	Yueyang	17751855	627539	7512489	9611826
常德市	Changde	16892606	864290	8530685	7497631
张家界市	Zhangjiajie	2739265	274624	384022	2080619
益阳市	Yiyang	7831343	775692	4006538	3049112
郴州市	Chenzhou	7219768	351858	2712171	4155739
永州市	Yongzhou	5856976	890930	1873015	3093031
怀化市	Huaihua	4008120	128787	786678	3092655
娄底市	Loudi	5857953	226061	2743548	2888345
湘西州	Xiangxi	1976225	101692	687458	1187075

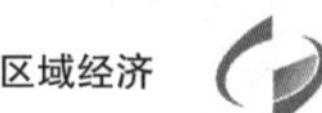

20-9 各市州市辖区财政收支情况(2020年)
Revenue and Expenditure of Municipal Districts of Each City and State (2020)

单位：万元 (10 000 yuan)

市 州	Cities and States	地方一般公共预算收入 General Public Budget Revenue	各项税收 Taxes Revenue	一般公共预算支出 Public Budgetary Expenditure
长沙市	Changsha	8195994	5875765	10432972
株洲市	Zhuzhou	1487785	964215	2784745
湘潭市	Xiangtan	795509	519002	1635006
衡阳市	Hengyang	1003853	638466	1966824
邵阳市	Shaoyang	421248	253042	1212852
岳阳市	Yueyang	829434	542344	2083517
常德市	Changde	1246935	778975	2520541
张家界市	Zhangjiajie	210328	145309	1004396
益阳市	Yiyang	449215	312651	1404698
郴州市	Chenzhou	150366	111197	696444
永州市	Yongzhou	232061	136489	877302
怀化市	Huaihua	82173	56807	270075
娄底市	Loudi	442230	298935	907506
湘西州	Xiangxi	170358	72960	451336

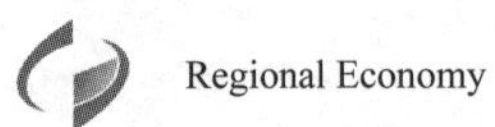

20-10 各市州市辖区规模以上工业情况(2020年)
Above Scale Industry of Municipal Districts of Each City and State (2020)

市 州	Cities and States	规模以上工业企业数（个）Number of Enterprises (unit)	营业收入（万元）Operating Income (10 000 yuan)	营业成本（万元）Operating Cost (10 000 yuan)	利润总额（万元）Total Profits (10 000 yuan)
长沙市	Changsha	931			
株洲市	Zhuzhou	655	16185445	13222743	743895
湘潭市	Xiangtan	551	17807880	14560204	465017
衡阳市	Hengyang	268	7342625	6104377	239844
邵阳市	Shaoyang	287	5095327	4283963	455491
岳阳市	Yueyang	439	18667947	15221464	557469
常德市	Changde	498	15606758	9397237	1240040
张家界市	Zhangjiajie	87	571695	465781	32913
益阳市	Yiyang	606	16418313	13595455	488632
郴州市	Chenzhou	244	6250810	4622417	631890
永州市	Yongzhou	295	4576513	3594421	177677
怀化市	Huaihua	83	1682299	1462228	57501
娄底市	Loudi	316	10881855	9395999	602847
湘西州	Xiangxi	90	984990	708514	79810

20-11 各市州市辖区贸易主要情况(2020年)
Trade of Municipal Districts of Each City and State (2020)

市 州	Cities and States	社会消费品零售总额(万元) Total Retail Sales of Consumer Goods (10 000 yuan)	限额以上批发零售企业 法人数(个) Number of Corporate Enterprises (unit)	限额以上批发零售企业 商品销售总额(万元) Total Sales of Goods (10 000 yuan)
长沙市	Changsha	31014043	1271	42890526
株洲市	Zhuzhou	5713685	510	5701614
湘潭市	Xiangtan	4869784	257	5348042
衡阳市	Hengyang	7964739	363	5587665
邵阳市	Shaoyang	2428035	165	2666709
岳阳市	Yueyang	8118017	409	6209594
常德市	Changde	5297283	233	3803212
张家界市	Zhangjiajie	1097802	72	782330
益阳市	Yiyang	3198857	170	2396664
郴州市	Chenzhou	3441246	284	7022052
永州市	Yongzhou	2608511	177	2226573
怀化市	Huaihua	2575547	182	2519964
娄底市	Loudi	2026160	143	1695020
湘西州	Xiangxi	1026649	64	1345134

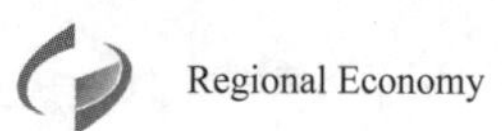

20-12 各市州市辖区教育情况(2020年)
Education of Municipal Districts of Each City and State (2020)

市 州	Cities and States	普通中学专任教师数（人） Regular Secondary Schools Teachers (person)	小学专任教师数（人） Primary Schools Teachers (person)	普通中学在校学生数（万人） Regular Secondary Schools Students (10 000 persons)	小学在校学生数（万人） Primary Schools Students (10 000 persons)
长沙市	Changsha	19198	23239	24.93	41.69
株洲市	Zhuzhou	6192	6504	7.89	12.35
湘潭市	Xiangtan	2582	3487	3.06	6.36
衡阳市	Hengyang	4742	5845	7.21	11.03
邵阳市	Shaoyang	3165	3546	5.07	6.72
岳阳市	Yueyang	5221	5220	6.51	10.04
常德市	Changde	5146	5083	5.65	8.40
张家界市	Zhangjiajie	2268	2476	3.03	4.38
益阳市	Yiyang	4847	4678	6.42	8.80
郴州市	Chenzhou	5353	6005	7.84	10.69
永州市	Yongzhou	5082	6317	8.13	10.31
怀化市	Huaihua	3378	3121	4.96	7.14
娄底市	Loudi	3921	3594	5.46	7.92
湘西州	Xiangxi	1976	1920	2.60	3.82

20–13　各市州市辖区文化、体育、卫生情况（2020年）
Culture, Sports and Health of Municipal Districts of Each City and State (2020)

市　州	Cities and States	剧场、影剧院数（个）Number of Theaters (unit)	公共图书馆图书总藏量（万册）Books of Total Reserves of Public Libraries (10 000 copies)	体育场馆数（个）Number of Stadiums (unit)	卫生机构数（个）Number of Health Institutions (unit)	卫生机构床位数（张）Number of Beds in Health Institutions (bed)	医生数（执业医师+执业助理医师）（人）The Number of Doctors (Doctors and Assistant Doctors) (person)
长沙市	Changsha	8	1032.82	64	2270	57469	23521
株洲市	Zhuzhou	2	192.65	14	1134	14390	5891
湘潭市	Xiangtan	5	81.65	17	787	11482	4348
衡阳市	Hengyang	13	119.2	26	913	17314	5975
邵阳市	Shaoyang	13	146.11	3	520	11325	3769
岳阳市	Yueyang	1	82.62	4	679	15086	4589
常德市	Changde	17	84.34	93	1395	14480	5441
张家界市	Zhangjiajie	6	21.95	74	400	4227	1792
益阳市	Yiyang	15	48.96	19	1079	12223	4303
郴州市	Chenzhou	14	7.22	13	810	12343	4517
永州市	Yongzhou	3	174.49	3	1062	11811	4009
怀化市	Huaihua	10	22.74	2	529	9690	3803
娄底市	Loudi	2	34	7	69	8143	2445
湘西州	Xiangxi		8.16	3	403	6762	2387

20–14 各市州市辖区社会保障情况(2020年)
Social Security of Municipal Districts of Each City and State (2020)

单位：人 (person)

市 州	Cities and States	城镇职工基本养老保险参保人数 Number of People Participating in Basic Endowment Insurance for Urban Employees	城乡居民基本医疗保险参保人数 Number of People Participating in Basic Medical Insurance for Urban and Rural Residents	失业保险参保人数 Person Covered of Unemployment Insurance Contributors	工伤保险参保人数 Work Injury Insurance Contributors	生育保险参保人数 Maternity Insurance Contributors	城市居民最低生活保障人数 City Residents Minimum Living Security Number
长沙市	Changsha	2663107	2021221	1442346	1283038	1729196	18617
株洲市	Zhuzhou	841100	978200	334500	411600	343000	12758
湘潭市	Xiangtan	367700	591426	280198	257749	193174	13159
衡阳市	Hengyang	641295	553654	358554	201560	194993	20863
邵阳市	Shaoyang	283820	406641	122849	164096	104525	19097
岳阳市	Yueyang	189326	920733	236846	439554	183780	18540
常德市	Changde	670434	1210447	170687	261752	193722	10807
张家界市	Zhangjiajie	76666	423710	30856	47240	33954	4784
益阳市	Yiyang	317605	1137636	97515	171270	114729	13426
郴州市	Chenzhou	157460	511388	47792	67264	65694	4160
永州市	Yongzhou	258522	938250	136958	144151	101007	8187
怀化市	Huaihua	72116	291153	107502	129998	97853	2539
娄底市	Loudi	246852	385033	174903	130600	12978	3620
湘西州	Xiangxi	25319	258900	18214	32816	16671	2923

21 各市、州主要经济和社会统计指标

Main Economic and Social Statistics Indicators of Cities and States

资料整理人员：郑一璞　欧阳普　王　丹　宋　超
赵　宏　邓鸿鹄　张　驰　吕　涛
田杰平　谢　凡　贺淑贞　陈　慧
段嘉欣　贺　震　杨　耒　何　达
户新刚　廖闻菲　彭开吾　陈晗文
朱　鹏　易　贝　孙　靖　田　原
凌　骞　谢妮莉　韩建芳　蔡冬娥
肖首雄　赵莉淇　郭开金　邓海波
付硕果　王　璐　傅磊峰　陈　婷

21-1 按产业和主要行业分的地区生产总值 (2020年)

市 州	Cities and States	地区生产总值（亿元） Gross Domestic Product (100 million yuan)	第一产业 Primary Industry	第二产业 Secondary Industry	第三产业 Tertiary Industry	农、林、牧、渔业 Agriculture, Forestry, Animal Husbandry and Fishery	工 业 Industry
长沙市	Changsha	12142.52	423.46	4739.27	6979.79	445.71	3465.88
株洲市	Zhuzhou	3105.80	255.68	1437.48	1412.63	263.42	1111.95
湘潭市	Xiangtan	2343.15	169.15	1174.78	999.21	177.43	975.65
衡阳市	Hengyang	3508.50	441.67	1159.32	1907.50	468.60	835.33
邵阳市	Shaoyang	2250.81	399.78	698.62	1152.41	416.49	530.05
岳阳市	Yueyang	4001.55	459.91	1622.25	1919.39	483.34	1369.64
常德市	Changde	3749.13	464.63	1543.66	1740.84	496.60	1226.61
张家界市	Zhangjiajie	556.68	82.15	87.24	387.29	85.11	44.42
益阳市	Yiyang	1853.48	320.14	793.08	740.26	337.93	668.57
郴州市	Chenzhou	2503.07	283.72	967.30	1252.06	292.51	821.96
永州市	Yongzhou	2107.70	394.20	674.08	1039.42	411.17	530.25
怀化市	Huaihua	1671.87	260.37	477.98	933.52	266.04	388.24
娄底市	Loudi	1679.94	199.55	650.32	830.07	205.57	522.28
湘西州	Xiangxi	725.11	111.68	204.25	409.18	113.10	164.29

21-2 按产业和主要行业分的地区生产总值指数 (2020年)

市 州	Cities and States	地区生产总值（%） Gross Domestic Product (%)	第一产业 Primary Industry	第二产业 Secondary Industry	第三产业 Tertiary Industry	农、林、牧、渔业 Agriculture, Forestry, Animal Husbandry and Fishery	工 业 Industry
长沙市	Changsha	104.0	104.0	105.0	103.3	104.1	104.9
株洲市	Zhuzhou	104.1	103.3	104.9	103.3	103.4	104.8
湘潭市	Xiangtan	103.8	103.6	104.3	103.3	103.8	104.1
衡阳市	Hengyang	104.0	103.9	105.1	103.3	104.1	105.0
邵阳市	Shaoyang	103.9	104.1	103.2	104.3	104.2	102.5
岳阳市	Yueyang	104.2	103.8	105.0	103.7	104.0	104.9
常德市	Changde	103.9	104.1	104.7	103.1	104.3	104.6
张家界市	Zhangjiajie	102.0	103.8	103.8	101.3	103.9	102.6
益阳市	Yiyang	103.8	104.1	104.4	103.0	104.2	104.3
郴州市	Chenzhou	103.6	104.3	103.6	103.4	104.4	103.4
永州市	Yongzhou	103.9	104.2	105.1	103.1	104.4	105.1
怀化市	Huaihua	103.9	104.1	105.4	103.0	104.2	105.6
娄底市	Loudi	104.0	104.4	105.1	103.0	104.5	105.0
湘西州	Xiangxi	102.2	104.0	103.1	101.4	104.0	104.6

Gross Domestic Product by Three Strata of Industry and Main Sectors (2020)

建筑业 Construction	批发和零售业 Wholesale and Retail Trade	交通运输、仓储和邮政业 Traffic, Transport, Storage and Post	住宿和餐饮业 Accommodation and Restaurants	金融业 Finance	房地产业 Real Estate	其他服务业 Other Services	人均地区生产总值（元） Per Capita Gross Domestic Product (yuan)
1275.93	1256.70	409.20	311.27	920.32	788.94	3268.56	123297
325.98	408.67	98.29	50.56	117.88	198.18	530.87	79599
201.06	210.13	52.45	32.00	93.45	207.02	393.95	85911
324.16	369.03	140.05	57.20	126.20	284.26	903.69	52550
168.72	106.07	82.27	18.73	106.53	175.28	646.67	34063
254.27	335.13	149.56	63.95	113.59	264.82	967.25	78867
318.06	474.36	160.11	92.22	119.44	202.62	659.10	70496
42.88	49.99	39.81	18.95	42.64	59.52	173.35	36708
124.80	136.60	50.45	20.79	80.87	113.89	319.58	47784
146.50	249.80	85.98	57.01	103.18	137.08	609.06	53581
143.85	160.13	69.18	19.71	97.20	172.06	504.14	39857
90.15	112.10	103.06	30.98	84.35	142.26	454.69	36365
128.14	155.85	90.30	31.94	68.24	90.85	386.77	43913
40.52	29.75	30.43	22.04	52.89	49.99	222.11	29059

Indices of Gross Domestic Product by Three Strata of Industry and Main Sectors (2020)

建筑业 Construction	批发和零售业 Wholesale and Retail Trade	交通运输、仓储和邮政业 Traffic, Transport, Storage and Post	住宿和餐饮业 Accommodation and Restaurants	金融业 Finance	房地产业 Real Estate	其他服务业 Other Services	人均地区生产总值（%） Per Capita Gross Domestic Product (%)
105.2	101.3	99.6	91.9	108.6	103.0	104.4	99.9
105.4	102.7	97.4	92.1	107.5	102.7	104.8	103.9
105.2	101.4	97.8	91.3	107.0	106.8	103.6	103.9
105.3	101.4	98.6	90.0	107.0	108.4	103.6	104.4
105.5	100.8	102.7	90.4	108.0	105.1	104.8	105.7
105.5	103.8	100.1	91.3	108.5	103.5	104.6	105.8
105.4	100.7	101.2	93.1	108.0	105.3	105.0	105.5
105.3	99.4	96.1	92.6	107.0	104.8	101.7	101.9
105.3	101.7	100.3	91.0	108.8	102.2	103.7	104.9
105.2	101.1	98.1	88.4	107.8	103.6	105.6	103.3
105.1	101.2	98.0	88.5	106.3	104.9	103.8	103.7
104.5	101.7	97.5	87.8	106.1	100.8	105.4	104.2
105.6	100.3	96.5	86.6	106.2	105.0	105.4	104.0
97.0	101.8	102.4	86.7	109.8	105.3	100.4	103.2

21−3　年末常住人口(2020年)
Population at the Year-end (2020)

市　州	Cities and States	总户数（万户）Households (10 000 households)	年末常住人口（万人）Population at the Year-end (10 000 persons)	按性别分 By Gender		按城乡分 By Residence		城镇化率(%) Urbanization Rate (%)
				男 Male	女 Female	城镇人口 Urban	乡村人口 Rural	
全　省	**Total**	**2389.20**	**6645.39**	**3400.02**	**3245.37**	**3905.13**	**2740.26**	**58.76**
长沙市	Changsha	354.86	1006.08	509.23	496.85	830.98	175.10	82.60
株洲市	Zhuzhou	134.35	390.31	197.86	192.45	278.12	112.19	71.26
湘潭市	Xiangtan	99.28	272.55	138.30	134.25	175.43	97.12	64.37
衡阳市	Hengyang	238.64	664.22	342.57	321.65	360.44	303.78	54.27
邵阳市	Shaoyang	233.84	656.15	339.13	317.02	342.22	313.93	52.16
岳阳市	Yueyang	175.07	504.85	258.49	246.36	306.22	198.63	60.66
常德市	Changde	197.00	527.59	264.48	263.11	296.59	231.00	56.22
张家界市	Zhangjiajie	55.16	151.72	77.16	74.56	78.36	73.36	51.65
益阳市	Yiyang	147.42	385.04	195.34	189.70	194.16	190.88	50.43
郴州市	Chenzhou	169.32	467.80	241.98	225.82	272.15	195.65	58.18
永州市	Yongzhou	185.06	529.62	275.66	253.96	248.58	281.04	46.94
怀化市	Huaihua	172.89	458.26	235.93	222.33	216.19	242.07	47.18
娄底市	Loudi	141.01	382.76	196.09	186.67	179.69	203.07	46.95
湘西州	Xiangxi	85.29	248.44	127.80	120.64	126.00	122.44	50.72

21-4 “四上”企业分行业从业人员年末人数(2020年)

The Number of Employees in Each Industry of "Four Scale" Enterprises at the Year-end (2020)

单位：万人 (10 000 persons)

市 州	Cities and States	采掘业 Mining	制造业 Manu-facturing	电力、热力、燃气及水生产和供应业及水的生产和供应 Production and Supply of Electricity, Heat,Gas and Water	建筑业 Construc-tion	批发和零售业 Wholesale and Retail Trade
全 省	**Total**	**9.68**	**255.86**	**14.48**	**162.88**	**43.54**
长沙市	Changsha	0.26	56.74	0.86	38.27	13.91
株洲市	Zhuzhou	1.16	36.23	0.59	16.53	2.61
湘潭市	Xiangtan	0.14	14.97	0.30	12.47	5.17
衡阳市	Hengyang	2.00	16.47	0.75	14.99	2.33
邵阳市	Shaoyang	0.61	18.82	0.76	11.64	3.25
岳阳市	Yueyang	0.47	24.49	0.60	12.58	2.61
常德市	Changde	0.29	18.45	0.59	11.23	2.93
张家界市	Zhangjiajie	0.06	1.17	0.08	1.73	0.64
益阳市	Yiyang	0.17	16.76	0.25	7.94	1.53
郴州市	Chenzhou	2.28	13.92	0.79	8.23	2.73
永州市	Yongzhou	0.26	16.32	0.91	7.98	1.86
怀化市	Huaihua	0.31	6.48	0.64	4.87	1.71
娄底市	Loudi	1.57	11.60	0.39	12.90	1.57
湘西州	Xiangxi	0.10	2.59	0.48	1.52	0.69
其 他	Others		0.85	6.50		

注：“四上”企业指规模以上工业、服务业法人单位；有资质的建筑业法人单位；限额以上批发和零售业、住宿和餐饮业法人单位；有开发经营活动的全部房地产开发经营业法人单位（下同）。

An enterprise of "four scale" refers to a legal entity of industry or service industry above the scale; Qualified legal entity in construction industry; Corporate units of wholesale and retail, accommodation and catering industries above designated size; All legal entities engaged in real estate development and business activities (The same below).

21-4 续表

单位：万人

市 州	Cities and States	交通运输、仓储和邮政业 Transport, Storage and Post	住宿和餐饮业 Acco-mmodation and Restaurants	信息传输、软件和信息技术服务业 Information Transfer, Computer Services and Software	房地产业 Real Estate Trade	租赁和商务服务业 Tenancy and Business Services
全 省	**Total**	**20.50**	**13.91**	**9.52**	**23.92**	**17.39**
长沙市	Changsha	8.66	5.07	4.96	7.22	5.72
株洲市	Zhuzhou	0.71	1.02	0.37	2.53	1.32
湘潭市	Xiangtan	0.72	0.54	0.20	1.05	0.73
衡阳市	Hengyang	1.56	0.89	0.52	1.95	1.53
邵阳市	Shaoyang	1.05	1.00	0.36	1.25	0.84
岳阳市	Yueyang	1.54	0.81	0.52	2.13	1.31
常德市	Changde	1.58	0.90	0.52	1.23	1.50
张家界市	Zhangjiajie	0.20	0.50	0.15	0.28	0.20
益阳市	Yiyang	0.48	0.34	0.28	0.48	0.16
郴州市	Chenzhou	0.90	0.97	0.33	2.10	0.55
永州市	Yongzhou	0.81	0.69	0.32	1.28	0.57
怀化市	Huaihua	0.88	0.41	0.39	1.35	0.54
娄底市	Loudi	1.04	0.50	0.30	0.58	1.92
湘西州	Xiangxi	0.36	0.27	0.29	0.48	0.49
其 他	Others					

Continued

(10 000 persons)

科学研究和技术服务业 Scientific Research and Technical Services	水利、环境和公共设施管理业 Management of Water Conservancy, Public Facilities	居民服务、修理和其他服务业 Services to Households, Repair and Other Services	教　育 Education	卫 生 和社会工作 Health and Social Service	文化体育和娱乐业 Culture, Sports and Entertainment
9.35	**2.85**	**4.34**	**5.01**	**5.43**	**5.66**
5.30	0.67	1.40	0.60	1.47	2.16
0.50	0.43	0.44	0.45	0.40	0.27
0.26	0.03	0.12	0.14	0.12	0.36
0.35	0.15	0.42	1.08	0.51	0.27
0.18	0.13	0.55	0.84	0.95	0.27
1.06	0.25	0.15	0.25	0.33	0.48
0.83	0.18	0.30	0.52	0.45	0.41
	0.12	0.05		0.10	0.13
0.08	0.06	0.02	0.03	0.12	0.19
0.47	0.11	0.27	0.56	0.27	0.20
0.05	0.13	0.29	0.27	0.28	0.17
0.10	0.20	0.10	0.04	0.13	0.30
0.10	0.23	0.14	0.09	0.22	0.45
0.07	0.16	0.11	0.14	0.06	0.02

21−5 “四上”企业年末从业人员(2020年)

单位：万人

市 州	Cities and States	从业人员期末人数 Number of Employees at the End of the Term	国有企业 State-owned Enterprises	集体企业 Collective-owned Enterprises	股份合作企业 Enterprises Cooperated by Joint-stock
全 省	**Total**	**604.34**	**22.16**	**8.92**	**0.53**
长沙市	Changsha	153.28	2.17	0.48	0.01
株洲市	Zhuzhou	65.56	0.82	0.37	0.08
湘潭市	Xiangtan	37.33	0.56	0.23	0.03
衡阳市	Hengyang	45.75	1.21	0.97	
邵阳市	Shaoyang	42.49	0.96	1.20	0.06
岳阳市	Yueyang	49.58	2.16	0.65	0.14
常德市	Changde	41.92	0.65	0.02	
张家界市	Zhangjiajie	5.43	0.22	0.26	0.02
益阳市	Yiyang	28.89	1.12	0.17	0.02
郴州市	Chenzhou	34.69	1.58	0.24	0.05
永州市	Yongzhou	32.20	1.29	1.87	0.07
怀化市	Huaihua	18.45	0.87	0.73	0.03
娄底市	Loudi	33.59	0.76	1.28	
湘西州	Xiangxi	7.84	0.71	0.45	0.03
其 他	Others	7.35	7.08		

注：从2020年开始，由于调查制度改变，本表数据口径修改为“四上”企业，与上年数据不可比。

Number of Employed Persons in "Four Scale" Enterprises at the Year-end (2020)

(10 000 persons)

联营企业 Cooperative Enterprises	有限责任公司 Limited Liability Company	股份有限公司 Company Limited by Shares	私营企业 Individual-owned Enterprises	其他企业 Enterprises of Other Types of Ownership	港、澳、台商投资企业 Enterprises Funded by Entrepreneurs From Hong Kong, Macao and Taiwan	外商投资企业 Enterprises Funded by Foreigners
0.12	**186.09**	**41.28**	**304.82**	**5.27**	**24.14**	**11.00**
0.03	50.38	10.15	69.88	0.24	14.21	5.72
	17.50	6.78	38.42	0.38	0.69	0.52
	12.20	5.26	17.95	0.11	0.28	0.69
0.01	18.35	2.09	20.60	1.00	1.04	0.49
	10.61	1.69	25.68	0.70	1.47	0.12
0.01	15.28	4.52	25.12	0.65	0.36	0.72
0.01	18.11	1.81	18.46	0.96	1.34	0.56
	2.05	0.38	2.29		0.15	0.06
0.04	6.10	3.49	17.40	0.03	0.27	0.26
0.01	10.74	2.03	17.38	0.76	1.33	0.58
0.01	7.14	0.89	18.30	0.24	1.56	0.83
	5.10	0.74	10.49	0.04	0.33	0.12
	10.58	0.99	18.89	0.03	0.79	0.26
0.01	1.94	0.45	3.98	0.13	0.06	0.07
					0.27	

Starting from 2020, due to the change of the survey system, the data caliber in this table is modified to "four scale" enterprises, which cannot be compared with the data of last year.

21−6 “四上”企业年末在岗职工人数(2020年)

Number of Employees On the Job in "Four Scale" Enterprises at the Year-end (2020)

单位：万人 (10 000 persons)

市州	Cities and States	在岗职工 Staff and Workers on the Job	国有企业 State-owned Enterprises	集体企业 Collective-owned Enterprises	其他企业 Enterprises of Other Types of Ownership
全省	**Total**	**565.73**	**20.10**	**7.39**	**538.24**
长沙市	Changsha	146.03	2.06	0.48	143.49
株洲市	Zhuzhou	61.45	0.71	0.32	60.42
湘潭市	Xiangtan	34.87	0.53	0.23	34.11
衡阳市	Hengyang	42.36	1.09	0.79	40.47
邵阳市	Shaoyang	39.87	0.83	0.88	38.16
岳阳市	Yueyang	45.99	1.61	0.50	43.88
常德市	Changde	39.14	0.62	0.02	38.50
张家界市	Zhangjiajie	4.99	0.18	0.16	4.66
益阳市	Yiyang	26.82	0.86	0.12	25.84
郴州市	Chenzhou	31.58	1.56	0.21	29.81
永州市	Yongzhou	30.22	0.99	1.64	27.59
怀化市	Huaihua	16.98	0.65	0.60	15.74
娄底市	Loudi	30.78	0.69	1.11	28.99
湘西州	Xiangxi	7.29	0.64	0.34	6.31
其他	Others	7.35	7.08		0.27

注：从2020年开始，由于调查制度改变，本表数据口径修改为“四上”企业，与上年数据不可比。

Starting from 2020, due to the change of the survey system, the data caliber in this table is modified to "four scale" enterprises, which cannot be compared with the data of last year.

21-7 “四上”企业在岗职工工资总额和年平均工资(2020年)

Total Wages and Average Annual Wages of Employees On the Job in "Four Scale" Enterprises (2020)

市 州	Cities and States	在岗职工工资总额(亿元) Total Wages of Staff and Workers on the Job (100 million yuan)	#国有企业 State-owned Enterprises	#集体企业 Collective-owned Enterprises	在岗职工年平均工资(元) Average Annual Wages of Staff and Workers on the Job (yuan)	#国有企业 Stateowned Enterprises	#集体企业 Collective Enterprises	#其他 Others	在岗职工年平均工资发展速度(上年=100) The Growth Rate of Average Annual Wages (preceding year=100)
全 省	**Total**	**3528.00**	**215.94**	**35.50**	**64137**	**107844**	**49922**	**62657**	**107.5**
长沙市	Changsha	1174.72	33.70	2.36	81882	165316	50530	80779	110.1
株洲市	Zhuzhou	405.12	7.56	1.82	67383	107125	58612	66954	107.0
湘潭市	Xiangtan	190.38	4.41	2.54	57325	82182	102265	56570	107.8
衡阳市	Hengyang	225.85	9.21	3.66	55415	85012	49934	54695	105.7
邵阳市	Shaoyang	191.74	6.45	4.50	49308	76915	51638	48631	105.7
岳阳市	Yueyang	243.22	7.64	2.50	55381	49085	48991	55694	106.4
常德市	Changde	219.29	6.37	0.11	58130	107200	56797	57345	107.2
张家界市	Zhangjiajie	24.92	1.48	1.01	51350	80916	66370	49647	105.2
益阳市	Yiyang	134.51	6.11	0.66	51518	70802	52976	50849	106.8
郴州市	Chenzhou	163.55	11.13	1.03	52789	70721	49513	51846	104.8
永州市	Yongzhou	145.63	8.07	6.40	49535	79949	42069	48814	100.6
怀化市	Huaihua	85.61	3.83	2.62	51676	58351	47311	51548	104.9
娄底市	Loudi	176.99	3.93	5.02	59765	60342	48267	60180	107.8
湘西州	Xiangxi	38.29	4.93	1.26	53942	76825	36154	52555	104.7
其 他	Others	108.18	101.11		146762	142613		251200	106.6

注：从2020年开始，由于调查制度改变，本表数据口径修改为“四上”企业，与上年数据不可比。

Starting from 2020, due to the change of the survey system, the data caliber in this table is modified to "four scale" enterprises, which cannot be compared with the data of last year.

21-8 固定资产投资增速、按行业分固定资产投资占比 (2020年)

单位：%

市 州	Cities and States	固定资产投资增速 Fixed Asset Investment Growth	按行业分固定资产投资占比							
			农、林、牧、渔业 Agriculture, Forestry, Farming of Animals and Fishing	采矿业 Mining	制造业 Manufacturing	电力、燃气及水的生产和供应业 Production and Distribution of Electricity, Gas and Water	建筑业 Construction	批发和零售业 Wholesale and Retail Trade	交通运输、仓储和邮政业 Transportation, Storage and Postal Services	住宿和餐饮业 Accommodation and Catering
全 省	**Total**	**7.6**	**4.3**	**0.8**	**30.7**	**4.6**	**0.2**	**1.3**	**6.9**	**0.6**
长沙市	Changsha	6.2	1.0	0.3	28.0	3.3	0.1	1.5	6.9	0.6
株洲市	Zhuzhou	9.7	4.5	0.4	38.2	3.5		1.4	3.1	0.3
湘潭市	Xiangtan	8.2	1.7	0.5	37.6	3.2	0.3	0.9	2.5	0.7
衡阳市	Hengyang	9.4	5.9	0.8	27.3	2.7	0.3	1.2	5.5	0.8
邵阳市	Shaoyang	8.6	11.3	0.5	30.1	5.0		1.3	8.6	0.5
岳阳市	Yueyang	8.8	3.6	0.6	39.6	4.7	0.5	2.6	5.3	0.5
常德市	Changde	9.6	5.7	0.6	32.2	4.8	0.2	1.3	3.9	0.8
张家界市	Zhangjiajie	6.0	1.5	0.2	6.8	5.1		0.7	9.8	1.8
益阳市	Yiyang	9.1	4.3	0.4	39.5	4.4	0.3	0.7	5.1	0.6
郴州市	Chenzhou	8.5	7.1	3.3	28.0	8.0	0.1	0.9	4.2	1.3
永州市	Yongzhou	8.5	5.6	1.0	28.9	8.8	0.1	1.2	5.4	0.2
怀化市	Huaihua	9.2	7.6	0.5	18.5	6.4	0.1	0.5	12.8	0.4
娄底市	Loudi	8.6	4.3	2.2	39.3	6.1	0.1	0.9	5.8	0.1
湘西州	Xiangxi	6.1	3.2	0.4	12.8	6.9		0.1	18.8	1.8

Fixed Asset Investment Growth, The Proportion of Investment in Fixed Assets by Sector (2020)

(%)

The Proportion of Investment in Fixed Assets by Sector										
信息传输、软件和信息技术服务业 Information Transmission, Software and IT Services	金融业 Finance	房地产业 Real Estate Trade	租赁和商务服务业 Tenancy and Business Services	科学研究、技术服务业 Scientific Research, Technical Services	水利、环境和公共设施管理业 Management of Water Conservancy, Environment and Public Establishment	居民服务、修理和其他服务业 Resident Services, Repairs and Other Services	教育 Education	卫生和社会工作业 Health and Social Work Sector	文化、体育和娱乐业 Culture, Sports and Entertainment	公共管理、社会保障和社会组织 Public Administration, Social Security and Social Organizations
1.1	**0.1**	**20.8**	**4.3**	**2.1**	**14.0**	**0.3**	**2.8**	**1.9**	**2.5**	**0.7**
2.0	0.1	31.0	5.1	1.6	11.1	0.1	2.9	1.6	2.4	0.3
0.7		21.0	3.2	1.0	15.6	0.5	2.9	2.0	1.3	0.3
2.6		16.2	6.7	5.0	14.0	0.5	3.3	1.9	2.0	0.2
0.9		18.2	8.8	3.5	12.7	0.4	2.5	2.4	5.4	0.5
0.7	0.2	21.1	1.7	1.5	10.4	0.1	2.1	2.0	2.0	0.7
0.4	0.1	12.4	3.5	1.9	15.4	0.4	2.1	1.6	1.6	3.1
0.2		18.3	4.3	1.9	17.8	0.5	2.6	2.6	2.1	0.3
0.9		45.2	3.3	0.4	13.3	1.4	5.3	1.4	2.8	0.2
0.1		16.0	2.2	0.7	19.5	0.2	1.9	1.2	2.4	0.5
1.2		12.7	4.7	4.1	16.6	0.3	3.0	2.4	1.8	0.3
0.4		14.6	3.1	1.7	18.5	0.1	5.2	1.9	3.0	0.4
0.3		24.3	3.4	0.5	14.6	0.2	2.7	2.3	4.1	0.8
0.9		14.5	1.3	1.4	12.4	0.4	2.5	1.9	3.5	2.4
0.5		36.0	1.2	0.5	7.8	0.4	3.9	2.7	1.9	0.8

21-9 固定资产投资项目个数、项目投产率(2020年)

Number of Fixed Assets Investment Project, Project Production Rate (2020)

市州	Cities and States	施工项目（个） Number of Construction Projects (unit)	全部建成投产项目（个） Projects Completed and Put into Use (unit)	项目投产率（%） Project Commissioning Rate (%)
全省	**Total**	**31645**	**18033**	**57.0**
长沙市	Changsha	5518	3581	64.9
株洲市	Zhuzhou	2711	1655	61.0
湘潭市	Xiangtan	2408	1400	58.1
衡阳市	Hengyang	2436	1417	58.2
邵阳市	Shaoyang	3164	2078	65.7
岳阳市	Yueyang	2611	1602	61.4
常德市	Changde	2571	1270	49.4
张家界市	Zhangjiajie	342	122	35.7
益阳市	Yiyang	1497	758	50.6
郴州市	Chenzhou	2479	1433	57.8
永州市	Yongzhou	2206	1024	46.4
怀化市	Huaihua	1446	741	51.2
娄底市	Loudi	1669	807	48.4
湘西州	Xiangxi	573	144	25.1

注：施工、全投项目及项目投产率未包括房地产开发统计资料。

The data of projects under construction, projects completed put into use and rate of projects completed put into use excluded information of real estate development.

21—10 房地产开发情况(2020年)
Real Estate Development (2020)

市 州	Cities and States	开发公司个数 （个） Number of Develop-ment Enterprises (unit)	国有经济 State-owned Enterprises	集体经济 Collective-owned Enterprises	外商投资经济 Foreign Funded Enterprises	港澳台投资经济 Economy With Funded From H.K,Macao and Taiwan	房地产开发投资 （亿元） Investment (100 million yuan)
全 省	**Total**	**4745**	**158**	**5**	**31**	**61**	**4880.44**
长沙市	Changsha	889	44		12	23	1868.41
株洲市	Zhuzhou	435	20	1	3	5	420.21
湘潭市	Xiangtan	176	10			2	282.07
衡阳市	Hengyang	473	11	1	4	5	314.48
邵阳市	Shaoyang	306	6	1		2	241.15
岳阳市	Yueyang	450	8		8	6	228.42
常德市	Changde	273	12		1	3	339.98
张家界市	Zhangjiajie	110	3		1	3	139.95
益阳市	Yiyang	206	4	2			145.98
郴州市	Chenzhou	422	18			6	206.31
永州市	Yongzhou	293	6		1	2	166.83
怀化市	Huaihua	323	5		1	2	265.02
娄底市	Loudi	204	2			2	133.67
湘西州	Xiangxi	185	9				127.96

21—10 续表 Continued

市 州	Cities and States	营务收入 （亿元） Operating Income (100 million yuan)	土地转让收入 Land Transferred	商品房屋销售收入 Commercial Houses Sold	房屋出租收入 Houses Leased	其他收入 Others	营业税金及附加 （亿元） Business Taxes and Additional (100 million yuan)	利润总额 （亿元） Total Profits (100 million yuan)
全 省	**Total**	**3546.40**	**39.48**	**3367.65**	**17.93**	**106.81**	**198.64**	**263.04**
长沙市	Changsha	1280.27	3.73	1200.74	11.36	61.81	90.42	133.68
株洲市	Zhuzhou	289.88	13.96	271.38	2.36	1.78	12.36	24.36
湘潭市	Xiangtan	201.50	0.01	198.63	0.37	2.48	9.19	22.68
衡阳市	Hengyang	222.08	2.04	202.75	0.55	15.26	12.37	8.12
邵阳市	Shaoyang	158.50	2.18	153.61	0.12	2.45	8.96	7.66
岳阳市	Yueyang	236.28	1.84	221.63	0.59	11.40	12.93	5.46
常德市	Changde	237.62	8.12	224.97	0.81	3.71	7.94	5.41
张家界市	Zhangjiajie	41.34	0.00	41.13	0.00	0.21	2.44	5.21
益阳市	Yiyang	125.67	4.10	117.80	0.15	3.62	7.91	8.02
郴州市	Chenzhou	192.61	1.16	189.62	0.78	0.52	9.95	7.80
永州市	Yongzhou	245.27	0.09	241.59	0.19	0.87	9.95	26.86
怀化市	Huaihua	158.96	1.42	154.68	0.31	2.50	7.36	8.49
娄底市	Loudi	93.15	0.60	87.05	0.22	0.16	3.98	1.55
湘西州	Xiangxi	63.26	0.22	62.06	0.10	0.05	2.87	-2.26

21-11 商品房屋销售情况(2020年)
Sales of Commercial House (2020)

市 州	Cities and States	商品房屋销售面积(平方米) Floor Space of Selling Commercial House (sq.m)	#住宅 Residential Buildings	商品房屋销售额(万元) Total Sales of Commercial House (10 000 yuan)	#住宅 Residential Buildings	商品房平均销售价格(元/平方米) Average Selling Price of Selling Commercial House(yuan/sq.m)	#住宅 Residential Buildings
全 省	**Total**	**94374375**	**85066530**	**59470606**	**52235639**	**6301.56**	**6140.56**
长沙市	Changsha	23798994	20479654	21969071	18651115	9231.09	9107.14
株洲市	Zhuzhou	6913853	6265075	4134435	3711405	5979.93	5923.96
湘潭市	Xiangtan	4867163	4504754	2684002	2485882	5514.51	5518.35
衡阳市	Hengyang	6717537	6397247	3451095	3208966	5137.44	5016.17
邵阳市	Shaoyang	5003772	4510805	2340802	2042243	4678.07	4527.45
岳阳市	Yueyang	6313474	5825594	3683312	3386208	5834.05	5812.64
常德市	Changde	6262942	5898764	3586353	3242858	5726.31	5497.52
张家界市	Zhangjiajie	1600590	1446518	925868	797867	5784.54	5515.78
益阳市	Yiyang	4162457	3652441	2079469	1764148	4995.77	4830.05
郴州市	Chenzhou	7739232	6940483	3977147	3565159	5138.94	5136.76
永州市	Yongzhou	7282261	6400108	3997022	3444538	5488.71	5382.00
怀化市	Huaihua	7745389	7376052	3616303	3375241	4668.98	4575.95
娄底市	Loudi	3535243	3028795	1916340	1537278	5420.67	5075.54
湘西州	Xiangxi	2431468	2340240	1109387	1022731	4562.62	4370.20

21-12 房地产开发建设房屋建筑面积和价值(2020年)
Floor Space of Building and Value of Real Estate Development (2020)

市 州	Cities and States	施工房屋面积（平方米）Floor Space of Buildings under Construction (sq.m)	竣工房屋面积（平方米）Floor Space of Buildings Completed (sq.m)	房屋建筑面积竣工率（%）Rate of Floor Space of Buildings Completed (%)	竣工房屋价值（万元）Value of Buildings Completed (10 000 yuan)
全 省	**Total**	**407574095**	**39639376**	**9.7**	**12600807**
长沙市	Changsha	126521485	12592071	10.0	5234393
株洲市	Zhuzhou	41699452	3208717	7.7	1005308
湘潭市	Xiangtan	19040490	1522498	8.0	487773
衡阳市	Hengyang	30178886	2805679	9.3	730201
邵阳市	Shaoyang	17646577	2764986	15.7	719291
岳阳市	Yueyang	26218234	2393216	9.1	696116
常德市	Changde	26621490	3088766	11.6	1005185
张家界市	Zhangjiajie	7449451	291438	3.9	165375
益阳市	Yiyang	13626003	1776988	13.0	463484
郴州市	Chenzhou	30831913	1480670	4.8	373019
永州市	Yongzhou	15559311	2493816	16.0	508236
怀化市	Huaihua	23689374	2445988	10.3	594541
娄底市	Loudi	14660150	1903467	13.0	448231
湘西州	Xiangxi	13831279	871076	6.3	169654

21-13 地方财政收入情况 (2020年)
Public Budgetary Revenue (2020)

单位：亿元 (100 million yuan)

市 州	Cities and States	地方一般公共预算收入 General Public Budget Revenue	税收收入 Taxes Revenue	增值税 Value Added Tax	企业所得税 Income Tax of Enterprises	个人所得税 Individual Income Tax	非税收入 No-tax Revenue
全 省	**Total**	**3008.66**	**2057.98**	**700.55**	**255.96**	**87.95**	**950.69**
长沙市	Changsha	1100.09	807.08	259.44	113.28	53.96	293.01
株洲市	Zhuzhou	204.60	128.06	37.99	10.88	3.24	76.53
湘潭市	Xiangtan	116.17	76.01	28.57	7.21	1.89	40.17
衡阳市	Hengyang	173.47	113.87	30.63	8.88	2.15	59.60
邵阳市	Shaoyang	105.34	66.02	20.38	6.01	1.65	39.32
岳阳市	Yueyang	152.73	95.55	34.94	8.20	2.13	57.18
常德市	Changde	187.86	123.63	31.04	11.10	2.51	64.23
张家界市	Zhangjiajie	32.13	21.89	5.22	2.05	0.85	10.24
益阳市	Yiyang	77.92	54.22	18.55	5.25	2.12	23.70
郴州市	Chenzhou	143.42	102.78	27.80	5.67	1.76	40.64
永州市	Yongzhou	128.79	88.00	19.55	5.54	1.72	40.79
怀化市	Huaihua	99.57	70.01	17.84	5.36	1.57	29.56
娄底市	Loudi	80.61	55.19	23.90	5.49	1.15	25.42
湘西州	Xiangxi	64.47	36.64	12.36	3.49	1.05	27.84

21−14 公共财政支出情况(2020年)
Public Budgetary Expenditure (2020)

单位:亿元 (100 million yuan)

市 州	Cities and States	一般公共预算支出 General Public Budget Expenditure	教育 Education	社会保障和就业 Social Security Programs and Employment	卫生健康 Health	农林水利事务 Agriculture, Forest and Irrigation	一般公共服务 General Public Services
全 省	**Total**	**8403.13**	**1325.25**	**1300.22**	**737.62**	**987.71**	**861.15**
长沙市	Changsha	1501.23	231.05	126.73	78.10	95.54	185.27
株洲市	Zhuzhou	469.81	64.80	47.74	38.65	38.92	72.77
湘潭市	Xiangtan	293.40	38.63	37.36	25.15	32.18	30.59
衡阳市	Hengyang	577.51	98.54	89.86	67.26	70.86	60.88
邵阳市	Shaoyang	590.23	108.65	79.75	68.01	88.28	67.71
岳阳市	Yueyang	543.60	71.15	67.94	56.98	77.28	59.30
常德市	Changde	613.98	81.50	85.70	61.27	97.02	55.63
张家界市	Zhangjiajie	197.92	27.62	24.02	17.92	29.46	19.99
益阳市	Yiyang	385.23	59.25	54.75	45.96	68.77	38.63
郴州市	Chenzhou	464.45	79.29	63.05	50.85	60.08	42.75
永州市	Yongzhou	501.24	96.45	73.73	58.45	82.11	46.52
怀化市	Huaihua	481.72	88.43	67.02	49.52	82.48	50.00
娄底市	Loudi	329.52	62.41	45.68	35.04	45.77	44.51
湘西州	Xiangxi	357.57	59.17	44.08	39.52	71.82	39.93

21-15 金融机构人民币存款情况(2020年)
RMB Deposits of Financial Institutions (2020)

单位：亿元 (100 million yuan)

市 州	Cities and States	各项存款 Deposits	住户存款 Personal Deposits	非金融企业存款 Corporate Deposits	机关团体存款 Corporate Deposits	财政性存款 Fiscal Deposits	非银行业金融机构存款 Non-banking Financial Institutions Deposit
全 省	**Total**	**57479.96**	**31756.44**	**13191.56**	**8692.60**	**1258.15**	**2551.61**
长沙市	Changsha	23006.77	7501.64	8096.38	4399.36	518.92	2471.50
株洲市	Zhuzhou	3533.82	2219.69	786.53	434.72	82.86	8.87
湘潭市	Xiangtan	2354.74	1636.25	467.59	215.94	24.00	10.25
衡阳市	Hengyang	4251.43	3099.73	577.35	514.58	52.36	5.21
邵阳市	Shaoyang	3293.25	2482.04	389.00	373.31	45.60	2.21
岳阳市	Yueyang	3055.53	1924.65	579.77	448.47	80.93	20.77
常德市	Changde	3610.03	2493.99	514.29	418.55	171.91	10.57
张家界市	Zhangjiajie	939.01	590.48	135.15	184.60	18.24	10.26
益阳市	Yiyang	2287.03	1660.24	270.86	311.24	43.71	0.27
郴州市	Chenzhou	2732.34	1932.61	408.32	334.13	51.13	5.32
永州市	Yongzhou	2483.16	1929.31	248.72	262.35	41.21	0.62
怀化市	Huaihua	2293.92	1736.92	208.94	299.07	45.47	3.01
娄底市	Loudi	2201.17	1642.19	250.27	284.60	23.52	0.19
湘西州	Xiangxi	1305.17	902.09	175.72	168.27	58.24	0.71

21−16 金融机构人民币贷款情况(2020年)

RMB Loans of Financial Institutions (2020)

单位：亿元 (100 million yuan)

市 州	Cities and States	各项贷款 Loans	住户贷款 Households Loans	非金融企业及机关团体贷款 Non-financial Enterprises and Institutions Loans
全 省	**Total**	**49165.68**	**18392.09**	**30748.11**
长沙市	Changsha	24100.41	7469.25	16606.78
株洲市	Zhuzhou	2522.88	1140.03	1382.79
湘潭市	Xiangtan	2407.79	695.36	1712.38
衡阳市	Hengyang	2564.16	1178.42	1385.54
邵阳市	Shaoyang	1953.29	950.17	1003.10
岳阳市	Yueyang	2457.69	901.83	1555.69
常德市	Changde	2512.73	1088.30	1424.23
张家界市	Zhangjiajie	914.59	365.77	548.76
益阳市	Yiyang	1538.49	602.47	935.91
郴州市	Chenzhou	1949.87	1033.08	916.72
永州市	Yongzhou	1811.09	961.58	849.44
怀化市	Huaihua	1517.94	835.80	682.04
娄底市	Loudi	1334.50	549.44	785.05
湘西州	Xiangxi	1081.58	513.51	568.07

21−17 农业基本情况（2020年）
Basic Indicators of Agriculture (2020)

市 州	Cities and States	第一产业从业人员（万人）Workers in The Primary Industry (10 000 persons)	乡村人口（万人）Rural Population (10 000 persons)	造林面积（万公顷）Afforesta-tion Areas (10 000 hectares)
全 省	**Total**	**836.0**	**2740.3**	**57.65**
长沙市	Changsha	65.4	175.1	0.66
株洲市	Zhuzhou	27.0	112.2	3.01
湘潭市	Xiangtan	32.7	97.1	1.32
衡阳市	Hengyang	104.5	303.8	7.99
邵阳市	Shaoyang	100.1	313.9	7.16
岳阳市	Yueyang	61.1	198.6	4.54
常德市	Changde	71.8	231.0	5.73
张家界市	Zhangjiajie	26.6	73.4	1.99
益阳市	Yiyang	58.3	190.9	3.75
郴州市	Chenzhou	65.6	195.7	8.48
永州市	Yongzhou	75.0	281.0	4.97
怀化市	Huaihua	65.2	242.1	2.50
娄底市	Loudi	47.4	203.1	2.49
湘西州	Xiangxi	35.3	122.4	3.06

21–18 农业生产条件(2020年)
Condition of Agricultural Production (2020)

市 州	Cities and States	农业机械总动力（万千瓦）Total Power of Agricultural Machinery (10 000 kw)	有效灌溉面积（千公顷）Effective Irrigated Area (1000 hectares)	化肥施用量（万吨）Consumption of Chemical Fertilizers (10 000 tons)	农村用电量（千瓦时）Electricity Consumed in Rural Areas (10 000 kwh)	每公顷面积产量（公斤）Yield Per Hectare (kg)		
						粮食 Grain Crops	棉花 Cotton	油料 Oil-bearing Crops
全 省	**Total**		**3293.48**	**223.73**	**1346858**	**6341**	**1252**	**1793**
长沙市	Changsha		242.52	16.95	189660	6772	1389	1847
株洲市	Zhuzhou		172.38	10.06	91399	6998	1547	1721
湘潭市	Xiangtan		143.83	9.45	65017	7139	784	1700
衡阳市	Hengyang		298.25	21.68	205440	6595	1106	1651
邵阳市	Shaoyang		309.61	21.42	113733	6532	808	1836
岳阳市	Yueyang		343.62	20.51	86873	6183	1210	1760
常德市	Changde		479.85	33.51	136064	6327	1316	2003
张家界市	Zhangjiajie		59.02	5.66	21832	5069	890	1735
益阳市	Yiyang		248.47	19.28	121243	6288	1446	1822
郴州市	Chenzhou		213.38	16.66	73927	5879	875	1756
永州市	Yongzhou		296.20	22.23	82498	6156	1345	1876
怀化市	Huaihua		207.83	10.98	63070	6365	569	1577
娄底市	Loudi		103.23	8.27	76386	6403	1370	1788
湘西州	Xiangxi		175.29	7.08	19715	5393	607	1545

21-19 主要农业机械年末拥有量(2019年)
Year-end Possession of Major Agriculture Machinery (2019)

市 州	Cities and States	大中型拖拉机 Large and Medium Tractors		小型及手扶拖拉机 Mini and Walking Tractors		排灌机械 Machinery for Agricultural Drainage and Irrigation
		台 (unit)	千瓦 (kw)	台 (unit)	千瓦 (kw)	台 (unit)
全 省	**Total**	**122262**	**4524951**	**239862**	**2876245**	**2320341**
长沙市	Changsha	8752	352684	25459	318444	215435
株洲市	Zhuzhou	5233	200116	26019	294889	35934
湘潭市	Xiangtan	2318	82563	2986	44082	185407
衡阳市	Hengyang	8981	324477	16116	239601	236995
邵阳市	Shaoyang	7182	263557	9975	128267	204384
岳阳市	Yueyang	17263	618408	31149	356888	182251
常德市	Changde	17924	820859	26904	336509	198982
张家界市	Zhangjiajie	3031	91251	3749	41926	38548
益阳市	Yiyang	10641	535110	25380	293654	271018
郴州市	Chenzhou	12659	371978	21479	255613	72057
永州市	Yongzhou	20278	590824	25763	305091	305722
怀化市	Huaihua	3398	124610	10898	72153	143055
娄底市	Loudi	2653	91448	8523	104464	205379
湘西州	Xiangxi	1949	57067	5462	84665	25174

注：该表暂缺2020年数据。
The table is temporarily missing data for 2020.

21−20 机耕面积及水库、堤防(2020年)
Tractor-ploughed Area, Reservoirs and Dikes (2020)

市 州	Cities and States	机耕面积（千公顷）Tractor Ploughed Area (1000 hectares)	水 库（座）Number of Reservoirs (set)	堤防长度（公里）Total Length of Dikes (km)
全 省	**Total**		**13737**	**20576.03**
长沙市	Changsha		611	1550.59
株洲市	Zhuzhou		957	959.56
湘潭市	Xiangtan		375	992.69
衡阳市	Hengyang		1531	2688.61
邵阳市	Shaoyang		1291	338.59
岳阳市	Yueyang		1567	2585.29
常德市	Changde		1406	3382.29
张家界市	Zhangjiajie		257	354.88
益阳市	Yiyang		621	3356.85
郴州市	Chenzhou		1038	1148.29
永州市	Yongzhou		1368	1058.96
怀化市	Huaihua		1288	943.88
娄底市	Loudi		742	453.76
湘西州	Xiangxi		685	761.79

注：机耕面积由农机部门提供，水库、堤防长度数据由水利部门提供。

The Date of Tractor−Ploughed Area are provided by Department of agriculture machinery, The Data of Reservoirs and Dikes are provided by Department of the water conservancy.

21-21 农林牧渔业总产值(2020年)
Gross Output Value of Farming, Forestry, Animal Husbandry and Fishery (2020)

单位：万元 (10 000 yuan)

市州	Cities and States	农林牧渔业总产值 Gross Output Value of Farming, Forestry, Animal Husbandry and Fishery	指数（上年=100）Indices (preceding year=100)	农业产值 Output Value of Farming	林业产值 Output Value of Forestry	牧业产值 Output Value of Animal Husbandry	渔业产值 Output Value of Fishery	农林牧渔专业及辅助性活动产值 Output Value of Farming, Forestry, Animal Husbandry, Fishery and Auxiliary Activities
长沙市	Changsha	7221925	104.1	4251662	393552	1953530	225399	397782
株洲市	Zhuzhou	3990072	103.4	1834823	312402	1554449	149005	139394
湘潭市	Xiangtan	2968447	103.8	1109970	142669	1412334	147547	155926
衡阳市	Hengyang	7821074	104.1	2727011	598683	3419174	595161	481045
邵阳市	Shaoyang	6776033	104.2	3463478	202192	2621857	165287	323217
岳阳市	Yueyang	7934670	104.0	3290064	219480	2685302	1337108	402715
常德市	Changde	8310400	104.3	3397709	206845	3472634	696381	536831
张家界市	Zhangjiajie	1361097	103.9	734209	93270	443529	40374	49715
益阳市	Yiyang	5949366	104.2	2998510	170311	1706586	731372	342586
郴州市	Chenzhou	5059753	104.4	2270620	451399	2001015	152248	184472
永州市	Yongzhou	7741971	104.4	3259275	896731	2800932	422711	362322
怀化市	Huaihua	4682627	104.2	2214428	328938	1916699	126898	95664
娄底市	Loudi	3332666	104.5	1587557	78201	1390526	161615	114767
湘西州	Xiangxi	1969572	104.0	1170643	56176	697923	21337	23493

21－22　经济作物播种面积（2020年）
Sown Area of Cash Crops (2020)

单位：千公顷　　(1000 hectares)

市　州	Cities and States	油料面积 Area of Oil	烤烟面积 Area of Flue-cured Tobacco	蔬菜面积 Area of Vegetables
全　省	**Total**	**1453.50**	**85.92**	**1355.03**
长沙市	Changsha	59.64	5.57	158.59
株洲市	Zhuzhou	50.31	1.67	79.57
湘潭市	Xiangtan	31.01		56.86
衡阳市	Hengyang	197.09	4.80	64.78
邵阳市	Shaoyang	115.41	4.07	152.10
岳阳市	Yueyang	127.92	0.07	80.04
常德市	Changde	304.79	4.60	122.26
张家界市	Zhangjiajie	48.61	6.39	38.61
益阳市	Yiyang	137.18	0.09	131.47
郴州市	Chenzhou	73.14	26.66	107.89
永州市	Yongzhou	95.04	18.65	193.48
怀化市	Huaihua	116.72	0.65	70.51
娄底市	Loudi	40.43	0.12	41.88
湘西州	Xiangxi	56.21	12.60	56.98

21-23 主要经济作物及水产品产量(2020年)
Output of Main Cash Crop and Aquatic Product (2020)

单位：吨 (ton)

市 州	Cities and States	油料产量 Oilbearing	油菜籽 Rapeseeds	苎 麻 Ramie	烤 烟 Flue-cured Tobacco	蔬 菜 Vegetables
全 省	**Total**	**2606680**	**2287365**	**4310**	**183427**	**41100821**
长沙市	Changsha	110167	95824	3	11404	5530874
株洲市	Zhuzhou	86608	72138	1719	4297	3306966
湘潭市	Xiangtan	52714	48842	24		1692970
衡阳市	Hengyang	325442	299659	55	11219	2159840
邵阳市	Shaoyang	211834	159508	88	8909	3033882
岳阳市	Yueyang	225149	199304	208	244	2625613
常德市	Changde	610524	592272	1365	9254	3461639
张家界市	Zhangjiajie	84319	73669	1	14876	1041345
益阳市	Yiyang	249937	232988	291	103	4708285
郴州市	Chenzhou	128471	93909		61181	3347681
永州市	Yongzhou	178285	122380	261	42101	6157384
怀化市	Loudi	184076	172057	2	1522	1648744
娄底市	Huaihua	72278	53738	102	198	1629736
湘西州	Xiangxi	86876	71077	191	18119	755862

21-23 续表 Continued

单位：吨 (ton)

市 州	Cities and States	茶叶 Tea	水果产量 Fruit	柑桔 Citrus	水产品产量 Aquatic Products
全 省	**Total**	**250080**	**11507516**	**6266617**	**2589158**
长沙市	Changsha	43690	407914	104478	113631
株洲市	Zhuzhou	2553	416314	82294	98653
湘潭市	Xiangtan	2231	121543	19287	95221
衡阳市	Hengyang	4224	548550	80626	284392
邵阳市	Shaoyang	6275	1108079	672803	96037
岳阳市	Yueyang	16741	556771	113159	516314
常德市	Changde	28443	1404546	1091871	461051
张家界市	Zhangjiajie	4188	336004	268069	11986
益阳市	Yiyang	100190	613899	237871	433604
郴州市	Chenzhou	8587	949481	436701	109348
永州市	Yongzhou	3103	1646670	688530	186176
怀化市	Loudi	11791	2175826	1709266	75237
娄底市	Huaihua	7477	287717	77529	90613
湘西州	Xiangxi	10587	934202	684133	16895

21－24 主要林产品产量(2020年)
Output of Major Forest Products (2020)

市 州	Cities and States	油茶籽（吨） Tea-oil Seeds (ton)	板栗（吨） Chestnuts (ton)	竹笋干（吨） Bamboo Shoots (ton)	木 材 采伐量（万方） Woods Cuts (10 000 cu.m)	竹 材 采伐量（万根） Bamboo Cuts (10 000 roots)
全 省	**Total**	**1282578**	**123515**	**87346**	**391.24**	**24258.97**
长沙市	Changsha	71034	15420	593	14.35	1444.20
株洲市	Zhuzhou	143731	2759	22023	14.32	2170.73
湘潭市	Xiangtan	12894	2313	27	3.81	19.70
衡阳市	Hengyang	289639	37998	18671	12.57	1877.96
邵阳市	Shaoyang	141160	5342	4249	28.89	862.47
岳阳市	Yueyang	28972	4819	7265	85.37	11313.85
常德市	Changde	74762	1587	856	59.56	1225.17
张家界市	Zhangjiajie	6808	1925	300	3.67	5.00
益阳市	Yiyang	21255	1705	4173	51.89	1854.80
郴州市	Chenzhou	117056	11644	13504	30.42	1096.71
永州市	Yongzhou	269051	14086	5384	38.14	475.82
怀化市	Huaihua	62310	9363	7587	41.10	950.38
娄底市	Loudi	17838	7598	2430	3.04	953.77
湘西州	Xiangxi	26068	6956	284	4.09	8.43

21-25 规模以上工业企业个数(2020年)
The Number of Units of Industrial Enterprises above Designated Size (2020)

单位:个 (unit)

市 州	Cities and States	工业企业单位个数 The Number of Units of Industrial Enterprises	按轻重工业分 According to Light and Heavy Industries		按登记注册类型分 Divided by Type of Registration			
			轻工业 Light Industry	重工业 Heavy Industry	国有控股 Stste-owned Enterprises	内资企业 Domestic Funded	港澳台商投资企业 Enterprises with Funds from Hongkong, Macao and Taiwan	外商投资企业 Foreign Funded
全 省	**Total**	**18239**	**7226**	**11013**	**759**	**17769**	**255**	**215**
长沙市	Changsha	2912	917	1995	146	2778	59	75
株洲市	Zhuzhou	1780	483	1297	97	1750	13	17
湘潭市	Xiangtan	1217	373	844	34	1184	12	21
衡阳市	Hengyang	1277	525	752	74	1251	16	10
邵阳市	Shaoyang	1871	1164	707	44	1851	15	5
岳阳市	Yueyang	1690	787	903	46	1657	16	17
常德市	Changde	1543	661	882	62	1504	22	17
张家界市	Zhangjiajie	223	126	97	8	219	2	2
益阳市	Yiyang	1290	620	670	46	1265	11	14
郴州市	Chenzhou	1186	328	858	68	1144	33	9
永州市	Yongzhou	1200	511	689	52	1147	36	17
怀化市	Huaihua	753	277	476	46	738	10	5
娄底市	Loudi	1020	315	705	27	1007	7	6
湘西州	Xiangxi	293	142	151	25	290	2	1

21–26 规模以上工业企业基本情况(2020年)

Basic Indicators of Industrial Enterprises above Designated Size (2020)

单位：亿元 (100 million yuan)

市 州	Cities and States	工业增加值指数(上年=100) Index of Value Added of Industry (preceding year=100)	营业收入 Revenue of Bussiness	利润总额 Total Profits	资产总计 Total Assets of Industrial Enterprises	负债合计 Total Liabilities of Industrial Enterprises
全 省	**Total**	**104.8**	**38914.75**	**2559.92**	**32463.31**	**16554.22**
长沙市	Changsha	105.1	8509.18	882.12	11388.81	6295.19
株洲市	Zhuzhou	105.1	2872.73	163.24	4029.20	1923.79
湘潭市	Xiangtan	103.4	3574.16	100.99	1980.59	1066.93
衡阳市	Hengyang	105.4	1768.84	88.63	1691.43	972.92
邵阳市	Shaoyang	104.1	2339.30	217.67	1092.73	500.55
岳阳市	Yueyang	105.1	5688.73	283.15	2351.40	981.55
常德市	Changde	104.6	3241.41	228.03	2393.96	1149.28
张家界市	Zhangjiajie	102.9	111.13	8.16	122.65	58.77
益阳市	Yiyang	104.5	2830.59	109.88	1287.92	677.07
郴州市	Chenzhou	103.6	2789.53	183.33	1895.99	919.19
永州市	Yongzhou	105.5	1812.76	84.29	1036.12	438.29
怀化市	Huaihua	105.6	1066.15	64.04	835.26	288.94
娄底市	Loudi	105.7	2139.40	162.38	1418.38	687.27
湘西州	Xiangxi	104.5	253.20	14.63	361.60	219.91

21-27 主要工业产品产量 (2020年)

市 州	Cities and States	纱 (万吨) Yarn (10 000 tons)	布 (亿米) Cloth (100 million meters)	针棉织品 (折用纱线) (万吨) Cotton Knitwear (10 000tons)	机制纸及纸板 (万吨) Machine-made Paper and Paperboard (10 000 tons)	卷 烟 (万箱) Cigarettes (10 000 cases)
全 省	**Total**	**102.60**	**1.31**	**4.52**	**316.10**	**324.99**
长沙市	Changsha	1.31			36.22	115.00
株洲市	Zhuzhou	4.85			4.07	
湘潭市	Xiangtan	1.29			0.35	
衡阳市	Hengyang	1.50			24.35	
邵阳市	Shaoyang	2.68	0.33		53.14	
岳阳市	Yueyang	46.93	0.29	3.79	109.75	
常德市	Changde	23.14	0.33		44.88	160.37
张家界市	Zhangjiajie					
益阳市	Yiyang	17.68	0.32	0.73	2.52	
郴州市	Chenzhou	0.54			25.78	27.52
永州市	Yongzhou	0.01			0.70	22.10
怀化市	Huaihua	1.99	0.04		14.33	
娄底市	Loudi		0.00			
湘西州	Xiangxi	0.66				

21-27 续表

市 州	Cities and States	钢 材 (万吨) Steel (10 000 tons)	水 泥 (万吨) Cement (10 000 tons)	平板玻璃 (万重量箱) Plate Class (10 000 weight cases)	硫 酸 (万吨) Sulfuric Acid (10 000 tons)	烧 碱 (万吨) Caustic Sode (10 000 tons)
全 省	**Total**	**2720.67**	**10989.09**	**3284.57**	**207.55**	**59.74**
长沙市	Changsha	2.60	671.40	66.10	2.71	
株洲市	Zhuzhou	0.41	514.05	2353.36	3.86	
湘潭市	Xiangtan	1031.37	580.77	23.25		
衡阳市	Hengyang	179.89	871.10		147.16	40.04
邵阳市	Shaoyang	1.89	1043.77	0.06		
岳阳市	Yueyang	12.23	419.87		4.20	9.32
常德市	Changde	0.71	1377.05	169.97		
张家界市	Zhangjiajie		157.22			
益阳市	Yiyang	14.20	779.96			
郴州市	Chenzhou		1121.42	664.38	19.18	
永州市	Yongzhou	10.58	1376.00	7.42		
怀化市	Huaihua	3.05	690.03		6.93	10.39
娄底市	Loudi	1463.75	1131.58			
湘西州	Xiangxi		254.87	0.03	23.51	

Output of Major Industrial Products (2020)

化学药品原药 (吨) Original Chemical Drug (ton)	食用植物油 (万吨) Edible Vegetable Oil (10 000 tons)	饲料 (万吨) Mixed Fodder (10 000 tons)	粗钢 (万吨) Crude Steel (10 000 tons)	生铁 (万吨) Pig Iron (10 000 tons)	原煤 (万吨) Coal (10 000 tons)	发电量 (亿千瓦时) Electricity (100 million kw.h)	水力发电 Hydro-power
139413.00	**310.39**	**1791.02**	**2612.90**	**2105.44**	**1053.30**	**1496.21**	**538.97**
29266.00	19.03	192.99				77.12	15.93
1496.00	3.49	99.30			77.70	94.47	18.24
70.00	0.64	31.35	1100.25	898.13		108.71	1.42
	6.82	71.96	177.00	113.61	296.74	76.92	23.67
22938.00	23.72	103.92			16.67	116.90	58.35
78228.00	156.48	628.72				123.64	0.44
2288.00	59.30	219.58				135.88	33.84
1195.00	0.23	5.56				3.32	2.86
	9.14	239.03				131.15	48.42
158.00	1.40	39.43			242.08	144.05	31.43
45.00	18.16	54.23		2.05		88.48	52.28
3728.00	9.76	80.20				242.17	228.92
2.00	2.13	23.79	1335.65	1091.66	420.11	133.68	4.85
	0.08	0.97				19.71	18.32

Continued

化学农药 (原药) (万吨) Chemical Pesticide (10 000 tons)	化学肥料 (折纯量) (万吨) Chemical Fertilizers (10 000 tons)	氮肥 Nitrogen Fertilizers	磷肥 Phosphate Fertilizers	电石 (万吨) Calcium Carbide (10 000 tons)	初级形态的塑料 (万吨) Pimary Plastics (10 000 tons)	矿山专用设备 (万吨) Mining Special Equipment (10 000 tons)	金属切削机床 (台) Metal-cutting Machine Tools(unit)
13.02	**58.69**	**48.70**	**10.00**	**13.36**	**58.27**	**65.84**	**3331**
0.98	1.42		1.42		0.65	0.97	1346
1.45					2.75	0.12	121
						8.16	40
				1.09	12.72	1.29	
0.09					0.93	7.43	62
6.87	41.26	41.26			27.08	1.05	345
2.16	8.15	1.34	6.81		1.66	1.74	
					0.28		
1.25					8.24	0.03	1417
	0.84	0.84			0.00	1.84	
					3.49	12.14	
0.21	1.76		1.76	12.27		0.30	
	5.26	5.26			0.47	30.78	

21-28 建筑企业主要经济指标(2020年)
Main Economic Indicators on Construction Enterprises (2020)

单位：亿元 (100 million yuan)

市 州	Cities and States	企业单位数（个） Number of Enterprises (unit)	从业人员数（万人） Number of Employees (10 000 persons)	建筑业总产值 Gross Output Value of Construction	企业总收入 Total Income of Enterprises	利税总额合计 Total Pre-tax Profits	利润总额合计 Total Profits
全 省	**Total**	**3338**	**303.03**	**11863.77**	**10278.14**	**711.46**	**334.67**
长沙市	Changsha	930	130.11	6059.07	5667.98	329.47	176.24
株洲市	Zhuzhou	322	25.12	971.47	719.63	48.77	20.49
湘潭市	Xiangtan	195	21.88	571.55	447.95	27.03	11.83
衡阳市	Hengyang	246	23.83	676.09	549.72	41.00	16.18
邵阳市	Shaoyang	224	13.78	574.70	482.02	40.39	16.39
岳阳市	Yueyang	315	16.85	606.55	491.11	49.43	25.23
常德市	Changde	146	12.94	465.90	429.29	29.21	11.39
张家界市	Zhangjiajie	69	2.05	73.91	64.03	5.14	1.73
益阳市	Yiyang	122	10.07	370.59	294.19	29.96	11.34
郴州市	Chenzhou	202	11.92	461.99	275.83	28.44	13.72
永州市	Yongzhou	161	11.30	311.41	214.47	30.01	12.17
怀化市	Huaihua	175	7.18	226.87	178.75	18.69	7.66
娄底市	Loudi	147	14.36	455.66	421.13	31.64	10.36
湘西州	Xiangxi	84	1.64	38.01	42.06	2.28	-0.05

21－29 公路长度(2020年) Length of Highways (2020)

单位：公里 (km)

市 州	Cities and States	里程总计 Total Length of Highways	等级公路 Expressway and Class Ⅰ to Ⅳ Highway	高速公路 Express-way	一级公路 First Class	二级公路 Second Class	三级公路 Third Class	四级公路 Fourth Class	等外路 Highway Below Class Ⅳ
全 省	**Total**	**241138**	**229192**	**6951**	**2723**	**15749**	**5610**	**198158**	**11946**
长沙市	Changsha	16255	14832	724	407	1139	710	11851	1423
株洲市	Zhuzhou	13926	13765	489	182	1163	93	11838	161
湘潭市	Xiangtan	7952	5696	285	141	457	199	4613	2257
衡阳市	Hengyang	21145	18787	665	121	1248	132	16621	2359
邵阳市	Shaoyang	22601	21270	582	92	1567	543	18487	1330
岳阳市	Yueyang	20642	20501	487	362	1132	388	18132	141
常德市	Changde	22689	22664	445	441	1244	545	19989	25
张家界市	Zhangjiajie	9206	8048	185	79	451	453	6880	1158
益阳市	Yiyang	16352	15955	452	195	1254	140	13916	397
郴州市	Chenzhou	18035	17230	576	211	1478	487	14478	805
永州市	Yongzhou	23132	22236	492	183	1377	468	19715	896
怀化市	Huaihua	20855	20664	717	107	1457	652	17731	191
娄底市	Loudi	15166	14689	370	176	773	327	13043	477
湘西州	Xiangxi	13182	12855	482	25	1011	474	10862	327

注：资料来源于省交通厅。2006年起等外路包含村道。

Figures in this table form Transpotation Bureau of Hunan Province. Highway below class Ⅳ includes country road since 2006.

21－30 民用车辆拥有量(2020年) Number of Civil Motor Vehicles (2020)

市 州	Cities and States	合 计（辆） Total (unit)	私人汽车 Private Car	汽 车 Civil Motor Vehicles 载 客 Passenger Vehicles	汽 车 Civil Motor Vehicles 载 货 Trucks Vehicles	摩托车 Motors	拖拉机 Tractors	其 他 类型车 Other Motor Vehicles	机动车驾驶员（人） Number of Motor Drivers (person)	#汽车驾驶员 Automobile Drivers
全 省	**Total**	**15416659**	**8901815**	**8584789**	**895331**	**5463369**	**213580**	**109193**	**17482750**	**15229696**
长沙市	Changsha	3243359	2549808	2656811	157197	362038	23574	9393	3518411	3426820
株洲市	Zhuzhou	852386	559281	545654	47713	222140	23593	8542	1158562	1026175
湘潭市	Xiangtan	634495	391581	386247	29216	199396	5766	9189	791330	716161
衡阳市	Hengyang	1118655	660616	629370	66864	385381	16986	8970	1415257	1289787
邵阳市	Shaoyang	1165332	650567	587552	87001	465803	9512	5186	1453334	1262570
岳阳市	Yueyang	1161336	676301	642486	63292	401482	26310	16723	1368222	1201995
常德市	Changde	1357243	647788	616432	68058	606845	32617	18896	1343085	1125068
张家界市	Zhangjiajie	444717	174858	164778	21921	250989	3956	462	404612	292534
益阳市	Yiyang	922421	482588	447046	52009	366110	28734	16823	1138351	957711
郴州市	Chenzhou	890738	522186	481802	70869	312533	11601	4140	982136	882961
永州市	Yongzhou	1029343	513435	458300	73213	466085	13806	4768	1109457	870486
怀化市	Huaihua	1223996	437419	393158	63774	748662	6039	2515	1130735	813959
娄底市	Loudi	935034	437444	394670	62121	460341	4521	2733	1138350	965639
湘西州	Xiangxi	437604	197943	180483	32083	215564	6565	853	530908	397830

21-31 邮电业务量(2020年)
Volume of Postal and Telecommunications Services (2020)

市 州	Cities and States	邮政业务总量（亿元）Revenue from Postal (100 million yuan)	电信业务总量（亿元）Revenue from Telecommunication (100 million yuan)	邮政业务收入（亿元）Income from Postal (100 million yuan)	电信业务收入（亿元）Income from Telecommunication (100 million yuan)	函件（万件）Letters (10 000 pieces)	报刊期发数（万份）Parcels (10 000 copies)	固定电话用户（万户）Fixed Telephone Subscribers (10 000 households)	移动电话用户（万户）Mobile Telephone Subscribers (10 000 households)	固定互联网用户数（万户）Number of Local Internet Users (10 000 households)
全 省	**Total**	**429.22**	**5671.25**	**226.50**	**471.50**	**1648.15**	**522.47**	**592.43**	**6719.40**	**2113.17**
长沙市	Changsha	211.89	1271.36	94.81	116.77	1219.69	81.17	150.07	1315.55	434.51
株洲市	Zhuzhou	26.40	335.73	12.42	29.92	82.94	31.51	39.53	422.62	141.44
湘潭市	Xiangtan	11.75	263.87	6.73	21.02	21.79	23.58	23.29	304.09	115.96
衡阳市	Hengyang	27.88	466.31	17.78	37.21	47.67	47.73	74.21	592.79	177.56
邵阳市	Shaoyang	25.91	450.26	14.41	33.28	46.94	46.91	32.88	557.71	160.43
岳阳市	Yueyang	24.93	361.27	12.07	34.31	58.78	36.87	82.46	505.80	157.71
常德市	Changde	17.81	401.83	11.89	34.76	49.12	43.68	34.37	534.57	166.35
张家界市	Zhangjiajie	3.24	153.29	2.84	11.58	7.01	14.00	9.63	166.11	58.71
益阳市	Yiyang	19.55	281.92	10.76	23.84	11.88	32.33	26.17	382.62	115.73
郴州市	Chenzhou	15.52	367.25	11.34	28.99	28.72	36.79	43.35	456.22	138.92
永州市	Yongzhou	11.36	344.23	9.22	26.46	10.58	44.08	20.21	431.11	129.74
怀化市	Huaihua	12.12	397.50	9.98	29.45	28.60	35.25	25.56	447.09	131.07
娄底市	Loudi	15.34	315.24	7.76	23.67	24.74	26.33	22.42	367.62	112.34
湘西州	Xiangxi	5.53	256.89	4.49	18.42	9.69	22.24	8.27	235.50	72.72

21-32 规模以上服务业企业主要经济指标(2020年)

Major Economic Indicators of Service Enterprises above Designated Size (2020)

单位：亿元 (100 million yuan)

市 州	Cities and States	单位数（个）Number of Enterprises (unit)	年初存货 Inventory Year-early	流动资产合计 Circulating Funds	应收账款 Net Value of Account Received	存货 Inventory
全 省	**Total**	**7032**	**4933.56**	**13635.93**	**1366.76**	**5131.20**
长沙市	Changsha	1757	1779.08	5754.06	443.63	1869.72
株洲市	Zhuzhou	481	630.90	1433.54	154.89	671.59
湘潭市	Xiangtan	283	8.04	115.15	27.67	8.08
衡阳市	Hengyang	640	1052.72	2027.18	247.66	1110.57
邵阳市	Shaoyang	597	362.86	854.87	104.50	378.75
岳阳市	Yueyang	944	82.72	208.96	46.21	58.21
常德市	Changde	715	528.27	1936.40	136.91	547.60
张家界市	Zhangjiajie	111	2.28	71.89	14.70	2.39
益阳市	Yiyang	115	97.86	167.84	12.56	103.90
郴州市	Chenzhou	427	45.70	223.57	36.15	14.31
永州市	Yongzhou	264	22.12	77.09	8.71	25.58
怀化市	Huaihua	239	63.66	165.17	13.43	74.78
娄底市	Loudi	349	253.54	552.04	112.16	263.30
湘西州	Xiangxi	110	3.81	48.15	7.58	2.41

21-32 续表 1 Continued

单位：亿元 (100 million yuan)

市 州	Cities and States	固定资产原价 Original Price of Fixed Assets	累计折旧 Accumulated Depreciation	本年折旧 Depreciation this Year	资产总计 Total Assets	负债合计 Total Liability
全 省	**Total**	**9602.45**	**1806.43**	**251.29**	**29850.53**	**17404.67**
长沙市	Changsha	6595.64	631.33	95.96	15128.65	8937.79
株洲市	Zhuzhou	658.82	110.59	14.68	2669.80	1457.39
湘潭市	Xiangtan	145.00	63.60	9.31	327.79	232.42
衡阳市	Hengyang	456.77	162.73	21.68	3184.92	1833.40
邵阳市	Shaoyang	189.72	79.14	11.16	1298.57	651.70
岳阳市	Yueyang	212.00	91.09	12.71	876.32	382.85
常德市	Changde	421.70	274.34	19.08	3317.19	2113.18
张家界市	Zhangjiajie	110.23	45.54	6.74	213.57	145.98
益阳市	Yiyang	112.55	57.16	9.96	463.51	324.92
郴州市	Chenzhou	188.17	80.35	12.82	598.81	308.60
永州市	Yongzhou	123.74	52.59	7.44	369.74	181.04
怀化市	Huaihua	155.77	62.29	8.13	343.29	189.18
娄底市	Loudi	147.53	54.08	15.66	921.68	566.59
湘西州	Xiangxi	84.82	41.60	5.97	136.68	79.64

21-32 续表 2 Continued

单位：亿元 (100 million yuan)

市 州	Cities and States	所有者权益合计 Tatol Rights of Owners	营业收入 Operating Income	营业成本 Operating Cost	税金及附加 Tax and Extra Charges
全 省	**Total**	**12445.85**	**4748.16**	**3602.66**	**49.74**
长沙市	Changsha	6190.86	2340.16	1737.29	23.65
株洲市	Zhuzhou	1212.42	466.26	381.36	4.06
湘潭市	Xiangtan	95.37	165.93	130.18	1.74
衡阳市	Hengyang	1351.52	307.11	241.15	4.98
邵阳市	Shaoyang	646.87	147.70	107.58	0.98
岳阳市	Yueyang	493.47	313.69	222.82	6.61
常德市	Changde	1204.01	373.98	306.69	2.29
张家界市	Zhangjiajie	67.60	41.85	31.44	0.17
益阳市	Yiyang	138.59	71.76	52.10	1.30
郴州市	Chenzhou	290.21	149.90	119.24	1.10
永州市	Yongzhou	188.69	88.19	62.95	0.37
怀化市	Huaihua	154.11	96.08	69.75	1.26
娄底市	Loudi	355.10	139.98	106.20	1.08
湘西州	Xiangxi	57.04	45.56	33.91	0.16

21-32 续表 3 Continued

单位：亿元 (100 million yuan)

市 州	Cities and States	销售费用 Operation Expense	管理费用 Management Expense	财务费用 Financial Expense	利息收入 Interest Revenue
全 省	**Total**	**263.17**	**394.91**	**237.82**	**20.42**
长沙市	Changsha	150.38	200.71	175.58	13.22
株洲市	Zhuzhou	19.60	25.48	7.81	1.51
湘潭市	Xiangtan	8.36	14.63	4.69	0.25
衡阳市	Hengyang	11.69	21.71	9.60	1.78
邵阳市	Shaoyang	8.58	18.03	2.69	0.64
岳阳市	Yueyang	13.09	24.21	5.42	0.24
常德市	Changde	13.53	28.35	7.88	1.49
张家界市	Zhangjiajie	4.49	4.99	3.27	0.28
益阳市	Yiyang	4.09	6.61	6.26	0.32
郴州市	Chenzhou	7.23	13.74	3.22	0.20
永州市	Yongzhou	4.98	8.75	5.14	0.08
怀化市	Huaihua	6.87	9.40	2.28	0.04
娄底市	Loudi	7.00	11.62	2.62	0.29
湘西州	Xiangxi	3.28	6.68	1.36	0.10

21-32 续表 4 Continued

单位：亿元 (100 million yuan)

市 州	Cities and States	利息支出 Interest Expense	投资收益 Income from Investment	营业利润 Operating Profit	营业外收入 Non-operating Income	营业外支出 Non-operating Income
全 省	**Total**	**226.13**	**71.81**	**329.57**	**80.45**	**18.49**
长沙市	Changsha	177.08	54.93	137.44	43.16	7.29
株洲市	Zhuzhou	7.18	10.33	42.77	2.40	0.73
湘潭市	Xiangtan	4.03	1.18	7.84	0.89	0.80
衡阳市	Hengyang	9.24	1.02	26.92	5.40	2.32
邵阳市	Shaoyang	2.02	1.00	11.79	7.29	0.63
岳阳市	Yueyang	2.05	0.71	42.89	8.38	2.37
常德市	Changde	9.98	1.15	26.53	2.23	0.90
张家界市	Zhangjiajie	2.97	1.00	-1.69	2.17	0.24
益阳市	Yiyang	1.84	0.05	3.09	0.98	0.63
郴州市	Chenzhou	2.45	0.18	7.39	2.61	0.88
永州市	Yongzhou	1.87		6.20	0.57	0.40
怀化市	Huaihua	1.90	0.17	6.39	1.66	0.36
娄底市	Loudi	2.45	0.07	11.90	1.18	0.60
湘西州	Xiangxi	1.06	0.02	0.13	1.51	0.34

21-32 续表 5 Continued

单位：亿元 (100 million yuan)

市 州	Cities and States	利润总额 Total Profit	所得税费用 Income Tax and Fee	应付职工薪酬 Total Sum of Wages Payable	应交增值税 Value Added Payable	平均用工人数（万人） Average Number of Empolyment of the Current Year (10 000 persons)
全 省	**Total**	**391.52**	**44.89**	**743.24**	**91.37**	**89.90**
长沙市	Changsha	173.29	21.26	390.32	45.35	34.59
株洲市	Zhuzhou	44.44	4.76	52.49	13.18	7.40
湘潭市	Xiangtan	7.92	1.43	21.59	2.66	3.19
衡阳市	Hengyang	30.00	3.57	42.38	6.32	6.89
邵阳市	Shaoyang	18.45	1.76	34.49	2.20	5.78
岳阳市	Yueyang	48.90	3.93	37.20	5.60	6.10
常德市	Changde	27.86	2.76	45.75	4.93	6.73
张家界市	Zhangjiajie	0.23	0.63	6.59	0.93	0.98
益阳市	Yiyang	3.44	0.27	12.12	1.45	1.41
郴州市	Chenzhou	9.12	0.99	26.16	2.54	4.06
永州市	Yongzhou	6.38	0.68	18.51	0.86	3.69
怀化市	Huaihua	7.69	0.99	19.83	1.49	3.13
娄底市	Loudi	12.49	1.55	24.38	2.62	4.28
湘西州	Xiangxi	1.31	0.32	11.43	1.25	1.68

21−33 国内外贸易、对外经济和旅游(2020年)
Domestic Trade, Foreign Trade, Foreign Economy and Tourism (2020)

市 州	Cities and States	社会消费品零售总额（亿元）Total Retail Sales of Consumer Goods (100 million yuan)	社会消费品零售总额增速（%）Total Retail Sales of Consumer Goods Growth Rate (%)	实际使用外资金额（万美元）Amount of Foreign Capital Actually Used (USD 10 000)	旅游业总收入（亿元）Income of Tourism (100 million yuan)
全 省	**Total**	**16258.12**	**-2.6**	**2099782**	**8261.95**
长沙市	Changsha	4469.76	-2.6	728165	1661.32
株洲市	Zhuzhou	1090.42	-2.3	178932	578.06
湘潭市	Xiangtan	750.54	-2.6	180182	532.22
衡阳市	Hengyang	1594.34	-2.6	181503	573.26
邵阳市	Shaoyang	1208.83	-2.5	39656	421.37
岳阳市	Yueyang	1574.01	-2.3	74273	579.31
常德市	Changde	1428.75	-2.4	169799	479.53
张家界市	Zhangjiajie	196.97	-4.5	17552	568.95
益阳市	Yiyang	710.22	-2.5	42095	341.76
郴州市	Chenzhou	921.99	-2.5	242119	634.10
永州市	Yongzhou	782.96	-2.6	161247	519.49
怀化市	Huaihua	606.99	-2.4	10634	471.09
娄底市	Loudi	678.85	-2.4	72034	424.59
湘西州	Xiangxi	243.47	-3.8	1591	476.89

21−34 限额以上批发零售贸易业商品购销存总额(2020年)
Total Purchases, Sales and Inventory of Enterprise above Designated Size in Wholesale and Retail Trade (2020)

单位：万元 (10 000 yuan)

市 州	Cities and States	购进总额 Total Goods Purchase	销售总额 Total Sales	批发额 Wholesale	零售额 Retail Trade	年末库存总额 Inventory at the Year-end
全 省	**Total**	**109807334**	**123592950**	**70206113**	**52495460**	**7898418**
长沙市	Changsha	52824644	52924721	36330464	16037476	3828901
株洲市	Zhuzhou	7446427	8303269	4601446	3566150	616454
湘潭市	Xiangtan	5161546	6366711	2158721	4204106	589911
衡阳市	Hengyang	5513485	6810825	3291765	3489026	295269
邵阳市	Shaoyang	4848112	6256168	2037404	4212079	291485
岳阳市	Yueyang	7433992	8823952	4606984	4215140	711424
常德市	Changde	4341580	5603611	2354827	3245301	306069
张家界市	Zhangjiajie	577142	942828	416649	526179	74592
益阳市	Yiyang	2941550	3607645	1717368	1887463	182735
郴州市	Chenzhou	8252827	9758933	6203442	3446935	427989
永州市	Yongzhou	2901908	4025972	1339916	2680166	191791
怀化市	Huaihua	2161637	3129136	1404889	1722501	176752
娄底市	Loudi	4436707	5390089	2709271	2646816	127954
湘西州	Xiangxi	965779	1649092	1032969	616123	77093

21-35 限额以上批发零售、住宿餐饮业法人企业数(2020年)

Number of Corporation Units above Designated Size in Wholesale and Retail Trade, Hotels and Catering Services (2020)

单位:个 (unit)

市 州	Cities and States	合计 Total	批发业 Wholesale Trade	零售业 Retail Trade	住宿业 Hotels	餐饮业 Catering Services
全 省	**Total**	**13062**	**3225**	**7242**	**1102**	**1493**
长沙市	Changsha	2592	1174	924	176	318
株洲市	Zhuzhou	1259	373	608	110	168
湘潭市	Xiangtan	579	99	387	28	65
衡阳市	Hengyang	972	219	542	116	95
邵阳市	Shaoyang	1582	183	1096	97	206
岳阳市	Yueyang	991	309	530	55	97
常德市	Changde	912	140	578	73	121
张家界市	Zhangjiajie	208	16	115	55	22
益阳市	Yiyang	592	111	385	51	45
郴州市	Chenzhou	1148	277	622	116	133
永州市	Yongzhou	807	64	581	66	96
怀化市	Huaihua	534	103	319	61	51
娄底市	Loudi	703	120	453	61	69
湘西州	Xiangxi	183	37	102	37	7

21-36 限额以上批发零售、住宿餐饮业从业人员(2020年)

Number of Person Employed in Enterprises Units above Designated Size in Wholesale and Retail Trade, Hotels and Catering Services(2020)

单位:人 (person)

市 州	Cities and States	合计 Total	批发业 Wholesale Trade	零售业 Retail Trade	住宿业 Hotels	餐饮业 Catering Services
全 省	**Total**	**570735**	**131912**	**296878**	**67832**	**74113**
长沙市	Changsha	182755	53889	80205	14677	33984
株洲市	Zhuzhou	36720	10510	15945	5114	5151
湘潭市	Xiangtan	46986	4335	37255	2511	2885
衡阳市	Hengyang	32171	5966	17278	5295	3632
邵阳市	Shaoyang	46010	7990	27267	4890	5863
岳阳市	Yueyang	35199	10126	16648	4593	3832
常德市	Changde	37916	5379	23544	4285	4708
张家界市	Zhangjiajie	11740	1585	4934	4493	728
益阳市	Yiyang	18693	4891	10326	2180	1296
郴州市	Chenzhou	39556	12902	16159	6472	4023
永州市	Yongzhou	25972	4025	14956	2784	4207
怀化市	Huaihua	21943	3882	13904	2715	1442
娄底市	Loudi	25004	3408	13976	5440	2180
湘西州	Xiangxi	10070	3024	4481	2383	182

21-37 亿元及以上商品交易市场基本情况(2020年)

Basic Statistics on Commodity Exchange Markets of Turnover above 100 Million Yuan (2020)

市 州	Cities and States	市场数（个）Number of Markets (unit)	摊位总数（个）Number of Stalls (unit)	出租摊位个数（个）Number of Rented Stall (unit)	营业面积（万平方米）Operation Area (10 000 sq.m)	成交额（亿元）Turnover (100 million yuan)
全 省	**Total**	**285**	**201170**	**163560**	**1155.46**	**4439.94**
长沙市	Changsha	50	56917	43474	542.81	2989.38
株洲市	Zhuzhou	43	24484	17985	108.13	256.68
湘潭市	Xiangtan	10	7049	3950	38.09	46.25
衡阳市	Hengyang	33	13426	11439	34.81	171.77
邵阳市	Shaoyang	19	16623	14969	82.59	212.12
岳阳市	Yueyang	21	17229	16163	113.26	92.64
常德市	Changde	26	12745	11926	60.72	181.28
张家界市	Zhangjiajie					
益阳市	Yiyang	10	4082	3726	22.79	59.57
郴州市	Chenzhou	16	9182	8079	29.24	74.90
永州市	Yongzhou	11	7456	7055	15.28	65.10
怀化市	Huaihua	21	13446	7496	62.12	124.29
娄底市	Loudi	14	10293	10005	25.11	118.32
湘西州	Xiangxi	11	8238	7293	20.50	47.64

21−38 星级饭店数(2020年)

The Number of Star-rated Hotels (2020)

单位：个 (unit)

市 州	Cities and States	星级饭店合计 Total Number of Star-rated Hotels	五星级 Five-star	四星级 Four-star	三星级 Three-star	二星级 Two-star
全 省	**Total**	**320**	**19**	**67**	**179**	**55**
长沙市	Changsha	43	10	20	13	
株洲市	Zhuzhou	19	1	3	7	8
湘潭市	Xiangtan	12	2	4	6	
衡阳市	Hengyang	25		7	13	5
邵阳市	Shaoyang	25		5	8	12
岳阳市	Yueyang	36	1	6	26	3
常德市	Changde	18	1	2	14	1
张家界市	Zhangjiajie	19	3	5	11	
益阳市	Yiyang	10		3	4	3
郴州市	Chenzhou	20	1	3	16	
永州市	Yongzhou	25		3	18	4
怀化市	Huaihua	29		1	27	1
娄底市	Loudi	15		1	10	4
湘西州	Xiangxi	24		4	6	14

21-39 进出口商品总值(2020年)
Major Import and Export Commodities in Value (2020)

市 州	Cities and States	进出口总值（万美元） Total Exports and Imports (USD 10 000)	出 口 Exports	进 口 Imports	比上年增减（%） Increase Rate in 2020 Over 2019 (%)
全 省	**Total**	**7067840**	**4782488**	**2285353**	**12.5**
长沙市	Changsha	3404508	2242983	1161525	17.4
株洲市	Zhuzhou	288260	203662	84598	-1.7
湘潭市	Xiangtan	384630	251335	133295	11.1
衡阳市	Hengyang	443405	259352	184053	-16.9
邵阳市	Shaoyang	380431	373035	7396	1.3
岳阳市	Yueyang	604821	266349	338472	26.5
常德市	Changde	228048	200645	27403	19.3
张家界市	Zhangjiajie	14706	14070	636	-5.2
益阳市	Yiyang	263573	244933	18640	23.0
郴州市	Chenzhou	490168	333835	156333	5.5
永州市	Yongzhou	311498	299817	11681	20.0
怀化市	Huaihua	20910	17394	3516	39.6
娄底市	Loudi	216770	59289	157481	19.1
湘西州	Xiangxi	16112	15788	324	-2.6

21−40 外商投资情况(2020年)
Foreign Investment (2020)

市 州	Cities and States	新设企业数（个）Number of Newly Established Enterprises (case)	实际使用外资（万美元）Actually Used Foreign Capital (USD 10 000)
全 省	**Total**	**268**	**2099782**
长沙市	Changsha	145	728165
株洲市	Zhuzhou	8	178932
湘潭市	Xiangtan	9	180182
衡阳市	Hengyang	17	181503
邵阳市	Shaoyang	8	39656
岳阳市	Yueyang	5	74273
常德市	Changde	14	169799
张家界市	Zhangjiajie	8	17552
益阳市	Yiyang	6	42095
郴州市	Chenzhou	13	242119
永州市	Yongzhou	16	161247
怀化市	Huaihua	9	10634
娄底市	Loudi	5	72034
湘西州	Xiangxi	5	1591

21−41 内联引资情况 (2020年)
Inline Capital Introduction (2020)

市 州	Cities and States	项目个数 (个) Number of Projects (case)	实际到位资金 (亿元) Amount of Domestic Capital Actually Used (100 million yuan)
全 省	**Total**	**9037**	**8737.33**
长沙市	Changsha	817	1507.88
株洲市	Zhuzhou	1067	709.57
湘潭市	Xiangtan	585	605.83
衡阳市	Hengyang	1188	677.84
邵阳市	Shaoyang	936	573.84
岳阳市	Yueyang	648	915.72
常德市	Changde	449	721.01
张家界市	Zhangjiajie	83	96.79
益阳市	Yiyang	765	568.93
郴州市	Chenzhou	821	909.61
永州市	Yongzhou	797	456.81
怀化市	Huaihua	275	405.23
娄底市	Loudi	394	454.04
湘西州	Xiangxi	212	134.25

注：内联引资是指吸收的省外境内资金。

Domestic Direct Investment is refers to the capital absorbed from other provinces in China.

21–42 对外经济合作情况 (2020年)
Foreign Economic Cooperation (2020)

市 州	Cities and States	对外承包工程完成营业额（万美元）The Completed Turnover of Foreign Contracted Projects (USD 10 000)	派出各类劳务人员数（人）The Number of Labor Personnel Dispatched (person)	新增中方合同投资额（万美元）The Amount of New Chinese Contract Investment (USD 10 000)	对外实际投资额（万美元）Actual Foreign Investment (USD 10 000)
全 省	**Total**	**225301**	**5528**	**218564**	**148563**
长沙市	Changsha	13320	210	181890	40652
株洲市	Zhuzhou		121	25	12118
湘潭市	Xiangtan	20	172	1159	34
衡阳市	Hengyang	3074	52	800	694
邵阳市	Shaoyang	870	167	1039	274
岳阳市	Yueyang		68	1850	64
常德市	Changde	583	121	317	575
张家界市	Zhangjiajie		16		
益阳市	Yiyang		76	300	
郴州市	Chenzhou		33	28	3906
永州市	Yongzhou	48	17		1531
怀化市	Huaihua	775	51		
娄底市	Loudi	1386	89	150	161
湘西州	Xiangxi		39		

注：全省总计中包括省直企业数。

The number of provincial enterprises are including in the total of province.

21-43 旅游业基本情况(2020年)
Basic Statistics of Tourism (2020)

市　州	Cities and States	接待旅游总人数（万人次） Number of Tourists (10 000 person-times)	接待国内游客（万人次） Domestic Tourists (10 000 person-times)	国内旅游总收入（亿元） Earning from Domestic Tourists (100 million yuan)	接待境外游客（人次） International Tourists (person-time)	#外国人 Foreign Tourists	旅游创汇收入（万美元） Earning from International Tourists (USD 10 000)
全　省	**Total**	**69336.07**	**69319.03**	**8258.42**	**170404**	**79639**	**5116.65**
长沙市	Changsha	15194.31	15190.68	1660.56	36297	18053	1097.52
株洲市	Zhuzhou	5935.21	5934.30	577.91	9130	5474	220.76
湘潭市	Xiangtan	5800.24	5799.59	532.09	6488	3081	186.53
衡阳市	Hengyang	6479.77	6479.11	573.19	6570	679	113.92
邵阳市	Shaoyang	4300.74	4300.49	421.34	2487	486	45.74
岳阳市	Yueyang	5792.07	5790.08	578.74	19880	11506	826.70
常德市	Changde	5482.49	5481.89	479.42	5972	2572	159.69
张家界市	Zhangjiajie	4949.21	4946.11	568.15	30930	22098	1154.10
益阳市	Yiyang	3735.45	3735.20	341.73	2411	859	44.47
郴州市	Chenzhou	6899.70	6897.25	633.56	24489	4576	788.04
永州市	Yongzhou	5943.59	5943.38	519.46	2148	372	43.78
怀化市	Huaihua	5847.69	5847.35	471.06	3422	387	44.69
娄底市	Loudi	4771.10	4769.77	424.43	13350	6295	238.55
湘西州	Xiangxi	5534.25	5533.57	476.78	6830	3201	152.16

21−44 高新技术产业情况(2020年)
Basic Statistics on High-tech Industries (2020)

单位:亿元 (100 million yuan)

市 州	Cities and States	企业单位数(个) Number of Enterprises (unit)	高新技术产业总产值 Gross Output Value of High-tech Industries	高新技术产业增加值 Added Value of High-tech Industries	高新技术产业营业收入 Operating Income of High-tech Industry	#出口收入 Exports Revenue	高新技术产业利税总额 Profits and Tax of High-tech Industries	#利润总额 Total of Profit and Tax
全 省	**Total**	**12768**	**34503.34**	**9800.31**	**32249.95**	**1309.74**	**2830.85**	**1854.84**
长沙市	Changsha	3695	12090.67	3509.10	11777.27	632.24	1373.54	939.24
株洲市	Zhuzhou	972	2843.07	873.85	2503.50	119.07	225.08	144.86
湘潭市	Xiangtan	608	3025.28	846.17	2671.62	193.59	111.85	62.65
衡阳市	Hengyang	782	1793.21	591.81	1581.06	51.47	123.89	76.41
邵阳市	Shaoyang	1082	1584.68	446.95	1541.11	86.41	99.61	72.01
岳阳市	Yueyang	961	3780.75	945.84	3435.12	36.85	297.29	145.96
常德市	Changde	1087	2002.53	479.37	1894.31	42.64	162.17	112.76
张家界市	Zhangjiajie	117	67.57	23.12	64.92	1.11	4.77	2.86
益阳市	Yiyang	740	1795.72	429.11	1692.81	38.94	103.13	73.79
郴州市	Chenzhou	772	1860.80	605.76	1714.91	44.87	93.97	60.71
永州市	Yongzhou	853	1298.28	369.41	1031.15	31.60	48.03	34.74
怀化市	Huaihua	552	814.10	284.03	752.35	8.93	51.99	33.62
娄底市	Loudi	380	1395.69	347.11	1442.24	15.94	124.99	89.55
湘西州	Xiangxi	167	150.99	48.67	147.56	6.10	10.53	5.68

21-45 研究与试验发展（R&D）经费内部支出
Intramural Expenditures on R&D

单位：万元 (10 000 yuan)

市 州	Cities and States	2015	2016	2017	2018	2019	2020
全 省	**Total**	**4126692**	**4688418**	**5685310**	**6582729**	**7871638**	**8987001**
长沙市	Changsha	1883174	1987142	2479808	2658638	3161830	3575208
株洲市	Zhuzhou	445873	473047	524085	752326	874440	1015382
湘潭市	Xiangtan	205314	314754	381386	407076	508482	591689
衡阳市	Hengyang	195360	234877	301167	379766	461595	634314
邵阳市	Shaoyang	102510	155103	187926	220420	209546	280303
岳阳市	Yueyang	483160	516579	572310	552028	591797	626289
常德市	Changde	309563	355867	354794	362043	491578	564606
张家界	Zhangjiajie	5929	11409	15938	16647	29253	39399
益阳市	Yiyang	127792	146651	189201	280337	336619	349381
郴州市	Chenzhou	154233	204278	251214	278829	275828	304091
永州市	Yongzhou	43787	85209	131020	254264	314019	342774
怀化市	Huaihua	45154	64790	123174	216771	282273	311237
娄底市	Loudi	115365	127659	159144	182556	290049	301489
湘西州	Xiangxi	9478	11053	14142	21028	44331	50837

21−46　规模以上工业企业 R&D 人员情况（2020年）

R&D Personnel in Industrial Enterprises above Designated Size (2020)

市　州	Cities and States	有 R&D 活动的单位数（个）Number of Enterprises Having R&D Activities (unit)	R&D 人员（人）R&D Personnel (person)	#全时人员 Fulltime Personnel	R&D 人员全时当量（人年）Fulltime Equivalent of R&D Personnel (man−year)
全　省	**Total**	**7969**	**175153**	**128587**	**121470**
长沙市	Changsha	1539	55966	44255	39950
株洲市	Zhuzhou	564	17575	14161	11411
湘潭市	Xiangtan	655	14831	9997	10898
衡阳市	Hengyang	812	15479	11308	10934
邵阳市	Shaoyang	679	7773	5195	4850
岳阳市	Yueyang	455	10258	6750	6107
常德市	Changde	648	11553	8504	7860
张家界市	Zhangjiajie	104	936	676	690
益阳市	Yiyang	566	9386	6446	6435
郴州市	Chenzhou	405	7805	5789	5454
永州市	Yongzhou	603	8575	5618	5880
怀化市	Huaihua	406	5569	3626	4110
娄底市	Loudi	464	8300	5360	6113
湘西州	Xiangxi	69	1147	902	778

21-47 规模以上工业企业按经费来源分 R&D 经费内部支出情况（2020年）
Intramural R&D Expenditures in Industrial Enterprises above Designated Size by Sources (2020)

单位：万元 (10 000 yuan)

市 州	Cities and States	R&D经费内部支出 Intramural Expenditure on R&D	政府资金 Government Funds	企业资金 Self-raised Funds by Enterprises	境外资金 Foreign Funds	其 他 Other Funds
全 省	**Total**	**6645286**	**264140**	**6376335**	**802**	**4010**
长沙市	Changsha	2107737	67052	2040661	24	
株洲市	Zhuzhou	739542	155266	583054		1223
湘潭市	Xiangtan	487837	13810	473867		161
衡阳市	Hengyang	448378	3970	443620	33	755
邵阳市	Shaoyang	258283	1090	257192		1
岳阳市	Yueyang	551020	1892	549128		
常德市	Changde	532331	5371	525003	745	1212
张家界市	Zhangjiajie	32305	663	31642		
益阳市	Yiyang	300014	3836	295904		275
郴州市	Chenzhou	279822	3159	276476		187
永州市	Yongzhou	317603	1503	316100		
怀化市	Huaihua	284224	3521	280529		174
娄底市	Loudi	273430	2037	271393		
湘西州	Xiangxi	32760	971	31767		22

21-48 规模以上工业企业按支出用途分 R&D 经费内部支出情况(2020年)

Intramural R&D Expenditures in Industrial Enterprises above Designated Size by Use (2020)

单位：万元 (10 000 yuan)

市 州	Cities and States	R&D 经费内部支出 Intramural Expenditure on R&D	日常性支出 Daily Expenses	#人员劳务费 Service Fees	资产性支出 Capital Expenditures
全 省	**Total**	**6645286**	**6453552**	**1849153**	**191734**
长沙市	Changsha	2107737	2036870	757477	70867
株洲市	Zhuzhou	739542	714283	238865	25260
湘潭市	Xiangtan	487837	470192	131916	17646
衡阳市	Hengyang	448378	427999	122804	20379
邵阳市	Shaoyang	258283	253246	64067	5036
岳阳市	Yueyang	551020	546037	108557	4983
常德市	Changde	532331	523397	94961	8934
张家界市	Zhangjiajie	32305	30015	7533	2290
益阳市	Yiyang	300014	294065	80192	5949
郴州市	Chenzhou	279822	270940	65761	8882
永州市	Yongzhou	317603	315781	67641	1822
怀化市	Huaihua	284224	277120	41515	7104
娄底市	Loudi	273430	261639	61928	11791
湘西州	Xiangxi	32760	31968	5937	792

21-49 规模以上工业企业科技活动产出情况(2020年)
Basic Statistics on Scientific and Technological Outputs in Industrial Enterprises above Designated Size (2020)

市 州	Cities and States	新产品销售收入(万元) Sales Revenue of New Products (10 000 yuan)	#出口 Exported	专利申请数(件) Patent Applications (item)	有效发明专利数(件) Effective Inventions (item)
全 省	**Total**	**83879023**	**5907820**	**36209**	**39805**
长沙市	Changsha	28543469	4081572	14423	18161
株洲市	Zhuzhou	8176857	381484	5641	7988
湘潭市	Xiangtan	7478582	73736	2076	2386
衡阳市	Hengyang	3594627	110766	1798	1634
邵阳市	Shaoyang	3116014	168147	1204	559
岳阳市	Yueyang	7805302	78498	1509	1780
常德市	Changde	5268626	282310	2537	2469
张家界市	Zhangjiajie	173044	7337	179	213
益阳市	Yiyang	2770889	252567	2142	1337
郴州市	Chenzhou	4385244	99853	1141	1140
永州市	Yongzhou	3711003	133384	1301	630
怀化市	Huaihua	1705312	79975	835	641
娄底市	Loudi	6971014	132254	1175	679
湘西州	Xiangxi	179041	25938	248	188

21–50 大中型工业企业 R&D 人员情况（2020年）

R&D Personnel in Large and Medium-sized Industrial Enterprises (2020)

市 州	Cities and States	有 R&D 活动的单位数（个）Number of Enterprises Having R&D Activities (unit)	R&D 人员（人）R&D Personnel (person)	#全时人员 Fulltime Personnel	R&D 人员全时当量（人年）Fulltime Equivalent of R&D Personnel (man-year)
全 省	**Total**	**1184**	**91906**	**67104**	**64404**
长沙市	Changsha	227	37416	29516	26365
株洲市	Zhuzhou	204	12924	10328	8494
湘潭市	Xiangtan	59	7464	5177	5719
衡阳市	Hengyang	103	6413	4498	4479
邵阳市	Shaoyang	58	2111	1311	1284
岳阳市	Yueyang	113	4507	2974	2689
常德市	Changde	116	5188	3729	3767
张家界市	Zhangjiajie	2	17	15	16
益阳市	Yiyang	79	3832	2406	2714
郴州市	Chenzhou	52	3406	2373	2694
永州市	Yongzhou	92	2530	1544	1589
怀化市	Huaihua	19	1713	941	1262
娄底市	Loudi	52	4014	1975	3104
湘西州	Xiangxi	8	371	317	228

21-51 大中型工业企业按经费来源分 R&D 经费内部支出情况（2020年）

Intramural R&D Expenditures in Large and Medium-sized Industrial Enterprises by Sources (2020)

单位：万元 (10 000 yuan)

市 州	Cities and States	R&D 经费内部支出 Intramural Expenditure on R&D	政府资金 Government Funds	企业资金 Self-raised Funds by Enterprises	境外资金 Foreign Funds	其 他 Other Funds
全 省	**Total**	**3721486**	**233400**	**3486645**		**1441**
长沙市	Changsha	1627769	53251	1574519		
株洲市	Zhuzhou	606421	152227	453060		1134
湘潭市	Xiangtan	267018	12086	254932		
衡阳市	Hengyang	205579	2218	203178		182
邵阳市	Shaoyang	66556	590	65965		1
岳阳市	Yueyang	248565	709	247855		
常德市	Changde	204481	2865	201578		38
张家界市	Zhangjiajie	713		713		
益阳市	Yiyang	107698	2800	104812		86
郴州市	Chenzhou	88826	2165	86662		
永州市	Yongzhou	76147	301	75847		
怀化市	Huaihua	51186	2352	48834		
娄底市	Loudi	159179	1381	157798		
湘西州	Xiangxi	11348	455	10894		

21-52 大中型工业企业按支出用途分 R&D 经费内部支出情况（2020年）

Intramural R&D Expenditures in Large and Medium-sized Industrial Enterprises by Use (2020)

单位：万元 (10 000 yuan)

市 州	Cities and States	R&D 经费内部支出 Intramural Expenditure on R&D	日常性支出 Daily Expenditures	#人员劳务费 Service Fees	资产性支出 Capital Expenditures
全 省	**Total**	**3721486**	**3601690**	**1174043**	**119796**
长沙市	Changsha	1627769	1580854	579414	46915
株洲市	Zhuzhou	606421	587954	198925	18467
湘潭市	Xiangtan	267018	251310	79706	15708
衡阳市	Hengyang	205579	193883	59672	11695
邵阳市	Shaoyang	66556	63816	16927	2741
岳阳市	Yueyang	248565	245599	56448	2965
常德市	Changde	204481	200931	46292	3549
张家界市	Zhangjiajie	713	713	156	
益阳市	Yiyang	107698	105458	37482	2240
郴州市	Chenzhou	88826	86688	32218	2139
永州市	Yongzhou	76147	75805	20990	342
怀化市	Huaihua	51186	46759	9377	4427
娄底市	Loudi	159179	150987	34930	8192
湘西州	Xiangxi	11348	10933	1508	415

21－53 大中型工业企业科技活动产出情况 (2020年)

Basic Statistics on Scientific and Technological Outputs in Large and Medium-sized Industrial Enterprises (2020)

市 州	Cities and States	新产品销售收入（万元） Sales Revenue of New Products (10 000 yuan)	#出口 Exported	专利申请数（件） Patent Applications (item)	有效发明专利数（件） Effective Inventions (item)
全 省	**Total**	**57138857**	**5219507**	**17199**	**22009**
长沙市	Changsha	22334443	3912723	8162	10373
株洲市	Zhuzhou	7085650	323899	3664	5811
湘潭市	Xiangtan	5849679	50824	876	1274
衡阳市	Hengyang	1945025	100515	694	668
邵阳市	Shaoyang	1407745	91551	423	220
岳阳市	Yueyang	4759024	12705	480	717
常德市	Changde	2980191	182016	698	1222
张家界市	Zhangjiajie	3077			
益阳市	Yiyang	1259306	226043	948	609
郴州市	Chenzhou	2240350	92671	404	583
永州市	Yongzhou	953877	67433	277	120
怀化市	Huaihua	441252	44319	188	200
娄底市	Loudi	5802072	114808	359	187
湘西州	Xiangxi	77167		26	25

21–54 幼儿园与小学基本情况（2020年）
Statistics on Kindergartens and Primary Schools (2020)

市 州	Cities and States	幼儿园数（个）Kingdergartens (unit)	在园儿童数（人）Student Enrollment (person)	普通小学学校数（个）Primary Schools (person)	普通小学专任教师数（人）Primary Schools Fulltime Teachers (person)	普通小学招生数（人）Primary Schools New Student Enrollment (person)	普通小学在校学生数（人）Primary Schools Student Enrollment (person)	普通小学毕业生数（人）Primary Schools Graduates (person)
全 省	**Total**	**16285**	**2313877**	**7245**	**300033**	**848870**	**5342513**	**812917**
长沙市	Changsha	2355	407642	915	39040	130459	710213	93230
株洲市	Zhuzhou	1139	149210	370	15505	49339	303887	45539
湘潭市	Xiangtan	729	82731	369	9515	27834	167254	20606
衡阳市	Hengyang	1530	220249	1039	32316	85189	572578	88868
邵阳市	Shaoyang	1608	200079	927	31816	87834	587794	94851
岳阳市	Yueyang	1263	175432	635	20368	58695	361607	54934
常德市	Changde	1017	144266	422	18421	50706	311082	49591
张家界市	Zhangjiajie	349	45918	98	6289	17071	111865	18531
益阳市	Yiyang	921	121224	408	15655	43147	267826	39334
郴州市	Chenzhou	1210	163970	388	26568	67541	463087	77116
永州市	Yongzhou	1675	211959	492	30052	73833	498656	83135
怀化市	Huaihua	940	163505	240	22235	62281	388100	58644
娄底市	Loudi	852	128451	726	18644	58376	364556	53705
湘西州	Xiangxi	697	99241	216	13609	36565	234008	34833

21-55　普通中学基本情况(2020年)
Statistics on Regular Secondary Schools (2020)

市　州	Cities and States	学校数（个）Number of Schools (unit)	专任教师数（人）Number of Fulltime Teachers (person)	招生数（人）New Student Enrollment (person)	在校学生数（人）Student Enrollment (person)	毕业生数（人）Graduates (person)
全　省	**Total**	**4044**	**278936**	**1273195**	**3793099**	**1172445**
长沙市	Changsha	345	34376	154888	441520	130240
株洲市	Zhuzhou	197	14900	70823	199118	58049
湘潭市	Xiangtan	168	9327	35103	112975	38965
衡阳市	Hengyang	455	30873	143347	438125	138140
邵阳市	Shaoyang	467	29358	146197	457664	145313
岳阳市	Yueyang	308	20658	86352	255037	82974
常德市	Changde	280	19615	77622	224908	68692
张家界市	Zhangjiajie	103	6342	28770	84548	26157
益阳市	Yiyang	216	15202	60085	185654	58274
郴州市	Chenzhou	307	23695	119874	353576	108106
永州市	Yongzhou	348	25317	124379	372727	112984
怀化市	Huaihua	372	19284	88133	260596	79539
娄底市	Loudi	295	18170	85227	251623	76662
湘西州	Xiangxi	183	11819	52395	155028	48350

21−56 普通高等学校基本情况(2020年)
Statistics on Regular Institutions of Higher Education (2020)

市 州	Cities and States	学校数（个）Number of Schools (unit)	专任教师数（人）Number of Full-time Teachers (person)	普通本专科招生数（人）General College Enrollment (person)	普通本专科在校学生数（人）Number of Undergraduate and Junior College Students (person)	普通本专科毕业生数（人）Number of College Graduates (person)
全 省	**Total**	**114**	**79598**	**489163**	**1510332**	**376043**
长沙市	Changsha	52	37908	220743	697407	177151
株洲市	Zhuzhou	9	4601	37002	110707	27721
湘潭市	Xiangtan	11	8064	46995	153570	39915
衡阳市	Hengyang	9	7258	44232	138823	33426
邵阳市	Shaoyang	3	2237	13242	40630	8824
岳阳市	Yueyang	4	2697	20147	57895	15176
常德市	Changde	5	3211	21288	62795	15328
张家界市	Zhangjiajie	1	867	6815	18428	4304
益阳市	Yiyang	4	2581	16271	48435	11811
郴州市	Chenzhou	3	1823	11216	32711	9000
永州市	Yongzhou	4	2320	13197	37389	8608
怀化市	Huaihua	4	1952	13513	39317	7799
娄底市	Loudi	3	2230	13481	40292	8743
湘西州	Xiangxi	2	1849	11021	31933	8237

21-57 各级学校(2020年)
Number of Schools by Level (2020)

单位:个 (unit)

市 州	Cities and States	普通高等学校 Regular Institutions of Higher Education	中等学校 Secondary Schools	中等职业教育 Vocational Secondary Education	普通中学 Regular Secondary Schools	普通小学 Primary Schools
全 省	**Total**	**114**	**4538**	**494**	**4044**	**7245**
长沙市	Changsha	52	402	57	345	915
株洲市	Zhuzhou	9	219	22	197	370
湘潭市	Xiangtan	11	191	23	168	369
衡阳市	Hengyang	9	507	52	455	1039
邵阳市	Shaoyang	3	536	69	467	927
岳阳市	Yueyang	4	341	33	308	635
常德市	Changde	5	323	43	280	422
张家界市	Zhangjiajie	1	112	9	103	98
益阳市	Yiyang	4	238	22	216	408
郴州市	Chenzhou	3	336	29	307	388
永州市	Yongzhou	4	390	42	348	492
怀化市	Huaihua	4	415	43	372	240
娄底市	Loudi	3	317	22	295	726
湘西州	Xiangxi	2	211	28	183	216

21-58 各级学校教职工(2020年)
Number of School Staff and Workers by Level (2020)

单位:人 (person)

市 州	Cities and States	普通高等学校 Regular Institutions of Higher Education	中等学校 Secondary Schools	中等职业教育 Vocational Secondary Education	普通中学 Regular Secondary Schools	普通小学 Primary Schools
全 省	**Total**	**111678**	**396647**	**40486**	**356161**	**257148**
长沙市	Changsha	55925	47273	5844	41429	35843
株洲市	Zhuzhou	6436	21234	2124	19110	13758
湘潭市	Xiangtan	10889	12643	1493	11150	8759
衡阳市	Hengyang	9690	43589	4879	38710	29763
邵阳市	Shaoyang	2867	41069	4428	36641	27392
岳阳市	Yueyang	3636	28771	2944	25827	17752
常德市	Changde	4337	30507	3428	27079	13971
张家界市	Zhangjiajie	1012	9177	750	8427	4996
益阳市	Yiyang	3199	21181	2143	19038	14271
郴州市	Chenzhou	2331	33629	2414	31215	21525
永州市	Yongzhou	3135	36332	3988	32344	26370
怀化市	Huaihua	2645	29278	2549	26729	16779
娄底市	Loudi	2962	25276	1988	23288	14865
湘西州	Xiangxi	2614	16688	1514	15174	11104

21−59 各级学校专任教师(2020年)
Number of Full-time Teachers by Level (2020)

单位:人 (person)

市 州	Cities and States	普通高等学校 Regular Institutions of Higher Education	中等学校 Secondary Schools	中等职业教育 Vocational Secondary Education	普通中学 Regular Secondary Schools	普通小学 Primary Schools
全 省	**Total**	**79598**	**311320**	**32384**	**278936**	**300033**
长沙市	Changsha	37908	38682	4306	34376	39040
株洲市	Zhuzhou	4601	16449	1549	14900	15505
湘潭市	Xiangtan	8064	10460	1133	9327	9515
衡阳市	Hengyang	7258	34434	3561	30873	32316
邵阳市	Shaoyang	2237	32802	3444	29358	31816
岳阳市	Yueyang	2697	23053	2395	20658	20368
常德市	Changde	3211	22311	2696	19615	18421
张家界市	Zhangjiajie	867	7002	660	6342	6289
益阳市	Yiyang	2581	17042	1840	15202	15655
郴州市	Chenzhou	1823	25711	2016	23695	26568
永州市	Yongzhou	2320	28854	3537	25317	30052
怀化市	Huaihua	1952	21517	2233	19284	22235
娄底市	Loudi	2230	19852	1682	18170	18644
湘西州	Xiangxi	1849	13151	1332	11819	13609

21−60 各级学校在校学生(2020年)
Number of Students Enrollment by Level (2020)

单位:人 (person)

市 州	Cities and States	普通高等学校 Regular Institutions of Higher Education	中等学校 Secondary Schools	中等职业教育 Vocational Secondary Education	普通中学 Regular Secondary Schools	普通小学 Primary Schools
全 省	**Total**	**1510332**	**4476050**	**682951**	**3793099**	**5342513**
长沙市	Changsha	697407	556163	114643	441520	710213
株洲市	Zhuzhou	110707	223732	24614	199118	303887
湘潭市	Xiangtan	153570	132406	19431	112975	167254
衡阳市	Hengyang	138823	506324	68199	438125	572578
邵阳市	Shaoyang	40630	536895	79231	457664	587794
岳阳市	Yueyang	57895	309051	54014	255037	361607
常德市	Changde	62795	273417	48509	224908	311082
张家界市	Zhangjiajie	18428	97749	13201	84548	111865
益阳市	Yiyang	48435	214387	28733	185654	267826
郴州市	Chenzhou	32711	402061	48485	353576	463087
永州市	Yongzhou	37389	441479	68752	372727	498656
怀化市	Huaihua	39317	310954	50358	260596	388100
娄底市	Loudi	40292	289817	38194	251623	364556
湘西州	Xiangxi	31933	181615	26587	155028	234008

注:普通高等学校在校学生为普通本专科在校学生。
The students in ordinary institutions of higher learning are ordinary undergraduates and junior college students.

21-61 公共图书馆、广播和电视综合人口覆盖情况(2020年) Statistics on Public Libraries、Coverage of Radio and TV Program Broadcasting (2020)

市 州	Cities and States	公共图书馆（个）Public Libraries (unit)	公共图书馆藏书量（万册）The Quantity of Books in Public Libraries (10 000 copies)	艺术馆、文化馆个数（个）Art Galleries, Cultural Centers Number of Projects(Unit)	广播综合人口覆盖率（%）Listener Rating (%)	电视综合人口覆盖率（%）Viewer Rating (%)
全 省	**Total**	**143**	**3922.77**	**146**	**99.37**	**99.74**
长沙市	Changsha	12	1219.75	11	100.00	100.00
株洲市	Zhuzhou	8	359.97	10	100.00	100.00
湘潭市	Xiangtan	7	170.11	6	100.00	100.00
衡阳市	Hengyang	15	258.54	13	99.91	99.89
邵阳市	Shaoyang	14	230.54	13	97.36	99.27
岳阳市	Yueyang	11	193.97	11	99.99	99.99
常德市	Changde	9	220.87	10	100.00	99.94
张家界市	Zhangjiajie	4	44.24	5	93.89	99.34
益阳市	Yiyang	7	137.69	9	99.55	99.92
郴州市	Chenzhou	12	173.14	14	99.91	99.91
永州市	Yongzhou	12	448.01	12	99.02	99.16
怀化市	Huaihua	15	221.37	15	99.52	99.74
娄底市	Loudi	7	131.04	7	99.95	99.96
湘西州	Xiangxi	10	113.53	10	98.64	98.77

21−62 卫生机构基本情况(2020年)
Basic Statistics on Health Institutions (2020)

市 州	Cities and States	卫生机构数(个) Number of Health Institutions (unit)	医院、卫生院 Hospitals、Health Centers	卫生机构床位数(张) Number of Reality Beds (unit)	医院卫生院数 Hospitals、Health Centers	卫生机构人员数(人) Number of Employed Person in Health Institutions (person)	卫生技术人员 Medical &Technical Personnel	执业(助理)医师 Certified (Assistant) Doctors	注册护士 Registered Nurses
全 省	**Total**	**56042**	**3796**	**519831**	**484270**	**616502**	**500013**	**190441**	**237042**
长沙市	Changsha	4681	339	83180	76122	106139	87987	32785	42734
株洲市	Zhuzhou	3035	220	29780	27897	36038	29447	11042	13830
湘潭市	Xiangtan	2443	119	21228	20023	27059	22708	8368	10942
衡阳市	Hengyang	4615	362	50118	46838	63842	51818	18489	26630
邵阳市	Shaoyang	5810	341	46062	44094	55387	42407	16070	20290
岳阳市	Yueyang	4122	270	38481	34867	42562	34512	13704	15839
常德市	Changde	5069	289	42776	38340	50670	41521	17822	18525
张家界市	Zhangjiajie	1294	121	10401	9616	12659	10232	4009	4364
益阳市	Yiyang	3718	201	30117	27133	35157	28573	11100	13626
郴州市	Chenzhou	4222	341	35762	33980	40891	33675	12762	16140
永州市	Yongzhou	5497	323	42042	39365	45745	37051	14436	17428
怀化市	Huaihua	4663	410	38704	37329	44316	35875	12968	16894
娄底市	Loudi	3638	189	29216	27371	33033	25788	10351	11558
湘西州	Xiangxi	3235	271	21964	21295	23004	18419	6535	8242

21-63 居民消费价格分类指数(2020年)
Consumer Price Indices by Category (2020)

以上年为100 (preceding year=100)

市 州	Cities and States	居民消费价格指数 Consumer Price Index	食品烟酒 Food Tabacoo and Liquor	衣着 Clothing	居住 Residence	生活用品及服务 Articles for Daily Use and Services	交通和通信 Transport and Commun-ications	教育文化和娱乐 Education, Culture and Recreation	医疗保健 Health Care	其他用品和服务 Other Articles and Services
全 省	**Total**	**102.3**	**108.3**	**100.2**	**99.1**	**99.9**	**96.7**	**100.0**	**101.0**	**103.6**
长沙市	Changsha	101.8	106.9	100.4	100.2	99.8	96.9	99.0	101.0	105.5
株洲市	Zhuzhou	101.9	108.1	99.4	99.5	99.7	96.4	98.8	100.6	105.1
湘潭市	Xiangtan	102.0	107.4	100.3	99.4	99.7	97.2	99.8	102.4	101.8
衡阳市	Hengyang	101.4	105.9	98.2	100.1	100.3	97.0	99.2	100.8	102.4
邵阳市	Caoyang	102.2	107.3	99.3	98.7	100.8	97.4	101.0	102.7	103.6
岳阳市	Yueyang	101.7	107.2	99.8	97.7	100.0	97.0	100.7	101.8	103.0
常德市	Changde	102.2	107.3	100.1	99.0	99.8	96.8	101.1	101.9	106.0
张家界市	Zhangjiang	101.8	109.0	101.2	95.0	100.2	96.9	100.7	101.2	99.8
益阳市	Yiyang	102.2	108.4	100.7	98.1	99.4	97.6	99.4	101.3	105.2
郴州市	Chcenzhou	102.3	108.3	97.4	99.4	100.7	96.5	101.6	101.3	103.5
永州市	Yongzhou	102.0	108.0	99.3	97.2	100.1	97.2	102.0	100.2	104.6
怀化市	Huaihua	102.6	109.1	100.0	98.4	99.9	96.6	100.5	102.7	104.4
娄底市	Loudi	102.4	108.7	100.2	98.7	100.1	97.2	100.3	100.3	105.5
湘西州	Xiangxi	102.9	108.4	100.1	99.3	100.4	98.1	102.4	102.8	102.6

21-64 商品零售价格指数(2020年)
Retail Price Index (2020)

以上年为 100 (preceding year=100)

市 州	Cities and States	商品零售价格指数 Retail Price Index	食品 Food	饮料、烟酒 Brages, Tobacco and Liquor	服装、鞋帽 Garments, Shoes and Hats	纺织品 Textiles	家用电器及音像器材 Household Appliances Music and Video Equipment	文化办公用品 Cultural and Office Appliances	日用品 Articles for Daily Use	体育娱乐用品 Sports and Recreation Articles
全 省	**Total**	**101.3**	**109.0**	**100.6**	**100.2**	**100.1**	**99.4**	**100.3**	**100.0**	**100.1**
长沙市	Changsha	100.8	108.1	100.9	100.5	100.0	98.9	100.2	100.2	99.8
株洲市	Zhuzhou	100.9	109.5	100.0	99.4	100.1	99.7	100.0	99.3	98.8
湘潭市	Xiangtan	101.0	108.5	100.0	100.4	99.2	100.1	100.3	99.1	100.2
衡阳市	Hengyang	100.5	106.5	100.2	98.1	100.0	99.2	100.4	100.3	100.7
邵阳市	Caoyang	101.2	108.4	100.2	99.1	99.9	99.6	100.8	100.6	100.5
岳阳市	Yueyang	101.1	108.6	99.9	99.8	99.9	100.1	100.6	100.0	100.2
常德市	Changde	100.9	108.5	101.0	100.0	100.0	99.4	100.4	99.6	100.0
张家界市	Zhangjiang	101.5	110.2	100.7	101.2	99.8	100.4	102.0	100.1	99.0
益阳市	Yiyang	101.5	109.8	100.3	100.6	99.2	99.9	100.7	98.0	100.4
郴州市	Chcenzhou	101.8	109.1	103.4	97.7	99.3	99.7	101.4	100.9	100.1
永州市	Yongzhou	100.9	108.9	100.2	99.2	100.0	100.0	100.2	100.5	99.4
怀化市	Huaihua	101.9	110.1	101.4	100.1	100.2	98.2	98.5	100.5	102.5
娄底市	Loudi	101.2	109.5	103.2	100.3	100.0	98.8	100.1	99.1	102.3
湘西州	Xiangxi	100.4	110.0	99.6	99.7	97.4	100.5	103.0	100.6	98.3

21-64 续表 Continued

以上年为 100 (preceding year=100)

市 州	Cities and States	交通、通信用品 Transportation and Communication Appliances	家 具 Furniture	化妆品 Cosmetics	金银饰品 Gold and Silver Ornaments	中西药品及医疗保健用品 Traditional Chinese and Western Medicines and Health Care Articles	书报杂志及电子出版物 Book, Newspapers, Magazines and Electronic Publication	燃 料 Fuels	建筑材料及五金电料 Building Materials and Hardware
全 省	**Total**	**99.1**	**99.4**	**101.2**	**118.0**	**101.0**	**100.7**	**89.2**	**100.0**
长沙市	Changsha	98.8	98.7	101.7	119.6	100.4	100.0	88.7	99.9
株洲市	Zhuzhou	98.9	101.2	100.5	117.1	100.0	99.8	89.6	100.5
湘潭市	Xiangtan	99.1	100.6	100.5	112.6	101.5	104.0	90.9	100.5
衡阳市	Hengyang	99.3	99.3	100.3	111.0	99.4	100.0	90.9	100.2
邵阳市	Caoyang	98.5	100.3	100.4	117.5	103.4	108.5	88.8	100.6
岳阳市	Yueyang	99.5	100.0	100.0	118.6	100.5	100.0	89.0	100.1
常德市	Changde	99.1	100.0	100.0	118.5	101.2	100.4	87.1	100.0
张家界市	Zhangjiang	99.1	100.0	99.9	113.5	101.3	100.0	91.0	100.9
益阳市	Yiyang	99.1	100.0	100.9	117.8	101.2	100.0	90.2	100.8
郴州市	Chcenzhou	98.6	100.1	103.8	119.5	102.7	103.4	91.4	99.7
永州市	Yongzhou	99.0	100.0	101.1	118.9	100.7	100.1	87.0	99.8
怀化市	Huaihua	98.6	100.0	101.4	116.5	104.5	102.8	90.6	99.6
娄底市	Loudi	98.6	101.2	101.2	119.3	101.3	102.6	88.6	102.5
湘西州	Xiangxi	98.3	101.0	99.6	112.0	100.7	100.5	91.9	97.7

21–65 住户调查主要指标(2020年)
Major Households Survey Indicators (2020)

市 州	Cities and States	全体居民人均可支配收入(元) Per Capita Disposable Income Provincewide (yuan)	城镇居民人均可支配收入 Per Capita Disposable Income of Urban Households		农村居民人均可支配收入 Per Capita Disposable Income of Rural Households	
			绝对值(元) Value (yuan)	增速(%) Growth Rate (%)	绝对值(元) Value (yuan)	增速(%) Growth Rate (%)
全 省	**Total**	**29379.9**	**41697.5**	**4.7**	**16584.6**	**7.7**
长沙市	Changsha	51477.6	57971.2	5.0	34754.3	7.5
株洲市	Zhuzhou	39172.7	48788.2	4.8	23240.2	7.2
湘潭市	Xiangtan	34360.0	41804.0	4.8	22636.2	7.2
衡阳市	Hengyang	29956.0	38478.5	5.3	21304.9	7.2
邵阳市	Shaoyang	21066.7	30844.9	4.5	14118.6	8.1
岳阳市	Yueyang	28577.4	36749.2	4.6	18186.0	7.7
常德市	Changde	26263.1	35469.0	4.6	17957.1	8.9
张家界市	Zhangjiajie	19139.1	27884.2	4.0	11538.1	10.1
益阳市	Yiyang	25560.2	33274.4	5.4	18818.0	8.8
郴州市	Chenzhou	27196.0	36988.5	5.2	17532.1	7.3
永州市	Yongzhou	23661.3	32830.0	5.6	16390.3	7.3
怀化市	Huaihua	19810.7	30329.4	4.2	11990.3	10.3
娄底市	Loudi	21993.0	32161.4	5.4	14143.0	9.4
湘西州	Xiangxi	18153.6	27852.6	4.1	11242.0	11.9

21-66 能源消耗指标(2020年)
Index of Energy Consumption (2020)

市 州	Cities and States	万元地区生产总值能耗上升或下降(±%) Energy Consumption Per 10 000 yuan GDP Increase/Decrease (±%)	能源消费总量增速(%) Total Energy Consumption Growth (%)	万元地区生产总值电耗上升或下降(±%) Electric Power Consumption per 10 000 yuan GDP Increase/Decrease (±%)
全 省	**Total**	**-1.98**	**1.71**	**-0.28**
长沙市	Changsha	-2.77	1.10	0.00
株洲市	Zhuzhou	-2.40	1.63	-3.15
湘潭市	Xiangtan	-1.52	2.26	-0.06
衡阳市	Hengyang	-3.63	0.24	0.70
邵阳市	Shaoyang	-4.68	-0.94	0.19
岳阳市	Yueyang	-3.34	0.75	-1.80
常德市	Changde	-1.04	2.83	-1.28
张家界市	Zhangjiajie	-3.07	-1.14	-2.07
益阳市	Yiyang	-1.06	2.73	-1.80
郴州市	Chenzhou	-0.46	3.09	0.97
永州市	Yongzhou	-1.90	1.97	4.95
怀化市	Huaihua	-1.80	2.01	-0.18
娄底市	Loudi	-2.52	1.41	-0.32
湘西州	Xiangxi	-0.22	2.00	-0.75

21-67 规模以上工业企业综合能源消费量
Total Energy Consumption of Scale Industry

单位：万吨标准煤 (10 000 tce)

市 州	Cities and States	2016	2017	2018	2019	2020
长沙市	Changsha	475.83	487.71	416.80	405.19	449.96
株洲市	Zhuzhou	369.88	413.69	406.92	388.22	383.87
湘潭市	Xiangtan	623.75	647.32	695.20	725.57	746.51
衡阳市	Hengyang	391.90	390.16	399.32	428.98	431.25
邵阳市	Shaoyang	271.50	279.25	283.63	283.16	242.61
岳阳市	Yueyang	963.82	932.66	984.85	1014.57	1004.03
常德市	Changde	398.70	428.18	467.55	476.52	463.63
张家界市	Zhangjiajie	38.90	30.40	24.39	23.25	21.83
益阳市	Yiyang	335.29	360.27	361.99	341.79	339.21
郴州市	Chenzhou	497.73	482.28	477.57	482.04	462.94
永州市	Yongzhou	159.43	168.42	183.42	180.86	188.23
怀化市	Huaihua	183.50	177.45	166.24	151.94	154.15
娄底市	Loudi	1044.19	1043.77	1085.38	1089.32	1049.12
湘西州	Xiangxi	60.80	60.45	47.38	53.16	54.55

注：综合能源消费量按当量值计算。

Comprehensive energy consumption is calculated by the corresponding amount.

21-68 规模以上工业企业主要能源品种工业生产消费量(2020年)
Main Energy Consumption of Industrial Enterprises above Designated Size (2020)

市 州	Cities and States	能源合计（吨标准煤）Total Energy (tce)	原 煤（吨）Raw Coal (ton)	洗精煤（吨）Cleaned Coal (ton)	焦 炭（吨）Coke (ton)	天然气（万立方米）Natrual Gas (10 000 cu.m)	原 油（吨）Crude Oil (ton)
全 省	**Total**	**104015356**	**52203287**	**8544066**	**9705492**	**182532**	**8788443**
长沙市	Changsha	5405440	2615275		480	46758	24
株洲市	Zhuzhou	4755092	4155007		14309	39280	
湘潭市	Xiangtan	14138909	3729506	3206509	3870586	3064	
衡阳市	Hengyang	5770954	4152420		636144	15164	1447
邵阳市	Shaoyang	3127695	2755373		876	3129	74
岳阳市	Yueyang	27003502	8474296		454	40742	8786898
常德市	Changde	6018010	5625611		5983	9594	
张家界市	Zhangjiajie	241404	221132			94	
益阳市	Yiyang	4388793	4157599		14680	4582	
郴州市	Chenzhou	6617313	6214867	229628	159055	11233	
永州市	Yongzhou	2051991	1561041		123839	463	
怀化市	Huaihua	1638396	682249		159468	390	
娄底市	Loudi	20649905	7513478	5107929	4719428	5950	
湘西州	Xiangxi	573440	345432		192	161	

21-68 续表 Continued

市 州	Cities and States	汽油（吨）Gasoline (ton)	煤油（吨）Kerosene (ton)	柴油（吨）Diesel Oil (ton)	燃料油（吨）Fuel Oil (ton)	液化石油气（吨）LPG (ton)	电力（万千瓦时）Electric Power (10 000 kwh)
全 省	**Total**	**129884**	**14113**	**311644**	**104734**	**167426**	**9788745**
长沙市	Changsha	17958	92	45150	2148	249	1369515
株洲市	Zhuzhou	4376	73	26593	53279	126243	480563
湘潭市	Xiangtan	9364	55	17677	864	11	820164
衡阳市	Hengyang	9560	242	32825	119	3	823943
邵阳市	Shaoyang	5753	1052	17489	809	24393	371404
岳阳市	Yueyang	56557	11842	46458	14278	13804	830353
常德市	Changde	1826	171	16717	2865	29	643547
张家界市	Zhangjiajie	759		4122			35210
益阳市	Yiyang	13396	117	30467	97	525	371134
郴州市	Chenzhou	4147	405	20017	130	37	688031
永州市	Yongzhou	615	50	11203	73	397	369721
怀化市	Huaihua	3294	2	16853	24915	1280	439316
娄底市	Loudi	1964	13	20174	42	428	1015012
湘西州	Xiangxi	314		3903	5115	28	222313

21-69 规模以上工业企业取水总量
Water Intake Amount of Scale Industry

单位：万立方米 (10 000 cu.m)

市 州	Cities and States	2016	2017	2018	2019	2020
全 省	**Total**	**367437.23**	**386128.39**	**386225.28**	**396468.75**	**420190.27**
长沙市	Changsha	107488.17	111628.24	101080.88	108045.11	126151.46
株洲市	Zhuzhou	29003.25	29648.88	30792.72	30641.74	30691.65
湘潭市	Xiangtan	20390.27	22509.74	22886.40	21009.45	25337.59
衡阳市	Hengyang	28710.00	27028.93	27742.63	30423.21	29002.79
邵阳市	Shaoyang	26954.17	26896.29	28899.46	26994.75	25468.95
岳阳市	Yueyang	35271.82	36511.75	35028.44	34919.53	36398.52
常德市	Changde	26360.79	27890.28	30087.38	31608.13	30442.79
张家界市	Zhangjiajie	3940.00	4292.12	4676.77	6625.29	7702.07
益阳市	Yiyang	13160.23	14401.83	15390.56	12333.00	13227.00
郴州市	Chenzhou	22904.47	22346.02	21358.55	20909.89	19814.98
永州市	Yongzhou	18016.10	21351.25	21471.63	23562.85	24190.80
怀化市	Huaihua	12526.96	14357.03	18984.21	20870.38	22658.22
娄底市	Loudi	18624.44	18238.23	18974.20	19240.79	20047.19
湘西州	Xiangxi	4086.53	7814.48	7835.77	8363.73	8215.71

注：根据国家新修订的报表制度，水、火电企业用于冷却机组的河湖海冷却用水（包括循环冷却用水和直抽直排冷却用水）不计入取水量。

According to the new revision of the reporting system,thermal power enterprises for the rivers and lakes water cooling water cooling unit (including circulating cooling water and cooling water straight pulling straight row) are not included in the water.

21-70 分产业法人单位数(2020年)
Corporate Units by Industry (2020)

单位:个 (unit)

市 州	Cities and States	合计 Total	第一产业 Primary Industry	第二产业 Secondary Industry	第三产业 Tertiary Industry
全 省	**Total**	**831104**	**66175**	**138136**	**626793**
长沙市	Changsha	242710	11448	32127	199135
株洲市	Zhuzhou	43147	2164	10098	30885
湘潭市	Xiangtan	31043	2678	6596	21769
衡阳市	Hengyang	58627	6574	9184	42869
邵阳市	Shaoyang	60262	7078	10894	42290
岳阳市	Yueyang	71381	4625	12954	53802
常德市	Changde	63249	3980	11371	47898
张家界市	Zhangjiajie	15930	2072	2420	11438
益阳市	Yiyang	46904	3934	10250	32720
郴州市	Chenzhou	47042	5664	7719	33659
永州市	Yongzhou	49302	4374	8253	36675
怀化市	Huaihua	34638	4544	5043	25051
娄底市	Loudi	39546	6394	6925	26227
湘西州	Xiangxi	27323	646	4302	22375

21–71 分机构类型法人单位数(2020年)
Corporate Units by Organization Type (2020)

单位：个 (unit)

市 州	Cities and States	合计 Total	企业 Enterprises	事业单位 Public Institution	机关 Government Department	社会团体 Social Organization	民办非企业单位 Private Non-enterprise Units	基金会 Foundation	居委会 Neighborhood Committee	村委会 Village Committee	农民专业合作社 Farmer Specialized Cooperative	其他组织机构 Other Organization
全 省	**Total**	**831104**	**628510**	**44321**	**10735**	**12190**	**18548**	**231**	**5291**	**24494**	**79172**	**7612**
长沙市	Changsha	242710	223028	3943	824	1476	3365	90	709	876	7409	990
株洲市	Zhuzhou	43147	32175	1816	607	567	1272	8	368	1015	4798	521
湘潭市	Xiangtan	31043	23610	1136	405	750	895	15	203	769	2984	276
衡阳市	Hengyang	58627	40476	4401	1008	927	1894	15	491	2277	6560	578
邵阳市	Shaoyang	60262	38018	4866	973	1232	1544	9	440	3220	8867	1093
岳阳市	Yueyang	71381	53340	4487	980	1134	1564	27	477	1804	6850	718
常德市	Changde	63249	47749	4012	961	1277	1194	19	723	1561	5266	487
张家界市	Zhangjiajie	15930	10362	1137	370	324	350	2	155	855	2262	113
益阳市	Yiyang	46904	34691	2432	521	888	880	8	253	1179	5476	576
郴州市	Chenzhou	47042	32610	2572	808	826	1052	12	336	2078	6071	677
永州市	Yongzhou	49302	30368	4651	1188	931	1602	11	350	2963	6913	325
怀化市	Huaihua	34638	20173	3925	949	764	811	2	289	2480	4685	560
娄底市	Loudi	39546	28253	1323	462	564	1061	7	272	1832	5380	392
湘西州	Xiangxi	27323	13657	3620	679	530	1064	6	225	1585	5651	306

21-72 分行业法人单位数(2020年)

Corporate Units by Sector (2020)

单位:个 (unit)

市 州	Cities and States	合计 Total	农、林、牧、渔业 Agriculture, Forestry, Animal Husbandry and Fishing	采矿业 Mining	制造业 Manufac-turing	电力、燃气及水的生产和供应业 Production and Supply of Electricity, Gas and Water	建筑业 Construc-tion	批发和零售业 Whole-sale and Retail Trade	交通运输、仓储和邮政业 Transport, Storage and Post	住宿和餐饮业 Lodging and Catering Services	信息传输、计算机服务和软件业 Information Transmis-sion, Computer Services and Software
全 省	**Total**	**831104**	**87971**	**4011**	**75839**	**7309**	**51860**	**191685**	**17452**	**14484**	**33795**
长沙市	Changsha	242710	13033	151	16611	473	15347	61686	5133	5163	18991
株洲市	Zhuzhou	43147	3045	306	6515	473	2865	12033	887	727	1120
湘潭市	Xiangtan	31043	3429	84	4274	97	2198	6402	708	507	983
衡阳市	Hengyang	58627	9576	340	4828	295	3758	12050	1165	850	1518
邵阳市	Shaoyang	60262	10591	373	6587	896	3053	11897	916	993	1225
岳阳市	Yueyang	71381	6736	342	7527	604	4557	16913	2048	949	2143
常德市	Changde	63249	5427	318	6680	573	3871	16780	1423	1388	1872
张家界市	Zhangjiajie	15930	2361	174	969	207	1075	3294	283	538	257
益阳市	Yiyang	46904	6655	149	6643	373	3128	12625	1018	758	867
郴州市	Chenzhou	47042	6838	523	3889	920	2411	10492	984	761	1324
永州市	Yongzhou	49302	7158	331	3962	995	2971	8504	954	587	1210
怀化市	Huaihua	34638	5004	231	2328	587	1908	6114	701	467	839
娄底市	Loudi	39546	6978	359	3582	542	2457	9040	799	500	1051
湘西州	Xiangxi	27323	1140	330	1444	274	2261	3855	433	296	395

21-72 续表 Continued

单位：个 (unit)

市 州	Cities and States	金融业 Banking	房地产业 Real Estate	租赁和商务服务业 Leasing and Business Services	科学研究、技术服务和地质勘查业 Scientific Research, Technical Service and Geologic Perambulation	水利、环境和公共设施管理业 Water Conservancy, Environment and Public Facilities Management	居民服务和其他服务业 Services to Households and Other Services	教育 Education	卫生、社会保障和社会福利业 Sanitation, Social Security and Social Welfare	文化、体育和娱乐业 Culture, Sports and Entertainment	公共管理和社会组织 Public Management and Social Organization	国际组织 International Organization
全 省	**Total**	**2235**	**26286**	**90197**	**56458**	**8119**	**15915**	**34672**	**12511**	**27782**	**72523**	
长沙市	Changsha	778	7960	41863	23776	2118	5722	6145	2004	10384	5372	
株洲市	Zhuzhou	116	1546	3386	1793	384	696	2106	579	1021	3549	
湘潭市	Xiangtan	96	848	3209	1862	278	523	1479	426	1035	2605	
衡阳市	Hengyang	163	2294	4883	2828	513	871	3313	1033	1744	6605	
邵阳市	Shaoyang	114	1669	4261	2045	638	884	3547	1296	1375	7902	
岳阳市	Yueyang	200	2364	6794	4426	883	1681	3266	1050	2579	6319	
常德市	Changde	188	1639	5505	3540	730	1430	2338	1155	1877	6515	
张家界市	Zhangjiajie	45	450	1682	404	203	376	762	309	466	2075	
益阳市	Yiyang	79	1091	3188	1511	354	846	1699	668	1242	4010	
郴州市	Chenzhou	124	1805	3550	2874	474	733	2091	783	1274	5192	
永州市	Yongzhou	117	1660	3919	3126	467	652	3148	850	1302	7389	
怀化市	Huaihua	71	1252	2599	1372	352	528	1896	858	1079	6452	
娄底市	Loudi	91	1014	3352	1648	300	612	1576	495	1439	3711	
湘西州	Xiangxi	53	694	2006	5253	425	361	1306	1005	965	4827	

21-73 “一套表”联网直报调查单位数(2020年)

“A Set of Table” Networking Straight Survey Respondent Numbers (2020)

单位:个 (unit)

市 州	Cities and States	合计 Total	工业 Industry	建筑业 Construction	批发零售业 Wholesale and Retail Trade	住宿餐饮业 Lodging and Catering Services	房地产业 Real Estate	服务业 Service
全 省	**Total**	**46641**	**18216**	**3413**	**10467**	**2595**	**4768**	**7182**
长沙市	Changsha	9138	2904	941	2097	494	889	1813
株洲市	Zhuzhou	4295	1775	335	981	278	436	490
湘潭市	Xiangtan	2450	1212	197	486	93	178	284
衡阳市	Hengyang	3623	1274	254	761	211	473	650
邵阳市	Shaoyang	4592	1870	228	1280	303	310	601
岳阳市	Yueyang	4413	1688	327	839	152	450	957
常德市	Changde	3620	1540	148	718	194	282	738
张家界市	Zhangjiajie	722	222	69	131	77	112	111
益阳市	Yiyang	2326	1288	123	496	96	206	117
郴州市	Chenzhou	3393	1184	207	899	249	422	432
永州市	Yongzhou	2728	1197	162	646	162	294	267
怀化市	Huaihua	2041	751	182	421	112	323	252
娄底市	Loudi	2437	1019	150	573	130	207	358
湘西州	Xiangxi	863	292	90	139	44	186	112

注:“一套表”联网直报单位是指规模以上工业企业、限额以上批发零售住宿餐饮企业、资质以内的建筑业企业和房地产开发企业、规模以上服务业企业。

“A set of table” Networking straight survey respondent refers to within the industrial enterprises above Designated Size, enterprises above Designated Size of whole sale and retai trade and hotels and catering services.

21-74 新增“一套表”联网直报调查单位数(2020年)
Newly Increased “A Set of Table” Networking Straight Survey Respondent Numbers (2020)

单位:个 (unit)

市 州	Cities and States	合计 Total	工业 Industry	建筑业 Construction	批发零售业 Wholesale and Retail Trade	住宿餐饮业 Lodging and Catering Services	房地产业 Real Estate	服务业 Service
全 省	**Total**	**7582**	**2608**	**468**	**1929**	**579**	**727**	**1271**
长沙市	Changsha	1568	242	170	503	160	142	351
株洲市	Zhuzhou	698	260	49	177	72	48	92
湘潭市	Xiangtan	446	190	24	128	25	13	66
衡阳市	Hengyang	681	276	49	125	47	82	102
邵阳市	Shaoyang	800	356	32	219	47	55	91
岳阳市	Yueyang	725	282	27	128	29	38	221
常德市	Changde	468	205	7	81	33	47	95
张家界市	Zhangjiajie	101	22	13	24	15	19	8
益阳市	Yiyang	326	189	14	76	21	23	3
郴州市	Chenzhou	423	132	20	118	26	56	71
永州市	Yongzhou	432	170	14	113	25	71	39
怀化市	Huaihua	275	86	19	57	24	59	30
娄底市	Loudi	463	141	9	143	47	43	80
湘西州	Xiangxi	176	57	21	37	8	31	22

21-75 退出“一套表”联网直报调查单位数(2020年)

Exited“A Set of Table”Networking Straight Survey Respondent Numbers (2020)

单位：个 (unit)

市　州	Cities and States	合计 Total	工业 Industry	建筑业 Construction	批发零售业 Wholesale and Retail Trade	住宿餐饮业 Lodging and Catering Services	房地产业 Real Estate	服务业 Service
全　省	**Total**	**4002**	**930**	**509**	**1040**	**251**	**325**	**947**
长沙市	Changsha	1687	312	179	580	111	103	402
株洲市	Zhuzhou	379	100	49	60	21	22	127
湘潭市	Xiangtan	120	31	32	20	4	9	24
衡阳市	Hengyang	228	51	54	55	11	38	19
邵阳市	Shaoyang	205	66	27	66	16	10	20
岳阳市	Yueyang	169	44	36	38	9	9	33
常德市	Changde	171	33	39	35	6	13	45
张家界市	Zhangjiajie	29	13	8	1			7
益阳市	Yiyang	123	41	8	28	15	21	10
郴州市	Chenzhou	399	96	9	51	24	9	210
永州市	Yongzhou	143	46		31	14	40	12
怀化市	Huaihua	128	25	31	19	7	30	16
娄底市	Loudi	177	57	35	51	11	7	16
湘西州	Xiangxi	44	15	2	5	2	14	6

22 各县（市、区）主要经济和社会统计指标

Main Economic and Social Statistics Indicators of Counties and Cities (Districts)

资料整理人员：郑一璞　欧阳普　宋　超　王　丹
赵　宏　张　驰　田杰平　谢　凡
贺淑贞　陈　慧　段嘉欣　廖闻菲
彭开吾　陈晗文　朱　鹏　易　贝
王　璐　陈　婷　李清如　田　原
蔡冬娥　肖首雄　赵莉淇　郭开金

22-1 年末常住人口(2020年)
Population at the Year-end (2020)

市县名称	Cities and Counties	总户数（万户）Households (10 000 households)	年末常住人口（万人）Population at the Year-end (10 000 persons)	按性别分 By Gender		按城乡分 By Residence		城镇化率(%) Urbanization Rate (%)
				男 Male	女 Female	城镇人口 Urban	乡村人口 Rural	
芙蓉区	Furong District	24.36	64.28	32.15	32.13	64.28	0.00	100.00
天心区	Tianxin District	30.23	83.72	42.03	41.69	82.85	0.87	98.96
岳麓区	Yuelu District	56.43	152.86	75.75	77.11	143.85	9.01	94.11
开福区	Kaifu District	30.71	82.18	41.38	40.80	79.38	2.80	96.59
雨花区	Yuhua District	46.35	126.65	63.33	63.32	123.47	3.18	97.49
望城区	Wangcheng District	27.78	89.14	45.04	44.10	69.86	19.28	78.37
长沙县	Changsha County	46.99	137.63	72.16	65.47	102.56	35.07	74.52
浏阳市	Liuyang City	42.79	143.12	73.28	69.84	88.73	54.39	62.00
宁乡市	Ningxiang City	49.22	126.50	64.12	62.38	76.00	50.50	60.08
荷塘区	Hetang District	12.74	34.90	17.60	17.30	34.01	0.89	97.45
芦淞区	Lousong District	11.14	30.71	15.24	15.47	28.09	2.62	91.47
石峰区	Shifeng District	10.73	33.95	18.29	15.66	32.56	1.39	95.91
天元区	Tianyuan District	17.11	47.85	24.17	23.68	42.78	5.07	89.40
渌口区	Lukou District	10.03	26.05	13.47	12.58	13.61	12.44	52.25
攸　县	You County	22.77	63.04	31.50	31.54	35.87	27.17	56.90
茶陵县	Chaling County	16.70	49.18	24.65	24.53	25.59	23.59	52.03
炎陵县	Yanling County	5.80	16.03	8.04	7.99	8.97	7.06	55.96
醴陵市	Liling City	27.33	88.60	44.90	43.70	56.64	31.96	63.93
雨湖区	Yuhu District	21.26	61.83	31.29	30.54	51.64	10.19	83.52
岳塘区	Yuetang District	18.18	48.45	24.54	23.91	46.29	2.16	95.54
湘潭县	Xiangtan County	29.18	79.09	40.34	38.75	35.62	43.47	45.04
湘乡市	Xiangxiang City	27.13	72.85	36.96	35.89	36.12	36.73	49.58
韶山市	Shaoshan City	3.53	10.33	5.17	5.16	5.76	4.57	55.76
珠晖区	Zhuhui District	12.67	33.71	16.85	16.86	30.60	3.11	90.77
雁峰区	Yanfeng District	9.10	24.76	12.46	12.30	24.41	0.35	98.59
石鼓区	Shigu District	8.69	22.74	11.17	11.57	20.49	2.25	90.11
蒸湘区	Zhengxiang District	16.92	47.78	24.32	23.46	42.93	4.85	89.85
南岳区	Nanyue District	2.19	7.03	3.49	3.54	5.09	1.94	72.40
衡阳县	Hengyang County	33.03	88.82	46.15	42.67	38.86	49.96	43.75
衡南县	Hengnan County	29.11	79.61	41.53	38.08	36.54	43.07	45.90
衡山县	Hengshan County	11.99	33.56	17.14	16.42	15.81	17.75	47.11
衡东县	Hengdong County	20.06	56.52	28.85	27.67	20.78	35.74	36.77
祁东县	Qidong County	29.43	76.66	39.94	36.72	32.10	44.56	41.87
耒阳市	Leiyang City	38.17	114.00	59.34	54.66	52.93	61.07	46.43
常宁市	Changning City	27.29	79.03	41.33	37.70	39.90	39.13	50.49
双清区	Shuangqing District	11.45	31.74	16.00	15.74	28.56	3.18	89.98
大祥区	Daxiang District	14.10	36.25	18.03	18.22	31.91	4.34	88.03
北塔区	Beita District	4.83	12.29	6.27	6.02	9.85	2.44	80.15

22-1 续表 1 Continued

市县名称	Cities and Counties	总户数（万户）Households (10 000 households)	年末常住人口（万人）Population at the Year-end (10 000 persons)	按性别分 By Gender 男 Male	女 Female	按城乡分 By Residence 城镇人口 Urban	乡村人口 Rural	城镇化率(%) Urbanization Rate (%)
新邵县	Xinshao County	20.85	61.25	32.06	29.19	27.11	34.14	44.26
邵阳县	Shaoyang County	25.26	75.17	39.48	35.69	33.95	41.22	45.16
隆回县	Longhui County	36.23	100.97	52.57	48.40	42.62	58.35	42.21
洞口县	Dongkou County	23.20	67.46	34.46	33.00	32.61	34.85	48.34
绥宁县	Suining County	11.12	29.06	15.05	14.01	11.72	17.34	40.33
新宁县	Xinning County	17.22	51.37	26.36	25.01	23.56	27.81	45.86
城步县	Chengbu County	7.88	22.73	11.62	11.11	9.59	13.14	42.19
武冈市	Wugang City	23.35	63.92	32.82	31.10	31.65	32.27	49.52
邵东市	Shaodong City	38.35	103.94	54.39	49.55	59.09	44.85	56.85
岳阳楼区	Yueyanglou District	34.54	98.04	49.34	48.70	92.42	5.62	94.27
云溪区	Yunxi District	5.26	15.37	8.08	7.29	9.20	6.17	59.86
君山区	Junshan District	6.93	20.16	10.37	9.79	10.92	9.24	54.17
岳阳县	Yueyang County	20.81	56.19	29.14	27.05	30.03	26.16	53.44
华容县	Huarong County	19.48	55.38	28.24	27.14	29.12	26.26	52.58
湘阴县	Xiangyin County	21.46	58.40	30.17	28.23	30.91	27.49	52.93
平江县	Pingjiang County	30.66	94.77	48.35	46.42	50.51	44.26	53.30
汨罗市	Miluo City	20.98	63.22	32.27	30.95	27.96	35.26	44.23
临湘市	Linxiang City	14.93	43.32	22.54	20.78	25.15	18.17	58.06
武陵区	Wuling District	27.06	73.15	35.45	37.70	65.90	7.25	90.09
鼎城区	Dingcheng District	27.49	73.76	37.29	36.47	44.20	29.56	59.92
安乡县	Anxiang County	16.26	42.72	21.65	21.07	17.98	24.74	42.09
汉寿县	Hanshou County	25.26	70.56	35.61	34.95	33.95	36.61	48.12
澧　县	Li County	27.69	72.13	35.81	36.32	42.99	29.14	59.60
临澧县	Linli County	13.00	37.28	18.60	18.68	16.71	20.57	44.82
桃源县	Taoyuan County	30.87	80.84	40.86	39.98	34.54	46.30	42.73
石门县	Shimen County	21.51	55.90	28.21	27.69	26.54	29.36	47.48
津市市	Jinshi City	7.85	21.25	11.00	10.25	13.78	7.47	64.85
永定区	Yongding District	18.33	52.70	26.80	25.90	33.18	19.52	62.96
武陵源区	Wulingyuan District	2.01	6.06	3.10	2.96	4.22	1.84	69.64
慈利县	Cili County	21.53	55.39	27.96	27.43	25.83	29.56	46.63
桑植县	Sangzhi County	13.30	37.57	19.31	18.26	15.13	22.44	40.27
资阳区	Ziyang District	13.72	35.61	18.18	17.43	18.83	16.78	52.88
赫山区	Heshan District	33.72	88.88	44.48	44.40	56.97	31.91	64.10
南　县	Nan County	21.46	57.23	29.00	28.23	27.49	29.74	48.03
大通湖区	Datonghu District	3.36	8.31	4.15	4.16	4.30	4.01	51.74
桃江县	Taojiang County	26.63	68.54	34.87	33.67	36.04	32.50	52.58
安化县	Anhua County	28.46	78.08	39.91	38.17	27.03	51.05	34.62
沅江市	Yuanjiang City	23.44	56.70	28.91	27.79	27.80	28.90	49.03
北湖区	Beihu District	20.83	57.56	29.29	28.27	50.15	7.41	87.13
苏仙区	Suxian District	16.26	43.62	22.09	21.53	32.21	11.41	73.84
桂阳县	Guiyang County	25.75	71.01	37.03	33.98	38.27	32.74	53.89
宜章县	Yizhang County	19.43	56.85	30.01	26.84	29.21	27.64	51.38
永兴县	Yongxing County	19.57	53.91	28.06	25.85	29.10	24.81	53.98

22-1 续表 2 Continued

市县名称	Cities and Counties	总户数（万户）Households (10 000 households)	年末常住人口（万人）Population at the Year-end (10 000 persons)	按性别分 By Gender 男 Male	女 Female	按城乡分 By Residence 城镇人口 Urban	乡村人口 Rural	城镇化率(%) Urbanization Rate (%)
嘉禾县	Jiahe County	12.27	34.35	18.09	16.26	16.92	17.43	49.26
临武县	Linwu County	11.38	32.33	16.96	15.37	16.46	15.87	50.91
汝城县	Rucheng County	12.17	34.50	17.79	16.71	15.91	18.59	46.12
桂东县	Guidong County	6.35	16.11	8.16	7.95	6.11	10.00	37.93
安仁县	Anren County	12.55	35.24	18.11	17.13	16.43	18.81	46.62
资兴市	Zixing City	12.75	32.32	16.40	15.92	21.38	10.94	66.15
零陵区	Lingling District	19.98	56.39	28.84	27.55	32.43	23.96	57.51
冷水滩区	Lengshuitan District	22.21	58.38	30.09	28.29	37.07	21.31	63.50
祁阳县	Qiyang County	31.17	83.38	42.78	40.60	30.93	52.45	37.10
东安县	Dongan County	17.42	49.11	25.35	23.76	19.81	29.30	40.34
双牌县	Shuangpai County	5.62	15.76	8.21	7.55	7.56	8.20	47.97
道　县	Dao County	20.25	62.17	33.35	28.82	29.84	32.33	48.00
江永县	Jiangyong County	7.94	23.64	12.32	11.32	8.02	15.62	33.93
宁远县	Ningyuan County	22.58	68.47	36.32	32.15	32.83	35.64	47.95
蓝山县	Lanshan County	10.64	33.02	17.22	15.80	17.18	15.84	52.03
新田县	Xintian County	12.22	34.41	17.90	16.51	16.79	17.62	48.79
江华县	Jianghua County	15.03	44.89	23.28	21.61	16.12	28.77	35.91
鹤城区	Hecheng District	24.92	70.84	35.62	35.22	57.84	13.00	81.65
中方县	Zhongfang County	8.86	23.36	12.13	11.23	10.18	13.18	43.58
沅陵县	Yuanling County	19.72	51.15	26.61	24.54	21.32	29.83	41.68
辰溪县	Chenxi County	15.81	40.68	21.08	19.60	16.48	24.20	40.51
溆浦县	Xupu County	27.69	75.49	38.87	36.62	20.75	54.74	27.49
会同县	Huitong County	11.57	29.13	15.02	14.11	11.27	17.86	38.69
麻阳县	Mayang County	12.07	31.35	16.17	15.18	14.81	16.54	47.24
新晃县	Xinhuang County	8.13	22.09	11.78	10.31	9.61	12.48	43.50
芷江县	Zhijiang County	12.54	30.79	15.82	14.97	14.48	16.31	47.03
靖州县	Jingzhou County	8.34	23.38	12.10	11.28	12.09	11.29	51.71
通道县	Tongdao County	6.83	20.12	10.47	9.65	8.62	11.50	42.84
洪江市	Hongjiang City	13.78	34.18	17.44	16.74	13.94	20.24	40.78
洪江区	Hongjiang District	2.65	5.70	2.82	2.88	4.80	0.90	84.21
娄星区	Louxing District	27.04	75.28	37.77	37.51	56.03	19.25	74.43
双峰县	Shuangfeng County	25.90	68.59	35.04	33.55	27.77	40.82	40.49
新化县	Xinhua County	41.13	119.67	61.66	58.01	38.55	81.12	32.21
冷水江市	Lengshuijiang City	11.77	33.01	16.65	16.36	24.71	8.30	74.86
涟源市	Lianyuan City	35.17	86.21	44.95	41.26	32.63	53.58	37.85
吉首市	Jishou City	14.46	42.19	21.25	20.94	31.37	10.82	74.35
泸溪县	Luxi County	8.55	23.63	12.14	11.49	10.18	13.45	43.08
凤凰县	Fenghuang County	11.61	35.22	18.26	16.96	14.86	20.36	42.19
花垣县	Huayuan County	7.29	24.59	12.67	11.92	10.33	14.26	42.01
保靖县	Baojing County	7.97	23.41	12.18	11.23	10.49	12.92	44.81
古丈县	Guzhang County	4.10	10.91	5.73	5.18	4.89	6.02	44.82
永顺县	Yongshun County	15.09	40.93	21.25	19.68	20.08	20.85	49.06
龙山县	Longshan County	16.22	47.56	24.32	23.24	23.80	23.76	50.04

22–2 “四上”企业从业人员年末人数(2020年)

The Number of Employees of "Four Scale" Enterprises at the Year-end (2020)

单位：万人 (10 000 persons)

市县名称	Cities and Counties	从业人员年末人数 Number of Employees at the Year-end	在岗职工 Staff and Workers on the Job				其他从业人员 Other Em-polyed Persons
				#国有企业 State-owned Enterprises	#集体企业 Collective-owned Enterprises	#其他企业 Enterprises of Other Types of Ownership	
芙蓉区	Furong District	10.78	10.40	0.25	0.22	9.93	0.38
天心区	Tianxin District	13.69	12.58	0.10		12.47	1.12
岳麓区	Yuelu District	23.24	22.36	0.14		22.22	0.89
开福区	Kaifu District	12.29	11.46	0.55	0.03	10.88	0.84
雨花区	Yuhua District	18.69	17.05	0.72	0.01	16.32	1.64
望城区	Wangcheng District	15.55	14.81	0.13	0.01	14.68	0.74
长沙县	Changsha County	26.29	25.81	0.06	0.01	25.73	0.47
浏阳市	Liuyang City	21.72	20.89	0.03	0.14	20.71	0.83
宁乡市	Ningxiang City	11.03	10.68	0.07	0.06	10.55	0.35
荷塘区	Hetang District	4.13	3.77	0.06		3.70	0.37
芦淞区	Lusong District	5.35	4.62	0.32		4.30	0.73
石峰区	Shifeng District	6.38	6.11	0.03		6.08	0.27
天元区	Tianyuan District	9.44	8.47	0.15		8.32	0.96
渌口区	Lukou District	4.58	3.39	0.01	0.09	3.29	1.19
攸　县	You County	5.45	5.34	0.05	0.02	5.27	0.11
茶陵县	Chaling County	3.59	3.31	0.04	0.01	3.26	0.28
炎陵县	Yanling County	1.58	1.53	0.01	0.01	1.50	0.05
醴陵市	Liling City	25.06	24.92	0.03	0.19	24.70	0.15
雨湖区	Yuhu District	12.56	11.82	0.27	0.03	11.52	0.73
岳塘区	Yuetang District	8.78	7.75	0.21	0.16	7.38	1.03
湘潭县	Xiangtan County	7.10	6.96			6.96	0.14
湘乡市	Xiangxiang City	7.56	7.03	0.01	0.02	7.00	0.53
韶山市	Shaoshan City	1.34	1.31	0.04	0.03	1.25	0.02
珠晖区	Zhuhui District	1.55	1.50		0.03	1.47	0.06
雁峰区	Yanfeng District	4.54	4.48	0.04	0.03	4.41	0.06
石鼓区	Shigu District	4.09	3.86	0.13	0.05	3.68	0.23
蒸湘区	Zhengxiang District	6.64	5.89	0.34	0.05	5.50	0.75
南岳区	Nanyue District	0.42	0.36	0.01		0.35	0.06
衡阳县	Hengyang County	4.56	4.55	0.05	0.32	4.18	0.02
衡南县	Hengnan County	6.44	5.19	0.08	0.02	5.09	1.25
衡山县	Hengshan County	2.74	2.70	0.01		2.69	0.04
衡东县	Hengdong County	3.43	3.37	0.09	0.05	3.23	0.05
祁东县	Qidong County	3.82	3.35	0.10	0.09	3.16	0.47
耒阳市	Leiyang City	4.21	3.96	0.15	0.09	3.72	0.25
常宁市	Changning City	3.30	3.15	0.10	0.05	3.00	0.15
双清区	Shuangqing District	7.69	7.13	0.19	0.14	6.79	0.56
大祥区	Daxiang District	3.20	2.66	0.16	0.06	2.44	0.53
北塔区	Beita District	1.37	1.26			1.26	0.11

22-2 续表 1 Continued

单位：万人 (10 000 persons)

市县名称	Cities and Counties	从业人员年末人数 Number of Employees at the Year-end	在岗职工 Staff and Workers on the Job	#国有企业 State-owned Enterprises	#集体企业 Collective-owned Enterprises	#其他企业 Enterprises of Other Types of Ownership	其他从业人员 Other Em-polyed Persons
新邵县	Xinshao County	2.92	2.81	0.12		2.69	0.11
邵阳县	Shaoyang County	3.36	3.27	0.09	0.34	2.84	0.09
隆回县	Longhui County	3.81	3.75	0.12	0.04	3.59	0.06
洞口县	Dongkou County	3.13	2.93			2.92	0.20
绥宁县	Suining County	1.79	1.53	0.06		1.46	0.26
新宁县	Xinning County	2.48	2.37	0.01		2.36	0.11
城步县	Chengbu County	0.60	0.54		0.01	0.53	0.06
武冈市	Wugang City	2.92	2.59	0.04	0.29	2.26	0.34
邵东市	Shaodong City	9.22	9.04	0.03		9.01	0.18
岳阳楼区	Yueyanglou District	15.04	13.45	0.51	0.01	12.93	1.60
云溪区	Yunxi District	3.81	3.54		0.08	3.45	0.27
君山区	Junshan District	2.86	2.74	0.31	0.07	2.36	0.12
岳阳县	Yueyang County	3.96	3.81	0.16	0.06	3.59	0.15
华容县	Huarong County	4.28	4.21	0.04	0.20	3.97	0.07
湘阴县	Xiangyin County	4.22	4.04	0.03	0.01	4.00	0.18
平江县	Pingjiang County	5.36	4.66	0.15	0.03	4.49	0.70
汨罗市	Miluo City	6.91	6.60	0.33	0.05	6.22	0.31
临湘市	Linxiang City	3.14	2.95	0.07	0.01	2.87	0.19
武陵区	Wuling District	10.39	9.37	0.43		8.94	1.01
鼎城区	Dingchen District	6.67	6.11	0.03		6.08	0.56
安乡县	Anxiang County	3.48	3.45			3.44	0.03
汉寿县	Hanshou County	4.76	4.62	0.02		4.60	0.14
澧　县	Li County	4.02	3.84	0.07	0.01	3.76	0.17
临澧县	Linli County	2.43	2.29	0.02	0.01	2.26	0.13
桃源县	Taoyuan County	4.27	4.00			4.00	0.27
石门县	Shimen County	3.15	2.75	0.03		2.73	0.40
津市市	Jinshi City	2.75	2.69	0.02		2.67	0.06
永定区	Yongding District	3.17	3.08	0.13		2.95	0.09
武陵源区	Wulingyuan District	0.38	0.37	0.02		0.36	0.01
慈利县	Cili County	1.32	1.02	0.02	0.16	0.84	0.30
桑植县	Sangzhi County	0.56	0.53	0.01		0.51	0.04
资阳区	Ziyang District	3.77	3.70	0.58	0.01	3.12	0.06
赫山区	Heshan District	10.37	9.38	0.10	0.06	9.21	0.99
南　县	Nan County	2.55	2.47	0.02		2.45	0.08
大通湖区	Datonghu District	0.35	0.33			0.33	0.02
桃江县	Taojiang County	5.67	5.10	0.03		5.07	0.57
安化县	Anhua County	2.16	1.97	0.10	0.01	1.86	0.19
沅江市	Yuanjiang City	4.38	4.19	0.03	0.04	4.13	0.19
北湖区	Beihu District	8.53	6.84	1.06	0.02	5.75	1.69
苏仙区	Suxian District	4.80	4.67	0.18	0.02	4.47	0.13
桂阳县	Guiyang County	4.25	3.91	0.03		3.87	0.34
宜章县	Yizhang County	2.64	2.62	0.03		2.59	0.02
永兴县	Yongxing County	2.57	2.54	0.11	0.03	2.40	0.03

22-2 续表 2 Continued

单位：万人 (10 000 persons)

市县名称	Cities and Counties	从业人员年末人数 Number of Employees at the Year-end	在岗职工 Staff and Workers on the Job				其他从业人员 Other Employed Persons
				#国有企业 State-owned Enterprises	#集体企业 Collective-owned Enterprises	#其他企业 Enterprises of Other Types of Ownership	
嘉禾县	Jiahe County	1.87	1.79		0.05	1.74	0.07
临武县	Linwu County	1.43	1.43		0.08	1.35	
汝城县	Rucheng County	1.12	1.01	0.03		0.98	0.11
桂东县	Guidong County	0.74	0.68			0.68	0.05
安仁县	Anren County	1.70	1.37	0.06	0.01	1.30	0.34
资兴市	Zixing City	5.04	4.72	0.07		4.65	0.32
零陵区	Lingling District	2.59	2.45	0.06	0.12	2.27	0.14
冷水滩区	Lengshuitan District	5.47	5.18	0.33	0.10	4.74	0.28
祁阳县	Qiyang County	4.59	4.19	0.12	0.38	3.69	0.40
东安县	Dongan County	3.76	2.98	0.14		2.84	0.78
双牌县	Shuangpai County	1.42	1.38	0.02	0.07	1.30	0.03
道　县	Dao County	2.94	2.76	0.02	0.46	2.27	0.19
江永县	Jiangyong County	0.85	0.84	0.06	0.03	0.75	
宁远县	Ningyuan Couny	4.52	4.47	0.19	0.22	4.05	0.05
蓝山县	Lanshan County	2.33	2.29		0.18	2.10	0.05
新田县	Xintian County	1.52	1.48	0.01	0.03	1.44	0.04
江华县	Jianghua County	2.21	2.20	0.02	0.04	2.14	0.01
鹤城区	Hecheng District	4.81	4.34	0.21	0.02	4.11	0.47
中方县	Zhongfang County	1.72	1.66			1.66	0.06
沅陵县	Yuanling County	2.19	2.17			1.90	0.02
辰溪县	Chenxi County	1.15	0.96		0.15	0.82	0.18
溆浦县	Xupu County	2.00	1.83	0.05	0.03	1.74	0.18
会同县	Huitong County	0.54	0.43		0.01	0.42	0.11
麻阳县	Mayang County	0.85	0.82	0.02	0.20	0.60	0.03
新晃县	Xinhuang County	1.00	0.98	0.02	0.07	0.89	0.02
芷江县	Zhijiang County	0.60	0.60			0.60	0.01
靖州县	Jingzhou County	1.01	0.88	0.01	0.03	0.84	0.13
通道县	Tongdao County	0.76	0.71	0.03	0.04	0.65	0.05
洪江市	Hongjiang City	1.19	1.05	0.03	0.05	0.97	0.14
洪江区	Hongjiang District	0.61	0.55	0.01		0.54	0.07
娄星区	Louxing District	13.75	12.18	0.18	0.18	11.82	1.57
双峰县	Shuangfeng County	4.16	4.08	0.01	0.18	3.89	0.07
新化县	Xinhua County	6.39	6.16	0.01	0.15	6.00	0.23
冷水江市	Lengshuijiang City	4.66	4.39	0.13	0.47	3.79	0.27
涟源市	Lianyuan City	4.64	3.98	0.36	0.12	3.50	0.66
吉首市	Jishou City	3.74	3.35	0.35	0.04	2.96	0.38
泸溪县	Luxi County	0.68	0.66	0.05	0.04	0.57	0.02
凤凰县	Fenghuang County	0.47	0.47	0.01	0.03	0.43	
花垣县	Huayuan County	0.63	0.62	0.04	0.01	0.56	0.01
保靖县	Baojing County	0.48	0.47	0.06	0.04	0.37	0.01
古丈县	Guzhang County	0.24	0.22			0.22	0.02
永顺县	Yongshun County	0.66	0.64	0.05	0.14	0.45	0.02
龙山县	Longshan County	0.93	0.85	0.07	0.03	0.74	0.08

22-3 "四上"企业在岗职工工资总额和年平均工资(2020年)

Total Wages and Average Annual Wages of Employees On the Job in "Four Scale" Enterprises (2020)

市县名称	Cities and Counties	在岗职工工资总额（万元）Total Wages of Staff and Workers on the Job (10 000 yuan)	#国有企业 State-owned Enterprises	#集体企业 Collective-owned Enterprises	在岗职工年平均工资（元）Average Annual Wages of Staff and Workers on the Job (yuan)	#国有企业 State-owned Enterprises	#集体企业 Collective-owned Enterprises	在岗职工年平均工资发展速度（上年=100）The Growth Rate of Average Annual Wages (preceding year=100)
芙蓉区	Furong District	681789	19859	11127	66464	80827	53649	107.2
天心区	Tianxin District	983662	12843		78475	124443		107.6
岳麓区	Yuelu District	2128561	18456	163	96726	136910	67875	109.2
开福区	Kaifu District	1020969	161611	1339	91007	283627	46017	103.7
雨花区	Yuhua District	1490107	79141	1023	90552	112623	76910	110.2
望城区	Wangcheng District	1002852	31795	303	68519	262769	58269	107.8
长沙县	Changsha County	2551676	5736	810	101114	99242	63764	109.4
浏阳市	Liuyang City	1193304	2905	5600	57250	92815	39831	111.7
宁乡市	Ningxiang City	694319	4667	3283	67564	64556	57297	116.8
荷塘区	Hetang District	224393	5270		61434	86252		102.1
芦淞区	Lousong District	311877	43777		68596	136973		105.0
石峰区	Shifeng District	626370	3243		104479	117500		116.2
天元区	Tianyuan District	688777	13009		82800	84255		107.1
渌口区	Lukou District	216286	490	6160	64241	44573	67099	95.3
攸　县	You County	288047	3543	1457	55012	70290	72104	102.7
茶陵县	Chaling County	161075	3186	543	51283	72409	62460	102.5
炎陵县	Yanling County	70639	332	1101	46571	36429	84061	113.4
醴陵市	Liling City	1463686	2792	8974	60116	96612	50612	110.4
雨湖区	Yuhu District	612402	22295	1248	52997	78117	37134	105.3
岳塘区	Yuetang District	558310	19811	21655	72946	96214	125317	114.5
湘潭县	Xiangtan County	328801	102		51370	51100		110.0
湘乡市	Xiangxiang City	336122	403	1211	52913	56761	69171	106.2
韶山市	Shaoshan City	68138	1481	1249	54602	41017	51817	110.1
珠晖区	Zhuhui District	98997	30	1802	66325	33000	80798	103.7
雁峰区	Yanfeng District	263302	2333	858	63113	55289	26994	110.7
石鼓区	Shigu District	217958	8294	2413	58892	61757	47306	106.3
蒸湘区	Zhengxiang District	401048	46362	2935	69201	137777	59050	108.3
南岳区	Nanyue District	14588	298		41210	40203		99.4
衡阳县	Hengyang County	217524	4808	15834	50377	100376	57226	103.0
衡南县	Hengnan County	227735	2780	1548	47068	36241	92689	106.2
衡山县	Hengshan County	113270	617	135	44274	59874	43484	109.6
衡东县	Hengdong County	159370	4039	2425	49155	45690	39116	107.7
祁东县	Qidong County	165689	5310	3485	50719	52010	40898	101.4
耒阳市	Leiyang City	211039	12454	2752	53417	91576	32378	102.9
常宁市	Changning City	167946	4727	2395	54777	47219	48778	106.5
双清区	Shuangqing District	438355	30431	7546	63184	156617	53212	110.7
大祥区	Daxiang District	147491	8825	2840	56649	54712	51072	118.3
北塔区	Beita District	59943			49001			113.1

22-3 续表 1 Continued

市县名称	Cities and Counties	在岗职工工资总额（万元） Total Wages of Staff and Workers on the Job (10 000 yuan)	#国有经济 State-owned Units	#城镇集体经济 Urban Collective Owned Units	在岗职工年平均工资（元） Average Annual Wages of Staff and Workers on the Job (yuan)	#国有经济 State-owned Units	#城镇集体经济 Urban Collective Owned Units	在岗职工年平均工资发展速度（上年=100） The Growth Rate of Average Annual Wages (preceding year=100)
新邵县	Xinshao County	146722	10545		53619	87218		104.9
邵阳县	Shaoyang County	161875	3008	20992	50034	32239	61905	99.9
隆回县	Longhui County	182152	4401	1597	50448	35839	44612	102.2
洞口县	Dongkou County	110661		74	39255		31957	103.9
绥宁县	Suining County	60435	2544		40530	39815		104.8
新宁县	Xinning County	95118	762		40517	76990		101.5
城步县	Chengbu County	20998	138	258	39738	39286	24769	104.3
武冈市	Wugang City	118764	1641	11687	46913	42629	40819	99.2
邵东市	Shaodong City	374900	2183		42499	73020		103.6
岳阳楼区	Yueyanglou District	836714	35028	659	65763	68641	87920	106.9
云溪区	Yunxi District	281502	171	5624	88099	56833	71918	103.2
君山区	Junshan District	93293	9779	2196	36371	34813	31321	107.6
岳阳县	Yueyang County	171164	7661	3202	45631	47614	56466	107.8
华容县	Huarong County	149407	1574	9542	35430	37040	43952	105.6
湘阴县	Xiangyin County	195500	1641	654	52168	63612	176730	103.3
平江县	Pingjiang County	228204	5653	1308	49815	39612	48277	113.2
汨罗市	Miluo City	346294	12971	1605	55731	40132	36151	103.4
临湘市	Linxiang City	130169	1963	225	44511	28871	38759	104.4
武陵区	Wuling District	619315	53807		68656	127112		108.8
鼎城区	Dingchen District	371130	1013		63332	59923		104.4
安乡县	Anxiang County	166835	100		49655	25513		105.8
汉寿县	Hanshou County	244850	1253	26	56708	68835	32000	109.4
澧　县	Li County	199556	2270	553	53576	36145	62852	105.7
临澧县	Linli County	116871	1855	417	52079	83928	59500	110.4
桃源县	Taoyuan County	200097	177		52240	61034		106.6
石门县	Shimen County	147780	2204	95	54267	81914	36654	107.2
津市市	Jinshi City	126218	1043		47877	59937		106.1
永定区	Yongding District	157404	12584		53317	94193		108.5
武陵源区	Wulingyuan District	19256	559		51212	33467		91.6
慈利县	Cili County	48713	827	10095	47377	41573	66370	103.5
桑植县	Sangzhi County	23807	829		47978	65291		103.8
资阳区	Ziyang District	201560	33821	293	56374	58301	43776	110.2
赫山区	Heshan District	497354	15608	2951	54278	147667	45611	110.3
南　县	Nan County	109468	1069	23	47268	55656	57000	102.8
大通湖区	Datonghu District	14354			45467			104.1
桃江县	Taojiang County	242449	1182		49391	45446		102.9
安化县	Anhua County	101036	8217	562	51591	77812	41600	100.4
沅江市	Yuanjiang City	193221	1164	2730	46144	45097	70901	105.6
北湖区	Beihu District	426467	86628	1182	62402	81249	53502	107.0
苏仙区	Suxian District	246120	7716	1123	55158	42746	63824	105.5
桂阳县	Guiyang County	236718	1643	125	61714	55121	37758	98.5
宜章县	Yizhang County	117003	2074		47516	67990		102.0
永兴县	Yongxing County	119074	3843	1680	48390	33268	56000	105.8

22-3 续表 2 Continued

市县名称	Cities and Counties	在岗职工工资总额（万元） Total Wages of Staff and Workers on the Job (10 000 yuan)	#国有经济 State-owned Units	#城镇集体经济 Urban Collective Owned Units	在岗职工年平均工资（元） Average Annual Wages of Staff and Workers on the Job (yuan)	#国有经济 State-owned Units	#城镇集体经济 Urban Collective Owned Units	在岗职工年平均工资发展速度（上年=100） The Growth Rate of Average Annual Wages (preceding year=100)
嘉禾县	Jiahe County	97577	223	2171	54595	61833	45899	110.7
临武县	Linwu County	56410		3493	39880		45721	103.0
汝城县	Rucheng County	41320	765		42462	32257		108.4
桂东县	Guidong County	26480			41085			111.3
安仁县	Anren County	56115	2298	549	42592	40112	46534	104.0
资兴市	Zixing City	212184	6141		44305	91522		104.1
零陵区	Lingling District	107465	4757	3320	45952	83461	33605	101.8
冷水滩区	Lengshuitan District	289805	44752	2916	57518	132442	28278	106.9
祁阳县	Qiyang County	193031	4129	21250	47135	33324	57386	103.0
东安县	Dongan County	152220	9150		53332	65637		104.1
双牌县	Shuangpai County	73059	3209	2500	54114	144545	37994	106.7
道　县	Dao County	111860	1050	15569	42612	60316	39237	103.2
江永县	Jiangyong County	45790	5220	1339	53517	63275	47141	102.4
宁远县	Ningyuan Couny	195978	6636	7029	44669	33790	31805	87.3
蓝山县	Lanshan County	127280	119	6821	56806	35909	42107	96.1
新田县	Xintian County	63646	585	1563	43900	71280	45173	101.4
江华县	Jianghua County	96173	1126	1668	44430	52148	41799	106.3
鹤城区	Hecheng District	248485	23302	1207	59775	111814	51803	104.7
中方县	Zhongfang County	85962			52114			114.5
沅陵县	Yuanling County	90696	7286		41365	26438		94.1
辰溪县	Chenxi County	52192		9115	53684		58540	100.8
溆浦县	Xupu County	103690	1657	1907	59377	30014	63793	111.7
会同县	Huitong County	18428		381	44214		36305	106.4
麻阳县	Mayang County	38430	1416	6810	50013	73766	44893	107.4
新晃县	Xinhuang County	44757	644	2514	47073	35564	41410	99.2
芷江县	Zhijiang County	30672			52511			111.1
靖州县	Jingzhou County	38134	936	1120	43572	73102	34875	103.6
通道县	Tongdao County	33880	1490	1229	49934	46705	34525	102.7
洪江市	Hongjiang City	45783	1205	1951	43832	45655	35471	111.2
洪江区	Hongjiang District	24995	377		47090	41911		104.9
娄星区	Louxing District	755730	15165	7946	63177	88220	44366	108.4
双峰县	Shuangfeng County	210159	595	8760	54139	50398	50840	100.0
新化县	Xinhua County	344153	811	6051	59952	102608	47796	109.7
冷水江市	Lengshuijiang City	231171	6713	20805	54156	53274	46305	108.0
涟源市	Lianyuan City	228709	16060	6666	60803	48027	58831	110.5
吉首市	Jishou City	209289	30346	1942	63970	86853	31839	102.4
泸溪县	Luxi County	28723	2172	1253	44830	41222	33683	100.1
凤凰县	Fenghuang County	18126	1131	1299	41477	84366	48831	94.3
花垣县	Huayuan County	30144	2093	688	49734	46933	52908	115.2
保靖县	Baojing County	17818	3037	928	39781	47670	24933	98.4
古丈县	Guzhang County	9123			41375			99.3
永顺县	Yongshun County	30084	4046	4937	46226	87567	34669	108.4
龙山县	Longshan County	39635	6482	1586	48077	90272	49559	105.9

22–4 地区生产总值（2020年）
Gross Domestic Product (2020)

市县名称	Cities and Counties	地区生产总值（万元）GDP (10 000 yuan)	第一产业 Primary Industry	第二产业 Secondary Industry	第三产业 Tertiary Industry	指数（上年=100）Indices (preceding year=100)	人均GDP（元）Per Capita GDP (yuan)
芙蓉区	Furong District	11632776	55	1489787	10142934	103.5	182676
天心区	Tianxin District	11206420	15040	3422235	7769145	103.6	136547
岳麓区	Yuelu District	13600039	111292	3823059	9665688	104.6	92041
开福区	Kaifu District	10410432	12388	1527658	8870386	103.5	129660
雨花区	Yuhua District	21932418	54529	12102240	9775649	104.5	178052
望城区	Wangcheng District	8570389	566542	3264406	4739441	104.3	99737
长沙县	Changsha County	18083429	871314	9452038	7760077	104.3	134409
浏阳市	Liuyang City	14930034	1287515	7646409	5996110	104.7	105245
宁乡市	Ningxiang City	11059229	1315956	4664846	5078427	102.7	88100
荷塘区	Hetang District	2441579	49774	1234848	1156957	103.5	70080
芦淞区	Lousong District	4141013	80847	1957008	2103158	105.3	135239
石峰区	Shifeng District	3589347	62966	2182891	1343490	104.8	105880
天元区	Tianyuan District	4673128	131270	1976543	2565315	104.1	101238
渌口区	Lukou District	1503427	247815	637133	618479	105.5	57252
攸　县	You County	4205568	729889	1449791	2025888	103.2	66386
茶陵县	Chaling County	2243234	392536	753089	1097609	103.9	45190
炎陵县	Yanling County	885189	146679	345777	392733	103.6	54406
醴陵市	Liling City	7375502	715060	3837735	2822707	103.9	82722
雨湖区	Yuhu District	6467898	179663	2896253	3391982	104.0	104811
岳塘区	Yuetang District	5979978	75784	3268910	2635284	103.7	123758
湘潭县	Xiangtan County	5010397	686665	2688608	1635124	103.7	63127
湘乡市	Xiangxiang City	5002414	674287	2474856	1853271	104.1	68526
韶山市	Shaoshan City	970798	75142	419217	476439	104.2	93706
珠晖区	Zhuhui District	2714851	102795	996649	1615407	103.9	80392
雁峰区	Yanfeng District	2640429	23516	1484840	1132073	104.2	107597
石鼓区	Shigu District	2620113	26004	601174	1992935	103.9	115069
蒸湘区	Zhengxiang District	4250970	32491	1131850	3086628	104.2	92272
南岳区	Nanyue District	486069	26168	51055	408847	102.5	71167
衡阳县	Hengyang County	3624553	720873	1311403	1592277	103.8	40242
衡南县	Hengnan County	3560073	709847	1228881	1621345	104.0	44000
衡山县	Hengshan County	1737827	380360	669180	688287	103.7	51263
衡东县	Hengdong County	2908135	516848	981853	1409434	104.2	50975
祁东县	Qidong County	3087084	616553	925180	1545351	104.3	39532
耒阳市	Leiyang City	3945808	678699	1102270	2164839	104.2	34564
常宁市	Changning City	3509097	582566	1108907	1817624	104.5	44123
双清区	Shuangqing District	1764911	50087	849923	864901	103.8	55675
大祥区	Daxiang District	1902713	71068	670830	1160815	104.0	52678
北塔区	Beita District	519918	39044	178611	302264	103.9	42373

注：总量指标按当年价格计算，指数按可比价格计算。
Aggregate data are calculated at current prices, while indices are calculated at comparable prices.

22-4 续表 1 Continued

市县名称	Cities and Counties	地区生产总值（万元）GDP (10 000 yuan)	第一产业 Primary Industry	第二产业 Secondary Industry	第三产业 Tertiary Industry	指数（上年=100）Indices (preceding year=100)	人均GDP（元）Per Capita GDP (yuan)
新邵县	Xinshao County	1668595	393803	478879	795913	104.0	26532
邵阳县	Shaoyang County	1806104	461939	533405	810760	104.0	23615
隆回县	Longhui County	2330109	500985	597220	1231905	104.2	22952
洞口县	Dongkou County	1893080	619612	445610	827858	103.9	28000
绥宁县	Suining County	1006615	244833	264604	497179	103.1	34379
新宁县	Xinning County	1164110	331686	270517	561907	102.7	22644
城步县	Chengbu County	564606	124662	133510	306434	103.8	24807
武冈市	Wugang City	1721925	580836	385599	755489	104.1	26499
邵东市	Shaodong City	6167381	579229	2177328	3410823	104.3	59433
岳阳楼区	Yueyanglou District	12805435	143459	4873778	7788197	104.7	131338
云溪区	Yunxi District	3276399	120658	2100572	1055169	102.2	210972
君山区	Junshan District	1670022	363422	538139	768460	105.6	82633
岳阳县	Yueyang County	3628368	697133	1509510	1421725	104.2	64562
华容县	Huarong County	3703018	918324	1177006	1607688	103.8	63966
湘阴县	Xiangyin County	3397951	716730	1248779	1432442	103.9	58005
平江县	Pingjiang County	3307893	597489	1188570	1521833	103.9	34747
汨罗市	Miluo City	5175770	625414	2286531	2263825	105.1	81856
临湘市	Linxiang City	3050624	416453	1299567	1334604	103.6	70846
武陵区	Wuling District	12665785	110750	7087842	5467193	102.6	165935
鼎城区	Dingchen District	4226821	753540	1442843	2030438	104.8	57166
安乡县	Anxiang County	2222843	443551	620148	1159144	103.9	52290
汉寿县	Hanshou County	3162938	574441	1107489	1481008	104.3	44998
澧　县	Li County	3859593	579073	1220197	2060323	104.0	52857
临澧县	Linli County	2045678	370901	717372	957405	104.3	54800
桃源县	Taoyuan County	4298318	972492	1350152	1975674	104.1	53020
石门县	Shimen County	3136059	521051	1105719	1509289	104.6	55881
津市市	Jinshi City	1815664	284069	763067	768528	104.5	85564
永定区	Yongding District	2306670	251094	370555	1685021	102.1	44189
武陵源区	Wulingyuan District	432594	23530	13467	395597	97.1	71034
慈利县	Cili County	1818324	385116	330003	1103204	102.0	32633
桑植县	Sangzhi County	1009208	161713	158421	689074	102.5	26798
资阳区	Ziyang District	1953046	269526	996358	687162	104.1	54281
赫山区	Heshan District	5878296	506166	3010180	2361950	103.8	66302
南　县	Nan County	2803031	756120	779044	1267867	104.1	48137
大通湖区	Datonghu District	394410	145658	104155	144597	103.3	46621
桃江县	Taojiang County	2798785	469629	1296364	1032792	103.4	40716
安化县	Anhua County	2401231	511789	795890	1093552	103.5	30480
沅江市	Yuanjiang City	2700294	688199	1055865	956230	103.5	46953
北湖区	Beihu District	4039220	153807	1142952	2742461	103.8	69738
苏仙区	Suxian District	3180548	198051	1569219	1413278	103.7	73183
桂阳县	Guiyang County	3768459	583165	1406197	1779097	104.2	53234
宜章县	Yizhang County	2202308	284544	748137	1169627	103.9	38855
永兴县	Yongxing County	3149330	348254	1161609	1639467	102.8	58581

22-4 续表 2 Continued

市县名称	Cities and Counties	地区生产总值（万元）GDP (10 000 yuan)	第一产业 Primary Industry	第二产业 Secondary Industry	第三产业 Tertiary Industry	指数（上年=100）Indices (preceding year=100)	人均 GDP（元）Per Capita GDP (yuan)
嘉禾县	Jiahe County	1436031	239252	559554	637225	103.7	42149
临武县	Linwu County	1461276	176443	631679	653154	104.3	44728
汝城县	Rucheng County	914210	176888	241800	495522	104.1	26669
桂东县	Guidong County	461554	68742	115623	277189	102.9	28144
安仁县	Anren County	1149541	258387	353415	537739	103.9	32825
资兴市	Zixing City	3268259	349635	1742776	1175848	103.7	101688
零陵区	Lingling District	2284291	443480	896994	943817	103.7	40755
冷水滩区	Lengshuitan District	3572685	447450	976021	2149214	104.0	61940
祁阳县	Qiyang County	3463477	581813	1063335	1818329	104.0	41484
东安县	Dongan County	1941686	428552	689452	823682	103.9	38904
双牌县	Shuangpai County	785975	193953	289807	302215	103.5	49903
道　县	Dao County	2246664	470958	613907	1161799	104.2	36074
江永县	Jiangyong County	823265	268986	198816	355463	103.8	34958
宁远县	Ningyuan Couny	2323706	361677	733010	1229019	104.1	33883
蓝山县	Lanshan County	1274664	199662	547351	527651	104.0	38814
新田县	Xintian County	983698	234399	259421	489878	103.7	28696
江华县	Jianghua County	1376866	311063	472639	593164	104.3	30997
鹤城区	Hecheng District	4008120	128787	786678	3092655	103.7	56018
中方县	Zhongfang County	1240434	181755	583765	474913	104.0	53078
沅陵县	Yuanling County	1772595	306408	771192	694995	104.8	34614
辰溪县	Chenxi County	1173052	228595	261112	683345	103.4	28879
溆浦县	Xupu County	1836741	424977	447422	964341	104.6	24328
会同县	Huitong County	905455	169744	129215	606496	103.5	30977
麻阳县	Mayang County	913928	210614	265744	437570	104.5	29171
新晃县	Xinhuang County	716710	121745	205883	389082	103.8	32328
芷江县	Zhijiang County	1059528	243065	278693	537770	104.4	33927
靖州县	Jingzhou County	876468	175968	248827	451673	104.2	37488
通道县	Tongdao County	558573	91927	161286	305360	104.3	27748
洪江市	Hongjiang City	1257415	296401	432489	528525	103.9	36617
洪江区	Hongjiang District	399653	23741	207459	168453	103.6	69869
娄星区	Louxing District	5857953	226061	2743548	2888345	104.4	78483
双峰县	Shuangfeng City	2660030	571039	823723	1265268	104.3	38529
新化县	Xinhua County	2869461	571190	831115	1467156	104.0	23998
冷水江市	Lengshuijiang City	2382743	123271	1064365	1195107	103.8	72336
涟源市	Lianyuan City	3029166	503943	1040436	1484786	104.3	35072
吉首市	Jishou City	1976225	101692	687458	1187075	101.2	47505
泸溪县	Luxi County	723373	115162	257467	350744	103.1	30612
凤凰县	Fenghuang County	894134	125307	173726	595101	101.2	25337
花垣县	Huayuan County	753618	95244	253895	404479	105.2	30025
保靖县	Baojing County	733123	114489	268217	350417	103.5	31411
古丈县	Guzhang County	317286	80802	69848	166636	100.8	28688
永顺县	Yongshun County	883010	224500	148474	510037	101.2	21490
龙山县	Longshan County	988613	259571	191295	537747	103.1	20409

22-5　农林牧渔业总产值 (2020年)

Gross Output Value of Farming, Forestry, Animal Husbandry and Fishery (2020)

单位：万元　　(10 000 yuan)

市县名称	Cities and Counties	农林牧渔业总产值 Gross Output Value of Farming, Forestry, Animal Husbandry and Fishery	指数（上年=100） Indices (preceding year=100)	农业产值 Output Value of Farming	林业产值 Output Value of Forestry	牧业产值 Output Value of Animal Husbandry	渔业产值 Output Value of Fishery	农林牧渔专业及辅助性活动产值 Output Value of Farming, Forestry, Animal Husbandry, Fishery and Auxiliary Activities
芙蓉区	Furong District	129	97.9	2			91	36
天心区	Tianxin District	25240	95.7	18170		3388	2508	1175
岳麓区	Yuelu District	169010	99.8	126636	4946	19021	11300	7108
开福区	Kaifu District	24560	99.2	13424		8388	1968	780
雨花区	Yuhua District	84862	99.5	76306		2578	2340	3638
望城区	Wangcheng District	990978	104.5	636819	14921	199924	75316	63998
长沙县	Changsha County	1458811	103.5	982604	46058	330788	27758	71603
浏阳市	Liuyang City	2223792	104.9	1165303	251236	639119	44190	123944
宁乡市	Ningxiang City	2244543	104.3	1232398	76392	750325	59928	125500
荷塘区	Hetang District	94030	102.8	61889	2277	22461	6068	1335
芦淞区	Lousong District	114364	103.0	57058	368	51298	4129	1512
石峰区	Shifeng District	81720	102.8	45354	7712	20909	4971	2773
天元区	Tianyuan District	181642	102.7	107338	4154	60920	7402	1827
渌口区	Lukou District	431088	103.3	182016	51490	161949	18819	16815
攸　县	You County	1159281	103.5	570932	99711	395798	39098	53742
茶陵县	Chaling County	611692	103.4	237516	34798	299691	26281	13405
炎陵县	Yanling County	220621	103.6	105013	40352	61826	2075	11355
醴陵市	Liling City	1095634	103.7	467707	71539	479596	40162	36630
雨湖区	Yuhu District	335064	103.6	109839	8612	185509	9665	21439
岳塘区	Yuetang District	145004	103.6	56755	9159	51751	4764	22574
湘潭县	Xiangtan County	1194700	103.8	454962	56130	556157	65462	61989
湘乡市	Xiangxiang City	1161062	103.9	441101	63869	548022	62351	45720
韶山市	Shaoshan City	132617	103.6	47313	4899	70895	5305	4205
珠晖区	Zhuhui District	169933	103.5	94973	833	55835	7839	10452
雁峰区	Yanfeng District	39522	103.6	20395	1095	8401	7200	2431
石鼓区	Shigu District	42249	103.7	21987	3195	9924	4544	2599
蒸湘区	Zhengxiang District	59713	103.8	32595	1767	13047	8631	3673
南岳区	Nanyue District	44505	103.9	19509	5579	15761	920	2737
衡阳县	Hengyang County	1291926	104.3	402673	83674	599423	126695	79461
衡南县	Hengnan County	1256787	104.1	415819	89436	587582	86649	77300
衡山县	Hengshan County	651906	103.9	191373	87449	286705	46283	40096
衡东县	Hengdong County	884580	104.1	305617	110729	362475	51352	54407
祁东县	Qidong County	1107593	103.7	465975	33822	445978	93694	68124
耒阳市	Leiyang City	1261562	104.1	399494	62702	631371	90399	77595
常宁市	Changning City	1010797	104.2	356600	118402	402671	70954	62170
双清区	Shuangqing District	117593	103.0	40037	59	36311	2686	38500
大祥区	Daxiang District	153277	103.2	55730	1050	39442	3767	53289
北塔区	Beita District	69445	103.4	26821	408	22687	2438	17091

22-5 续表 1 Continued

单位：万元 (10 000 yuan)

市县名称	Cities and Counties	农林牧渔业总产值 Gross Output Value of Farming, Forestry, Animal Husbandry and Fishery	指 数（上年=100）Indices (preceding year=100)	农业产值 Output Value of Farming	林业产值 Output Value of Forestry	牧业产值 Output Value of Animal Husbandry	渔业产值 Output Value of Fishery	农林牧渔专业及辅助性活动产值 Output Value of Farming, Forestry, Animal Husbandry, Fishery and Auxiliary Activities
新邵县	Xinshao County	668089	104.2	288974	17764	312432	10700	38219
邵阳县	Shaoyang County	770626	104.4	356933	31538	342216	17347	22593
隆回县	Longhui County	927669	104.4	551121	25145	313370	17261	20771
洞口县	Dongkou County	1072655	104.3	576246	24586	381702	31806	58315
绥宁县	Suining County	459291	104.3	166857	49031	230607	3564	9232
新宁县	Xinning County	460487	104.2	269692	11878	154560	9304	15054
城步县	Chengbu County	232795	104.3	93885	20445	109474	1271	7721
武冈市	Wugang City	866588	104.2	414961	15281	406623	17837	11887
邵东市	Shaodong City	977518	104.4	622224	5008	272435	47307	30545
岳阳楼区	Yueyanglou District	241453	94.2	154185	6509	31720	35208	13831
云溪区	Yunxi District	204526	104.0	82047	6276	52258	53215	10730
君山区	Junshan District	615039	104.1	337824	13284	100321	130903	32707
岳阳县	Yueyang County	1177688	104.3	473540	17929	500948	126752	58520
华容县	Huarong County	1600897	104.2	782814	13779	307541	417989	78774
湘阴县	Xiangyin County	1233396	104.2	451453	32563	340684	346800	61897
平江县	Pingjiang County	1021069	104.5	399982	82122	466130	20744	52092
汨罗市	Miluo City	1143302	104.6	359396	18754	602652	103222	59278
临湘市	Linxiang City	697300	104.4	248824	28264	283049	102276	34885
武陵区	Wuling District	192188	104.2	98115	895	7966	35175	50036
鼎城区	Dingcheng District	1359562	104.5	559582	61728	518710	128912	90629
安乡县	Anxiang County	764782	104.5	327704	6080	231658	154791	44550
汉寿县	Hanshou County	1087465	103.8	480041	25460	380917	129191	71855
澧　县	Li County	1108206	103.7	429581	21440	433413	105757	118016
临澧县	Linli County	683067	104.4	268168	14865	327035	36604	36395
桃源县	Taoyuan County	1691268	104.5	726341	21012	839181	52150	52584
石门县	Shimen County	910236	104.4	390972	12972	452709	17616	35967
津市市	Jinshi City	513628	104.1	117205	42392	281045	36186	36799
永定区	Yongding District	415883	103.7	249230	25277	95023	15363	30990
武陵源区	Wulingyuan District	39806	102.1	18412	4545	14017	594	2238
慈利县	Cili County	643239	104.1	318407	42638	254655	16314	11225
桑植县	Sangzhi County	262170	103.9	148161	20809	79834	8104	5262
资阳区	Ziyang District	494182	104.1	272596	3038	155805	44464	18279
赫山区	Heshan District	971926	104.1	486151	30661	348480	47297	59337
南　县	Nan County	1407612	104.4	705976	5762	310374	313211	72288
大通湖区	Datonghu District	264712	104.2	166447	2920	33579	50007	11760
桃江县	Taojiang County	909153	104.4	424674	65631	331682	16182	70984
安化县	Anhua County	940175	104.7	462896	52298	339866	23345	61770
沅江市	Yuanjiang City	1226318	103.6	646217	12921	220379	286873	59928
北湖区	Beihu District	303367	104.2	160042	23607	106657	5791	7270
苏仙区	Suxian District	370372	104.5	140320	20747	180388	15639	13277
桂阳县	Guiyang County	1020195	104.4	466569	85278	396605	21104	50639
宜章县	Yizhang County	472628	104.3	240648	13613	196963	7565	13840
永兴县	Yongxing County	519800	104.1	220707	47804	203614	25879	21797

22-5 续表 2 Continued

单位：万元 (10 000 yuan)

市县名称	Cities and Counties	农林牧渔业总产值 Gross Output Value of Farming, Forestry, Animal Husbandry and Fishery	指数（上年=100）Indices (preceding year=100)	农业产值 Output Value of Farming	林业产值 Output Value of Forestry	牧业产值 Output Value of Animal Husbandry	渔业产值 Output Value of Fishery	农林牧渔专业及辅助性活动产值 Output Value of Farming, Forestry, Animal Husbandry, Fishery and Auxiliary Activities
嘉禾县	Jiahe County	447696	104.3	170939	26858	229746	4032	16121
临武县	Linwu County	307912	104.6	158241	15859	118206	4602	11004
汝城县	Rucheng County	424554	104.2	193354	86277	137255	1466	6202
桂东县	Guidong County	129898	104.5	60585	16648	47007	480	5178
安仁县	Anren County	459937	104.5	235103	47342	143215	12733	21545
资兴市	Zixing City	603393	104.7	224111	67366	241359	52957	17599
零陵区	Lingling District	939825	104.6	417493	51270	394299	39180	37583
冷水滩区	Lengshuitan District	793413	104.3	347834	39678	313619	55720	36562
祁阳县	Qiyang County	1080286	104.3	505956	106930	290848	125021	51531
东安县	Dongan County	830350	104.3	395894	60365	299572	43980	30539
双牌县	Shuangpai County	406631	104.1	58661	169753	146366	9380	22471
道　县	Dao County	920114	104.4	435855	88890	275816	62900	56653
江永县	Jiangyong County	533936	104.5	243840	42530	213437	10100	24029
宁远县	Ningyuan County	753988	104.6	282604	55345	332813	50400	32826
蓝山县	Lanshan County	399624	104.4	164575	75739	128256	3980	27074
新田县	Xintian County	460272	104.2	208599	29668	190076	16250	15679
江华县	Jianghua County	623533	104.5	197964	176563	215830	5800	27376
鹤城区	Hecheng District	226528	102.7	121125	7768	83019	6829	7788
中方县	Zhongfang County	314282	102.5	127255	48077	125473	9917	3561
沅陵县	Yuanling County	522982	102.3	276588	42712	171135	24941	7605
辰溪县	Chenxi County	414596	103.8	188127	14965	191309	11978	8217
溆浦县	Xupu County	767097	104.1	312640	67081	354020	16953	16403
会同县	Huitong County	295264	103.3	108402	59395	113102	7438	6927
麻阳县	Mayang County	370965	107.0	228407	4555	121730	8358	7914
新晃县	Xinhuang County	244033	101.9	68912	4668	161906	1432	7116
芷江县	Zhijiang County	445882	107.1	235684	13552	174812	11708	10127
靖州县	Jingzhou County	326042	102.0	129114	12821	169236	9608	5263
通道县	Tongdao County	199291	103.2	79329	27103	87873	3671	1316
洪江市	Hongjiang City	514817	106.6	321666	24823	142484	13236	12609
洪江区	Hongjiang District	40849	103.7	17182	1419	20601	830	817
娄星区	Louxing District	364129	104.2	204569	9711	121169	15800	12880
双峰县	Shuangfeng County	943613	104.2	516676	25208	317208	48607	35913
新化县	Xinhua County	955821	104.2	439321	20113	410342	55930	30115
冷水江市	Lengshuijiang City	214998	104.4	69619	6496	124244	8144	6496
涟源市	Lianyuan City	854106	105.4	357373	16674	417563	33134	29364
吉首市	Jishou City	175755	104.1	112336	3334	54088	3138	2859
泸溪县	Luxi County	204611	104.0	115098	6211	78373	2462	2466
凤凰县	Fenghuang County	222484	103.9	130636	5609	81756	1525	2957
花垣县	Huayuan County	174696	103.8	79906	4464	85107	2789	2429
保靖县	Baojing County	202078	103.8	119430	2948	74885	2388	2427
古丈县	Guzhang County	141458	104.1	91548	6869	38858	1790	2394
永顺县	Yongshun County	396749	104.0	232428	13656	143144	3690	3831
龙山县	Longshan County	451741	104.1	289260	13086	141712	3554	4130

22-6 灌溉面积及水库、堤防(2020年)
Irrigated Area and Reservoirs, Dikes (2020)

市县名称	Cities and Counties	有效灌溉面积（千公顷） Irrigated Area (1 000 hectares)	水 库（座） Number of Reservoirs (set)	堤防长度（公里） Total Length of Dikes (km)
芙蓉区	Furong District	0.01		14.95
天心区	Tianxin District	0.80	3	22.56
岳麓区	Yuelu District	11.48	45	86.87
开福区	Kaifu District	2.93	19	59.93
雨花区	Yuhua District	0.21	13	55.41
望城区	Wangcheng District	53.92	132	141.54
长沙县	Changsha County	28.68	47	242.95
浏阳市	Liuyang City	76.23	162	786.58
宁乡市	Ningxiang City	68.26	190	139.80
荷塘区	Hetang District	2.92	18	19.16
芦淞区	Lousong District	3.80	14	28.91
石峰区	Shifeng District	3.58	13	22.99
天元区	Tianyuan District	6.97	26	46.55
渌口区	Lukou District	19.96	101	88.69
攸 县	You County	43.60	294	74.18
茶陵县	Chaling County	26.54	247	87.17
炎陵县	Yanling County	15.52	39	29.25
醴陵市	Liling City	49.49	205	562.66
雨湖区	Yuhu District	14.14	10	72.67
岳塘区	Yuetang District	3.07	4	59.02
湘潭县	Xiangtan County	67.63	133	130.95
湘乡市	Xiangxiang City	52.80	175	672.94
韶山市	Shaoshan City	6.19	53	57.11
珠晖区	Zhuhui District	5.67	24	76.08
雁峰区	Yanfeng District	1.34	9	32.98
石鼓区	Shigu District	2.20	10	35.67
蒸湘区	Zhengxiang District	2.10	10	41.57
南岳区	Nanyue District	2.06	11	116.91
衡阳县	Hengyang County	52.84	221	371.73
衡南县	Hengnan County	56.10	268	163.74
衡山县	Hengshan County	19.23	86	608.11
衡东县	Hengdong County	29.57	164	104.39
祁东县	Qidong County	41.52	189	955.10
耒阳市	Leiyang City	42.06	271	67.83
常宁市	Changning City	43.56	268	114.50
双清区	Shuangqing District	3.51	14	1.51
大祥区	Daxiang District	5.31	26	6.20
北塔区	Beita District	2.44	13	9.67

22-6 续表 1 Continued

市县名称	Cities and Counties	有效灌溉面积（千公顷） Irrigated Area (1 000 hectares)	水 库（座） Number of Reservoirs (set)	堤防长度（公里） Total Length of Dikes (km)
新邵县	Xinshao County	22.54	94	39.60
邵阳县	Shaoyang County	46.29	242	8.06
隆回县	Longhui County	45.24	266	30.38
洞口县	Dongkou County	45.46	168	11.48
绥宁县	Suining County	19.86	51	96.50
新宁县	Xinning County	29.34	116	19.32
城步县	Chengbu County	14.13	50	29.67
武冈市	Wugang City	35.91	125	25.55
邵东市	Shaodong City	39.58	126	60.65
岳阳楼区	Yueyanglou District	8.81	66	23.96
云溪区	Yunxi District	6.91	26	144.13
君山区	Junshan District	25.82	38	267.46
岳阳县	Yueyang County	43.68	250	152.67
华容县	Huarong County	66.11	74	728.05
湘阴县	Xiangyin County	65.60	140	565.74
平江县	Pingjiang County	41.55	320	127.39
汨罗市	Miluo City	45.39	363	224.47
临湘市	Linxiang City	39.75	290	351.42
武陵区	Wuling District	7.56	12	165.46
鼎城区	Dingcheng District	83.67	172	828.99
安乡县	Anxiang County	53.98	11	403.19
汉寿县	Hanshou County	86.40	342	866.67
澧　县	Li County	72.44	157	402.40
临澧县	Linli County	40.81	168	62.33
桃源县	Taoyuan County	86.56	346	304.48
石门县	Shimen County	36.48	170	242.87
津市市	Jinshi City	11.95	28	105.90
永定区	Yongding District	15.33	90	82.13
武陵源区	Wulingyuan District	1.05	10	53.99
慈利县	Cili County	29.29	108	36.23
桑植县	Sangzhi County	13.35	49	182.53
资阳区	Ziyang District	22.44	36	262.21
赫山区	Heshan District	42.38	172	406.96
南　县	Nan County	73.57	1	878.96
大通湖区	Datonghu District	16.38		189.50
桃江县	Taojiang County	40.42	222	43.53
安化县	Anhua County	27.20	175	936.30
沅江市	Yuanjiang City	42.46	15	828.89
北湖区	Beihu District	9.89	15	104.30
苏仙区	Suxian District	17.83	61	51.76
桂阳县	Guiyang County	33.44	255	116.16
宜章县	Yizhang County	31.67	90	104.12
永兴县	Yongxing County	25.09	145	17.97

22−6 续表 2 Continued

市县名称	Cities and Counties	有效灌溉面积（千公顷） Irrigated Area (1 000 hectares)	水 库（座） Number of Reservoirs (set)	堤防长度（公里） Total Length of Dikes (km)
嘉禾县	Jiahe County	14.05	94	7.27
临武县	Linwu County	12.22	84	85.60
汝城县	Rucheng County	18.75	78	406.89
桂东县	Guidong County	12.33	21	178.98
安仁县	Anren County	21.83	110	63.56
资兴市	Zixing City	16.28	85	11.68
零陵区	Lingling District	32.39	144	82.37
冷水滩区	Lengshuitan District	22.52	137	42.32
祁阳县	Qiyang County	51.51	251	40.03
东安县	Dongan County	37.87	205	375.20
双牌县	Shuangpai County	7.56	52	198.45
道　县	Dao County	45.07	103	22.71
江永县	Jiangyong County	14.83	82	24.73
宁远县	Ningyuan County	35.74	166	42.89
蓝山县	Lanshan County	15.35	45	113.10
新田县	Xintian County	12.22	69	44.41
江华县	Jianghua County	21.14	114	57.52
鹤城区	Hecheng District	7.14	44	51.11
中方县	Zhongfang County	11.57	111	130.11
沅陵县	Yuanling County	21.12	117	75.53
辰溪县	Chenxi County	19.79	145	99.66
溆浦县	Xupu County	33.08	145	131.69
会同县	Huitong County	16.59	105	221.35
麻阳县	Mayang County	14.37	178	17.33
新晃县	Xinhuang County	10.68	52	79.26
芷江县	Zhijiang County	16.96	154	40.02
靖州县	Jingzhou County	19.93	56	23.65
通道县	Tongdao County	14.02	47	31.64
洪江市	Hongjiang City	20.64	127	37.66
洪江区	Hongjiang District	1.94	7	4.87
娄星区	Louxing District	11.82	63	67.05
双峰县	Shuangfeng County	28.36	204	101.92
新化县	Xinhua County	26.22	282	196.09
冷水江市	Lengshuijiang City	5.48	30	36.23
涟源市	Lianyuan City	31.35	163	52.47
吉首市	Jishou City	10.72	45	30.40
泸溪县	Luxi County	23.92	140	23.76
凤凰县	Fenghuang County	29.14	98	341.42
花垣县	Huayuan County	20.20	58	22.25
保靖县	Baojing County	22.03	78	37.18
古丈县	Guzhang County	10.13	46	63.35
永顺县	Yongshun County	33.10	122	194.18
龙山县	Longshan County	26.05	98	49.25

22-7 农作物播种面积(2020年)
Sown Area of Crops (2020)

单位：千公顷 (1 000 hectares)

市县名称	Cities and Counties	农作物播种面积 Total Sown Area	粮食作物 Area of Grain Crops	稻谷面积 Area of Rice	油料面积 Area of Oil	蔬菜面积 Area of Vegetables
芙蓉区	Furong District					
天心区	Tianxin District	1.56	0.26	0.24	0.01	1.22
岳麓区	Yuelu District	13.46	5.74	5.44	1.08	5.46
开福区	Kaifu District	2.38	1.39	1.24	0.02	0.93
雨花区	Yuhua District	0.87	0.24	0.23	0.02	0.62
望城区	Wangcheng District	88.97	45.34	43.73	5.80	33.67
长沙县	Changsha County	123.43	75.86	63.75	9.16	27.90
浏阳市	Liuyang City	169.86	78.70	72.50	33.79	43.12
宁乡市	Ningxiang City	171.83	105.19	99.14	9.76	45.67
荷塘区	Hetang District	7.67	2.79	2.33	0.69	3.32
芦淞区	Lousong District	7.37	3.22	2.93	0.29	3.10
石峰区	Shifeng District	5.89	1.50	1.24	0.44	3.06
天元区	Tianyuan District	11.32	5.98	5.58	0.61	4.53
渌口区	Lukou District	49.39	29.36	27.46	4.47	11.64
攸　县	You County	112.16	60.05	57.75	16.53	23.43
茶陵县	Chaling County	64.74	36.67	35.47	12.43	7.72
炎陵县	Yanling County	20.89	12.27	9.67	2.45	3.16
醴陵市	Liling City	111.70	69.18	65.48	12.39	19.62
雨湖区	Yuhu District	25.60	14.06	13.07	2.84	7.09
岳塘区	Yuetang District	3.41	0.98	0.88	0.18	2.11
湘潭县	Xiangtan County	126.27	83.58	82.01	13.13	20.62
湘乡市	Xiangxiang City	120.39	65.85	64.09	13.18	24.16
韶山市	Shaoshan City	12.80	5.48	5.32	1.68	2.88
珠晖区	Zhuhui District	6.65	1.93	1.70	1.37	2.86
雁峰区	Yanfeng District	1.49	0.36	0.31	0.15	0.83
石鼓区	Shigu District	2.27	1.01	0.96	0.34	0.84
蒸湘区	Zhengxiang District	2.38	0.92	0.83	0.38	0.89
南岳区	Nanyue District	3.03	1.97	1.58	0.09	0.69
衡阳县	Hengyang County	145.29	84.95	76.42	44.84	6.05
衡南县	Hengnan County	147.84	90.21	82.33	37.90	6.48
衡山县	Hengshan County	51.01	33.10	31.58	9.58	4.99
衡东县	Hengdong County	92.47	58.19	53.33	20.39	6.98
祁东县	Qidong County	120.14	70.32	62.39	28.07	13.75
耒阳市	Leiyang City	129.74	76.72	70.82	32.33	11.76
常宁市	Changning City	103.09	61.80	59.26	21.67	8.67
双清区	Shuangqing District	9.92	6.15	4.93	0.50	2.11
大祥区	Daxiang District	18.40	10.93	9.54	1.52	2.77
北塔区	Beita District	5.19	2.86	2.08	0.40	1.54

注：粮食数据由国家统计局湖南调查总队提供。

The grain data are provided by hunan Survey Team of National Bureau of Statistics.

22–7 续表 1 Continued

单位：千公顷 (1 000 hectares)

市县名称	Cities and Counties	农作物播种面积 Total Sown Area	粮食作物 Area of Grain Crops	稻谷面积 Area of Rice	油料面积 Area of Oil	蔬菜面积 Area of Vegetables
新邵县	Xinshao County	78.79	48.67	39.31	8.78	12.76
邵阳县	Shaoyang County	112.62	68.92	56.21	18.28	17.11
隆回县	Longhui County	136.81	71.72	60.58	8.75	38.28
洞口县	Dongkou County	140.76	72.88	63.57	28.22	21.79
绥宁县	Suining County	44.87	21.22	17.54	5.09	10.79
新宁县	Xinning County	69.08	43.38	33.18	6.19	8.75
城步县	Chengbu County	29.93	14.78	10.60	2.90	5.85
武冈市	Wugang City	101.09	66.32	53.40	12.41	12.88
邵东市	Shaodong City	120.63	68.12	55.42	22.37	17.48
岳阳楼区	Yueyanglou District	12.34	4.60	3.84	1.77	4.53
云溪区	Yunxi District	9.30	3.92	2.81	1.84	2.42
君山区	Junshan District	48.32	20.21	14.68	12.63	7.60
岳阳县	Yueyang County	119.72	80.31	72.64	18.70	12.39
华容县	Huarong County	154.91	85.54	79.79	40.11	14.35
湘阴县	Xiangyin County	116.77	80.78	72.54	10.57	10.63
平江县	Pingjiang County	99.12	66.13	58.92	16.59	10.42
汨罗市	Miluo City	104.01	76.26	67.29	10.82	9.70
临湘市	Linxiang City	84.53	56.39	50.06	14.89	8.01
武陵区	Wuling District	20.73	13.67	11.98	2.19	4.01
鼎城区	Dingcheng District	192.71	105.40	100.62	46.46	25.04
安乡县	Anxiang County	124.59	53.57	49.41	41.81	14.78
汉寿县	Hanshou County	166.82	95.86	93.32	42.14	20.93
澧　县	Li County	154.97	77.60	68.53	44.27	16.01
临澧县	Linli County	104.19	53.20	49.09	31.58	9.49
桃源县	Taoyuan County	202.93	118.65	106.41	53.67	17.24
石门县	Shimen County	91.99	48.00	28.99	27.11	11.41
津市市	Jinshi City	44.09	22.64	20.99	15.55	3.34
永定区	Yongding District	55.45	27.99	16.84	9.43	13.96
武陵源区	Wulingyuan District	5.20	2.68	1.16	0.65	1.16
慈利县	Cili County	98.94	57.10	27.84	24.87	11.12
桑植县	Sangzhi County	68.03	37.83	14.49	13.67	12.37
资阳区	Ziyang District	72.18	42.48	40.25	5.87	17.10
赫山区	Heshan District	110.91	73.11	69.56	6.24	19.54
南　县	Nan County	167.89	74.98	67.67	44.86	31.46
大通湖区	Datonghu District	39.40	18.01	16.25	8.53	9.86
桃江县	Taojiang County	109.93	58.53	52.43	20.75	19.95
安化县	Anhua County	100.42	44.65	31.26	26.08	17.51
沅江市	Yuanjiang City	150.33	71.36	67.96	33.38	25.92
北湖区	Beihu District	28.54	10.03	8.52	1.03	12.02
苏仙区	Suxian District	33.31	19.76	16.04	3.14	6.83
桂阳县	Guiyang County	96.15	49.55	35.72	7.58	13.84
宜章县	Yizhang County	73.77	45.53	31.41	5.51	12.81
永兴县	Yongxing County	91.62	45.21	38.53	15.77	15.27

22-7 续表 2 Continued

单位：千公顷 (1 000 hectares)

市县名称	Cities and Counties	农作物播种面积 Total Sown Area	粮食作物 Area of Grain Crops	稻谷面积 Area of Rice	油料面积 Area of Oil	蔬菜面积 Area of Vegetables
嘉禾县	Jiahe County	36.75	21.38	15.26	3.83	6.12
临武县	Linwu County	39.67	21.51	15.15	3.66	7.97
汝城县	Rucheng County	39.23	22.51	16.02	4.25	10.18
桂东县	Guidong County	18.03	11.25	8.46	2.39	2.42
安仁县	Anren County	80.59	45.07	41.34	19.40	7.94
资兴市	Zixing City	50.82	26.76	19.39	6.56	12.48
零陵区	Lingling District	105.62	55.27	50.00	16.00	27.51
冷水滩区	Lengshuitan District	85.54	50.40	43.57	6.67	17.35
祁阳县	Qiyang County	144.99	83.82	70.71	24.27	26.93
东安县	Dongan County	104.21	57.89	48.72	4.92	24.56
双牌县	Shuangpai County	26.31	14.54	10.77	1.34	6.02
道　县	Dao County	106.87	56.99	46.45	9.14	31.14
江永县	Jiangyong County	54.88	24.77	18.69	9.46	17.77
宁远县	Ningyuan County	69.05	47.55	40.19	6.27	9.01
蓝山县	Lanshan County	50.82	22.73	19.15	7.54	9.40
新田县	Xintian County	52.20	30.00	20.92	2.26	12.86
江华县	Jianghua County	64.15	38.18	26.15	7.18	10.94
鹤城区	Hecheng District	16.62	7.40	6.71	0.65	7.84
中方县	Zhongfang County	34.39	19.54	13.25	7.90	3.34
沅陵县	Yuanling County	74.32	44.12	28.99	16.91	12.37
辰溪县	Chenxi County	66.06	32.22	22.62	18.11	7.17
溆浦县	Xupu County	85.67	54.01	32.01	19.74	7.63
会同县	Huitong County	31.37	19.44	14.89	6.65	4.61
麻阳县	Mayang County	31.96	19.94	14.43	7.28	2.36
新晃县	Xinhuang County	23.60	16.24	10.61	4.19	2.95
芷江县	Zhijiang County	57.54	34.05	22.18	11.09	8.92
靖州县	Jingzhou County	34.40	20.76	17.39	6.49	4.62
通道县	Tongdao County	28.36	13.74	12.23	6.59	2.95
洪江市	Hongjiang City	27.33	26.35	18.74	10.73	5.32
洪江区	Hongjiang District	33.29	0.99	0.69	0.39	0.43
娄星区	Louxing District	36.94	22.09	17.09	4.49	7.15
双峰县	Shuangfeng County	111.53	78.28	66.35	12.39	13.03
新化县	Xinhua County	115.41	74.58	55.50	10.41	10.02
冷水江市	Lengshuijiang City	12.03	6.85	5.05	1.30	2.43
涟源市	Lianyuan City	87.47	61.84	44.44	11.83	9.25
吉首市	Jishou City	25.24	8.81	5.72	5.25	6.05
泸溪县	Luxi County	39.82	15.20	11.91	9.33	7.34
凤凰县	Fenghuang County	56.13	27.45	16.56	7.23	11.13
花垣县	Huayuan County	31.60	18.26	10.65	4.25	4.81
保靖县	Baojing County	33.74	17.33	8.58	5.33	5.04
古丈县	Guzhang County	16.74	8.35	4.63	2.80	3.18
永顺县	Yongshun County	66.44	37.95	24.46	12.06	10.08
龙山县	Longshan County	64.93	34.37	18.25	9.96	9.35

22-8 主要农产品产量（2020年）
Output of Major Farm Crops (2020)

单位：吨 (ton)

市县名称	Cities and Counties	粮食合计 Total Grain	稻谷 Rice	小麦 Wheat	玉米 Corn	大豆 Beans	薯类折粮 Tubers
芙蓉区	Furong District						
天心区	Tianxin District	2058	1986		12	9	50
岳麓区	Yuelu District	42234	40837		228	84	850
开福区	Kaifu District	9736	9017			20	137
雨花区	Yuhua District	1751	1717				35
望城区	Wangcheng District	311198	302847		1141	554	6270
长沙县	Changsha County	491519	425631		26080	6273	28687
浏阳市	Liuyang City	556675	525668		9826	5174	13741
宁乡市	Ningxiang City	702634	666951	370	22701	2745	9122
荷塘区	Hetang District	18195	16059		661	105	1157
芦淞区	Lusong District	22692	21354		524	132	510
石峰区	Shifeng District	10172	8983		135	210	812
天元区	Tianyuan District	42706	40849		368	324	1023
渌口区	Lukou District	200652	191696		2603	1421	3759
攸　县	You County	423253	413070		3158	2652	3669
茶陵县	Chaling County	256849	251506		1615	925	1494
炎陵县	Yanling County	87942	75235		2697	1842	7715
醴陵市	Liling City	484296	464880		11523	1644	4905
雨湖区	Yuhu District	96207	90701		2055	539	2122
岳塘区	Yuetang District	7465	6982		51	57	326
湘潭县	Xiangtan County	606482	597252		4036	393	3634
湘乡市	Xiangxiang City	460021	448288		8958	557	1984
韶山市	Shaoshan City	43066	42200		213	125	508
珠晖区	Zhuhui District	11698	10647			389	609
雁峰区	Yanfeng District	1852	1517		250	33	52
石鼓区	Shigu District	6115	5916			34	127
蒸湘区	Zhengxiang District	5290	4876		78	99	198
南岳区	Nanyue District	10389	8383		470	331	984
衡阳县	Hengyang County	593608	547797	185	21216	10063	11271
衡南县	Hengnan County	617991	583555	1006	6521	2907	15544
衡山县	Hengshan County	209853	201464		803	409	6144
衡东县	Hengdong County	390066	367619		4742	4567	6207
祁东县	Qidong County	449552	399636	711	30126	4603	13510
耒阳市	Leiyang City	486643	452640	118	7539	3725	20841
常宁市	Changning City	392299	381370	2482	4050	2488	1155
双清区	Shuangqing District	35063	29397	25	3005	402	2091
大祥区	Daxiang District	59317	52503	65	3628	946	2107
北塔区	Beita District	17945	13121	111	2933	401	1320

22-8 续表 1 Continued

单位：吨 (ton)

市县名称	Cities and Counties	粮食合计 Total Grain	稻谷 Rice	小麦 Wheat	玉米 Corn	大豆 Beans	薯类折粮 Tubers
新邵县	Xinshao County	303568	249222	4293	35097	8982	4427
邵阳县	Shaoyang County	448427	375125	642	51562	4159	9648
隆回县	Longhui County	505141	438464	861	35190	2520	24971
洞口县	Dongkou County	471148	415752	1579	37184	5716	7909
绥宁县	Suining County	147876	129492		6114	1704	9341
新宁县	Xinning County	288087	223535	198	51756	2062	10049
城步县	Chengbu County	81453	64919	66	10425	701	5153
武冈市	Wugang City	448129	358917	254	70470	3939	13736
邵东市	Shaodong City	433453	356469	2669	40937	12837	16813
岳阳楼区	Yueyanglou District	24859	22213	162	405	215	1392
云溪区	Yunxi District	24131	18462	347	2301	339	2494
君山区	Junshan District	122459	95882	4574	18400	1523	1705
岳阳县	Yueyang County	501693	463330		23000	2553	11797
华容县	Huarong County	530648	507323	2815	15700	1520	2172
湘阴县	Xiangyin County	465431	424338		27800	3633	8472
平江县	Pingjiang County	435329	398798	1348	26800	1659	5518
汨罗市	Miluo City	480735	436820	33	31100	2535	8308
临湘市	Linxiang City	346239	319323	4335	12100	3789	6035
武陵区	Wuling District	88683	81486		1481	3459	1999
鼎城区	Dingcheng District	667506	640792	8029	13204	1464	2462
安乡县	Anxiang County	345051	323017	8504	8947	1827	1957
汉寿县	Hanshou County	600353	586250	370	4159	1408	6622
澧　县	Li County	515017	463212	8033	32328	2830	6561
临澧县	Linli County	330024	304014	1122	16857	1466	6249
桃源县	Taoyuan County	740028	670717	614	45070	8409	10116
石门县	Shimen County	301217	191452	3980	81394	3478	15918
津市市	Jinshi City	135997	129421	1844	153	750	3418
永定区	Yongding District	146998	98897		26968	2597	17747
武陵源区	Wulingyuan District	13495	7093		4445	128	1824
慈利县	Cili County	325027	190267	225	90681	6748	35976
桑植县	Sangzhi County	151162	83219	279	34036	5050	28142
资阳区	Ziyang District	267700	254045		6782	554	5780
赫山区	Heshan District	476124	455994	758	10852	877	5850
南　县	Nan County	502262	464484	3297	22212	1800	8014
大通湖区	Datonghu District	115198	106131	791	5331	432	1923
桃江县	Taojiang County	360502	330116	1049	18595	1523	7891
安化县	Anhua County	239642	183798	83	40808	3323	9311
沅江市	Yuanjiang City	449439	431808	2297	10456	877	2816
北湖区	Beihu District	57007	49963		2809	404	3765
苏仙区	Suxian District	115034	94955		10823	198	8692
桂阳县	Guiyang County	297028	230231		15992	7950	40628
宜章县	Yizhang County	261513	191742		54133	1710	13266
永兴县	Yongxing County	264038	232696		15060	900	14298

22-8 续表 2 Continued

单位：吨 (ton)

市县名称	Cities and Counties	粮食合计 Total Grain	稻谷 Rice	小麦 Wheat	玉米 Corn	大豆 Beans	薯类折粮 Tubers
嘉禾县	Jiahe County	124001	93183		20351	2384	7423
临武县	Linwu County	122019	92543		23956	1540	3256
汝城县	Rucheng County	145015	115180		15552	5470	8812
桂东县	Guidong County	65005	54957		7339	514	2196
安仁县	Anren County	290045	271661		8477	3333	6258
资兴市	Zixing City	132091	106213		15732	623	9017
零陵区	Lingling District	353795	325044		12142	5950	8637
冷水滩区	Lengshuitan District	320187	283644		22613	8106	3578
祁阳县	Qiyang County	544565	471505	45	23379	13259	31303
东安县	Dongan County	365636	315439		23582	7798	14312
双牌县	Shuangpai County	71562	57174	108	8030	965	4566
道　县	Dao County	358229	302817		28299	8010	15938
江永县	Jiangyong County	131794	103446		19627	1062	7097
宁远县	Ningyuan County	305399	260678		13804	10993	15948
蓝山县	Lanshan County	133127	117111	155	8711	1474	4345
新田县	Xintian County	155407	124385	65	15849	6473	7348
江华县	Jianghua County	228098	154151		67418	687	5108
鹤城区	Hecheng District	54766	51809		1806		1042
中方县	Zhongfang County	115581	94516		13314	870	5160
沅陵县	Yuanling County	253353	198753		32025	4518	15830
辰溪县	Chenxi County	207943	167558		25295	2808	10249
溆浦县	Xupu County	361678	255309		83103	3105	15116
会同县	Huitong County	132725	111997		15113	110	4839
麻阳县	Mayang County	115215	94446		12702	38	7762
新晃县	Xinhuang County	82169	55549		19305	141	7108
芷江县	Zhijiang County	232791	175460		45236	1591	9569
靖州县	Jingzhou County	136182	121835		4905	509	8555
通道县	Tongdao County	93418	85130		5012	88	3124
洪江市	Hongjiang City	172596	138640		20933	959	11614
洪江区	Hongjiang District	7072	5569		871	53	564
娄星区	Louxing District	146549	121270	470	15623	3948	4478
双峰县	Shuangfeng County	512002	446673	918	54393	4603	4598
新化县	Xinhua County	473000	371636	3475	78459	5772	8702
冷水江市	Lengshuijiang City	40482	32713	671	5214	450	971
涟源市	Lianyuan City	388006	300755	1259	66629	6226	9504
吉首市	Jishou City	51003	36926		7868	1070	4822
泸溪县	Luxi County	83833	71049	106	6897	1245	4117
凤凰县	Fenghuang County	131909	92227		22808	3690	13062
花垣县	Huayuan County	93637	64880		18069	3125	7419
保靖县	Baojing County	93521	54269	33	24136	2458	12222
古丈县	Guzhang County	34312	23611		5766	1059	3393
永顺县	Yongshun County	224965	156577	638	34006	4153	29202
龙山县	Longshan County	191352	119025	22	29616	3067	39527

22-8 续表 3 Continued

单位：吨 (ton)

市县名称	Cities and Counties	棉花 Cotton	油料 Oil-bearing	#油菜籽 Rapeseeds	黄红麻 Jute and Ambary Hemp	苎麻 Ramie	烤烟 Fluecured Tobacco	茶叶 Tea	柑桔 Citrus
芙蓉区	Furong District								
天心区	Tianxin District		15	15					73
岳麓区	Yuelu District		2460	2204				48	4140
开福区	Kaifu District		30	30					18
雨花区	Yuhua District		29	29					
望城区	Wangcheng District		12447	9550		3		795	6787
长沙县	Changsha County		16602	14375				36510	16826
浏阳市	Liuyang City	74	61242	57323			6671	1792	54224
宁乡市	Ningxiang City	59	17342	12298			4733	4545	22410
荷塘区	Hetang District		1197	995				49	1601
芦淞区	Lousong District	25	380	333				49	3501
石峰区	Shifeng District		654	567					1070
天元区	Tianyuan District		562	527				153	2742
渌口区	Lukou District	302	8698	6496		130		687	7295
攸　县	You County	135	26175	22300		598	151	372	28770
茶陵县	Chaling County	700	26077	20767		601	4146	346	30185
炎陵县	Yanling County	21	3871	2790				315	2535
醴陵市	Liling City	18	18994	17363		390		582	4595
雨湖区	Yuhu District		5093	4371				91	1741
岳塘区	Yuetang District		377	255				28	297
湘潭县	Xiangtan County	54	22184	20496		24		1103	11982
湘乡市	Xiangxiang City	29	22378	21268				884	4789
韶山市	Shaoshan City	3	2682	2452				125	478
珠晖区	Zhuhui District		2063	1609					3356
雁峰区	Yanfeng District		220	181					1617
石鼓区	Shigu District		495	445					1014
蒸湘区	Zhengxiang District		627	540					1593
南岳区	Nanyue District		153	90				186	413
衡阳县	Hengyang County	3504	72865	71145	21	14	1781	24	20091
衡南县	Hengnan County	2523	62212	56825			2870	650	10720
衡山县	Hengshan County	335	16618	15919				433	2683
衡东县	Hengdong County	333	33044	29871		5		397	5302
祁东县	Qidong County	656	40234	36058			2062	107	8590
耒阳市	Leiyang City	347	59818	54389	40	36	1637	319	14346
常宁市	Changning City	813	37093	32587			2869	2108	10901
双清区	Shuangqing District		1096	520					2792
大祥区	Daxiang District		2432	1392				16	22072
北塔区	Beita District		646	398				1	1954

22-8 续表 4 Continued

单位：吨 (ton)

市县名称	Cities and Counties	棉花 Cotton	油料 Oil-bearing	#油菜籽 Rapeseeds	黄红麻 Jute and Ambary Hemp	苎麻 Ramie	烤烟 Fluecured Tobacco	茶叶 Tea	柑桔 Citrus
新邵县	Xinshao County		16759	13328				74	24338
邵阳县	Shaoyang County		36191	26931		20	2686	40	17302
隆回县	Longhui County		16275	11999			4189	254	24269
洞口县	Dongkou County		43688	38528		54	99	4254	105200
绥宁县	Suining County		6050	5143		8		108	38813
新宁县	Xinning County		11228	7098		6	1912	82	308516
城步自治县	Chengbu County		4166	3236				168	2770
武冈市	Wugang City		22619	17255			23	848	99218
邵东市	Shaodong City		50684	33680	102			430	25559
岳阳楼区	Yueyanglou District	4	3011	2771				280	1342
云溪区	Yunxi District	7	2957	2468				183	2192
君山区	Junshan District	3964	19362	18923		43	10	103	14259
岳阳县	Yueyang County	3131	32285	25460			42	1336	13901
华容县	Huarong County	9875	71220	70847			93	825	27359
湘阴县	Xiangyin County	79	18446	15247		165		2737	29057
平江县	Pingjiang County	630	33725	25241			48	3597	14573
汨罗市	Miluo City	570	17724	15887			51	2954	8128
临湘市	Linxiang City	1532	26419	22460				4726	2348
武陵区	Wuling District	512	4254	3867					23760
鼎城区	Dingcheng District	9825	91052	88551			15	174	46753
安乡县	Anxiang County	12810	81545	81044		354		51	44344
汉寿县	Hanshou County	3782	84707	82059		547		1308	63576
澧　县	Li County	12453	93056	90693				423	166580
临澧县	Linli County	3733	59842	59371			2473	129	77967
桃源县	Taoyuan County	5952	113939	107729		445	3224	10199	197331
石门县	Shimen County	1061	50831	49505		19	3542	16021	448365
津市市	Jinshi City	2260	31298	29453				138	23195
永定区	Yongding District		18650	14190		1	2388	521	61333
武陵源区	Wulingyuan District		1365	1025				194	1334
慈利县	Cili County	375	41978	38995			4957	2329	182378
桑植县	Sangzhi County	2	22326	19459			7531	1144	23024
资阳区	Ziyang District	919	9397	9270		11		1958	9409
赫山区	Heshan District		10994	8996		33		3955	21931
南　县	Nan County	4171	84331	84041		121			62302
大通湖区	Datonghu District	710	13437	13396		28			16929
桃江县	Taojiang County	65	37292	32488				16503	16741
安化县	Anhua County		42206	32782		12	103	77586	29748
沅江市	Yuanjiang City	1256	65717	65411		114		188	97740
北湖区	Beihu District		1856	1175			2231	127	8237
苏仙区	Suxian District		5916	4759			4170	133	7261
桂阳县	Guiyang County		15075	7041			29094	271	16965
宜章县	Yizhang County	8	10556	6056			5434	1270	140982
永兴县	Yongxing County	3	22136	18792			4264	432	106543

22-8 续表 5 Continued

单位：吨 (ton)

市县名称	Cities and Counties	棉花 Cotton	油料 Oil-bearing	#油菜籽 Rapeseeds	黄红麻 Jute and Ambary Hemp	苎麻 Ramie	烤烟 Fluecured Tobacco	茶叶 Tea	柑桔 Citrus
嘉禾县	Jiahe County		9575	4660			7920	49	27172
临武县	Linwu County		7082	4318			1998	50	11073
汝城县	Rucheng County		7476	4938			1200	439	7521
桂东县	Guidong County		2387	2288				3214	1048
安仁县	Anren County	5	34553	29205			4853	555	24061
资兴市	Zixing City	8	11859	10677			17	2047	85838
零陵区	Lingling District	7	24196	19200	27		580	814	77630
冷水滩区	Lengshuitan District	292	12780	7992			622		35910
祁阳县	Qiyang County	351	46160	33985			151	295	88987
东安县	Dongan County	7	11589	4315		250	1158	7	34448
双牌县	Shuangpai County		2142	1470				70	7176
道　县	Dao County	88	18292	12405			4070	21	167120
江永县	Jiangyong County	9	15780	11958			3081	117	169361
宁远县	Ningyuan County		12260	9056			11270	383	71640
蓝山县	Lanshan County	254	16160	12695			7125	465	20761
新田县	Xintian County		4683	1980		11	6394	169	1138
江华县	Jianghua County		14243	7324			7650	762	14359
鹤城区	Hecheng District		978	960					13402
中方县	Zhongfang County	56	10922	10230				39	23470
沅陵县	Yuanling County	8	26186	23875			16	9626	19333
辰溪县	Chenxi County	54	30534	29771				19	158546
溆浦县	Xupu County	124	31534	29998				1029	134174
会同县	Huitong County	4	10665	10393	12	2		697	68635
麻阳县	Mayang County	21	11730	9568				23	628363
新晃县	Xinhuang County		4481	4156			21		5497
芷江县	Zhijiang County	24	19874	16916			931	32	214925
靖州县	Jingzhou County		10074	9725			474	50	25148
通道县	Tongdao County	116	10258	10088			2	211	13163
洪江市	Hongjiang City	11	16189	15727			78	65	401533
洪江区	Hongjiang District		651	650					3077
娄星区	Louxing District		9286	5653			31	541	17274
双峰县	Shuangfeng County	178	22315	19069		23	15	1585	10456
新化县	Xinhua County	124	18313	12565	92	52	98	3683	8015
冷水江市	Lengshuijiang City		2137	1867				217	13705
涟源市	Lianyuan City	11	20227	14584		27	54	1451	28079
吉首市	Jishou City		7467	6390		22	362	1500	84605
泸溪县	Luxi County	64	14213	13090		142	851	2	189487
凤凰县	Fenghuang County		9870	8078		27	1904	24	77973
花垣县	Huayuan County		6709	5150			1968	15	18820
保靖县	Baojing County		7508	5153			1252	1070	134427
古丈县	Guzhang County		4715	4260			579	7460	27240
永顺县	Yongshun County		21225	16446			3264	496	88696
龙山县	Longshan County		15169	12510			7939	20	62885

22–9　主要林产品和水产品产量（2020年）

Output of Major Forest Products and Aquatic Products (2020)

市县名称	Cities and Counties	油茶籽（吨）Tea-oil Seeds (ton)	板栗（吨）Chestnuts (ton)	竹笋干（吨）Bamboo Shoots (ton)	木材采伐量（万方）Woods Cuts (10 000 cu.m)	竹材采伐量（万根）Bamboo Cuts (10 000 roots)	水产品（吨）Bamboo Cuts (ton)	#鱼 Fish
芙蓉区	Furong District						60	60
天心区	Tianxin District						1515	1503
岳麓区	Yuelu District	420	40	23	1.06	17.20	6722	6560
开福区	Kaifu District				0.20	9.00	1860	1650
雨花区	Yuhua District	23					2224	2219
望城区	Wangcheng District	1260	1100	60	0.90	22.00	35282	23107
长沙县	Changsha County	3187	8250	10	0.96	30.00	13893	13334
浏阳市	Liuyang City	63100	6030	500	3.50	500.00	21790	21420
宁乡市	Ningxiang City	3044			7.74	866.00	30285	27131
荷塘区	Hetang District	857	115	26	0.05	11.07	4018	3808
芦淞区	Lousong District	91			0.05	203.40	2733	2648
石峰区	Shifeng District	2184		310	0.03	1.30	3291	3291
天元区	Tianyuan District	4043	142		0.08		4901	4874
渌口区	Lukou District	34600	50	50	0.91	95.00	12460	11028
攸　县	You County	42000	500	31	7.32	990.00	25886	25693
茶陵县	Chaling County	9691	1200	12900	1.34	460.00	17400	17110
炎陵县	Yanling County	2765	556	8066	4.05	382.46	1374	1351
醴陵市	Liling City	47500	196	640	0.49	27.50	26590	25956
雨湖区	Yuhu District	529	1800	6	0.21	2.97	8262	8127
岳塘区	Yuetang District	290		1			2674	2639
湘潭县	Xiangtan County	7320	32	20	3.00	11.10	42950	39278
湘乡市	Xiangxiang City	4345	465		0.61	5.63	38445	34930
韶山市	Shaoshan City	410	16				2890	2814
珠晖区	Zhuhui District	1200	30	60	0.06	10.00	3740	3661
雁峰区	Yanfeng District				0.08		3437	3437
石鼓区	Shigu District				0.22	15.95	2164	2164
蒸湘区	Zhengxiang District				0.39	3.50	4200	4110
南岳区	Nanyue District	10		185	0.01	2.93	439	422
衡阳县	Hengyang County	54000	983	264	1.01	36.80	60439	57280
衡南县	Hengnan County	25600	700		3.15		41232	37841
衡山县	Hengshan County	11600	600	22	0.84	25.00	22093	21566
衡东县	Hengdong County	46929	20000	15000	3.60	220.00	24510	23523
祁东县	Qidong County	17000	12760	90	0.20	1.00	44725	44005
耒阳市	Leiyang City	79200	1925	1650	1.21	1500.00	43150	41350
常宁市	Changning City	54100	1000	1400	1.81	62.78	34263	33667
双清区	Shuangqing District	81			0.38	0.21	1316	1211
大祥区	Daxiang District	1060	1545	158			2528	2450
北塔区	Beita District	48			0.12	0.26	1454	1451

22-9 续表 1 Continued

市县名称	Cities and Counties	油茶籽 （吨） Tea-oil Seeds (ton)	板栗 （吨） Chestnuts (ton)	竹笋干 （吨） Bamboo Shoots (ton)	木材采伐量 （万方） Woods Cuts (10 000 cu.m)	竹材采伐量 （万根） Bamboo Cuts (10 000 roots)	水产品 （吨） Bamboo Cuts (ton)	#鱼 Fish
新邵县	Xinshao County	3727	290	590	0.13	11.50	11000	10579
邵阳县	Shaoyang County	84400	965	41	0.13		12778	12564
隆回县	Longhui County	3490	690	638	3.42	6.00	9070	8964
洞口县	Dongkou County	8700	800	152	4.67	31.50	17300	16665
绥宁县	Suining County	6533	146	898	6.44	410.00	1830	1717
新宁县	Xinning County	416	223	190	2.41	190.00	6157	5923
城步县	Chengbu County	1443	585	1143	4.92	150.00	908	900
武冈市	Wugang City	2764	98	89	5.95	63.00	6995	6849
邵东市	Shaodong City	28498		350	0.31		24701	22867
岳阳楼区	Yueyanglou District				12.13	52.90	7125	6297
云溪区	Yunxi District	349	850		3.09	165.25	13840	11986
君山区	Junshan District				4.15	13.40	34193	16891
岳阳县	Yueyang County	2240	2000	1860	2.00	16.00	43940	36471
华容县	Huarong County	290	100	5	4.92	17.80	153682	105489
湘阴县	Xiangyin County	700	29	3250	4.20	16.50	181102	173237
平江县	Pingjiang County	22822	1100	450	2.30	112.00	6580	6194
汨罗市	Miluo City	1396	260	300	45.52	1591.00	33258	26090
临湘市	Linxiang City	1175	480	1400	7.07	9329.00	42594	9673
武陵区	Wuling District				10.75	0.31	13620	13230
鼎城区	Dingcheng District	23997	280	600	0.75	825.00	61130	49754
安乡县	Anxiang County				9.50		133000	109048
汉寿县	Hanshou County	13780			25.30	299.60	82855	54622
澧 县	Li County	1416	150	200	7.40	7.00	71004	52886
临澧县	Linli County	11085	77		0.25	0.30	22707	20298
桃源县	Taoyuan County	21539	875	50	1.85	80.12	35713	34154
石门县	Shimen County	2345	200		2.50	10.00	11820	11467
津市市	Jinshi City	600	5	6	1.25	2.84	29202	25589
永定区	Yongding District	1211	400		1.53		4617	4368
武陵源区	Wulingyuan District		110		0.37	2.00	32	28
慈利县	Cili County	547	1415	300	1.52	3.00	5962	5482
桑植县	Sangzhi County	5050			0.25		1375	1015
资阳区	Ziyang District	293	105	46	2.23	42.00	32080	22632
赫山区	Heshan District	8250			12.59	149.50	29513	20920
南 县	Nan County			10	5.36	12.00	184678	59968
大通湖区	Datonghu District				1.85		37730	23340
桃江县	Taojiang County	5400		3117	2.90	1300.00	13166	10640
安化县	Anhua County	7312	1600	1000	6.85	350.00	14100	13680
沅江市	Yuanjiang City				21.96	1.30	160067	121545
北湖区	Beihu District	2592	2015	3095	2.00	79.00	3060	2949
苏仙区	Suxian District	12144		514	1.79	173.00	13840	13445
桂阳县	Guiyang County	16105		3	2.94	14.00	14318	14092
宜章县	Yizhang County	1712	650	2467	2.39	20.60	5738	5537
永兴县	Yongxing County	46153	194	1603	3.55	37.00	22504	20734

22-9 续表 2 Continued

市县名称	Cities and Counties	油茶籽（吨）Tea-oil Seeds (ton)	板栗（吨）Chestnuts (ton)	竹笋干（吨）Bamboo Shoots (ton)	木材采伐量（万方）Woods Cuts (10 000 cu.m)	竹材采伐量（万根）Bamboo Cuts (10 000 roots)	水产品（吨）Bamboo Cuts (ton)	#鱼 Fish
嘉禾县	Jiahe County	4150	210		1.06		3141	3039
临武县	Linwu County	4699	388	327	2.39	8.29	4765	4393
汝城县	Rucheng County	7769	1089	2570	4.46	349.12	909	898
桂东县	Guidong County	3311	89	223	3.17	86.00	431	402
安仁县	Anren County	13280	2009	1128	1.15	9.70	6900	6488
资兴市	Zixing City	5141	5000	1574	5.53	320.00	33742	33520
零陵区	Lingling District	2608	1768	1853	1.90	80.00	15939	14436
冷水滩区	Lengshuitan District	11286	84		1.95	6.50	12712	12509
祁阳县	Qiyang County	72728	2200	898	2.95	32.00	48693	48189
东安县	Dongan County	18120	24		1.29	46.36	22685	22460
双牌县	Shuangpai County	663	2065	588	4.05	4.05	7877	7818
道 县	Dao County	33445	536	186	2.85	8.29	24238	24041
江永县	Jiangyong County	2932	86	40	2.79		16030	13689
宁远县	Ningyuan County	98710	466	572	2.42	82.60	24000	23399
蓝山县	Lanshan County	2646	1789	147	5.69	197.86	2529	2496
新田县	Xintian County	3000	2758		1.87	16.00	7275	7061
江华县	Jianghua County	22913	2310	1100	10.37	2.15	4198	3515
鹤城区	Hecheng District	600	2015	135	0.93		4005	3915
中方县	Zhongfang County	10990	750	130	2.91	12.00	6528	6376
沅陵县	Yuanling County	3990		275	0.79	190.00	12678	12325
辰溪县	Chenxi County	7829	207	70	3.91	0.63	9276	9041
溆浦县	Xupu County	11523	119		5.25	53.99	10646	9558
会同县	Huitong County	8583	1109	6000	6.43	532.00	3842	3801
麻阳县	Mayang County	1225	785	250	0.93		3239	3239
新晃县	Xinhuang County		193	81	1.61	1.31	950	950
芷江县	Zhijiang County	5366	322	473	3.85	11.46	8934	8339
靖州县	Jingzhou County	1039	77	45	5.44	4.00	3896	3435
通道县	Tongdao County	9600	233	60	6.21	12.00	2640	2460
洪江市	Hongjiang City	1293	3527	29	2.23	53.00	8150	7907
洪江区	Hongjiang District	272	26	39	0.57	80.00	453	447
娄星区	Louxing District	2422	2277	254	0.19	2.80	8643	8206
双峰县	Shuangfeng County	4229	201	432	0.26	495.00	26636	25635
新化县	Xinhua County	3056	5120	1744	2.31	425.00	30070	29484
冷水江市	Lengshuijiang City	2821			0.05	8.67	5304	5291
涟源市	Lianyuan City	5310			0.23	22.30	19960	19674
吉首市	Jishou City	601	127	185	0.07	0.37	2446	2303
泸溪县	Luxi County	3367	1963		0.11		2060	1615
凤凰县	Fenghuang County	960	320		1.27		1057	1057
花垣县	Huayuan County	2191	9				2162	2101
保靖县	Baojing County	760	1500	30	0.50		2760	2742
古丈县	Guzhang County	5268	220	2	0.12		1005	927
永顺县	Yongshun County	10050	2637	2	1.31	1.20	3395	3295
龙山县	Longshan County	2871	180	65	0.71	6.86	2010	1931

22-10 规模以上工业营业收入(2020年)

Revenue of Major Business of Industrial Enterprises above Designated Size (2020)

单位：万元 (10 000 yuan)

市县名称	Cities and Counties	营业收入 Revenue of Business	#国有经济 State-owned Economic	#集体经济 Collective Owned Economic
芙蓉区	Furong District	432069	4331	
天心区	Tianxin District	2685095	2093975	
岳麓区	Yuelu District	13819477	148868	
开福区	Kaifu District	1121924		
雨花区	Yuhua District	4917871	2825169	
望城区	Wangcheng District	8015728	81997	17591
长沙县	Changsha County	26097704	58110	6818
浏阳市	Liuyang City	17133863	15067	41888
宁乡市	Ningxiang City	10868090	16599	15807
荷塘区	Hetang District	1997906	568753	
芦淞区	Lousong District	2166093	342128	
石峰区	Shifeng District	5796140	72692	217
天元区	Tianyuan District	5378907		
渌口区	Lukou District	846399	406	
攸　县	You County	3042479	18721	9357
茶陵县	Chaling County	843254	17253	3599
炎陵县	Yanling County	807279		
醴陵市	Liling City	7848873	6015	32199
雨湖区	Yuhu District	7620076	12397	12098
岳塘区	Yuetang District	10187804	788539	75478
湘潭县	Xiangtan County	6357278		
湘乡市	Xiangxiang City	9244153		76326
韶山市	Shaoshan City	2332329		
珠晖区	Zhuhui District	815504	531290	
雁峰区	Yanfeng District	3076880		
石鼓区	Shigu District	1388078		2598
蒸湘区	Zhengxiang District	2060252	847544	
南岳区	Nanyue District	1910		
衡阳县	Hengyang County	1992802	3962	
衡南县	Hengnan County	1009682		
衡山县	Hengshan County	1349081	1902	2934
衡东县	Hengdong County	1299834	21204	4128
祁东县	Qidong County	662975	5018	
耒阳市	Leiyang City	1489566	19737	1989
常宁市	Changning City	2541867	6800	
双清区	Shuangqing District	3012096	18757	8028
大祥区	Daxiang District	1624275	508243	
北塔区	Beita District	458956		

22-10 续表 1 Continued

单位：万元 (10 000 yuan)

市县名称	Cities and Counties	营业收入 Revenue of Business	# 国有经济 State-owned Economic	# 集体经济 Collective Owned Economic
新邵县	Xinshao County	2044065	11729	
邵阳县	Shaoyang County	1223946		
隆回县	Longhui County	1753824	10945	8115
洞口县	Dongkou County	1960664		
绥宁县	Suining County	999704	7850	
新宁县	Xinning County	754582	7381	
城步县	Chengbu County	180036		
武冈市	Wugang City	828117	2652	
邵东市	Shaodong City	8552769	9905	
岳阳楼区	Yueyanglou District	6602582	671718	
云溪区	Yunxi District	10167391		102958
君山区	Junshan District	1897974	50875	105541
岳阳县	Yueyang County	6735192	378152	69983
华容县	Huarong County	6530292	71126	19219
湘阴县	Xiangyin County	3183299	5833	
平江县	Pingjiang City	5828383	312490	32835
汨罗市	Miluo City	10905280		21551
临湘市	Linxiang County	5036896	3755	
武陵区	Wuling District	10698856	6518287	3537
鼎城区	Dingcheng District	4907902	2723	
安乡县	Anxiang County	1219904		
汉寿县	Hanshou County	2952225	3623	
澧　县	Li County	2955028		
临澧县	Linli County	1190192	2725	
桃源县	Taoyuan County	2182439		
石门县	Shimen County	3131473	26012	
津市市	Jinshi City	3176052		
永定区	Yongdi District	560952	146566	
武陵源区	Wulingyuan District	10743		
慈利县	Cili County	387557	3438	
桑植县	Sangzhi County	152017	3304	
资阳区	Ziyang District	3859395		6244
赫山区	Heshan District	12558918	423088	7464
南　县	Nan County	1598860	3220	
大通湖区	Datonghu District	405381		
桃江县	Taojiang County	4806441	5905.2	
安化县	Anhua County	1467085	159413	
沅江市	Yuanjiang City	4015238		
北湖区	Beihu District	1450210	59093	
苏仙区	Suxian District	4800600	1037925	1603
桂阳县	Guiyang County	6665279	13980	
宜章县	Yizhang County	1456055	2612	
永兴县	Yongxing County	4848067		

22-10 续表 2 Continued

单位：万元 (10 000 yuan)

市县名称	Cities and Counties	营业收入 Revenue of Business	#国有经济 State-owned Economic	#集体经济 Collective Owned Economic
嘉禾县	Jiahe County	1930076		
临武县	Linwu County	1063343		6567
汝城县	Rucheng County	292391		
桂东县	Guidong County	99800		
安仁县	Anren County	629506		
资兴市	Zixing City	4660006	21461	
零陵区	Lingling District	1378492	472921	
冷水滩区	Lengshuitan District	3198021	505352	
祁阳县	Qiyang County	3077353	21788	
东安县	DonganCounty	1487728	26780	
双牌县	Shuangpai County	735124	22287	
道　县	Dao County	1434154	4579	
江永县	Jiangyong County	524645	6460	
宁远县	Ningyuan County	1538267	8843	
蓝山县	Lanshan County	1705908		
新田县	Xintian County	1099577		
江华县	Jianghua County	1948327	3337	
鹤城区	Hecheng District	1682299	505176	
中方县	Zhongfang County	1452300		
沅陵县	Yuanling County	1658597	4095	
辰溪县	Chenxi County	603091	181599	12878
溆浦县	Xupu County	824047	3438	29575
会同县	Huitong County	152964		
麻阳县	Mayang County	616074	7221	
新晃县	Xinhuang County	590942		
芷江县	Zhijiang County	696282		
靖州县	Jingzhou County	698705	2472	
通道县	Tongdao County	474565	4764	
洪江市	Hongjiang City	710513	31569	
洪江区	Hongjiang District	501086		
娄星区	Louxing District	10881855	531245	67665
双峰县	Shuangfeng County	2098743	2355	2214
新化县	Xinhua County	2162096	4381	23419
冷水江市	Lengshuijiang City	3290469	4593	19623
涟源市	Lianyuan County	2960803	89595	968
吉首市	Jishou County	984990	245869	
泸溪县	Luxi County	445935	5559	
凤凰县	Fenghuang County	48581	2202	
花垣县	Huayuan County	346925	5155	
保靖县	Baojing County	249597	47942	
古丈县	Guzhang County	91118		
永顺县	Yongshun County	115706	25299	
龙山县	Longshan County	249165	39361	

22-11 规模以上工业企业基本情况(2020年)

Basic Indicators of Industrial Enterprises above Designated Size (2020)

单位：万元 (10 000 yuan)

市县名称	Cities and Counties	利润总额 Total Profits	资产总计 Total Assets	负债合计 Total Liabilities	全部从业人员年平均人数（万人） Average Number of Employment of The Current Year (10 000 persons)
芙蓉区	Furong District	39002	825701	391160	0.47
天心区	Tianxin District	-8218	4678796	3198853	1.99
岳麓区	Yuelu District	1660498	29178355	15825956	6.74
开福区	Kaifu District	85753	1431245	800508	0.96
雨花区	Yuhua District	415488	6332230	2996843	2.15
望城区	Wangcheng District	527790	8278039	4544129	6.38
长沙县	Changsha County	3197475	41038970	25578646	16.85
浏阳市	Liuyang City	1847930	12272252	4523548	19.81
宁乡市	Ningxiang City	1055484	9852534	5092240	7.79
荷塘区	Hetang District	96797	2491199	1376037	1.92
芦淞区	Lousong District	73449	4385384	2266476	2.54
石峰区	Shifeng District	523917	8576319	3786241	3.78
天元区	Tianyuan District	-73791	9554164	7919843	3.79
渌口区	Lukou District	123522	873273	490026	0.63
攸　县	You County	138500	2620609	1166759	3.44
茶陵县	Chaling County	47942	557130	210342	1.63
炎陵县	Yanling County	22337	711584	367652	1.09
醴陵市	Liling City	679752	10522348	1654534	22.72
雨湖区	Yuhu District	271177	8459995	4832159	4.30
岳塘区	Yuetang District	193840	8362843	4712014	4.05
湘潭县	Xiangtan County	245006	1825110	613392	6.55
湘乡市	Xiangxiang City	110012	724040	326534	3.39
韶山市	Shaoshan City	189823	433913	185239	0.82
珠晖区	Zhuhui District	12712	558170	312400	0.44
雁峰区	Yanfeng District	141775	3339583	2047921	2.61
石鼓区	Shigu District	63995	1348679	789493	1.08
蒸湘区	Zhengxiang District	21331	2946927	2022844	1.53
南岳区	Nanyue District	30	2402	751	0.00
衡阳县	Hengyang County	135337	1266942	581932	2.96
衡南县	Hengnan County	82390	1242413	566721	1.61
衡山县	Hengshan County	101514	598559	274256	1.73
衡东县	Hengdong County	112991	1067082	568846	2.15
祁东县	Qidong County	31718	908506	405556	1.97
耒阳市	Leiyang City	94995	1993465	1063758	2.70
常宁市	Changning City	87476	1641528	1094733	2.04
双清区	Shuangqing District	243686	2262609	1398299	2.88
大祥区	Daxiang District	190885	1353886	857130	0.76
北塔区	Beita District	20919	228766	121737	0.32

22-11 续表 1 Continued

单位：万元 (10 000 yuan)

市县名称	Cities and Counties	利润总额 Total Profits	资产总计 Total Assets	负债合计 Total Liabilities	全部从业人员年平均人数（万人） Average Number of Employment of The Current Year (10 000 persons)
新邵县	Xinshao County	204072	1080376	381805	1.80
邵阳县	Shaoyang County	176271	756680	230989	1.61
隆回县	Longhui County	72489	812958	306447	2.32
洞口县	Dongkou County	116748	691123	241684	2.03
绥宁县	Suining County	93779	547690	277797	1.07
新宁县	Xinning County	31859	451012	239914	1.21
城步县	Chengbu County	5359	388907	273786	0.26
武冈市	Wugang City	34535	535498	240835	1.08
邵东市	Shaodong City	986093	1817758	435060	8.06
岳阳楼区	Yueyanglou District	354495	6522853	3613738	3.85
云溪区	Yunxi District	80310	5548380	2749783	7.13
君山区	Junshan District	122664	745884	205815	2.48
岳阳县	Yueyang County	374310	2348957	485109	2.82
华容县	Huarong County	226512	1978631	402945	2.85
湘阴县	Xiangyin County	97501	1494755	627001	1.52
平江县	Pingjiang City	215753	1563557	576857	7.45
汨罗市	Miluo City	1233005	2267124	785720	6.39
临湘市	Linxiang County	126901	1043820	368564	2.65
武陵区	Wuling District	931238	9612085	3487166	4.23
鼎城区	Dingcheng District	308802	4793132	3235296	2.78
安乡县	Anxiang County	20083	510040	300639	1.28
汉寿县	Hanshou County	243464	1804157	1009326	2.68
澧　县	Li County	146266	1435122	779665	2.71
临澧县	Linli County	69262	995075	498768	1.52
桃源县	Taoyuan County	141249	1663843	573600	2.14
石门县	Shimen County	188699	1810961	944857	1.97
津市市	Jinshi City	231271	1315155	663465	3.05
永定区	Yongdi District	32244	732577	403998	0.66
武陵源区	Wulingyuan District	669	10212	5751	0.03
慈利县	Cili County	31368	285849	120158	0.51
桑植县	Sangzhi County	17305	197888	57768	0.22
资阳区	Ziyang District	122341	1598078	909910	2.48
赫山区	Heshan District	366291	4935668	2827682	5.65
南　县	Nan County	69645	1309121	621670	1.57
大通湖区	Datonghu District	18226	317136	153428	0.22
桃江县	Taojiang County	188699	1802852	901806	5.03
安化县	Anhua County	132415	1349632	737107	1.33
沅江市	Yuanjiang City	219435	1883799	772529	3.46
北湖区	Beihu District	31305	3594490	2539356	1.34
苏仙区	Suxian District	600585	4781157	2524826	3.19
桂阳县	Guiyang County	328500	2393747	539500	2.73
宜章县	Yizhang County	138749	902917	467389	1.88
永兴县	Yongxing County	117819	3019459	1336750	3.57

22-11 续表 2 Continued

单位：万元 (10 000 yuan)

市县名称	Cities and Counties	利润总额 Total Profits	资产总计 Total Assets	负债合计 Total Liabilities	全部从业人员年平均人数（万人） Average Number of Employment of The Current Year (10 000 persons)
嘉禾县	Jiahe County	192880	627700	172166	1.35
临武县	Linwu County	68573	590509	188447	1.25
汝城县	Rucheng County	28285	523330	313261	0.35
桂东县	Guidong County	11954	161655	84180	0.20
安仁县	Anren County	24378	359654	173859	0.61
资兴市	Zixing City	290292	2005259	852133	3.19
零陵区	Lingling District	116515	1130612	416168	1.05
冷水滩区	Lengshuitan District	61162	2211386	1209962	2.70
祁阳县	Qiyang County	290437	1596867	883035	2.37
东安县	DonganCounty	52684	539882	231220	1.96
双牌县	Shuangpai County	50672	405925	92749	0.96
道　县	Dao County	16570	861449	225502	1.77
江永县	Jiangyong County	33608	490454	222742	0.56
宁远县	Ningyuan County	87628	700011	262605	2.78
蓝山县	Lanshan County	27806	404634	80472	1.83
新田县	Xintian County	31933	275942	104026	0.90
江华县	Jianghua County	73846	1744013	654404	1.67
鹤城区	Hecheng District	57501	1224441	758563	0.93
中方县	Zhongfang County	178967	1644253	889327	1.32
沅陵县	Yuanling County	119679	1116096	-339722	0.71
辰溪县	Chenxi County	42083	694053	393680	0.60
溆浦县	Xupu County	28240	414368	224964	1.49
会同县	Huitong County	5774	149370	93311	0.24
麻阳县	Mayang County	24917	173324	83833	0.38
新晃县	Xinhuang County	11699	211935	79924	0.63
芷江县	Zhijiang County	29506	276424	98541	0.40
靖州县	Jingzhou County	5018	154404	38376	0.65
通道县	Tongdao County	51098	268798	107209	0.43
洪江市	Hongjiang City	25673	1501186	306217	0.73
洪江区	Hongjiang District	60254	523970	155158	0.37
娄星区	Louxing District	602847	7616262	4287638	4.00
双峰县	Shuangfeng County	189783	957199	184465	2.75
新化县	Xinhua County	176988	1052118	423143	2.96
冷水江市	Lengshuijiang City	297449	2369837	1421777	2.27
涟源市	Lianyuan County	356731	2188406	555666	2.12
吉首市	Jishou County	79810	1600805	853605	1.14
泸溪县	Luxi County	8606	272712	164710	0.41
凤凰县	Fenghuang County	794	122364	81055	0.11
花垣县	Huayuan County	33894	635699	487897	0.52
保靖县	Baojing County	11012	280854	161586	0.29
古丈县	Guzhang County	3625	127523	83311	0.14
永顺县	Yongshun County	1940	280842	182410	0.18
龙山县	Longshan County	6576	295185	184576	0.47

22-12 固定资产投资比上年增长情况(2020年)
Investment in Fixed Assets Increased over the Previous Year (2020)

单位：% (%)

市县名称	Cities and Counties	比上年增长 Growth Rate over Preceding Year	市县名称	Cities and Counties	比上年增长 Growth Rate over Preceding Year	市县名称	Cities and Counties	比上年增长 Growth Rate over Preceding Year
芙蓉区	Furong District	-0.4	洞口县	Dongkou County	10.1	临武县	Linwu County	8.8
天心区	Tianxin District	-4.5	绥宁县	Suining County	0.1	汝城县	Rucheng County	8.7
岳麓区	Yuelu District	7.4	新宁县	Xinning County	9.0	桂东县	Guidong County	8.7
开福区	Kaifu District	7.3	城步县	Chengbu County	8.1	安仁县	Anren County	8.9
雨花区	Yuhua District	5.7	武冈市	Wugang City	0.5	资兴市	Zixing City	7.8
望城区	Wangcheng District	10.1	邵东市	Shaodong City	10.6	零陵区	Lingling District	8.5
长沙县	Changsha County	9.1	岳阳楼区	Yueyanglou District	8.7	冷水滩区	Lengshuitan District	8.1
浏阳市	Liuyang City	9.3	云溪区	Yunxi District	9.5	祁阳县	Qiyang County	8.7
宁乡市	Ningxiang City	4.0	君山区	Junshan District	9.0	东安县	Dongan County	8.2
荷塘区	Hetang District	15.7	岳阳县	Yueyang County	9.0	双牌县	Shuangpai County	7.9
芦淞区	Lusong District	11.5	华容县	Huarong County	9.2	道 县	Dao County	9.0
石峰区	Shifeng District	8.2	湘阴县	Xiangyin County	8.9	江永县	Jiangyong County	7.8
天元区	Tianyuan District	8.1	平江县	Pingjiang County	9.8	宁远县	Ningyuan County	8.5
渌口区	Lukou District	16.0	汨罗市	Miluo City	9.3	蓝山县	Lanshan County	9.1
攸 县	You County	7.7	临湘市	Linxiang City	8.8	新田县	Xintian County	8.6
茶陵县	Chaling County	15.4	武陵区	Wuling District	7.4	江华县	Jianghua County	9.3
炎陵县	Yanling County	5.3	鼎城区	Dingcheng District	9.3	鹤城区	Hecheng District	9.4
醴陵市	Liling County	4.2	安乡县	Anxiang County	9.6	中方县	Zhongfang County	9.2
雨湖区	Yuhu District	8.4	汉寿县	Hanshou County	15.8	沅陵县	Yuanling County	8.6
岳塘区	Yuetang District	5.4	澧 县	Li County	15.5	辰溪县	Chenxi County	9.1
湘潭县	Xiangtan County	10.3	临澧县	Linli County	9.5	溆浦县	Xupu County	10.3
湘乡市	Xiangxiang City	10.6	桃源县	Taoyuan County	9.0	会同县	Huitong County	9.6
韶山市	Shaoshan City	13.0	石门县	Shimen County	9.3	麻阳县	Mayang County	8.3
珠晖区	Zhuhui District	9.4	津市市	Jinshi City	9.9	新晃县	Xinhuang County	9.2
雁峰区	Yanfeng District	10.4	永定区	Yongding District	14.5	芷江县	Zhijiang County	10.1
石鼓区	Shigu District	10.5	武陵源区	Wulingyuan District	-44.3	靖州县	Jingzhou County	9.1
蒸湘区	Zhengxiang District	9.8	慈利县	Cili County	4.2	通道县	Tongdao County	9.4
南岳区	Nanyue District	9.8	桑植县	Sangzhi County	14.1	洪江市	Hongjiang City	8.7
衡阳县	Hengyang County	9.1	资阳区	Ziyang District	9.2	洪江区	Hongjiang District	8.2
衡南县	Hengnan County	9.4	赫山区	Heshan District	9.9	娄星区	Louxing District	8.7
衡山县	Hengshan County	9.2	南 县	Nan County	13.2	双峰县	Shuangfeng County	8.4
衡东县	Hengdong County	5.7	大通湖区	Datonghu District	8.8	新化县	Xinhua County	8.6
祁东县	Qidong County	10.1	桃江县	Taojiang County	8.5	冷水江市	Lengshuijian City	8.6
耒阳市	Leiyang City	9.0	安化县	Anhua County	9.2	涟源市	Lianyuan City	8.7
常宁市	Changning City	9.2	沅江市	Yuanjiang City	9.6	吉首市	Jishou City	5.0
双清区	Shuangqing District	6.3	北湖区	Beihu District	8.8	泸溪县	Luxi County	8.1
大祥区	Daxiang District	10.5	苏仙区	Suxian District	8.0	凤凰县	Fenghuang County	5.0
北塔区	Beita District	8.0	桂阳县	Guiyang County	9.0	花垣县	Huayuan County	15.0
新邵县	Xinshao County	10.6	宜章县	Yizhang County	7.9	保靖县	Baojing County	9.0
邵阳县	Shaoyang County	10.1	永兴县	Yongxing County	8.8	古丈县	Guzhang County	10.1
隆回县	Longhui County	11.0	嘉禾县	Jiahe County	8.7	永顺县	Yongshun County	5.0
						龙山县	Longshan County	4.1

22-13 房地产开发投资情况(2020年)

Real Estate Development Investment (2020)

单位：万元 (10 000yuan)

市县名称	Cities and Counties	房地产开发投资 Real Estate Development Investment	市县名称	Cities and Counties	房地产开发投资 Real Estate Development Investment	市县名称	Cities and Counties	房地产开发投资 Real Estate Development Investment
芙蓉区	Furong District	1054144	洞口县	Dongkou County	180642	临武县	Linwu County	94552
天心区	Tianxin District	1171071	绥宁县	Suining County	53120	汝城县	Rucheng County	123868
岳麓区	Yuelu District	5088024	新宁县	Xinning County	81239	桂东县	Guidong County	41802
开福区	Kaifu District	2226445	城步县	Chengbu County	34661	安仁县	Anren County	94488
雨花区	Yuhua District	2716285	武冈市	Wugang City	167690	资兴市	Zixing City	186682
望城区	Wangcheng District	1829806	邵东市	Shaodong City	458975	零陵区	Lingling District	211767
长沙县	Changsha County	2617776	岳阳楼区	Yueyanglou District	1242910	冷水滩区	Lengshuitan District	535421
浏阳市	Liuyang City	677352	云溪区	Yunxi District	72462	祁阳县	Qiyang County	117581
宁乡市	Ningxiang City	1303167	君山区	Junshan District	23559	东安县	Dongan County	127243
荷塘区	Hetang District	406845	岳阳县	Yueyang County	118709	双牌县	Shuangpai County	69288
芦淞区	Lusong District	379948	华容县	Huarong County	152714	道 县	Dao County	184887
石峰区	Shifeng District	684021	湘阴县	Xiangyin County	199942	江永县	Jiangyong County	61969
天元区	Tianyuan District	1478639	平江县	Pingjiang County	160233	宁远县	Ningyuan County	76913
渌口区	Lukou District	218168	汨罗市	Miluo City	227551	蓝山县	Lanshan County	62267
攸 县	You County	361585	临湘市	Linxiang City	67786	新田县	Xintian County	72969
茶陵县	Chaling County	169488	武陵区	Wuling District	1503125	江华县	Jianghua County	148035
炎陵县	Yanling County	43277	鼎城区	Dingcheng District	344823	鹤城区	Hecheng District	1147772
醴陵市	Liling County	460151	安乡县	Anxiang County	161686	中方县	Zhongfang County	109738
雨湖区	Yuhu District	1328726	汉寿县	Hanshou County	261709	沅陵县	Yuanling County	178491
岳塘区	Yuetang District	861643	澧 县	Li County	368867	辰溪县	Chenxi County	139651
湘潭县	Xiangtan County	229722	临澧县	Linli County	209099	溆浦县	Xupu County	409486
湘乡市	Xiangxiang City	264393	桃源县	Taoyuan County	197673	会同县	Huitong County	84350
韶山市	Shaoshan City	94636	石门县	Shimen County	245757	麻阳县	Mayang County	58856
珠晖区	Zhuhui District	323971	津市市	Jinshi City	73258	新晃县	Xinhuang County	83022
雁峰区	Yanfeng District	148508	永定区	Yongding District	905813	芷江县	Zhijiang County	135201
石鼓区	Shigu District	334959	武陵源区	Wulingyuan District	94602	靖州县	Jingzhou County	66237
蒸湘区	Zhengxiang District	455718	慈利县	Cili County	292325	通道县	Tongdao County	54292
南岳区	Nanyue District	40552	桑植县	Sangzhi County	106807	洪江市	Hongjiang City	37880
衡阳县	Hengyang County	200234	资阳区	Ziyang District	100195	洪江区	Hongjiang District	145236
衡南县	Hengnan County	217417	赫山区	Heshan District	733958	娄星区	Louxing District	704069
衡山县	Hengshan County	72512	南 县	Nan County	134392	双峰县	Shuangfeng County	127285
衡东县	Hengdong County	226233	大通湖区	Datonghu District	13780	新化县	Xinhua County	281462
祁东县	Qidong County	152105	桃江县	Taojiang County	154429	冷水江市	Lengshuijian City	135047
耒阳市	Leiyang City	409254	安化县	Anhua County	183443	涟源市	Lianyuan City	88815
常宁市	Changning City	157209	沅江市	Yuanjiang City	153385	吉首市	Jishou City	662750
双清区	Shuangqing District	431048	北湖区	Beihu District	492732	泸溪县	Luxi County	38100
大祥区	Daxiang District	353335	苏仙区	Suxian District	447474	凤凰县	Fenghuang County	135854
北塔区	Beita District	304048	桂阳县	Guiyang County	199890	花垣县	Huayuan County	63456
新邵县	Xinshao County	118656	宜章县	Yizhang County	231220	保靖县	Baojing County	41821
邵阳县	Shaoyang County	94112	永兴县	Yongxing County	59115	古丈县	Guzhang County	5599
隆回县	Longhui County	134021	嘉禾县	Jiahe County	91268	永顺县	Yongshun County	107082
						龙山县	Longshan County	220735

22–14 社会消费品零售总额(2020年)
Total Value of Retail Sales of Consumer Goods (2020)

市县名称	Cities and Counties	消费品零售总额（亿元）Total Retail Sales of Consumer Goods (100 million yuan)	增速（%）Growth Rate (%)	市县名称	Cities and Counties	消费品零售总额（亿元）Total Retail Sales of Consumer Goods (100 million yuan)	增速（%）Growth Rate (%)
芙蓉区	Furong District	575.16	-3.3	衡山县	Hengshan County	43.24	-2.5
天心区	Tianxin District	407.65	-3.5	衡东县	Hengdong County	110.63	-2.6
岳麓区	Yuelu District	547.55	-0.2	祁东县	Qidong County	133.66	-2.4
开福区	Kaifu District	511.41	-3.2	耒阳市	Leiyang City	164.58	-2.4
雨花区	Yuhua District	661.69	-2.0	常宁市	Changning City	117.48	-2.4
望城区	Wangcheng District	397.95	-0.2	双清区	Shuangqing District	128.64	-3.1
长沙县	Changsha County	561.52	-3.8	大祥区	Daxiang District	92.10	-2.5
浏阳市	Liuyang City	382.44	-3.5	北塔区	Beita District	22.06	-2.5
宁乡市	Ningxiang City	424.40	-3.8	新邵县	Xinshao County	91.94	-2.3
荷塘区	Hetang Distract	79.86	-2.4	邵阳县	Shaoyang County	114.77	-2.3
芦淞区	Lusong Distract	207.24	-2.6	隆回县	Longhui County	146.02	-2.5
石峰区	Shifeng Distract	73.17	-2.5	洞口县	Dongkou County	102.97	-2.2
天元区	Tianyuan Distract	160.90	-2.4	绥宁县	Suining County	47.50	-2.9
渌口区	Lukou Distract	50.24	-1.7	新宁县	Xinning County	66.60	-2.1
攸 县	You County	148.61	-2.0	城步县	Chengbu County	34.74	-3.0
茶陵县	Chaling County	88.74	-2.2	武冈市	Wugang City	91.80	-2.9
炎陵县	Yanling County	31.82	-1.8	邵东市	Shaodong City	269.68	-2.4
醴陵市	Liling City	249.84	-2.0	岳阳楼区	Yueyanglou District	718.44	-2.4
雨湖区	Yuhu District	362.24	-2.8	云溪区	Yunxi District	38.48	-2.1
岳塘区	Yuetang District	124.74	-2.5	君山区	Junshan District	54.88	-2.1
湘潭县	Xiangtan County	108.39	-2.4	岳阳县	Yueyang County	133.65	-2.3
湘乡市	Xiangxiang City	130.57	-2.4	华容县	Huarong County	127.66	-2.3
韶山市	Shaoshan City	24.60	-2.5	湘阴县	Xiangyin County	125.31	-2.5
珠晖区	Zhuhui District	121.50	-2.9	平江县	Pingjiang County	142.40	-2.2
雁峰区	Yanfeng District	115.43	-2.7	汨罗市	Miluo City	140.51	-2.4
石鼓区	Shigu District	225.09	-2.7	临湘市	Linxiang City	92.68	-2.2
蒸湘区	Zhengxiang District	296.71	-2.7	武陵区	Wuling District	374.59	-1.8
南岳区	Nanyue District	37.75	-3.2	鼎城区	Dingcheng District	199.28	-1.8
衡阳县	Hengyang County	114.20	-2.4	安乡县	Anxiang County	98.76	-3.1
衡南县	Hengnan County	114.09	-2.3	汉寿县	Hanshou County	126.48	-1.7

22-14 续表 1 Continued

市县名称	Cities and Counties	消费品零售总额（亿元）Total Retail Sales of Consumer Goods (100 million yuan)	增速（%）Growth Rate (%)	市县名称	Cities and Counties	消费品零售总额（亿元）Total Retail Sales of Consumer Goods (100 million yuan)	增速（%）Growth Rate (%)
澧 县	Li County	178.98	-1.6	道 县	Dao County	76.61	-3.3
临澧县	Linli County	82.18	-2.4	江永县	Jiangyong County	25.61	-2.1
桃源县	Taoyuan County	177.61	-3.3	宁远县	Ningyuan County	79.93	-2.4
石门县	Shimen County	122.57	-1.8	蓝山县	Lanshan County	44.92	-2.4
津市市	Jinshi City	68.32	-1.9	新田县	Xintian County	34.72	-2.8
永定区	Yongding District	92.61	-4.4	江华县	Jianghua County	62.85	-2.4
武陵源区	Wulingyuan District	17.17	-4.9	鹤城区	Hecheng District	257.55	-2.5
慈利县	Cili County	55.11	-4.5	中方县	Zhongfang County	15.59	-2.4
桑植县	Sangzhi County	32.08	-4.5	沅陵县	Yuanling County	43.89	-2.1
资阳区	Ziyang District	67.55	-2.6	辰溪县	Chenxi County	33.41	-1.9
赫山区	Heshan District	252.34	-2.5	溆浦县	Xupu County	66.29	-2.3
南 县	Nan County	104.55	-2.4	会同县	Huitong County	20.20	-2.7
大通湖区	Datonghu District	19.61	-2.7	麻阳县	Mayang County	26.56	-2.2
桃江县	Taojiang County	107.20	-2.5	新晃县	Xinhuang County	25.37	-2.5
安化县	Anhua County	85.62	-2.7	芷江县	Zhijiang County	30.09	-2.4
沅江市	Yuanjiang City	92.98	-2.3	靖州县	Jingzhou County	28.76	-2.0
北湖区	Beihu District	227.51	-2.8	通道县	Tongdao County	16.64	-2.6
苏仙区	Suxian District	116.61	-2.4	洪江市	Hongjiang City	29.52	-2.4
桂阳县	Guiyang County	131.74	-2.1	洪江区	Hongjiang District	13.11	-2.8
宜章县	Yizhang County	80.37	-2.1	娄星区	Louxing District	202.62	-2.5
永兴县	Yongxing County	107.29	-2.3	双峰县	Shuangfeng County	106.00	-2.4
嘉禾县	Jiahe County	42.40	-3.0	新化县	Xinhua County	156.33	-2.4
临武县	Linwu County	43.18	-2.5	冷水江市	Lengshuijiang City	72.33	-2.5
汝城县	Rucheng County	36.42	-2.5	涟源市	Lianyuan City	141.58	-2.5
桂东县	Guidong County	24.81	-2.5	吉首市	Jishou City	102.66	-3.4
安仁县	Anren County	55.33	-2.2	泸溪县	Luxi County	17.24	-3.7
资兴市	Zixing City	56.33	-2.0	凤凰县	Fenghuang County	40.90	-4.0
零陵区	Lingling District	96.72	-2.3	花垣县	Huayuan County	12.79	-3.5
冷水滩区	Lengshuitan District	164.14	-2.8	保靖县	Baojing County	9.65	-3.7
祁阳县	Qiyang County	111.38	-2.3	古丈县	Guzhang County	6.37	-4.6
东安县	Dongan County	59.63	-2.8	永顺县	Yongshun County	23.81	-4.0
双牌县	Shuangpai County	26.46	-3.1	龙山县	Longshan County	30.04	-4.2

22–15 地方财政收入与支出(2020年)
Public Budgetary Revenue and Expenditure (2020)

单位：万元 (10 000 yuan)

市县名称	Cities and Counties	地方一般公共预算收入 General Public Budget Revenue	一般公共预算支出 General Public Budget Expenditure	市县名称	Cities and Counties	地方一般公共预算收入 General Public Budget Revenue	一般公共预算支出 General Public Budget Expenditure
芙蓉区	Furong District	406968	561988	衡山县	Hengshan County	77875	289520
天心区	Tianxin District	635984	680474	衡东县	Hengdong County	81883	452352
岳麓区	Yuelu District	550012	757677	祁东县	Qidong County	95126	596757
开福区	Kaifu District	604679	771235	耒阳市	Leiyang City	154205	659764
雨花区	Yuhua District	780527	1063812	常宁市	Changning City	106453	565408
望城区	Wangcheng District	734584	1107037	双清区	Shuangqing District	24964	122800
长沙县	Changsha County	1258431	1947015	大祥区	Daxiang District	36151	143203
浏阳市	Liuyang City	934367	1514950	北塔区	Beita District	11730	65952
宁乡市	Ningxiang City	612118	1117382	新邵县	Xinshao County	71908	493545
荷塘区	Hetang District	40474	201725	邵阳县	Shaoyang County	55076	634732
芦淞区	Lusong District	47825	159674	隆回县	Longhui County	93277	702319
石峰区	Shifeng District	63124	174715	洞口县	Dongkou County	66075	530098
天元区	Tianyuan District	532195	533564	绥宁县	Suining County	17869	328120
渌口区	Lukou District	90413	310327	新宁县	Xinning County	48334	415566
攸　县	You County	141615	495450	城步县	Chengbu County	25882	300147
茶陵县	Chaling County	81135	454982	武冈市	Wugang City	75838	570224
炎陵县	Yanling County	34774	187460	邵东市	Shaodong City	177903	714743
醴陵市	Liling City	300677	775427	岳阳楼区	Yueyanglou District	95761	252374
雨湖区	Yuhu District	84377	197151	云溪区	Yunxi District	38258	158702
岳塘区	Yuetang District	100630	148687	君山区	Junshan District	31055	241654
湘潭县	Xiangtan County	165119	586230	岳阳县	Yueyang County	71338	466709
湘乡市	Xiangxiang City	144263	554777	华容县	Huarong County	58035	476930
韶山市	Shaoshan City	56854	157981	湘阴县	Xiangyin County	245419	583231
珠晖区	Zhuhui District	30179	140773	平江县	Pingjiang County	123643	783427
雁峰区	Yanfeng District	37757	90627	汨罗市	Miluo City	110846	508659
石鼓区	Shigu District	37825	125444	临湘市	Linxiang City	75498	432680
蒸湘区	Zhengxiang District	42712	114378	武陵区	Wuling District	123500	311434
南岳区	Nanyue District	51602	126475	鼎城区	Dingcheng District	164218	651140
衡阳县	Hengyang County	100571	616719	安乡县	Anxiang County	37996	373951
衡南县	Hengnan County	114732	627801	汉寿县	Hanshou County	91462	553912

22-15 续表 Continued

单位：万元 (10 000 yuan)

市县名称	Cities and Counties	地方一般公共预算收入 General Public Budget Revenue	一般公共预算支出 General Public Budget Expenditure	市县名称	Cities and Counties	地方一般公共预算收入 General Public Budget Revenue	一般公共预算支出 General Public Budget Expenditure
澧　县	Li County	125387	607686	道　县	Dao County	106406	444536
临澧县	Linli County	63673	416024	江永县	Jiangyong County	44765	248766
桃源县	Taoyuan County	144476	730071	宁远县	Ningyuan County	145814	547024
石门县	Shimen County	111499	615930	蓝山县	Lanshan County	80664	382800
津市市	Jinshi City	53257	272900	新田县	Xintian County	50435	299285
永定区	Yongding District	60230	413994	江华县	Jianghua County	82679	431432
武陵源区	Wulingyuan District	26808	129454	鹤城区	Hecheng District	82173	270075
慈利县	Cili County	75717	533112	中方县	Zhongfang County	48535	238500
桑植县	Sangzhi County	35220	441693	沅陵县	Yuanling County	91249	482952
资阳区	Ziyang District	61269	311047	辰溪县	Chenxi County	54579	376711
赫山区	Heshan District	127137	514883	溆浦县	Xupu County	64021	608301
南　县	Nan County	63291	501088	会同县	Huitong County	39760	300475
大通湖区	Datonghu District	18892	146449	麻阳县	Mayang County	41054	354000
桃江县	Taojiang County	82814	519650	新晃县	Xinhuang County	40891	250512
安化县	Anhua County	88495	677047	芷江县	Zhijiang County	57649	310044
沅江市	Yuanjiang City	76528	603540	靖州县	Jingzhou County	33719	266632
北湖区	Beihu District	64764	290891	通道县	Tongdao County	27981	245757
苏仙区	Suxian District	63470	298153	洪江市	Hongjiang City	55970	299557
桂阳县	Guiyang County	169601	595836	洪江区	Hongjiang District	21985	123267
宜章县	Yizhang County	87989	397430	娄星区	Louxing District	83274	297507
永兴县	Yongxing County	145600	405239	双峰县	Shuangfeng County	79402	584849
嘉禾县	Jiahe County	76362	270846	新化县	Xinhua County	119115	856519
临武县	Linwu County	79578	288899	冷水江市	Lengshuijiang City	86671	299092
汝城县	Rucheng County	45783	339000	涟源市	Lianyuan City	78703	647269
桂东县	Guidong County	25620	202379	吉首市	Jishou City	108679	451473
安仁县	Anren County	40567	293388	泸溪县	Luxi County	34910	330038
资兴市	Zixing City	170426	446126	凤凰县	Fenghuang County	78088	439773
零陵区	Lingling District	115885	437856	花垣县	Huayuan County	51221	359713
冷水滩区	Lengshuitan District	80968	409343	保靖县	Baojing County	24006	316600
祁阳县	Qiyang County	161261	601591	古丈县	Guzhang County	24023	206995
东安县	Dongan County	95257	376838	永顺县	Yongshun County	44217	485032
双牌县	Shuangpai County	46242	197722	龙山县	Longshan County	62374	557187

22-16 各级学校(2020年)
Number of Schools by Level (2020)

单位:所 (unit)

市县名称	Cities and Counties	中等学校 Secondary Schools	中等职业教育 Vocational Secondary Education	普通中学 Regular Secondary Schools	普通小学 Primary Schools
芙蓉区	Furong District	14	5	9	37
天心区	Tianxin District	20	4	16	52
岳麓区	Yuelu District	46	11	35	80
开福区	Kaifu District	21	1	20	51
雨花区	Yuhua District	33	8	25	75
望城区	Wangcheng District	43	5	38	87
长沙县	Changsha County	61	10	51	134
浏阳市	Liuyang City	70	3	67	216
宁乡市	Ningxiang City	94	10	84	183
荷塘区	Hetang District	25	11	14	19
芦淞区	Lusong District	12		12	22
石峰区	Shifeng District	11	1	10	16
天元区	Tianyuan District	12	1	11	33
渌口区	Lukou District	24	1	23	24
攸　县	You County	34	2	32	60
茶陵县	Chaling County	28	1	27	34
炎陵县	Yanling County	20	1	19	11
醴陵市	Liling City	53	4	49	151
雨湖区	Yuhu District	29	9	20	48
岳塘区	Yuetang District	17	5	12	28
湘潭县	Xiangtan County	75	5	70	133
湘乡市	Xiangxiang City	60	3	57	149
韶山市	Shaoshan City	10	1	9	11
珠晖区	Zhuhui District	20	6	14	38
雁峰区	Yanfeng District	24	11	13	26
石鼓区	Shigu District	10	1	9	28
蒸湘区	Zhengxiang District	19	5	14	35
南岳区	Nanyue District	5	1	4	10
衡阳县	Hengyang County	88	6	82	257
衡南县	Hengnan County	62	5	57	133
衡山县	Hengshan County	37	4	33	40
衡东县	Hengdong County	47	1	46	76
祁东县	Qidong County	63	3	60	132
耒阳市	Leiyang City	71	4	67	181
常宁市	Changning City	61	5	56	83
双清区	Shuangqing District	31	13	18	35
大祥区	Daxiang District	36	17	19	36
北塔区	Beita District	10	4	6	14

22-16 续表 1 Continued

单位：所 (unit)

市县名称	Cities and Counties	中等学校 Secondary Schools	中等职业教育 Vocational Secondary Education	普通中学 Regular Secondary Schools	普通小学 Primary Schools
新邵县	Xinshao County	52	3	49	162
邵阳县	Shaoyang County	55	3	52	114
隆回县	Longhui County	77	4	73	114
洞口县	Dongkou County	63	6	57	104
绥宁县	Suining County	23	2	21	28
新宁县	Xinning County	38	4	34	49
城步县	Chengbu County	25	2	23	21
武冈市	Wugang City	56	8	48	65
邵东市	Shaodong City	70	3	67	185
岳阳楼区	Yueyanglou District	53	13	40	76
云溪区	Yunxi District	11	1	10	22
君山区	Junshan District	10	2	8	29
岳阳县	Yueyang County	35	2	33	66
华容县	Huarong County	34	1	33	80
湘阴县	Xiangyin County	52	4	48	68
平江县	Pingjiang City	63	3	60	161
汨罗市	Miluo City	53	5	48	94
临湘市	Linxiang County	30	2	28	39
武陵区	Wuling District	45	15	30	41
鼎城区	Dingcheng District	45	4	41	34
安乡县	Anxiang County	28	3	25	9
汉寿县	Hanshou County	39	4	35	62
澧　县	Li County	35	4	31	68
临澧县	Linli County	24	2	22	47
桃源县	Taoyuan County	55	5	50	62
石门县	Shimen County	38	3	35	83
津市市	Jinshi City	14	3	11	16
永定区	Yongdi District	31	3	28	41
武陵源区	Wulingyuan District	3		3	5
慈利县	Cili County	42	3	39	31
桑植县	Sangzhi County	36	3	33	21
资阳区	Ziyang District	18	3	15	42
赫山区	Heshan District	54	11	43	76
南　县	Nan County	34	2	32	72
桃江县	Taojiang County	51	2	49	90
安化县	Anhua County	49	1	48	76
沅江市	Yuanjiang City	32	3	29	52
北湖区	Beihu District	34	5	29	35
苏仙区	Suxian District	32	7	25	21
桂阳县	Guiyang County	47	2	45	49
宜章县	Yizhang County	45	3	42	45
永兴县	Yongxing County	33	2	31	85

22-16 续表 2 Continued

单位：所 (unit)

市县名称	Cities and Counties	中等学校 Secondary Schools	中等职业教育 Vocational Secondary Education	普通中学 Regular Secondary Schools	普通小学 Primary Schools
嘉禾县	Jiahe County	30	2	28	21
临武县	Linwu County	22	1	21	40
汝城县	Rucheng County	28	2	26	13
桂东县	Guidong County	14	1	13	28
安仁县	Anren County	29	2	27	23
资兴市	Zixing City	22	2	20	28
零陵区	Lingling District	37	5	32	60
冷水滩区	Lengshuitan District	46	7	39	38
祁阳县	Qiyang County	51	4	47	119
东安县	DonganCounty	39	5	34	35
双牌县	Shuangpai County	15	1	14	14
道　县	Dao County	43	3	40	53
江永县	Jiangyong County	20	2	18	18
宁远县	Ningyuan County	49	8	41	64
蓝山县	Lanshan County	31	2	29	18
新田县	Xintian County	30	2	28	22
江华县	Jianghua County	29	3	26	51
鹤城区	Hecheng District	59	15	44	35
中方县	Zhongfang County	24	1	23	10
沅陵县	Yuanling County	52	4	48	15
辰溪县	Chenxi County	37	3	34	15
溆浦县	Xupu County	61	2	59	30
会同县	Huitong County	29	2	27	17
麻阳县	Mayang County	27	3	24	23
新晃县	Xinhuang County	22	1	21	19
芷江县	Zhijiang County	32	3	29	22
靖州县	Jingzhou County	18	1	17	15
通道县	Tongdao County	14	2	12	24
洪江市	Hongjiang City	40	6	34	15
娄星区	Louxing District	41	6	35	75
双峰县	Shuangfeng County	63	1	62	166
新化县	Xinhua County	117	6	111	240
冷水江市	Lengshuijiang City	36	6	30	45
涟源市	Lianyuan County	60	3	57	200
吉首市	Jishou County	30	9	21	28
泸溪县	Luxi County	20	2	18	20
凤凰县	Fenghuang County	26	3	23	30
花垣县	Huayuan County	26	3	23	23
保靖县	Baojing County	20	2	18	28
古丈县	Guzhang County	14	2	12	10
永顺县	Yongshun County	42	3	39	31
龙山县	Longshan County	33	4	29	46

22-17 各级学校教职工（2020年）
Number of School Staff and Workers by Level (2020)

单位：人 (person)

市县名称	Cities and Counties	中等学校 Secondary Schools	中等职业教育 Vocational Secondary Education	普通中学 Regular Secondary Schools	普通小学 Primary Schools
芙蓉区	Furong District	1717	190	1527	2491
天心区	Tianxin District	3127	338	2789	2880
岳麓区	Yuelu District	7171	776	6395	5370
开福区	Kaifu District	3537	27	3510	2664
雨花区	Yuhua District	7090	1234	5856	4752
望城区	Wangcheng District	4634	670	3964	2676
长沙县	Changsha County	6597	1173	5424	5198
浏阳市	Liuyang City	6920	376	6544	5792
宁乡市	Ningxiang City	6480	1060	5420	4020
荷塘区	Hetang District	3115	1010	2105	1216
芦淞区	Lusong District	1493	19	1474	1114
石峰区	Shifeng District	1249	126	1123	726
天元区	Tianyuan District	1928	53	1875	1953
渌口区	Lukou District	1714	152	1562	734
攸　县	You County	3948	238	3710	1867
茶陵县	Chaling County	2950	112	2838	1910
炎陵县	Yanling County	964	52	912	499
醴陵市	Liling City	3873	362	3511	3739
雨湖区	Yuhu District	2335	598	1737	2133
岳塘区	Yuetang District	1703	253	1450	1206
湘潭县	Xiangtan County	4647	416	4231	2583
湘乡市	Xiangxiang City	3490	181	3309	2585
韶山市	Shaoshan City	468	45	423	252
珠晖区	Zhuhui District	1566	554	1012	1195
雁峰区	Yanfeng District	3255	1656	1599	1005
石鼓区	Shigu District	904	17	887	927
蒸湘区	Zhengxiang District	2795	418	2377	2035
南岳区	Nanyue District	427	20	407	471
衡阳县	Hengyang County	5225	366	4859	3439
衡南县	Hengnan County	5769	307	5462	3595
衡山县	Hengshan County	2625	317	2308	1356
衡东县	Hengdong County	3536	153	3383	2312
祁东县	Qidong County	5414	405	5009	3660
耒阳市	Leiyang City	7423	271	7152	6226
常宁市	Changning City	4650	395	4255	3542
双清区	Shuangqing District	1911	420	1491	1240
大祥区	Daxiang District	2799	981	1818	1787
北塔区	Beita District	763	151	612	371

22-17 续表 1 Continued

单位：人 (person)

市县名称	Cities and Counties	中等学校 Secondary Schools	中等职业教育 Vocational Secondary Education	普通中学 Regular Secondary Schools	普通小学 Primary Schools
新邵县	Xinshao County	3654	212	3442	2837
邵阳县	Shaoyang County	3828	204	3624	3196
隆回县	Longhui County	6184	531	5653	3584
洞口县	Dongkou County	4569	515	4054	2942
绥宁县	Suining County	1877	103	1774	1158
新宁县	Xinning County	2816	235	2581	2404
城步县	Chengbu County	1499	71	1428	1082
武冈市	Wugang City	4931	591	4340	2699
邵东市	Shaodong City	6238	414	5824	4092
岳阳楼区	Yueyanglou District	6058	1133	4925	3722
云溪区	Yunxi District	914	15	899	523
君山区	Junshan District	791	103	688	587
岳阳县	Yueyang County	2919	266	2653	2130
华容县	Huarong County	2979	173	2806	1738
湘阴县	Xiangyin County	3885	327	3558	1543
平江县	Pingjiang City	5154	341	4813	3902
汨罗市	Miluo City	3722	392	3330	1649
临湘市	Linxiang County	2349	194	2155	1958
武陵区	Wuling District	5572	1295	4277	2096
鼎城区	Dingcheng District	3241	50	3191	1736
安乡县	Anxiang County	2732	291	2441	520
汉寿县	Hanshou County	4110	220	3890	1732
澧　县	Li County	4207	377	3830	2172
临澧县	Linli County	1961	149	1812	1195
桃源县	Taoyuan County	4817	562	4255	2011
石门县	Shimen County	2925	357	2568	1962
津市市	Jinshi City	942	127	815	547
永定区	Yongdi District	2788	198	2590	1978
武陵源区	Wulingyuan District	362	49	313	228
慈利县	Cili County	3177	301	2876	1671
桑植县	Sangzhi County	2850	202	2648	1119
资阳区	Ziyang District	1649	147	1502	1340
赫山区	Heshan District	5786	731	5055	2581
南　县	Nan County	2941	243	2698	2484
桃江县	Taojiang County	3711	345	3366	2234
安化县	Anhua County	4054	364	3690	3411
沅江市	Yuanjiang City	3040	313	2727	2221
北湖区	Beihu District	5279	561	4718	2753
苏仙区	Suxian District	3175	313	2862	1675
桂阳县	Guiyang County	4283	298	3985	3899
宜章县	Yizhang County	3885	231	3654	2669
永兴县	Yongxing County	3848	195	3653	1958

22-17 续表 2 Continued

单位：人 (person)

市县名称	Cities and Counties	中等学校 Secondary Schools	中等职业教育 Vocational Secondary Education	普通中学 Regular Secondary Schools	普通小学 Primary Schools
嘉禾县	Jiahe County	2493	136	2357	1388
临武县	Linwu County	2165	89	2076	1879
汝城县	Rucheng County	3074	234	2840	1475
桂东县	Guidong County	1003	57	946	566
安仁县	Anren County	2636	132	2504	1825
资兴市	Zixing City	1788	168	1620	1438
零陵区	Lingling District	3876	537	3339	2587
冷水滩区	Lengshuitan District	4648	370	4278	2760
祁阳县	Qiyang County	6376	590	5786	4832
东安县	DonganCounty	2757	245	2512	2181
双牌县	Shuangpai County	954	107	847	726
道　县	Dao County	4056	643	3413	3253
江永县	Jiangyong County	1697	164	1533	1074
宁远县	Ningyuan County	4109	549	3560	3882
蓝山县	Lanshan County	2731	264	2467	1068
新田县	Xintian County	2670	217	2453	1524
江华县	Jianghua County	2458	302	2156	2483
鹤城区	Hecheng District	5044	588	4456	2688
中方县	Zhongfang County	1581	126	1455	701
沅陵县	Yuanling County	3926	218	3708	1222
辰溪县	Chenxi County	2608	90	2518	1354
溆浦县	Xupu County	4369	285	4084	2929
会同县	Huitong County	1732	142	1590	1164
麻阳县	Mayang County	1640	151	1489	1431
新晃县	Xinhuang County	1426	104	1322	784
芷江县	Zhijiang County	1857	287	1570	1161
靖州县	Jingzhou County	1259	154	1105	1088
通道县	Tongdao County	1147	128	1019	1128
洪江市	Hongjiang City	2689	276	2413	1129
娄星区	Louxing District	5475	492	4983	2902
双峰县	Shuangfeng County	4631	211	4420	2902
新化县	Xinhua County	7669	403	7266	4580
冷水江市	Lengshuijiang City	3426	632	2794	1166
涟源市	Lianyuan County	4075	250	3825	3315
吉首市	Jishou County	2741	472	2269	1815
泸溪县	Luxi County	1812	202	1610	1160
凤凰县	Fenghuang County	2143	173	1970	1633
花垣县	Huayuan County	1753	122	1631	1202
保靖县	Baojing County	1315	120	1195	1089
古丈县	Guzhang County	811	51	760	460
永顺县	Yongshun County	3098	172	2926	1639
龙山县	Longshan County	3015	202	2813	2106

22−18 各级学校专任教师(2020年)
Number of Full-time Teachers by Level (2020)

单位：人 (person)

市县名称	Cities and Counties	中等学校 Secondary Schools	中等职业教育 Vocational Secondary Education	普通中学 Regular Secondary Schools	普通小学 Primary Schools
芙蓉区	Furong District	1520	103	1417	2483
天心区	Tianxin District	2531	211	2320	3088
岳麓区	Yuelu District	5747	577	5170	6026
开福区	Kaifu District	2670	24	2646	2986
雨花区	Yuhua District	5891	1002	4889	5081
望城区	Wangcheng District	3219	463	2756	3575
长沙县	Changsha County	4849	840	4009	5538
浏阳市	Liuyang City	6403	281	6122	6106
宁乡市	Ningxiang City	5852	805	5047	4157
荷塘区	Hetang District	2320	703	1617	1328
芦淞区	Lusong District	1206	19	1187	1217
石峰区	Shifeng District	906	78	828	924
天元区	Tianyuan District	1390	34	1356	2091
渌口区	Lukou District	1288	84	1204	944
攸　县	You County	3101	192	2909	2031
茶陵县	Chaling County	2114	92	2022	2342
炎陵县	Yanling County	642	42	600	690
醴陵市	Liling City	3482	305	3177	3938
雨湖区	Yuhu District	1809	427	1382	2189
岳塘区	Yuetang District	1398	198	1200	1298
湘潭县	Xiangtan County	4116	334	3782	2633
湘乡市	Xiangxiang City	2829	130	2699	3001
韶山市	Shaoshan City	308	44	264	394
珠晖区	Zhuhui District	1251	411	840	1238
雁峰区	Yanfeng District	2401	1018	1383	973
石鼓区	Shigu District	660	8	652	984
蒸湘区	Zhengxiang District	1836	299	1537	2199
南岳区	Nanyue District	346	16	330	451
衡阳县	Hengyang County	4354	289	4065	3720
衡南县	Hengnan County	4738	207	4531	3719
衡山县	Hengshan County	1839	251	1588	1641
衡东县	Hengdong County	2661	139	2522	2762
祁东县	Qidong County	4544	376	4168	3878
耒阳市	Leiyang City	5915	251	5664	6861
常宁市	Changning City	3889	296	3593	3890
双清区	Shuangqing District	1479	254	1225	1238
大祥区	Daxiang District	2186	648	1538	1775
北塔区	Beita District	502	100	402	533

22-18 续表 1 Continued

单位：人 (person)

市县名称	Cities and Counties	中等学校 Secondary Schools	中等职业教育 Vocational Secondary Education	普通中学 Regular Secondary Schools	普通小学 Primary Schools
新邵县	Xinshao County	3108	194	2914	3109
邵阳县	Shaoyang County	3364	168	3196	3434
隆回县	Longhui County	4823	427	4396	4509
洞口县	Dongkou County	3927	444	3483	3361
绥宁县	Suining County	1305	88	1217	1540
新宁县	Xinning County	2379	197	2182	2631
城步县	Chengbu County	1084	68	1016	1429
武冈市	Wugang City	3692	523	3169	3503
邵东市	Shaodong City	4953	333	4620	4754
岳阳楼区	Yueyanglou District	4695	851	3844	4020
云溪区	Yunxi District	754	14	740	622
君山区	Junshan District	690	53	637	578
岳阳县	Yueyang County	2484	227	2257	2327
华容县	Huarong County	2368	166	2202	1993
湘阴县	Xiangyin County	2826	237	2589	2270
平江县	Pingjiang City	4305	330	3975	4459
汨罗市	Miluo City	2835	361	2474	2058
临湘市	Linxiang County	2096	156	1940	2041
武陵区	Wuling District	3560	877	2683	2856
鼎城区	Dingcheng District	2507	44	2463	2227
安乡县	Anxiang County	1649	230	1419	1123
汉寿县	Hanshou County	2805	206	2599	2650
澧　县	Li County	3401	339	3062	2739
临澧县	Linli County	1705	126	1579	1231
桃源县	Taoyuan County	3430	439	2991	2806
石门县	Shimen County	2441	317	2124	2151
津市市	Jinshi City	813	118	695	638
永定区	Yongdi District	2190	167	2023	2221
武陵源区	Wulingyuan District	290	45	245	255
慈利县	Cili County	2528	277	2251	1995
桑植县	Sangzhi County	1994	171	1823	1818
资阳区	Ziyang District	1301	113	1188	1372
赫山区	Heshan District	4224	565	3659	3306
南　县	Nan County	2649	242	2407	2438
桃江县	Taojiang County	3001	291	2710	2388
安化县	Anhua County	3377	354	3023	3599
沅江市	Yuanjiang City	2490	275	2215	2552
北湖区	Beihu District	3875	409	3466	3596
苏仙区	Suxian District	2120	233	1887	2409
桂阳县	Guiyang County	3812	265	3547	4041
宜章县	Yizhang County	2962	212	2750	3255
永兴县	Yongxing County	2767	171	2596	2878

22-18 续表 2 Continued

单位：人 (person)

市县名称	Cities and Counties	中等学校 Secondary Schools	中等职业教育 Vocational Secondary Education	普通中学 Regular Secondary Schools	普通小学 Primary Schools
嘉禾县	Jiahe County	1909	127	1782	1739
临武县	Linwu County	1817	79	1738	2107
汝城县	Rucheng County	2243	208	2035	2126
桂东县	Guidong County	761	44	717	733
安仁县	Anren County	2068	119	1949	2041
资兴市	Zixing City	1377	149	1228	1643
零陵区	Lingling District	3280	447	2833	2838
冷水滩区	Lengshuitan District	3382	329	3053	3479
祁阳县	Qiyang County	4853	449	4404	5020
东安县	DonganCounty	2210	228	1982	2540
双牌县	Shuangpai County	741	103	638	879
道　县	Dao County	3576	592	2984	3568
江永县	Jiangyong County	1245	144	1101	1399
宁远县	Ningyuan County	3462	509	2953	3958
蓝山县	Lanshan County	1757	247	1510	1847
新田县	Xintian County	2166	209	1957	1889
江华县	Jianghua County	2182	280	1902	2635
鹤城区	Hecheng District	3842	464	3378	3121
中方县	Zhongfang County	989	119	870	1170
沅陵县	Yuanling County	2584	189	2395	2455
辰溪县	Chenxi County	1695	86	1609	2072
溆浦县	Xupu County	3217	266	2951	3924
会同县	Huitong County	1385	142	1243	1450
麻阳县	Mayang County	1480	148	1332	1492
新晃县	Xinhuang County	1007	98	909	1028
芷江县	Zhijiang County	1489	240	1249	1397
靖州县	Jingzhou County	1079	141	938	1212
通道县	Tongdao County	927	111	816	1152
洪江市	Hongjiang City	1823	229	1594	1762
娄星区	Louxing District	4283	362	3921	3594
双峰县	Shuangfeng County	3812	203	3609	3479
新化县	Xinhua County	5667	330	5337	6054
冷水江市	Lengshuijiang City	2436	568	1868	1992
涟源市	Lianyuan County	3654	219	3435	3525
吉首市	Jishou County	2373	397	1976	1920
泸溪县	Luxi County	1517	187	1330	1389
凤凰县	Fenghuang County	1626	151	1475	2019
花垣县	Huayuan County	1328	100	1228	1484
保靖县	Baojing County	1118	116	1002	1248
古丈县	Guzhang County	562	39	523	676
永顺县	Yongshun County	2310	161	2149	2217
龙山县	Longshan County	2317	181	2136	2656

22−19 各级学校在校学生(2020年)
Number of Students Enrollment by Level (2020)

单位：人 (person)

市县名称	Cities and Counties	中等学校 Secondary Schools	中等职业教育 Vocational Secondary Education	普通中学 Regular Secondary Schools	普通小学 Primary Schools
芙蓉区	Furong District	21572	2200	19372	43113
天心区	Tianxin District	36600	4230	32370	52733
岳麓区	Yuelu District	85237	18564	66673	112553
开福区	Kaifu District	32881	124	32757	52300
雨花区	Yuhua District	88664	25210	63454	94026
望城区	Wangcheng District	46431	11731	34700	62196
长沙县	Changsha County	78430	27523	50907	99378
浏阳市	Liuyang City	85730	8008	77722	110914
宁乡市	Ningxiang City	80618	17053	63565	83000
荷塘区	Hetang District	33904	10880	23024	29501
芦淞区	Lusong District	14223	274	13949	24942
石峰区	Shifeng District	11535	2070	9465	18649
天元区	Tianyuan District	19537	598	18939	36967
渌口区	Lukou District	14268	699	13569	13447
攸　县	You County	40671	2756	37915	50782
茶陵县	Chaling County	33072	1711	31361	47587
炎陵县	Yanling County	8334	309	8025	12852
醴陵市	Liling City	48188	5317	42871	69160
雨湖区	Yuhu District	25508	9696	15812	37077
岳塘区	Yuetang District	16035	1220	14815	26525
湘潭县	Xiangtan County	50325	5033	45292	49970
湘乡市	Xiangxiang City	37781	2849	34932	47768
韶山市	Shaoshan City	2757	633	2124	5914
珠晖区	Zhuhui District	20683	8122	12561	21365
雁峰区	Yanfeng District	45330	22928	22402	20382
石鼓区	Shigu District	11325	2471	8854	19400
蒸湘区	Zhengxiang District	28000	4455	23545	40994
南岳区	Nanyue District	5169	382	4787	8176
衡阳县	Hengyang County	58351	5219	53132	63229
衡南县	Hengnan County	64806	3382	61424	62009
衡山县	Hengshan County	24917	3752	21165	28285
衡东县	Hengdong County	37742	2836	34906	52499
祁东县	Qidong County	60201	5254	54947	68014
耒阳市	Leiyang City	89392	3098	86294	119675
常宁市	Changning City	60408	6300	54108	68550
双清区	Shuangqing District	24707	5276	19431	23691
大祥区	Daxiang District	46180	21207	24973	33379
北塔区	Beita District	10026	3697	6329	10124

22-19 续表 1 Continued

单位：人 (person)

市县名称	Cities and Counties	中等学校 Secondary Schools	中等职业教育 Vocational Secondary Education	普通中学 Regular Secondary Schools	普通小学 Primary Schools
新邵县	Xinshao County	45650	3002	42648	50671
邵阳县	Shaoyang County	47390	4362	43028	54157
隆回县	Longhui County	88033	9145	78888	108139
洞口县	Dongkou County	63403	10136	53267	66978
绥宁县	Suining County	18399	1429	16970	24207
新宁县	Xinning County	38941	3640	35301	49049
城步县	Chengbu County	14403	707	13696	21679
武冈市	Wugang City	58191	10352	47839	60844
邵东市	Shaodong City	81572	6278	75294	84876
岳阳楼区	Yueyanglou District	65152	16081	49071	78918
云溪区	Yunxi District	8978	718	8260	9857
君山区	Junshan District	9313	1583	7730	11609
岳阳县	Yueyang County	33953	5321	28632	41834
华容县	Huarong County	26110	4235	21875	31635
湘阴县	Xiangyin County	32351	4409	27942	34602
平江县	Pingjiang City	62062	7081	54981	74663
汨罗市	Miluo City	41788	10396	31392	44766
临湘市	Linxiang County	29344	4190	25154	33723
武陵区	Wuling District	51022	18400	32622	48888
鼎城区	Dingcheng District	23889		23889	35072
安乡县	Anxiang County	18032	2951	15081	18100
汉寿县	Hanshou County	40108	6761	33347	45839
澧　县	Li County	39300	6127	33173	45968
临澧县	Linli County	18995	2002	16993	22663
桃源县	Taoyuan County	43948	6058	37890	51487
石门县	Shimen County	31279	5548	25731	34436
津市市	Jinshi City	6844	662	6182	8629
永定区	Yongdi District	31955	4972	26983	39501
武陵源区	Wulingyuan District	4120	797	3323	4302
慈利县	Cili County	32903	4618	28285	36434
桑植县	Sangzhi County	28771	2814	25957	31628
资阳区	Ziyang District	19971	3229	16742	22457
赫山区	Heshan District	57641	10232	47409	65549
南　县	Nan County	24385	2867	21518	33262
桃江县	Taojiang County	41112	4376	36736	48754
安化县	Anhua County	46188	5583	40605	62780
沅江市	Yuanjiang City	25090	2446	22644	35024
北湖区	Beihu District	61476	10768	50708	65839
苏仙区	Suxian District	34433	6719	27714	41037
桂阳县	Guiyang County	60888	7369	53519	66606
宜章县	Yizhang County	49919	4720	45199	60116
永兴县	Yongxing County	42156	3058	39098	51049

22-19 续表 2 Continued

单位：人 (person)

市县名称	Cities and Counties	中等学校 Secondary Schools	中等职业教育 Vocational Secondary Education	普通中学 Regular Secondary Schools	普通小学 Primary Schools
嘉禾县	Jiahe County	28588	2627	25961	32081
临武县	Linwu County	33217	2691	30526	37037
汝城县	Rucheng County	31694	3233	28461	36797
桂东县	Guidong County	11938	1536	10402	13221
安仁县	Anren County	28006	2715	25291	34534
资兴市	Zixing City	19746	3049	16697	24770
零陵区	Lingling District	53392	15976	37416	43341
冷水滩区	Lengshuitan District	51215	7291	43924	59857
祁阳县	Qiyang County	66306	10035	56271	68008
东安县	DonganCounty	32096	3612	28484	44264
双牌县	Shuangpai County	9227	1513	7714	11193
道　县	Dao County	54315	6019	48296	62725
江永县	Jiangyong County	19427	2804	16623	24549
宁远县	Ningyuan County	59832	6421	53411	67026
蓝山县	Lanshan County	28753	5484	23269	33285
新田县	Xintian County	31385	3792	27593	34902
江华县	Jianghua County	35531	5805	29726	49506
鹤城区	Hecheng District	62596	12948	49648	71350
中方县	Zhongfang County	15495	5449	10046	17191
沅陵县	Yuanling County	31610	3930	27680	37026
辰溪县	Chenxi County	22769	1226	21543	31867
溆浦县	Xupu County	51993	5386	46607	70145
会同县	Huitong County	19557	2496	17061	24997
麻阳县	Mayang County	20967	2320	18647	28654
新晃县	Xinhuang County	15050	1909	13141	18842
芷江县	Zhijiang County	21774	6340	15434	22856
靖州县	Jingzhou County	15614	3469	12145	20835
通道县	Tongdao County	13044	1598	11446	18261
洪江市	Hongjiang City	20485	3287	17198	26076
娄星区	Louxing District	68189	13626	54563	79233
双峰县	Shuangfeng County	53105	5171	47934	56167
新化县	Xinhua County	86116	6598	79518	131684
冷水江市	Lengshuijiang City	31217	6840	24377	36511
涟源市	Lianyuan County	51190	5959	45231	60961
吉首市	Jishou County	37404	11366	26038	38217
泸溪县	Luxi County	17517	2421	15096	21881
凤凰县	Fenghuang County	23798	2852	20946	33269
花垣县	Huayuan County	18483	1373	17110	27076
保靖县	Baojing County	14537	1666	12871	18127
古丈县	Guzhang County	5702	308	5394	8116
永顺县	Yongshun County	30809	2897	27912	38998
龙山县	Longshan County	33365	3704	29661	48324

22–20 卫生机构、人员与床位(2020年)
Health Care Institutions, Personnel and Beds (2020)

市县名称	Cities and Counties	机构(个) Number of Instituti-ons (unit)	床位(张) Number of Beds (unit)	卫生技术人员(人) Medical Technical Personnel (person)	执业(助理)医师 Assistant Doctors	注册护士 Registered Nurse	药师(士) Pharmaeist	技师(士) Laboratory Technician	其他 Others
芙蓉区	Furong District	319	10140	12765	4339	7042	400	438	546
天心区	Tianxin District	276	4040	5285	2064	2545	217	239	220
岳麓区	Yuelu District	395	14124	13648	4866	6663	654	808	657
开福区	Kaifu District	287	8771	12974	4569	6421	495	751	738
雨花区	Yuhua District	469	16669	16121	5891	8072	725	746	687
望城区	Wangcheng District	525	3725	4341	1792	1893	211	183	262
长沙县	Changsha County	487	5839	7156	2852	3304	305	390	305
浏阳市	Liuyang City	1134	11586	9423	3841	4182	528	398	474
宁乡市	Ningxiang City	789	8286	6274	2571	2612	406	311	374
荷塘区	Hetang District	256	3327	2921	1128	1470	117	127	79
芦淞区	Lusong District	232	3550	4591	1622	2360	206	201	202
石峰区	Shifeng District	153	1820	2000	724	967	88	97	124
天元区	Tianyuan District	292	4088	5451	1851	2731	226	334	309
渌口区	Lukou District	200	1600	1300	566	536	51	72	75
攸　县	You County	494	4597	3880	1589	1643	159	192	297
茶陵县	Chaling County	518	3233	2622	1017	1050	157	203	195
炎陵县	Yanling County	198	1210	1046	428	405	69	62	82
醴陵市	Liling City	692	6355	5636	2117	2668	289	272	290
雨湖区	Yuhu District	419	7073	7354	2542	3767	375	402	268
岳塘区	Yuetang District	368	4409	5053	1806	2502	214	229	302
湘潭县	Xiangtan County	809	4122	4520	1764	1994	255	188	319
湘乡市	Xiangxiang City	755	5057	5107	2020	2370	245	212	260
韶山市	Shaoshan City	92	567	674	236	309	60	38	31
珠晖区	Zhuhui District	200	4627	3829	1216	2081	171	150	211
雁峰区	Yanfeng District	181	2553	3445	1201	1847	130	190	77
石鼓区	Shigu District	164	4392	4999	1663	2784	165	226	161
蒸湘区	Zhengxiang District	312	5029	4764	1639	2537	229	218	141
南岳区	Nanyue District	56	713	690	256	312	56	50	16
衡阳县	Hengyang County	779	5907	6098	2282	3365	188	163	100
衡南县	Hengnan County	639	4928	5441	2064	2733	228	214	202
衡山县	Hengshan County	252	2296	2479	853	1167	183	89	187
衡东县	Hengdong County	352	3565	3607	1275	1751	261	167	153
祁东县	Qidong County	444	4791	5325	2001	2491	257	294	282
耒阳市	Leiyang City	535	6348	5944	2285	2921	241	215	282
常宁市	Changning City	701	4969	5197	1754	2641	252	206	344
双清区	Shuangqing District	185	4232	4246	1463	2161	195	232	195
大祥区	Daxiang District	249	6754	5674	2088	2839	225	310	212
北塔区	Beita District	85	339	492	218	211	18	37	8

注:本表资料包含医务室、卫生保健所、诊所和村卫生室。

The Infirmary, health care, Clinicc and Village health were included.

22-20 续表 1 Continued

市县名称	Cities and Counties	机构（个）Number of Institutions (unit)	床位（张）Number of Beds (unit)	卫生技术人员（人）Medical Technical Personnel (person)	执业（助理）医师 Assistant Doctors	注册护士 Registered Nurse	药师（士）Pharmaeist	技师（士）Laboratory Technician	其他 Others
新邵县	Xinshao County	578	4942	3942	1365	2011	169	176	221
邵阳县	Shaoyang County	947	3855	2725	1074	1159	148	188	156
隆回县	Longhui County	913	5972	6042	2125	3188	234	300	195
洞口县	Dongkou County	463	3297	3418	1698	1206	155	204	155
绥宁县	Suining County	263	2077	2282	930	1040	85	112	115
新宁县	Xinning County	732	3154	2801	1071	1195	121	173	241
城步县	Chengbu County	211	1407	1371	414	749	55	71	82
武冈市	Wugang City	420	4637	4708	1584	2513	159	174	278
邵东市	Shaodong City	764	5396	4706	2040	2018	208	253	187
岳阳楼区	Yueyanglou District	396	12453	10696	3676	5492	459	621	448
云溪区	Yunxi District	123	1303	1282	505	609	52	58	58
君山区	Junshan District	160	1330	890	408	293	46	65	78
岳阳县	Yueyang County	268	3906	4246	1623	2161	99	144	219
华容县	Huarong County	520	4114	3462	1601	1514	90	132	125
湘阴县	Xiangyin County	600	4167	3940	1667	1749	146	133	245
平江县	Pingjiang City	984	4705	3840	1521	1626	255	212	226
汨罗市	Miluo City	628	3380	3381	1588	1218	202	180	193
临湘市	Linxiang County	443	3123	2775	1115	1177	113	139	231
武陵区	Wuling District	630	9577	11058	3547	6386	291	471	363
鼎城区	Dingcheng District	766	4903	3928	1894	1550	138	173	173
安乡县	Anxiang County	372	3602	2408	1006	1070	119	100	113
汉寿县	Hanshou County	786	5639	5851	3152	2006	182	323	188
澧　县	Li County	619	5191	5241	2790	1894	151	199	207
临澧县	Linli County	391	2384	2577	1197	1045	106	123	106
桃源县	Taoyuan County	825	5368	4581	2090	1783	196	226	286
石门县	Shimen County	479	4407	4186	1551	1972	203	228	232
津市市	Jinshi City	201	1705	1691	595	819	84	77	116
永定区	Yongdi District	355	4005	4623	1751	2074	243	281	274
武陵源区	Wulingyuan District	45	222	290	105	127	19	18	21
慈利县	Cili County	573	3745	3134	1331	1271	202	141	189
桑植县	Sangzhi County	321	2429	2185	822	892	102	161	208
资阳区	Ziyang District	343	2597	2870	1140	1410	101	121	98
赫山区	Heshan District	736	9626	8212	3163	3944	331	451	323
南　县	Nan County	626	3396	3551	1408	1575	147	166	255
桃江县	Taojiang County	472	4650	4539	1677	2289	189	182	202
安化县	Anhua County	894	5913	5513	2330	2504	288	218	173
沅江市	Yuanjiang City	647	3935	3888	1382	1904	177	191	234
北湖区	Beihu District	463	8513	8324	3065	4093	239	340	587
苏仙区	Suxian District	347	3830	3569	1452	1672	153	163	129
桂阳县	Guiyang County	598	3997	4434	1651	2298	135	133	217
宜章县	Yizhang County	531	3886	3380	1183	1627	154	147	269
永兴县	Yongxing County	452	3375	3325	1218	1764	85	103	155

22-20 续表 2 Continued

市县名称	Cities and Counties	机构（个）Number of Instituti-ons (unit)	床位（张）Number of Beds (unit)	卫生技术人员（人）Medical Technical Personnel (person)					
					执业（助理）医师 Assistant Doctors	注册护士 Registered Nurse	药师（士）Pharmaeist	技师（士）Laboratory Technician	其他 Others
嘉禾县	Jiahe County	283	2709	2037	754	905	116	136	126
临武县	Linwu County	406	1948	1546	614	667	62	71	132
汝城县	Rucheng County	327	2148	2000	768	925	83	111	113
桂东县	Guidong County	177	964	878	336	336	40	57	109
安仁县	Anren County	343	2204	1970	799	828	113	112	118
资兴市	Zixing City	295	2188	2212	922	1025	91	89	85
零陵区	Lingling District	583	4147	3597	1407	1623	141	204	222
冷水滩区	Lengshuitan District	479	7664	6872	2602	3449	256	376	189
祁阳县	Qiyang County	918	7113	5583	2429	2533	195	185	241
东安县	DonganCounty	617	3686	2595	1112	1096	111	129	147
双牌县	Shuangpai County	226	1277	1134	397	501	66	79	91
道　县	Dao County	507	3803	3732	1569	1713	101	159	190
江永县	Jiangyong County	216	1688	1656	696	768	61	80	51
宁远县	Ningyuan County	655	5000	4745	1765	2350	162	210	258
蓝山县	Lanshan County	425	2022	2080	754	1043	87	110	86
新田县	Xintian County	441	2339	2030	694	988	87	117	144
江华县	Jianghua County	430	3303	3027	1011	1364	123	168	361
鹤城区	Hecheng District	529	9690	10588	3703	5271	388	557	669
中方县	Zhongfang County	191	1152	921	380	333	52	65	91
沅陵县	Yuanling County	558	3557	3192	1117	1458	161	180	276
辰溪县	Chenxi County	474	3287	2582	790	1362	130	144	156
溆浦县	Xupu County	824	5867	4835	1741	2413	186	202	293
会同县	Huitong County	406	2181	2345	950	1097	84	116	98
麻阳县	Mayang County	281	2615	2264	796	1068	127	138	135
新晃县	Xinhuang County	207	2440	1683	568	775	69	87	184
芷江县	Zhijiang County	356	2109	1927	825	787	79	92	144
靖州县	Jingzhou County	230	1285	1501	577	631	68	81	144
通道县	Tongdao County	202	1538	1494	530	636	75	70	183
洪江市	Hongjiang City	405	2983	2543	991	1063	134	167	188
娄星区	Louxing District	328	8482	7496	2694	3803	300	422	277
双峰县	Shuangfeng County	822	4536	4194	1952	1703	165	177	197
新化县	Xinhua County	1188	7553	6805	2604	3034	280	324	563
冷水江市	Lengshuijiang City	304	2822	2748	1214	1162	170	148	54
涟源市	Lianyuan County	996	5823	4545	1887	1856	238	214	350
吉首市	Jishou County	472	6902	6272	2160	3122	234	359	397
泸溪县	Luxi County	228	1438	1328	468	598	61	74	127
凤凰县	Fenghuang County	411	1842	1501	633	512	80	116	160
花垣县	Huayuan County	357	1902	1801	584	739	97	123	258
保靖县	Baojing County	452	1776	1602	542	645	71	78	266
古丈县	Guzhang County	173	774	750	266	299	42	50	93
永顺县	Yongshun County	537	3637	2356	847	1067	115	124	203
龙山县	Longshan County	605	3693	2809	1035	1260	108	165	241

22-21 住户调查主要指标(2020年)

Major Households Survey Indicators (2020)

单位：元 (yuan)

市县名称	Cities and Counties	全体居民人均可支配收入 Per Capita Disposable Income of All Residents	城镇居民人均可支配收入 Per Capita Disposable Income of Urban Households		农村居民人均可支配收入 Per Capita Disposable Income of Rural Households	
			绝对值 Value	增速（%）Growth Rate (%)	绝对值 Value	增速（%）Growth Rate (%)
芙蓉区	Furong District	61985.1	61985.1	5.0		
天心区	Tianxin District	62293.0	62293.0	5.3		
岳麓区	Yuelu District	54036.5	61835.0	4.9		
开福区	Kaifu District	61075.2	61075.2	4.7		
雨花区	Yuhua District	62402.7	62402.7	5.1		
望城区	Wangcheng District	46615.0	53876.0	5.2	37738.2	7.5
长沙县	Changsha County	46587.3	53446.5	5.3	37140.9	7.4
浏阳市	Liuyang City	40488.2	49151.0	4.8	31568.0	7.6
宁乡市	Ningxiang City	45840.1	52810.6	4.9	37154.2	7.5
荷塘区	Hetang District	51490.7	51490.7	4.7		
芦淞区	Lusong District	54138.0	54138.0	5.1		
石峰区	Shifeng District	52068.7	52068.7	5.0		
天元区	Tianyuan District	59331.1	59331.1	4.7		
渌口区	Lukou District	26938.2	38885.8	5.0	22037.0	7.2
攸　县	You County	37468.4	43762.4	4.7	30277.0	7.1
茶陵县	Chaling County	24444.7	37867.3	4.9	11532.2	9.8
炎陵县	Yanling County	20084.0	32388.2	4.7	10698.5	9.9
醴陵市	Liling City	38653.6	44981.1	4.8	30777.2	7.1
雨湖区	Yuhu District	42514.0	42877.3	4.6	35540.2	7.1
岳塘区	Yuetang District	41742.0	42047.8	4.9	35680.9	7.0
湘潭县	Xiangtan County	28241.0	39436.3	4.7	21541.5	7.3
湘乡市	Xiangxiang City	28208.2	39897.1	5.0	21111.1	7.1
韶山市	Shaoshan City	40070.0	45711.9	4.9	30256.9	7.4
珠晖区	Zhuhui District	40506.7	41042.0	5.9		
雁峰区	Yanfeng District	40015.2	40015.4	6.1		
石鼓区	Shigu District	42311.2	42311.8	6.1		
蒸湘区	Zhengxiang District	41072.7	41151.0	6.0		
南岳区	Nanyue District	45171.2	45574.0	5.8		
衡阳县	Hengyang County	27102.0	37571.4	5.5	20869.7	9.2
衡南县	Hengnan County	28987.0	37205.2	5.5	24050.9	7.1
衡山县	Hengshan County	28974.8	37608.2	5.1	23963.8	6.8
衡东县	Hengdong County	28092.0	37369.0	5.2	22920.3	6.7
祁东县	Qidong County	22036.0	30157.1	5.0	16827.2	9.2
耒阳市	Leiyang City	31237.0	39090.8	5.3	23688.1	6.9
常宁市	Changning City	27937.2	36778.0	6.2	20022.3	9.2
双清区	Shuangqing District	32200.2	34178.2	5.9	23114.9	7.8
大祥区	Daxiang District	30839.0	33362.2	5.9	22750.6	7.8
北塔区	Beita District	27641.9	30494.7	5.8	20711.4	7.9

22-21 续表 1 Continued

单位：元 (yuan)

市县名称	Cities and Counties	全体居民人均可支配收入 Per Capita Disposable Income of All Residents	城镇居民人均可支配收入 Per Capita Disposable Income of Urban Households		农村居民人均可支配收入 Per Capita Disposable Income of Rural Households	
			绝对值 Value	增速（%）Growth Rate (%)	绝对值 Value	增速（%）Growth Rate (%)
新邵县	Xinshao County	19094.9	30527.7	5.5	13332.0	8.1
邵阳县	Shaoyang County	19156.1	30175.1	4.4	13175.0	10.3
隆回县	Longhui County	17318.9	28449.2	4.3	12588.7	10.6
洞口县	Dongkou County	20024.4	30535.4	4.5	13061.5	10.2
绥宁县	Suining County	16486.9	27947.3	4.2	12045.8	7.9
新宁县	Xinning County	18129.2	29190.4	4.7	11923.0	8.1
城步县	Chengbu County	15095.6	26818.5	4.1	10205.4	9.8
武冈市	Wugang City	20950.2	29974.8	4.2	14669.4	9.6
邵东市	Shaodong City	31009.9	37814.0	4.7	25232.8	9.6
岳阳楼区	Yueyanglou District	40541.8	40541.8	4.7		
云溪区	Yunxi District	42506.5	42506.5	4.5		
君山区	Junshan District	29377.9	35932.3	4.8	21251.1	7.9
岳阳县	Yueyang County	25257.4	32555.0	4.6	19299.1	7.7
华容县	Huarong County	27529.1	33495.1	4.7	22828.0	7.7
湘阴县	Xiangyin County	27591.7	34946.0	4.3	21363.8	7.5
平江县	Pingjiang City	17444.0	26641.1	4.4	11321.1	8.0
汨罗市	Miluo City	28995.2	36205.9	5.1	20907.9	7.4
临湘市	Linxiang County	25210.3	32511.2	4.6	18660.3	7.8
武陵区	Wuling District	42396.3	43351.3	5.4	31235.3	8.9
鼎城区	Dingcheng District	27863.9	38355.7	5.2	18743.1	9.0
安乡县	Anxiang County	22731.0	30317.8	4.0	18105.1	8.4
汉寿县	Hanshou County	24956.0	34771.3	4.9	19264.2	9.2
澧　县	Li County	24131.8	33262.1	4.7	19587.3	8.7
临澧县	Linli County	27017.1	36289.0	4.5	19909.2	8.8
桃源县	Taoyuan County	23396.0	33998.7	3.9	17671.2	9.5
石门县	Shimen County	19718.0	28316.0	4.6	14055.9	9.7
津市市	Jinshi City	30725.3	37589.3	5.0	18415.1	9.3
永定区	Yongdi District	22446.2	31743.2	4.4	12276.2	9.5
武陵源区	Wulingyuan District	26760.2	33161.1	3.5	15621.3	8.6
慈利县	Cili County	18567.2	27019.3	4.3	12838.1	10.2
桑植县	Sangzhi County	13533.3	19269.4	3.9	10163.3	12.2
资阳区	Ziyang District	28853.3	34566.1	5.7	22329.5	8.6
赫山区	Heshan District	34420.0	41832.7	5.2	22607.4	9.4
南　县	Nan County	25121.1	32550.0	4.8	19490.2	9.3
桃江县	Taojiang County	24774.2	33765.2	5.9	18438.1	8.7
安化县	Anhua County	14066.0	21115.0	5.6	10879.9	10.1
沅江市	Yuanjiang City	29548.0	38190.0	5.1	21667.0	8.3
北湖区	Beihu District	38469.3	41612.3	5.8	25657.1	6.5
苏仙区	Suxian District	34154.7	39908.7	5.7	23531.7	6.6
桂阳县	Guiyang County	30148.0	39221.0	5.4	22599.0	7.3
宜章县	Yizhang County	20971.2	33983.2	4.9	11411.3	8.1
永兴县	Yongxing County	28064.2	36733.0	6.1	20786.3	7.0

22-21 续表 2 Continued

单位：元 (yuan)

市县名称	Cities and Counties	全体居民人均可支配收入 Per Capita Disposable Income of All Residents	城镇居民人均可支配收入 Per Capita Disposable Income of Urban Households		农村居民人均可支配收入 Per Capita Disposable Income of Rural Households	
			绝对值 Value	增速（%）Growth Rate (%)	绝对值 Value	增速（%）Growth Rate (%)
嘉禾县	Jiahe County	24667.1	32093.1	4.9	18710.1	6.5
临武县	Linwu County	21841.2	31590.9	5.1	15378.4	8.0
汝城县	Rucheng County	16280.1	24694.1	5.2	11836.0	8.1
桂东县	Guidong County	15851.1	23259.6	5.7	11365.5	7.9
安仁县	Anren County	19143.0	28028.2	5.0	13010.9	7.8
资兴市	Zixing City	33005.0	39028.9	5.3	23164.1	6.8
零陵区	Lingling District	28848.1	34265.1	5.8	22428.2	7.0
冷水滩区	Lengshuitan District	33119.2	37741.2	5.7	24073.2	6.9
祁阳县	Qiyang County	24649.3	35852.2	5.4	16412.0	7.0
东安县	DonganCounty	23590.4	34278.2	5.9	17329.4	7.4
双牌县	Shuangpai County	17977.0	29118.1	5.3	10688.0	7.3
道　县	Dao County	23796.1	31732.2	5.4	18372.8	7.1
江永县	Jiangyong County	17320.4	27736.2	5.4	12185.4	7.6
宁远县	Ningyuan County	22400.2	30764.8	5.6	17186.4	7.8
蓝山县	Lanshan County	23844.1	33028.1	5.8	17071.7	7.9
新田县	Xintian County	17293.0	28234.9	5.5	11069.8	7.1
江华县	Jianghua County	18550.7	28627.8	6.1	12575.1	7.7
鹤城区	Hecheng District	35650.1	37229.0	4.0	17795.2	10.3
中方县	Zhongfang County	19214.3	31148.0	3.9	13703.1	10.0
沅陵县	Yuanling County	16702.4	25893.1	4.1	11674.1	10.5
辰溪县	Chenxi County	17029.2	26515.1	4.9	12194.8	10.8
溆浦县	Xupu County	18228.3	26628.1	3.8	13753.0	10.2
会同县	Huitong County	16609.1	25221.0	4.4	12351.0	10.5
麻阳县	Mayang County	15674.0	26342.4	3.7	10640.8	10.7
新晃县	Xinhuang County	14978.9	24084.0	5.6	10725.0	10.6
芷江县	Zhijiang County	16183.2	27427.1	4.5	10949.2	10.0
靖州县	Jingzhou County	17937.8	25208.4	5.0	11959.1	10.0
通道县	Tongdao County	14376.4	24302.9	4.2	10193.3	12.6
洪江市	Hongjiang City	18815.3	27260.2	4.3	13478.8	9.6
娄星区	Louxing District	35408.0	37167.1	5.7	22564.0	9.6
双峰县	Shuangfeng County	17732.0	24498.7	5.6	14728.3	9.7
新化县	Xinhua County	14924.0	24197.0	5.4	10753.0	9.3
冷水江市	Lengshuijiang City	35647.0	39376.3	5.2	23114.0	9.4
涟源市	Lianyuan County	16997.0	25734.8	5.3	12284.8	9.5
吉首市	Jishou County	28676.9	34073.2	4.0	13102.2	11.4
泸溪县	Luxi County	17017.6	26547.3	4.5	10445.3	14.2
凤凰县	Fenghuang County	17441.0	28002.9	4.6	12368.1	11.4
花垣县	Huayuan County	17295.2	27603.0	4.1	10822.2	13.8
保靖县	Baojing County	16855.2	25128.0	4.7	11798.1	11.7
古丈县	Guzhang County	15051.4	23915.4	3.7	10030.2	16.4
永顺县	Yongshun County	15343.8	24415.1	3.9	10119.7	14.7
龙山县	Longshan County	16181.0	24898.3	4.5	11543.2	11.9

22-22 全体居民人均可支配收入及消费支出(2020年)

市县名称	Cities and Counties	人均可支配收入（元）Per Capita Disposable Income (yuan)	工资性收入 Income of Wages and Salaries	经营净收入 Net Business Income	财产净收入 Net Income from Property	转移净收入 Net Income from Transfer
芙蓉区	Furong District	61985.1	29170.2	7488.9	12651.0	12675.0
天心区	Tianxin District	62293.0	32180.0	8750.0	8110.0	13253.0
岳麓区	Yuelu District	54036.5	34131.4	7726.4	4359.1	7819.6
开福区	Kaifu District	61075.2	30569.1	4018.7	7882.2	18605.2
雨花区	Yuhua District	62402.7	33349.6	8753.4	5319.6	14980.1
望城区	Wangcheng District	46615.0	28157.0	12366.2	3154.3	2937.5
长沙县	Changsha County	46587.3	31801.5	5985.9	6220.7	2579.2
浏阳市	Liuyang City	45840.1	26864.0	11993.1	2628.8	4354.3
宁乡市	Ningxiang City	40488.2	23808.5	7070.6	3867.4	5741.8
荷塘区	Hetang District	51490.7	34548.3	2832.2	2811.1	11299.1
芦淞区	Lusong District	54138.0	29392.0	10646.0	4289.0	9811.0
石峰区	Shifeng District	52068.7	30237.7	8633.7	8552.4	4644.9
天元区	Tianyuan District	59331.1	40494.0	2252.0	3915.0	12670.0
渌口区	Lukou District	26938.2	12284.1	4643.0	1242.8	8768.3
攸　县	You County	37468.4	11751.2	12103.0	2932.4	10681.8
茶陵县	Chaling County	24444.7	10239.5	2281.2	1520.5	10403.5
炎陵县	Yanling County	20084.0	10988.5	3097.2	1048.4	4949.9
醴陵市	Liling City	38653.6	16016.9	10715.5	4123.1	7798.2
雨湖区	Yuhu District	42514.0	22466.4	5209.8	2743.9	12093.9
岳塘区	Yuetang District	41742.0	24058.5	2496.6	3048.7	12138.2
湘潭县	Xiangtan County	28241.0	15678.3	6815.6	1111.4	4635.6
湘乡市	Xiangxiang City	28208.2	15511.8	4749.8	2913.2	5033.4
韶山市	Shaoshan City	40070.0	24053.0	8785.1	1353.2	5878.7
珠晖区	Zhuhui District	40506.7	22916.8	3078.5	4253.9	10257.6
雁峰区	Yanfeng District	40015.2	28642.9	3017.6	1741.7	6613.0
石鼓区	Shigu District	42311.2	28380.9	6244.9	4267.2	3418.1
蒸湘区	Zhengxiang District	41072.7	25918.0	1856.8	4331.3	8966.6
南岳区	Nanyue District	45171.2	22369.4	8370.2	9019.6	5412.0
衡阳县	Hengyang County	27102.0	16373.1	5584.3	1250.0	3894.6
衡南县	Hengnan County	28987.0	17079.4	3878.9	1580.2	6448.5
衡山县	Hengshan County	28974.8	14591.0	7950.5	1250.7	5182.6
衡东县	Hengdong County	28092.0	18273.8	2460.1	1512.8	5845.3
祁东县	Qidong County	22036.0	8269.7	3821.6	1777.2	8167.5
耒阳市	Leiyang City	31237.0	16956.7	4708.9	3164.0	6407.4
常宁市	Changning City	27937.2	15344.4	5679.2	1127.5	5786.2
双清区	Shuangqing District	32200.2	15976.5	3030.6	3085.2	10107.9
大祥区	Daxiang District	30839.0	16153.1	4368.9	2078.6	8238.4
北塔区	Beita District	27641.9	17013.0	3861.5	2865.5	3901.9

Per Capita Disposable Income and Consumption Expenditure (2020)

人均消费支出（元）Per Capita Consumption Expenditure (yuan)	食品烟酒 Food,Tobacco and Liquor	衣着 Clothing	居住 Residence	生活用品及服务 Household Facilities, Articles and Services	交通通信 Transport and Communications	教育文化娱乐服务 Education, Cultural and Recreation	医疗保健 Health Care and Medical Services	其他用品和服务 Miscellaneous Goods and Services
43508.8	11751.5	3508.1	8078.8	2924.4	4729.4	7748.1	3336.8	1431.7
44088.0	11412.6	2282.5	7001.0	2890.0	8150.0	8094.6	3308.0	949.3
42102.9	11141.1	2349.4	7836.2	2544.0	5848.0	7579.3	3968.2	836.7
35874.5	11326.2	2256.2	7036.1	2334.3	2615.9	6441.7	3447.3	416.8
48745.8	12835.7	2959.4	9179.9	6033.7	4381.8	8820.9	3654.0	880.4
30677.4	7974.1	1816.7	6050.4	1821.7	5286.3	5595.4	1588.7	544.1
29738.4	8006.4	2014.0	5544.2	2076.9	4567.8	5524.5	1704.6	300.0
26404.8	6723.5	1628.0	5911.1	1373.1	3745.7	4591.6	1735.9	695.9
28330.2	7248.6	1721.5	6229.6	1932.8	3819.7	5308.6	1443.1	626.3
35642.8	11214.3	1970.7	5796.6	1690.7	7089.7	4732.2	2743.8	404.9
34671.6	9857.6	2079.3	5741.1	3135.3	4341.2	5631.8	3349.1	536.3
35647.0	11244.3	2382.9	5401.1	2944.0	5081.9	4930.3	2364.3	1298.3
38733.2	10597.3	2325.5	5559.0	2621.0	7302.9	5523.0	3361.9	1442.7
19236.7	6452.7	882.2	4238.2	1066.5	2027.1	2620.9	1521.8	427.4
22927.8	5112.7	967.7	7308.2	1089.4	2532.1	2431.9	3276.2	209.6
16670.4	4800.6	778.9	4558.7	807.2	1394.4	2293.6	1804.9	232.1
14403.4	4027.9	686.3	3369.3	625.6	2067.4	2165.7	1344.3	117.0
24857.8	6389.9	1424.5	4961.1	1665.2	3343.2	4754.2	1796.4	523.3
31486.6	9674.2	2287.8	5011.9	2517.6	3661.0	5664.4	2079.1	590.7
32660.1	11139.3	2470.7	4748.0	1945.8	4026.0	5930.9	1839.4	560.0
18762.2	5591.2	1164.1	3776.2	1044.2	1964.4	3095.6	1805.1	321.5
21914.5	6333.7	1696.0	4878.4	1422.4	2091.2	3383.0	1716.3	393.6
28690.6	8728.5	2484.6	4939.7	2259.7	3500.1	5280.5	1199.6	297.9
28987.3	7351.3	1692.2	5105.8	1897.6	5446.5	5477.9	1502.2	513.8
27869.4	9914.3	2340.2	4168.9	2754.1	2225.3	4014.1	1727.0	725.5
35528.4	10225.1	3050.8	5510.8	1980.5	3332.0	7769.8	2189.0	1470.4
35935.8	12217.2	2896.7	7048.2	2345.5	2654.1	5385.8	2438.5	949.7
28653.5	7175.1	1351.7	10507.5	1972.2	2188.3	3009.6	2001.9	447.2
20434.1	6343.4	1482.7	4390.0	1206.9	1723.7	3477.1	1512.2	298.1
22517.0	8018.1	1498.6	3566.5	1558.8	2814.3	3070.4	1554.8	435.7
22251.9	6587.7	1127.6	5094.6	1744.6	2519.2	3269.1	1516.0	393.2
19834.3	5291.4	1631.0	4452.7	1164.0	2298.0	3364.3	1419.6	213.3
18970.4	5836.6	850.2	4309.2	908.3	2281.1	2371.9	2266.9	146.1
20883.8	6331.7	1512.4	3700.9	1457.0	2055.3	3383.5	2117.3	325.7
22482.3	6561.8	1330.4	4380.2	1312.2	2739.4	3651.1	2037.3	469.7
18090.6	6755.0	1165.0	3601.7	1072.6	1531.4	2169.1	1355.9	440.0
21886.9	6859.7	2109.9	3653.0	1328.4	2429.7	2362.9	1816.6	1326.8
22530.9	5965.1	1249.2	3358.0	1202.0	3962.9	2995.3	3393.4	405.0

22-22 续表 1

市县名称	Cities and Counties	人均可支配收入（元） Per Capita Disposable Income (yuan)	工资性收入 ncome of Wages and Salaries	经营净收入 Net Business Income	财产净收入 Net Income from Property	转移净收入 Net Income from Transfer
新邵县	Xinshao County	19094.9	8392.8	2796.2	769.4	7136.5
邵阳县	Shaoyang County	19156.1	7665.6	4775.1	716.4	5998.9
隆回县	Longhui County	17318.9	7124.1	4569.4	931.4	4694.0
洞口县	Dongkou County	20024.4	10406.3	2752.6	492.9	6372.6
绥宁县	Suining County	16486.9	9005.9	2404.9	1060.3	4015.8
新宁县	Xinning County	18129.2	9706.2	2543.0	1837.0	4043.0
城步县	Chengbu County	15095.6	7602.0	1810.1	931.6	4752.0
武冈市	Wugang City	20950.2	13723.3	1408.8	872.3	4945.8
邵东市	Shaodong City	31009.9	13569.3	7381.5	4952.3	5106.7
岳阳楼区	Yueyanglou District	40541.8	29293.6	2502.9	2831.9	5913.4
云溪区	Yunxi District	42506.5	27378.9	3909.1	3241.8	7976.7
君山区	Junshan District	29377.9	12044.5	8172.0	1016.9	8144.5
岳阳县	Yueyang County	25257.4	8432.7	6350.1	993.5	9481.1
华容县	Huarong County	27529.1	12316.0	7883.1	2292.9	5037.2
湘阴县	Xiangyin County	27591.7	12367.7	6266.5	820.1	8137.4
平江县	Pingjiang City	17444.0	9743.4	1475.4	855.3	5369.9
汨罗市	Miluo City	28995.2	16430.4	3566.0	1626.0	7372.8
临湘市	Linxiang County	25210.3	12089.7	7294.8	1786.5	4039.4
武陵区	Wuling District	42396.3	23397.9	6562.5	3463.0	8972.9
鼎城区	Dingcheng District	27863.9	12939.9	7311.0	1805.4	5807.6
安乡县	Anxiang County	22731.0	9534.2	5863.4	1094.4	6239.0
汉寿县	Hanshou County	24956.0	9723.6	7874.3	1107.1	6250.9
澧　县	Li County	24131.8	11953.7	6384.9	993.9	4799.2
临澧县	Linli County	27017.1	12674.6	6540.2	1752.1	6050.3
桃源县	Taoyuan County	23396.0	9858.1	7282.1	1130.3	5125.4
石门县	Shimen County	19718.0	8045.6	6151.9	968.1	4552.4
津市市	Jinshi City	30725.3	13904.7	5685.9	1705.9	9428.8
永定区	Yongdi District	22446.2	10826.6	3475.4	2817.1	5327.1
武陵源区	Wulingyuan District	26760.2	15637.4	4311.8	5206.2	1604.9
慈利县	Cili County	18567.2	10178.3	3299.2	513.3	4576.4
桑植县	Sangzhi County	13533.3	5776.3	4030.7	800.2	2926.1
资阳区	Ziyang District	28853.3	13672.4	5886.1	1361.9	7932.9
赫山区	Heshan District	34420.0	19099.1	5320.3	2576.3	7424.2
南　县	Nan County	25121.1	9385.5	8524.6	1450.6	5760.4
桃江县	Taojiang County	24774.2	12088.4	6686.3	1328.8	4670.7
安化县	Anhua County	14066.0	6841.9	2064.9	953.3	4205.8
沅江市	Yuanjiang City	29548.0	14670.9	8963.6	2426.1	3487.4
北湖区	Beihu District	38469.3	21511.8	6864.0	3566.2	6527.2
苏仙区	Suxian District	34154.7	18936.4	3921.8	3617.6	7678.9
桂阳县	Guiyang County	30148.0	15507.2	6272.4	2807.9	5560.5
宜章县	Yizhang County	20971.2	13998.1	2461.4	795.6	3716.1
永兴县	Yongxing County	28064.2	13326.7	6090.4	1511.8	7135.2

Continued

人均消费支出（元） Per Capita Consumption Expenditure (yuan)	食品烟酒 Food,Tobacco and Liquor	衣着 Clothing	居住 Residence	生活用品及服务 Household Facilities, Articles and Services	交通通信 Transport and Communications	教育文化娱乐服务 Education, Cultural and Recreation	医疗保健 Health Care and Medical Services	其他用品和服务 Miscellaneous Goods and Services
14120.4	4762.4	818.8	3542.4	727.1	1109.0	1851.2	1153.3	156.3
15421.8	4562.0	1022.2	3130.4	691.2	1766.1	2531.3	1528.7	189.9
15280.3	4395.4	782.7	4127.0	700.2	1082.6	1907.4	2005.3	279.8
15365.2	5487.6	1004.1	2861.5	823.4	1445.1	1549.0	931.4	1263.1
11804.3	3976.4	657.5	2420.3	555.9	1114.4	1826.1	1102.8	150.9
16885.4	5316.8	860.3	4343.7	936.5	1790.8	1755.1	1606.5	275.6
15554.4	4472.8	810.5	3928.4	940.3	1352.0	2518.1	1425.3	107.0
15326.8	4719.7	554.2	4220.3	781.8	1585.3	2115.4	1222.2	128.0
22386.1	6903.1	1455.2	4850.6	1228.9	3486.6	3130.3	1150.0	181.5
31261.4	9598.6	2033.5	6395.6	1638.8	3863.5	4459.9	2311.4	960.1
27399.8	9361.7	2928.6	2948.0	1893.3	2813.9	4557.6	2115.0	781.7
19790.2	6403.5	1554.3	3270.2	1418.4	2853.2	2169.5	1678.9	442.1
14757.1	4953.2	871.9	3421.2	983.1	1221.2	1641.0	1520.7	144.8
17728.2	5076.3	1157.4	3219.3	1023.4	1784.5	3590.1	1561.5	315.7
21833.6	5985.6	1307.5	4497.4	1472.0	2602.7	3449.4	2122.9	396.2
14927.5	4156.4	938.3	3266.9	879.4	1227.7	2558.3	1677.2	223.4
22666.4	6935.0	1706.2	4581.4	1665.5	2974.4	2630.8	1686.9	486.2
18911.7	6130.8	1550.9	4097.8	1134.9	2027.5	2445.6	1321.5	202.6
39937.2	11634.0	2854.1	7947.4	2725.3	4116.2	6948.8	2716.7	994.8
22710.9	7158.5	1432.0	4993.3	1303.2	2634.5	2811.1	1969.9	408.6
18134.0	5691.7	1234.0	3900.7	1106.0	1782.3	2612.0	1427.1	380.3
17912.2	6064.4	1072.0	3592.8	1048.8	1918.6	2249.8	1633.5	332.3
20574.2	5994.4	1378.4	4454.2	1108.6	2317.6	2685.3	1966.6	669.0
19894.0	5663.8	1187.5	4887.8	1048.7	2410.7	2421.0	1962.9	311.7
18290.4	5303.6	1162.4	3926.0	1138.8	2025.1	2821.5	1588.4	324.7
19939.5	5665.3	1063.4	4521.0	1286.1	2282.0	2554.2	2193.9	373.6
24109.1	7896.9	1651.2	4482.8	1684.6	2411.9	4187.2	1191.1	603.4
17164.9	4683.4	1116.9	5189.3	766.7	1641.0	2641.6	948.1	177.8
19151.4	4973.9	1342.4	5523.2	1048.8	1816.5	3044.8	1182.5	219.4
16150.2	4199.1	1130.5	3553.0	1130.4	1776.6	2422.5	1615.0	323.0
12654.0	3602.3	782.5	3865.1	691.6	1045.4	1679.8	662.1	325.2
21167.4	7026.1	1354.2	3287.0	1236.9	3210.2	1866.5	2934.7	251.9
23049.1	7355.3	1771.8	4087.2	1085.4	4956.8	2061.4	1469.5	261.6
19334.0	5526.5	948.9	4324.1	1056.2	2695.0	1568.0	2838.9	376.3
18847.7	5662.9	1055.3	4775.1	1070.2	2451.7	2011.2	1544.0	277.1
12667.5	3607.7	697.4	3947.1	625.1	952.3	1908.5	773.0	156.3
21881.9	6313.4	1051.3	2356.5	906.9	5403.8	3997.5	1295.3	557.3
29007.1	8158.4	1697.2	6356.0	1575.9	2984.8	5563.8	2227.4	443.5
22785.3	7310.3	1285.9	4754.1	2967.0	1942.8	2340.9	1576.6	607.6
20432.2	6952.7	1029.3	4389.9	1192.2	2603.9	2438.0	1538.4	287.8
15674.4	5285.5	1016.4	2904.5	742.5	1606.1	2433.3	1528.4	157.8
16261.1	6086.4	1066.0	3305.1	1031.1	1567.3	1906.8	1023.8	274.6

22-22 续表 2

市县名称	Cities and Counties	人均可支配收入（元）Per Capita Disposable Income (yuan)	工资性收入 ncome of Wages and Salaries	经营净收入 Net Business Income	财产净收入 Net Income from Property	转移净收入 Net Income from Transfer
嘉禾县	Jiahe County	24667.1	13971.5	4926.0	1849.2	3920.4
临武县	Linwu County	21841.2	13718.2	2710.7	1292.6	4119.8
汝城县	Rucheng County	16280.1	10762.2	1873.4	1011.3	2633.2
桂东县	Guidong County	15851.1	8332.3	2943.3	873.4	3702.1
安仁县	Anren County	19143.0	9332.5	3090.8	1621.2	5098.5
资兴市	Zixing City	33005.0	14343.5	9495.7	1959.1	7206.7
零陵区	Lingling District	28848.1	16937.1	5050.7	2086.9	4773.3
冷水滩	Lengshuitan District	33119.2	16075.7	10702.3	1888.7	4452.6
祁阳县	Qiyang County	24649.3	12316.0	4580.5	1998.3	5754.5
东安县	DonganCounty	23590.4	11446.8	5499.0	1809.9	4834.7
双牌县	Shuangpai County	17977.0	9503.5	3397.9	1283.5	3792.1
道　县	Dao County	23796.1	11682.8	5083.0	1552.6	5477.7
江永县	Jiangyong County	17320.4	8698.0	4587.1	1000.2	3035.0
宁远县	Ningyuan County	22400.2	10504.1	3593.4	1335.5	6967.2
蓝山县	Lanshan County	23844.1	11674.1	3730.8	2982.1	5457.1
新田县	Xintian County	17293.0	8363.9	3784.1	1176.3	3968.8
江华县	Jianghua County	18550.7	9517.5	3437.4	1264.7	4331.0
鹤城区	Hecheng District	35650.1	22890.4	2710.9	3100.2	6948.6
中方县	Zhongfang County	19214.3	11192.9	5219.5	771.3	2030.6
沅陵县	Yuanling County	16702.4	6951.4	2948.1	940.7	5862.2
辰溪县	Chenxi County	17029.2	9625.5	1954.4	384.4	5064.8
溆浦县	Xupu County	18228.3	8372.0	4241.3	698.3	4916.6
会同县	Huitong County	16609.1	7932.8	2670.5	564.3	5441.5
麻阳县	Mayang County	15674.0	7820.0	2778.0	430.9	4645.1
新晃县	Xinhuang County	14978.9	7991.7	2638.3	640.4	3708.5
芷江县	Zhijiang County	16183.2	6928.6	4757.7	860.4	3636.6
靖州县	Jingzhou County	17937.8	8378.9	4835.3	508.5	4215.1
通道县	Tongdao County	14376.4	7647.5	2407.5	657.7	3663.7
洪江市	Hongjiang City	18815.3	8946.4	5135.2	629.9	4103.8
娄星区	Louxing District	35408.0	19261.9	4959.8	2380.2	8806.1
双峰县	Shuangfeng County	17732.0	8280.8	2391.8	513.6	6545.8
新化县	Xinhua County	14924.0	7868.3	2085.7	721.2	4248.8
冷水江市	Lengshuijiang City	35647.0	18037.1	4678.8	1703.5	11227.5
涟源市	Lianyuan County	16997.0	7415.6	2952.2	674.4	5954.8
吉首市	Jishou County	28676.9	19457.5	1634.9	1530.2	6054.4
泸溪县	Luxi County	17017.6	7555.2	4051.7	434.9	4975.8
凤凰县	Fenghuang County	17441.0	7956.4	3022.8	632.6	5829.2
花垣县	Huayuan County	17295.2	9874.2	3413.0	674.9	3333.1
保靖县	Baojing County	16855.2	8675.4	3461.2	739.2	3979.5
古丈县	Guzhang County	15051.4	7817.4	2334.9	760.4	4138.7
永顺县	Yongshun County	15343.8	10018.6	2174.1	684.8	2466.3
龙山县	Longshan County	16181.0	7259.5	4060.6	1164.9	3696.0

Continued

人均消费支出（元）Per Capita Consumption Expenditure (yuan)	食品烟酒 Food,Tobacco and Liquor	衣着 Clothing	居住 Residence	生活用品及服务 Household Facilities, Articles and Services	交通通信 Transport and Communications	教育文化娱乐服务 Education, Cultural and Recreation	医疗保健 Health Care and Medical Services	其他用品和服务 Miscellaneous Goods and Services
19357.0	6618.4	847.7	3363.8	1141.4	2320.2	2727.4	2022.4	315.6
15463.9	5445.0	1027.3	2907.9	863.3	1466.1	2194.7	1256.2	303.3
15739.5	4574.5	1047.1	3412.9	867.8	2220.9	2098.7	1166.5	351.1
13309.3	4049.5	674.9	2700.2	664.8	1607.3	2287.0	1087.0	238.7
16925.8	5281.6	1166.3	4442.4	1010.1	1718.7	1962.3	1125.4	219.0
21191.1	6378.5	1315.8	3632.4	1108.4	2607.3	3284.6	2159.1	705.1
21575.4	7198.4	1495.8	4446.6	855.6	3050.1	2549.4	1747.4	232.1
21126.3	5821.7	1328.8	4555.6	1311.4	3436.8	2275.1	1814.4	582.5
19633.4	5850.0	1204.8	4352.1	1133.7	2455.3	2294.0	1865.9	477.6
18288.2	6125.8	1086.3	3486.8	1170.9	1707.5	3143.5	1206.8	360.6
15087.0	5730.7	577.0	4168.0	429.2	1360.1	1801.1	879.2	141.7
16466.2	5192.5	794.5	4629.8	850.0	1456.4	2076.6	1187.0	279.4
13074.1	4223.9	678.6	2680.1	810.1	1408.4	1376.1	1659.8	237.1
17236.1	5750.4	683.0	4702.8	667.2	1270.1	2991.0	983.0	188.6
20388.1	7026.6	1245.0	4860.9	1110.2	1787.4	2902.7	1134.3	321.1
13852.3	4363.3	756.7	3903.7	748.8	1269.5	1357.2	1294.1	159.0
12716.2	3782.4	624.5	3128.6	598.7	1435.7	2099.0	889.4	157.9
29657.1	7480.7	2193.6	5837.3	2476.0	3420.5	4785.8	2212.8	1250.4
13492.8	4026.3	792.8	2082.8	587.9	2208.5	2252.3	1407.4	134.9
13073.8	4654.8	807.0	3050.0	662.1	1128.0	1613.2	1016.2	142.6
14350.6	5054.4	989.1	2563.5	945.4	1785.7	1907.6	876.5	228.2
14097.9	4360.1	917.8	3141.8	773.5	1457.4	2156.6	1074.4	216.2
13141.1	3991.6	796.1	2484.4	647.9	1249.2	2207.5	1484.1	280.2
12169.1	4067.9	759.2	2800.9	685.9	1052.8	1854.0	745.4	203.1
11885.4	4049.6	686.0	2427.1	612.4	942.0	1969.7	983.7	215.0
12674.2	3804.7	935.5	2319.4	762.4	1583.1	2017.0	978.5	273.6
13142.1	4430.8	883.5	2699.7	789.7	1261.9	1828.7	1028.3	219.4
11038.7	3571.4	594.4	2231.3	566.1	974.2	1781.5	1155.8	164.0
16083.3	4972.6	1052.4	3014.5	814.2	2267.0	2450.4	1266.8	245.4
24064.2	6747.9	1666.1	4215.2	1896.9	2875.6	4161.0	1997.3	504.2
13116.1	4513.1	800.1	3499.5	616.6	1043.9	1580.0	998.1	64.8
14665.8	4944.3	982.0	2720.2	860.0	1263.3	1908.6	1657.1	330.3
18494.0	6577.9	1251.0	2909.0	1596.2	1310.2	2704.8	1643.6	501.3
15201.2	4479.5	1052.2	3797.2	935.0	1388.2	2144.7	1105.0	299.4
19329.8	5792.1	1409.0	3505.8	1157.3	2815.0	2277.8	1984.1	388.6
11877.4	4201.5	726.0	2553.2	751.7	898.0	1667.8	993.7	85.5
12795.4	3704.6	795.2	3218.2	829.8	1535.0	1537.8	937.9	236.9
11342.8	3324.7	795.5	2503.6	679.4	1223.1	1377.4	1259.2	179.9
13461.2	4332.8	871.0	2403.6	1099.7	1471.6	1710.6	1358.8	213.1
10797.9	3665.7	740.5	1676.9	761.6	963.4	1291.3	1374.4	324.3
13067.6	4668.6	896.2	2714.4	663.7	1068.0	1827.7	1004.5	224.4
13715.1	3731.6	674.8	3338.2	753.9	1670.1	1950.2	1441.4	154.9